Más comentarios sobre el sit

MW01245533

Sin rodeos: sencillamente genial, trabajo solvente, rigor científico y alto interés lingüístico son sus principales cualidades. Valor socio-cultural y labor conciliadora para el entendimiento entre los pueblos es la función primordial y su valor añadido, el de fomentar el sentimiento de hispanidad, hermanamiento y afinidad entre los hispano-hablantes, que por sí solo, ya justifica este meritorio trabajo. --Enrique Urrea y Graciela Vera (España/Uruguay)

Su página web sobre la jerga es cheverísima. ¡Bravo! Soy profe de español en Francia y quería estudiar una canción de Lila Downs titulada *Bracero fracasado* pero no entendía algunas palabras. Gracias a su diccionario lo entendí todo. ¡Gracias! --Nicolas La Rue (Francia)

Encuentro el glosario muy útil. Acabo de leer *La virgen de los sicarios* de A. Vallejo, y el glosario me aclaró mis dudas de léxico. --Talbot Sylvain (Australia)

Es una página muy buena y muy bien estructurada. Te felicito: es muy ingeniosa y explica maravillosamente nuestra jerga. -- Bernardo Gamallo (Venezuela)

Menudo trabajazo que habéis hecho. Me ha encantado el leer este sitio, sobre todo las "traducciones" de la jerga española. No se da uno cuenta de que las expresiones que usamos todos los días le pueden sonar a chino a alguien de otro país hispanohablante. ¡Enhorabuena por un trabajo genialmente hecho! --Victoria (España)

Soy licenciada en Letras y me apasiona la lingüística y, dentro de esta, la dialectología. Estaba tratando de ayudar a mi hijo a preparar un tema de Lengua, necesitaba información sobre lunfardo y encontré el sitio. Lo disfruté muchísimo. Es una verdadera joyita. --Susana (Argentina)

Felicitaciones por mantener una página como ésta, que permite conocer cómo nos expresamos en diversos países de habla hispana... considero que es tan importante como las páginas de www.rae.es y www.bibliotecasvirtuales.com que nos sirven para entendernos y conocernos mejor como parlantes hispanos. --Alejandro Mancham (Guatemala)

Vuestra página es genial, la utilizo mucho para mis estudiantes que van a la América Latina. La aprecian mucho y les sirve para la vida cotidiana. --Clara Manger Cats (Holanda)

JERGAS
DE
HABLA HISPANA

Roxana Fitch

Jerga... Argot... Slang... Modismo...

tú llámalo como quieras...

... el caso es que se trata de ese vocabulario, esas expresiones tan especiales que son típicas de cada país de habla hispana y que convierten el español neutro e insípido en algo pintoresco y vivo, algo que nos da un poco de la esencia de cada pueblo de habla hispana: un idioma con SABORRR.

Primera edición, marzo 2006

ISBN: 1-4196-3220-5
Library of Congress Control Number: 2006902173

Diseño e ilustración de portada: Miliakos
Editor: BookSurge, LLC, North Charleston, South Carolina
Impreso en Estados Unidos

Ninguna parte de esta publicación, incluido el diseño de la cubierta, puede ser reproducida, almacenada, o trasmitida en manera alguna ni por ningún medio, ya sea eléctrico, químico, mecánico, óptico, de grabación o de fotocopia, sin permiso previo del autor.

INDICE DE JERGAS DE HABLA HISPANA

La idea del proyecto de Jergas de habla hispana

Todo empezó hace más o menos diez años, cuando una amiga española, fanática de las telenovelas mexicanas, empezó a escribirme todas las palabras "raras" que oía en tan emocionantes episodios de los culebrones y que no entendía. Yo respondía a sus interrogantes, y luego ella volvía a escribir con más vocabulario "incomprensible". Decidí entonces que lo que ella necesitaba era un mini glosario de mexicanismos. Fue así que nació el primero y más grande de los diccionarios de jerga que se encuentran en esta colección. Cuando empecé a entrar y participar en "chats" por internet, por allá en el lejano 1996, me di cuenta que también yo me quedaba confundida al leer las palabras "exóticas" con las que se expresaban los amigos de otros países, y decidí que era indispensable compilar glosarios de esos países para poder comprender mejor a mis amigos, apoyándome en su sabiduría popular. De ahí fue fácil llegar a la conclusión que habría que representar a TODOS los países donde se habla español.

Me puse a estudiar el lenguaje .htm para armar un buen sitio web y así poder compartir mis investigaciones con el resto del mundo. Yo no tenía particular experiencia en armar glosarios, pero con el pasar del tiempo fui aprendiendo, y aprendí también a investigar mejor el vocabulario en cuestión. Decidí, después de un tiempo, que era necesario distinguir entre lo que se puede llamar "jerga" y (en el caso de los países latinoamericanos) lo que en realidad puede considerarse americanismo. Por americanismo me refiero dos tipos de vocablos "españoles": 1) el que existe en el español de España, pero es usado con acepción/acepciones diferente/s de la/s acepción/acepciones conocida/s en España; 2) el no originado en España, sino producto de uno de los países de habla hispana del continente americano. En fin, para algunos países en particular, me vi obligada a crear otro apartado más, dedicado al vocabulario autóctono (nahua, quechua, taíno y aymara). Mi intención en este caso no fue el de hacer listas de palabras originarias de estos idiomas que se han incorporado al idioma español (y a otros idiomas), como lo pueden ser voces como "tomate", "aguacate", "chicle", "chocolate", "coyote" (nahua) "hamaca", "barbacoa", "iguana", "canoa", "huracán" (taíno), "cóndor", "llama", "vicuña" (quechua), etc. Lo que coleccioné fueron los términos amerindios de uso corriente en ciertos países americanos, y usados en lugar de o con igual frecuencia que su correspondiente castellano: "molcajete" (mortero en nahua), "cancha" (campo en quechua).

i

Este diccionario no ha sido respaldado por ninguna entidad académica: es 100% popular. Mis estudios lingüísticos formales serán limitados, pero no me he dejado abrumar por la tarea e impongo un método concienzudo a mis investigaciones. El material contenido en este diccionario ha sido coleccionado por medio de aportes de personas del mundo de habla hispana, por mi propia experiencia y "descubrimiento", pero nunca por medio de textos publicados sobre el tema.

Soy traductora de profesión, y paso la mitad de mis días con las narices metidas en algún diccionario u otro. Una cosa que siempre he lamentado en la mayoría de los diccionarios es la parquedad, y a veces hasta aridez de ejemplos en oraciones del vocabulario presentado. En muchos casos la definición es buena, pero no es suficiente si la persona que consulta el diccionario desea utilizar la palabra en una oración. "¿Con cuál verbo se usará este adjetivo?", me pregunto "¿con tener, estar, ir, ser, andar... o con todos?" "¿y esta expresión se usa con cuál preposición: a, de, con?" Los diccionarios raramente lo especifican, pero si hay un ejemplo, uno se da una idea. Es por esto que creo firmemente que los ejemplos que incluyo para cada voz (excepto para ciertas palabras usadas exclusivamente como insultos o que son sinónimos de partes del cuerpo humano, que me resultarían en ejemplos que rayan en lo obsceno). Me esfuerzo por crear ejemplos no demasiado aburridos y—en lo posible—que den un toque auténtico y muestren la idiosincrasia en el habla específica de cada país. He creado mis ejemplos, sometidos al juicio de mis colaboradores, y una vez obtenida su aprobación, se añadieron al diccionario. En algunas ocasiones fueron los colaboradores mismos que aportaron los ejemplos. El propósito de este diccionario es no sólo de hacer conocer cierto vocabulario "alternativo", sino también de ayudar a usarlo con desenvoltura si así se desea.

Como nota práctica, quisiera señalar que he subrayado los términos que son compartidos entre países, mientras que podría suceder que una misma palabra se usa con acepción jergal y como americanismo, y por esto ha sido subrayada. En cambio, si una palabra subrayada se encuentra dentro de un ejemplo, entonces significa que su definición está presente en el diccionario.

En conclusión, soy la primera en decir que este diccionario no está completo. Pero tampoco lo está ninguno de los demás diccionarios. El idioma vive, se desarrolla y le "nacen retoños" continuamente.

COLABORADORES DE JERGAS DE HABLA HISPANA

Mi profundo agradecimiento va a todas aquellas personas que, actualmente o en el pasado, me han regalado su valiosa ayuda con gran entusiasmo para hacer posible este diccionario (y, espero, mayor comprensión entre los pueblos de habla hispana).

Argentina: Daniel H. Ferreirós, Gerardo Mollo, Mariel Mulet, Francisco M. Herranz, Carlos Marinccioni, Constanza Galarza, Bárbara Gill, Carlos Morales y Nora López
Bolivia: Juan Carlos Rojas, Alvaro Loayza, Jaime Urquidi y "Polako"
Chile: Paula Miranda, Susana Cancino, Cuchitril, Mario Calvo Aliaga e Iván Butorovic
Colombia: Mario Sandoval, Nelson Verastegui, Coreya, Andrés García, Jhoana Ostos y Fibonacci Prower
Costa Rica: Iris M. de Gárate y Susana Rodríguez
Cuba: Alexander Rodríguez, Javier G., Vivian y Nuris Ledón
Ecuador: Barcillo, Gio Moreira y Carlos Egas
EEUU: Susana Vincent y Jaime Merino
El Salvador: Eva Bärmann y "El Monsiour"
España: Lara Queral, Daniel Rodríguez A., Mercè Castillón, Pedro San Inocencio B., JAEcito, Guille:-), Javier Mediavilla E. y Raúl Gallardo
Guatemala: Elsa Uribio Franco, Josefina de Calderón, Rosalilia Enríquez, Luis Rodrigo Granados y Melvin Oliva
Honduras: Francisco "Pansho" Sánchez
México: Rogelio Hernández, Claret Fitch, Gabriela Navarro, Vicente Zamora, Araminta Barocio, Guillermo Torres, Nila y Raquel Romero, "Miliakos", Yolanda A.E.-Wessel y Adriana Soto
Nicaragua: Martha de Bustos
Panamá: Catalina Gómez, Alfredo Mederico, Anamaris Martínez, Judith Mata y Rossy Fossatti
Perú: Ramos (Pepe) Céspedes, Carlos "Kind" M., Joaquin N Quincot, Carlos Flores, Ryoichi y Marco Anglas "Outsider"
Puerto Rico: Rafael Angel Nieves, Carlos "Kind" M. y Nydia López
República Dominicana: Jorge Luis Coronado, Nelson Bautista y Miguel Tapia
Uruguay: "Blus", Leonardo Dasso, Raúl Trostchansky, Inés Garbarino y Eduardo Gamero
Venezuela: Oscar Castro, Blanca, Mimi e Isabel Prado, Daniel Castro P., Rafael Hernández, Alejandro Lozada, Noel Delgado M. y Alfredo Mederico

iii

Abreviaciones usadas en JHH

A	Argentina
adj.	adjetivo
adv.	adverbio
B	Bolivia
CH	Chile
CO	Colombia
CR	Costa Rica
CU	Cuba
EC	Ecuador
EEUU	Estados Unidos
ES	España
f.	femenino
G	Guatemala
H	Honduras
inv.	invariable
loc.	locución
loc. adj.	locución adjetiva
loc. adv.	locución adverbial
loc. sust.	locución sustantiva
loc. v.	locución verbal
M	México
m.	masculino
N	Nicaragua
PA	Panamá
PE	Perú
pl.	plural
PR	Puerto Rico
PY	Paraguay
RD	Rep. Dominicana
SA	El Salvador
sust.	sustantivo
U	Uruguay
V	Venezuela

JERGA DE ARGENTINA

A

a babuchas (loc. adv.) (cargar) en los hombros (a una persona). Con los verbos llevar / traer. *Llevaba a su hija **a babuchas** para que pudiera ver mejor el desfile.*
a gamba (adv.) a pie.
a la colancia (loc. adv.) a suertes; usado con "echarlo" (provincia de Misiones). *Para ver quién va primero, lo echamos **a la colancia**.*
¡a la ita! interjección de asombro (provincia de Misiones). *¡**A la ita**, la luz vino con aumento otra vez!*
a la marchanta (loc. adv.) al azar, sin cuidado. *Ese website lo hicieron **a la marchanta**. / Unos pibes se peleaban por agarrar los caramelos que tiraron **a la marchanta**.*
a la que te criaste (loc. adverbial) de cualquier manera, sin cuidado. *Este plano está hecho **a la que te criaste**. Estas líneas de acá no tienen ninguna razón de ser.*
a ojímetro (loc. adv.) suponiendo con cálculos aproximados, sin instrumentos precisos de medida. *Pues así, calculando **a ojímetro**, yo creo que sí hay espacio para que pase el camión por ahí.*
abatatarse (v.) confundirse a causa de turbación, desconcierto o timidez. *Cuando quiso responder a las preguntas se puso tan nervioso que **se abatató** y mezcló todos los conceptos.*
abombado 1) (sust./adj.) tonto. *¡Sos un **abombado**; debiste doblar a la derecha!* 2) (sust./adj.) aturdido. *Me siento medio **abombado** con este clima.* 3) (adj.) echado a perder por el calor (v. **abombarse**). *Este pollo me parece que está medio **abombado**.*
abrir cancha (loc. v.) dar espacio, abrir campo. *¡**Abran cancha**! ¿No ven que vengo cargando esta caja pesada y están en mi camino?*
afano 1) (m.) robo (del verbo **afanar**). *El precio de esa blusa es un **afano**.* 2) (m.) ganancia fácil, sin esfuerzo. *Boca ganó cinco a uno: fue un **afano**.*
afilar (v. en desuso) tratar de seducir usando caricias y contactos, del modo en que se da filo a un cuchillo.
agua y ajo frase que invita a la paciencia (a aguantar y a joderse; también **ajo y agua**). *Y le dieron a él el puesto sólo porque habla inglés. --¡**Agua y ajo**!*
aguante 1) (m.) solidaridad, ayuda (v. **aguantar, hacer el aguante**). *¿Me **aguantás** un café?* 2) el verbo se usa también como expresión de jactancia, desafío. *(El barrio) Barracas **aguanta**.*
al pedo (adj.) inútil, en balde. *Tus intentos fueron **al pedo**, como cenicero de moto.*
al tun tun (loc. adv.) de cualquier manera, sin plan. *Jorge tiró **al tun tun** y tuvo la suerte de acertar. / Acomodemos este sofá **al tun tun** y después veremos.*
alcahuete 1) (sust.) delator. *Estéban era un **alcahuete**, por eso lo mataron.* 2) (sust.) persona servil, adulona. *Desde chiquito era un **alcahuete** que le llevaba flores a la maestra.*
alunado (adj) enojado, de mal humor. *No te acerques a Hernán, que anda **alunado**.*
amarrete (sust./adj.) tacaño. *Los escoceses tienen fama mundial de **amarretes**.*

1

A

amiguero (adj.) sociable, que hace amistad fácilmente o que tiene muchos amigos. *Luis era tan amiguero que no podía pasear por la calle sin que la gente lo detuviera varias veces para saludarlo.*
andar con trompa (loc. v.) estar de mal humor. *Es mejor no discutir con Iván ahora; lo vi hace un rato y andaba con trompa.*
angasito (adj.) pobre, de mala fortuna (provincia de Misiones). *Patricia se ha ligado con un muchacho angasito pero laburador.*
apepú (adj.) amargo (provincia de Misiones). *Este chocolate te ha salido apepú, ponele más azúcar.*
apretarse 1) (v.) participar en una sesión de caricias y besos apasionados. *David se apretó a Celia a media calle.* 2) (v.) asaltar a mano armada. *Me apretaron en el centro y me afanaron la cartera.*
¡araca! interjección de advertencia (en desuso). *¡Araca, la cana!* (voz entre ladrones).
argel (adj.) desagradable, antipático, odioso (en la provincia de Misiones). *¡Qué argeles son todos en este boliche, loco!*
arrastrado (sust.) persona obsecuente y servil. *Jaime es un arrastrado, por eso el jefe lo prefiere.*
arrastrar el ala (loc. v.) hacer la corte (la locución proviene del baile de apareo de las gallináceas, en que el gallo camina alrededor de la gallina en forma algo inclinada y extendiendo hacia abajo un ala por turno). *A Juana le anda arrastrando el ala el hijo del kiosquero.*
arrugar 1) (v.) tener miedo, asustarse. *Hoy le digo al jefe que quiero aumento. ¿No me crees? ¿Querés apostar, o arrugás?* 2) (v.) no cumplir con lo prometido.
atorrante 1) (sust./adj.) persona pobre y de baja condición que que se las ingenia para sobrevivir. *Le di un laburo de jardín a un atorrante que pasó pidiendo.* 2) (sust./adj.) pillo que sabe sacar ventajas. *Ese Leandro es un atorrante; siempre cae bien parado.* 3) (sust./adj.) persona ocurrente y divertida. *Daniel es un atorrante bárbaro; sus salidas me hacen morir de risa.*
atracada (f.) atracón, efecto de comer y beber excesivamente, y por extensión, cualquier actividad en exceso. *Nos pegamos una atracada de mariscos en el restaurante nuevo.*
avivarse (v.) ponerse vivo, estar atento. *Avivate, Julián, aquel tipo te quiere estafar.*

B

baboso (sust.) persona que se pone a hacer la corte insistente a alguien (que por lo regular no aprecia sus atenciones). *Martha, no podés seguir ignorando los mensajes que te manda el baboso de Claudio.*
bacán (sust.) persona adinerada o que simula tener dinero (**bacana** en femenino). *Dicen que Sergio es un bacán y que tiene muchas fábricas por todo el país.*
bagarto (m.) persona muy fea (combinación de "bagayo" con "lagarto"). *Todos los hijos de Luciana unos bagartos.*
bagayo 1) (m.) equipaje reducido para viaje breve o de poca monta (del italiano *bagaglio*: maleta). *Estaban apurándome, así que me armé un bagayito y salí de raje.* 2) (m.) persona muy fea. *Mi cuñada, Ramona, es un bagayo.*

2

A

bagre (m.) mujer muy fea. *La mujer de Alonso es un bagre, no me extraña que él se consuele con otras.*
bajonear / bajonearse (v.) deprimir, deprimirse (sust. m. **bajón**, adj. **bajoneado**). *¡Andá a bajonear a otro con tus tragedias personales! / Yo con esas películas me bajoneo; prefiero las cómicas.*
balero (m.) cabeza. *La piedra le dio justo en el balero.*
balurdo (m.) lío, complicación. *Gabriela se hizo un balurdo con tantas deudas.*
bancar (v.) pagar, hacerse cargo de los gastos. *Vas a tener que colaborar, porque yo no puedo bancar sola los gastos de la casa. / ¿Me bancás un café, que ando sin plata?*
bancarse 1) (v.) soportar. *Yo no me banco los domingos lluviosos. / Esta situación ya no me la banco, loco. Acá va a arder Troya.* 2) (v.) tener paciencia, esperar a alguien. *¿Me bancás media hora, por favor, que me cambio de ropa y salimos?*
baqueteado (adj.) desgastado, muy usado. *Esa actriz ya 'tá muy baqueteada. / Este auto lo compré barato porque está bastante baqueteado, pero pienso ponerlo a nuevo.*
baranda (f.) olor fuerte o desagradable. *En el puerto siempre hay baranda a pescado podrido.*
bárbaro (adj.) bueno, estupendo, maravilloso. *El viaje estuvo bárbaro. Cruzamos de Túnez a Argelia por el desierto en camello.*
bardero 1) (sust./adj.) provocador, revoltoso, indisciplinado. *Mario está en cana; estaba entre los barderos que tiraban piedras en la plaza.* 2) (adj.) que incita a la violencia. *Las canciones de Marilyn Manson son barderas.*
bardo (m.) lío, revuelta, confusión, caos. *Los fines de semana siempre se arma bardo con estos patovicas.*
batidor (sust.) informador de la policía. *Él es un batidor, quedate callado cuando te pregunte algo.*
batir (v.) decir. *Batime la verdad, ¿es cierto que sos casado?*
batuque (m.) paliza. *El Azteca nos pegó un batuque bárbaro en su cancha.*
berenjenal (m.) lío, problema, callejón sin salida. *Meterse en un berenjenal (plantación de berenjenas) era malo para el ladrón que huía porque el sembrado se hace en largas hileras paralelas de alambres (la berenjena es trepadora) y uno quedaba atrapado con facilidad como en un túnel de dos extremos. Escuchá mi consejo o te vas a meter en un berenjenal.*
biaba 1) (f.) paliza. *Marco nos dijo que nos rajáramos de allí antes de ligar una biaba.* 2) (f.) largo y duro esfuerzo para arreglar una cosa. *Tengo las paredes del cuarto a la miseria, pero el finde les voy a pegar una biaba que van a quedar cero kilómetro.* 3) (f.) acto de teñirse el cabello para disimular las canas. *¡Qué morocho estás, Carlitos! Ahí me parece que hubo una biaba.*
bicicletear (v.) postergar el pago de una deuda poco a poco. *Me iba a pagar ayer, pero me bicicleteó hasta la semana que viene.*
birra (f.) cerveza. *La birra corre como un río en el Oktoberfest de Munich.*
biyuya (f.) dinero. *No hay biyuya ni para comprar pan.*
bobina (adj.) tonto, intelectualmente limitado. *Jorge es un buen tipo, pero es medio bobina.*

3

bobo 1) (m.) reloj de pulsera. *Qué macana, se me paró el bobo. Le debe faltar pila.* 2) (m.) corazón. *Me tengo que cuidar porque ando mal del bobo.*
bocané (m.) mal aliento (provincia de Misiones). *No me banco el bocané de Rafael.*
bocha 1) (f.) cabeza. *Martín tiene la bocha llena de pavadas.* 2) (f.) gran cantidad. *Mi hermano cayó con una bocha de amigos.*
bochar (v.) suspender, reprobar, no pasar un examen o un curso (del italiano "bocciare"). *Lo bocharon y tendrá que recuperar el año próximo.*
bola (f.) noticia, rumor (usado con el verbo *correr*). *Se corre la bola que habrá despidos en la fábrica.*
bolacero (adj./sust.) mentiroso, persona que exagera. *¡Sos una bolacera, Iris! Sé que no tenés título universitario pero te hacés pasar por licenciada.* (v.) **bolacear.** *Antonio anda bolaceando por ahí que se la curte a Fanny.*
bolazo (m.) mentira, exageración. *No vengás a contarme bolazos; sé que no es cierto lo que decís.*
boleta (adj. invariable) condenado a muerte. *Mataste a un cana, así que si te llegan a agarrar sos boleta.*
boliche (m.) bar, discoteca. El significado se ha extendido a lugares donde se venden bebidas, alimentos, y hasta se le denomina así a cualquier lugar cerrado donde se trabaja, incluso oficinas. *Me voy, todos mis amigos me están esperando en el boliche. / Si querés modificar el contrato, pasá por mi boliche y lo vemos mejor.*
bolita (sust./ adj. invariable en género, despectivo) boliviano, proveniente de Bolivia. *¿Qué te parece el nuevo presidente bolita? / Se habla mucho sobre la exportación del gas bolita.*
boludez (f.) acto propio de un boludo, torpeza, idiotez. *Si dejaras de hacer boludeces podrías llegar a ser alguien.*
boludo 1) (sust./adj.) individuo torpe e inútil (menos fuerte que pelotudo). *"Sos tan boludo que no me extraña que no hayas pasado un examen tan fácil.* 2) trato entre personas de confianza. *Che, boluda, ¿tomamos mate?*
bombo (adj.) encinta (con "quedar con / hacer el"). *Irma quedó con el bombo después de las vacaciones. / Julio le hizo el bombo a Ramira y luego desapareció.*
bondi (m.) autobús, transporte colectivo. *Ojo que viene el bondi.*
borrarse (v.) desaparecer. *Desde hace dos semanas que Braulio se borró; nadie lo ha visto por estos rumbos.*
botón 1) (m.) informador de la autoridad. *Ahí viene otra vez ese botón a husmear por el barrio.* 2) (m.) agente de policía (cayendo en desuso).
boyada (f.) viaje largo y pesado. *Un día de éstos nos pegaremos una boyada a Corrientes a visitar a la tía Beatriz.*
boyar (v.) vagar en soledad buscando algo. *¿Qué hiciste anoche? --Anduve boyando por ahí con la moto porque estaba aburrido.*
bronca (f.) enojo, rabia. *¡Qué bronca que perdimos el partido!*
buco (m.) agujero, generalmente hecho por rotura o disparo de arma (del italiano "buco"). *Se me hizo un buco así de grande en el fondo del bote.*
buchón (sust.) informador de la policía. *Mauricio tiene muchos enemigos porque todos saben que es un buchón.*

4

A

buchoneo (m.) delación. *Ese atorrante vive del buchoneo, pero el día menos pensado alguien le va a enseñar cuántos pares son tres dedos.*
bufoso (m.) revólver, pistola. *El mafioso traía un bufoso escondido en la chaqueta.*
buitrear (v.) galantear, cortejar, coquetear (provincia de Córdoba). *Víctor pasó toda la noche buitreando a una mina española.*
bulo (m.) cuarto o apartamento de soltero ideado para la "trampa" (encuentro sexual clandestino). *Me la llevo esta noche a Claudia al bulo.*
buraco (m.) agujero, generalmente hecho por rotura o disparo de arma. *El muerto tenía dos buracos en la cabeza.*
busarda (f.) barriga, panza. *Hoy me duele la busarda; será por los porotos que comí anoche.*

C

cabrón 1) (sust./adj.) persona vil, malvada. *Ese Mariano es un cabrón de mierda, como le caigo mal, le llenó la sabiola al trompa y me rajaron.* 2) (f.) enojo, rabia; del vesre de bronca. *Me dio una cabrón que casi lo mato al coso ése.*
cabulear (v.) presentir (de "cábala", sistema de interpretación mística judía). *Me cabuleo que este finde viene mi suegra a escorchar a casa.*
cabulero (sust./adj.) apasionado de los juegos de azar, sobre todo quinielas y loterías (de "cábala", sistema de interpretación mística judía). *Lo malo es que mi cuñada es cabulera y se gasta todo el dinero comprando boletos de lotería.*
cachado (adj.) abollado, despintado. *Este mate de madera es nuevo; el de loza se me cayó y está todo cachado.*
cachapé (m.) auto viejo (provincia de Misiones). *¿Quién dejó un cachapé rojo estacionado en la entrada de mi casa?*
cachar (v.) burlar, tomar el pelo, engañar (cayendo en desuso). *Ustedes no me cachan; ¿qué hay de raro en esta caja que me dejaron aquí?*
cachucha (f. vulgar) órgano genital femenino.
cachuso (adj.) roto, gastado, desvencijado (en desuso). *Tu moto ya está bien cachusa. ¿Cuándo te compras una nueva?*
cafúa (f.) cárcel (en desuso). *Ya no había espacio para un reo más en la cafúa.*
cagarla (loc. v.) hacer algo mal, cometer un error serio o de difícil solución. *¡La cagué hoy en el trabajo! Mezclé toda la correspondencia. Me parece que me van a echar.*
cagador (sust.) sinvergüenza, traidor, estafador. *No te juntes con ése que es un cagador. Hace dos años que me debe una quita que le presté.*
cagar (v.) fastidiar, molestar, arruinar. *¡Te llevaste las llaves de casa y el auto, y no pude salir hasta que regresaste; me cagaste el día!*
cagar a pedos (loc. v.) reprender, amonestar. *Mi madre me cagó a pedos esta mañana por haber vuelto a casa en la madrugada.*
cajonear (v.) hacer caso omiso a una solicitud o una propuesta, especialmente en áreas administrativas. *Me parece que me cajonearon el proyecto, porque no me llamaron más. / Quisimos poner el negocio, pero con esta crisis decidimos cajonearlo y patearlo para adelante.*
calar (v.) saber qué tipo es una persona. *A vos ya te tengo calado hace rato, sos un bolacero.*

5

calenchu (sust./adj.) resentido (deformación de "caliente", usada para referirse a quien no sabe perder). *Me has ganado el punto con trampas porque esa pelota fue larga. --No fue larga. Lo que pasa es que quedaste **calenchu** porque no la pudiste alcanzar.*

calzado (adj.) armado (usado con los verbos ir, estar). *Tené cuidado que ese tipo está **calzado** con una 38.*

camelo (m.) exageración, tal vez embuste; (sust./adj.) **camelero**: exagerado, agrandador (cayendo en desuso). *Ese gil me quiso meter un **camelo**, me dijo que el auto funcionaba y no anda para atrás ni para adelante.*

campana (f.) vigilante, sentinela usado para reuniones clandestinas o asaltos para avisar sobre la llegada de alguien. *Vos, Germán, hacé de **campana**.* (v.) **campanear**. *Víctor, **campaneá** si viene alguien; acabamos en tres minutos.*

cana (sust.) policía (la policía en general: *la cana*; el agente de policía: *el cana*). *Estábamos tranquilos en la entrada del estadio cuando llegó la **cana**.*

canas verdes (loc. v.) desesperación, agobio (con los verbos sacar / salir) *¡Me vas a sacar **canas verdes** con tu costumbre de poner música a todas horas y a todo volumen!*

canillita (sust.) vendedor de diarios (proviene del hecho que los niños que solían vender periódicos vestían pantalones a media pierna que dejaban al descubierto las canillas). *Ese **canillita** me quiso ver la cara... trató de venderme el diario de ayer.*

caño (m.) revólver, arma de fuego (locución adj. **de caño**: armado). *Me encontré un **caño** en este cajón.*

cara de culo / cara de orto (loc. sust.) mala cara, ya sea por fastidio o mal humor. *Cuando le comenté del dinero que me debe, me puso una **cara de culo** que ni te cuento. / No pongás esa **cara de orto** porque lo que te digo es por tu beneficio, aunque no te lo parezca.*

cara de media (loc. sust.) persona de intenciones ambiguas, tal vez fraudulenta. Deriva de la costumbre de los asaltantes usar una media de mujer para deformar los rasgos del rostro y evitar ser reconocidos. *No sé lo que quiere Edgar--para mí es un **cara de media**.*

carajear (v.) insultar. *Desde que mi marido se jubiló, se aburre tanto que está intratable; se la pasa **carajeándome** todo el santo día.*

careta 1) (adj./sust. invariable en género) persona falsa, que habitualmente aparenta ser lo que no es. *Yo soy cero **careta**, ¿viste? Si te tengo que decir las cosas, te las digo.* 2) (adj./sust. invariable en género) persona desenvuelta, desinhibida, sinvergüenza. *Para que veas que Rodrigo es un **careta**: lo agarré copiando las respuestas de Felipe.*

caretear 1) (v.) comportarse hipócritamente. *Vos tendrías que recibirte y listo, y no andar **careteando** por ahí que sos licenciado.* 2) (v.) aparentar, intentar llamar la atención de otros presentándose en sitios considerados "importantes" o a la moda o que conllevan ser miembro de un cierto círculo (usado en tono despectivo). *Guillermina estuvo **careteando** toda la tarde en la inauguración de la muestra de fotografía.* 3) (v.) intentar hacerse ver por los medios de comunicación (dicho de personajes públicos). *Ahora que no es más "el Diez", Maradona **caretea** donde sea para mantenerse en el candelero.* 4) (v.) intentar conseguir algo gratuitamente o con

descuento. *Como Natalia sabe que laburo en un cine, siempre me* **caretea** *entradas.*
5) (v.) tratar de engañar o embaucar hablando o comportándose en manera formal,
oficial. *El candidato al consejo municipal no hace más que* **caretear** *ante los medios.*
Las promesas que hace carecen de fundamento.
cargada (f.) burla, broma pesada. *Cuando se me rajó el pantalón empezó la* **cargada**.
/ Que nos hicieran cuatro goles ya fue una **cargada**.
cargosear (v.) irritar, importunar, fastidiar, molestar. *El otro día en un bar un viejo se*
puso a **cargosearnos** *por nuestra manera de vestir.*
caripela (f.) cara poco atractiva o inquietante. *Me dio un sogan con sólo ver esa*
caripela *que tiene.*
carpa 1) (f.) sigilo, disimulo. *Eliana le pasó con* **carpa** *a Blas la llave de su cuarto.* 2)
(f.) tienda precaria, generalmente de lona. *En aquella* **carpa** *venden bebidas;*
comprame una Pepsi.
casar / cazar (v.) atrapar, agarrar, arrestar. *Si nos* **caza** *tu marido somos boleta.*
cascado (adj.) golpeado, abollado, roto, despintado. *Quiero comprarme una bici*
nueva. Esta ya está muy **cascada** *de pintura y encima anda mal.*
caté (adj.) bonito, lindo, agradable (voz guaraní usada en la provincia de Misiones).
Tu camisa nueva es muy **caté**.
caú (adj.) borracho (voz guaraní usada en la provincia de Misiones). *Anoche*
festejamos el cumpleaños de Hermilia y quedamos todos **caú**.
chabón (sust.) persona indeterminada. *El* **chabón** *ése viene de Paraguay. / ¡Qué*
buena mina es esa Belén, una **chabona** *de oro, te garanto!*
chafar (v.) robar (provincia de Misiones). *Nos* **chafaron** *las macetas que teníamos en*
el patio.
chambón (adj.) chapucero, persona que hace trabajos toscos e imperfectos. *¡No le*
vas a encargar el laburo al coso ése, es un **chambonazo** *de primera!*
champú (m.) champaña. *¿Qué pedimos? ¿* **champú** *para todos?*
chance (f.) oportunidad, posibilidad. *Pidele a tu jefe que te dé otra* **chance**.
chancho (sust.) inspector de tren o autobús. *Esta vez cuando pase el* **chancho** *no va*
a poder hacerme nada: tengo el boleto.
changa (f.) pequeño trabajo no fijo y / o no muy bien remunerado. *Danilo sobrevive de*
las **changas** *que consigue.*
changa paraguaya (f.) tarea ingrata que hay que hacer por obligación (provincia de
Misiones). *Cargar esos camiones con sacos de arena es* **changa paraguaya**.
chango (sust.) muchacho, chico (Norte del país). *Llamá a los* **changos** *para que*
vengan a comer.
changüí (m.) ventaja en un juego o competición. *Como* **changüí** *te dejo empezar la*
carrera 10 metros adelante de mí.
chanta / chantapufi (sust. inv. en género) ventajero, oportunista, simulador que
pretende pasar por lo que no es. *Es mejor que no entres en negocios con Pedro. Es*
un **chanta**.
chau adiós, hasta luego. (del italiano "ciao"--que en realidad es ya sea saludo que
despedida).
chaque (m.) expresión que incita al cuidado, atención (provincia de Misiones).
¡ **Chaque** *con el perro!*

che muletilla o interjección informal para llamar la atención de una o varias personas. *¡Che, mirá cuanto cuesta este CD!*

che pibe (loc. sust.) aprendiz o cadete que cumple tareas menores. *¡No soy tu che pibe! ¡Si querés más mate, andá a buscarlo!*

cheboli (m.) vesre de "boliche", con acepción de discoteca. *Abrieron un cheboli nuevo en el centro.*

chetada 1) (f., despectivo) cualquier cosa que tenga que ver con los conchetos. *Un estilo de música que odio es el electrónico, el dance y todas esas chetadas.* 2) (f., despectivo) sinónimo de chetaje. *Tamara trataba de vestirse bien para no desentonar con la chetada.*

chetaje (m., despectivo) grupo o "tribu urbana" por lo general esnob, elitista y xenófila, de clase media o alta. *No, yo no quiero ir allí porque es adonde va el chetaje.*

cheto (m., frecuentemente despectivo) persona económicamente apoyada por sus padres, remilgada y afectada, por lo general superficial y muy pendiente de su aspecto exterior (en leve desuso, ahora concheto es más común).

cheva (f.) cerveza (provincia de Misiones). *Andá a comprar más chevas, que las que hay no alcanzan para esta noche.*

chicato (sust.) aquel que es corto de vista, miope o, en general, que usa anteojos (tal vez del italiano "acceccato": cegado). *¿Sos chicato, o qué? Las llaves están delante de tus narices.*

chichipío (m.) persona credulona, que obedece sin replicar. *Se aprovechan de Alicia en el laburo porque se dieron cuenta que es medio chichipío.*

chilote (sust./adj.) cualquier chileno, proveniente de Chile (despectivo).

chipear (v.) tener relaciones sexuales (provincia de Misiones). *En esta zona de la ciudad se apartan muchas parejas en sus autos para chipear.*

chirola (f.) moneda. *Mirá en mi monedero, pero estoy segura que allí no hay ni una sola chirola.*

chivo (m.) mal olor de axilas. *Esperá un momento mientras me baño porque después del partido ando con un chivo...*

choborra (adj./sust.) borracho. *Cuando Ernesto anda choborra le da por declamar poesía.*

chocho (adj.) aparte del significado de simple y como pasmado (y relacionado a la vejez), chiflado de gusto, encantado o fascinado. *Paco está chocho con la computadora que le regalaron.*

cholulo (sust.) persona que vive pendiente de las modas y de lo que hacen las estrellas del mundo del espectáculo. La expresión parte de un personaje de historieta ilustrada de los años '50 "Cholula, la amante de los astros", quien actuaba persiguiendo autógrafos y repitiendo dichos de los famosos como si fueran frases de cabecera. El comic era muy mordaz y se mofaba de los cabezas huecas de la farándula utilizando sus propias frases. *Cinthia es una cholula; ya se cortó el pelo como Madonna otra vez.*

choro (sust.) ladrón, delincuente (v. **chorear**). *Esta zona de la ciudad es territorio de choros.*

chorro (sust.) ladrón, sisador, delincuente. *Ese almacenero es un chorro; me afanó 100 gramos al pesar el arroz.*

A

choto 1) (m.) órgano genital masculino. 2) (adj.) de mala calidad. *Elisa compró un cuadro medio choto y pretende que lo colguemos en la sala.* 3) (adj.) lelo, tonto. *Ese viejo choto se tarda horas en cruzar la calle.*

chuchi (f.) joven algo tonta, superficial y sentimentalmente vulnerable. *Me levanté una chuchi en el boliche y nos fuimos inmediatamente al telo.*

chucho (m.) miedo, susto. *¡Qué chucho, Manucho! No me había dado cuenta que estabas ahí.*

chumbazo (m.) disparo, tiro, balazo. *Sólo se oyeron los chumbazos, pero nadie vio nada.*

chumbo (m.) revólver, pistola. *Ya tenía el chumbo en la mano cuando llegó la cana.*

chupamedias (adj./sust. inv. en género) persona obsecuente y servil. *Dejá de ser chupamedias, no conseguirás nada.*

chupi (m.) bebida alcohólica. *Me encanta este chupi. ¿Cómo se prepara?*

churro 1) (sust./adj.) persona atractiva, guapa, elegante. *En la película sale un actor que es un churro. / Adrián se puso churro para salir con Lorena.* 2) (m.) cigarro de marihuana. *Ese día Viviana se fumó el primer churro y desde entonces ya no paró.*

chusco (adj.) engalanado, vestido en modo elegante para una ocasión particular (provincia de Misiones). *Paula se puso chusca para ir a cenar en casa de sus futuros suegros.*

chusma (sust.) persona chismosa. *¡Sos una chusma! ¿Quién te dijo que podías contarle mis problemas a tus amigas? / Mariano es un chusma si fue él quien vino a contarte eso.*

cobani 1) (m.) policía 2) (m.) guardia carcelario; término despectivo que proviene de la palabra "abanico", por la costumbre de los agentes de "abanicarse" con el garrote para pasar el tiempo. *Llegaron dos cobanis a trasladar al prisionero a una celda nueva.*

cocacolero (sust.) vendedor ambulante de refrescos. *¿Viste pasar algún cocacolero? Tengo sed.*

coger (v., vulgar) tener relaciones sexuales.

coima / cometa (f.) comisión que se da para obtener algo en forma ilegal. *Le tuve que dar una coima a la cana porque me pasé el semáforo en rojo y me iba a hacer la boleta.*

coimero / cometero (sust./adj.) el que da o recibe coima.

colimba 1) (f.) servicio militar (en desuso). *Luis se salvó de la colimba por que tiene problemas serios de vista.* 2) (sust.) soldado conscripto (en desuso porque el servicio militar ya no es obligatorio) *Subieron dos colimbas en la estación Malaver.*

comérsela / comerse un garrón (loc. v.) soportar, tener que hacer frente a una gran dificultad o a una larga espera (el garrón es el cartílago de la vaca. Uno se comía el garrón cuando llegaba tarde a la comida y quedaba sólo la peor parte). *Mi jefe me cagó a pedos y yo me la tuve que comer porque si no me rajan del laburo. / ¡Qué garrón me comí esta tarde! Hice una cola de una hora para comprar las entradas del teatro y cuando llegué a ventanilla, se habían terminado.*

¿cómo andamio? (frase) "¿cómo estás?" Del italiano "come andiamo?"

como maleta de loco (loc. adv.) sin objetivo, sin motivo. *Entraba y salía como maleta de loco, hasta que su madre lo regañó y le dijo que se quedara quieto.*

9

A

¿cómo te baila? (frase) "¿cómo te va?" Saludo.
compinche (sust./adj.) persona amigable, que se relaciona con facilidad. *Mariana es muy **compinche**; te acompaña a todos lados y se desvive por todos.*
con el culo a dos manos (loc. adj.) muy asustado (proviene de la típica defensa de los niños ante las palmadas en las nalgas, que es cubrírselas con las manos; también **con el culo a cuatro manos**). *Mañana es el examen y está todo el mundo **con el culo a dos manos.***
con el culo fuera (loc. adj.) enojado, fastidiado (Provincia de Córdoba). *Hoy te levantaste **con el culo fuera**, ¿verdad?*
concha (f., vulgar) órgano sexual femenino. Palabra frecuentemente usada (en combinación con otras) en imprecaciones e insultos.
conchabo (m.) trabajo de cosecha o siembra en el campo. Por extensión, trabajo breve y mal remunerado (v. **conchabarse**: conseguirse un conchabo). *Me conseguí un **conchabo** de jornalero en la estancia de Efraín; pagan bien.*
concheto (sust./adj., peyorativo) tipo de persona de costumbres y gustos esnob, superficial, generalmente de clase media o alta; discrimina por vestimenta y color de piel de la gente de bajos recursos. *Vos y tus amigas no sé qué se creen haciéndose las **conchetas**, si no tienen donde caerse muertas.*
conchuda 1) (f./adj.) mujer torpe e inútil 2) (f./adj.) mujer malvada, ruin. *Susana es flor de **conchuda**; se lo verseó al jefe y ahora estoy en la calle.*
coño (m.) coscorrón, golpe dado en la cabeza con los nudillos de la mano cerrada (en la región de Entre Ríos). *Dejá de joder, pibe, que te voy a pegar un **coño**.*
cool (adj.) bueno, excelente, maravilloso (de la jerga en inglés "cool", pronunciado "cuul"). *¡Che, qué tatuaje tan **cool** te hiciste!*
copado 1) (adj.) contento, entusiasmado, atraído por algo o alguien (cayendo en desuso). *¡Estoy tan **copada** con mi nuevo departamento! Es hermoso y muy cómodo.* 2) (adj.) muy agradable. *¡Qué **copada** que es tu amiga Viviana!* (v.) **copar** *¡Cómo me copa ese tipo!*
cortar el rostro (loc. v.) despreciar, girar la espalda a alguien. *Mariela me **cortó el rostro** ayer. Parece que ya tiene novio.*
coso (sust.) palabra que reemplaza el nombre de una persona u objeto si se olvida o desconoce el nombre propio (**cosa** en femenino). ***Coso** dice que mañana se va de viaje. / Se le desprendió un **coso** al vestido de Leticia.*
crepar (v.) morir (del italiano "crepare"). *Este podrido de Rodrigo me tiene harta... lo voy a agarrar del cogote y lo voy a hacer **crepar**. / Ese cantante famoso **crepó** cuando su avioneta se estrelló contra un monte.*
crotada (f.) cosa de mala calidad o mal hecha. De croto. *Pero esos zapatos son una **crotada**. ¿Dónde los compraste?*
croto 1) (m.) mendigo, pordiosero. Del nombre de un ministro de de Hacienda de los años treinta, Crotto, quien permitió a los mendigos viajar gratis en los trenes, en sectores reservados a ellos. *Mirá que hoy vienen los tíos de España; andá a cambiarte esa ropa, que parecés un **croto**.* 2) (m.) persona mal vestida, por gusto o pereza. *Elena se pone **crota** cuando trabaja en el jardín.*
cruzar el charco (loc. v.) ir a Uruguay (el "charco" siendo el Río de la Plata).
cuadro (m.) equipo de fútbol. *Queremos formar un **cuadro** entre gomías.*

10

A

cucardo (adj.) ligeramente borracho, drogado o mareado (provincia de Misiones). *Gloria se sintió cucarda después de probar el coctel de Roberto.*
cuerear (v.) hablar de una persona ausente deteniéndose en sus defectos reales o supuestos y generalmente refiriendo casos, ejemplos y anécdotas sobre estas características. *Estuvieron toda la tarde cuereándote. ¿No te zumbaban los oídos?*
cuernos (m.) traición o infidelidad a la pareja.
cuervo (m., despectivo) sacerdote católico. *Mi madre ha vuelto a invitar a comer al cuervo ése.*
culear (v., vulgar) tener relaciones sexuales.
culo (m.) suerte. *¡Ese tipo tiene un culo cuando apuesta en las carreras! / A esa mina Enrique se la ganó de puro culo.*
curda 1) (f.) borrachera. *Tengo ganas de ligarme una buena curda. / A Pedro lo largó la mina; por eso es que lo vemos siempre en curda.* 2) (sust.) borracho *Ese flaco es un curda.* (v.) **encurdelarse** *¡Ganó el Boca 3-1! Vamos a festejar, que hoy vale la pena encurdelarse.*
currar (v.) robar. *Mi colega del trabajo me curró la idea para el proyecto nuevo.*
curro (m.) trabajo ocasional, especialmente cuando se usan los recursos que da el propio empleo legal que uno ejecuta. *Me vine más temprano a la oficina porque tengo un currito que hacer y no quiero que me june nadie.*
curtir 1) (v.) tener relaciones sexuales. *Vos tenés la mente podrida; pensás sólo en curtirte a Sandra.* 2) (v.) drogarse. *Gabriel tiene que desintoxicarse. Está curtiendo droga pesada casi todos los días.*

D

dale interjección que expresa acuerdo. *¿Querés ir al cine? -- ¡Dale!*
dar bola / dar bolilla / dar pelota (loc. v.) prestar atención, hacer caso. *Ella nunca le da bola a los consejos de su hermana mayor. / ¡Danos pelota cuando te hablamos, Fabricio!*
dar en la tecla (loc. v.) acertar (variante de "dar en el clavo"). *¡Es la respuesta exacta, diste en la tecla!*
dar lata (loc. v.) hablar mucho, generalmente de nada importante. *Eugenio me dio lata toda la tarde y no me pude concentrar en los estudios.*
dar manija (loc. v.) incitar. Proviene de darle manija a los autos antiguos para que arrancaran. *¡Basta, no me quiero pelear con él! ¡No me des más manija!*
de cuarta / de décima (loc. adj.) de baja calidad, malo. *Esta marca es de cuarta; prefiero gastar más pero comprar algo bueno. / Rodrigo es de décima, nadie quiere salir con él.*
de la gorra (loc. adj.) loco. *Estás de la gorra si crees que vas a poder ponerte mi ropa cuando te dé la gana.*
de la gran siete (loc. adj.) tremendo, excesivo. Proviene del juego de naipes Truco; el siete de espadas es la tercera carta en importancia para el lance final del juego. *Tengo un sueño de la gran siete, buenas noches.*
de la nuca / del tomate (loc. adj.) loco. *Luz está de la nuca; cuando muera quiere dejarle todo a su gato en herencia.*

de madera (loc. adj.) torpe, sin habilidad, sin experiencia. *Vanessa es de madera para la computadora.*

de posta (loc. adj.) cierto, verdadero, de fuente fiable. *Mirá que el dato que me dieron para la quinta carrera es de posta.*

de prepo (loc. adv.) a la fuerza (de 'prepotencia'). *Y los dos patoteros se metieron de prepo al principio de la cola.*

desbole (m.) confusión, problema, lío. *Hubo un desbole en el estadio cuando cancelaron el partido.*

deschavarse (v.) quedar en evidencia, descubrirse. *¡Me deschavé! Le había dicho que el departamento era mío, y en ese momento llegó el dueño.*

desgraciado (sust./adj.) vil, infame, despreciable. *¡A mí ese desgraciado me las va a pagar todas!*

despelote (m.) caos, desorden, lío. *Hubo un despelote en el supermercado cuando se derrumbó una pirámide de latas de porotos.*

despiole (m.) confusión, problema, lío. *¿Qué despiole en el cine cuando descubrieron a Leo y Alejandra curtiendo en la última fila!*

diego (m.) diez, y por extensión, generalmente el 10% de soborno. *Pasale un diego y vas a ver que no nos hace la boleta.*

dolape (m.) calvo (del vesre pe-la-do: do-la-pe). *El dolape de Hugo quiere hacerse un trasplante de cabello.*

E

echar la falta (loc. v.) arriesgarlo todo. *Necesito plata; tendré que echar la falta y pedir un crédito al banco.*

emilio (m.) mensaje de correo electrónico (del inglés "email"). *Mandame un emilio con los datos.*

empaquetar (v.) estafar, engañar. *Me empaquetaron con el seguro del auto; con lo que me dan apenas me alcanza para las reparaciones.*

empardar (v.) empatar, igualar. *Gloria acaba de empardarla a su hermana. Con el último que tuvo, ahora ambas tienen tres hijos.*

empilchar (v.) vestir (adj. empilchado). *A Quique lo agarró la lluvia justo que se había empilchado para salir.*

en cana (loc. adj.) preso, detenido. *Nelson Mandela estuvo en cana por más de veinte años.*

en llanta (loc. adj.) soltero, sin pareja. *Hace poco que Estela está en llanta. / Amalia se fue y me dejó en llanta.*

encanar (v.) encarcelar. *Encanaron a Roberto por tráfico de drogas.*

encularse (v.) enojarse, enfadarse. *No te enculés, te pago por el vidrio que rompí.*

engrupido (adj.) creído, presuntuoso. *Rosa anda medio engrupida, ya ni saluda.*

engrupir (v.) mentir. *A Carlos le gusta engrupir sobre su estado civil.*

enquilombar (v.) complicar. *Yo que vos, me aseguro antes de poner la firma; no sea cosa que te vayan a enquilombar en un asunto jodido.*

esbornia 1) (f.) borrachera (de origen fam. italiano "sbornia"); en desuso. *Traía una esbornia que no podía mantenerse en pie.* 2) (f.) por extensión, mal olor. *Tapate el naso que el chabón ése tiene una esbornia bárbara.*

JERGAS DE HABLA HISPANA

A

escabiar (v.) ingerir bebidas alcohólicas. *Eduardo apenas tiene 12 años y sus <u>viejos</u> ya le dejan **escabiar**.*

escabio (m.) bebida alcohólica. *Te invito a tomar un **escabio** esta tarde.*

escolasar / escolasear (v.) apostar. *Escolasó con todo lo que tenía, y perdió.*

escolaso (m.) juego de azar, generalmente referido a las quinielas (sust./adj. **escolasero**: jugador, tahúr).

escorchar (v.) fastidiar, molestar (del italiano "scocciare"). *No vengás a **escorcharme** con el cuento que necesitás dinero; ya no tengo que mantenerte.*

escruchante (m.) arte del ladrón (**escruchante**) que abre las puertas, especialmente si lo hace sin violencia. *Cuando vi el <u>despiole</u> en la casa supe que había entrado un **escruchante**. (m.) **escruche**: arte del escruchante.*

espores (m.) zapatillas deportivas, probablemente degeneración del inglés "sports shoes" (Región Entre Ríos). *Ponete los **espores** y vamos a correr al parque.*

estantería (f.) senos. *¡Pobre Blanca! Tenía mucho tiempo sin verla. ¡Se le cayó la **estantería**!*

estrolar(se) (v.) estrellarse, chocar con cualquier tipo de vehículo. *No sabía <u>manejar</u> la moto y se **estroló** contra un árbol. (m.) **estrole**: choque. El **estrole** de la avioneta fue <u>bárbaro</u>. Derrumbó una torre. (adj.) **estrolado**: chocado. El Citroën quedó todo **estrolado** en la puerta derecha, pero al menos el chasis resistió.*

F

fachero 1) (sust.) persona vestida de forma ostentosa. *Había un **fachero** parado ahí; debe ser el novio de Luisa.* 2) (adj.) de buen aspecto. *Ese color a la casa la hace más **fachera**.*

falopa (f.) droga. *Vicente dice que no se divierte si no hay un poco de **falopa** de por medio.*

falopero (sust./adj.) drogadicto. *¿Sabían que Diego es **falopero**?*

faltarle más de un hervor (a alguien) frase usada cuando una persona no está realmente preparada para una dada situación. *¿Que Roberto piensa abrir su propia compañía? A ése **le falta más de un hervor**.*

faltarle un jugador (a alguien) (frase) en el deporte de fútbol si hace falta uno de los jugadores por causa de una expulsión, ese equipo queda desventajado; por ende, alude la persona le hace falta algo, como inteligencia o cordura. *A Felipe **le falta un jugador**, por eso se mete en líos.*

fana (sust. invariable) apócope de "fanático". *Gabriel y Marcos son **fanas** de los Fabulosos Cadillacs.*

farra (f.) fiesta, celebración. *Hoy hay **farra** en la casa del Cholo por su cumpleaños.*

faso (m.) cigarrillo. *Pasame un **faso**, que es necesario después de esta buena comida.*

fato (m.) asunto turbio (del italiano "fatto": hecho). *Me parece que Antonieta tiene un **fato** en algún lado porque llega cada día más tarde. / Para conseguir ese contrato vamos a tener que recurrir a algún **fato** porque así como estamos llevamos las de perder.*

fayuto (sust.) persona de quien no se puede confiar. *Quedamos de encontrarnos a las ocho y no llegó; Liliana es una **fayuta**.*

13

A

feite (m.) cicatriz (en desuso). *El hombre portaba un feite grueso cruzándole la cara.*
fiaca (adj./ sust. invariable en género) desgana, indolencia (del italiano "fiacca"). *Hay mucho quehacer en la casa, pero tengo fiaca--tal vez mañana tenga ganas... / Mario, No seás fiaca y escribime de vez en cuando.*
fierro 1) (m.) revólver, pistola. *Conozco a uno que te podría vender un fierro a buen precio.* 2) (m.) automóvil potente, rendidor, en perfecto estado. *Mi tío tiene un Fiat Balilla que es un fierro.*
fifar (v.) tener relaciones sexuales (en desuso).
fija (f.) dato seguro. *Tengo una fija para la cuadrera de mañana.*
filtrado (adj.) cansado. *Se nota que estás filtrado si ni siquiera te avivaste que me teñí el pelo de verde.*
finde (m.) fin de semana. *Este finde nos vamos al mar.*
fisura / fisurado 1) (adj.) loco, excéntrico. *El fisura de Marcelo se fue a vivir a Islandia.* 2) (adj.) exhausto (proviene del ambiente automovilístico: un motor con fisura es consecuencia de una limada). *¿Te das idea? Dos días sin dormir... estaba fisurado.*
flaco apelativo, término informal para dirigirse a una persona. *Flaca, vení a darme una mano con este mueble.*
fóbal 1) (m.) fútbol 2) (m.) balón de fútbol. *Los del equipo se quejan que Ramiro nunca larga el fóbal a los demás.*
forrear (v.) maltratar, humillar. *En su casa siempre lo forreaban, y se fue de allí cuando tenía 17 años.*
forro (m.) preservativo, condón. *A Mauricio le da vergüenza ir a comprar forros a la farmacia de su barrio--va siempre donde no lo conocen.*
franelear (v.) desempeñar una sesión de caricias y besos apasionados. *Adriana ya se franeleó a todos sus compañeros de clases.*
frula (f.) cocaína. *El novio de Sandra vendía frula en el colegio.*
fuchi interjección usada para ahuyentar algo. *¡Fuchi, fuera de aquí, perros sarnosos!*
fulbo 1) (m.) fútbol *¿Venís a jugar al fulbo esta noche?* 2) (m.) balón de fútbol.
furcio (m.) error de grabación (ya sea por radio que por televisión). *Me encanta ver los furcios que hace ese reportero porque luego no logra recobrar la calma.*

G
gallego (sust./adj.) español, proveniente de España. *El museo estaba lleno de turistas gallegos.*
gamba 1) (f.) cien pesos (unidad monetaria). *Me encontré cinco gambas en un viejo pantalón.* 2) (f.) pierna (del italiano). *Me lastimé una gamba jugando básket.* 3) (f.) favor, apoyo. *Leonor me hizo gamba y nos fuimos a bailar. / Haceme la gamba que me siento solo.*
garca (sust/adj. invariable en género) sinvergüenza, traidor, estafador, persona falsa (variante en vesre de "cagador"). *Garcas son los políticos que van a visitar los barrios más pobres en época de campaña regalando cosas y después se olvidan.*
garchada 1) (sust./adj.) acto sexual (vulgarmente). 2) (sust./adj.) cosa mala, vileza. *Lo que me hizo Paola fue una garchada: se quedó con mi dinero.*
garchar (v.) tener relaciones sexuales (muy vulgar).

garpar (v.) pagar (<u>vesre</u> de pa-gar). *Esta vez te toca a vos **garpar** por los <u>escabios</u>.*
garrón (m.) problema, dificultad; algo que estaba planeado y no se pudo realizar. *Teníamos la intención de ir al teatro, pero pinchamos una goma en el camino y, al llegar, se habían terminado las entradas. ¡Qué **garrón**!*
garronero (sust./adj.) persona que pretende hacerse pagar por otros, que abusa de los demás. Proviene de la costumbre de algunos invitados a un asado, que al irse piden las sobras--los garrones, por caso--para los perros. (verbo: **garronear**). *Beto es un **garronero**. No le digan que vamos al cine. Querrá que le paguemos la entrada.*
gasolero 1) (m.) auto con motor diesel. *Marcos se compró un **gasolero** que no gasta nada.* 2) (m.) persona que se divierte con poco dinero. *Andrés y Mauro son turistas **gasoleros**; a ellos no les interesan los lujos de los grandes hoteles.*
gata 1) (f./adj.) mujer muy sensual (usado en el diminutivo cuando el que habla está involucrado emotivamente con la aludida, y puede significar mimosa). *Esa chica no es linda pero es regata. / Esta **gatita** siempre consigue lo que quiere.* 2) (f.) en provincia de Misiones, mujer, novia. *Quiero que Valentina sea mi **gata**.*
gato (m.) aunque en masculino, se usa como sinónimo de prostituta. *El bar de Perico de noche se llena de **gatos**. / En ese <u>boliche</u> sólo podés conseguir un **gato**.*
<u>**gauchada**</u> (f.) favor, ayuda. *Guillermo nunca le hace una **gauchada** a nadie.*
<u>**gayola**</u> (f.) cárcel (**en gayola**: encerrado). *Ya no cabe un <u>chorro</u> más en la **gayola** de la ciudad.*
gel (adj.) agradable, de moda (dicho de un sitio). *Me gusta este <u>boliche</u> porque es muy **gel**.*
genia (f.) femenino inexistente de "genio". *¡Es una **genia**, en dos minutos me resolvió el problema!*
<u>**gil / gilún / gilastrún**</u> (sust./adj.) tonto, imbécil (**gila / giluna / gilastruna** en femenino). *¡No te hagás la **gilastruna** y dame una explicación de lo que hiciste!*
globito (m.) preservativo, condón. *Todas las mañanas amanecían **globitos** usados regados por todo el parque.*
goma 1) (f.) órgano sexual masculino (insulto típico: **tirarle la goma** a alguien). *¿Así que estás enojado conmigo? ¿Por qué no venís y me tirás la **goma**?* 2) (f.) nada. *No entiendo una **goma** de lo que decís.*
gomía (m.) amigo (usado más frecuentemente entre hombres). *Eric y Maricela son buenos **gomías**.*
<u>**gotan**</u> (m.) tango, género musical y baile rioplatense. *¿Te gusta el **gotan**?*
gozar (a alguien) (v.) ridiculizar, burlarse de alguien. *Nos pasamos toda la tarde **gozándolo** (a él) con la gorda de su novia.*
grasa (sust. invariable en género) persona inculta, de modales rústicos, con mal gusto. *Es fácil reconocer a un **grasa**: es el que lleva un peine a la vista en el bolsillo trasero del pantalón, escupe en la calle, y se saca los mocos en el auto cuando el semáforo está en rojo.*
gratarola (adj./adv.) gratis. *Yo se lo ofrecí a buen precio, pero él lo quería **gratarola**.*
<u>**Gringolandia**</u> (f.) Estados Unidos. *Cada vez que Rafael va a **Gringolandia**, compra software nuevo.*
<u>**gronchada**</u> 1) (f., despectivo) cosa propia de un <u>groncho</u>, cosa de mal gusto, vulgaridad. *La película nueva de ese director chino es una **gronchada**.* 2) (f.)

sinónimo de <u>gronchaje</u>. *Los* **gronchos** *se desviven por el fútbol. Ni hablemos de otros deportes, como el tenis. La mayoría de la* **gronchada** *ni siquiera sabe dónde queda Wimbledon.*

gronchaje (m., despectivo) grupo de 'tribu urbana' de gustos populares, que generalmente prefiere vestir con ropa cómoda o deportiva, le gusta la cumbia como género musical, y es de clase social baja. *Los gustos del* **gronchaje** *son típicos de los nuevos ricos.*

groncho 1) (sust., despectivo) mestizo de piel oscura, ojos pardos y pelo oscuro. 2) (sust./adj.) cualquier persona u objeto ordinario, vulgar, de mal gusto. *Es una moda* **groncha***; yo nunca me vestiría así.*

guácala expresión de asco. *¡***Guácala***! ¡Hay una mosca muerta en la ensalada!*

guacho 1) (sust.) huérfano. *Cuando quedó* **guachito***, a Pedro lo trajeron a la capital.* 2) (sust.) persona vil, despreciable, infame, grosera. De tal manera se comportaban los hijos de padres muertos en las guerras en la campiña, agrupándose y asaltando a viejas, robando, matando y descuartizando vacas y caballos y bebiendo a fines de siglo XIX. *Esa* **guacha** *de mierda de la profesora de inglés me* <u>aplazó</u> *otra vez.*

guampudo (sust./adj.) cornudo, persona traicionada por la pareja (provincia de Misiones). *Marco es un* **guampudo***. Ayer vi a su mujer saliendo de un* <u>telo</u> *con otro.*

guarangada (f.) grosería, acto de mala educación. *Tu tío no te va a perdonar si le hacés una* **guarangada***, así que portate bien.*

guarango (sust./adj.) maleducado, grosero. *No sean tan* **guarangos** *con las* <u>minas</u>*.*

guarda (v. imperativo) usado como advertencia, cuidado, atención (del italiano "guardare": mirar, fijarse). *Nos salvamos porque Nicolás gritó: "¡***Guarda*** *que viene el profesor!"*

guasada (f.) grosería. *Si no me das tu chocolate, le voy a decir a la* <u>sorprofe</u> *que fuiste vos el que escribió esa* **guasada** *en el pizarrón.*

guaso 1) (sust./adj.) persona malhablada, grosera. *No les hagan caso a esos* **guasos** *que les hacen señas desde el otro lado de la calle, niñas. Ignórenlos. / Entre mis* <u>gomías</u>*, Bertha es la más* **guasa** *para hablar.* 2) trato entre amigos (provincia de Córdoba). *Vení que nos vamos con unos* **guasos** *a jugar fútbol a Capital.*

guata (f.) barriga, panza (voz de origen mapuche, usada en el noroeste del país). *¿Y esa* **guata***? ¿Acaso estás embarazada otra vez?*

guau (adj.) de mentiras, de broma (en provincia de Misiones). *Mirá, ahí está tu novia* **guau** *en esa publicidad de los teléfonos.*

guayna (f.) niña, mujer (voz quechua usada en provincia de Misiones). *Dicen que a Max no le gustan las* **guaynas***.*

guita (f.) dinero. *Perdió toda su* **guita** *apostando en las carreras de caballos.*

guitarra (f.) variante de <u>guita</u>, dinero. *Yo quiero ganar más* **guitarra***, por eso* <u>me piro</u> *de aquí.*

H

hacer buena letra (loc. v.) portarse bien para impresionar a alguien. *Mariela hace* **buena letra** *sólo cuando el profesor está presente.*

hacer el verso (loc. v.) convencer a alguien de algo con el fin de engañarlo. *Me parece que Marcos te está* **haciendo el verso** *con eso de las inversiones.*

A

hacer sonar (loc. v.) golpear, matar. *Los voy a hacer sonar a ésos si no se están quietos.*

hacerse el bocho (loc. v.) imaginar, hacerse ilusiones. *Ignacio se hace el bocho con que le van a dar una beca para estudiar.*

hacerse el pelotudo (loc. v.) fingir ignorancia, ignorar un problema para no quedar involucrado. *La vieja estaba tirada en la calle, y todos alrededor seguían caminando, haciéndose los pelotudos.*

hacerse el sota (loc. v.) fingir distracción, querer pasar desapercibido. *Jorge se hizo el sota cuando pasaron el plato de la colecta.*

hamacarse (v.) hacer esfuerzos sobrehumanos para conseguir algo difícil. *¡Para llegar a jugar en la primera de Racing hay que hamacarse!*

hasta la coronilla (loc. adj.) harto, fastidiado.

Heidi (sust.) persona con mal olor de axilas (alusión al personaje de la niña campesina por eso de que siempre andaba con el "chivo" bajo el brazo). *Sacá el incienso, que ya llegó Heidi.*

hijo de papi / papá (loc. sust.) hijo de gente adinerada, que todo lo tiene gracias a ellos. *A aquel hijo de papi le pagaron toda la carrera de administración de empresas y luego le compraron una compañía.*

hincha (sust. invariable en género) seguidor de un equipo deportivo (por allá en el año 1910 en Montevideo, cuando el nacional uruguayo se disputaba un partido, un tal Prudencio Miguel Reyes repetía, gritando a todo pulmón, "¡Arriba Naci'al!" para animar a su equipo. Alguien preguntó quién era ese hombre, y la respuesta fue que era "el que hincha los balones del club".) *Los hinchas del equipo visitante se pusieron violentos cuando su equipo perdió el partido.*

hinchabolas / hinchapelotas (sust. invariable en género y número) persona fastidiosa, pesada e insistente. *Vino Rebeca, ¿la atendés? --Uy no, ésa es una hinchapelotas. Decile que no estoy.*

I

importar un comino (loc. v.) no importar nada.

infeliz (sust./adj.) vil, infame, despreciable. *Esa infeliz me quitó el puesto, pero las cosas no se van a quedar así, te lo aseguro.*

ispa (m.) vesre de país. *Cada vez es más difícil sobrevivir en este ispa.*

J

jamón del medio (loc. adj.) de la mejor calidad. *Llévelos tranquila, doña, estos zapallitos son jamón del medio!*

jetón 1) (sust.) individuo de cara grande. *Francisco es ese tipo jetón que nos presentó Mirtha anoche.* 2) apelativo calificativo cariñoso. *¡Qué hacés, jetón, tanto tiempo sin verte!* 3) (sust./adj.) tonto. *Había sido medio jetón el Martín; se compró una tele demasiado barata y nunca la pudo hacer andar.* 4) (sust./adj.) atrevido, desvergonzado. *¡Sos un jetón! ¡Dejá el asiento a la señora, que está embarazada!* 5) (sust./adj.) chismoso. *Yo que vos no le diría nada sobre eso a Ricardo. Con lo jetón que es, lo contaría a medio mundo.*

JERGAS DE HABLA HISPANA

A

joda 1) (f.) broma. *Le hice una joda a mi compañero de trabajo por el día de los inocentes.* 2) (f.) fiesta. *Mis viejos se van de vacaciones, así que el viernes hay joda en mi casa.* 3) (f.) molestia, fastidio. *¡Qué joda que no puedas venir a la cena!*
jodón 1) (sust.) persona alegre y de buen carácter. *Julio es un jodón de aquellos: con él te divertís un montón.* 2) (adj.) fastidioso, que se divierte molestando en mal momento. *No seás jodón, Nando. ¿No ves que me siento mal?*
joya (adj.) en buen estado. Usado en la frase *"joya, nunca taxi"*, por los avisos clasificados, donde es común encontrar esa frase para indicar que un auto que está en venta nunca ha sido utilizado como taxi, y por ende está en buenas condiciones, no excesivamente usado. *Está joya tu computadora portátil. ¿Cuánto querés por ella?*
julepe (m.) susto muy grande. *Marina se dio un julepe cuando sintió el temblor.*
junado (adj.) fichado, con antecedentes, puesto en la "lista negra" de personas en quienes no hay que confiar. *A ese tipo ya lo tengo junado y en cualquier momento me va a conocer.*
junar (v.) ver, mirar, observar con atención. *Juná estas fotos y dinos si conocés a esta gente. / ¿Junaste la indirecta? Se refería a vos.*

L

laburo (m.) trabajo, empleo, ocupación (verbo: **laburar**). *Alvaro cambiaba de laburo continuamente por entonces.*
laburador (adj./sust.) trabajador. *Lily es muy laburadora; llegará lejos.*
langa (m.) galán en **vesre** (sílabas invertidas). *No te me hagás el langa que sé muy bien que estás casado con Amanda.*
levantar (v.) entrar intencionalmente e informalmente en contacto con alguien desconocido, sobre todo con intenciones románticas o sexuales (probablemente traducción literal de la expresión equivalente en inglés *"to pick up"*). *Levantamos a unas minas que conocimos en el concierto.*
limado 1) (adj.) loco, excéntrico (la palabra viene del ambiente del automovilismo, por la táctica de rebajar la tapa de los cilindros limándola, para darle más potencia al motor; esto lo vuelve más "nervioso", pero también más frágil.) *Lo limado del interrogatorio es que no sabían quién era mi abogado defensor. / ¡Qué limada esta Sabina! Su exposición dio que hablar mucho por los temas de sus pinturas.* 2) (adj.) exhausto. *Me voy a casa porque estoy limado de cansado.*
llenarle la canasta (a alguien) 1) (loc. v.) hartar. *Con esto del aumento en los impuestos a mí me llenaron la canasta.* 2) (loc. v.) por extensión, dejar encinta. *¿Te enteraste? A Eva le llenaron la canasta y sus padres la cagaron a pedos.*
llenarle la cocina de humo (a alguien) (loc. v.) dejar embarazada. *A Diana le llenaron la cocina de humo y encima se las tiene que arreglar sola.*
lo atamos con alambre frase que indica que se recurrió a una solución de emergencia precaria o temporal. *No hay plata para llevar el auto al taller; mientras, lo atamo' con alambre.*
loco apelativo, término informal para dirigirse a una persona, generalmente un amigo. *¿Qué decís, loco, mañana venís a jugar fútbol con nosotros?*
lolas (f.) senos, pechos. *Fulanita se hizo las lolas con ese cirujano plástico que está tan de moda ahora.*

18

lomo (m.) un buen físico, porte. *Esa mina tiene un lomo que raja la tierra.*

loro (m.) mujer fea de rostro. *Jorge arregló para que saliéramos con dos minas, pero a mí me tocó un loro de aquellos.*

luca / lucarda / lucrecia (f.) mil pesos (unidad monetaria). *Cecilia me debe treinta lucas.*

M

macana (f.) error, disparate. *Felipe se mandó flor de macana en el laburo y casi pierde el puesto.*

macanear 1) (v.) contar mentiras estrafalarias. 2) (v.) bromear. *¡Si serás gil!--¿No te das cuenta que el jefe te estaba macaneando cuando te dijo que te iba a aumentar el sueldo?*

macaneo (m.) embuste, mentira. *Me parece que eso es un macaneo de tu parte--es demasiado bello para ser cierto.*

macanero (sust./adj.) persona mentirosa, embustera. *No creas nada de lo que dice Raúl; es un macanero.*

macanudo (adj.) persona simpática, muy buena gente. *Gaspar es un tipo macanudo, siempre está cuando lo necesitás.*

mala leche 1) (loc. sust. f.) mala suerte. *¡Qué mala leche que tuve, me tocó el único tema que no había estudiado!* 2) (loc. sust. f.) mala intención, propósito avieso. *No digás tonterías; me dio el codazo con toda la mala leche.* 3) (loc. sust. f.) persona malvada, vil.

malevo (m.) persona de mal vivir, que generalmente va armado con cuchillo, pagado para proteger a algún jefe del hampa en principios de siglo (en desuso). (m. colectivo) **malevaje**. *En una época Palermo era un arrabal de malevos, pero hoy es cuna de los chetos.*

mamado (adj.) ebrio. *David se quedó dormido sobre la mesa, completamente mamado.*

mamerto (sust.) persona ingenua, fácil de engañar. *A Valeria le hicieron pagar los impuestos dos veces este año y la mamerta ni reclamó.*

mamúa (f.) ebriedad, borrachera. *¿Conocés alguna manganeta para disimular la mamúa?*

mandinga 1) (m.) el diablo (en la pampa). *La situación se resolvió mágicamente. ¡Parece cosa de Mandinga!* 2) (sust.) individuo no influyente, de poca valía (se usa del mismo modo de "pobre diablo") *¿Te parece que ese Martínez nos hará algo? -- No, no creo. Ese tipo es un mandinga cualquiera.*

manganeta (f.) truco, ardid. *Como iba a llegar tarde al laburo, Eduardo se mandó la manganeta de hacerse firmar un parte de enfermo por su cuñado el médico.*

mangar (v.) pedir algo gratis (también **manguear**). *Este ispa es de locos, viejo... se gana más mangando en los trenes que yugándola en un laburo decente.*

mangangá (m.) persona fastidiosa, que habla demasiado (por el ruido que hace el mangangá, abejón muy zumbador). *Por favor, no hables más, sos un mangangá en mi oreja.*

mangazo (m.) beneficio u objeto obtenido gratuitamente por alguien que manguea. *Uy, allá viene Federico; ése siempre me pide algún mangazo.*

mango (m.) un peso (moneda argentina). *Te hacen falta dos mangos para pagar por ese chorizo.*
manguear (v.) pedir algo gratuitamente. *Voy a pasar por el mercado para manguear algo de fruta.*
manyamiento (m.) acción de los policías que observan a una persona o miran una foto de un delincuente, o sospechoso de serlo, para tenerlo presente y reconocerlo en la calle (en desuso). *Pusieron a todos los sospechosos en una fila para someterlos al manyamiento.*
manyar 1) (v.) comer (del italiano "mangiare") *¿Qué se manya hoy, vieja?* 2) (v.) mirar algo con disimulo, estudiándolo (en desuso). *Me di cuenta demasiado tarde que alguien me estaba manyando.* 3) (v.) comprender, darse cuenta (en desuso). *¿Manyás que ya casi es navidad y todavía no hemos comprado regalos?*
máquina 1) (f.) cosa buena, potente, de calidad, en excelente estado. *Un chabón de la oficina se compró un auto que es una máquina / Mirá qué máquina esa mina.* 2) (f.) PC, ordenador, computadora. *Voy a cambiar la máquina por una de 1 giga y medio.*
mariposón (m.) hombre afeminado. *Aquel peluquero es un mariposón.*
masa (f.) cosa buena, maravillosa, potente, de calidad. *El show fue una masa, lástima que no pudiste ir.*
masoca (sust./adj.) masoquista. *Alex no se decide a dejar a su mujer porque es masoca y le gusta que lo maltraten.*
masticar (algo) (v.) tratar de comprender. *Imagino que será como vos decís, pero todavía lo estoy masticando.*
matarse (v.) sacrificarse o esforzarse uno mucho por algo. *Me maté estudiando todo el fin de semana y luego postpusieron el examen para el próximo mes.*
matienzos (m. pl.) infusión de yerba mate. *¡Qué bien nos vendrían unos matienzos a esta hora!*
matufia (f.) engaño, treta. *No aceptés la propuesta de Pablo; es una matufia para sacarte dinero.*
matungo 1) (m.) caballo viejo e inútil 2) (sust.) persona inútil en su oficio. *Joel ya debería jubilarse. Es un matungo.*
meado por los perros (frase) en desgracia, en pésimo estado. *Últimamente ando meado por los perros: sin laburo, sin casa y sin mujer.*
melón (adj.) cursi, excesivamente romántico; deformación de "meloso". *No me gusta su canción nueva porque es demasiado melón.*
merca (f.) cocaína. *Traficaban con merca y los delataron.*
mersa (adj./sust.) grosero, soez. *Esos chabones son unos mersas, no hay que responderles si te llaman.*
meter la mula (loc v.) engañar. Se refiere a la costumbre de darle al turista en las sierras como cabalgadura una mula en lugar de un asno, por el mal carácter de las mulas. *Escuchame, loco, a vos no te voy a meter la mula, esa mina está conmigo.*
meter el perro (loc v.) engañar. Proviene de los criaderos de canes, en que cuando se mete un perro común al redil de las perras de raza en celo, puede malear toda una cría. *Me quiso meter el perro vendiéndome níquel por plata.*

JERGAS DE HABLA HISPANA

A

m'hijo / mijo / mijito (sust.) trato entre personas, cariñoso y levemente condescendiente. *Mija, llamame más tarde que ahora estoy bien ocupada. / ¿Y ahora qué hacemos, Rafael? --Quedate tranquilo, m'hijo, que yo te saco de ese apuro.*

milico (m.) en porteño, militar--en otras partes de Argentina puede ser un policía. *Había unos milicos molestando a unas minas en el boliche.*

mina (f.) mujer joven. El uso en mujeres mayores es despectivo. *El ex de Brenda dice que la dejó porque ella es una mina histérica y aprovechadora.*

minón infernal (loc. sust. m.) mujer muy bonita.

mishiadura (f.) pobreza (proviene de meadura, una desgracia). *Quise poner un quiosco, pero con esta mishiadura no me quedó más remedio que cerrar porque no vendía nada.*

mocoso (sust.) niño (despectivo). *Esos mocosos me emporcaron todo el auto.*

mocho (sust./adj.) amputado. *¡Pobre perro, tiene una pata mocha!*

morfar (v.) comer *Héctor se morfó todo el postre.* (m.) **morfi**: comida *La vieja está preparando el morfi.*

morfarse (v.) tener relaciones sexuales. *Lo encontró su mujer mientras se morfaba a la vecina.*

morlaco (m.) dinero, billetes o monedas. *Se necesitan muchos morlacos para poder viajar como lo hace mi suegro.*

mosca (f.) dinero. *No hay suficiente mosca para hacer una fiesta.*

motoquero (sust./adj.) **motoquero** (sust./adj.) miembro de una 'tribu urbana' compuesta por personas que viajan en moto; dícese por extensión de quien trabaja usando la motocicleta como medio de transporte. *Leí un anuncio de empleo donde buscan motoqueros autónomos para envíos dentro de Cap. Federal.*

mufa 1) (sust. invariable en género) persona a quien la rodea la mala suerte, pero sin ser afectada por ella. *Gualberto es un mufa, no lo invités al partido si querés que tu equipo gane.* 2) (f.) enojo, mala disposición con o sin motivo. *No sé por qué pero hoy ando con una mufa bárbara; casi me peleo con Gabriela.*

N

nabo 1) (sust./adj.) tonto, tarado, ingenuo. *Ese actor siempre trabaja haciendo de nabo.* 2) (m.) órgano sexual masculino; palabra usada en imprecaciones.

napia (f.) nariz grande. *Con esa napia nunca vas a ser modelo. / ¿Viste qué napia tiene el prometido de Fabiana?*

naso (m.) nariz, especialmente si es grande (del italiano "naso": nariz). *Claudio se operó el naso.*

nene de mamá (loc sust.) hijo de gente adinerada, que todo lo tiene gracias a ellos.

ni ahí frase que expresa rechazo, indiferencia, o para indicar la poca relevancia que una cosa tiene con otra. *¿Vos te comprarías unos zapatos como éstos? --Ni ahí.*

Ñ

ñata (f.) nariz. *Si arrimás más la ñata al vidrio, lo vas a manchar.*

ñato 1) (sust./adj.) persona de nariz pequeña. *Salió desparramado como estornudo de ñato.* 2) (m.) fulano, individuo. *Aquel ñato te anda buscando.*

21

ñoqui (sust.) empleado (sobre todo un dependiente de gobierno) que resulta en la nómina pero que se presenta al trabajo solamente a la hora de cobrar. *Para mí que por lo menos 20% de los funcionarios universitarios son ñoquis.*

O

onda 1) (f.) cosa negativa o positiva. Si se utiliza solo, es algo positivo. *¡Qué mala onda que cancelaran el concierto! / ¡Uh, qué mala onda que tenés hoy! te la pasaste discutiendo con tus amigos.* 2) (loc. v.) **haber onda:** mostrar simpatía, interés, amistad. *¿Hubo onda con Marina? -- Sí. Hoy salimos juntos.* 3) (loc. v.) **poner onda:** participar, interesarse. *Los pibes pusieron onda, por eso la pasamos bien.* 4) (conj.) **onda que...** parece que, o sea que. *Hoy Julio me invitó a salir; onda que le gusté.*
opa 1) (adj. inv. en género) tonto, idiota. 2) (m.) abuelo (del alemán). *El domingo le vamos a festejar los 90 años a mi opa.*
orto 1) (m.) culo, trasero. *Leí por ahí que en Uruguay hay un decreto que prohíbe a los mayores de 60 pirulos que se tatúen el orto.* 2) (m.) buena suerte (un poco vulgar). *Dar ese examen en esas condiciones es una audacia, pero le fue bien. ¡Qué orto que tiene!*
otario (sust./adj.) tonto, necio, ingenuo. *No sos ninguna otaria, Isabel; te manyaste lo que quise decirte.*

P

paganini (sust.) forma despectiva de referirse a una persona que se hace cargo de todos los gastos. *Los amigos de Pablo abusan de él. Lo tienen de paganini.*
paisano (sust.) usado en la ciudad con significado de judío. *Josué vive en el barrio de los paisanos.*
paja (f.) acto de onanismo (adj. **pajero**).
palanca (f.) valimiento, intercesión poderosa o influencia que se emplea para conseguir algo. *Julián tiene palanca con el alcalde de su pueblo.*
palanquear (v.) influir por alguien. *El padre de Rosario está palanqueando para que ella entre a laburar en la misma empresa que él.*
pálida 1) (f.) comentario negativo. *Mi jefe nunca está conforme: si hace un comentario, es siempre una pálida.* 2) (f.) situación triste o deprimente. *¡Qué pálida! No voy a poder irme de vacaciones.*
palma (f.) cansancio. *El sábado no salí porque tenía una palma que ni te cuento.*
palmado (adj.) cansado. *Llegué palmado del viaje. Voy a dormir unas horas.*
palmar 1) (v.) pagar. *Tuvimos que palmar por los daños que causó nuestro hijo cuando estrelló su auto contra una casa.* 2) (v.) derrumbarse de cansancio o desmayarse. *Después de la corrida, Héctor palmó y tuvimos que llevarlo a sua casa.*
palmera (f.) lugar mítico adonde van quienes siempre tienen que palmar (y se quedan sin dinero) (en desuso).
palo (m.) millón de pesos (unidad monetaria). *Ese regalo le debe haber costado algunos palos. / 8.700.000 son ocho palos setecientas lucas.*
pancho (m.) hotdog, perrito caliente. *Tengo hambre--voy a comprarme un pancho a la esquina.*

A

paquete 1) (adj.) exclusivo, selecto. *A ella la encontrás solamente en los ambientes más paquetes.* 2) (m.) bulto en el pantalón que hace el órgano sexual masculino. *Olga me metió mano al paquete.*

paragua (sust./ adj. invariable en género, despectivo) paraguayo, proveniente de Paraguay. *En mi curso de ingeniería hay tres paraguas y un chileno.*

partuza (f.) fiesta desenfrenada y excesiva, que en ocasiones degenera en orgía. *Katia y Leila son las brasileras que conocí en la partuza del sábado pasado.*

pasar la pelota (loc. v.) remitir o pasar un problema, responsabilidad, etc. a otra persona. *Cuando se puso mal la cosa, Germán le pasó la pelota al médico.*

pata ancha (loc. sust.) facilidad, ventaja en alguna situación. *Como Roberto es hijo de ministro, entró con pata ancha en el senado.*

patear para adelante (loc. v.) expresión de origen futbolística; significa dejar al futuro los problemas que no se pueden enfrentar en el presente, del mismo modo en que un defensor apurado por un ataque del equipo contrario piensa sólo en sacarse la pelota de encima "pasándola para adelante", sin privilegiar el buen juego ante la urgencia. *Esa cuestión la pateamos para adelante; ahora lo urgente es hacer cuadrar el balance.*

pato criollo (loc. sust.) persona que comete errores continuamente (por "da un paso, una cagada, un paso, una cagada..."). *Leo no es más que un pato criollo, da lástima.*

patota (f.) grupo de jóvenes revoltosos y montoneros que se dedica a molestar o atacar a la gente en sitios públicos. *La patota de Sergio cobraba "peaje" para dejar pasar a la gente delante de la estación ferroviaria.*

patotear (v.) intentar obtener algo por la fuerza o por medio de presión. *Lo que no me gusta de esta empresa es que cuando algo les sale mal te vienen a patotear para que te hagas cargo de los errores que no cometiste, y si no lo hacés, te echan.*

patotero 1) (sust./adj.) miembro de un grupo de jóvenes revoltosos y montoneros que se dedica a molestar o atacar a la gente en sitios públicos. *Ser patotero es ser cobarde, porque solo no se atrevería a hacer lo que hace en patota.* 2) (adj.) lo que es propio de tal grupo.

patovica (m.) persona de seguridad en los locales nocturnos (proviene de una marca de patos--"Vicca"--que se vendía hace muchos años, que eran famosos por su tamaño--eran casi un pavo pequeño). *El patovica de la discoteca nueva no nos dejó entrar.*

pavada (f.) tontería. *Aquella niña dice sólo pavadas.*

pavo (sust./adj.) tonto. *Alberto tiene un par de gomías pavos que hacen todo lo que él dice.*

pegar (v.) tener éxito. *El programa nuevo de ese cómico está pegando mucho.*

pejerto (sust./adj. despectivo) sujeto de actitudes deslucidas o gestos torpes, también aplicado a tímidos o a quienes manifiestan opiniones mediocres o imitadas de otros. *Flaco, sos un pejerto: por eso las minas no te bancan.*

pelota (f.) caso, atención. *Ni pelota a la belleza de ese edificio. Yo sólo no quería mojarme bajo la lluvia torrencial.*

pelotudo (sust./adj.) individuo torpe e inútil. *"Sos un pelotudo, tenías que armar esa lámpara al revés", le dijo Ramón a su amigo.*

23

JERGAS DE HABLA HISPANA

A

<u>pendejo</u> 1) (sust./adj.) adolescente o quien parece serlo por su aspecto juvenil (f. **pendejada**: acto propio de un joven). *¡Gloria, cuánto hace que no te veía! ¡Te ves <u>bárbara</u>, estás hecha una **pendeja!** 2)* (sust./adj.) persona pueril, inmadura. *¡Sos un* **pendejo!** *¿Cuándo te vas a comportar como la gente de tu edad?*
pendejo de mierda (loc. sust.) persona falsa, poco fiable (también **pendejo del orto**). *Al final, vos sos un* **pendejo de mierda**, *tanto hablar y cuando tenés que ponerte a <u>laburar</u> te hacés el tonto.*
pendorcho (m.) objeto indefinido, cachivache. *Luis, alcanzame el* **pendorcho** *ése para ponerlo acá.*
percanta (f.) mujer joven y bonita (en desuso). *Raúl dice que las* **percantas** *deben estar en casa a planchar y hacer de comer.*
perrada (f.) traición, mala jugada. *Esther anda mal con el novio; el tipo le hizo la* **perrada** *de salir con otra <u>mina</u>.*
perrear (v.) trampear, acomodar algo para que parezca cumplir con una función, con el fin de obtener algo o estafar a alguien. (adj.) **perreado** *Me vendieron el auto barato, pero la caja estaba* **perreada** *y ya no anda más.*
perrera (f.) cárcel. *Me comí dos días en la* **perrera** *porque me pescaron en <u>curda</u>.*
perro 1) (m.) tarea ejecutada a ocultas del empleo de uno, pero utilizando los medios y / o tiempo del empleo para desempeñarlo. *Tengo que hacer un* **perrito** *para Luciano, ¿ves? Necesito que me cubras.* 2) (sust.) persona inhábil para el puesto que desempeña (sinónimo de <u>matungo</u>). *Todos en ese equipo son unos* **perros**. *No le ganan a nadie.*
<u>petiso</u> (sust./adj.) persona de baja estatura. *La* **petisa** *soñaba con ser modelo, pero no creció lo suficiente.*
piantado (adj.) loco (en desuso). *Ese tipo está* **piantado***; habla solo.*
piantarse 1) (v.) irse, escapar. *Esta ciudad no me gusta; apenas pueda me* **pianto** *de acá. / Alcanzame una soga que el caballo* **se me piantó**. 2) (v.) enloquecer. *Héctor se* **pianta** *cada vez que ve a otro hablando con su mujer.*
<u>pibe</u> (sust.) niño, muchacho. *Aquella* **piba** *va a terminar mal si sigue descuidando los estudios.*
picando la pelota (loc. adj.) con el riesgo de perder por indecisión. *Mirá que si dejás la cuestión* **picando la pelota**, *tu socio se va a quedar con todo.*
<u>pichicata</u> 1) (f.) jeringuilla. *Siempre les he tenido terror a las* **pichicatas**. 2) (f.) inyección; por extensión, droga. *Doña Ximena no es enfermera pero sabe dar la* **pichicata** *y tomar la presión. / Los agarraron antes de que pudieran deshacerse de la* **pichicata**.
<u>pichicatear</u> (v.) potenciar a un animal de competición (caballo, galgo, etc.), un vehículo, o hasta un atleta usando sustancias químicas (del verbo italiano "pizzicare", pellizcar) *Ese <u>matungo</u> no puede haber ganado, viejo. Para mí que lo* **pichicatearon**. */ Para mejorarle la salida al Dodge, le* **pichicateo** *la <u>nafta</u> mezclándola con óxido nitroso. / Se supo más tarde que la campeona se había* **pichicateado** *antes, durante y después de las Olimpiadas.* (m.) **pichicateo**. *Tuvieron que recurrir al* **pichicateo** *para mejorar las prestaciones del equipo.*
pichicho (m.) can, perro. *Mirá qué lindo* **pichicho** *el de las manchitas negras.*

24

piedra (f.) la droga crack, derivada de la cocaína. *Mis hijos dejaron los estudios y se pusieron a fumar piedra.*

pifie (m.) error. *Tenés un pifie en este párrafo; corregilo.* (v.) **pifiar.** *Esta rosca la pifiaste; la tuerca no entra.*

pilcha (f.) ropa, prendas de vestir. *Sonia necesita otro ropero con tanta pilcha que tiene.*

pillado (sust.) persona de modales afectados. *Yo apenas lo toqué, pero el pillado ése se largó a llorar igual. / Lilia es una pillada que no te compra nada si no es en el shopping.*

pillar / pishar (v.) mear (del italiano "pisciare"). *Todo me sale mal; lo único que falta es que me pishen los perros.*

pintar 1) (v.) dar ganas, antojarse. *Pintó ir al boliche de Perico.* 2) (v.) aparecer, presentarse. *Al rato que llegamos, pintaron Gabriel y la señora. / Mirá que si no pinta Antonio, yo me voy.*

piña (f.) golpe (también en sentido figurativo). *Este mes he recibido tantas piñas que estoy pensando hacer un largo viaje.* (f.) con los verbos pegarse / darse, tener un accidente automovilístico. *El pobre de Mateo se pegó una piña bárbara saliendo de un estacionamiento.*

piola 1) (adj.) hábil, diestro. *José es piola para tocar la guitarra.* 2) (adj.) justo, bueno. *Ese programa es piola.* 3) (adj.) agradable, lindo. *Esa camisa te queda muy piola*

piolada (f.) cosa hecha con ingenio, viveza o desfachatez. *Cuando se fue del hotel, Juan pidió el teléfono prestado e hizo una llamada de larga distancia; él está acostumbrado a hacer ese tipo de pioladas.*

pipiolo (sust.) persona sin experiencia en algo pero que dice tenerla (en desuso). *Marina es una pipiola, ahi le anda contando a todos que sabe jugar tenis y en realidad nunca ha tocado una raqueta.*

pirado (adj.) loco. *Yo te dije que Genaro está medio pirado, pero vos no me quisiste creer.*

pirarse 1) (v.) irse. *Me piro; me están esperando mis gomías.* 2) (v.) enloquecer.

pire (m.) locura. *La vi a mi novia con otro, y me agarré un pire que casi los mato a los dos.*

pirulo (m.) año. *¿Que si cuántos pirulos tiene Filomena? ¡Ése es un secreto de Estado!*

plomífero (adj.) aburrido, tedioso. *No me gusta Biología porque tengo una sorprofe que es medio plomífera y me la hace lunga.*

plomo (sust. invariable en género) persona pesada, aburrida. *El novio de Tatiana es un plomazo que se la pasa hablando de futbol. / María es buena, pero es un plomo; no hace más que hablar de los problemas que tiene y las desgracias que le ocurren.*

pollerudo (sust./adj.) hijo de gente adinerada, que todo lo tiene gracias a ellos. Se refiere a la **pollera** o falda larga de las mujeres mayores, común refugio de los niños. *Tus hijos son unos pollerudos; es hora que aprendan cómo ganarse la vida.*

pomo (m.) nada. *No comí un pomo en todo el día.*

poner la caripela (v.) admitir una culpa, asumir una responsabilidad. *¡Rompiste el jarrón! Cuando venga mamá, poné la caripela.*

ponerse chusco (v.) vestirse en modo elegante, pero por motivos circunstanciales (provincia de Misiones). *¿Viste cómo se puso chusca Irene para su fiesta de graduación?*

pornoco (m.) acné, barro en la piel. Apócope de "por no coger", por ser relacionado a la inexperiencia sexual de los adolescentes, que suelen tener este problema de la piel en modo particular. *Este pornoco que me salió en la nariz me tiene enfermo.*

popó (m.) excremento (habla infantil, eufemismo). *Mamá, Fufi se hizo popó en la alfombra.*

posta (f.) verdad. *Posta que si me presento para ese puesto, lo gano.* 2) (adj.) de buena calidad. *A Mario le regalaron un reloj posta.*

poto (m.) trasero, nalgas (en provincias del oeste). *Sacaron al perro de la cocina con una patada en el poto.*

potra (f.) mujer voluptuosa e impactante. *Erica no tendrá cerebro, pero es una potra.*

prenderse en (algo) (v.) aceptar una invitación. *Te prendé en un fulbo?*

prepotear (v.) comportarse en manera prepotente para obtener algo. *Creen que pueden prepotear sólo porque llevan el uniforme de la policía.*

pucha interjección de contrariedad, disgusto (eufemismo de "puta"). *¡Pucha, mirá por donde caminás! / ¡La pucha con esa gente! ¡No sabe lo que quiere!*

puchero 1) (m.) hombre homosexual (Prov. de Córdoba) *¿Quién le enseñó a decir "¡puchero!" al loro?* 2) (m.) cenicero. *Alcanzame el puchero antes de que se me caiga la ceniza del faso.*

pucho 1) (m.) cigarrillo, tambien la colilla del cigarrillo. *El cenicero ya estaba lleno de puchos y apenas había iniciado la fiesta.* 2) (m.) desperdicio, resto o residuo de algo, poca cosa. *En este pote quedó un pucho del guiso de lentejas. / No le acertó una trompada por un pucho.*

pudrirse 1) (v.) averiarse, arruinarse. *Se me pudrió el teléfono celular y por eso no te pude llamar ayer.* 2) (v.) aburrirse, hartarse o enfadarse. *Me pudrí tanto con la película que me rajé del cine.*

punto (adj.) tonto, cobarde. *En la película, el protagonista no quería que lo creyeran punto, así que aceptó a jugar a ruleta rusa con la pistola.*

Q

qué acelga (frase interrogativa, jocosa) "¿qué hacés?" Saludo.

qué onda (frase interrogativa) saludo; también usado para preguntar qué ha sucedido. *¿Qué onda, ya estás lista para ir al baile?*

que te garúe finito (frase) expresión usada para desearle desventura a alguien. *Está bien, Susana. Que publiques tu dichoso libro y que te garúe finito.*

qué talco (frase interrogativa, jocosa) "¿qué tal?" Saludo.

quedarse en el molde (loc. v.) quedarse tranquilo para no complicar las cosas. *Ya sé que tenés razón, pero quedate en el molde porque si te ponés a discutir va a ser peor.*

quedarse mosca 1) (loc. v.) quedarse dormido. *Claudia provocó un accidente al quedarse mosca mientras manejaba.* 2) (loc v.) quedarse callado. *Le voy a hacer una broma a Gustavo; vos quedate mosca, no le avisés.*

quedarse musa (loc. v.) guardar silencio, disimular. *No te conviene pelearte con ese tipo; vos quedate musa y dejame que yo le hable.*
quedarse piola (loc. v.) quedarse tranquilo. *Quedate piola, flaco, que yo soluciono el problema por vos.*
quemado (sust./adj.) drogadicto consumado por la droga. *No te metas con Renato que está medio quemado por la merca.*
quemar 1) (v.) disparar un arma de fuego. *Te voy a quemar si no me das tu cartera.* 2) (v.) delatar, anunciar un secreto a los cuatro vientos. *Andrea me quemó. Fue y le contó a Miguel que me gusta.*
quía término que reemplaza el nombre de una persona cuando se quiere hablar con disimulo, ocultando la verdadera identidad de la persona de quien se habla (de el / la "aquí presente". quía = aquí). *El quía asaltó una licorería anoche.*
quilombo 1) (m.) prostíbulo. 2) (m.) lío, barullo, escándalo. *El otro día se armó un quilombo en el mercado cuando un tipo quiso robarse una gallina.* 3) asunto complicado o peligroso. *Este motor es un quilombo para desarmarlo.*
quinto forro (de las pelotas) (loc. sust., vulgar) mucha rabia. *Me da en el quinto forro que me mientas.*

R
ragú (m.) hambre (del nombre de la salsa italiana para la pasta). *Tengo un ragú bárbaro, vamos a morfar.*
rajar / rajarse 1) (v.) despedir, alejar, irse. *A Helena la acaban de rajar del laburo.* / *Yo me rajo, estoy muy cansado.* 2) (v.) ir de prisa, correr. *Apenas oí la noticia me fui rajando al hospital.* (sust. m.) **raje.**
rati (m.) agente de policía (vesre de "tira"). *Raymundo se fue de rati a la fiesta de disfraces y no lo dejaron entrar.*
rayadura 1) (f.) locura, enojo. 2) (f.) afición o costumbre extraña. *Carlos tiene la rayadura de las monedas; siempre le pide al que viaja porque dice que colecciona.*
rayarse (v.) enloquecer, enojarse. *Teresa se rayó cuando Bernardo le quiso pegar.*
raye 1) (m.) locura, enojo. *A mi tío le sobrefacturaron el teléfono; le agarró un raye bárbaro y se fue corriendo a quejarse.* 2) (m.) afición o costumbre extraña.
re- prefijo que sirve para intensificar un verbo (en español usado exclusivamente con adjetivos y adverbios, como "rebueno, rebién"). *Leí mal la dirección y nos reperdimos.* / *Me miraba y me redí cuenta de eso.*
rebuscárselas (loc. v.) ingeniarse para enfrentar y sortear dificultades cotidianas. *Pata se las sabe rebuscar, vas a ver que la enfermedad de su hijo la va a hacer luchar más.*
rebusque 1) (m.) arte, maña, astucia. *Silvia siempre obtiene lo que quiere con sus rebusques de mujer.* 2) (m.) trabajo suplementario, medios de ingresos secundarios. *Fernando, además del empleo en el Banco de Londres tiene el rebusque del taxi.* 3) (m.) relación extraconyugal. *Marcia tiene un rebusque con su entrenador de tenis.*
relojear (v.) mirar con disimulo. *A mis amigas les gusta relojear a todos los tipos que pasan por la calle.*

A

reventado 1) (adj.) cansado, exhausto. *Cuando estoy reventado lo único que quiero hacer es <u>torrar</u>.* 2) (f.) prostituta, mujer libertina. *Esa Diana es una reventada: ya salió con todo el grupo y no le alcanza.*
romperla (loc. v.) ser fantástico, lo máximo. *Los quesos que producen allí la rompen.*
rope (adj.) torpe, sin habilidad, sin experiencia (<u>vesre</u> de <u>perro</u>). *¡Sos tan rope para bailar que siempre le pisas los pies a los demás!*
ruso 1) (sust.) judío prestamista. *No sabía que Rebeca era una rusa; me enteré el otro día cuando fui a empeñar la guitarra.* 2) (sust.) persona tacaña y aprovechada. *Ese Manuel es un ruso de mierda: me ofreció apenas 100 pesos por lo muebles que necesito vender antes de irme.*

S

sabalaje (m.) el populacho, la plebe (provincia de Santa Fe). La palabra viene de "sábalo" que es un pez de lomo amarillento que según José Gobello "se lo pescaba en las orillas donde merodeaba el hampa"; dice Fray Mocho que solía hallárselo en la resaca, medio "asonsao" (atontado). El nombre del pez se transfirió a los vecinos de esos suburbios. También suele usárselo para describir el mal olor que se atribuye a esa gente. *Creció entre el sabalaje pero se distinguió por la nobleza de su espíritu.*
sabiola (m.) cabeza, mente. *Hoy en día comer un buen puchero en un restaurante no baja de los $20 por sabiola. / Paco siempre dice todo lo que le pasa por la sabiola.*
sacar el cuero (loc. verbal) criticar. *Las viejas estaban entretenidas sacándole el cuero a la vecina nueva.*
salado (adj.) muy caro, costoso. *Los precios en este supermercado están cada vez más salados.*
salame (sust./adj.) tonto, idiota. *Che, sos más salame de lo que pensaba si creés que te van a pagar por la porquería que hiciste. / La salame de Laura volvió a ordenar joyería cara que vio por televisión, y no es más que plástico y vidrio.*
sánguche (m.) emparedado. *No va a haber tiempo para pararnos a comer en el viaje. Prepará unos sánguches para el camino.*
saque (m.) aplicación de droga (con el verbo "darse" drogarse). *No hacía más que dormir entre un saque y otro. / La cantante fue al baño a darse otro saque antes de volver al escenario.*
sobar (v.) caricias previas al acto sexual. *Guillermo estaba sobando a Magda cuando llegaron los <u>viejos</u> de ella.*
sobar el lomo (loc. v.) adular a alguien para obtener ventajas. Parte de la típica postura de quien quiere ganarse la confianza dando palmadas de falso compañerismo en la espalda. *Me parece que Martín me está sobando el lomo para que le presente a mi hermana.*
socotroco (m.) cosa grande o bulto voluminoso. *Pensé que me iban a pagar poco, pero me llegó un socotroco de <u>guita</u>.*
sogán (m.) miedo. *Me agarró un sogán tremendo cuando sentí por primera vez un terremoto.*
sonar 1) (v.) morir. *Anoche sonó el abuelo de Adrián.* 2) (v.) padecer de una enfermedad seria. *Fede está medio sonado; los doctores no saben si va a sobrevivir.* 3) (v.) fracasar, perder, tener mal fin. *¡Sonaste! Tenés que salirte del juego.*

JERGAS DE HABLA HISPANA

A

sorete (m.) 1) porción compactada de excremento. *Ese pintor está medio pirado. Che, supe que llamó a su más reciente obra de arte "Sorete en un pedestal".* 2) (adj.) tacaño. *Ese Miguel es medio sorete; le di una mano grande y sólo me tiró unos pesos.*

sorongo (m.) cosa grande o bulto voluminoso, con connotación negativa. *Fuimos todos a bajar las cosas del camión y a mí me tocó el sorongo más pesado. / Rodrigo, tenés que ser más limpio, che... ahí en el inodoro tenés un flor de sorongo apolillando.*

sorprofe (sust. invariable en género) profesor (por inversión de sílabas). *La sorprofe de inglés es de Australia.*

subte 1) (m.) tren subterráneo, metropolitano. *Shau Li nunca había viajado en un subte antes de venir a Buenos Aires.* 2) (adj.) poco convencional, radical, no comercial (traducción directa del inglés "underground"). *Alejandro trabaja en un programa de radio subte.*

T

tachero (m.) taxista. *El tachero quiso cobrarme de más porque pensó que yo era turista.*

tacho (m.) taxi (por parecerse el sonido de la palabra "taxi" a tacho). *Llamame un tacho o voy a llegar tarde al aeropuerto.*

tamango (m.) zapato (cayendo en desuso). *Voy a lustrar los tamangos porque esta noche me voy a bailar.*

tano (sust./adj.) italiano, proveniente de Italia. *Por aquí cerca hay un restaurante tano. ¿Vamos a cenar allí?*

taquero (m.) comisario. Dicen que la palabra nació porque cuando llega el comisario todos hacen sonar los tacos de los zapatos. *Dicen que el taquero de este poblado es muy autoritario.*

taquería (f.) comisaría. *Se llevaron a Douglas y Román a la taquería para interrogarlos.*

tarro 1) (m.) suerte. *Roberto tiene mucho tarro; siempre encuentra dinero tirado en la calle.* 2) (m.) zapato. *Tengo que lustrarme los tarros porque voy al Club.*

te la voglio dire frase de origen italiano ("te la quiero decir") para insinuar que "te irá mal" (te quiero decir cuál será tu fin). *Mirá que él es boxeador y si te pega una piña, te la voglio dire. / Si no conseguís vender algo, te la voglio dire con el patrón.*

telo (m.) hotel transitorio, que cobra por hora en vez de día, usado generalmente para encuentros de género sexual (sílabas invertidas de hotel). *Como no vivo solo, prefiero ir a un telo con mis amigas.*

tiempo del ñaupa (loc. sust.) viejo, antiguo, de hace mucho tiempo (en desuso). *Esa ropa deberías regalarla o tirarla, es del tiempo del ñaupa.*

timba (f.) empresa, trabajo, etc. con pocos escrúpulos, donde se privilegia la ganancia de dinero sobre la decencia. *Ese mercado es una timba: compran fruta podrida y la venden cara.*

timbear (v.) participar en juegos de azar (sust. timbero: jugador, tahúr). *Ese vicio de timbear se lo está llevando al diablo a Antonio.*

29

tira (sust.) policía (la policía en general: *la tira*; el agente de policía: *el tira*). *Los dos tiras estaban tomando algo en un bar mientras a veinte metros asaltaban a una señora.*

tirar la manga (loc. v.) pedir, mendigar. *Che, a Pedro le ha ido muy mal. Lo vi el otro día tirando la manga delante de una iglesia.*

tirar los perros / los galgos (a alguien) (loc. v.) cortejar. *Pablo le anda tirando los perros a Lucía.*

tirarse (a alguien) (v.) tener relaciones sexuales. *Hoy la veo a Elisa; te juro que esta tarde me la tiro.*

tirársele (a alguien) (loc. v.) declararse, ofrecer una relación de pareja. *Benjamín se me tiró, pero a mí no me interesa.*

tocazo / toco (m.) montón, muchísimo. *Esa canción me gusta un toco.*

tomar de punto (loc. v.) elegir como objeto de las burlas o de la presión injusta de alguien. *Pobre Eric, como era el más joven lo tomaban siempre de punto.*

tomarse el dos (loc. v.) irse, alejarse (con las dos piernas). *Yo me tomo el dos, tengo mucho que hacer hoy.*

toque 1) (m.) un poco. *Jorge, sujétame un toque esta valija que la cerradura no abre.* 2) (m.) momento. *Sandra, acompáñame un toque al baño.*

torrar (v.) dormir. *Mi viejo se torra la vida, ahora que ya no labura.*

tortillera (f./adj.) lesbiana, mujer homosexual. *Todo el mundo ya sabe que esa actriz es tortillera. Lo confesó en una entrevista por televisión.*

tracalada (adv.) mucho, gran cantidad (en la prov. de Córdoba). *Había tracalada de peces en ese río antes de que pusieran esta fábrica aquí.*

traga (sust. invariable en género) estudiante que vive nada más que para sus estudios. *Matías es un traga, se saca siempre diez y no se pierde un día de clases.*

tragarse (algo) (v.) chocar violentamente contra algo. *No había luces y me tragué un árbol.*

tragarse la tripa (loc. v.) ser homosexual un hombre. *Aquél me parece que se traga la tripa.*

trago (m.) copa o vaso de bebida alcohólica.

tramoya (f.) timo, estafa (del italiano "tramoggia": tolva). *Ese juego de las pirámides es una tramoya.*

transar 1) (v.) besar, acariciarse. *A Aurelia y Pepe casi los descubren transando en el parque.* 2) (v.) cambiar de hábitos o de ideología por conveniencia. *No quería seguir estudiando, pero al final transé para que mis viejos me dejaran de fastidiar.*

trava / travesaño / traviesa / travucardo / travuco (m.) travestí. *Es común en los avisos personales "Alba, simpática y traviesa, tel. 45-33..."*

trenza 1) (f.) asociación ilícita entre varios estamentos para aprovecharse de una posición gubernamental o cargo político con el fin de ganar dinero o poder *José tiene un prostíbulo y armó una trenza con la comisaría: les pasa una guita y lo dejan en paz.* 2) (f.) por extensión, cualquier arreglo entre parte controladora y controlada para convivir con beneficios mutuos.

tres por cinco (loc. adv.) barato, de mala calidad (proviene de la oferta "tres paquetes por cinco centavos"). *Los muebles de esa casa son todos de tres por cinco.*

A

trola (f.) 1) prostituta. *Esa mina se la da de actríz dramática, pero llegó al escenario por lo trola que es.* 2) (f.) mujer bisexual o lesbiana. *A Víctor le interesaba Teresa hasta que supo que es trola y que la "prima" que comparte su apartamento en realidad es su amante.*

trolazo, trolín, trolebús, trolo (m.) hombre afeminado, homosexual. *Aquel boliche es exclusivo para trolos.*

trompa (sust. invariable en género) patrón, con las sílabas invertidas. *¡No le vayas a comentar nada de este problema al trompa!*

tronco (m.) persona sin habilidad, sin experiencia (sinónimo de de madera). *Víctor es un tronco jugando golf.*

trono (m.) retrete, WC, "toilette". *Creo que don Abelardo no se siente bien. Hace una hora que está en el trono.*

trucha (f.) cara, rostro. *Si no te callás te rompo la trucha de una trompada.*

trucho (sust./adj.) de poco valor, falso, ilegal. *Ese Rolex es trucho. / Ese tipo es un trucho (¡te está mintiendo!).*

tuerca (sust./adj.) apasionado de automovilismo (interpretada como calidad positiva, como si la persona formase parte de una elite). *Ximena está saliendo con un tuerca y ahora cada semana va a las pistas a verlo correr. / La tuerca de mi amiga Cinthia no se pierde una carrera de Formula 1.*

turro (sust.) persona con cualidades negativas, que molesta a los demás. *Los turros esos son casi todos culturistas, así que es mejor evitarlos.*

U

ufa interjección que denota fastidio (del italiano "uffa"). *¡Ufa! ¡Dejá de moverte tanto en la cama, que no me dejás dormir!*

uña (f.) habilidad, talento, capacidad. *Eduardo tiene uña para la mecánica.* La expresión *"no tiene uña pa' guitarrero"* designa a una persona superada por lo que tiene entre manos.

urtuguncho (m.) objeto indefinido, cachivache. *Lucía me regaló este urtuguncho y no sé ni para qué sirve.*

V

vacunar (v.) 1) poner en aprietos, perjudicar. *A Carlo lo volvieron a vacunar esta semana. En vez de dejarlo descansar, lo mandaron a laburar a la provincia.* 2) (v.) tener relaciones sexuales. *Al final lograste levantarte a aquella minita... ¡la vacunaste!*

versear 1) (v.) contar mentiras estrafalarias, bromear. *Dana se lo verseó a David que la comida no era picante para hacerlo caer.* 2) (v.) mentir para sacar ventaja. *A mí me parece que nos están verseando con eso de que podremos sacar nuestro dinero del banco cuando queramos.*

vesre (m.) revés. Se refiere al vocabulario formulado invirtiendo el orden de las sílabas vesre = revés.

vieja / viejo (sust.) madre, padre. *Es un buen tipo mi viejo...*

viejo verde (loc. sust. m.) hombre maduro que se dedica a cortejar mujeres jóvenes. *El viejo verde de mi jefe creyó que iba a poder seducirme con regalos.*

vista gorda (loc. sust. f.) con el verbo y artículo "hacer la", fingir no darse cuenta de algo. *Los que tenemos conciencia no podemos hacer la vista gorda ante las injusticias.*

vuelta (f.) solución; con el verbo **buscar**, tratar de encontrar una solución; con el verbo **encontrar**, descubrirla. *Buscando en internet, por fin le encontré la vuelta a esa frase en inglés que me servía para una traducción importante y que no encontraba en mis diccionarios.*

X, Y

yeca (f.) inversión de las sílabas de "calle". *A ciertas horas es mejor no andar en la yeca.*

yetatore (sust.) persona a quien la rodea la mala suerte, pero sin sufrir directamente de sus efectos (del italiano "iettatore" persona que sabe hechizar). *Dicen que los Benedetti son todos yetatores.*

yirar (v.) dar vueltas por la calle (de la pronunciación del verbo italiano "girare"). *Hay muy pocos taxistas yirando la calle en busca de pasajeros.*

yiro (m. aunque usada para referirse a las mujeres) prostituta (por eso que se le ve "yirando" o dando vueltas por la calle). *Hubo redada en el cabaré y se llevaron a varios yiros.*

yorugua (sust./adj. invariable en género) uruguayo, proveniente de Uruguay (por inversión de sílabas). *El mejor tango yorugua tiene que ser "La cumparsita".*

yugo (m.) trabajo, empleo. (verbo: **yugar**). *Vení conmigo: yo voy a la estación y de paso te dejo en el yugo.*

yuta (sust.) policía (la policía en general: *la yuta*; el agente de policía: *el yuta*). *La yuta vigila ese edificio desde hace días.*

Z

zafado (sust./adj.) descarado, atrevido, audaz. *El zafado de Manuel le pidió quita a su novia para luego irse de vacaciones con otra.*

zafar (v.) desembarazarse de una obligación o compromiso perjudicial o no querido. *Carlos zafó de muchas deudas con la guita que le llegó. / No sé cómo lo logré, pero zafé Biología.*

zapallo 1) (m.) cabeza. *¡Usá el zapallo, terminá los estudios antes de hacer otra cosa!* 2) (adj./sust.) tonto, ingenuo. *Vos sos medio zapallo. ¿No te das cuenta que te están verseando?*

zorro gris (m.) inspector de tránsito (en la provincia de Córdoba). *Pasé un semáforo en colorado y justo me vio un zorro gris, así que me hizo la boleta.*

AMERICANISMOS Y / O ARGENTINISMOS

A

acalambrarse (v.) sufrir un calambre. *Se me acalambró la mano de tanto escribir.*

afiche (m.) poster, cartel. *¿Les gusta el afiche que compré de la Torre Eiffel?*

aguinaldo (m.) bonificación de salario. *Aproveché el aguinaldo y pinté toda la casa de amarillo.*

JERGAS DE HABLA HISPANA

A

<u>ameritar</u> (v.) merecer. Ambos verbos se usan. *Usted **amerita** un ascenso, Pereira. Siga así.*

<u>ananá</u> (f.) piña (fruta). *Una ensalada de frutas sin **ananá** no es lo mismo, ¿viste?*

<u>aplazar</u> (v.) usado con acepción de suspender o reprobar en un examen o curso académico. *¡A Marco lo volvieron a **aplazar** en química!*

<u>arveja</u> (f.) guisante (legumbre). *Mamá, ¿llevamos **arvejas** frescas o enlatadas?*

B

<u>bacha</u> (f.) lavabo de baño o fregadero de cocina. *La **bacha** de la cocina es de acero, y la del baño, de mármol.*

<u>balero</u> (m.) juguete de mano (boliche) compuesto de un palo terminado en punta y una bola taladrada sujeta con un cordón, que se lanza al aire para ensartarla en el palo.

<u>barrilete</u> (m.) cometa (juguete). *Vamos a la playa a hacer volar nuestros **barriletes**.*

<u>básquet / basquetbol</u> (m.) baloncesto. *¿Quién es el jugador más alto de tu equipo de **básquet**?*

<u>baúl</u> de auto (m.) maletero de automóvil. *Las cinco maletas que Cecilia preparó para el finde no le entraron en el **baúl**.*

bien compuesto (adj.) atildado, bien vestido y con aires de responsable. *El tal Giménez me impresionó como un tipo **bien compuesto**, che. Démosle el puesto a él.*

<u>birome</u> (m.) (f.) bolígrafo. *Me anularon el cheque porque lo llenaron con un **birome** verde y sólo aceptan tinta azul o negra.*

<u>boleta</u> (f.) multa. *Giré en U y me comí una **boleta** de aquellas.*

<u>boletería</u> (f.) taquilla, sitio donde se venden entradas para espectáculos. *Te esperamos enfrente de la **boletería**.*

<u>boleto</u> (m.) billete de entrada, de lotería o para viajar. *Perdí el **boleto** del avión y no me dejaron embarcar.*

bombacha 1) (f.) ropa interior inferior femenina, calzón o braga. 2) (f.) pantalón campestre de labor, hecho de algodón, con cintura y bragueta, piernas muy amplias y abullonadas y puños en los tobillos; es vestimenta tradicional de trabajo de los gauchos. *El gaucho salteño lleva camisa blanca, **bombachas** rojas y poncho rojo con bordes negros.*

<u>bombita</u> (f.) bombilla de alumbrado eléctrico. *¡La **bombita** de mierda se quemó y no duró una semana!*

<u>bretel</u> (m.) tirante (del italiano "bretella"). *Estoy buscando un sostén sin **breteles**.*

<u>bulón</u> (m.) tornillo grande (de tuerca). *La máquina empezó a hacer un ruido raro cuando se le soltó un **bulón**.*

<u>buscapleitos</u> (sust./adj.) picapleitos, provocador de riñas, revoltoso. *No invitaron a Mauricio a la fiesta por su fama de **buscapleitos**.*

C

<u>cachetón</u> (sust./adj.) carrilludo, que tiene los cachetes abultados. *¿Te acordás del **cachetón** de Quico en El chavo del 8?*

<u>calzones</u> (m.) bragas, ropa interior masculina o femenina (también en singular, **calzón**). *En Italia es de buena suerte llevar puestos **calzones** rojos el día de año nuevo.*

calificar (v.) reunir los requisitos necesarios (de "to qualify"). *Hicimos solicitud para que nos asignaran una casa, pero nos dijeron que no calificábamos.*
camote (m.) batata (voz de origen nahua) (en la prov. de Mendoza). *Pruebe, m'hijo, este dulce de camote que le ha preparado su madre.*
campera (f.) chaqueta de cuero u otro material resistente de corte deportivo o informal. *Vendo campera color negra, talle L.*
cancha (f.) campo para practicar deportes (voz de origen quechua). *Para poder jugar tenis primero hay que reservar una cancha.*
canilla 1) (f.) pantorrilla. *Le dieron bruta patada en las canillas.* 2) (f.) grifo para el paso de líquidos. *Cerrá esa canilla, Laura, que se agota el tanque.*
carayá (m.) resto de comida que se sirve al otro día (en la provincia de Misiones). *Lo único que tenemos de comer es carayá.*
carnear (v.) matar y descuartizar reses. *Vamos a carnear unas vaquillas para la fiesta de San Carlos.*
carpir (v.) eliminar las hierbas nocivas de un terreno. *Primero carpimos, luego aramos y al final sembramos.*
cero (f.) máquina de peluquero para cortar el pelo al rape. *Sí, lo quiero corto, pero esta vez no usés la cero.*
chancho (m.) cerdo. *Hoy matamos al chancho y luego habrá que faenarlo.*
chango (m.) carrito de supermercado. *Andá a devolver el chango mientras salgo del estacionamiento.*
chiflete (m.) corriente de aire que se cuela por una rendija. *Cerrá bien esa puerta, que entra un chiflete bárbaro.*
chijete (m.) corriente de aire que se cuela por una rendija (usada en el interior del país). *Dice que se enfermó por culpa de un chijete.*
choclo (m.) mazorca de maíz (de origen quechua). *Poné a hervir los choclos para que estén listos para la comida.*
chomba (f.) camisa de punto, de manga corta, cuello y tres botones. *Él solamente usa chombas de Lacoste.*
chucho (m.) escalofrío (de origen quechua). *Hace calor, pero yo tengo chuchos de frío; debo tener fiebre.*
chueco 1) (sust./adj.) patituerto. *Cinco campeonatos de F1 ganó el "chueco" Fangio.* 2) (adj.) ladeado, torcido, no recto. *Me parece que este techo me quedó medio chueco.*
chupar (v.) beber bebidas alcohólicas. *Lo único que saben hacer los fines de semana es chupar.*
clavado (m.) (en natación) zambullida. *Con un clavado llegó al fondo de la pileta y sacó la moneda que habían tirado.*
colectivo (m.) transporte urbano de pasajeros, autobús. *Bueno, nos vemos entonces en la parada del colectivo a las diez.*
comercial (m.) anuncio publicitario grabado o filmado (del inglés "tv / radio commercial"). *Odio esa emisora; siempre ponen diez comerciales por cada canción que tocan.*
competencia (f.) competición deportiva. *El día de la competencia el veterinario oficial revisa a todos los caballos antes de cada carrera.*

A

componerse (v.) aliviarse, recuperarse de una enfermedad. *Iremos al zoológico cuando te compongas, Jorgito; Mami te lo promete.*
corpiño (m.) sostén (ropa interior femenina -- cayendo en desuso). *Es muy lindo el vestido, pero se me ven los breteles del corpiño.*
cuadrera (f.) carrera de caballos de 100 m. *Mi caballo va a competir en la cuadrera siguiente.*
cupo (m.) cabida. *¡Inscríbase ya al curso de inglés! El cupo es limitado.*
curita (f.) tirita, vendaje adhesivo. *Necesito una curita para esta herida en la mano.*

D

despelecharse (v.) pelarse la piel. *Tomé demasiado sol y me estoy despelechando todo.*
dizque (adv.) supuestamente, al parecer (usado en el interior del país). *Margarita se fue a EEUU dizque a estudiar. Pa' mí que tenía que deshacerse de algo.*
durazno (f.) melocotón. *¿Te gusta el yogur de durazno?*

E

egresado (sust.) quien obtiene el certificado de haber concluido una carrera académica. *Va a ver una reunión de egresados de mi universidad y no voy a poder atender.*
en picada (loc. adv.) en picado, que se mueve hacia abajo casi verticalmente, que precipita. *El avión cayó en picada sobre el edificio. / La demanda para ese producto bajó en picada desde que su precio subió vertiginosamente.*
estampilla (f.) sello postal. *Che, estas cartas no las podés enviar sin estampilla.*
estancia (f.) granja, finca, hacienda. *Crecí en una estancia en provincia de Mendoza.*
estéreo (m.) sistema de sonido estereofónico. *¿De qué marca es tu estéreo?*

F

farándula (f.) conjunto de personajes de espectáculo (bailarinas, cantantes, actores, cómicos, etc.). *Ese fotógrafo se ocupa sólo del mundo de la farándula.*
frutilla (f.) fresa. *No es tiempo de frutillas, pero yo tenía unas congeladas que ahora nos vienen al pelo.*
fundirse (v.) quedar en bancarrota (adj. **fundido**). *No funcionó lo de la panadería: se fundió después de seis meses.*

G

galleta (f.) aparte del producto horneado, significa nudo, maraña, enredo. *Alcánzame el peine que se me hizo una galleta en el pelo.*
ganchera (f.) barra de la cual se suspenden los ganchos en forma de ese donde se cuelga la carne para vender.
garúa (f.) llovizna muy ligera, nebulizada, que empapa no obstante se lleve paraguas (v. **garuar**).
gasoil (m.) gasóleo, combustible para motores diesel. *Por suerte me pasé al gasoil porque el costo de la nafta me estaba matando.*
goma (f.) neumático. *Las gomas están lisas, hay que cambiarlas porque es peligroso circular así.*

35

A

gotero (m.) cuentagotas. *Dale la medicina al gatito con un gotero.*
guascazo (m.) azote dado con algo blando pero doloroso, como un cinturón; latigazo. *Rompí los vasos y el viejo me mató a guascazos con el cinto.*
gurí (sust.) niño pequeño. (f. **gurisa,** plural **gurises, gurisas**) (voz de origen guaraní, usada en el nordeste del país). *Los gurises jugaban despreocupadamente en el barro / Creo que esta gurisa se perdió. Andaba caminando sola por la calle, llorando.*

H, I
hamaca (f.) silla mecedora. *Venga, nona, siéntese en la hamaca mientras le cebo unos mates.*
intendencia (f.) alcaldía (sust. **intendente:** alcalde).

J
jugo (m.) zumo. *¿Y de tomar? --Para ella, agua mineral. A mí deme un jugo de pera.*

L
lapicera (f.) bolígrafo. *¿Tenés una lapicera? Necesito apuntar una dirección.*
licuado (m.) bebida, generalmente a base de leche y otros ingredientes, hecha en licuadora. *Mirá: esta receta del licuado de plátano puede servir para tu dieta.*
living (m.) sala de una casa (del inglés "living room"). *¿Y esta lámpara dónde la vas a poner? --En el living.*
lunfardo (m.) originalmente, jerga de las clases bajas alrededor de Buenos Aires. Muchas locuciones del lunfardo fueron introducidas y se usan actualmente en el habla popular.
lungo (adj.) largo. Ambos adjetivos se usan. En particular, referido a una persona, alguien alto y flaco. *La fila estaba lunga en el banco. Prefiero volver otro día. / Adriana anda de novia con el lungo ése de acá a la vuelta.*

M
manejar (v.) conducir un vehículo.
mate 1) (m.) infusión de yerba mate. 2) (m.) calabaza, especialmente la que seca y vaciada se usa como recipiente para preparar la infusión de yerba mate. 3) (m.) por extensión, cualquier recipiente usado para la preparación de la infusión. 4) (m.) cualquier tisana o infusión de yerba medicinal bebida con bombilla. *Valeria siempre se las arreglaba para llegar a la hora del mate.*
mercadito (m.) puesto callejero donde se venden alimentos (fruta, verdura, carne o pescado). *Andrea se fue al mercadito pero enseguida vuelve.*
metegol (m.) futbolín, juego de mesa con una caja que sirve de campo de fútbol y once jugadores que penden de tres travesaños que atraviesan el campo. Los "jugadores" están atornillados a la barra de tal modo que sus bases--o pies--rozan el piso. *Pusieron metegol en el quiosco, ¿viste?*
minutas (f. pl.) palabra raramente usada en conversacionalmente: usada principalmente en menús y carteles en restaurantes económicos, se refiere a ciertos tipos de comida rápida como los sandwiches o las empanadas.

A

morocho 1) (sust./adj.) persona de cabello oscuro; 2) (sust./adj.) persona de tez morena. *Laura es una morocha muy bonita.*

mozo (m.) camarero (persona que atiende en un restaurante; en femenino se prefiere **mesera**). *Llamá al mozo, que se me cayó el tenedor.*

mufado (adj.) echado a perder, deteriorado (dícese de carne averiada, fruta o verdura pasada de madurez, con hongos) (del italiano "muffa" moho). *Che, ¿qué esperas para tirar esta comida mufada que tenés en la heladera?*

N, Ñ

nafta (f.) gasolina. *Huele mucho a nafta; ¿habrá un agujero en el tanque?*

nomás 1) (adv.) solamente. *Cómprelo, nomás cuesta diez pesos.* 2) partícula que añade énfasis a la oración.

nono (sust.) abuelo (del italiano "nonno"). *Yo nací en Rosario, pero mis nonos eran de Italia.*

O

overol (m.) mono, traje de faena de una sola pieza que se pone encima de la ropa para protegerla (del inglés "overall"). *El "Mostachón" es ése del overol de mecánico.*

P

palta (f.) aguacate (voz de origen quechua). *¿Te gusta la ensalada con palta?*

pampa (f.) amplia llanura sin árboles (voz de origen quechua). *Yo prefiero vivir en las montañas o en la costa que en la pampa.*

papa (f.) patata (de origen quechua). *Me encantan las papas fritas.*

parado (adj.) de pie, derecho, levantado. *"¡No sé los muchachos de hoy qué le ven de bonito a llevar las greñas paradas como puercoespín!" exclamó doña Aurelia, disgustada.*

pararse (v.) ponerse de pie, levantarse de la cama. *El joven se paró para darle el asiento a la señora embarazada.*

parlante (m.) altavoz. *No se escucha a la izquierda, así que habrá que mover los parlantes.*

patente (f.) matrícula para vehículos. *Ahora usted puede pagar la patente con su tarjeta de crédito.*

pileta (m.) piscina de natación. *Mirá si será rusa la vieja que no quiso que sus hijos aprendieran a nadar para ahorrarse la pileta.*

pingo (m.) caballo de buena presencia y preparado para carreras. *Ese potro tiene futuro de pingo.*

piolín (m.) cordel delgado de fibra. *Uy, se me hizo una galleta en el piolín del barrilete.*

placard (m.) armario, ropero. *¿El retrato del nono? Me parece haberlo visto arriba del placard de la pieza de Anita.*

pleitero (sust./adj.) pleitista, belicoso, revoltoso, litigador. *Simón quiso estudiar leyes porque tiene alma de pleitero.*

pochoclo (m.) palomita de maíz. *¿De qué gusto son esos pochoclos rosas, de cereza?*

pollera (f.) falda. *Lavá la **pollera** verde, ya está muy manchada.*
poroto (del quechua) frijol, judía (legumbre). *No comás tanto **poroto**, viejo, que después quién te aguanta los gases...*
procura (f.) seguimiento, búsqueda. *Los policías salieron en **procura** del delincuente apenas descubrieron su fuga.*
prontuario (m.) expediente donde figuran los antecedentes de todo el que ha tenido cuentas con la policía (v. **prontuariar**, adj. **prontuariado**). *Mi comisario, usted me dijo que le labrara el **prontuario** al chorro ése, pero qué lo voy a **prontuariar** si ya está **prontuariado**.*
pulóver (f.) prenda de punto, suéter (del inglés "pullover"). *No encuentro el **pulóver** gris por ningún lado, ¿vos lo viste, de casualidad?*

Q, R
rambla (m.) calle o paseo costero. *Están construyendo un hotel de lujo cerca de la **rambla***
reducidor (sust.) perista, vendedor de artículos robados. *No le conviene comprar ese DVD "usado" que le quiere vender Samuel. ¿Acaso no sabe que es **reducidor**?*
regalía (f., usado más en el plural) porcentaje de una suma concedido a un autor por la venta de su obra. *Decidí no publicar mi libro con esa editorial porque las **regalías** que ofrecen a los autores son bajas.*
registro (de conductor) (f.) (m.) carnet de conducir, permiso o licencia de manejar. *Ahora que ya tengo quita suficiente para comprar la camioneta, voy a sacar el **registro** profesional.*
remera (f.) camiseta de manga corta y sin cuello. *El de la **remera** azul es Danilo, mi primo.*
rentar (v.) sinónimo de alquilar, arrendar (f. **renta**: alquiler, arrendamiento). *Rentamos un departamento pero luego vamos a comprarnos una casa.*
retobarse (v.) rebelarse, desobedecer. *Los peones **se retobaron** ante los abusos del padrón.*
revisación (f.) revisión. *Si no hacés la **revisación** del texto antes de imprimirlo, es probable que después encuentres varios errores.*
rollo (m.) carrete de película. *Tengo que llevar a revelar los **rollos** de las fotos que tomé en las vacaciones.*
rotisería (f.) negocio donde se asan y venden pollos. *No tenía ganas de cocinar, así que me fui a comprar un pollo a la **rotisería** de la esquina.*
rostizar (v.) asar, cocer al horno (adj. **rostizado**). *En la receta dice que hay que usar un platón para **rostizar** con una rejilla para recoger el jugo. / Me quedé dormido en la playa y quedé como pollo **rostizado**.*

S
saco (m.) chaqueta. *Se me manchó el **saco**; habrá que llevarlo a limpiar.*
shopping, shopping center (m.) centro comercial (del inglés). *A Maura la descubrieron **choreando** ropa en el **shopping**.*
surfear (v.) practicar el deporte de surf. *¿Vamos a **surfear** el domingo?*

T

tacho (m.) recipiente de metal u otro material, generalmente con tapa, para guardar cosas. *Vi que compraste otro **tacho** de galletas. ¿No era que estabas a dieta?*
tambo (m.) establo de vacas de leche, vaquería. *Nada que ver la leche que probamos en el **tambo** con ésta, que es pura agua.*
tanque (m.) dicho del depósito de carburante de los autos. *Llene el **tanque** y revise el aceite, por favor.*
tapera (f.) habitación en ruinas (voz guaraní). *Vivían en una **tapera** pero ahora hasta tienen casa con **pileta** olímpica.*
tomacorriente (m.) toma de electricidad, dispositivo donde se enchufan los aparatos que funcionan con la electricidad.
transar (v.) transigir, negociar. *Tenemos que **transar** en menos plata porque si no, no vendemos más ese departamento.*
tratativa (f.) negociación que se hace para llegar a un arreglo sobre temas comerciales, laborales, políticos, económicos, etc. *Cualquier **tratativa** con empresas comerciales deberá ser autorizada por la mesa directiva.*
tricota (f.) prenda de punto, suéter (en desuso).

U, V

vaquita (f.) colecta, cooperación. *Hagamos una **vaquita** para comprarle el regalo de bodas a Emilia.*
velorio (m.) velatorio (acto de velar un difunto). *Me deprimen los **velorios**. Cuando yo muera, quiero que hagan fiesta.*
vereda (f.) acera. *Amanda se cruzó a la otra **vereda** para no saludarnos.*
villa (f.) conjunto de viviendas precarias. *Valeria creció en una **villa** pero con muchos esfuerzos logró estudiar y mejorar su condición social.*
vincha (f.) banda con que se ciñe la cabeza pasando por la frente (voz de origen quechua). *En Japón las **vinchas** se llaman hachimaki.*

X, Y

yapa (f.) añadidura que obsequia el vendedor al comprador (de origen quechua). *El vendedor me dio estas nueces de **yapa**.*
yuyal (m.) campo donde crece maleza. *El conejo que iba siguiendo el perro desapareció en los espesos **yuyales**.*
yuyo 1) (m.) hierba medicinal. *Venga, siéntese que le voy a preparar un té de **yuyos**.* 2) (m.) mala hierba (voz de origen quechua). *Esta casa está muy abandonada; con esos **yuyos** parece una tapera.*

Z

zafar (v.) dislocarse un hueso (adj. **zafado**). *Con la caída se le **zafó** un hombro.*
zapallo (m.) calabaza (de origen quechua). *Tirale unas gotitas de limón al dulce de **zapallo** y vas a ver qué rico queda.*
zorrino (m.) mofeta (el mamífero). *Don Pocholo tenía un mono y un **zorrino** operado.*

JERGA DE BOLIVIA

A

achuntar (v.) atinar, acertar. *Martín tiró la pelota y achuntó a hacer gol. Ganamos el torneo.*

agarrón (m.) persona con la cual uno tiene una relación informal (sin compromiso) que consiente gestos de afecto. *No, Julia no es mi novia, es mi agarrón.* (v.) **agarronear** *Teresa anda muy amargada. Yo creo que necesita agarronearse a alguien.*

ajear (v.) maldecir, decir groserías (acortamiento del verbo carajear). *Lo oímos ajear cuando se dio cuenta que alguien se había llevado su paraguas y afuera llovía a cántaros.*

alcoholato (m.) cualquier bebida alcohólica. *No tenemos licencia para vender alcoholatos.*

amarrete (sust./adj.) tacaño. *Los escoceses tienen fama mundial de amarretes.*

amollar (v.) pagar o cooperar para pagar por algo. *Fuimos a <u>chupar</u> unas <u>chelas</u> y a Roberto le tocó amollar. / ¿Vas a amollar para el regalo de cumpleaños de Fede?*

arrecho (adj.) excitado sexualmente. (verbo) **arrechar / arrecharse**. *Esa actriz sabe cómo arrechar a los hombres.*

B

bichear (v.) espiar, acechar. *Siento como que alguien me está bicheando.*

biela (f.) cerveza. *No, yo no quiero esta biela, no está fría.*

bife (m.) golpe dado con el puño. *Mario le dio un bifazo a Juan Carlos porque Juanca le hizo un comentario sobre su hermana.*

bola (f.) noticia, rumor (usado con el verbo correr) *Se corre la bola que habrá despidos en la fábrica.*

bolas (sust./adj.) tonto, idiota. *¡Si será bolas ese técnico! En vez de resolver el problema, lo empeoró.*

boliche (m.) bar, discoteca; se ha extendido a lugares donde se venden bebidas, alimentos. *Me voy, todos mis amigos me están esperando en el boliche.*

culear (v., vulgar) tener relaciones sexuales.

bombo (m.) barriga abultada de mujer encinta; por extensión, embarazo. *Lucía llamó a casa para avisar cuándo llegaba, pero no les contó que venía con bombo.*

buitre (m.) vómito. *Los domingos por la mañana siempre hay buitres regados por las calles.*

buitrear (v.) vomitar. *El perro buitreó en la cocina después de haberse comido el guiso de Alicia.*

C

cachar 1) (v.) atrapar, capturar, pillar (del inglés "to catch"); por extensión, comprender, captar. *Cacharon al niño robando fruta en el huerto. / ¿Cachas lo que estoy tratando de decirte?* 2) (v.) sesión de besos y caricias. *Ricardo por fin logró cacharse a Cecilia.*

cachilo (adj.) excitado sexualmente. *Todos los chicos se vuelven cachilos al ver bailar a Claudia.*

cachina (f., vulgar) testículo (por asociación con las canicas).

café (m.) regaño duro, reprimenda. *Se mereció ese café por malhablado.*

calancho (adj.) desnudo, sin ropa. *La chola llevaba a su guagua calancho, con el frío que hacía.*

camba (sust. invariable) persona oriunda del sur del país (Santa Cruz, Beni y Pando). *Al camba se le reconoce al hablar porque usa siempre el diminutivo con final -ingo, como "chiquitingo" en vez de "chiquitito", "cerquinga" por "cerquita" y "poquingo" por "poquito".*

camote (adj.) enamorado. *Mi hermano está camote de Lucía, pero ella prefiere a Carlos.*

cana (f.) cárcel, prisión. *La cana de esa ciudad ya no tenía espacio para más reos.*

caña (f.) borrachera (verbo: **cañarse / cañearse**). *Estuvo buena la caña del otro día, pero es muy pronto para cañarme otra vez.*

capanga (m.) guardaespaldas. *¿Cómo se llama la película en la que sale Kevin Costner de capanga de Whitney Houston?*

carajear (v.) maldecir, decir groserías. *A don Fermín le encanta carajear enfrente de los curas.*

cartucho (adj.) virgen, sin experiencia sexual. *Diana es la única cartucho del grupo.*

chacharse (v.) faltar a la escuela, al trabajo o a una obligación. *Hacía mucho que no te chacheabas de la clase de química, Fernando.*

chaki moral (m.) remordimiento, arrepentimiento por haber hecho una mala obra. *Ayer atropellé al gato de mi vecina y el chaki moral me está matando.*

chango (sust.) persona. *Esa changa es una de mis mejores amigas.*

chapar (v.) besar (m. **chape**: beso). *Ese desvergonzado estaba chapando con otra delante de su ñata.*

chela (f.) cerveza. *Abrime otra chela.*

chirola (f.) cárcel, prisión. *El "Verruga" lleva años pudriéndose en la chirola.*

chino (adj.) drogado, bajo la influencia de drogas. *Se notaba a leguas que Rodney estaba chino ayer.*

cholo (sust.) persona aborigen, caracterizada despectivamente como persona regateadora y sucia. *Aquellos cholos siempre tardan horas para comprar algo en el mercado.*

choro (sust.) ladrón, ratero (verbo: **chorear**). *Ese barrio está lleno de choros.*

chota (sust.) mujer muy fea. *Aquella chota que va entrando a la biblioteca se llama Marisa.*

chupa (f.) borrachera. *Están organizando una chupa maldita para su cumpleaños.*

chupamedias (adj./sust. inv. en género) persona obsecuente y servil. *Dejá de ser chupamedias, no vas a conseguir nada.*

chupar (v.) beber bebidas alcohólicas. *Lo único que sabés hacer los fines de semana es chupar.*

chuparse la madre (loc. v.) emborracharse hasta la inconciencia. *Los domingos siempre nos chupamos la madre y por eso nunca llegamos a tiempo al trabajo los lunes.*

B

clefa (sust. invariable) persona que aparece en lugares donde no ha sido invitado. *Tomás es un clefa de gran clase; sólo aparece en las fiestas de alta sociedad.* (v.) clefearse. *Hoy hay una cena y no me han invitado; estoy pensando que nos podríamos clefear.*

cómo es (frase interrogativa) forma más común de saludar entre jóvenes. *¿Cómo es, Silvia? Hacía mucho que no te veía.*

concha (f., vulgar) órgano sexual femenino. Palabra frecuentemente usada (en combinación con otras) en imprecaciones e insultos.

conchudo (adj.) suertudo. *¡Sos conchudo! No sé cómo una chica tan linda haya aceptado salir contigo.*

crepar (v.) morir (del italiano "crepare"). *Este podrido de Rodrigo me tiene harta... lo voy a agarrar del cogote y lo voy a hacer crepar. / Ese cantante famoso crepó cuando su avioneta se estrelló contra un monte.*

cuero (m.) persona guapa, atractiva (invariable en el femenino). *Muchos opinan que Pamela Anderson es un cuero.*

D

dar bola (loc. verbal) hacer caso, prestar atención. *No le des bola a Arturo porque después se pone fastidioso.*

descartuchar (v.) desvirgar, perder la virginidad. *Ella insistía que sería descartuchada sólo el día de su matrimonio.*

desco (sust./adj.) torpe, descoordinado, inútil para algo. *Pablo es un desco para todo lo que tenga que ver con trabajos manuales.*

descule (m., vulgar) caos, desorden, lío. *Anoche hubo un descule enfrente de mi casa, y un tipo salió ensangrentado. / La fiesta el otro día estuvo un descule; todos hicieron lo que quisieron.*

desmadre (m.) caos, desorden, lío. *Omar siempre tiene un desmadre en su casa.*

despelote (m.) caos, desorden, lío. *Hubo un despelote en el supermercado cuando se derrumbó una pirámide de latas de verduras.*

despute (m., vulgar) caos, desorden, lío. *Cada vez que viene Mario a la casa, hace un despute; no quiero volver a verlo aquí.*

E

echar un fonazo (loc. v.) llamar por teléfono. *Salvador me acaba de echar un fonazo para decirme que va a llegar tarde.*

empute (m.) enojo, ira. *Sentí un gran empute cuando me contaron lo que le habían hecho a mi hermano.* (v.) emputarse. *Se emputó conmigo porque le gané en ajedrez.*

F

feto (sust.) niño, adolescente. *No le hagás caso, es una feta.*

fregar (v) molestar, fastidiar (adj. fregón). *A estos niños les encanta fregar a los mayores.*

fundir motores 1) (loc. v.) exceder en algo, pasar el límite. *Fundiendo motores no vas a salir adelante en la vida, Andrés.* 2) (loc. v.) irle mal a uno en algo. *Estoy seguro que fundí motores en ese examen.*

42

G

gallo (sust.) persona de EEUU. *La amiga de Paula se llama Debbie; es una gallа de Arizona.*

gil (sust./adj.) tonto, imbécil. *Aquel gil pasó tres años en la penitenciaría por encubrir a la culpable: su mujer, quien luego huyó del país con otro.*

gringo (sust./adj.) proveniente de Estados Unidos. *Estafaron a turistas gringos vendiéndoles terrenos inexistentes. / Dicen que el ejército gringo ha sufrido muchas más pérdidas en Iraq desde que terminó la guerra que durante la guerra.*

Gringolandia (f.) Estados Unidos. *Cada vez que Rafael va a Gringolandia, compra software nuevo.*

guagualón (sust./adj.) dicho de niño malcriado, demasiado mimado, que se comporta como si fuera menor que su edad real, o de persona pueril. *El guagualón de Tomás ya cumplió 40 años y todavía vive con sus viejos.*

guata (f.) barriga, panza (voz de origen mapuche). *¿Y esa guata? ¿Acaso estás embarazada otra vez?*

guita (f.) dinero. *Primero hay que juntar algo de guita y luego nos vamos de aquí para siempre.*

guitarra (f.) dinero (variante de guita). *Esta guitarra no alcanza ni para comer.*

H

hincha (invariable en el masculino) seguidor de un equipo de fútbol. *Los hinchas del equipo visitante se pusieron violentos cuando su equipo perdió el partido.*

I

indio (sust./adj., despectivo) ignorante, inculto, maleducado, de mal gusto (a menudo usado como insulto). *Te ves bien india con ese peinado, mejor dejate el pelo suelto. / No seás indio, Pepito, ¡saludá a tu padrino!*

J

jacho (m.) agente de policía. *Los jachos siempre friegan cuando uno está en las plazas hasta muy tarde.*

L

laburador (adj./sust.) trabajador. *Paola es muy laburadora; llegará lejos.*

laburo (m.) empleo, trabajo (verbo: laburar). *Jorge está buscando laburo. ¿Vos sabés de algo?*

lambiscón (sust./adj.) adulador. *El lambiscón de Alberto nunca contradice al jefe aunque esté equivocado.*

largado (adj.) sin dinero. *Desde hace tiempo que estoy largado, voy a tener que empezar a laburar.*

lisura (f.) descaro, insolencia. *Y después de hacerme enojar tuvo la lisura de venirme a pedir dinero.*

luca (f.) un peso (unidad monetaria de Bolivia). *¿Tenés tres lucas para prestarme?*

JERGAS DE HABLA HISPANA

M

madrugue (m.) golpe sorpresivo dado antes de empezar la pelea (verbo **madrugar**). *Tavo se llevó un madrugue que casi le rompe la nariz.*

maldito (adj.) excelente, muy bueno. *Tu tatuaje nuevo está maldito. /¡Qué changa más maldita vi anoche en la disco!*

maraco 1) (m.) hombre cobarde, pusilánime. *Alberto es un maraco para las apuestas, nunca se quiere arriesgar.* 2) (m.) hombre homosexual. *Valente me mira muy raro; estoy pensando que es medio maraco.*

mariposón (m.) hombre afeminado. *Aquel peluquero es un mariposón.*

metiche (sust./adj.) entrometido. *Tu tía Rosa tiene fama de ser la más metiche de la familia.*

mocho (m.) grano en la piel, acné. *Te está saliendo un mochazo en el mentón.*

motoquero (sust./adj.) miembro de una 'tribu urbana' compuesta por personas que viajan en moto. *Va a haber otro encuentro motoquero internacional en julio.*

N

nasa (f.) nariz desmesuradamente grande. *Francisco ganó la carrera por la nasa.*

ni chicha ni limonada (frase) ni una cosa ni otra. *Juan no es ni chicha ni limonada: ni conservador, ni liberal.*

Ñ

ñojo (sust.) persona ordinaria y generalmente fea. *Bruno es un ñojo pero su familia tiene mucho dinero y todas las chicas quieren quedar bien con él.*

ñato 1) (sust.) chico, muchacho. 2) (sust.) novio. *Me gusta la ñata de Ricardo; voy a ver si se la puedo serruchar.*

O, P

paco (sust.) agente de policía. *Cuando llegaron los pacos, todo el mundo fingió no haber visto nada.*

paracaidista (sust.) persona que se presenta a un sitio sin ser invitada. *Hace una semana que llegaron a mi casa unos paracaidistas, parientes de mi mujer.*

patota (f.) grupo de jóvenes revoltosos y montoneros que se dedica a molestar o atacar a la gente en sitios públicos. *La patota de Sergio cobraba "peaje" para dejar pasar a la gente delante de la estación ferroviaria.*

patotero 1) (sust./adj.) miembro de un grupo de jóvenes revoltosos y montoneros que se dedica a molestar o atacar a la gente en sitios públicos. *Ser patotero es ser cobarde, porque solo no se atrevería a hacer lo que hace en patota.* 2) (adj.) lo que es propio de tal grupo.

patovica (m.) persona de seguridad en los locales nocturnos. *El patovica de la discoteca nueva no nos dejó entrar.*

pichicata (f.) droga, cocaína. *Los agarraron antes de que pudieran deshacerse de la pichicata.*

pirulo (m.) año. *Quisiera emigrar a otro país, pero a mis 53 pirulos va a ser difícil acostumbrarse a otras costumbres.*

44

poto (m.) trasero, nalgas. *Sacaron al pobre perro de la cocina con una patada en el poto.*

Q
qué onda (frase interrogativa) hola, qué tal. Saludo.
quivo (m.) dinero. *A mi mujer nunca le basta el quivo que le doy.*

R
raca (sust./adj.) tacaño (invariable en femenino y masculino). *Bernardo es un raca, nunca lo he visto soltar un peso para nada.*
ranfla (f.) mujer promiscua. *La otra noche estuve con esa ranfla.*
ranflear (v.) tener un encuentro amoroso pasional que no llega al acto sexual. *El otro día vi a Memo ranfleando con una chota.*
recogerse (v.) alejarse, irse. *Se me acabó el quivo, así que me tengo que recoger a mi casa.*
relax (m.) sesión de besos y caricias. *Tengo ganas de un relax con Mayra.* (v.) **relajear**. *El otro día vi a mi hermana relajeando con su novio.*
rico 1) (adj.) bueno, interesante, bonito. *Doris está rica.* 2) (adv.) muy bien. *El juego de nintendo no es tan rico como yo esperaba.*
roto (sust./adj. despectivo) chileno, proveniente de Chile.

S
sánguche (m.) emparedado. *No va a haber tiempo para pararnos a comer en el viaje. Prepará unos sánguches para el camino.*
serrucho (sust./adj.) persona que se "roba" a los pretendientes de otra (verbo: **serruchar**). *¡No dejés a Janet sola con tu novio! Es bien serrucha y te lo va a quitar, si te descuidás. / Ese chango es un serrucho. Ya le quitó la chica a Freddy y ahora va en busca de la de Rolando.*

T
tarrear (v.) arruinar, echar a perder. *Macario tarreó el partido fallando el penal en sobretiempo.*

U, V
vacas (f.) colecta, cooperación. *Hagamos vaquitas para comprarle el regalo de bodas a Emilia.*
veintiúnico (sust./adj.) único (referido a una unidad, pero dando a entender que una cantidad mayor sería preferible) *José lavó su veintiúnica camisa y se quedó esperando a que se secara.*
verga (adj.) borracho. *Ernesto está verga; lo acabo de ver tirado en una plaza.*
vergazo (m.) borrachera tremenda. *El domingo nos tiramos un vergazo y el lunes tres de nosotros faltamos al trabajo.*
vista gorda (loc. sust. f.) con la locución verbal "hacerse de" y a veces con el pronombre "hacerse el / la / los / las de", fingir no darse cuenta de algo. *Los que tenemos conciencia no podemos hacernos de la vista gorda ante las injusticias.*

X, Y, Z
<u>yeta</u> *(f.) mala suerte. No pasés por abajo de la escalera, es* **yeta**.

TÉRMINOS DE ORIGEN AYMARA/QUECHUA USADOS EN EL HABLA COTIDIANA

A
¡achichiu! interjección de dolor *¡Achichiu, me pisaste otra vez! ¡Ya no voy a bailar contigo!*
¡atatau! interjección de sorpresa, dolor, rabia. *¡Atatau! ¡Yo que te estaba esperando afuera con tanto frío y vos que hablabas tranquilamente por teléfono!*

C
<u>cancha</u> (f.) campo para practicar deportes. *Para poder jugar tenis primero hay que reservar una* **cancha**.
chaki (m.) malestar físico después de una borrachera; ente personificado que representa tal malestar y que atormenta al convalescente. *La chicha produce unos* **chakis** *brutales. / Cada mañana el* **chaki** *me persigue hasta llevarme al borde del suicidio.*
chapchosa (sust.) mujer muy, muy fea. *Sólo las* **chapchosas** *de la escuela le hacen caso a Rodrigo.*
chaski (m.) mensajero incaico, y por extensión, alguien muy rápido. *A Micky nadie lo alcanza cuando corre; es muy* **chaski**.
<u>choclo</u> (m.) mazorca de maíz.
colla (sust. invariable) persona oriunda del noroeste del país (Collao: Cochabamba, La Paz, Sucre, Potosí y Oruro).

G
<u>guagua</u> (sust. f. invariable en género) bebé. *En el hospital, de repente todas las* **guaguas** *empezaron a llorar.*

K
k'anka (sust. inv. en género) persona de EEUU. *Asaltaron a unos* **k'ankas** *que andaban de turistas.*
k'ara (sust. inv. en género) persona de tez blanca. *Los indígenas se rebelan ante el dominio de los* **k'aras**.
k'arka (adj. inv. en género) trompo; por extensión, referido a quien le gusta mucho bailar. *Violeta es* **k'arka**, *no la despegas de la pista.*
k'ayma (adj. inv. en género) desabrido, soso, que no tiene color ni chispa. *La fiesta estuvo* **k'ayma**.
k'encha (sust. inv. en género) especie de ave de mal agüero, persona que trae mala suerte. *Felipe es un* **k´encha**, *cada vez que va al futbol su equipo pierde.*
kistuña (f.) mujer muy fea. *Le dije a Sandra que era una* **kistuña** *y ahora ya no me habla.*

k'oleado (sust.) persona que se encuentra en pleno "viaje" causado por drogas.

P

palta (f.) aguacate. *¿Te gusta la ensalada con palta?*
papa (f.) patata. *¿Sabías que en Italia también hacen la pizza con papas?*
poroto (m.) frijol, judía (legumbre). *No cociste bien estos porotos. Están duros.*

V

vincha (f.) banda con que se ciñe la cabeza pasando por la frente. *En Japón las vinchas se llaman hachimaki.*

Y

yapa (f.) añadidura que obsequia el vendedor al comprador. *El vendedor me dio estas nueces de yapa.*

Z

zapallo (m.) calabaza. *Una vez vi un zapallo que pesaba casi 20 kilos.*

AMERICANISMOS Y / O BOLIVIANISMOS

A

alharaquear (v.) presumir exagerando. *Gimena estaba alharaqueando que su luna de miel la va a hacer en Australia.*
ameritar (v.) merecer. Ambos verbos se usan. *Su caso amerita mucha atención.*
arveja (f.) guisante (legumbre). *Mamá, ¿llevamos arvejas congeladas o enlatadas?*

B

boleta (f.) multa. *Mario coleccionaba boletas y nunca se preocupaba por pagarlas.*
boletería (f.) taquilla, sitio donde se venden entradas para espectáculos. *Te esperamos delante de la boletería.*
bombacha (f.) ropa interior inferior femenina, calzón, braga. *¡Pina! ¿No te da vergüenza dejar tus bombachas sucias tiradas en el piso?*
botadero (m.) basurero, vertedero, lugar donde se tira la basura. *Descubrieron un botadero clandestino en una zona residencial.*
brasier (m.) sostén, prenda de vestir femenina para sujetar el pecho (del francés *brassière*). *En los años 60 las mujeres quemaban sus brasieres en señal de protesta.*
brevet (f.) (m.) carnet de conducir, permiso o licencia de manejar. *Me retiraron el brevet porque nunca pagaba las boletas.*

C, D

cachina (f.) canica. *Cuando yo era niño, lo que más me gustaba era jugar con el trompo o con las cachinas.*
camote (m.) batata (voz de origen nahua). *Mi tía Eulalia sabe hacer un dulce de camote bien sabroso.*

B

carpir (v.) eliminar las hierbas nocivas de un terreno. *Primero carpimos, luego aramos y al final sembramos.*

chancho (m.) cerdo. *Los musulmanes no comen carne de chancho.*

chapaco (sust./adj.) tarijeño o persona oriunda del departamento de Tarija, al sur del país. Es conocida por su poca prisa, y por extensión se usa para indicar a una persona lenta. *Parecés chapaco. No vamos a llegar a tiempo a la primera función de cine si no te apuras.*

chicote (m.) látigo; chicotazo: (m) azote, latigazo.

chueco (sust./adj.) 1) patituerto. *¡Mira cómo baila bien Arturo a pesar de ser chueco!* 2) ladeado, torcido, no recto. *Esa peluquera debería devolverte el dinero, te cortó el fleco chueco.*

colectivo (m.) transporte urbano de pasajeros, autobús. *Hubo huelga del transporte público y no pasaban ni colectivos ni taxis.*

competencia (f.) competición deportiva. *El día de la competencia el veterinario oficial revisa a todos los caballos antes de cada carrera.*

E, F

frutilla (f.) fresa. *Esta receta requiere de frutillas frescas, no congeladas.*

G, H

gasolinería (f.) gasolinera, establecimiento donde se venden carburantes. *La gasolinería que está cerca de mi casa tiene precios muy caros.*

I, J

jugo (m.) zumo. *¿Y de tomar? --Para ella, agua mineral. A mí deme un jugo de pera.*

L, M, N, Ñ

lentes (m.) anteojos, gafas. *¿Has visto mis lentes? No los encuentro.*

llanta (f.) neumático. *Las llantas están lisas, hay que cambiarlas porque es peligroso circular así.*

O

overol (m.) mono, traje de faena de una sola pieza que se pone encima de la ropa para protegerla (del inglés "overall"). *El "Mostachón" es ése del overol de mecánico.*

P

parlante (m.) altavoz. *Casi quedé sorda porque me tocó sentarme al lado de uno de los parlantes en la conferencia.*

parquear (v.) aparcar, estacionar un vehículo. *Me multaron por parquear en una zona prohibida.*

parado (adj.) de pie, derecho, levantado. *"¡No sé los muchachos de hoy qué le ven de bonito a llevar las greñas paradas como puercoespín!" exclamó doña Aurelia, disgustada.*

pararse (v.) ponerse de pie, levantarse de la cama. *El joven se paró para darle el asiento a la señora embarazada.*

B

pegoste (m.) pegote, cosa pegajosa adherida a algo. *Tienes un pegoste en el codo, parece que es una etiqueta.*
pipoca (f.) palomita de maíz. *¿Quién estuvo comiendo pipocas en el sofá?*

Q, R
rollo (m.) carrete de película. *Tengo que llevar a revelar los rollos de las fotos que tomé en las vacaciones.*
rotisería (f.) negocio donde se asan y venden pollos. *Bernardo abrió una rotisería y parece que le está yendo bien.*

S, T
tratativa (f.) negociación que se hace para llegar a un arreglo sobre temas comerciales, laborales, políticos, económicos, etc. *Los rebeldes rechazaron toda tratativa de paz.*

U, V
vereda (f.) acera. *Amanda se cruzó a la otra vereda para no saludarnos.*

X, Y, Z
zancudo (m.) mosquito. *Los zancudos no nos dejaban dormir anoche.*
zorrino (m.) mofeta (el mamífero) *Ese viejo huele a zorrino, ni se le acerquen.*

JERGA DE CHILE

A

a lo gringo (loc. adj.) sin ropa interior. *¿Te acordai cómo se llama la película con la famosa escena de Sharon Stone que andaba **a lo gringo**?*

abrazando postes (frase) en estado de embriaguez, borracho (con los verbos ir, andar). *A esas horas Alejandro ya andaba **abrazando postes**.*

achacarse (v.) entristecerse (adj. **achaca'o**). *Mauro se **achacó** cuando recibió las noticias del terremoto.*

achaplinarse (v.) no enfrentar responsabilidades (Charlie Chaplin tuvo un hijo con una amante y no lo reconoció; fue un escándalo en la época). *José se **achaplinó** cuando se dio cuenta que el trabajo era más complicado de lo que pensaba.*

achuntar (v.) atinar, acertar. *Martín tiró la pelota y **achuntó** a hacer gol. Ganamos el torneo.*

adrenalina / adrenalítico (adj.) vestido en un modo muy llamativo, con colores fuertes. *El otro día Erica andaba muy **adrenalítica**, con un vestido amarillo chillante que hacía llorar los ojos.*

agarrado (adj.) enamorado. *Beto está súper **agarrado** de Marcela.*

agarrar pa'l leseo (loc. v.) engañar, tomar el pelo. *Germán trató de **agarrarme pa'l leseo** diciéndome que estaba por irse a vivir a Brasil.*

agua y ajo frase que invita a la paciencia ('a aguantar y a joderse'; también **ajo y agua**). *Y le dieron a él el puesto sólo porque habla inglés. --¡**Agua y ajo**!*

al lote (loc. adv.) descuidadamente, sin atención. *Ese trabajo de traducción lo hice **al lote**, seguramente encontrarás muchos errores.*

al tiro (loc. adv.) inmediatamente. *Quiero terminar esta carta **al tiro** porque es urgente.*

albornoz interjección; literalmente "Ah, ¿vos no?". Se aplica cuando alguien comenta acerca de un rasgo distintivo de otra persona, poseyendo -para su interlocutor- la misma cualidad. *Francisco es súper tonto. --¡**Albornoz**!*

aloha hola. Saludo.

alucinar pesa'o (loc. v.) imaginar algo (casi) imposible. *Seguro que la compañía me va a pagar el sueldo que espero. -- ¡Estai **alucinando pesa'o**!*

amarrete (sust./adj.) tacaño. *Los escoceses tienen fama mundial de **amarretes**.*

angurri (sust. invariable en género) drogadicto con predilección por la pasta base de cocaína (de "angustiado", el efecto secundario que da la droga). *Los **angurris** fueron a comprar su dosis.*

¿a'onde la viste? expresión de incredulidad. *¿Les conté que me gané el premio Nobel de literatura? --¡¿**A'onde la viste**?!*

apagársele la tele (a alguien) (loc. v.) estar muy cansado, a punto de quedarse dormido. *Ya estoy que **se me apaga la tele**, compadre, me voy mejor.*

apechugar (v.) hacer frente, seguir adelante. *Carlos **apechugó** frente al problema cuando perdió el empleo e inmediatamente encontró otro.*

apretado (adj.) tacaño, avaro. *Es tan **apretado** que no me ofreció ni un vaso de agua.*

50

CH

arrugar (v.) echarse para atrás, arrepentirse. *Ahora venís a arrugar, cuando falta tan poco para resolver el problema.*
atao (m.) problema. *Lo que pasa es que te gusta hacerte ataos, en realidad tu problema tiene solución simple.*
ataoso (adj.) que siempre encuentra problemas o dificultades para hacer algo. *Alba es muy ataosa, por eso su madre nunca le pide un favor--prefiere hacerlo todo ella.*
atracar (v.) tener un encuentro apasionado (sin llegar al sexo). *Julia y Marcos estaban atracando en el garage cuando los encontró el padre de ella.*

B

bacán 1) (adj.) maravilloso, muy positivo, estimulante, agradable. *El concierto de los Rolling Stones estuvo bacán.* 2) (adj.) hábil, diestro. *David es bacán jugando billar.*
bajón (m.) depresión. *Los días lluviosos me dan un gran bajón.* (adj.) **bajoneado**, (verbo) **bajonearse**. *Ana anda bajonea'a porque se cree vieja.*
balsa / barsa (sust. invariable en género) persona que pretende hacerse pagar por otros, que abusa de los demás; persona desagradable.
basurear (v.) ningunear, menospreciar. *Yo sé que ella me basurea ahora que ando con su ex pololo.*
bolsero (adj.) pedigüeño (verbo: **bolsear**). *Clara es bien bolsera, no se avergüenza de pedirle cosas a la gente.*
bote (m.) cárcel. *Metieron al bote al "Pando" por asaltar una farmacia.*
buitrear (v.) vomitar. *El perro buitreó en la cocina después de haberse comido el guiso de Alicia.*
cabro (sust.) persona joven o inmadura (**cabro chico**: niño). *Las cabras estaban felices porque esa noche iban a ir al baile.*

C

cachaña (f.) maniobra, finta o truco usado para salir airoso de una situación difícil, aplicado en particular a la solución de problemas prácticos o al ámbito deportivo. *Casi choco con mi auto, pero hice una cachaña con el volante y me salvé. / Ese futbolista no llegó muy lejos: no era bueno en el dribbling y sus cachañas eran previsibles.* (adj.) **cachañero**. *Es difícil cazar liebres porque son muy cachañeras y cuando corren siempre cambian de dirección inesperadamente.*
cachar (v.) entender. *El pobre taxista no cacha lo que dicen sus clientes japoneses.*
cachetón (sust.) persona que alardea demasiado de sí misma o de sus capacidades. *La cachetona de Inés dice que ella es la mejor cantante de Santiago.*
cachiporra (sust. invariable en masc.) presumido. (v. **cachiporrearse**) *Rodrigo es un cachiporra insoportable. / Se compró un auto nuevo y anda cachiporreándose por todas partes.*
cagarse en tres tiempos (loc. v.) asustarse mucho. *Carlota se cagó en tres tiempos cuando vio llegar a su padre a la fiesta.*
cahuín (m.) problema, lío (palabra de origen araucano, pronunciada como "cagüín"). *Josefa me metió en un cahuín con el profesor.*
caleta (m.) gran cantidad, mucho. *Tengo caleta de calor, me voy a la piscina un rato.*

CH

calugazo (m.) tremendo beso en la boca. *Fernando le dio un **calugazo** a Verónica delante de todos sus parientes.*

<u>cana</u> (f.) cárcel.

<u>canas verdes</u> (f.) desesperación, agobio (con los verbos sacar / salir) *¡Esos <u>cabros</u> me están sacando **canas verdes** con su griterío!*

capo (adj.) inteligente, brillante, impresionante. *¡Qué **capo**! ¿Cómo se te ocurrió escribir un cuento tan divertido?*

cargar (v.) molestar, irritar, caer mal. *Esa costumbre que tiene Sandro de eructar me **carga**. / Estos zapatos nuevos me **cargan**; no sé por qué los compré.*

<u>cargosear</u> (v.) irritar, importunar, fastidiar, molestar. *El otro día en un bar un viejo se puso a **cargosearnos** por nuestra manera de vestir.*

carrete (m.) diversión (verbo **carretear**: salir a divertirse, adj. **carreteado**). *A Paula le encanta el **carrete**.*

carril (m.) mentira. *¡Ya no soporto tus **carriles**, lárgate!*

carrilearse (v. reflexivo) contar mentiras para presumir, alardear. *Ayer conocí a una rubia y me la conquisté en media hora. --¡No vengai a **carrilearte**!*

cartucho (adj.) tradicionalista, conservador, chapado a la antigua. *Tus padres son demasiado **cartuchos** si pretenden que tú ya estés de regreso antes de las doce de la noche.*

catete (adj.) fastidioso, insistente (verbo: **catetear**). *No soporto a Damián; es tan **catete** que me dan ganas de maltratarlo.*

chabela adiós, hasta luego (variante de <u>chao</u>.)

chacal (adj. invariable en género) bueno, maravilloso. *Mario hizo un dibujo **chacal** para decorar su cuarto..*

chacrearse (v.) vulgarizarse o popularizarse excesivamente algo (dicho de costumbres, usos, actitudes o lenguaje). *El uso de ese tipo de pantalones se **chacreó**; ahora hasta los <u>flaites</u> los usan.*

chaleca / chavela saludo de despedida. (variante de <u>chao</u>.)

<u>chance</u> (m.) oportunidad, posibilidad. *Dale **chance** a tu primo de entrar a trabajar en tu empresa.*

chano (adj.) vulgar, ordinario. *Los amigos de Elsa son muy **chanos**.*

<u>chao</u> adiós, hasta luego.

charcha (f.) <u>chalcha</u>, rollo de grasa de los gordos (adj. **charchetudo, chalchetudo**). *¿Viste esa gorda **charchetu'a**, <u>loco</u>?*

chato / chatísimo 1) (adj.) borracho. *Bernardo seguramente estará **chatísimo** durante la ceremonia de graduación de su hermana; él odia ese tipo de eventos.* 2) (adj.) aburrido, harto. *Estamos **chatos** de estudiar para este examen.* 3) (adj.) modorro, con sueño.

che (sust. invariable en género/adj.) argentino. *Los **ches** invadieron la pista de baile cuando empezó un tango.*

<u>chela</u> (f.) cerveza.

<u>chequear</u> (v.) revisar, controlar. *Esta semana no he **chequeado** mi correspondencia.*

<u>chicotear</u> (v.) apurar, urgir. *El jefe nos está **chicoteando** para que terminemos el proyecto antes del plazo.*

CH

chiva (f.) mentira. *Fueron sólo chivas las que te contó; yo sé que es casado y hasta tiene tres hijos.*

choreado (adj.) aburrido (v. **chorearse**). *Sara se chorea cada vez que va al estadio con su novio porque no le gusta el fútbol.*

choriflai (adj.) bueno, divertido, maravilloso, excelente. *Salvador tiene una página bien choriflai sobre las mejores bandas chilenas.*

choro 1) (adj.) bueno, entretenido, divertido. *Estuvo súper chora la fiesta de cumpleaños de Pili.* 2) (adj.) en las clases populares, dícese también de persona violenta o agresiva. *No te metas con Ramiro--es bien choro y no soporta las bromas.*

chuchear (v.) insultar. *Esos hombres se divierten chucheando a todas las mujeres que pasan por esa calle.*

chuchoca (f.) lío, alboroto. *Hubo una chuchoca cuando Marjorie anunció que estaba embarazada.*

chuchoqueo (m.) diversión, juerga, parranda. *El chuchoqueo estaba buenísimo hasta que llegó mi <u>pololo</u> con sus <u>yuntas</u>.* (v.) **chuchoquear**: divertirse. *Les gusta chuchoquear en vez de trabajar: por eso nunca tienen dinero.*

chueco (sust./adj.) persona desleal. *Gerardo tiene fama de chueco, no te fíes de él.*

chulo (adj.) vulgar, de mal gusto. *La ropa que venden en esa tienda es muy chula.*

chupar (v.) ingerir bebidas alcohólicas. *Pasaba todo el día chupando.*

churreta (f.) diarrea. *¡No coman tanta fruta porque les va a dar churreta!*

cocido (adj.) borracho. *Alma estaba coci'a porque había tomado una botella entera de ron.*

cola (sust./adj.) homosexual. *Estéban es cola pero lo disimula muy bien.*

colado (sust./adj.) persona que entra en sitios donde no ha sido invitado o sin pagar (verbo **colarse**). *¿Nos colamos en la fiesta de graduación de Edelmira?*

colgar los guantes (loc. verbal) morir (proveniente del ambiente de boxeo). *El dictador por fin colgó los guantes y se declaró fiesta en todo el país.*

como piojo (loc. adj.) muy borracho. *Ana quedó como piojo en la fiesta de Graciela.*

concha (f., vulgar) órgano sexual femenino. Palabra frecuentemente usada (en combinación con otras) en imprecaciones e insultos.

conchudo (adj./sust.) desvergonzado, desentendido, indolente, desobligado. *El conchudo de Enrique les pidió a sus amigos que le pasaran las respuestas del examen.*

condoro (m.) error, equivocación. *Cometí demasiados condoros en ese examen.*

coño (m.) hombre procedente de España, español. *Ayer conocimos a unos coños en el aeropuerto.*

cooperaste expresión usada cuando a una persona no le devuelven lo que ha prestado. *¿Que le prestaste tu CD nuevo a Marcos y no te lo ha regresado? Para mí que ya cooperaste.*

copete (m.) bebida alcohólica. *Vamos a tomarnos unos copetes para festejar tu cumpleaños.*

copucha (f.) chisme. *Me acaban de contar una copucha tremenda sobre el profesor de filosofía.* (adj.) **copuchento**; verbo **copuchar**. *Tenemos una vecina muy copuchenta que pasa todo el día espiando por la ventana con binoculares.*

CH

correr mano (loc. v.) manosear. *El viejo ese tiene mala fama de correr mano a las mujeres cuando el bus va lleno.*

cototo 1) (m.) hinchazón en la cabeza debido a un golpe, chichón. *Tengo un cototo por el golpe que me di ayer con la ventana.* 2) (m.) algo muy grande o positivo. *El edificio que están construyendo en el centro va a ser un cototo.*

cototudo (adj.) maravilloso, espectacular. *Dicen que el último concierto de La Ley estuvo cototudo.*

cranear (v.) reflexionar profundamente, concentrarse. *Craneando creo que sí me podría acordar cómo se llamaba aquel hotel de Buenos Aires donde nos quedamos el año pasado.*

creerse la muerte (loc. v.) creerse superior, lo máximo. *Rosa se cree la muerte desde que alguien le dijo que era bonita.*

cuernos (m. pl.) traición o infidelidad a la pareja. *Pa' mí que a Ivette le están poniendo los cuernos.*

crisanta (f.) mujer cuya misión en la vida es hacer totalmente infeliz al marido con reniegos, crítica y reproches. (Crisanta es un personaje de tira cómica). *No sé cómo el pobre de Jorge soporta a la Crisanta de su mujer.*

cucho (sust.) gato. *Ya no le busques cinco pies al cucho.*

cuchufleta (f.) trampa, engaño, falsificación. *Roberto logró pasar el examen sólo gracias a una cuchufleta.*

cuchuflí (f.) travestí (por el así llamado barquillo relleno de dulce de leche, especialidad chilena). *El pobre de Fulvio se dio cuenta en el hotel que su polola era una cuchuflí. / Las cuchuflíes entraron a la boutique de moda para comprar vestidos nuevos.*

cuero (m.) persona guapa, atractiva (invariable en el femenino). *Muchos opinan que Pamela Anderson es un cuero.*

cuico (sust. y adj.) persona de clase alta, asociada a una determinada forma de hablar. *Imelda es cuica, nunca vendría a una fiesta en un barrio como el nuestro.*

culear (v., vulgar) tener relaciones sexuales.

cuma (invariable en f. y m.) (sust. y adj.) persona de baja cultura, percibida como ociosa, tal vez delincuente o vándala, poco higiénica. *Los cumas armaron un escándalo cuando perdió su equipo.*

curado (sust./adj.) borracho (verbo curarse). *Cuando Alonso se junta con sus amigos termina siempre curado.*

D

darle al clavo (loc. v.) acertar (variante de "dar en el clavo").

darse una matada (loc. v.) sacrificarse o esforzarse uno mucho por algo. *Irene se dio una matada estudiando y de todos modos no pasó la materia.*

de más respuesta afirmativa, sí. *¿Quierei ir al concierto con nosotros? --¡De más!*

de miedo (loc. adv.) muy bueno, excelente. *Los zapatos que compró Bárbara están de miedo.*

dejar la escoba (loc. v.) armar un lio, crear un alboroto. *Si Andrés no encuentra la cena lista cuando vuelve del trabajo, deja la escoba.*

CH

del guan (loc. adj./adv.) muy bueno, excelente; muy bien (guan por el "uno" en inglés: one). *¡Ese tatuaje que se hizo Rubén está del guan!*
del uno (loc. adj./adv.) muy bueno, excelente; muy bien. *El reloj que me regalaron me vino del uno, porque el que tenía se le rompió la correa.*
descartuchar (v.) desvirgar, perder la virginidad (dicho también en sentido figurativo) *Ella insistía que la habían descartuchado sólo en el día de su matrimonio.*
descueve (m.) algo muy bueno, excelente (usado con el artículo "el"). *¡Esa película es el descueve!*
despelote (m.) caos, desorden, lío. *Hubo un despelote en el supermercado cuando se derrumbó una pirámide de latas de verduras.*
dije (sust./adj. invariable en género) persona simpática, agradable. *El dije de Jorge siempre es invitado a todas las fiestas. / ¿Que Marcela te carga? ¡Pero si es tan dije!*
dura (f.) verdad. *La dura es que hoy no tengo ganas de estudiar.*

E

echar la foca (loc. v.) desahogar la rabia. *Cuando tu padre se dé cuenta de lo que le hiciste a su auto, va a echar la foca.*
echarse la yegua (a uno) (loc. v.) agobiarse, cansarse mucho, quedar exhausto. *No dejes que se te eche la yegua; recuerda que esta noche hay fiesta.*
edad del pavo (loc. sust. f.) la pubertad. *Rosita ya está en la edad del pavo y se empieza a fijar en los chicos.*
embalarse (v.) estar absorto, concentrado, entregado totalmente a una actividad o pensamiento (adj. **embalado**). *Estaba tan embala'a con este libro que ni te oí entrar.*
embarrarla (v.) errar, equivocarse. *¡La embarraste, Justina! No debiste hablarle a Pablo de la fiesta, porque no lo vamos a invitar.*
emilio (m.) mensaje de correo electrónico (del inglés "email"). *Mándame un emilio con los datos.*
empeparse (v.) ingerir medicina o anfetaminas. *Es fácil encontrar con qué empeparse si se trabaja en una farmacia.*
emputecer / emputecerse (v.) enojar, enojarse, enfadarse. *Cada vez que mis colegas empiezan con ese asunto me hacen emputecer.*
ene (adj./adv.) mucho, gran cantidad, demasiado. *Me da ene de pereza lavar los platos. / ¡Te quiero ene!*
enfermo de (loc. adj.) muy (para cosas con sentido negativo). *Estoy enferma de cansada, quiero tomar una siesta.*
engrillado (sust./adj.) preso, encarcelado, tras las rejas. *Si no quieres terminar engrillado, mejor deja ese CD que te metiste bajo el abrigo.*
enguatar (v.) engordar. *¿Has enguatado desde la última vez que nos vimos?*
engrupir (v.) mentir, engañar (pero algo no grave, casi simpático). *Hay que engrupir al perro para poderlo bañar.*
esa onda expresión de acuerdo cuando alguien está relatando algo.
Estados Juntos (m.) Estados Unidos. *Quiero ir a los Estados Juntos para llevar a mis hijos a Disneylandia.*
estar en otra (loc. v.) *Julia está en otra. Hace media hora que le explico la misma cosa y luego me pide que se lo repita todo.*

CH

F

farra (f.) fiesta, reunión entre amigos (cayendo en desuso). *La* **farra** *en casa de Esther estuvo muy animada; bailamos toda la noche.*
farrero (sust./adj.) fiestero, juerguista (v. **farrear**). *Los* **farreros** *que viven en el piso de arriba festejan algo casi todos los fines de semana.*
flaite 1) (sust. invariable en género) entre los criminales, un delincuente respetado, de renombre. *El* **flaite** *de esta zona tiene un arreglo con los* <u>pacos</u>. 2) (sust. invariable en género) persona de clase social baja, marginada, inculta, generalmente ociosa, delincuente o de mal vivir. *Son unos* **flaites** *que se visten estilo hip hop, con pantalones talla familia de 5.* 3) (adj.) ordinario, vulgar, de mala fama. *Mis primos viven en un barrio* **flaite**.
fome 1) (adj.) tonto, insulso. *¡Qué chiste tan* **fome***!* 2) (adj.) aburrido. *No me gustó el libro, es* **fome**.
<u>**fregar**</u> (v.) molestar, fastidiar (adj. **fregón**). *A estos* <u>cabros</u> *les encanta* **fregar** *a los mayores.*
<u>**fuchi**</u> expresión de asco. *¡***Fuchi***! ¡Esa sopa yo no me la como!*
fuerte lo tuyo (frase) expresión usada para indicar la gravedad del problema de la otra persona. *...Y ahora Fermín ya ni me saluda.--¡***Fuerte lo tuyo***!*
funarse (v.) dejar de funcionar, averiarse. *El micrófono* **se funó** *cuando Blanca estaba a la mitad de su canción.*

G

<u>**gil**</u> (sust./adj.) tonto, imbécil. *Aquel* **gil** *pasó tres años en la penitenciaría por encubrir a la culpable: su mujer, quien luego huyó del país con otro.*
godo (sust./adj.) español, proveniente de España. *David es chileno, pero habla como* **godo** *porque vivió muchos años en Madrid.*
goma (despectivo) (invariable en masc. y fem.) persona que siempre hace los mandados o favores. *La secretaria del Sr. Escobar es una típica* **goma**. *A menudo la mandan a la tintorería a recoger los trajes de su jefe.*
gorrear (v.) traicionar, ser infiel a la pareja.
grado uno (loc. sust. m.) fase de besos. *Irma y Juan Carlos apenas están en el* **grado uno**.
grado dos (loc. sust. m.) fase de encuentro pasional sin sexo. *Elena tiene fama de no pasar del* **grado dos**.
grado tres (loc. sust. m.) fase de encuentro sexual. *Pedro y Bernadette ya van en el* **grado tres**.
<u>**gringo**</u> (sust./adj.) proveniente de Estados Unidos. *Estafaron a turistas* **gringos** *vendiéndoles terrenos inexistentes. / Dicen que el ejército* **gringo** *ha sufrido muchas más pérdidas en Iraq desde que terminó la guerra que durante la guerra.*
grupo (m.) mentira. *Eso que te dijo Eva no es más que un* **grupo**.
guácala expresión de asco. *¡***Guácala***! ¡Hay una mosca muerta en la ensalada!*
guachapear / guachipetear (v.) robar, hurtar, arrebatar. *Vicente dijo que le* **guachapearon** *la mochila saliendo de la escuela y por eso no pudo hacer la* <u>tarea</u>. / *Dos* <u>lolos</u> *andaban* **guachipeteando** *fruta en el mercado.*

CH

guagualón (sust./adj.) dicho de niño malcriado, demasiado mimado, que se comporta como si fuera menor que su edad real, o de persona pueril. *El guagualón de Tomás ya cumplió 40 años y todavía vive con sus viejos.*
guata / guatusi (f.) barriga, panza. *Tiene una guata que parece que se comió una sandía entera. / Tu comida le dio dolor de guatusi.*
guatón (sust./adj.) barrigón. *¿Cuántos kilos pesas de más? Últimamente te ves muy guatona.*
güevada / güeá (f.) variante de huevada.
güevón / güeón (f.) variante de huevón.

H
hacer la cimarra (loc. verbal) faltar a la escuela sin justificación, hacer novillos. *No salió en la foto de grupo de la clase porque ese día hizo la cimarra.*
hachazo (m.) malestar físico después de una borrachera. *Si sigues tomando así vas a despertar con el hachazo.*
hasta el copete (loc. adj.) harto, fastidiado.
heavy 1) (adj.) antipático (del inglés "pesado"). *Yo no quiero nada que ver con Rodrigo; es bien heavy.* 2) (adj.) bueno, positivo. *¿Que te sacaste la lotería? ¡Qué heavy!*
hijo de papi / papá: (loc. sust.) hijo de gente adinerada, que todo lo tiene gracias a ellos.
hincha (sust. invariable) aficionado, seguidor de un equipo de fútbol. *Había muchos revoltosos entre los hinchas en el estadio.*
huevada (f.) (con variantes de pronunciación y escritura güevada, güeá, hueá, wevada, weá) objeto, concepto; cuando un chileno no conoce un objeto y no sabe ni su nombre ni su uso, pregunta *¿Qué huevada es esa?* Las herramientas de trabajo son *hueás*; ante un bello espectáculo, una obra de arte o un agradabel acto social, el chileno exclama *¡Qué weá tan buena!*; los medios de transporte, el tráfico, la carretera, el calor, el frío, las lluvias, el verano, todo es una *güeá*. Cuando un amigo chileno te invita a una fiesta dice *Vamos, que la wevada va a esar muy buena*; ante una desgracia o decepción *¡Qué weá tan mala!*. La adversidad o mala suerte es una *güeá seria*; un buen negocio o una buena oportunidad, una *güevada maravillosa*. En cambio una "huevada de (algo)" tiene significado despectivo. *Mi hermano escribe una hueá de blog que nadie lee.*
hueveo (con variantes de pronunciación y escritura güeveo, weveo, webeo) 1) (m.) evento o situación fuera de lo habitual. *Lo de David y yo fue solo weveo de una vez. No nos volvimos a ver.* 2) (m.) cosa complicada o conflictiva, embrollo. *Fue un hueveo que ese día la manifestación hizo que desviaran todo el tráfico. Nunca llegué al café donde quedé de verme con aquella mina que conocí la semana pasada.*
huevón (sust. pronunciado güeón, y con variantes escritas como weón, güeón y hueón) 1) estúpido. *El hermano de mi novia es un huevón.* 2) trato entre amigos. *¡Hey, hueones, vamos al cine!* 3) hombre, fulano.

I
igual (adv.) ni bien ni mal. *¿Cómo te fue en el examen?--Igual.*

CH

importar un comino / pepino (loc. v.) no importar nada.
incursionar (v.) encuentro amoroso que consiste en besos pasionales. *Fernando pasó toda la tarde incursionando con Isabel.*
indio (sust./adj., despectivo) ignorante, inculto, maleducado, de mal gusto (a menudo usado como insulto). *Te ves bien india con ese peinado, mejor cámbialo. / No seai indio, ¡saluda a tu padrino!*

J

jalar (v.) inhalar cocaína. *Yo los ví jalando abiertamente enfrente de la gente que pasaba por su mesa.*
junior (sust.) conserje, persona encargada del aseo de un edificio o establecimiento (tal vez corrupción del inglés "janitor"). *El junior de nuestra oficina tiene problemas de alcoholismo.*

L

LJ (elejota) "los juimos": nos vamos. *Nosotros LJ--¡nos vemos mañana!*
listéilor (adj.) listo, preparado, pronto (del nombre de la actriz Liz Taylor). *Estamos listéilor para el viaje a Brasil. / Pídele permiso a tu papá y listéilor.*
listón (adj.) listo, preparado, pronto. *Ya estaba listón para salir cuando me manché la camisa y tuve que cambiarme.*
loco término informal para dirigirse a una persona, generalmente un amigo. *Hey, loco, ¿mañana vení a jugar fútbol con nosotros?*
lolo (sust.) muchacho, joven. *Vamos a contratar a un lolo para que venga a dar de comer a los perros mientras estamos de vacaciones.*
loquera (f.) locura. *Le dio la loquera y se puso a pintar toda la casa de color morado.*

M

mahometano (sust. usado como adv.) más o menos. *¿Cómo estai en tu trabajo? --Mahometano.*
mamón (sust./adj.) persona adulta que continúa a vivir en casa paterna. *No creo que Carlos se vaya a independizar nunca: ese mamón ya tiene 35 años y vive feliz en casa de sus viejos.*
mansaca (f.) eufemismo de "inmensa cagada", cosa muy mala. *Fue una mansaca que se les hundiera el barco.*
manso (adj.) inmenso.
mariposón (m.) hombre afeminado. *Aquel peluquero es un mariposón.*
masoca (sust./adj.) masoquista. *Andrés no se decide a dejar a su mujer porque es masoca y le gusta que lo maltraten.*
mateo (m.) persona que estudia demasiado. *Los Fernández siempre han sido todos unos mateos en la escuela.*
mechudo (sust./adj.) greñudo, de pelo largo y desordenado. *El "Quiltro" es un mechudo que toca la guitarra y que se viste siempre de negro.*
media (adj.) usado con el artículo "la", muy grande. *Mañana tengo la media prueba de matemáticas.*
merca (f.) cocaína. *Podrían ganar más si se pusieran a vender merca.*

JERGAS DE HABLA HISPANA

CH

metiche (sust./adj.) entrometido. *Tu tía Rosa tiene fama de ser la más metiche de la familia.*

m'hijo / mijo / mijito (sust.) trato entre personas. *Mija, llámame más tarde que ahora estoy bien ocupada.*

milico (m., peyorativo) soldado, militar. *El hermano de Sonia es un milico.*

mina 1) (f.) mujer joven y bonita 2) (f.) cualquier mujer joven. El uso en mujeres mayores es despectivo. *El ex de Brenda dice que la dejó porque ella es una mina histérica y aprovechadora.*

¡mish! interjección que expresa asombro con tono irónico. *Me compré este auto con solo una pequeña fracción de mi sueldo. --¡Mish!*

moco (m.) poco dinero. *En esa empresa pagan un moco.*

mocoso (sust.) niño (despectivo). *La mocosa ésa se robó unas rosas de mi jardín.*

mocho 1) (sust./adj.) amputado. *La gata de la cola mocha tuvo un accidente con el ventilador.*

mono (sust./adj., despectivo) ecuatoriano, proveniente del Ecuador.

morlaco (m.) unidad monetaria, dinero. *Eso te va a costar muchos morlacos; mejor olvídalo.*

motoquero (sust./adj.) miembro de una 'tribu urbana' compuesta por personas que viajan en moto. *Va a haber otro encuentro motoquero internacional en julio.*

mula 1) (f.) falso, imitación. *El traje Armani que tiene Ismael es mula.* 2) (f.) mentira *Te contaron la mansa mula.*

N

ni ahí frase que expresa rechazo o falta de interés en algo, o para indicar la poca relevancia que una cosa tiene con otra. *¿Supiste que tu ex se casó con Yolanda?--No estoy ni ahí.*

ni chicha ni limonada (frase) ni una cosa ni otra. *Juan no es ni chicha ni limonada: ni conservador, ni liberal.*

nos Belmont saludo de despedida (nos vemos).

Ñ

ñata (f.) nariz. *Límpiate la ñata, que te quedó espuma del chocolate.*

ñato 1) (sust./adj.) persona de nariz chata. 2) (m.) fulano, individuo. *Ese ñato dice que quiere hablar contigo.*

ñoqui (sust.) empleado (sobre todo un dependiente de gobierno) que resulta en la nómina pero que se presenta al trabajo solamente a la hora de cobrar. *Para mí que por lo menos 20% de los funcionarios universitarios son ñoquis.*

O, P

pa' mí maní frase usada para expresar total indiferencia ante algo. *¿Supiste que hubo una conferencia para fletos y ronquitas en la universidad? --Pa' mí maní.*

paco (m.) agente de policía. *Cuando llegaron los pacos, todo el mundo fingió no haber visto nada.*

pajarón (sust./adj.) distraído, negligente. *Siendo un perfecto pajarón, a Román se le olvidó entregar la tarea de matemáticas y por eso no aprobó la clase.*

CH

pajero (adj.) perezoso, flojo (verbo **pajear**). *Ponte a estudiar, no seai **pajera**, Rosalía.*
paleta / paleteado (adj.) amable, servicial. *Israel es **paleta**; estoy segura que si se lo dices, él te ayudaría con tu problema.*
pasturri (f.) droga química, residuo de la elaboración de cocaína, conocida también como pasta base. *Pillaron a uno de mis vecinos vendiendo **pasturri** desde su casa.*
pato malo (loc sust. m.) delincuente. *Este barrio está lleno de **patos malos**.*
pega (f.) trabajo, empleo. *Estamos tan ocupados en la **pega** que voy a tener que saltarme el día de descanso.*
partuza (f.) fiesta desenfrenada y excesiva, que en ocasiones degenera en orgía. *Katia y Leila son las brasileras que conocí en la **partuza** del sábado pasado.*
patota (f.) grupo de jóvenes revoltosos y montoneros que se dedica a molestar o atacar a la gente en sitios públicos. *La **patota** de Sergio cobraba "peaje" para dejar pasar a la gente delante de la estación ferroviaria.*
patotero 1) (sust./adj.) miembro de un grupo de jóvenes revoltosos y montoneros que se dedica a molestar o atacar a la gente en sitios públicos *Ser **patotero** es ser cobarde, porque solo no se atrevería a hacer lo que hace en patota.* 2) (adj.) lo que es propio de tal grupo.
pelar (v.) criticar, hablar mal de alguien. *Las vecinas **pelaban** a Cristina por su modo de vestir.*
pelar el cable (loc. v.) tener actitudes o comentarios alocados, absurdos o sin sentido. Viene de "estar con los cables pelados" o "andar haciendo corto circuito". *A ese político se le **pela el cable**; quiere expulsar a todos los inmigrantes del país.*
peliento (sust./adj.) persona de bajo nivel cultural, sucia, de malos modales, delincuente. *En el estadio habían puros **pelientos**.*
pelusa / pelusón (sust.) 1) niño o adolescente de clase social popular. *Miren al **pelusa** que va al otro lado de la calle... yo creo que anda en algo raro.* 2) niño o adolescente enfadoso. *Oye, ¡dile al **pelusón** de tu hermanito que no moleste más!*
pencazo (sust.) vaso o unidad de bebida alcohólica. *No, Verónica debe ser abstemia, nunca la he visto tomar un solo **pencazo**.*
pendejo 1) (sust./adj.) adolescente. *A mí no me gusta salir con **pendejas**.* 2) (sust./adj.) persona pueril, inmadura (f. **pendejada**: acto propio de un joven). *Tu hermano es un **pendejo**. ¿Cuándo se va a comportar como la gente de su edad?*
peni (f.) cárcel (acortamiento de *penitenciaría*). *Hilda iba a la **peni** cada semana a ver a su marido.*
pepa (f.) píldora; anfetamina. *¿Para qué sirven estas **pepas** azules?*
perno (sust./adj.) tonto, incompetente, marginado socialmente.
pichicata 1) (f.) cualquier droga. 2) (f.) cocaína. *Los agarraron antes de que pudieran deshacerse de la **pichicata**.*
pichicatear (v.) potenciar a un animal de competición (caballo, galgo, etc.), un vehículo, un atleta, o hasta un aparato informático usando sustancias químicas o en cualquier caso recurriendo a métodos ilegales (del verbo italiano "pizzicare", pellizcar). *Fabián dice que se puede **pichicatear** un modem de 128 para que suba a la velocidad de 256. / Sin **pichicateo** tu Mustang no va a llegar lejos. / Se supo más tarde que la campeona se había **pichicateado** antes, durante y después de las Olimpiadas.* (m.) **pichicateo**. *Está aumentando el **pichicateo** entre universitarios.*

CH

pingüino (sust./adj.) colegial, escolar. *El título del artículo era "Rebelión pingüina por extensión de la jornada escolar". / Castigaron al pobre pingüino por haber roto el pantalón del uniforme.*

pito (m.) cigarro de marihuana. *Alguien se estaba fumando un pito en el baño.*

pituto (m.) recomendación, influencia que se emplea para conseguir algo. *Con los pitutos que tiene, consiguió que le rebajaran la condena.* (adj.) **apitutado**. *Ernesto es un apituta'o, no merece el puesto que tiene.*

plata (f.) dinero. *¿Cuánta plata tienen para el viaje?*

población (m.) barrio popular. *En esta población viven muchas prostitutas.*

poh muletilla usada para intensificar o enfatizar algo (barbarismo de "pues"). *¿Qué quiere que le cuente poh, compadre? Yo siempre le he dicho la verdad.*

pololeo (m.) noviazgo. *No sé cuánto podrá durar su pololeo si ella ahora vive en Arica y él sigue en Santiago.*

pololo 1) (sust.) novio (verbo **pololear**). *Cinthia es la polola de Nelson.* 2) (m.) trabajo ocasional o temporal. *¿Cómo te fue con el pololo en aquella fábrica?*

ponerse las pilas / baterías (loc. verbal) concentrarse o actuar de una vez ante algo que se está dejando de lado. *Bueno, te ponés las pilas y mejorái las notas en la escuela, ¿ya?*

posta (f.) verdad. *Dime la posta... ¿por qué no fuiste a la fiesta?*

poto (m.) trasero, nalgas. *¿Sabíai que el poto de Jennifer López está asegurado?*

profe (sust.) profesor.

pucha interjección de disgusto, enojo (eufemismo de "puta"). *¡Pucha, casi me cierras la puerta en la cara!*

puchacay interjección de disgusto, enojo. *¡Puchacay! ¡Olvidé echar esta carta en el buzón!*

pucho (m.) cigarro. *Pásame un pucho, hay una cajetilla sobre la mesa.*

pulento (sust./adj.) persona diestra o cosa eficaz. *Los pulentos del equipo son Héctor y Jorge. / Esa medicina es pulenta para la tos.*

Q

qué onda (frase interrogativa) saludo equivalente a "¿qué tal?"

quedó la crema / quedó la del panadero / quedó la mansaca frases que expresan el concepto de que ocurrió algo terrible, un gran trastorno. *Quedó la mansaca cuando se dieron cuenta que alguien se había robado todo el dinero de la caja fuerte.*

quihubo hola, qué tal. Saludo.

quilombo 1) (m.) prostíbulo 2) (m.) lío, problema, enredo. *Se armó un quilombo en la oficina cuando el jefe dijo que iba a suspender las vacaciones de todos.*

quiltro (m.) perro callejero. *Un par de quiltros estaban peleándose por un hueso que alguien les tiró.*

R

raja (f.) suerte. *No tengo raja. Nunca gano nada.*

rajar (v.) reprobar, suspender en un examen o curso. *El profesor de Derecho Político rajó a Bertha sólo porque llegó tarde al examen.*

rajarse (v.) regalar, ofrecer. *Me voy a rajar con tres cervezas.*

JERGAS DE HABLA HISPANA

rati (m.) detective. *Ayer unos **ratis** andaban haciendo preguntas peligrosas en el barrio.*
rayarse (v.) volverse loco. *Diana **se rayó** de puro dolor cuando Alan la dejó.*
refri (m.) frigorífico, refrigerador. *Saca el postre del **refri**, que ya llegaron los invitados.*
ronquita (f.) travestí (con alusión al timbre de voz masculino). *Unos homofóbicos atacaron a una **ronquita** y la mandaron al hospital.*
roto (m./adj.) persona ordinaria (despectivo). *Ese **roto** sí que sabe jugar fútbol.*

S

sacar(le) la mugre a alguien (locución verbal) pegar contundentemente, dar una paliza. *Miguel iba borracho y le **sacó la mugre** a un pobre mendigo que encontró.*
sacar la vuelta (loc. verbal) perder el tiempo, no ser productivo en el puesto de trabajo. *Armando es un experto en **sacar la vuelta** en la oficina. Su jefe no se da cuenta que pasa casi todo el tiempo navegando en internet.*
sánguche (m.) emparedado. *No va a haber tiempo para pararnos a comer en el viaje. ¿Por qué no preparai unos **sánguches** para el camino?*
sepa moya (frase) expresión de ignorancia. *¿Cuándo tienes vacaciones?--¡**Sepa moya!***
sonrisa de choclo (loc. sust.) apariencia fingida de alegría. *Eva tenía **sonrisa de choclo** pero estaba que se moría viendo a su novio con otra.*
sucursal 1) (f.) amante. *Pobre Javier... se peleó con la **sucursal** y su mujer lo echó de la casa.* 2) (f.) sitio donde se llevan a cabo encuentros extraconyugales.

T

talla (f.) comentario chispeante, ingenioso, gracioso; (loc. v.) **echar tallas** a alguien: embromar a alguien en modo simpático. *Ese gallo sí que es bueno pa' la **talla**. / Apenas llegó se lo comieron a **tallas** por su nuevo corte de pelo.*
tira (m.) detective.
tirarse (a alguien) 1) (v.) tener relaciones sexuales. 2) (v.) besar.
tocomocho (m.) vehículo, automóvil. *Lorena está ahorrando para comprarse un **tocomocho**.*

U, V

vaca (f.) 1) colecta, cooperación. *Hagamos una **vaca** para comprarle el regalo de bodas a Emilia.* 2) (f.) persona malvada. *¡Hay que ser **vaca** para maltratar a ese pobre niño!*
vale interjección para expresar acuerdo. *Tengo que ir a mi casa.--**Vale**, te acompaño.*
veintiúnico (sust./adj.) único (referido a una unidad, pero dando a entender que una cantidad mayor sería preferible). *José lavó su **veintiúnica** camisa y se quedó esperando a que se secara.*
vieja / viejo (sust.) madre / padre. *Mi **viejo** se acaba de jubilar y no sabe qué hacer con su tiempo libre.*
viejo verde (loc. sust. m.) hombre maduro que se dedica a cortejar mujeres jóvenes. *El **viejo verde** de mi jefe creyó que iba a poder seducirme con regalos.*

CH

<u>vista gorda</u> (loc. sust. f.) con el verbo y artículo "hacer la", fingir no darse cuenta de algo. *Los que tenemos conciencia no podemos hacer la vista gorda ante las injusticias.*
volado 1) (adj.) drogado. *En esa discoteca todo mundo anda volado.* 2) (sust.) drogadicto, vicioso. *Echaron al volado del local porque estaba molestando a la clientela.*

W

wevada / weá (f.) variante escrita de <u>huevada</u>.
wevón / weón (f.) variante escrita de <u>huevón</u>.

X, Y

<u>yorugua</u> (sust./adj. invariable en género) uruguayo, proveniente de Uruguay (por inversión de sílabas). *Mi amigo yorugua nos invitó a una parrillada en su casa.*
<u>yunta</u> (sust. invariable en género) buen amigo. *Flavio es mi yunta, cuidado que hables mal de él.*

Z

zorra (f.) desastre, caos, alboroto. *Quedó la <u>media</u> zorra cuando se descubrió quién era el verdadero padre del niño.*

AMERICANISMOS Y / O CHILENISMOS

A

<u>acomedido</u> (sust./adj.) persona que se ofrece a ayudar, que es servicial (v. **acomedirse**). *Penélope es la única acomedida de la familia, por eso es la preferida de su mamá. / Lo que no me gusta de Yahir es que nunca se acomide a nada, ni cuando ve que me estoy matando de trabajo.*
<u>afiche</u> (m.) poster, cartel. *¿Les gusta el afiche que compré de la Torre Eiffel?*
<u>aguinaldo</u> (m.) bonificación de salario de fin de año. *Quiero comprarte un regalo con lo que me den de aguinaldo.*
<u>agüita</u> (f.) té. *Prepárate una agüita de esta hierba y verás que vas a dormir bien esta noche.*
ampolleta (f.) bombilla de alumbrado eléctrico. *No funciona la ampolleta del pasillo.*
aros (f.) pendientes (joyería) *Perdí uno de mis aros, ¿me ayudai a buscarlo?*
<u>arveja</u> (f.) guisante (legumbre). *Mamá, ¿llevamos arvejas frescas o enlatadas?*

B

<u>balacera</u> (f.) tiroteo (verbo **balacear**). *Hubo una balacera enfrente de mi casa anoche y hoy vi que mi auto tiene dos agujeros del lado del pasajero.*
<u>básquet / basquetbol</u> (m.) baloncesto. *¿Quién es el jugador más alto de tu equipo de básquet?*
<u>boletería</u> (f.) taquilla, sitio donde se venden entradas para espectáculos. *Te esperamos enfrente de la boletería.*

CH

botadero (m.) basurero, vertedero, lugar donde se tira la basura. *Descubrieron un botadero clandestino en una zona residencial.*
brasier (m.) sostén, prenda de vestir femenina para sujetar el pecho (del francés *brassière*). *En los años 60 las mujeres quemaban sus brasieres en señal de protesta.*
buscapleitos (sust./adj.) picapleitos, provocador de riñas, revoltoso. *No invitaron a Mauricio a la fiesta por su fama de buscapleitos.*

C

cabrita (f.) roseta de maíz tostado o reventado (palomita de maíz). *Me resbalé en el cine y se me cayeron las cabritas que acababa de comprar.*
cachamanca (f.) niebla espesa y baja (en el norte del país). *Con la cachamanca que había no vi el letrero y me pasé de largo.*
camote (m.) batata (voz de origen nahua). *Mi tía hace un dulce de camote bien rico.*
chala (f.) sandalia de cuero. *Gema prefería ponerse chalas que andar de tacones altos.*
chicote (m.) látigo; chicotazo: (m) azote, latigazo.
choclo (m.) mazorca de maíz (voz de origen quechua). *Deme un kilo de choclos.*
choro (m.) mejillón. *Quiero tu receta para los choros gratinados.*
comercial (m.) anuncio publicitario grabado o filmado (del inglés "tv / radio commercial"). *Odio esa emisora; siempre ponen diez comerciales por cada canción que tocan.*
competencia (f.) competición deportiva. *El día de la competencia el veterinario oficial revisa a todos los caballos antes de cada carrera.*
completo (f.) perrito caliente, hotdog. *A mí no me gustan los completos con mostaza.*
computador (m.) ordenador. *Apagué el computador y me fui a dormir: había pasado casi ocho horas al hilo en un chat.*
concuño (sust.) concuñado. *Mi cuñada no me cae bien, pero mis concuños son simpáticos.*
coscacho (m.) coscorrón. *¡Mamá! ¡Miguel y Pedro me agarraron a coscachos porque no les quise dar el control remoto de la televisión!*
cuye (m.) conejillo de indias. *¡Dejaste la jaula mal cerrada y se escapó el cuye!*

D

damasco (m.) albaricoque

E

empeñoso (adj.) que se dedica a algo con tesón, empeño. *Martita es bien empeñosa en la escuela.*
en picada (loc. adv.) en picado, que se mueve hacia abajo casi verticalmente, que precipita. *El avión cayó en picada sobre el edificio. / La demanda para ese producto bajó en picada desde que su precio subió vertiginosamente.*
estampilla (f.) sello postal. *Un filatelista es uno que colecciona estampillas.*

F

frutilla (f.) fresa (fruta). *Esta receta requiere de frutillas frescas, no congeladas.*

64

G

garúa (f.) llovizna muy ligera, nebulizada, que empapa no obstante se lleve paraguas.
garzón (sust.) camarero (persona que atiende en un restaurante). *¿No le vas a dejar propina a la garzona?*
gasolinería (f.) gasolinera, establecimiento donde se venden carburantes. *La gasolinería que está cerca de mi casa tiene precios muy caros.*
guagua (f. aunque se trate de niño varón) bebé (voz de origen quechua). *En el hospital, de repente todas las guaguas empezaron a llorar.*

J

jaiba (f.) cangrejo. *Yo voy a ordenar la ensalada de jaiba.*
jonrón (m.) en el juego de béisbol, cuando un jugador cubre las cuatro bases en su turno, marcando un punto para su equipo (del inglés "home run").
jonronero (sust./adj.) jugador o equipo de béisbol que logra muchos jonrones. *¿Quién es el más jonronero de tu equipo?*
jugo (m.) zumo. *¿Y de tomar? --Para ella, agua mineral. A mí deme un jugo de pera.*

L

licuado (m.) bebida, generalmente a base de leche y otros ingredientes, hecha en licuadora. *Mira: esta receta del licuado de plátano puede servir para tu dieta.*

M, N

malecón (m.) calle o paseo costero. *Están construyendo un hotel de lujo cerca del malecón*
mozo (sust.) camarero (persona que atiende en un restaurante). *¿Dónde estará el mozo? Hace media hora que nos trajo el menú.*

O

overol (m.) mono, traje de faena de una sola pieza que se pone encima de la ropa para protegerla (del inglés "overall"). *El "Mostachón" es ése del overol de mecánico.*

P

pachacho (adj.) gordito y de piernas cortas. *Ese perrito pachacho es de Julieta, mi vecina.*
paleta (f.) helado montado en palito. *¿De qué sabor quieres tu paleta?*
palta (f.) aguacate (voz de origen quechua). *¿Te gusta la ensalada con palta?*
pampa (f.) amplia llanura sin árboles (voz de origen quechua). *Yo prefiero vivir en las montañas o en la costa que en la pampa.*
papa (f.) patata (de origen quechua).
parado (adj.) de pie, derecho, levantado. *"¡No sé los muchachos de hoy qué le ven de bonito a llevar las greñas paradas como puercoespín!" exclamó doña Aurelia, disgustada.*
pararse (v.) ponerse de pie, levantarse de la cama. *El joven se paró para darle el asiento a la señora embarazada.*
parche curita (m.) tirita, vendaje adhesivo.

65

CH

patente (f.) matrícula para vehículos. *¿Alcanzó a ver la **patente** del auto antes que arrancara?*

picadillo / picoteo (m.) comida en pequeñas porciones para acompañar las bebidas. *Ordena las chelas y algo de **picoteo** mientras voy al baño.*

plumón (m.) rotulador, instrumento parecido al bolígrafo con punta (generalmente gruesa) de fieltro. *Necesito un **plumón** para escribir la dirección en la caja que voy a enviar.*

polera (f.) camiseta de manga corta y sin cuello. *Como premio por adivinar el nombre de la canción, me dieron una **polera**.*

polla (f.) nombre de la lotería nacional. *¿Supiste que Fernando se sacó la **polla**?*

poroto (m.) especie de alubia, frijol, judía (legumbre) (voz de origen quechua). *Por el olor creo que te hicieron daño los **porotos** que comiste.*

poroto verde (m.) judía verde.

prontuario (m.) expediente donde figuran los antecedentes de todo el que ha tenido cuentas con la policía (v. **prontuariar**, adj. **prontuariado**). *El juez ordenó que **prontuariaran** al desaforado senador.*

Q, R

rollo (m.) carrete de película. *Tengo que llevar a revelar los **rollos** de las fotos que tomé en las vacaciones.*

rostizar (v.) asar, cocer al horno (adj. **rostizado**). *En la receta dice que hay que usar un platón para **rostizar** con una rejilla para recoger el jugo. / Me quedé dormido en la playa y quedé como pollo **rostizado**.*

rotisería (f.) negocio donde se asan y venden pollos. *Bernardo abrió una **rotisería** y parece que le está yendo bien.*

S

siútico (sust./adj.) arribista, esnob, que presume de elegante y fino sin serlo. *La **siútica** de Tamara probaba el picoteo delicadamente, con el dedo meñique extendido.*

siutiquería (f.) esnobismo, presunción de cultura y elegancia; también arribismo. *Me parece una **siutiquería** bautizar a la hija con el nombre de Dayana cuando uno se apellida Sánchez.*

T

tarea (f.) deberes escolásticos.

timbre (m.) sello postal.

tomacorriente (m.) toma de electricidad, dispositivo donde se enchufan los aparatos que funcionan con la electricidad.

trapicarse (v.) atragantarse la comida o bebida. *Se ve que tenía mucha hambre ese perro... se **trapicó** todo lo que le di y buscaba más.*

tratativa (f.) negociación que se hace para llegar a un arreglo sobre temas comerciales, laborales, políticos, económicos, etc. *Chile y Perú paralizaron las **tratativas** para profundizar pacto comercial.*

U, V
velador (m.) mesita de noche. *En el **velador** siempre tenía un libro de poesías que nunca se cansaba de releer.*
velorio (m.) velatorio (acto de velar un difunto). *Me deprimen los **velorios**. Cuando yo muera, quiero que hagan fiesta.*
vereda (f.) acera. *Amanda se cruzó a la otra **vereda** para no saludarnos.*
vincha (f.) banda con que se ciñe la cabeza pasando por la frente (de origen quechua). *En Japón las **vinchas** se llaman hachimaki.*

X, Y
yapa (f.) añadidura que obsequia el vendedor al comprador (de origen quechua). *El vendedor me dio estas nueces de **yapa**.*

Z
zapallo (m.) calabaza (de origen quechua). *¿Has probado el postre de **zapallo** que hace Carmela?*
zorrillo (m.) mofeta (el mamífero)

JERGA DE COLOMBIA

A

a morir (loc. adv.) mucho. *Tenemos trabajo a morir en la oficina este mes. / ¿Les gustó el concierto? --¡A morir!*

a ojímetro (loc. adv.) suponiendo con cálculos aproximados, sin instrumentos precisos de medida. *Pues así, calculando a ojímetro, yo creo que sí hay espaciopara que pase el camión por ahí.*

abeja (adj.) astuto, listo, que sabe actuar en beneficio propio. *No, si yo ya sabía que Ernesto era muy abeja; mira cómo convenció a los jefes de elegirlo a él como representante en la conferencia en Río de Janeiro este año.*

acelerado (adj.) frenético, hiperactivo (verbo **acelerarse** agitarse. sust. m. **acelere** frenesí). *Mi papá anda bien acelerado estos días porque si no termina un proyecto del trabajo a tiempo, no podremos irnos de vacaciones como planeábamos. / No se me acelere. El problema se resuelve si lo examinamos detenidamente. / ¿Qué acelere es éste? Cálmense. Podemos terminar este trabajo mañana.*

achicopalar (v.) avergonzar, humillar, cohibir (adj. **achicopalado**). *Josué se va a achicopalar si le dices que te gusta. Es muy tímido. / El profesor la tenía achicopalada; ella no lograba dejar de tartamudear en su presencia.*

acordeón (m.) papelito con apuntes para uso, no autorizado, de estudiantes en los exámenes. Llamado así por que el papel viene doblado muchas veces para hacerlo lo más pequeño posible. *El profesor encontró el acordeón de Catalina.*

agarrón (m.) discusión, pelea (verbo: **agarrarse**). *Hubo un agarrón en la tienda entre dos que se disputaban el lugar en la fila para pagar.*

agria (f.) cerveza. *Ayer probamos unas agrias con sabor a cereza, importadas de Bélgica.*

agringarse (v.) adoptar las costumbres de la gente de EEUU (adj. **agringado**). *Lorena se agringó mucho desde que la mandaron a estudiar un año a un colegio de Boston. Ahora ya no le gusta comer ajiaco y pide siempre que le hagan "meatloaf".*

ala interjección para llamar la atención, a menudo acompañada de la frase "mi rey / mi reina" si usada por gente mayor (en Bogotá). *Ala mi rey, vea a ese pobre cieguito pidiendo limosna.*

alebrestarse (v.) agitarse, alborotarse. *No se me alebreste; ya le dije que necesito unos días más para juntar el dinero que le debo.*

aleta (sust. f. invariable en género) persona muy alegre. *Me gusta salir con Nicolás porque es una aleta.* (adj.) **aletoso**: alegre. *La boda estuvo muy aletosa.*

alzado (adj.) agresivo, provocador, irrespetuoso, ofensivo. *Alejandro, cuando toma, se pone muy alzado. Un día lo oí insultar al papá porque lo regañó por llegar a la casa a las 5 de la madrugada.*

amañar (v.) encariñar, aclimatar. *Yo estoy amañada en mi vieja casa, no me quiero ir.*

añoñi expresión que se usa cuando alguien está entusiasmado por hacer algo ¿*Vamos al cine?--¡Añoñi!*

apantallar (v.) presumir, deslumbrar (ocasionalmente pronunciado y escrito como **pantallear**). *Ahi andaba Cipriano, apantallando a los amigos con su novia sueca.*

CO

apretado (adj./sust.) tacaño, avaro. *Es tan apretado que no me ofreció ni agua.*
arepera (f./adj., despectivo) mujer homosexual, lesbiana. *Juanita seguro que es arepera: trató de levantarse a la novia de mi hermano.*
arrecho 1) (adj.) excitado sexualmente (verbo: **arrechar, arrecharse**; sust. f. **arrechera**). *Esos tipos se arrechan viendo películas porno.* 2) (adj.) furioso, agresivo o temerario (en los Santanderes). *El jefe anda arrecho; no lo moleste ahora.* 3) (adj.) enérgico, poderoso (en la costa del Pacífico). *¡Ella sí es arrecha pa' cantar!*
arrimado (sust./adj.) persona que vive en casa ajena sin contribuir para el gasto. *El sobrino de Lucas lleva tres meses de arrimado en la casa de su tío.*
asaltacunas (sust. invariable en género y número) persona que tiene relaciones sentimentales y / o sexuales con otras mucho más jóvenes. *Todos empezaron a llamarme asaltacunas cuando supieron que mi novio es menor que yo.*
atravesado (adj.) atrevido, insolente. *¿A quién se le ocurriría elegir a Jaime como representante de sindicato? Con lo atravesado que es, fijo que empeora la situación contractual en vez de solucionarla.*
avión (m.) persona astuta, despierta. *Alberto es un avión; a él no lo puedes engañar.*
aviona (f.) mujer fácil. *Genoveva es una aviona; la echaron de su casa por eso.*
azotar baldosa (loc. verbal) bailar (en ambientes de bajo estrato social). *Alguien le subió el volumen al radio y todos a azotar baldosa.*

B

babilla (f.) mujer muy fea. *Busca tu charco, babilla.*
babosada (f.) estupidez, disparate. *Ya no diga babosadas, si no sabe nada sobre el tema, mejor quédese callado.*
bacano (adj.) maravilloso, muy positivo, estimulante, agradable. *La exposición estuvo bacana.*
bajar (v.) robar, quitar. *El niño le bajó tres canicas a su compañero de juegos.*
barajarla más despacio (loc. v.) explicar con más detalles. *No entendí. Barájemela más despacio.*
bareta (f.) mariguana. *¿Sabía que Santiago fuma bareta? Lo vi que le pasaban una pata en el concierto.*
bareto (m.) cigarro de mariguana. *Sandra apenas está aprendiendo a armar baretos.*
barra (f.) peso, unidad monetaria colombiana. *Présteme 100 barras para hacer una llamada.*
bejuco (adj.) contrariado, enojado. *El profesor de física está bejuco conmigo porque estaba hablando en clase mientras él explicaba algo.* (v.) **embejucarse**: enojarse. *¡Que no me digan que voy a tener que pagar pa' que quiten esa lavadora vieja que botaron enfrente de mi casa porque ahí sí me embejuco!*
bemba (f.) 1) hocico, jeta. 2) (f.) labios protuberantes, gruesos. *Le salió un fuego en un labio y se le hizo una bemba bien grandota.* (adj.) **bembón**. *Será muy bonita la tal Angelina Jolie, pero a mí no me gustan las mujeres tan bembonas.*
besaladrillos (sust./adj.) persona que pasa la mayoría de su tiempo en la iglesia, beato, santurrón. *Yo ya no quiero quedarme con mis tíos en vacaciones porque son bien besaladrillos y siempre quieren que vaya con ellos a la iglesia.*
birra (f.) cerveza.

bizcocho (m.) mujer bonita (región de Antioquia). *Hay una mesera nueva en ese café que es un bizcocho.*

bolear (v.) repartir, haber en abundancia. *Dejaron de discutir y empezaron a bolear patadas. / Hubo guerra entre pandillas y bolearon plomo. / No te pierdas la fiesta de esta noche. Van a bolear cervezas.*

boleta (adj. invariable en género) ridículo. *No sea boleta, se van a reír todos cuando lo vean llegar al festival al aire libre con su sombrilla.*

bolillo (m.) agente de policía (despectivo). *Los bolillos arrestaron a la persona equivocada.*

bollo (sust. invariable en género) persona guapa, atractiva (región costera). *¡El hermano de Sandra es un bollo, pero ya tiene novia!*

botar corriente (loc. v.) tener una discusión intelectual, pensar profundamente. *Las señoras estuvieron botando corriente durante la exhibición en la galería de arte nueva. / He estado botando corriente sobre lo que haré cuando termine la universidad.*

buena nota (loc. adj.) bueno, simpático, agradable, amable. *Verás que Mirla te va a caer muy bien; es buena nota.*

bueno / buenón / buenote (adj.) guapo, atractivo, de buen aspecto (usado con el verbo estar). *¡Qué buenota se está poniendo la nieta de don Casimiro!*

burundanga (f.) narcótico (escolopamina) usado para adormecer a víctimas de atracos o violaciones. *El modus operandi de esa banda era drogar a sus víctimas con burundanga.*

C

cachaco (sust./adj.) término usado por los costeños para referirse a cualquier persona o cosa originaria del interior del país, y en particular de Bogotá. *¿Se saben el chiste de los dos cachacos que están hablando de mujeres y uno le dice al otro...?*

cachupe (m.) mal olor corporal, suciedad (combinación de **caspa**, **chucha** y **pecueca**) *Un viejo con cachupe te está esperando afuera; dice que es pariente tuyo.*

cacorro (m., vulgar) hombre homosexual activo. *Don Escobar vive con un hombre que no es familia. ¿Será cacorro ese cucho?*

caga'o (adj.) cobarde (región de Barranquilla)

cagarla (loc. v.) hacer algo mal, cometer un error serio o de difícil solución. *Le rompí un vidrio a la casa del señor Vargas. --¡Pailas, hombre, la cagó!*

camello 1) (m.) empleo, trabajo. *Rosaura encontró camello.* 2) (m.) tarea pesada o desagradable. *Hacer ese cálculo a mano es un camello.* (v.) **camellar.** *Mario camella de noche.*

cana (f.) cárcel, prisión. *Estuvo seis meses en la cana dizque por haber trabajado con una familia de mafiosos.*

canas verdes (loc. sust.) desesperación, agobio (con los verbos sacar / salir). *Tengo un alumno que no sé si es que es bruto o se hace, ¡pero me está sacando canas verdes!*

cansón (sust./adj.) cosa o persona que fastidia, molesta. *El profesor de Sociales es un cansón, no nos deja ni respirar en clase. / Esa publicidad es muy cansona; cada vez que empieza apago el radio.*

cantaleta (m.) regaño, sermón. *María le soltó una cantaleta a su hijo porque se portaba mal.*

carreta (adj.) falso, inventado. *Esa historia es carreta, nadie te la va a creer.*

carretillero / carretudo (adj.) embustero, mentiroso. *Miriam es bien carretuda, pero se descubre fácilmente porque nunca se acuerda de sus propias mentiras.*

catorce (m.) favor. *Hágame un catorce, entréguele esto al profesor.*

cayetano (adj.) lacónico, callado, taciturno. *Jacinta es bien cayetana, parece muda.*

ceba (f.) cosa repugnante, nauseabunda. *Esa telenovela es una ceba absoluta.*

cepillo (m.) adulación. *¿Ya vio cómo está Alicia de amable con el profesor? Eso es puro cepillo, para que no la raje.* (sust/adj.) **cepillero**: adulador. *No seas cepillera, Magda. Ya sé que quieres pedirme dinero prestado.* (v.) **echar cepillo**: adular. *Échale cepillo al profesor para que pases el examen.*

chai interjección que denota asco (en Huila y el Tolima). *¡Chai! ¿Cómo le puede gustar el hígado?*

champeta (f.) ritmo propio de la costa atlántica, de origen africano, que debido a la forma de bailarlo es considerado muy vulgar por la mayoría de la gente; por extensión, (adj.) basto, vulgar, dicho de objetos. *Omar tiene el vicio de contar chistes muy champetos.* (v.) **champetearse**: perder calidad, volverse vulgar. *Esa serie en canal RCN era buena, pero ya se champeteó.*

chance (m.) oportunidad, posibilidad. *Deme chance de demostrarle que sé hacer el trabajo.*

chanda (f.) algo de marca no conocida, de baja calidad, una porquería. *¿Cómo fuiste a comprar esa chanda de pantalón? / Esas copas son unas chandas. Parecen de cristal, pero son de vil plástico.* (adj.) **chandoso**. *¿De qué raza es tu perro? El mio es chandosito.*

chao adiós, hasta luego. (del italiano "ciao"--que en realidad es ya sea saludo que despedida).

chapetón 1) (adj./ sust., despectivo) español (natural de España). *Llegaron unos turistas chapetones que no hacen sino criticarnos el español.* 2) (adj./ sust., despectivo) por extensión, europeo.

chévere (adj.) muy bueno, fantástico, fenomenal (palabra importada por las telenovelas venezolanas). *Me acaban de contar un chiste bien chévere, y ya no me acuerdo cómo va.*

chichipato 1) (adj.) dicho de objetos, de poco valor o escasa calidad. *Vea el casete tan chichipato que me dio Carlitos, se oye más la estática que la música.* 2) (sust./ adj.) dicho de persona, tacaña, avara. *No inviten al chichipato del Miguel, que siempre que vamos a pagar se hace el gringo y no da ni un peso.*

chichonera (f.) gentío alborotado. *Había una chichonera esperando que abrieran la ventanilla donde venden las boletas para el concierto.*

chimba 1) (f.) cosa buena, genial, excelente. *¡La música de esa banda es una chimba! / ¿Quién te dio esa chimba de anillo?* 2) (f., vulgar) vulva.

chimbo (adj.) de poco valor, falso. *¡Aquel me quería vender un cuadro chimbo de Botero!*

chino (sust.) niño. *Muy pocos chinos de este barrio van a la escuela.*

chiviado (adj.) de poco valor, falso. *Perdí el estilógrafo chiviado de Graciela y ella ahora quiere que se la reponga con uno bueno.*
chones (m.) calzones, bragas, ropa íntima. *No sé para qué guardas estos chones si están rotos.*
chucha (f.) olor a sudor. *Franco tiene una chucha porque no se bañó después del entrenamiento de boxeo.*
chueco (adj.) irregular, ilegal. *Jorge anda en negocios chuecos; ya hay gente que sospecha de él.*
chupa (sust. invariable en género) agente de policía de tránsito. *El chupa estaba escondido con su moto detrás de la valla.*
chupar gladiolo / lirio (loc. verbal) morir. *El viejo Clímaco se fue a su tierra natal a chupar lirio.*
churro (m.) hombre guapo. *El actor principal de esa película es un churro.*
chuzar (v.) apuñalar. *Saliendo del bar, lo chuzaron.*
chuzo (m.) negocio, tienda modesta o puesto callejero. *Pusieron un chuzo en la esquina y parece que les está yendo bien.*
ciertas hierbas (loc. sust.) eufemismo usado para no mencionar el nombre de una persona. *Ciertas hierbas no hicieron la tarea de español...*
cipote (adj. invariable en género) grande, enorme (zona costera atlántica). *El cucho de química me descubrió copiando y me metí en cipote lío. / ¡Cipotes mansiones las de Beverly Hills!*
clarín / clarines / clarinete (sust. usado como adverbio) claro, por supuesto. *¿Le provoca un tinto con galletas? --¡Clarines que sí!*
clorótico (adj.) pálido como por efecto del cloro, dicho de persona (usado en Huila y Tolima). *Ana está clorótica desde hace días y no quiere ir al médico.*
coime (sust. despectivo) empleado doméstico (**coima** en femenino). *No, yo no voy a esa discoteca. Allí siempre está lleno de coimas. / Vamos a tener que despedir a nuestro coime; creo que nos está robando la comida.*
comerse el cuento / comérselo enterito (loc. verbal) creer algo. *Mi abuelo se lo comió enterito, cree que estamos saliendo a comprar la leche. /¿Tú sí te comiste el cuento de que nos van a dar el almuerzo gratis?*
como un tití / una hidra / una tatacoa (loc. adj.) furioso (el "tití" es un mono pequeño sudamericano, y la "tatacoa" una serpiente venenosa (usado con los verbos estar / ponerse). *Manolo se pusó como un tití cuando supo que Elisa había salido con su mejor amigo.*
con todos los fierros (loc. adj.) completo, con todo lo se le pueda añadir. *¿Me sirve un plato de ajiaco* con todos los fierros?* (*platillo típico de Bogotá)
conchudez (f.) desvergüenza, indolencia. *Fue el colmo de la conchudez le subió más alto el volumen al radio cuando empecé a decirle que debería buscarse un trabajo.*
conchudo (sust./adj.) desentendido, indolente, desobligado, desvergonzado. *Federico es un conchudo; todo el mundo trabajando en el proyecto, y el señor, ¡durmiendo!*
coroto (m.) cualquier objeto, efecto personal. *Empaque sus corotos y lárguese, que no lo quiero volver a ver en esta casa.*

CO

cruce (m.) favor. *Hágame este cruce, doña Teresa, y le juro que no la vuelvo a molestar.*

cucharón (m.) corazón (cayendo en desuso). *No me rompas el cucharón, negrita linda.*

cucho (sust.) viejo, persona madura y de respeto (padre, profesor, etc.) *Esta tarde tengo una reunión con un cucho de la facultad. / Le di mi asiento a una cucha.*

cuernos (m.) traición o infidelidad a la pareja (usado con el verbo poner). *A Ramón le pusieron los cuernos con su mejor amigo.*

cuero (m.) prostituta, chica fácil. *Dicen que aquella extranjera es un cuero.*

culear (v., vulgar) tener relaciones sexuales.

culebra (f.) deuda. *El dinero no me alcanza para pagar las culebras que tengo.*

culebro (m.) cobrador de deudas. *Mientras estabas fuera, te vino a buscar un culebro.*

culicagado (sust.) persona joven o inmadura. *...Y de repente apareció su marido, un culicagado de diecisiete años.*

currucutear (v.) fisgar, husmear en las cosas propias o ajenas (cayendo en desuso). *Ramírez estaba currucuteando en mi escritorio cuando entré en mi oficina.*

cuñado (m.) apelativo, trato entre amigos. *Venga, cuña'o, lo invito a tomar unas espumosas.*

D

dar lata (loc. v.) molestar, fastidiar. *¡Los voy a levantar si siguen dando lata!*

dar papaya (loc. v.) dar motivos para algo, tentar, provocar. *Nosotros nos reímos mucho de Adriana pero es que ella da papaya con esos gestos que hace. / ¡Me robaron el celular! --Pero usted daba papaya cargándolo en el bolsillo de la camisa.*

darle al clavo (loc. v.) acertar (variante de "dar en el clavo").

de ataque (loc. adj.) grandioso, estupendo. *Iván es de ataque, lástima que sea casado.*

de nanquiu (loc. adv.) de nada, respuesta irónica a quien da las gracias diciendo "tenquiu". *Y tenquiu por el tinto. --De nanquiu.*

de papayita (loc. adv.) oportuno, que aparece en el momento justo. *Estaba perdido y me encontré un mapa de papayita.*

del carajo (loc. adj.) excelente, muy bueno. *Me quedó del carajo esta viñeta.*

del codo (loc. adj.) avaro, tacaño. *Esos viejitos son bien del codo y no quieren que vaya alguien a ayudarles a limpiar la casa porque no quieren gastar dinero.*

deschavetarse (v.) enloquecer. *Mariano se deschavetó cuando lo eliminaron del equipo.*

desechable (sust.) vago de la calle, callejero. *Ese desechable vende heroína.*

despelote (m.) caos, desorden, lío. *Hubo un despelote en el supermercado cuando se cayó una pirámide de latas de verduras.*

destutanarse (v.) caerse. *Jaime se destutanó cuando la rama del árbol donde estaba sentado no soportó su peso y se rompió.*

duro (sust.) persona hábil, diestra. *Karla es la dura de Linux; es la única que se lo reinstala sin problemas.*

E

echar carreta (loc. verbal) bromear. *Los mecánicos pasan todo el día echando carreta en el taller.*

echar los perros (loc. v.) cortejar a alguien. *Pablo le anda echando los perros a Lucía.*

echar(le) un ojo (a algo) (loc. v.) observar, cuidar, estar de guardia. *Échenle un ojo a mi bici mientras entro a la tienda a comprar las gaseosas.*

embarrarla (loc. v.) cometer un error, equivocarse, generalmente en modo vergonzoso. *Gerardo la embarró cuando se puso a criticar al jefe en la oficina.*

emburundangar (v.) drogar con burundanga, administrar un narcótico. *Creen que los emburandagaron, porque cuando despertaron, se dieron cuenta de que faltaba todo lo de valor que había en la casa.*

empericarse (v.) drogarse con cocaína. *Walter y Germán fueron a empericarse a aquel edificio clausurado.* (adj.) **empericado.** *Daniel se está comportando tan raro porque está empericado.*

empiñatado (adj.) encariñado, entusiasmado (verbo: **empiñatar**). *Juliana está empiñatada con su gato; lo lleva hasta el baño.*

emputarse / emputecerse (v.) enfurecerse. *Don Pascual se emputó cuando supo que su hijo había sido arrestado por exhibirse desnudo delante de un convento.*

en la olla (loc. adj.) en malas condiciones. *La familia está en la olla, no tienen ni para comer. / Este mes no voy a poder pagar el abono de los muebles: estoy en la olla.*

encanar (v.) encarcelar. *Se supone que ayer lo encanaron, y véalo ahí en la calle como si nada.*

entós qué, loco (frase interrogativa) saludo de desafío.

espumosa (f.) cerveza.

F

farra (f.) fiesta, reunión entre amigos. *La farra en la casa de Esther estuvo muy animada; bailamos toda la noche.*

fierro (m.) pistola. *Encontré un fierro escondido debajo de la cama de mi hermano.*

filo (m.) hambre. *¡Con este filo comería con gusto hasta los guisados de mi suegra!*

fincho (adj.) borracho. *Parce, ¿está fincho? ¡Hace media hora que lo veo tratar de abrir la puerta de esta casa con sus llaves!*

florido (adj. irónico) grosero, soez (dicho del lenguaje). *Oiga, el profesor tiene un lenguaje floridísimo, ¿no será costeño?*

foforro (m.) fiesta particularmente caótica. *En pleno foforro Erica se cayó de la mesa donde estaba bailando.*

fondo blanco (loc. sust. m.) sorbo con el que se vacía un vaso con bebida alcohólica (y por lo tanto, queda el fondo del vaso "en blanco"). Normalmente usado en situaciones en que se reta a otro bebedor. *A ver, Pipe, yo sé que usted es capaz. ¡Échese un fondo blanco!*

fregar (v.) molestar, fastidiar (adj. **fregón**). *A estos niños les encanta fregar a los mayores.*

fría (f.) cerveza. *Pásenme otra fría que tengo sed.*

CO

friquear (v.) espantar (de la jerga en inglés "to freak"). (adj. **friqueado**) *No friquee al pobre bebecito con esa máscara.*
fuchi expresión de asco. *¡Fuchi! ¡Esa sopa yo no me la como!*
furrusca (f.) pleito, riña. *Alejandro insultó a un compañero en un bar y se armó la furrusca. / A Néstor le rompieron la nariz en una furrusca.*
fusilar (v.) copiar algo textualmente, plagiar. *Me fusilé casi toda la prueba de economía, si no, no la habría pasado.*

G

galleta (m.) término relativamente blando para referirse a un hombre homosexual. *Dicen que los mejores amigos de las mujeres son los galletas.*
gallito (sust./adj.) pendenciero, agresivo, belicoso. *Por andar de gallito Alonso se ganó un balazo en la pierna.*
gallo (m.) trabajo complicado o difícil. *Fue un gallo preparar este platillo, pero valió la pena porque a todos les encantó.*
gamín 1) (sust.) niño callejero. *Unos gamines me limpiaron el carro.* 2) (sust.) persona vulgar, maleducada. *No, ¡yo no la saludo a esa gamina!*
garbancear(se) (v.) vomitar. *Cada vez que veo a alguien comiendo sesos me dan ganas de garbancear. / Moisés está enfermo; se garbanceó dos veces mientras salía de la escuela.* (f.) **garbanceada**. *Fíjese por donde camina: ¿no ve la garbanceada que estaba por pisar?*
goma (f.) afición, entusiasmo. *Carlos tiene una goma por los patines que no los puede dejar.*
gomelo (sust.) joven que es o aparenta ser de familia adinerada ("**gomela**" en femenino). *Rafael es un gomelo que sólo compra ropa de Armani y Calvin Klein.*
gonorrea (adj./sust. invariable en masculino) persona vil, infame. *Rodrigo es un gonorrea, siempre insulta a los mendigos en la calle.*
gorrero (sust.) persona que pretende hacerse pagar por otros, que abusa de los demás (verbo **gorrear**). *Beto es un gorrero. No le digan que vamos al cine. Querrá que le paguemos la entrada. / Felipe es el tipo más gorrero de toda la facultad; nadie puede comer delante de él, porque inmediatamente va a pedir.*
gorrito (m.) preservativo, condón. *No se le olvide ponerse el gorrito cuando se meta con ella, mejor no arriesgarse.*
goterero (sust./adj.) persona que pretende hacerse pagar por otros, que abusa de los demás *Siempre que estamos tomando pola, viene a pedirnos el goterero de Edgar, y el imbécil de Víctor siempre le da. / No invites a Celina a que venga al cine con nosotras; es bien goterera y yo no tengo ganas de pagar por su entrada.* (v.) **goterear.** *Saúl tiene la mala costumbre de goterear los tragos, por eso ya no salgo con él.*
gringo (sust./adj.) proveniente de Estados Unidos. *Estafaron a turistas gringos vendiéndoles terrenos inexistentes. / Dicen que el ejército gringo ha sufrido muchas más pérdidas en Iraq desde que terminó la guerra que durante la guerra.*
Gringolandia (f.) Estados Unidos. *Cada vez que Rafael va a Gringolandia, compra software nuevo.*
guácala expresión que indica asco. *¡Guácala! ¡Hay una mosca muerta en la ensalada!*

guachimán (m.) guardia, vigilante (del inglés "watchman"). *No hagas ruido que Enrique está durmiendo. ¿Sabías que desde la semana pasada trabaja como* **guachimán**? *Ayer le tocó el turno de noche.*
guámbito (sust.) niño (usado en Huila y Tolima). *El* **guámbito** *de Liliana ya cumplió dos años.*
guapachoso (adj.) de ritmo tropical, alegre. *La música de Fruko es bien* **guapachosa** *y toda la gente estaba bailando.*
guasquearse (v.) vomitar. *Era la primera vez que Marina se subía a una montaña rusa, y* **se guasqueó** *delante de su novio.*
guayabo (m.) malestar físico después de una borrachera. *Esta noche no quiero emborracharme porque mañana no puedo amanecer con* **guayabo**; *es el día de mi boda.*
güevón (f.) variante de huevón.
güevonada (f.) variante de huevonada.
güevonear (f.) variante de huevonear.
guiso 1) (sust.) empleado doméstico (término despectivo). *Tendré que poner un anuncio en el periódico; desde que se me fue la* **guisa** *no he podido encontrar quien la reemplace.* 2) (adj.) cursi, de mal gusto. *¡No seas* **guisa**! *¡A tu novio no le gustará ese oso de peluche como regalo de cumpleaños! / Los aretes de Clara son* **guisos**.

H
hablar carreta (loc. v.) mentir. *Deje de* **hablar carreta**, *usted está acusando a una persona inocente.*
hablar paja (loc. verbal) decir trivialidades o mentiras. *La especialidad de aquel político es* **hablar paja**.
hacer el dos (loc. verbal) hacer un favor. *Házme el dos y cómprame unos cigarrillos aquí en la esquina, ¿sí?*
hacerle (loc. verbal) usada en el negativo presente " se usa cuando algo da lo mismo, es indiferente. *¿No le hace si le doy las vueltas en monedas? Es que se me acabaron los billetes.*
hacerse bolas (loc. v.) confundirse. *El taxista se hizo bolas y me llevó a una calle equivocada.*
hacerse el gringo (loc. v.) hacerse el desentendido, fingir ignorancia. *Macaria nos invitó a cine desde hace una semana, y ahora se está haciendo la gringa.*
hasta la coronilla (loc. adj.) harto, fastidiado.
hembrito (m.) joven, muchacho (en Cali). *Conocimos a unos hembritos bien buenos después del concierto.*
hijo de papi / papá (loc. sust.) hijo de gente adinerada, que todo lo tiene gracias a ellos. *A aquel hijo de papi le pagaron toda la carrera de administración de empresas y luego le compraron una compañía.*
hincha (invariable en el masculino) seguidor de un equipo de fútbol. *Los hinchas del equipo visitante se pusieron violentos cuando su equipo perdió el partido.*
hueco (m.) prisión, cárcel. *Pobre Pedrito, no conoce a su papá porque hace diez años que está en el hueco.*

hueva 1) (f.) persona estúpida (también **güeva**). *Román es una güeva para manejar Linux.* 2) (f.) (muy vulgar) testículo (también **güeva**). *Le di una patada en las güevas al ladrón y lo dejé en el piso.*
huevón 1) (adj./sust.) estúpido (pronunciado y también escrito como **güevón**). *No sea güevón, primero prenda el computador.* 2) m. término informal entre amigos de sexo masculino (pronunciado y también escrito como **güevón**). *Entonces, huevón, ¿nos tomamos unas frías?*
huevonada 1) (f.) estupidez (también **güevonada**) *Yo no le voy a perdonar las huevonadas que dijo de mí enfrente de mi jefe.* 2) (f.) pérdida de tiempo (también **güevonada**). *Deje de hacer huevonadas y póngase a trabajar, que el proyecto hay que entregarlo mañana.*
huevonear 1) (v.) cometer estupideces (también **güevonear**). *No lo soporto porque lo único que hace es huevonear.* 2) (v.) perder el tiempo *Vámonos: si usted sigue güevoneando con el computador vamos a llegar tarde a la reunión.*

I

importar un comino / pepino / carajo / culo (loc. v.) no importar nada (las últimas dos versiones se consideran soeces).
indio (sust./adj., despectivo) ignorante, inculto, maleducado, de mal gusto (a menudo usado como insulto). *No sea indio, hijo, ¡salude a su padrino!*
infeliz (sust./adj.) vil, infame, despreciable. *¡Vieja infeliz, ya vino y me dejó su basura en la puerta otra vez!*
inmamable (adj.) irritante, fastidioso. *Gabriel es un taxista inmamable que no deja de hablar de sí mismo a todos sus pasajeros.*

J

jalado (adj.) borracho *Darío es simpático sólo cuando está jalado.* (v.) **jalarse.** *Deme más trago; esta noche me voy a jalar.*
jartar (v.) 1) comer o beber en exceso *Nos fuimos a Soacha a jartar fritanga.* 2) aburrir, cansar. *Gabriela quería ver la película otra vez, pero yo me jarto si tengo que volver a verla tan pronto.* 3) embriagarse (barbarismo del verbo hartar). *Sus amigotes lo vienen a buscar solamente cuando tienen ganas de jartar a costa suya.* (adj.) **jarto** o **jartado.** *Raúl está jartado; no se ha dado cuenta que su novia está coqueteando con otro delante de él.*
jartera 1) (f.) cosa desagradable, aburrida. *Es una jartera tener que oir tus quejas.* 2) (f.) pereza. *Nos da jartera estudiar para esa prueba.* 3) (f.) borrachera. *Anoche Alonso se metió una jartera tenaz con guaro.*
jetear (v.) dormir (término un tanto prosaico). *Los vecinos no lo dejaban jetear con su escándalo.*
jíbaro (m.) vendedor de marihuana. *Un jíbaro esperaba a alguien afuera de la biblioteca universitaria.*
jipato (adj.) pálido amarillento, enfermizo (en Huila y Tolima). *¿Por qué la veo tan jipata, doña Juana? --Es que hace una semana que no puedo dormir.*
jodido 1) (adj.) arruinado. *El computador ya está muy jodido, hay que comprar uno nuevo.* 2) (adj.) complicado, difícil. *Está jodida la situación en el país.*

joint (m.) cigarro de mariguana (del inglés, pronunciado "yoint"). *Si tú no quieres fumarlo, pasa el joint a César.*
jurgo (m.) mucho, gran cantidad (en Bogotá). *Había un jurgo de basura por las calles después de la manifestación. / Ayer vino un jurgo de amigas a felicitarme por mi cumpleaños.*

L

lagarto (sust.) arribista, persona que intenta elevarse por cualquier medio en la escala social o política. *Esa lagarta está detrás de un puesto.*
lamberica / lambón (sust.) adulador. *Ese lamberica cree que todo se consigue con halagos. / La lambona de Erica nunca contradice al jefe aunque esté equivocado.*
lentejo (adj.) lento. *Si está esperando a que Eduardo salga del baño, va a tener que esperar mucho. Es bien lentejo. / El tren que tomamos era bien lentejo y llegamos con un atraso de cuatro horas.*
lero lero (candelero) (voz infantil) expresión burlona usada para expresar que algo percibido como negativo que le sucede al interlocutor es bien merecido, o para jactarse de alguna cosa de la cual el interlocutor no goza. *¡Te cogieron rayando en las paredes del baño del colegio y te van a castigarm lero lero! / ¡Lero lero, candelero, a mí me van a llevar a un rancho a montar a caballo y a ti no!*
levantar 1) (v.) golpear, dar una paliza. *Levantaron a Alejandro por alzado.* 2) (v.) conseguir. *¿Usted puede levantarse este disco, bien barato?* 3) (v.) por extensión, enamorar, tratar de conquistar a alguien. *¿Ha visto a Arnoldo? --Sí, está allá, levantándose una vieja.*
líchigo (adj.) tacaño (tal vez del inglés "leech": sanguijuela). *Mis tías son muy líchigas, no se tiran un pedo por miedo que se les gasten.*
llanta (f.) rollito de grasa que se forma generalmente alrededor de la cintura de la gente gorda. *A Lizbeth le da vergüenza ponerse el bikini que le regalaron porque ya se le hacen llanticas por haber engordado tanto.*
llave (sust./adj.) amigo. *Elia se quedó a cenar en casa de su llave.*
llavería (f.) grupo de amigos. *Chao, mamá; me voy al estadio con la llavería. / ¿Que si he visto a su hijo? Sí señor, andaba afuera, jugando fútbol con su llavería.*
llevar con la doble (loc. v.) comportarse en modo hipócrita con gente falsa. *A Andrea hay que llevarla con la doble, ella nunca ha sido sincera.*
lobo 1) (adj.) de mal gusto, cursi. *Eso de cargar la peinilla en el bolsillo del pantalón es algo muy lobo.* 2) (sust.) persona que tiene mal gusto. *Miren cómo se viste el lobo del David.*
loco término informal para dirigirse a una persona, generalmente un amigo. *¿Qué dices, loco, mañana vienes a jugar futbol con nosotros?*
loquera (f.) locura. *Le entró la loquera y se puso a pintar toda la casa de color morado.*
luca (f.) mil pesos colombianos. *Ese chocole suizo cuesta tres lucas.*

M

madrazo (m.) insulto a la madre del aludido. *Nunca supe por qué me echó el* **madrazo**, *pero no pedí explicaciones y le partí la jeta.* / *¿Quién anda botando* **madrazos** *en esta casa?*

madrear (v.) insultar ofendiendo a la madre. *Al pobre lo* **madrearon** *solo por haber querido cambiar de carril en medio* trancón. / *El niño salió corriendo de la escuela, llorando y* **madreando** *a sus compañeros.*

majito (adj./sust.) persona proveniente del medio oriente (no es peyorativo). *En el último piso vive un* **majito**, *pero como de tercera generación; ya ni debe hablar árabe.*

maleta (adj.) inhábil, poco diestro. *Erica es bien* **maleta** *para cocinar, todo lo quema.*

maletear (v.) averiarse, no funcionar. *Se me* **maleteó** *el* computador *y no pude trabajar.*

mamacita (f.) mujer muy bella, impactante (también **mamasota**). *¿De 'onde sacaste las fotos de esas* **mamasotas** *que pusiste en tu página?*

mamar / mamarse (v.) cansar, aburrir, hastiar, desesperar (adj. **mamado**). *Desde hace un mes que están con el cuento de que mañana me instalan eso. ¡Ya me* **mamé**! / *Mi mamá me tiene* **mamada** *con el cuento de que la llame cada quince minutos cuando estoy afuera.*

mamar gallo (loc. v.) molestar, fastidiar. *Manolo pasa todo el día* **mamando gallo**, *nadie lo aguanta.*

mamey (adj.) fácil. *Dicen que el examen de física va a estar* **mamey**.

mamera 1) (f.) cosa desagradable, aburrida. *¿Vamos a estudiar a la biblioteca? -- Hoy no, ¡Qué* **mamera**! 2) (f.) pereza. (adj.) **mamón**. *La película estuvo muy* **mamona**; *me quedé dormido y no vi el final.*

mamita (f.) mujer atractiva, bonita. *Esa* **mamita** *me vuelve loco.*

mamón (adj.) fastidioso, irritante. *El discurso del director estuvo muy* **mamón**.

mano (m.) hermano, amigo, usado como apelativo entre varones (de "hermano"). *Mano, ayúdeme a llevar estas cajas al otro cuarto.*

mañé (sust.) persona que tiene mal gusto o que es extravagante en el vestir y / o en el comportamiento. *¡No sea* **mañé**! *Vaya a cambiarse, que no vamos a una fiesta de carnaval.*

marcar (v.) besarse. *Rodolfo y Mari no vieron la película porque pasaron todo el tiempo en el cine* **marcando**. / *Me contaron que* **marcaste** *con mi novio...*

marica (m.) trato entre amigos. *Marica, ¿cómo le fue en el examen?*

maricada 1) (f.) estupidez. *Fue una* **maricada** *invitar a tu suegra a ir al cine con ustedes.* 2) (f.) actividad percibida como una pérdida de tiempo. *¡Deje de hacer* **maricadas** *y póngase a trabajar!*

marimacha (f.) mujer de aspecto masculino y/o comportamiento o gustos típicamente atribuidos a los hombres. *La* **marimacha** *de Eva sabía más de mecánica que sus hermanos.*

marimba (f.) marihuana. *Vaya a conseguirnos más* **marimba**, *que ya se está acabando.*

mariposón / mariposo (m.) afeminado. *Aquel peluquero es un* **mariposón**.

mascadero (m.) boca. *Eréndira es de* **mascadero** *grande.*

matarse (v.) sacrificarse o esforzarse uno mucho por algo. *La pobre de Irene se mató trabajando para poder mandar a su hijo a estudiar a Inglaterra.*
mechudo (sust./adj.) greñudo, de pelo largo y desordenado. *El "Arepero" es un mechudo que toca la guitarra y viste siempre de negro.*
menso (sust./adj.) tonto. *¡Cómo eres mensa! ¡No cerraste bien el frasco de salsa y se pudrió!*
mentar a la madre / mentarla (loc. v.) insultar (mencionando a la madre del aludido). *Alguien se la mentó y se armó la bronca.*
miércoles interjección (eufemismo de "mierda"). *¡Miércoles, ya casi es hora de la cena y todavía no he preparado la comida!*
meter (v.) drogarse con alguna sustancia. *¿Le vio los ojos a Santiago? Los tiene muy rojos; creo que acaba de meter mariguana.*
meter la pata (loc. v.) aparte de la acepción de cometer una indiscreción, un error, se usa a menudo como eufemismo de la mujer que queda encinta sin planearlo. *Genoveva metió la pata justo en la temporada en que su marido estuvo ausente, trabajando en una plataforma de perforación petrolera en mar abierto.*
metiche (sust./adj.) entrometido. *Tu tía Rosa tiene fama de ser la más metiche de la familia.*
mierdero (m.) pelea. *Se armó un mierdero entre la policía y los manifestantes.*
m'hijo / mijo / mijito (sust.) trato entre personas. *Mija, llámame más tarde que ahora estoy bien ocupada.*
mocoso (sust.) niño (despectivo). *Me vas a tener que pagar el vidrio que tus mocosos me rompieron jugando con la pelota.*
mocho (sust./adj.) amputado. *¡Pobre perro, tiene una pata mocha!*
mondá 1) (f., vulgar) órgano genital masculino, pene. 2) (f.) cosa desagradable, porquería. *La comida que sirven en el hotel es una mondá.*
mono 1) (sust./adj.) rubio, de piel blanca. *Esa mona es muy presumida.* 2) (sust.) título de respeto dado a las personas de un estrato social no muy alto. *Mona, ¿me vende media docena de empanadas? / Deme una mone'íta, mono, que yo le cuidé el carro.*
montársela (a alguien) 1) (loc. v.) ser hostil con alguien (tenérsela montada a alguien: tener guerra declarada contra alguien) *Se la tengo montada a Katia desde que la vi coqueteando con mi novio.* 2) (loc. v.) burlarse de alguien. *Se la montamos a Sara por el tatuaje que se hizo en el trasero.*
muenda (f.) paliza, ya sea en sentido literal que figurado. *No se meta con Damián; ese tipo hace pesas y le da a usted una muenda sin problemas. / Me dieron una muenda jugando ajedrez.*
mula (adj. invariable en masculino) traficante que se encarga de llevar la droga a su destino. *Ahora que es mula, Enrique puede permitirse la nave que siempre ha querido.*
muñeco (m.) cadáver de persona asesinada violentamente. *Encontraron un muñeco abandonado en un barranco.*

N

nais (adj.) bonito, bueno, agradable (del inglés "nice") (en el habla de quien ostenta riqueza). *Mi abuelita es bien **nais** conmigo. Me regaló $50.000 para mi cumpleaños. / El ambiente quedó bien **nais** con el humo que soltaron al empezar el concierto.*

naranjas negación. *¿Viene con nosotros? –**Naranjas**. No he terminado mis tareas.*

nave (f.) automóvil. *Te presto la **nave** si luego la llevas a lavar.*

nerdo (sust.) persona vista como muy inteligente pero abstraída, generalmente solitaria, que no encaja en los grupos (de la jerga en inglés "nerd"). *Yo no quiero tomar esa clase. Hay puros **nerdos** allí.*

ni chicha ni limonada (frase) ni una cosa ni otra. *Juan no es **ni chicha ni limonada**: ni conservador, ni liberal.*

ni de vainas (frase) no enfático. *¡**Ni de vainas** vas a salir con tus amigas esta noche!*

ni puel putas (frase) no, de ninguna manera. ('puel' = 'por él').

n'hombre no enfático. También interjección genérica. *¡**N'hombre**, si yo ni siquiera estaba allí a esas horas! / **N'hombre**, nos entretuvimos un jurgo oyéndolo contar sus aventuras en Africa.*

nieve (f.) cocaína. *El hombre nos ofreció algo de **nieve** para festejar el cierre del contrato.*

niña (f.) mujer joven. *La representante de Colombia en el concurso es una **niña** muy linda.*

no cantar mal las rancheras (frase) no quedarse atrás en cuanto alguna habilidad o característica poco recomendable. *¡Tu hermano Pedro es un borracho holgazán! -- Pues tu marido **no canta mal las rancheras**.*

nocas no. ***Nocas**, tu perro aquí no entra.*

nos vidrios despedida, "nos vemos".

Ñ

ñero (sust.) persona callejera. *¡No quiero verte otra vez hablando con esas **ñeras**!*

O

olla (f.) sitio donde se vende droga. *A uno que conozco lo arrestaron cuando lo encontraron en la **olla**.*

orita (adv.) barbarismo de "ahorita", ahora mismo. ***Orita** estoy ocupada, pero al ratico te ayudo con las tareas.*

oso 1) (m.) vergüenza. *¡Qué **oso** que me vean mis amigos en piyama!* 2) (m.) situación o acto ridículo o vergonzoso (con "hacer el / un"). *Rafael estaba haciendo el **oso**, tratando de bailar champeta. / La cantante hizo un **oso**: se le olvidaron las palabras de la canción que estaba cantando.*

P

pachanga (f.) fiesta, celebración. *Hay **pachanga** en la playa esta noche.*

pailas 1) (adj.) en mal estado, en ruina. *Sonia está **pailas** desde que la dejó su novio.* 2) interjección. *¡**Pailas**! Estaba yo criticando a un colega y ni cuenta me di que estaba atrás de mí.*

paja 1) (f. invariable en número) mentira. *Su cuñada anda contando **paja** sobre sumercé.* 2) (f.) acto de onanismo (adj. **pajero, pajizo, pajudo**).

palanca (f.) valimiento, intercesión poderosa o influencia que se emplea para conseguir algo. *Julián tiene **palanca** con el alcalde de su pueblo.*

pálida 1) (f.) mareo, malestar producido por la altitud. *A Anita le dio la **pálida** durante un paseo en las montañas.* 2) (f.) malestar causado por la droga. *A un amigo le dio la **pálida** después de fumar mariguana por primera vez, y no volvió a drogarse.*

pangar (v.) chocar o abollar un automóvil. *La primera vez que le presté el carro a mi hermano, fue y lo **pangó**.*

papaya (f.) oportunidad que favorece a quien la toma, desfavoreciendo a los demás. *Una extensión a los mandamientos en las Tablas de la Ley de Dios en Colombia es: aprovechar cualquier **papayazo**.*

papito (m.) hombre apuesto, guapo. *Josué es un **papito**, no hay mujer que lo resista.*

para más pica (loc. adv.) para colmo. *Vea, éstos son los documentos de su nueva identidad: cédula, tarjeta militar y pasaporte con visa múltiple, **pa' más pica**.*

para nada no, de ninguna manera. *¿Estás furiosa conmigo, Claret? --¿Yo? ¡**Para nada**!*

parar los tarros (loc. v.) morir. *Imagínate que Don Teófilo **paró los tarros**; es que el pobrecito ya estaba muy viejito.*

parcero (sust./adj.) amigo íntimo (también **parce**). *Ella no habría podido contarle una noticia así a nadie más que a su **parcera**. / Mi **parcero** me regaló este CD.*

parche (m.) grupo de amigos, pandilla. *Me voy con el **parche** al cine.*

parlache (m.) jerga popular colombiana. *Cuando mis nietos hablan su **parlache** es como si hablaran otro idioma: no entiendo nada.*

pasar por la galleta (loc. v.) desobedecer, ignorar una orden. *Este muchachito siempre **se pasa por la galleta** a su mamá; él le obedece sólo a su papá.*

pata (m.) colilla de cigarro de mariguana. *¿Quedó sólo la **pata**? ¿Y no hay más?*

patico (m.) mujer histérica y celosa (combinación de pantera, tigre y cocodrilo). *Se casó con un **patico** que le está amargando la vida, pero todos lo advertimos.*

patrasear (v.) cambiar de idea, arrepentirse, retroceder, echarse para atrás (de pa'trás para atrás). *No te me **patrasees**; me habías dicho que ibas a cuidar a los niños mientras mi marido y yo vamos al teatro.*

pecueca (f.) mal olor de pies. *¡Vieras cuánta gente viene a la zapatería a probarse zapatos con una **pecueca** como para desmayarse!*

pedo (m.) lío, problema. *Cada vez que quiero ir a una fiesta, me tengo que meter en un **pedo** con mi papá para que me dé permiso.*

pegar (v.) tener éxito. *El programa nuevo de ese cómico está **pegando** mucho.*

pegarle a las tales (loc. v.) tener relaciones sexuales. *Natalia le está **pegando a las tales** con su novio.*

pelotera (f.) gentío alborotado. *El ratero le tuvo miedo a la **pelotera** que le cerró el camino y se rindió.* **pepa** (f.) pastilla, píldora (medicinal o de droga). *Su mamá le encontró unas **pepas** escondidas en un cajón: eran anticonceptivos.*

pendejada (f.) estupidez, idiotez. *Ya no diga **pendejadas**, no sabe ni de lo que está hablando.*

pendejo (sust./adj.) tonto, idiota

perar (v.) esperar (sólo en el modo imperativo **pérate** / **pérame** / **péreme** / **pérenos** / **pérenme** / **pérennos**). *¡Pérame! Déjame le aviso a mi mamá que voy a salir.*
perico 1) (m.) cocaína *El perico que vende Eligio no es bueno.* 2) (m.) café con leche. *¿Te preparo un perico para el desayuno?*
peye (adj. invariable en género) de mal gusto. *¿Viste el collar peye que llevaba?*
picadito (m.) partido informal de fútbol. *Estaban jugando un picadito en la mitad de la calle.*
pichar (v.) tener relaciones sexuales. *Mis vecinos picharon toda la noche y no me dejaron dormir.*
picho (adj.) de poco valor, falso. *A Estela le regalaron un vestido de Armani picho.*
piedra (f.) ira, furia. *¡Qué piedra que me hayan dado este cheque sin fondos!*
piedro (adj.) furioso, iracundo (**piedra** en femenino). *Hermano, su papá está piedro porque usted se fue sin avisar. Yo de usted no volvía a la casa a esta hora.*
pija camarita expresión de gusto.
pilas interjección de advertencia. *¡Pilas, ya llegó la profe!*
pinche (adj.) de poco valor, despreciable. *Ya no funciona la pinche copiadora de la oficina.*
pingo (adj.) tonto, estúpido (en los Santanderes). *No sea pingo; a usted no le toca en este curso sino en el anterior.*
píntela como quiera / **píntela, que yo se la coloreo** (frase) expresión de desafío tipo "si no te gustó así, entonces vamos a pelear."
pirobo (sust./adj. vulgar) originalmente dicho de quien ejercía la prostitución, su significado se ha perdido y hoy es considerado un insulto fuerte. *¡Esa piroba me la va a pagar por haberme quitado mi novio!*
planchar oreja (loc. v.) dormir. *El viaje va a ser largo. Vamos a tener que parar en algún sitio a planchar oreja.*
plon (m.) chupada de cigarrillo. *¿Se fumó todo el cigarrillo? –No, sólo le pegué unos plones.*
poder llorar (loc. v.) se usa para expresar que una cosa no va a suceder por mucho que se desee. *Andrés puede llorar si cree que voy a salir con él.*
pola (f.) cerveza. *Pacho sólo tiene once años, pero siempre consigue que le compren una pola.*
pollo (sust.) novio. *El pollo de Cinthia es carnicero. / Gregorio tiene varias pollas virtuales por internet.*
ponchar (v.) en el juego de beisbol, cuando un jugador pierde su turno y es eliminado después de no conectar con la pelota. *Se deprimió porque lo poncharon dos veces en el mismo partido.*
popó (m.) excremento (habla infantil, eufemismo). *Mamá, Fufi se hizo popó en la alfombra.*
prenderse 1) (v.) emborracharse (adj. prendido). *En la fiesta de ayer acabamos todos prendidos de tanto tomar birra.* 2) (v.) animarse. *Llegó la banda; ¡ahora sí se prendió esta vaina!*
profe (sust. invariable en género) profesor. *Me castigó la profe por hablar con mis amigas en clase.*
propio (adj.) excelente, muy bueno. *Está propio tu nuevo corte de pelo.*

pulle el burro (frase) expresión usada para apurar a alguien. *¡Pulle el burro, Carmen! Ya son las once y todavía no te levantas! / ¡Pulle el burro, me van a hacer llegar tarde al camello!*

putérico (adj.) excesivamente furioso, furibundo. (combinación de puto + histérico). *Le dije a mi mamá que había estrellado el carro y se puso putérica.*

puto (adj.) furioso. *Benjamín está puto conmigo desde el viernes, no sé por qué.*

Q

quemado (adj.) totalmente desprovisto de originalidad. *¡No, Chela! Ese peinado está bien quemado, mejor déjate el pelo suelto.*

quemar (v.) volver enfadoso o "rancio" algo que era original y fresco a fuerza de repetirlo o copiarlo hasta lo inverosímil. *Van a quemar esa canción si siguen poniéndola cada cinco minutos.*

quihubo hola, qué tal. Saludo (de "¿qué hubo?").

R

ranciarse (v.) ponerse de mal humor, irritarse. *Le hice un chiste a Verónica y se rancíó.*

rancio (adj.) malhumorado, de mal genio. *Alicia es rancia con todo el mundo, por eso ya nadie se atreve a hablarle. / No le pida ese favor a Pablo ahora; está rancio porque le recortaron el sueldo.*

raponero (sust.) ladrón. *Anoche un raponero trató de entrar en nuestra casa.*

rascarse (v.) emborracharse. *Brindaron una y otra vez hasta que se rascaron.* (adj. rascado: borracho) *¡De lo que se perdió ayer! Raymundo terminó rascado, bailando encima de la mesa.*

rascuacho (adj.) de baja calidad, de mal aspecto, desaliñado. *María nació en este pueblo rascuacho. Cuando cumplió los 18 se fue y nunca volvió.*

relajear (v.) divertirse bromeando, causando alboroto. *En la biblioteca del colegio todos los estudiantes se la pasan relajeando en vez de estudiar.*

relajo (m.) lío, escándalo, alboroto. *Los papás de su novia le armaron un relajo a Ismael porque la llevó a su casa a las cinco de la mañana.*

repelente (adj.) dicho de persona, antipática, pesada, fastidiosa. *No quiero volver a salir con ese amigo tuyo—es muy repelente.*

resbalarle (algo a alguien) (loc. v.) tener muy sin cuidado, desinteresarse de algo. *¿Tú no te emputarías si te dijeran que tu hermana es una arepera? --No, a mí me resbala.*

resbalosa (f./adj.) mujer que se insinúa y coquetea con los hombres, libertina. *Edith no es más que una resbalosa. Ahí está coqueteando con tu novio.*

rollo (m.) cuento largo, invención, mentira. *Para poder ir a la playa con sus amigas, Lucita le contó un rollo a sus padres.*

rumba (f.) fiesta, celebración. *Sus amigas le están organizando una rumba para su cumpleaños.*

rumbear 1) (v.) festejar, salir a divertirse. *Víctor todas las noches sale a rumbear.* 2) (v.) bailar. *¿Le gusta esta canción? Venga, vamos a rumbear.*

rumbearse (v.) besar apasionadamente. *Vi a Ubaldo rumbeándose a esa vieja delante de todo el mundo ¿y aún me quiere hacer creer que no son novios?*

S

sacar la piedra / el bloque (a alguien) (loc. v.) hacer desquiciar, exasperar, enfurecer. *Es que parece que a mi mamá le gustara pelear conmigo, y eso a mí me saca la piedra.*

sal (f.) mala suerte. *¡Qué sal! ¡Llegaron mis papás preciso cuando yo estaba saliendo sin permiso!*

salado (adj.) desafortunado, con mala suerte (verbo salar, salarse). *El pobre de Valentín está más salado que bragueta de carnicero; se acababa de comprar un carro nuevo y se lo estrellaron. / Te vas a salar si pasas debajo de esa escalera.*

sapear (v.) delatar. *Camila descubrió que yo estaba haciendo copia en el examen y me fue a sapear.*

sapo (sust./adj.) chismoso. *No le cuentes tus cosas a Lucía porque es una sapa y en tres minutos se las contará a todo el barrio.*

sardino 1) (sust.) adolescente, menor de edad. *Iba muy arreglada y pintada, y parecía mayor de edad, pero era sólo una sardina.* 2) (sust.) persona sin experiencia, novato. *Hugo es un sardino en computación pero tiene ganas de aprender.*

sardinear (v.) buscar relaciones con menores de edad, ser pedófilo. *Supe que un compañero de trabajo se ponía a sardinear por Internet desde la oficina.*

show (m.) barullo, caos, escándalo. *Hubo un show en mi casa cuando mi hermana dijo que estaba embarazada y que no sabía quién es el padre.*

sisas sí. *¿Entonces vas a hacerte el tatuaje que dijiste? --¡Sisas!*

sobar (v.) molestar, enfadar con necedades. *Chema siempre soba a Estéban con el mismo cuento.*

socio (sust.) amigo. *Tengo unos socios que viven en Madrid.*

soda (f.) cosa muy positiva, maravillosa (usado por quien ostenta ser de clase social alta) *La música de los Baxtrid Bois es una soda.*

soroco (sust./adj.) tonto, estúpido (en Huila y Tolima). *Miguel es un soroco, todavía cree en el hada madrina.*

T

taita (m.) papá, padre. *El taita de Gustavito es ingeniero.*

tenaz (adj.) difícil; en particular, difícil de soportar. *El examen de esta mañana estuvo tenaz. / ...Y amanecí con un guayabo tenaz.*

tener huevo (loc. verbal) pretender demasiado, querer hacer algo imposible o muy difícil (se dice huevo de avión o mucho huevo para reforzar el concepto). *El jefe quiere que le entreguemos el trabajo mañana--¡tiene huevo de avión!*

tinieblo (m.) amante de sexo masculino. *Como mi marido ya no me hacía caso, me conseguí un tinieblo.*

tirar / tirarse (con / a alguien) (v.) tener relaciones sexuales.

toche (adj.) bobo, tonto. *¡Susana, cómo eres de toche! ¡En vez del esfero que te pedí, me diste tu colorete!*

tomar caldo de mico (loc. verbal) estar raro, alborotado. *Salvador, el tímido, parece que tomó caldo de mico porque está muy animado hablando con Silvia.*

tombo (m.) agente de policía (la policía en general: la **tomba**). *Hermano, estábamos vendiendo programas piratas en la calle ¡y nos cayó la tomba! / Cuatro tombos resultaron heridos en el choque contra los manifestantes.*

topocho (sust./adj.) persona gorda o pasada de kilos. *Mira, ese topocho que ves allá es mi primo Moisés.*

torear (v.) provocar, hacer enojar (adj. **toreado**). *No me torees, Griselda, porque te va a ir mal.*

totazo (m.) golpe. *Me duele el hombro porque ayer me di un totazo con la puerta.*

totear (v.) golpear, dar una paliza. *Miguel, te voy a totear si no me dejas en paz.*

tote (m.) pistola. *¿Sabe usar un tote?*

trabado (adj.) drogado. *Pepe a veces va trabado al trabajo. Uno de estos días lo van a echar.*

tráfico (m.) agente de policía de tránsito.

traga (sust. invariable en género) enamorado, pretendiente. *Marcela, te está esperando tu traga afuera. / El traga de Matilde es 8 años menor que ella.*

tragarse (v.) enamorarse. *Christian se está tragando de su profesora de música.*

trago (m.) cualquier bebida alcohólica. *A Efrén se le cayó el trago encima y aparte le mojó la falda a Ceci. / Jaime tiene guardado el trago en el garaje.*

tramacazo / trancazo 1) (m.) puñetazo. *Dele unos trancazos a ese tipo y vamos a ver si no se calla.* 2) (m.) golpe violento. *Daniel se cayó por las escaleras y se dio tremendo tramacazo.*

traqueto (sust./adj.) mafioso, malviviente; también en sentido figurativo. *¿Vieron el carro nuevo del traqueto de Julián?*

trono (m.) retrete, WC, "toilette". *Creo que don Abelardo no se siente bien. Hace una hora que está en el trono.*

tumbador (sust.) ladrón. *Últimamente hay varios tumbadores operando en esta zona. Anoche arrestaron a dos.*

tumbar (v.)robar. *El niño se tumbó las canicas de la tienda.*

tumbe (m.) robo. *Lo mataron por haber intentado un tumbe de drogas.*

U, V

vaca (f.) colecta para un fin común. *La familia hizo una vaquita para pagar por la operación de tía Inés.*

vagaciones (f.) vacaciones. *Nuestras vagaciones en Cartagena fueron estupendas.*

vaina (f.) para los colombianos es una palabra indefinida e indefinible, quiere decir todo y no quiere decir nada, sus pensamientos y sus palabras, todo lo animado e inanimado. Cuando no conoce un objeto y no sabe su nombre ni su uso, el colombiano pregunta *¿Qué vaina es ésa?* Las herramientas de trabajo son **vainas** en el cotidiano hablar. Un momento agradable o desagradable es una **vaina**; ante un bello espectáculo, una obra de arte o un agradable acto social, se exclama *¡Qué vaina tan buena!* Los hijos son una **vaina**; el auto, los autobuses, el tráfico, la carretera, el calor, el frío, las lluvias, el verano, todo es una **vaina**. Cuando un amigo colombiano te invita a una fiesta dice *Vamos, que la vaina va a estar muy buena;* ante una desgracia o desagrado *¡Qué vaina tan mala!* Al ver a una mujer muy hermosa, *¡Qué vaina tan bella!* o muy fea *Esa vaina es feísima.* El amor, el odio y todos los sentimientos son **vainas.** De un individuo extrovertido, de excelente carácter y buen humor o uno introvertido, neurótico e intratable, se dice que están llenos de **vainas** o que echan más **vainas** que una mata de frijol. La adversidad o mala suerte es una **vaina** seria; un buen negocio o una buena oportunidad, una **vaina** maravillosa.

¿vas a seguir, Abigail? / **¿vas a seguir, Churris?** frase interrogativa utilizada cuando una persona fastidia mucho con lo mismo.

valer / **valer huevo** (v. / loc. v.) no importar, tener poco valor. *Nos vale lo que la gente piense de nosotras.* / *Me vale huevo si le gusta o no el vestido.*

veintiúnico (sust./adj.) único (referido a una unidad, pero dando a entender que una cantidad mayor sería preferible). *José lavó su veintiúnica camisa y se quedó esperando a que se secara.*

veneco (sust./adj.) venezolano, proveniente de Venezuela. *Ese año el concurso de Miss Universo lo ganó una veneca.*

verdulera (f.) mujer muy basta, vulgar, gritona. *Por mucho dinero que tenga ahora, Selma no deja de ser la verdulera de siempre.*

verraco (sust.) persona estupenda. *Daniela es una verraca, por eso es tan popular en la escuela.*

verraquera 1) (adj.) fantástica, muy buena. *La música de Shakira es verraquera.* 2) (f.) energía, tesón, diligencia. *Trabajé con verraquera todo el año y me gané un ascenso.*

veterano (sust.) persona madura pero aún atractiva. *La nueva profesora de contabilidad es una veterana.*

vieja (f.) cualquier mujer (término algo despectivo). *Mi vieja está embarazada otra vez.* / *Lalo siempre presume que las viejas lo encuentran irresistible.*

viejo verde (loc. sust. m.) hombre maduro que se dedica a cortejar mujeres jóvenes.

vista gorda (loc. sust. f.) con la locución verbal "hacerse el / la / los / las de la", fingir no darse cuenta de algo. *Los soldados se hicieron los de la vista gorda cuando pasó el general borracho con dos prostitutas.*

volteado (m.) hombre homosexual. *Ramiro resultó siendo un volteado.*

voltear la cara (loc. verbal) despreciar o rechazar a alguien ignorándolo (también **voltear el culo** (vulgar) / **voltear la cola**). *Iba a saludar a mi ex novia, pero la desgraciada me volteó la cara.*

X, Y

yeyo (m.) malestar producido por un cambio de altitud. *Cuando estuvimos en Perú fuimos a Machu Picchu, pero a cuatro del grupo les dio yeyo.*

Z

zaperoco (m.) desorden, alboroto. *En medio de todo el zaperoco por el tubo roto que inundaba la calle, un tipo en moto resbaló y se estrelló contra un poste.*

AMERICANISMOS Y / O COLOMBIANISMOS

A

abarrotes (m.) artículos de comercio, comestibles. *Don Tomás tuvo que cerrar su tienda de abarrotes cuando abrieron un supermercado nuevo a dos cuadras de su negocio.*
acalambrarse (v.) sufrir un calambre. *Se me acalambró la mano de tanto escribir.*
acolchonar (v.) acolchar (adj. acolchonado). *La poltrona de la sala de la abuela es fea, pero me gusta porque está muy bien acolchonada.*
aguinaldo (m.) bonificación de salario de fin de año. *Quiero comprarte un regalo con lo que me den de aguinaldo.*
acomedido (sust./adj.) persona que se ofrece a ayudar, que es servicial. *Penélope es la única acomedida de la familia, por eso es la preferida de su mamá.* (v.) acomedirse. *Lo que no me gusta de Yahir es que nunca se acomide a nada, ni cuando ve que me estoy matando de trabajo.*
afiche (m.) poster, cartel. *¿Les gusta el afiche que compré de la Torre Eiffel?*
alegar (v.) discutir, disputar, altercar. *Usted no me alegue, ya es hora de tomarse sus pastillas.*
aló voz usada para contestar al teléfono. *Aló, ¿con quién hablo?*
alverja (f.) guisante (legumbre). *Mamá, ¿llevamos alverjas frescas o enlatadas?*
ameritar (v.) merecer. Ambos verbos se usan. *Su caso amerita mucha atención.*
andén (m.) acera de la calle. *Todos los días paso por el andén de la casa de Laura a ver si la veo.*
antier (adv. de tiempo) anteayer. *Antier fue mi cumpleaños y nadie de mi familia se acordó.*
aretes (m.) pendientes.

B

bajante (m.) bebida que acompaña a la comida. *¿Va a tomar un jugo o una gaseosa de bajante?*
balacera (f.) tiroteo (verbo: balacear). *Hubo una balacera enfrente de mi casa anoche y hoy vi que mi carro tiene dos agujeros del lado del pasajero.*
básquet / basquetbol (m.) baloncesto. *¿Quién es el jugador más alto de tu equipo de básquet?*
bocina (f.) altavoz. *Se metieron al carro anoche y le robaron el radio con todo y bocinas.*
bomba (f.) globo (receptáculo de materia flexible lleno de gas con que juegan los niños o que se usa como decoración en fiestas). *Llenaron el salón de bombas para la fiesta.*
boleta (m.) billete de entrada o para viajar. *Las boletas para el cine cuestan 3.500 pesos.*
boletería (f.) taquilla, sitio donde se venden entradas para espectáculos. *Te esperamos enfrente de la boletería.*

bómper (m.) parachoques de un auto (del inglés "bumper"). *Estábamos en medio del trancón, bómper contra bómper.*
botadero (m.) basurero, vertedero, lugar donde se tira la basura. *Descubrieron un botadero clandestino en una zona residencial.*
brasier (m.) sostén, prenda de vestir femenina para sujetar el pecho (del francés *brassière*). *En los años 60 las mujeres quemaban sus brasieres en señal de protesta.*
buscapleitos (sust./adj.) picapleitos, provocador de riñas, revoltoso. *No invitaron a Mauricio a la fiesta por su fama de buscapleitos.*

C

cachetón (sust./adj.) carrilludo, que tiene los cachetes abultados. *¿Te acuerdas del cachetón de Quico en El chavo del 8?*
cachucha (f.) gorra con visera. *Marcos nunca se quitaba su vieja y manchada cachucha de beisbol.*
café (adj.) (dicho de color) castaño o marrón (sobre todo para describir color de ojos y cabello). *Dina lleva lentes de contacto de color, porque yo he visto su pasaporte y dice que tiene ojos cafés.*
calificar (v.) reunir los requisitos necesarios (del inglés "to qualify"). *Hicimos solicitud para que nos asignaran una casa, pero nos dijeron que no calificábamos.*
calzones (m.) bragas, ropa interior masculina o femenina (también en singular, calzón). *En Italia es de buena suerte tener puestos calzones rojos el día de año nuevo.*
camote (m.) batata (voz de origen nahua). *Mi tía hace un dulce de camote bien rico.*
cancha (f.) campo para practicar deportes (voz de origen quechua). *Para poder jugar tenis primero hay que reservar una cancha.*
caneca (f.) cesto de basura. *Encontré esta carta de amor en la caneca del cuarto de mi hermana.*
cantaleta (f.) cantilena, estribillo, repetición fastidiosa. *¡Ya me tiene usted aburrida con la misma cantaleta!*
cantina (f.) taberna. *Don Abelardo salió de la cantina más rascado que fundillo de vieja.*
caricaturas (f. pl.) dibujos animados (frecuentemente usado también en singular). *A Pepito le encanta la caricatura de Popeye.*
carro (m.) automóvil.
chancla (f.) zapatilla, especie de sandalia. *Póngase las chanclas porque la arena está muy caliente.*
chapa (f.) cerradura. *Y que ni crea ése que puede volver cuando le dé la gana. Voy a cambiar todas las chapas.*
chaperón (sust.) acompañador.
chillar (v.) llorar (un tanto despectivamente). *¡Ya deja de chillar, que así no vas a resolver nada!*
chueco 1) (sust./adj.) patituerto. *¿Sabes cuál es el colmo del chueco Baldomero? Querer estudiar Derecho.* 2) (adj.) ladeado, torcido. *Como no tenía escuadra a la mano, los trazos me salieron chuecos.*

chumbo (adj.) dicho de alimento, reseco, sin jugo. *Compré esos limones hace apenas dos días y ya están chumbos.*

clavado (m.) (en natación) zambullida. *¡A que no se atreve a hacer un clavado desde el trampolín más alto!*

cloch (m.) embrague de motor (del inglés "clutch"). *La próxima vez no se le olvide meter el cloch cuando cambie a segunda...*

clóset (m.) armario empotrado o cuarto pequeño con función de ropero. *No ponga la ropa en el clóset si todavía no la ha planchado.*

cobija (f.) manta. *Su gato se acostó en la cobija y la dejó llena de pelos.*

colorete (m.) lápiz labial, pintalabios. *Me dejó un mensaje escrito con colorete en el espejo.*

comercial (m.) anuncio publicitario grabado o filmado. *No soporto ese comercial. ¡Cambia canal!*

competencia (f.) competición deportiva. *El día de la competencia el veterinario oficial revisa a todos los caballos antes de cada carrera.*

computador (m.) ordenador.

contralor (sust.) funcionario encargado de examinar la contabilidad oficial. *Llegó la contralora y todo el mundo se puso a temblar.*

contraloría (f.) Oficina de Estado que controla las diversas cuentas del gobierno.

cortada (f.) herida hecha con objeto cortante. *Cayendo me hice una cortada en el brazo.*

cuadra (f.) medida lineal de la manzana de una calle, de 100 m. *Vivo a tres cuadras de un hospital.*

cupo (m.) cabida. *Ya no había cupo en el teatro y no estaban dejando entrar a nadie más.*

D

descarapelar / descarapelarse (v.) pelarse la piel o la pintura. *¡Mire cómo tiene la espalda toda descarapelada! / La manicurista me arregló las manos apenas ayer y ya se me está descarapelando la pintura de las uñas.*

directorio (m.) guía telefónica. *Fíjate en el directorio si está el número de esa pizzería que te gusta.*

dizque (adv.) supuestamente, al parecer *Margarita se fue a EEUU dizque a estudiar. Pa' mí que tenía que deshacerse de algo.*

E

egresado (sust.) quien obtiene el certificado de haber concluido una carrera académica. *Va a ver una reunión de egresados de la Universidad de Los Andes en Bogotá. ¿Va a ir?*

elevado (adj.) absorto, concentrado. *Hice de todo para llamar su atención pero él estaba elevado leyendo un libro y ni volteó.*

elevarse (v.) distraerse, entretenerse. *Usted era el único que podía tener los apuntes de esa clase, ¿y ahora me sale con que se elevó y no puso atención?*

CO

en picada (loc. adv.) en picado, que se mueve hacia abajo casi verticalmente, que precipita. *El avión cayó en picada sobre el edificio. / La demanda para ese producto bajó en picada desde que su precio subió vertiginosamente.*
encaramarse (v.) trepar (adj. encaramado). *Los chinos se encaramaron en el árbol para que el perro no los cogiera. / ¿Qué estás haciendo allí encaramada, china hijuemadre? ¡Bájate ahora mismo!*
enjuague (m.) acondicionador para el cabello.
esfero (m.) bolígrafo *El examen lo hacen en esfero. Exámenes a lápiz no recibo.*
estampilla (f.) sello postal. *Voy al correo porque ya se me acabaron las estampillas.*
estilógrafo (m.) pluma estilográfica. *Me regalaron un estilógrafo bien elegante cuando empecé a estudiar en la universidad.*
estufa (f.) cocina (aparato con hornillos o fuegos y a veces horno, para guisar alimentos). *Dejaron el gas de la estufa abierto y casi se asfixian.*

F
farándula (f.) conjunto de personajes de espectáculo (bailarinas, cantantes, actores, cómicos, etc.). *Ese fotógrafo se ocupa sólo del mundo de la farándula.*
foco (m.) bombilla de alumbrado eléctrico. *Papá, se fundió el foco de mi lámpara, ¿me lo cambia?*
fólder (m.) carpeta de cartoncillo (del inglés "folder"). *Guarda tu acta de nacimiento en un fólder para que no se te dañe.*
forma (f.) formulario. *Hay que llenar esta forma para inscribirse al colegio.*
frijol (m.) fréjol, judía (legumbre). *¿Arroz con frijoles otra vez?*
fuete (m.) látigo. *No me gusta usar el fuete con mi caballo.*
fúrico (adj.) furibundo, furioso. *Samuel se puso fúrico cuando supo que su hermano le había dañado la videocámara.*

G
gasolinería (f.) gasolinera, establecimiento donde se venden carburantes. *La gasolinería que está cerca de mi casa tiene precios muy caros.*
gotero (m.) cuentagotas. *Usa un gotero para darle la medicina al gatico.*
guango (adj.) aguado, blando. *Cuando le estrechen la mano, no la ponga guanga como pescado muerto.*
guaro (m.) tafia, aguardiente de caña. *Mi abuelo sabe hacer muy buen guaro.*
guascazo (m.) azote dado con algo blando pero doloroso, como un cinturón; latigazo. *El jinete le dio un guascazo al caballo, que salió disparado.*

H
hablador (adj.) embustero, mentiroso. *¡No sea hablador! ¡Yo nunca dije que le iba a pagar las vacaciones!*
halar (v.) tirar, traer hacia sí (pronunciado **jalar**; antónimo de "empujar"). *Hale la cuerda y amárrela aquí.*

I

igualado (sust./adj.) irrespetuoso, que se dirige a alguien que se percibe como superior en modo demasiado confianzudo. *¡Martín, no seas **igualado**! A la gente mayor se le habla de "Ud." / Toña es una **igualada**. ¿Oíste cómo le contestó de feo a su jefe?*

J

jalonear (v.) agarrar y sacudir o tirar de algo. *No me esté **jaloneando**, mocoso. Ya casi nos vamos. / ¡Deje de **jalonearme** el pelo cada vez que me peina!*

jonrón (m.) en el juego de béisbol, cuando un jugador cubre las cuatro bases en su turno, marcando un punto para su equipo (del inglés "home run").

jonronero (sust./adj.) jugador o equipo de béisbol que logra muchos jonrones *¿Quién es el más **jonronero** de tu equipo?*

jugo (m.) zumo. *¿Y de tomar? --Para ella, agua mineral. A mí deme un **jugo** de pera.*

L

llanta (f.) neumático. *Las **llantas** están lisas, hay que cambiarlas porque es peligroso circular así.*

llave (f.) usado como sinónimo de grifo. *No tomes agua de la **llave**, que te puedes enfermar.*

lonchera (f.) especie de maletín (generalment metálico) donde se lleva la comida que se consumirá en la escuela o en el trabajo (del inglés "lunch"). *La **lonchera** de Tito es ésa de Mickey Mouse. / A Roberto se le olvidó la **lonchera** en el taller.*

M

malecón (m.) calle o paseo costero. *Están construyendo un hotel de lujo cerca del **malecón**.*

manejar (v.) conducir un vehículo. *Franco no **maneja** si el carro no es de cambio automático.*

manicurista (sust.) manicuro. *Tengo que ir donde la **manicurista** para que me ponga uñas falsas.*

maroma (f.) voltereta, pirueta, volatín. *Beto le está enseñando al perro a hacer **maromas**.*

matazón (f.) matanza. *En la clase de historia leímos sobre el Holocausto, la terrible **matazón** de judíos durante la segunda guerra mundial.*

membresía (f.) calidad de miembro. *Necesita pagar **membresía** para entrar en ese club.*

mesero (sust.) camarero, persona que atiende en un restaurante.

mezquino (m.) usado como sinónimo de verruga (cayendo en desuso). *¿Le salió otro **mezquino** en la mano?*

mica (f.) bacinica, bacinilla. *No había baño en el cuarto, pero había una **mica** debajo de la cama.*

mico (m.) cualquier tipo de mono, simio. *¿Qué tipo de **mico** es ése, papá? --Es un babuino.*

monitos (m. pl.) dibujos animados. *Todos los sábados mis hermanos y yo nos poníamos a ver los monitos en la tele.*

moño (m.) corbata "pajarita". *Enderézate el moño, lo tienes chueco.*

N, Ñ

ni modo (frase) no hay manera, es imposible. *Ni modo, hoy no iré al colegio--me duele demasiado la cabeza.*

O

onces (f.) pequeña comida entre la comida principal del mediodía y la cena (deriva de las once letras de la palabra "aguardiente". Una versión de su etimología es que a inicios del siglo pasado Bogotá era una ciudad muy fría, y los viejos solían calentarse bebiendo aguardiente. Para disimular ante sus esposas sobre qué era lo que se reunían a hacer, hablaban de ir a "tomar las onces." El horario de las "onces" coincidía con la hora en que se solía tomar el té con pan o galletas. Cuando el beber aguardiente dejó de ser un tabú, se adoptó la expresión para la hora del té). *Venga a mi casa a tomar onces.*

overol (m.) mono, traje de faena de una sola pieza que se pone encima de la ropa para protegerla (del inglés "overall"). *El "Mostachón" es ése de overol de mecánico.*

P

paisa 1) (sust. invariable en género) persona originaria del departamento de Antioquia, territorio en el que se usa el voseo en vez del tuteo en el trato familiar. *El paisa Juanes acaba de grabar otro disco.* 2) (adj.) cualquier cosa perteneciente a esta zona de Colombia. *¿Qué es lo que saben ustedes de la cultura paisa?*

papa (f.) patata (de origen quechua).

papel tapiz (loc. sust.) papel pintado (para las paredes).

parado (adj.) de pie, derecho, levantado. *"¡No sé los muchachos de hoy qué le ven de bonito a llevar las greñas paradas como puercoespín!" exclamó doña Aurelia, disgustada.*

pararse (v.) ponerse de pie, levantarse de la cama. *El joven se paró para darle el asiento a la señora embarazada. / Me estoy muriendo de sueño porque hoy me paré a las cinco.*

parquear (v.) aparcar, estacionar un vehículo (de "to park"). *Las mujeres no saben parquear. Mira cómo dejaste el carro, casi en medio de la calle.*

patrulla (f.) vehículo de la policía para vigilancia pública. *La patrulla estaba escondida detrás de la valla para que los policías vigilaran el tráfico sin que los vieran.*

pegoste (m.) pegote, cosa pegajosa adherida a algo. *Tienes un pegoste en el codo, parece que es una etiqueta.*

peleonero (sust./adj.) agresivo, belicoso, picapleitos. *Mi hijo siempre se anda metiendo en problemas en la escuela porque es muy peleonero.*

pena (f.) vergüenza (nota: en Colombia la frase "¡qué pena!" es una forma de pedir disculpas). *Me dio mucha pena cuando invité una amiga a salir y luego a la hora de pagar tuvo que prestarme dinero ella porque olvidé mi billetera.*

pleitero (sust./adj.) pleitista, belicoso, revoltoso, litigador. *Simón quiso estudiar leyes porque tiene alma de **pleitero**.*

plomero (m.) fontanero. *Hay que llamar al **plomero** porque no aguanto que se bote tanta agua.*

prender (v.) encender. *No **prendas** la luz, que vas a despertar al niño.*

provocar (v.) apetecer, antojarse. *A Marina no le **provocaba** ir a bailar, así que fuimos al cine.*

puyar (v.) herir con arma u objeto puntiagudo o cortante. *En el parque **puyaron** a uno para robarle el dinero. / Me **puyé** con el lápiz y se me quedó enterrada la punta en la piel.*

Q

quemador (de CD o DVD) (m.) aparato grabador (traslación literal del inglés informático *burner)* (v. **quemar** grabar un CD o DVD). *Mi sistema es viejo y no tiene **quemador**.*

quien quita (frase) ojalá. ***Quien quita** que este año me dan un aumento de sueldo.*

R

raspado (m.) refresco hecho con hielo granizado. *Tengo mucho calor. ¿Vamos a comprarnos unos **raspados**?*

rayonear (v.) rayar sin arte, tachar o arruinar una superficie con un instrumento de escritura. *Cuando me di cuenta, mi hermanito de tres años ya me había **rayoneado** la foto.*

regadera (f.) ducha (cayendo en desuso). *Estaba en la **regadera** cuando oí que timbraron.*

regalía (f., usado más en el plural) porcentaje de una suma concedido a un autor por la venta de su obra. *Decidí no publicar mi libro con esa editorial porque las **regalías** que ofrecen a los autores son bajas.*

remate (m.) sinónimo de subasta. *Conseguí esta moto bien barata en un **remate**.*

retacado (adj.) muy lleno, repleto. *El estadio estaba **retacado**; había gente sentada en los pasillos y en los escalones.*

rin 1) (m.) llanta (parte metálica de la rueda, sobre la cual se monta el neumático). *Le acabo de comprar **rines** nuevos al carro.* 2) (m.) cuadrilátero de boxeo o lucha libre (del inglés "ring"). *Toda la gente empezó a gritar cuando los luchadores subieron al **rin**.*

rollo (m.) carrete de película. *Tengo que llevar a revelar los **rollos** de las fotos que tomé en las vacaciones.*

rostizar (v.) asar, cocer al horno. *En la receta dice que hay que usar un platón para **rostizar** con una rejilla para recoger el jugo.* (adj.) **rostizado**. *Me quedé dormido en la playa y quedé como pollo **rostizado**.*

S

saco (m.) chaqueta; suéter. *Se me manchó el **saco**; habrá que llevarlo a limpiar.*

salón (f.) palabra usada con acepción de aula escolar. Por extensión, clase, conjunto de estudiantes que reciben el mismo grado de enseñanza o asisten al mismo curso. *Ileana es la más inteligente del salón.*

soroche (m.) malestar producido por un cambio de altitud. *A tres pasajeros les dio soroche durante el viaje.*

sudadera (f.) conjunto de jersey y pantalón de punto para hacer deporte o gimnasia. (adaptación del inglés "sweatsuit"). *César nunca se quita esa sudadera vieja.*

sumercé (pronombre personal) usted (por "su merced"). Tanto "usted" como "sumercé" indican un trato más cercano en Colombia que en otros países de habla hispana, hasta el punto de ser usados entre amigos. *¿Sumercé cree que vamos a alcanzar a llegar a tiempo al estadio?*

surfear (v.) practicar el deporte de surf. *¿Vamos a surfear el domingo?*

T

tablero (m.) pizarra, pizarrón. *El profesor se la tiene montada a Raquel, sólo a ella la pasa al tablero.*

tarea (f.) deber escolástico. *De tarea me dejaron investigar el papel que desempeña la jerga dentro de los idiomas.*

tenis (m.) zapatillas deportivas. *Dejé los tenis aquí al lado del sofá y ahora falta uno. ¿Lo cogería el perro?*

tinto (m.) café. *Vamos, la invito a tomar un tinto.*

tomacorriente (m.) toma de electricidad, dispositivo donde se enchufan los aparatos que funcionan con la electricidad.

trancón (m.) congestión de vehículos, embotellamiento. *No pude llegar a tiempo por culpa del trancón cerca del aeropuerto.*

trapear (v.) fregar el suelo. *Odio trapear; mejor tú haz eso y yo limpio el baño.*

trapero (m.) utensilio para fregar pisos. *Exprima el trapero cuando termine de trapear, que después se forma un charco debajo.*

U, V

velorio (m.) velatorio (acto de velar un difunto). *Me deprimen los velorios. Cuando yo muera, quiero que hagan fiesta.*

voltear (v.) girar la cabeza. *Grité su nombre pero ella no volteó.*

vueltas (f. pl.) vuelta que se da a quien paga algo debido con cantidad sobrante. *El comerciante quiso quedarse con las vueltas, pero se las pedí.*

Y, Z

zancudo (m.) mosquito. *¡Cierren la puerta que están dejando entrar a los zancudos!*

zapote (adj.) anaranjado (color) (voz de origen nahua). *No compres esa blusa zapote, no tienes nada con qué combinarla.*

zorrillo (m.) mofeta (el mamífero). *¡Uff! ¿Qué pasó aquí? ¡Huele a zorrillo!*

JERGA DE COSTA RICA

A

achantado (adj.) sin ganas, con pereza. *Agustín no ha terminado su trabajo; está achantado.*

achará / acharita (f.) interjección, sinónimo de 'lástima'. *Achará que Iris no haya podido acompañarnos.*

adió interjección de incredulidad, sorpresa. *Paula y Ramiro se van a divorciar.--¡Adió! ¡Y tan felices que parecían!*

agüevado (adj.) aburrido, triste. *Hoy amanecí agüevado; soñé que mi abuelita todavía estaba viva.*

agüevarse (v.) entristecerse, aburrirse. *Los días de lluvia me agüevan.*

agüevazón (m.) aburrimiento, tristeza. *¡Qué agüevazón, todavía falta mucho para las vacaciones!*

asaltacunas (sust. invariable en género y número) persona que tiene relaciones sentimentales y / o sexuales con otras mucho más jóvenes. *Todos empezaron a llamarme asaltacunas cuando supieron que mi novio es menor que yo.*

atollar 1) (v.) golpear. *¡Atollale que se lo merece!* 2) (v.) embadurnarse el cuerpo o parte de él con algo. *La señora se atolló esa crema "milagrosa" en toda la cara.*

B

bases (m. pl.) pies. *Me duelen las bases; he caminado ya mucho.*

bañazo (m.) ridículo, vergüenza. *¡Qué bañazo, haber reprobado el examen!*

bate (m.) hombre. *En ese bar entran sólo bates.*

bicho 1) (sust.) persona rara. *Qué bicha esa mujer: siempre habla sola cuando va por la calle.* 2) (sust.) delincuente. *Tu novio es todo un bicho, lo terminás de inmediato.*

birra (f.) cerveza. *La birra importada no me gusta, ya me acostumbré a las de aquí.*

bombeta (adj.) presumido (invariable en el masculino). *Todos los Velásquez son unos bombetas, nadie los soporta.*

bostezo (m.) persona sosa, aburrida. *Es que el chavalo que me presentaron era un bostezo, por eso me salí de la fiesta.*

bote cárcel. *Leandro fue al bote a visitar al "Pelos", ya sabés que son íntimos.*

brete (m.) trabajo. *¿Es cierto que te conseguiste un brete mejor?*

bretear (v.) trabajar. *Jorge bretea mucho, lo veo muy cansado.*

C

caballos (m. pl.) pantalones. *Estos caballos son nuevos y ya se encogieron en la primera lavada.*

cabra (f.) novia. *Gisela es la cabra de Luis.*

cabrón (m.) trato entre amigos (no se usa en femenino). *¡Hey, cabrón! ¡Nos vemos mañana!*

cachaza (f.) desvergüenza, indolencia. *¡Qué cachaza la de Tomás, deja que lo mantenga su esposa!*

JERGAS DE HABLA HISPANA

cacho 1) (m. plural) engaño o traición (cuerno) a la pareja. *A Eduardo le pusieron los cachos con el electricista.* 2) (m.) zapato. *Alguien dejó unos cachos viejos en la entrada de mi casa.*

caiteárselas (loc. v.) salir corriendo, apurarse. *Simón se caiteó para Cártago, pero se le hizo muy tarde.*

caite (m.) zapato viejo, usado. *Estos malditos caites me salieron malísimos, ya van dos veces que los mando pintar. Se decoloran con el agua.*

canas verdes (loc. sust. f.) desesperación, agobio (con los verbos salir / sacar). *Este bandido muchacho me va a sacar canas verdes, apenas tiene veinte años y no hay noche que llegue temprano a la casa.*

caña (f.) unidad monetaria (colón, moneda costarricense). *Aquí faltan cuarenta cañas. ¿Quién se las llevó?*

carajada (f., vulgar) cosa negativa. *¿Qué carajadas le hacés al perro para hacerlo aullar así?*

carajillo (sust.) niño. *Los carajillos se escondieron después de haber roto el vidrio de una ventana con una pelota.*

carasta interjección como "¡caramba!", eufemismo de "¡carajo!"

car'epicha (sust. vulgar) persona malvada, traicionera ("cara de picha"). Insulto fuerte. *Ese car'epicha me las va a pagar.*

cazadora (f.) autobús. *Corré, se te va la cazadora.*

chance (m.) oportunidad, posibilidad. *Dame sólo un chancecito y te ayudo a preparar la cena.*

chante 1) (m.) pereza, molestia. *Es que qué chante es bailar con Sergio, siempre me maja y me ensucia los zapatos.* 2) (m.) sitio. *Anoche descubrí un chante para cenar riquísimo.* 3) (m.) campo. *En Turrialba hay un chante precioso, está lleno de flores y de especies raras.*

chao adiós, hasta luego. (del italiano "ciao"--que en realidad es ya sea saludo que despedida).

chapulín (sust.) ladrón joven, niño ratero. *Los chapulines asaltaron a la señora y se llevaron su bolsa.*

chavalo (sust.) muchacho, niño. *Hay unos chavalos que no hacen caso y continúan a jugar a media calle.*

Chepe la capital de Costa Rica, San José. *Hoy tengo que ir a Chepe por unos documentos.*

chichí (sust. invariable en género) bebé, niño pequeño (habla infantil). *El chichí lloraba porque se le había caído el biberón.*

china (f.) niñera. *Hoy me tengo que quedar con los niños; se enfermó la china.*

chinamo (m.) puesto de venta improvisado, tiendita sin surtido. *Andá al chinamo de Petra y conseguíme una libra de arroz, ojalá que no se le haya acabado.*

chinear 1) (v.) tener en brazos (dicho de niños pequeños). *Mamá, chinéame.* 2) (v.) mimar, consentir. *Este chiquito está demasiado chineado, si no lo alzás todo el día, llora.*

chinga (f.) el sobrante del cigarrillo. *Pepe, tirá esa chinga, se te va a quemar la uña.*

chingo (adj.) desnudo. *La fiesta acabó en orgía; todas las mujeres estaban chingas.*

chingue / chiringue (m.) cosa divertida. *Aquel parque de atracciones es un chingue.*

97

/ *Esa clase es puro* **chiringue** *todo el tiempo.*
chiva, chivísima (adj.) bueno, excelente, maravilloso. *¡Qué* **chiva!** *¡Mañana es día de fiesta!*
chivo (m.) hombre que es mantenido por una mujer. *A ver si se te quita lo* **chivo,** *aquí todos hemos trabajado siempre.*
choricero (sust.) comerciante ilegal, a veces estafador. *Hugo es un* **choricero** *terrible, te vende libras a las que siempre les faltan dos onzas.*
chorizo (m.) engaño, estafa. *Dejá de hacer* **chorizos,** *ya tenés muy mala fama.*
choza (f.) casa, hogar. *Vamos a mi* **choza,** *mi tata tiene muy buenos cognacs.*
chunche (m.) cosa, objeto. *¡Quitá tus* **chunches** *de la mesa!*
chunchero (m.) conjunto de cosas. *Sara siempre tiene un* **chunchero** *en su escritorio.*
cleta (f.) bicicleta. *Amarrá tu* **cleta** *con una cadena y candado, o te la van a robar.*
coco (sust./adj.) calvo, pelón. *Melvin se está quedando* **coco** *y apenas tiene 24 años.*
colgar los tenis (loc. v.) morir. *Cuando* **cuelgue los tenis** *no quiero que me llore nadie.*
como las vacas (loc. adj.) sin entender nada. *Nos contaron un chiste y nos quedamos* **como las vacas.**
con toda la pata 1) (frase) satisfecho. 2) muy bien, en perfecto estado. *¿Cómo sigue tu marido de su bronquitis?--¡Con* **toda la pata!** *Ya hasta volvió al trabajo.*
concho (sust./adj.) rústico, huraño. *¡Sos* **concha,** *Evita! ¡Saludá a tu tía!*
copar (v.) visitar a la novia. *¿Paco anda* **copando** *todavía? Se le va a hartar la novia.*
correrse las tejas (loc. v.) volverse loco, confundirse. *A Mauro* **se le corrieron las tejas;** *se empezó a desvestir durante la clase de francés. / Luisa estudió química,* **se le corrieron las tejas** *¡el examen era de física!*
¿cuál bolsa? (frase) expresión con la cual se pregunta de qué se está hablando. *Llamaron para que vayas a pagar la multa. --¿Cuál* **bolsa?**
culear (v., vulgar) tener relaciones sexuales.

D

dar lata (loc. v.) molestar, fastidiar. *Te va a ir muy mal si seguís* **dando lata.**
dar pelota (loc. v.) seguir la corriente a alguien.
darle a los caites (loc. v.) caminar más rápido, apurarse. *Dale a los* **caites,** *o si no vamos a llegar tarde.*
darse una matada (loc. v.) sacrificarse o esforzarse uno mucho por algo. *Irene* **se dio una matada** *estudiando y reprobó la materia de todos modos.*
de luna (adj.) malhumorado. *Joel está* **de luna.** *Mejor ni lo molestes.*
¡dele! expresión para pedirle a alguien que avance o que le pegue a alguien. *¡Dele Georgina! ¡Vamos muy despacio y ya es hora de almorzar!*
despichar / despicharse 1) (v.) arruinar, averiar. *El perro* **despichó** *el cojín del sillón.* 2) (v.) tener un accidente. *La televisión volvió a* **despicharse** *ayer. / Ana se acaba de* **despichar** *en carro. La llevaron al hospital.*
despiche (m.) desorden. *¿Por qué está hecha un* **despiche** *la sala?*
detrás del palo (loc. adj.) ignorante, poco perspicaz (con el verbo estar). *El pobre de Irving nunca va a salir de obrero simple porque está* **detrás del palo.**

98

dicha (f.) suerte. *Por dicha se me ocurrió traer el paraguas... ¡mirá cómo llueve!*
diez con hueco (loc. sust. m.) engaño (alusión a una moneda perforada, sin valor).
¿Vos creés que me vas a meter un diez con hueco? No soy tan tonto.

E

echar el cuento (loc. v.) cortejar a una persona. *Le estoy echando el cuento a esa chavala.*
echar(le) un ojo (a algo) (loc. v.) observar, cuidar, estar de guardia. *Échenle un ojo a mi bici mientras entro a la tienda a comprar los refrescos.*
emputarse (v.) enfurecerse. *Don Pascual se emputó cuando supo que su hijo había sido arrestado por exhibirse desnudo delante de un convento.*
en paleta (adv.) mucho. *Miguel sacó trofeos en paleta; fue el mejor pescador. / La fiesta estuvo espléndida y gozamos en paleta.*
en puñeta (loc. adv.) mucho, gran cantidad. *¡Mirá, te quiero en puñeta!*
en una llamita 1) (loc. adj.) preocupado. *Su hija se fue a hacer un curso en otra ciudad y ellos están en una llamita por ella.* 2) (loc. adj.) borracho. *Gabriel está en una llamita desde que lo dejó su novia.*
espeso (adj.) problemático, difícil. *Las cosas están espesas entre Manuel y Ana.*

F

fachento (sust./adj.) persona mal presentada, ridículamente vestida. *Rosa, tan fachenta como siempre, se fue a la fiesta en bata.*
feria 1) (f.) adehala, regalo del vendedor al cliente. *Mirá lo que me dieron de feria en el mercado: esta yuca es sólo para mí.* 2) (f.) colmo. *Ve el desorden del cuarto de Jaime y de feria dejó los discos fuera de las cajas.*
fregar (v.) molestar, fastidiar (adj. **fregón**). *A estos niños les encanta fregar a los mayores.*

G

gallo, gallito (m.) porción pequeña de comida envuelta en una tortilla, y por extensión porción insuficiente de comida. *Si viene el viejito que trabaja en el parque, le das un gallito. Ya me voy. / Dejá de servirme gallitos, tengo ganas de comerme un buen filete.*
gato (sust.) persona de ojos verdes o azules. *En la familia Murillo todos son gatos. / Román y Sandra tienen una hija gatica.*
goma (f.) malestar físico después de una borrachera. *Ni me hablen; traigo una goma tremenda.*
gringo (sust./adj.) proveniente de Estados Unidos. *Estafaron a turistas gringos vendiéndoles terrenos inexistentes. / Dicen que el ejército gringo ha sufrido muchas más pérdidas en Iraq desde que terminó la guerra que durante la guerra.*
Gringolandia (f.) Estados Unidos. *Cada vez que Rafael va a Gringolandia, compra software nuevo.*
guachimán (m.) guardia. Generalmente, el que cuida los automóviles en la calle (del inglés "watchman"). *¿Diai? no encuentro el carro. El guachimán me las va a pagar.*

guaro (m.) cualquier bebida alcohólica. *Ese* **guaro** *me pegó durísimo, ayudame a levantarme de la silla.*
güila (sust. invariable en género) niño pequeño. *Llevate estas paletas para los* **güilas**, *les encantan. / ¿Qué les trajo San Nicolás a tus* **güilas**?

H

hablar paja (loc. v.) decir trivialidades, no decir nada importante. *La especialidad de aquel político es* **hablar paja.**
hacerse bolas (loc. v.) confundirse. *El taxista* **se hizo bolas** *y me llevó a una calle equivocada.*
hasta la coronilla / hasta el copete (loc. adj.) harto, fastidiado.
hembra (f.) muchacha, novia. *Esa* **hembra** *me invitó anoche y nos jumamos. No me acuerdo cómo se llama.*
high (f.) la clase alta (pronunciado como "jai"). *Los Meneses se creen de la* **high**, *ya se les olvidó que su papá era cargador en el mercado.*
hijo de papi / papá (loc. sust.) hijo de gente adinerada, que todo lo tiene gracias a ellos. *A aquel* **hijo de papi** *le pagaron toda la carrera de administración de empresas y luego le compraron una compañía.*
hospi (m.) hospital. *Yo conocí a mi marido en el* **hospi** *cuando apenas estaba haciendo su servicio.*
huevo (m., singular) dinero. *Me quedé sin* **huevo** *y todavía faltan dos semanas para cobrar el próximo cheque.*

I

importar un comino / pepino (loc. v.) no importar nada.

J

jacha (f.) rostro, cara. *Con esa* **jacha** *nadie te sacará a bailar, dejate de tonteras. / La* **jacha** *de Ilona es bonita, pero el cuerpo no le ayuda en nada, está muy gorda.*
jalar (v.) andar de novio. *Ana y yo* **jalamos** *desde que estábamos en la secundaria.*
jama (f.) comida. *Mami, pasame la sal, esta* **jama** *está desabrida.*
jamar (v.) comer. *Ya estudié historia, voy a* **jamar** *y empiezo con geografía.*
jue'pucha exclamación tipo "¡caramba!" (eufemismo de "hijo de puta") *¡Jue'pucha! Es que meterse sin pagar no se hace, ¡vieras cómo lo sacaron!*
jugar de vivo (loc. v.) pasarse de listo. *Emma quería* **jugar de viva** *y ahora está pagando caro.*
jugársela 1) (v.) resolver problemas propios. 2) (v.) correr un riesgo. *Yo* **me la jugué** *y el tombo me levantó una infracción. Es que están muy caras las placas.*
juma (f.) borrachera (verbo: **jumarse;** adj. **jumado**). *Cuando lo vieron bien* **jumado**, *le robaron hasta los zapatos.*

L

la peste 1) interjección de enojo. *¡Ah, la peste! Olvidé que hoy es el cumpleaños de mi novia!* 2) (f.) persona o cosa mala. *Venite rapidito, sos* **la peste**, *tengo dos horas esperándote.*

la pucha interjección; se usa también para expresar rechazo. *Si la sirvienta no llega ahoritica, la mando a* **la pucha** *y me busco otra.*

la puña interjección; se usa también para expresar rechazo. *¡Ah,* **la puña***, ya se me hizo tarde!*

lance (m.) conquista amorosa sin compromisos, generalmente poco oficial, ilícita. *Pablo está casado pero trae un* **lance** *con una salvadoreña.*

lata (f.) autobús. *Había como treinta personas esperando que llegara la* **lata***.*

lavado (adj.) sin dinero. *Hoy ando* **lavado** *pero mañana recibo mi sueldo.*

lechero (adj.) suertudo. *¡Qué* **lechero** *estuvo Mariano ganando la lotería!*

limpio (adj.) sin dinero. *A Olivia la dejaron* **limpia***, esa sirvienta le robó toda la plata.*

lipidia (f.) pobreza, miseria. *¡Qué* **lipidia** *la de Emma! Le tuve que pagar hasta el taxi.*

llevarla suave (loc. v.) tomar las cosas con calma. *El trámite del pasaporte es para* **llevarla suave***, los burócratas son así.*

loquera (f.) locura. *Le dio la* **loquera** *y se puso a pintar toda la casa de color morado.*

M

macho (sust.) persona de piel y cabello claros. *Traéte el bloqueador solar, ya sabés que las* **machas** *no aguantamos tanto el sol.*

mae / maje trato entre hombres o entre mujeres jóvenes. *¿Diai,* **mae***? No te veía desde que te fuiste a Puntarenas.*

majar (v.) aplastar, magullar (m. **majón**). *Tratá de no* **majarte** *un dedo mientras clavas ese cuadro.*

maicero (adj.) rústico, huraño. *No seás* **maicero***, andá a sacar a bailar a Rosy.*

maldoso (sust./adj.) persona con malas intenciones o mal pensada. *El* **maldoso** *de Rufino algo anda tramando: de repente anda muy zalamero con la hija del jefe.*

mama (f.) madre. *Su* **mama** *nació en Alajuela.*

mamacita (f.) mujer muy bella, impactante (también **mamasota**). *¿De 'onde sacaste las fotos de esas* **mamasotas** *que pusiste en tu página?*

mamar (v., vulgar) reprobar, suspender. *A Joel lo* **mamaron** *en matemáticas.*

mano peluda (f.) manipulación. *Dijeron que los documentos importantes que estaban archivados en esa* computadora *se borraron por culpa de un virus, pero muchos creen fue cosa de* **mano peluda***.*

maría (f.) taxímetro. *El taxista dijo que la* **maría** *no servía y me cobró lo que le dio la gana.*

media teja (loc. sust. f.) billete de 50 colones.

menudo (m.) grupo de monedas. *Tenés mucho* **menudo** *en los bolsillos, hijo. ¿Por qué no lo metés en tu alcancía?*

mera (f.) peligro evitado. *¡Qué* **mera***! ¡Por poco me caía encima un costal de cemento!*

meter la pata (loc. v.) aparte de la acepción de cometer una indiscreción, un error, se usa a menudo como eufemismo de la mujer que queda encinta sin planearlo. *Genoveva* **metió la pata** *justo en la temporada en que su marido estuvo ausente, trabajando en una plataforma de perforación petrolera en mar abierto.*

mocoso (sust.) niño (despectivo). *¡Lárguese de aquí,* **mocoso** infeliz*! ¡Si lo veo otra vez brincándose la barda, va a ver cómo le va!*

montado (sust./adj.) aprovechado (verbo: **montarse**). *¡Juan es un montado! Se quedó a desayunar, almorzar y comer.*
moquetazo (m.) moquete, golpe dado con el puño. *Elías es muy agresivo, todo lo quiere arreglar a moquetazos.*
mosca (f.) dinero. *No hay suficiente mosca para hacer una fiesta.*

N, Ñ

nave (f.) auto, coche. *Jaime pasó en su nave a invitarnos a la playa.*
nerdo (sust.) persona que estudia mucho o que es vista como muy inteligente pero abstraída, generalmente solitaria, que no encaja en los grupos (de la jerga en inglés "nerd"). *Yo no quiero tomar esa clase. Hay puros nerdos allí. / Mi hermano es un nerdo. No sale de la biblioteca.*
ni chicha ni limonada (frase) ni una cosa ni otra. *Juan no es ni chicha ni limonada: ni conservador, ni liberal.*
no embetunar los zapatos (a alguien) (frase) no ser a mismo nivel de alguien, ser inferior a alguien. *Este maestro nuevo no le embetuna los zapatos al del año pasado. / Mirna no te embetuna los zapatos en matemáticas.*

O

ojo al Cristo expresión de advertencia. *¡Mirá, echale un ojo al Cristo, ahí hay alacranes!*

P

paca (f.) policía. *La paca está rondando por el barrio.*
pachanga (f.) fiesta, celebración. *Hay pachanga en la playa esta noche.*
pacho (m.) situación cómica. *¡Vieras qué pacho cuando se le cayeron los pantalones a las rodillas!*
pachuco (m.) joven vago, que no estudia, es grosero, maleducado y vulgar. *Jorge habla como un pachuco, ¡no lo volvás a invitar!*
paja (f.) trivialidades. *Esa muchacha habla pura paja.*
palanca (f.) valimiento, intercesión poderosa o influencia que se emplea para conseguir algo. *Julián tiene palanca con el alcalde de su pueblo.*
paracaidista (sust.) persona que se presenta a un sitio sin ser invitada. *Hace una semana que llegaron a mi casa unos paracaidistas, parientes de mi mujer.*
pararse de uñas (loc. v.) estar uno muerto de rabia, enojadísimo. *El padrecito se paró de uñas cuando le contaron que su sobrino andaba diciendo que es ateo.*
parado de uñas (loc. adj.) lleno de rabia, enojadísimo. *Milton anda parada de uñas desde que el jefe le dijo que le iba a cancelar las vacaciones.*
parte (f.) infracción, multa. *Esta semana ya me han hecho dos partes por haberme pasado el alto.*
pasar la brocha (loc. v.) hacer algo para quedar bien con alguien. *Jazmín se la pasó pasándole la brocha a su papá para que la dejara ir al puerto y no lo convenció.*
patear con las dos (loc. v.) ser bisexual. *Esa mae patea con las dos.*
pedir la entrada (loc. v.) pedir permiso para visitar a la novia. *Son demasiado estrictos sus papás: siempre tengo que pedirles la entrada para ver a Sonia.*

pelele (sust. inv. en género) un cualquiera, persona sin educación ni profesión, inútil. *Mi yerno es un **pelele**, lo tengo que mantener.*
pelón (m.) fiesta, celebración. *No sé qué estaban festejando, pero el **pelón** estuvo bueno.*
pendejo (sust./adj.) tonto o inepto para ciertas cosas. *Mi hija Sonia es muy **pendeja** para viajar en <u>carro</u>, ¡siempre se marea!*
perra (f.) mujer de varios hombres.
perro (m.) hombre infiel.
picado 1) (adj.) alegre a causa de embriaguez. *Omar cuenta chistes bien divertidos cuando anda **picado**.* 2) (adj.) celoso. *Aída trae muy **picado** a Juan por haber salido anoche con Carlos.*
<u>**piedra**</u> (f.) la droga crack, derivada de la cocaína. *Mis hijos dejaron los estudios y se pusieron a fumar **piedra**.*
pinche (adj.) tacaño, avaro. *Mario y Eva son muy **pinches**; no le quieren hacer fiesta de cumpleaños a su hija porque no quieren gastar.*
pinta (sust. inv. en género) persona rara. *¿Viste ese **pinta** hablando con el poste de la luz?*
<u>**platanazo**</u> (m.) hombre homosexual. *El bar estaba lleno de **platanazos**.*
platero (sust.) persona que se empeña en obtener dinero por cualquier medio. *A la **platera** de Irene no le da vergüenza decir que se va a casar con Flavio por dinero.*
platudo (adj.) adinerado. *Paul McCartney es el hombre más **platudo** de Inglaterra.*
playo (m.) hombre homosexual.
<u>**ponerse las pilas**</u> 1) (loc. v.) apurarse, ponerle más ánimo o esfuerzo a lo que se está haciendo *Póngase las pilas y verá que su patrón lo va a apreciar más.* 2) (loc. v.) ponerse listo, atento
polada (f.) acción que denota mal gusto, rustiquez. *Me da vergüenza salir con mi prima Micaela porque siempre hace **poladas** como escupir en el piso.*
polo (sust.) persona rústica, del campo. *Un turista alemán se enamoró de una **pola** y se la llevó a su tierra.*
ponerse chiva (loc. v.) enojarse, enfurecerse. *Malena **se puso chiva** porque su novio la dejó plantada.*
porfa (adv.) por favor.
pringa pie (loc .sust. m.) diarrea, soltura de estómago. *No puedo ir al mercado, tengo **pringa pie**.*
<u>**profe**</u> (sust. invariable en género) profesor. *Me castigó la **profe** por hablar con mis amigas en clase.*
puñetero (sust./adj.) persona abusiva, mal portada, grosera, mentirosa. *Fíjate que Gabriela se fue con su novio; ¡qué muchachita tan **puñetera**! / ¡María, no salgás con ese **puñetero**, después te arrepentirás!*
puño (m.) montón, gran cantidad. *¡Tengo un **puño** de ganas de ir a Río de Janeiro!*
pura vida (frase) expresión general de satisfacción. *¿Cómo estás?--¡**Pura vida**! ¿Y vos?*

Q
quesito (m.) mujer joven y bonita. *Marisol es un **quesito**.*

quitarse (v.) desdecir. *Me habías dicho que Adela te había insultado y ahora delante de ella te quitas.*

R

rabo verde (loc. sust. m./adj.) hombre maduro que se dedica a cortejar mujeres jóvenes. *Ese profesor es un viejo rabo verde: el otro día lo oí cuando invitaba a salir a una de sus alumnas.*

rajón (adj.) presumido. *Fernando se la pasó hablando de los millones de su papá... ¡siempre ha sido un rajón!* (verbo) **rajar.** *Carmen, dejá de rajar, nunca has ido a Europa.*

rayar 1) (v.) reprobar, ser suspendido en un examen o curso académico. *¿Es cierto que te volvieron a rayar en matemáticas?* 2) (v.) rebasar un vehículo en la carretera. *Nosotros rayamos ese bus hace como un kilómetro.*

roco (sust./adj.) viejo (dicho de personas y animales). *El presidente ya está muy roco. Debería ceder el puesto a otro.*

rojo / rojito 1) (m.) billete de 1000 colones. *Eso vale un rojo y medio.* 2) (m.) taxi. *Llamá ese rojo porque ya no hay tiempo de tomar el bus.*

rubia (f.) cerveza. *Regalame otra rubia.*

rulear (v.) dormir (pronunciado "ruliar"). *Alguien te llamó mientras ruleabas.*

S

¿Sabe / sabés cuándo? no enfático, nunca. *¿Te vas a ir en carro solo hasta Panamá?--¿Sabe cuándo?*

sacar una roja (loc. v.) reprobar, ser suspendido en una materia.

sal (f.) mala suerte. *¡Qué sal! ¡Entró el profesor justo cuando yo estaba copiando el examen!*

salado (adj.) desafortunado. *El pobre de Pancho está salado; se acababa de comprar un carro nuevo cuando lo chocaron.*

sale y vale (frase) de acuerdo, entendido.

soplado (adj.) muy rápido. *Jaime se fue soplado para su trabajo, pues no quería llegar tarde otra vez.*

soque interjección para incitar a la prisa. *¡Soque, ya casi empieza la función!*

suave interjección para pedir que esperen o paren. *¡Suave! Ésta es la casa que buscaba.*

T

tabo (m.) cárcel. *Irma iba al tabo cada semana a ver a su marido.*

tanda 1) (f.) ingestión prolongada de licor. *Mauro no aguantó la tanda y se quedó dormido sobre la mesa.* 2) (f.) horario de función. *Esa película es muy buena, y como la pasan en tres tandas, tengo que encontrar boleto en alguna.*

tarro (m.) cara. *¡Traés un tarro! ¿Que no dormiste anoche?*

tatas (m.) padres *Mis tatas viven en Puntarenas.* (m.) Padre, en el singular *¿Cuántos años tiene tu tata?*

teja (f.) billete de 100 colones. *Decile a Olga que me faltó una teja para comprarle sus zapatos, no me alcanzó lo que me dio.*

tener güecho (loc. v.) ser tonto, credulón. *¿Creés que tengo güecho? Ya me había dado cuenta del engaño.*
tico (sust./adj.) costarricense. *¿Te gusta la música tica?*
tigra (f.) aburrimiento. *¡Qué tigra tener que escuchar los relatos de guerra de mi abuelo!*
tirar / tirarse (con / a alguien) (v.) tener relaciones sexuales. *Antonio no es nada romántico; él lo único que quiere es tirar.*
tirárselas (loc. v.) presumir algo que no es. *Pepe se las tira de ser un buen amante.*
tiro (m.) momento. *No te preocupes. En un tiro terminamos este trabajo.*
tombo (m.) agente de tránsito. *Bajá la velocidad, en esa curva siempre se pone un tombo.*
toque 1) (m.) intervalo de tiempo breve, un rato. *Dame un toque y ya te atiendo.* 2) (m.) poco (cantidad). *Estamos un toque cansados y no tenemos ganas de salir.*
torta (f.) problema. *Su vida es muy complicada y siempre está llena de tortas.*
traer gente en la azotea (loc. v.) estar loco. *Javier trae gente en la azotea--hizo un escándalo en la conferencia, se portó muy mal.*
tragón (sust./adj.) que estudia mucho o es muy inteligente. *Andrés siempre gana los primeros lugares en la escuela porque es un tragón.*
traido (m.) pareja, amante, relación extramarital. *¡Me traigo un traido divino!*
troles (m. pl.) pies. *Mae, qué troles más grandes que tenés.*
tuanis 1) (adj.) muy bueno, bonito, excelente. *¡Tu CD nuevo está tuanis!* 2) (adv.) muy bien. *Te quedó tuanis el dibujo que hiciste del profe.*
tuca (m.) pierna. *¡Qué tucas tiene esa mujer!*
tucán (m.) billete de 5000 colones. *Prestame un tucán, luego te pago.*
turno (m.) fiesta, feria específica de alguna comunidad. *¿Nunca has ido al turno de Cahuita?*

U

U (f.) universidad. *Pablo se salió de la U para irse de indocumentado a EEUU.*
upe espresión que se utiliza al llamar a la puerta.

V

vaina (f.) cosa, objeto. *¿Y esta vaina para qué sirve?*
vara (f.) excusa, pretexto. *Dejate de varas y ayudame a lavar los platos.*
veintiúnico (sust./adj.) único (referido a una unidad, pero dando a entender que una cantidad mayor sería preferible). *José lavó su veintiúnica camisa y se quedó esperando a que se secara.*
verde (adj.) que estudia mucho o es muy responsable en cuanto a sus estudios. *Fabián no quiso ir al cine, vos sabés que es muy verde; tiene examen mañana.*
verla fea (loc. v.) estar pasando por penas o problemas.
vino (m.) chisme. *Les vengo a contar un vinazo que acabo de oir sobre Rosaura.* 2)(sust./adj.) chismoso. *Esa señora es muy vina; hay que tener cuidado de lo que se dice delante de ella.*
volando canalete (loc. adv.) a pie. *Sofía se fue volando canalete a la universidad porque no encontró taxi.*

voltearse la rosca (loc. verbal) volverse homosexual un hombre.

X, Y

¿y diai? (frase interrogativa) "y de ahí": expresa cosas como ¿luego que pasó? ¿Cómo has estado? ¿Qué te pasa?

Z

zocado (adj.) borracho. *A Manolo no le importa andar zoca'o a media calle.*
zorra 1) (f.) mujer de varios hombres 2) (f.) persona muy astuta.

TÉRMINOS DE ORIGEN NAHUA USADOS EN EL HABLA COTIDIANA

C

camote (m.) batata. *Mi tía hace un dulce de camote bien rico.*
chile (m.) pimiento, ají. *No me gusta la comida con tanto chile.*
chompipe (m.) pavo. *En el corral había un par de chompipes y varias gallinas.*

M

mecate (m.) soga, cuerda, riata. *Alcanzame el mecate para atar esta leña.*

P

papalote (m.) cometa (juguete). *A Pepito le acaban de regalar un papalote verde muy bonito y ya lo rompió.*
pepenar 1) (v.) recoger objetos, uno por uno, de una superficie. *Vi a un niño pepenando el arroz que habían arrojado en una boda.* 2) (v.) encontrar algo después de rebuscar.

T

tanate 1) (m.) montón. *Había un tanate de gente en el bus y no pude subir.* 2) (m.) problema (voz de origen nahua). *Tengo muchos tanates que resolver, dejame en paz.*

Z

zaguate (m.) perro callejero, de raza mixta. *Yo quiero tener un rottweiler, no un zaguate cualquiera.*
zopilote (m.) buitre americano. *Tuve que espantar a los zopilotes para poder entrar a tu casa. ¿Te sentís mejor o seguís con fiebre?*

AMERICANISMOS Y / O COSTARRIQUEÑISMOS

A

aretes (m.) pendientes (joyería). *A doña Cuca le regalaron unos aretes de oro para su cumpleaños.*

B

balacera (f.) tiroteo (verbo: **balacear**). *Ayer hubo una balacera entre la policía y ladrones enfrente del banco.*

básquet / basquetbol (m.) baloncesto. *¿Quién es el jugador más alto de tu equipo de básquet?*

bocas (f. plural) entremeses que se sirven para que coman los tomadores de licor. *En este lugar sirven bocas bien ricas.*

boleto (m.) billete de entrada o para viajar. *¡Anímese, seño, compre su boleto de la lotería!*

borona (f.) migaja de pan. *Ya te he dicho que no quiero que comas en la cama. La dejaste llena de boronas.*

botadero (m.) basurero, vertedero, lugar donde se tira la basura. *Descubrieron un botadero clandestino en una zona residencial.*

brasier (m.) sostén, prenda de vestir femenina para sujetar el pecho (del francés brassière). *En los años 60 las mujeres quemaban sus brasieres en señal de protesta.*

C

cacho (m.) cuerno de toro, cabra o venado.

cantaleta (f.) estribillo, repetición fastidiosa. *¡Ya me tienes aburrida con la misma cantaleta!*

carro (m.) automóvil.

checar (v.) chequear, revisar, controlar. *Tengo que checar cuánto dinero traje para ver si puedo comprar ese pantalón.*

chingo / chingos (m.) ropa interior femenina, bragas (usada igualmente en singular o plural). *Ese vestido es demasiado corto, se te ven los chingos.*

comer (v.) cenar.

comida (v.) cena. Última comida del día.

competencia (f.) competición deportiva. *El día de la competencia el veterinario oficial revisa a todos los caballos antes de cada carrera.*

corriente (adj.) se usa como sinónimo de mala calidad (si se refiere a una persona, es alguien basto, ignorante, inculto). *¡Qué muchacha más corriente! Mira cómo mastica el chicle, parece vaca.*

D, E

en picada (loc. adv.) en picado, que se mueve hacia abajo casi verticalmente, que precipita. *El avión cayó en picada sobre el edificio. / La demanda para ese producto bajó en picada desde que su precio subió vertiginosamente.*

F

frijol (m.) fréjol, judía (legumbre). *¿Arroz con frijoles otra vez?*

fustán (m.) enagua.

G

gasolinería (f.) gasolinera, establecimiento donde se venden carburantes. *La gasolinería que está cerca de mi casa tiene precios muy caros.*

CR

guaro (m.) tafia, aguardiente de caña. *Mi abuelo sabe hacer muy buen **guaro***.
güecho (m.) bocio. *Las autoridades de salud han ordenado ponerle yodo a la sal para evitar que se contraiga el **güecho***.

H, I

halar (v.) tirar, traer hacia sí (pronunciado **jalar**; antónimo de "empujar"). *Hale la cuerda y amárrela aquí.*

J

jonrón (m.) en el juego de béisbol, cuando un jugador cubre las cuatro bases en su turno, marcando un punto para su equipo (del inglés "home run").
jonronero (sust./adj.) jugador o equipo de béisbol que logra muchos jonrones *¿Quién es el más **jonronero** de tu equipo?*

L

llanta (f.) neumático. *Las **llantas** están lisas, hay que cambiarlas porque es peligroso circular así.*

M, N, Ñ

malecón (m.) calle o paseo costero. *Están construyendo un hotel de lujo cerca del **malecón**.*
marchamo (m.) sello de impuesto de vehículos.
matazón (f.) matanza. *En la clase de historia leímos sobre el Holocausto, la terrible **matazón** de judíos durante la segunda guerra mundial.*
mesero (sust.) camarero (persona que atiende en un restaurante). *¿No le vas a dejar propina a la **mesera**?*

O

ocupar (v.) necesitar (usado generalmente por personas de baja extracción social). *Ocupo un pedazo de papel. ¿Me das una hoja de tu cuaderno?*
overol (m.) mono, traje de faena de una sola pieza que se pone encima de la ropa para protegerla (del inglés "overall"). *El "Mostachón" es ése del **overol** de mecánico.*

P

papa (f.) patata (voz de origen quechua). *Gustavo siempre quiere puré de **papas** con su filete.*
paño (m.) toalla. *No puedo quitarle a mi marido esa costumbrita de dejar los **paños** mojados en el suelo después de bañarse.*
parado (adj.) de pie, derecho, levantado. *"¡No sé los muchachos de hoy qué le ven de bonito a llevar las greñas **paradas** como puercoespín!" exclamó doña Aurelia, disgustada.*
pararse (v.) ponerse de pie, levantarse. *El joven **se paró** para darle el asiento a la señora embarazada. / **Me paré** a mediodía sólo porque tenía hambre.*
parquear (v.) aparcar, estacionar un vehículo. *Las mujeres no saben **parquear**. Mirá cómo dejaste el <u>carro</u>, casi a media calle.*

petit pois (loc. sust. m.) guisante (legumbre) (del francés).
plaza (f.) explanada que se utiliza para practicar deportes, en particular el fútbol.
pichel (m.) jarra para servir agua u otras bebidas. *Para empezar, ordenamos un* **pichel** *de cerveza y algo para picar.*
pleitero (sust./adj.) pleitista, belicoso, revoltoso, litigador. *Simón quiso estudiar leyes porque tiene alma de* **pleitero**.
pluma (f.) bolígrafo. *Se le acabó la tinta a esta* **pluma**; *¿tenés una que me prestes?*
ponchar 1) (v.) perforar (del inglés "to punch"); **poncharse** (v.) sufrir un pinchazo un neumático de vehículo. *El acto de vandalismo más común en este barrio es el de* **ponchar** *llantas.* 2) (v.) en el juego de beisbol, cuando un jugador pierde su turno y es eliminado después de no conectar con la pelota. *Se deprimió porque lo* **poncharon** *dos veces en el mismo partido.*
pulpería (f.) tienda de comestibles.

Q
quien quita (frase) ojalá. *Quien quita y este año me dan un aumento de sueldo.*

R
rancho (m.) granja donde se crían caballos o ganado. *Hernán sabe montar muy bien a caballo: creció en un* **rancho**.
raspado (m.) refresco hecho con hielo granizado. *Tengo mucho calor. ¿Vamos a comprarnos unos* **raspados**?
rollo (m.) carrete de película. *Tengo que llevar a revelar los* **rollos** *de las fotos que tomé en las vacaciones.*
ruedo (m.) bastilla de la ropa. *Hay que hacerle el* **ruedo** *a este vestido.*

S
saco (m.) chaqueta. *No se siente en el* **saco** *que lo va a arrugar.*
salveque (m.) mochila. *Quiero comprarme un* **salveque** *de senderismo para nuestra próxima excursión.*
sele (adj.) inmaduro, verde (dicho de la fruta).
soda (f.) restaurante modesto. *Abrieron una* **soda** *nueva en la esquina, ¿vamos a comer allí?*

T, U
tenis (m.) zapatillas deportivas. *Dejé los* **tenis** *aquí al lado del sofá y ahora falta uno. ¿Lo agarraría el perro?*
tomacorriente (m.) toma de electricidad, dispositivo donde se enchufan los aparatos que funcionan con la electricidad.
tramo (m.) puesto de venta improvisado o en un mercado. *¿Y si ponemos un* **tramo** *y vendemos tamales?*
tuca (f.) tronco de madera para llevarlo a aserrar a un aserradero.
turno (m.) fiesta, feria específica de alguna comunidad. *¿Nunca has ido al* **turno** *de Cahuita?*

V

velorio (m.) velatorio (acto de velar un difunto). *Me deprimen los* ***velorios***. *Cuando yo muera, quiero que hagan fiesta.*

X, Y, Z

zancudo (m.) mosquito. *¡Cerrá la puerta que estás dejando entrar a los* ***zancudos****!*
zocar (v.) apretar. *Estas tuercas no las zocaste bien.* (adj. **zocado**: apretado). *Traigo los pies hinchados; los zapatos me quedan* ***socaos***.
zorrillo (m.) mofeta (el mamífero). *¡Uff! ¿Qué pasó aquí? ¡Huele a puro* ***zorrillo****!*

JERGA DE CUBA

A

a mil / **a millón** (loc. adj.) muy irritado, molesto. *Estoy a millón porque mi pura no me quiere dejar ir a la fiesta de Denise.*

acere (m.) amigo (sólo para varones; también escrito **asere**). *Daniel se fue en su bici a buscar a sus aceres.*

alcolifán (m.) licor, bebida alcohólica.

ambia (sust. invariable en género usado predominantemente por varones) amigo. *Fabián tiene unos ambias que viven en Holguín.*

aplatanarse (v.) adaptarse un extranjero por completo al modo de vida, de hablar y costumbres de un país (adj. **aplatanado**). *Jonathan lleva tanto tiempo aquí en Cuba que ya se aplatanó.*

arrastrado (sust.) persona obsecuente y servil. *Jaime es un arrastrado, por eso el jefe lo prefiere.*

arrebatar (v.) conmover poderosamente, inspirar pasión. *Fabiana arrebata cuando baila.*

arriba de la bola (adj.) lo más moderno, actualizado, chic (probablemente traducción directa de la expresión en inglés "on the ball"). *Eduardo está siempre arriba de la bola en cuanto a la moda.*

arrimado (sust./adj.) persona que vive en casa ajena sin contribuir para el gasto. *El sobrino de Lucas lleva tres meses arrima'o en la casa de su tío.*

astilla (f.) dinero. *César se cree todo un personaje desde que tiene un poco de astilla.*

atracada (f.) efecto de comer y beber excesivamente, atracón. *Nos dimos una atracada de mariscos en el restaurante nuevo.*

atracado 1) (sust./adj.) avaro. *Los turistas que acaban de llegar son todos unos atracados; ninguno me dio propina por cargar sus maletas.* 2) (sust./adj.) pedante. *¡Qué atracada es Michelle! Me dijo que no sé escribir bien.*

B

bacán 1) (m.) hombre que es lo máximo o el ideal de una mujer, pero que en algunos casos puede tener connotaciones sexuales; quizás ese hombre no sea el esposo o el novio de la mujer en cuestión, pero es alguien a quien ella siempre regresa para sentirse sexualmente realizada, algo así como un sinonimo de amante, pero sin el romance. El término en estos casos casi nunca es autoaplicado, o sea, casi nunca es el hombre el que se autodenomina el bacán de una mujer sino mas bien es la mujer (o quizás amistades comunes) la que le da este estatus. *Ramiro es el bacán de Cecilia.* 2) (adj.) muy bueno, estupendo (en desuso). *Esta comida es bacán.*

baro (m.) unidad monetaria (peso cubano). *Necesito unos baros para ir al cine.*

bejuco (m.) cable del teléfono; por extensión, se alude al teléfono. *Carla no suelta el bejuco desde que llegó de la escuela.*

bemba 1) (f.) hocico, jeta. 2) (f.) labios protuberantes, gruesos. *¡Qué bemba traes! ¿Quién te pegó?* (adj.) **bembón**. *Será muy bonita la tal Angelina Jolie, pero a mí no me gustan las mujeres tan bembonas.*

bicha (f.) prostituta. *Leí en el periódico que anoche mataron a dos bichas en un hotel.*

bisnero (sust.) persona que se dedica al tráfico ilícito o mercado negro. *Elena prefirió ponerse a trabajar como bisnera que como jinetera.*

bueno / buenón / buenote (adj.) guapo, atractivo, de buen aspecto.

C

caballo 1) (m.) persona diestra o hábil. *Tal vez no te guste su música, pero Michael Jackson es un caballo para bailar.* 2) (m.) tonto, estúpido. *Carlos es un caballo, ¡volvió a conectar mal la computadora!*

cagarse (v.) asustarse mucho (adj. **cagado**).

Caimán del Caribe (m.) nombre que los cubanos le dan a su isla, por la forma semejante a un caimán. *Pasaré dos semanas en el Caimán.*

cana (f.) prisión. *El hermano de Chela está en cana desde que ella tenía doce años.*

candela 1) (f.) ambiente *En las fiestas de David siempre hay candela.* 2) (adj.) con los verbos "tener / ser", se refiere a vivacidad, desenvoltura. Dependiendo del contexto y si atribuido a una mujer, puede significar que la persona es libertina, generosa con sus favores sexuales. *¡Qué candela tiene Celia!*

caña 1) (f.) peso (unidad monetaria cubana). *Me hacen falta 20 cañas para poder comprarme ese anillo.* 2) (f.) bíceps del brazo. *Luis está levantando pesas para desarrollar tanta caña como su hermano.*

cañangazo (m.) trago de bebida alcohólica. *Alicia se da un solo cañangazo y ya está en el suelo.*

cara de guante (loc. adj.) atrevimiento, descaro, desvergüenza. *¡Qué cara de guante tienes! ¡Habías prometido que hoy me pagarías todo lo que me debes!*

catana (f.) cachivache, cosa inútil. *Bota el sillón ése, que está hecho ya tremenda catana.*

chama (sust. invariable en género) niño. *Los chamas acaban de entrar a la escuela.*

chamaco (sust.) muchacho, chico (un tanto despectivo, según el contexto). *Los chamacos de Rosana son muy antipáticos.*

chance (m.) oportunidad, posibilidad. *Dale chance a tu primo de entrar a trabajar en tu empresa.*

chancletero (sust.) persona de baja extracción social. *Se colaron unos chancleteros al baile de las debutantes.*

chángana (f.) disputa, altercación. *Se formó tremenda chángana cuando se tocó el tema de la política.*

chequear (v.) revisar, controlar. *Esta semana no he chequeado mi correspondencia.*

chiva (adj. invariable en género) delator. *Gerardo es chiva, no le cuentes nada.*

chivo (m.) bicicleta. *¿Vamos a dar una vuelta en chivo?*

chotear (v.) bromear, divertirse a costa de alguien. *Martín nos anduvo choteando toda la semana porque perdimos el partido contra su equipo.* (v.) **choteo**. *Bárbara no aguantó el choteo y se fue sin despedirse.*

coger botella (loc. v.) hacer autostop, pedir transporte gratis. *Diles a tus hijos que nunca deben coger botella.*
colado (adj./sust.) persona que entra en sitios donde no ha sido invitado (como quien se mete al inicio de una fila sin respetar su turno) o sin pagar (verbo **colarse**). *A Samuel le encanta entrar de colado a las fiestas de los ricos.*
compai 1) trato amistoso entre hombres (escrito también **compay**). *Mándeme aunque sea una postal de Miami, compay.* 2) (m.) compañero, compadre (sobre todo en el campo). *Hola, aquí te presento a mi compai.*
cuadrar 1) (v.) preparar, tener algo listo. *El viaje a Santa Clara ya está cuadrado.* 2) (v.) quedar de acuerdo con alguien. *Cuadré con Angela para ir a la fiesta.*
cubiche (sust. inv.) persona nacida en Cuba. *Los cubiches nacimos bailando. / Estela ya habla como una cubiche aunque en realidad es de España.*
cuernos (m.) traición o infidelidad a la pareja. *Pa' mí que a Ivette le están poniendo los cuernos.*
cumbancha (f.) fiesta, juerga, pachanga. *"¡Que toquen los timbales, empieza la cumbancha!"* (v.) **cumbanchear**: ir de juerga. *Lo que más nos gusta es cumbanchear, ¡cómo no!*
cúmbila (sust. invariable en género) amigo. *Ellos son cúmbilas desde que estaban en la escuela.*
cuerazo (m., vulgar) trago, cantidad de líquido que se ingiere de una sola vez. *Nos sonamos unos cuerazos de ron y luego nos despedimos.*
curda (f.) borrachera. *Es un periodo en que René pasa de una curda a otra.*
curralar (v.) trabajar. *Nos dijeron que podíamos curralar en su campo.*

D

dar cuero (loc. v.) bromear insistentemente a costa de alguien. *Le dimos tanto cuero a Elvira por su novio virtual que dejó de hablarnos.*
de pinga (loc. adj.) dependiendo del contexto o la situación, se usa para definir algo muy bueno o malo, pero generalmente se usa para lo malo (voz malsonante--ver pinga). *¡Tu equipo es de pinga!*
del otro lado (loc. adj.) muy borracho o drogado. *Antonio se puso del otro lado en la boda de su hermana.*
detrás del palo (loc. adj.) distraído, despistado. *Anita siempre está detrás del palo, pidiendo explicaciones cuando ya todos entendieron.*
desguabinado (adj.) desarreglado, maltrecho, malparado. *El pobre de Juan está desguabinado desde que lo dejó la novia.*
despetroncado 1) (adj.) rendido, muy cansado. *Esa caminata lo dejó despetroncado. No era para menos, fueron cerca de 25 km.* 2) (adj.) desbaratado, despedazado. (v.) **despetroncarse**. *Blanca venía corriendo, tropezó y se despetroncó por el barranco.*

E

ecobio (m.) amigo, compañero (no se usa entre mujeres). *Marcos siempre ha sido mi mejor ecobio.*

echar(le) un ojo (a algo) (loc. v.) observar, cuidar, estar de guardia. *Échenle un ojo a mi bici mientras entro a la tienda a comprar los refrescos.*

empatarse 1) (v.) enredarse en un asunto, y por extensión, iniciar una relación amorosa con alguien. *Julio se empató con Clarita.* 2) (v.) conseguir, obtener. *¡Al fin me empaté con el último CD de Madonna!*

empingado 1) (adv., voz malsonante) muy bien. *¡Ese pantalón te queda empinga'o!* 2) (adj., voz malsonante) bonito, maravilloso, excelente. *La casa de Félix es empinga'a.* 3) (adj., voz malsonante--ver pinga) enojado, enfurecido. *No lo molestes ahora; está empinga'o y te va a tratar mal.*

en candela (loc. adv.) en peligro, con problemas. *La situación con mis padres está en candela.*

en llama 1) (loc. adj.) malestar después de una borrachera. *Estamos en llama porque anoche nos acabamos tres botellas de ron entre los dos.* 2) (loc. adj.) desagradable o feo. *La película que vimos anoche estaba en llama.*

encanar (v.) encarcelar. *Encanaron a Roberto por tráfico de drogas.*

enchuchar (v.) incitar a una persona contra algo o alguien. *Saúl estaba tratando de enchucharme contra mi novio contándome mentiras sobre él.*

entrar en caja (loc. v.) hacer las cosas del modo debido o esperado. *Vamos a entrar en caja para terminar este proyecto, si no, nunca nos saldá bien.*

especular (v.) presumir, alardear (adj. **especulador**). *Armando siempre está especulando con su carro.*

F

fardo (m.) pantalón. *Me compré un fardo que me queda superbien.*

fastear (v.) viajar en avión (del inglés "fasten your seatbelts", aviso para abrocharse los cinturones). *Ana fasteó la semana pasada. Vuelve en junio.*

fiana (f.) automóvil de policía. *Los delincuentes escaparon antes que llegaran las fianas.*

fronterizo (sust./adj.) de limitada inteligencia, retrasado mental. *La señora vivía con su hijo adulto, que era fronterizo y necesitaba su ayuda hasta para vestirse.*

fu / fulastre (adj.) malo. *Este almuerzo está bien fu, no le pusiste ni sal.*

fula (f.) dólar. *Eso te va a costar diez fulas.*

fusilar (v.) copiar algo textualmente, plagiar. *Me fusilé casi toda la prueba de economía, si no, no la habría pasado.*

G

galletazo (m.) golpe dado con la mano. *Al pobre de Juanico lo despertaron a galletazos: estaba dormido sobre su escritorio.*

gorrito (m.) preservativo, condón. *No se te olvide ponerte el gorrito cuando te metas con ella, mejor no arriesgarse.*

gringo (sust./adj.) proveniente de Estados Unidos. *Estafaron a turistas gringos vendiéndoles terrenos inexistentes. / Dicen que el ejército gringo ha sufrido muchas más pérdidas en Iraq desde que terminó la guerra que durante la guerra.*

guagua (f.) autobús. *Prefiero ir a pie que viajar en guagua.*

guajiro 1) (sust.) persona que vive en zonas rurales, rústico. *Pareces un guajirito con ese sombrero.* 2) (sust./adj.) persona tímida. *¡Salgan a saludar a sus parientes, no sean guajiros!*

guanajo (adj.) tonto. *¡Si serás guanaja, Eva! ¡Te dije que lavaras la verdura, no que la metieras en la lavadora con la ropa!*

H

hacer la media 1) (loc. v.) acompañar a alguien. *Te hago la media a la playa.* 2) (loc. v.) esperar a alguien o algo. *Paco me está haciendo la media en la esquina.*

I, J

jaba (f.) cualquier bolsa de tela, plástico o papel para llevar a mano. *Se me rompió la jaba saliendo del mercado y toda la verdura cayó en un charco.* 2) (f.) pago extra, incentivo, estimulación. *En el trabajo de Guillermo les dan jaba a los trabajadores destacados.*

jama (f.) comida. *Ve a hacer la jama, ¡tengo hambre!*

jinetera (f.) prostituta. *De noche esta calle está siempre llena de jineteras.* (v. jine-tear). *Lucila salió a jinetear una noche y nunca la volvimos a ver.*

jinetero (sust.) persona que persigue a los extranjeros para obtener dólares (v. jine-tear). *Mauricio y Estela andaban de jineteros en el puerto.*

jipato (adj.) pálido amarillento, de color enfermizo. *¿Por qué la veo tan jipata, doña Juana? --Es que hace una semana que no puedo dormir.*

josear (v.) en el ambiente beisbolero, esforzarse mucho para obtener un buen resul-tado. (del inglés *hustle*) *La mejor manera de sobresalir en el beis es joseando.* (adj./m.) **joseador**: jugador voluntarioso, motivado, resuelto. *Él era un jugador versátil, carismático y un gran joseador.*

juma (f.) borrachera (verbo: **jumarse**; adj. **jumado**). *¡Buena juma cogió don Andrés en la boda de su hija! / Cuando lo vieron bien jumado, le robaron hasta los zapatos. / Ya llévenlo a su casa que está bien juma'o y no puede ni caminar.*

L

lagarto (m.) cerveza. *Llévale este lagarto a tu papá.*

lager (m.) (pronunciado "laguer") cerveza. *Tengo ganas de un lager bien frío.*

levantar (v.) entrar intencionalmente e informalmente en contacto con alguien desconocido, sobre todo con intenciones románticas o sexuales (probablemente traducción literal de la expresión equivalente en inglés *"to pick up"*). *Levantamos a unas que conocimos en la playa.*

llanta (f.) zapato. *Voy a tirar estas llantas porque ya están muy viejas.*

llevaitrae (sust.) quien acarrea chismes. *No te fíes de Olga, que es una llevaitrae.*

M

malencabado (adj.) maltrecho, maltratado. *¡Mira cómo quedó malencabado ese pobre boxeador depués del segundo asalto!*

malojero (adj.) de poca calidad o valor. *Allí te sirven sólo ron malojero.*

maluco (adj.) un poco enfermo. *Mi marido está* **maluco**, *hoy volvió temprano del trabajo porque le dolía mucho la cabeza.*

mamey (adj.) muy bueno, excelente. *El postre te quedó* **mamey**.

mendó (m.) sustancia, capacidad, calidad, talento. *Todos en el barrio lo admiran porque tiene buen* **mendó**.

moña 1) (f.) palabra comodín para indicar cualquier objeto. *¿Dónde compraste esa* **moña** *que traes puesta?* 2) (f.) problema, lío. *Estoy metido en tremenda* **moña**, *¿me podrías ayudar?* 3) (f.) fiesta. *Quieren hacerle una* **moña** *a Luz María para su graduación.*

monina (sust. invariable en género) socio, amigo (no se usa entre mujeres). *Avísales a todos tus* **moninas** *que esta noche hay fiesta en la playa.*

moropo (m.) cabeza. *Rubén se desmayó cuando la pelota le cayó en el* **moropo**.

muela (f.) 1) conversación, charla. *Después de toda esa* **muela** *nos despedimos y nos fuimos a dormir.* 2) discurso. *El líder siempre pronuncia la misma* **muela**.

N

nagüe (m.) amigo (no se usa entre mujeres). *Uno de mis* **nagües** *vive en Miami desde hace varios años.*

Ñ

ñampearse (v.) morir. *Don Ramón se* **ñampeó** *solo y muy lejos de su tierra.*

ñato (sust./adj.) persona de nariz chata. *Era bajita, de ojos negros,* **ñata**.

ño interjección de sorpresa, irritación, etc (apócope de "coño"). *¡**Ño**! ¡Me di un martillazo en el dedo!*

O

ocambo (sust./adj.) viejo, anciano. *Se le perdió el bastón al* **ocambo**. / *No estoy tan* **ocamba** *como para necesitar anteojos para leer.*

P

pachocha (f.) indolencia, flema (pachorra). *¡Qué* **pachocha** *tienen tus hijos para prepararse para ir a la escuela!*

pájaro (m.) hombre homosexual.

palique (m.) charla larga, frívola y ociosa. *Cada vez que me encuentro con Clara me da unos* **paliques** *para nunca acabar.*

palo (m.) sesión o unidad del acto sexual. *Raúl presume que puede echarse hasta ocho* **palos** *sin cansarse en una sola noche.*

paluchero (adj./sust.) fanfarrón, jactancioso. *¡Qué* **paluchero** *que me saliste! ¿No que tú eras campeón de natación? ¡Ahora te da miedo entrar a la parte honda de la piscina!*

papirriqui (m.) hombre apuesto y que tiene éxito con las mujeres. *Fernando es feo, pero su hermano menor es un* **papirriqui**.

pasta 1) (f.) dinero. *No hay suficiente* **pasta** *para irse de vacaciones.* 2) (adj./sust. invariable en género) mujer bonita u hombre guapo. *José Luis es tremenda* **pasta**.

pasto (m.) comida, por lo general mala. Se califica con adjetivo negativo para reforzar el concepto. *¡El **pasto** estuvo funesto hoy!*

<u>pato</u> (m.) hombre homosexual.

pepe (m.) turista español. *La discoteca estaba llena de **pepes**.*

pepilla (f.) mujer joven y guapa. *Había un par de **pepillas** solas en la playa.*

perol (m.) automóvil. *Memo quiere comprarse un **perol** nuevo.*

<u>pestañazo</u> (m.) sueño, siesta breve. *Estoy cansada; voy a echar un **pestañazo** antes de que lleguen los muchachos.*

picar (v.) pedir algo regalado. *No me vengas a **picar**. No tengo nada para ti. / **Picando** y **picando**, al final casi me fumé toda la cajetilla de Graciela.*

<u>piedra</u> (f.) la droga crack, derivada de la cocaína. *Mis hijos dejaron los estudios y se pusieron a fumar **piedra**.*

pillarse (v.) verse o hablarse. ***Nos pillamos** el viernes en la tarde.*

pincha (f.) trabajo, empleo. *Mi primo está buscando una **pincha** en Santiago.* (v.) **pinchar**. *Hoy tengo que **pinchar** mucho--no sé cuándo podré irme a mi casa.*

pinga (f., vulgar) órgano genital masculino.

pirarse (v.) irse. ***Me piro**; me están esperando mis colegas.*

<u>plata</u> (f.) dinero. *Denme toda la **plata** que tienen y no les va a pasar nada.*

popis (m.) zapatos deportivos. *Manuel usa siempre **popis**; hasta cuando se viste elegante.*

por la izquierda (loc. adv.) de manera ilegal o clandestina. *Desde que trabaja **por la izquierda**, Julio por fin saldó todas sus deudas.*

por la zurda (loc. adv.) de manera ilegal o clandestina. *Su trabajo **por la zurda** le rinde más que el salario que gana en su trabajo normal.*

punto (usado como adjetivo o sust. con artículo indefinido **un**, siempre en masculino), persona despreciable, infame. *Pepe no me trajo el libro que me prometió, es tremendo **punto**. / No gastes tu tiempo con Erica, es un **punto**.*

pura / puro (f. y m.) madre / padre. *¡Pídele permiso a tu **pura** para ir al baile! / El **puro** de Alberto es un dentista. / Los **puros** esperaban a que sus hijos salieran de clases.*

Q

qué bolá (frase interrogativa) equivalente de "¿cómo estás?", "¿qué tal?" Saludo.

quedar en talla (loc. v.) gustar mucho. *Esta canción te **queda en talla**, ¿verdad?*

<u>quien quita</u> (frase) ojalá. ***Quien quita** que este año me dan un aumento de sueldo.*

R

<u>rufa</u> (f.) bicicleta. *Me robaron la **rufa** otra vez.*

S

<u>salado</u> (adj.) desafortunado, con mala suerte (con los verbos estar / ser / andar). *El pobre de Pancho está bien **salado**; se acababa de comprar un <u>carro</u> nuevo cuando lo chocaron.*

singado (sust./adj.) malvado, vil. *El muy **singa'o** casi mató a pedradas a mi pobre perro.*

singar (v., vulgar) tener relaciones sexuales. *Gregorio está enfermo de la cabeza, solamente piensa en singar.*

singuangua (adj.) desabrido. *¡Puaj! ¡Esta sopa está singuanga!*

semiñoca (sust./adj. inv. en género) tonto, imbécil. *Es la tercera vez que le explico la fórmula y el semiñoca de Alvaro no acaba de aprender.*

soplado 1) (adj.) muy bien, excelente. *La moña de anoche nos quedó sopla'a.* 2) (adj.) que se comporta en modo precipitado o desordenado por agitación. *Tomás oyó la noticia y, sopla'o, fue a buscar su pistola.*

T

taco (m.) zapato. *Me llené los tacos nuevos de lodo.*

tareco (m.) cachivache, cosa inútil. *No quiero tus tarecos regados por toda la sala.*

templar (v.) tener relaciones sexuales. *Camelia se salía de su casa con cualquier excusa para ir a templar con su amante.*

tener muela (loc. v.) tener facilidad de palabra. *Gerardo es simpático y tiene muela.*

timba (f.) buen ritmo. *Bailamos toda la noche con la timba de esa orquesta.*

timbear (f.) tocar música en modo improvisado. *Cuando llegó mi compay empezamos a timbear.*

tin (m.) pizca, pequeña cantidad de algo. *¿Me esperas un tin? Enseguida regreso.*

tortillera (f./adj.) lesbiana, mujer homosexual. *Todo el mundo ya sabe que esa actriz es tortillera. Lo confesó en una entrevista por televisión.*

trompeta (adj. invariable) delator. *No confíes en él, es trompeta.*

tumbador 1) (sust.) ladrón. *Últimamente hay varios tumbadores operando en esta zona. Anoche arrestaron a dos.* 2) tipo de percusionista.

tumbar (v.) robar *El niño se tumbó las canicas de la tienda.*

tumbe (m.) robo. *Lo arrestaron por haber intentado un tumbe en una fábrica.*

U, V

vaina (f.) cosa, objeto. *¿Dónde conseguiste estas vainas?*

veintiúnico (sust./adj.) único (referido a una unidad, pero dando a entender que una cantidad mayor sería preferible) *José lavó su veintiúnica camisa y se quedó esperando a que se secara.*

vejiga 1) (sust. invariable en género) niño. *Compré estos dulces para los vejigas.* 2) (adj. invariable en género) joven, pequeño de edad. *En esos tiempos yo todavía estaba muy vejiga para poder opinar, y me quedé callado.*

veneno (m.) persona hipócrita, malvada. *Alicia es un veneno, nadie se fía de ella porque a todos traiciona.*

verde (m.) dólar. *Aquí puedes comprarlo todo si tienes suficientes verdes.*

vista gorda (loc. sust. f.) con la locución verbal "hacerse el/la/los/las de la" (también omitiendo el pronombre), fingir no darse cuenta de algo. *Los soldados se hicieron (los) de la vista gorda cuando pasó el general borracho con dos prostitutas.*

volado 1) (adj.) bueno, bonito. *La foto que le tomaron a Violeta está bien volada.* 2) (adj.) borracho, drogado. *Antonio siempre llegaba a clases bien volado.*

volarse (v.) emborracharse, drogarse. *A Pablo le gusta volarse de vez en cuando.*

CU

X, Y

yéneca (m.) amigo, compañero (no se usa entre mujeres). *Dejamos de ser yénecas desde que César le faltó el respeto a mi novia.*
Yuma (f.) Estados Unidos (usado con el artículo "la"). *Toda la familia de Ricardo vive en la Yuma.*
yumatico (sust.) persona residente en EEUU. *En Florida hay muchos yumaticos cubanos.*

Z

zanaco (sust./adj.) idiota, imbécil. *¡Zanaco! ¡Te dije que no te comieras esa carne porque se estaba pudriendo!*

AMERICANISMOS Y / O CUBANISMOS

A

acolchonar (v.) acolchar. *Sólo hay que acolchonar este sillón y quedará más cómodo.*
acotejar 1) (v.) acomodarse, ponerse cómodo. *Acotéjese, don Fernando; esta presentación va a ser algo larga.* 2) (v.) acomodar. *Mejor acoteja esa planta cerca de la ventana para que le dé más luz.* 3) (v.) ordenar o arreglar objetos. *Más vale que acotejes todos esos libros en el estante donde estaban antes de que llegue tu puro.*
afiche (m.) poster, cartel. *¿Les gusta el afiche que compré de la Torre Eiffel?*
aguinaldo (m.) bonificación de salario de fin de año. *Quiero comprarte un regalo con lo que me den de aguinaldo.*
antier (adv. de tiempo) anteayer. *Antier fue mi cumpleaños y nadie de mi familia se acordó.*

B

básquet / basquetbol (m.) baloncesto. *¿Quién es el jugador más alto de tu equipo de básquet?*
bongosero (sust.) músico que toca el bongó. *Brenda es la mejor bongosera de Cienfuegos.*

C

café (adj.) castaño o marrón (color). *Berenice y Agustín tienen ojos cafés pero sus dos hijos los tienen verdes.*
cantaleta (f.) estribillo, repetición fastidiosa. *¡Ya me tienes aburrida con la misma cantaleta!*
carro (m.) automóvil.
competencia (f.) competición deportiva. *El día de la competencia el veterinario oficial revisa a todos los caballos antes de cada carrera.*
contén (m.) borde de una acera. *Los muchachos, que no tenían la llave, se quedaron sentados en el contén esperando a que llegara el viejo.*
corretear (v.) perseguir, acosar. *Dicen que a Luisito le gusta corretear a las niñas cuando salen de clase.*

cutara (f.) chancleta (término usado en las provincias orientales). *El perro me destrozó las cutaras.*
chucho 1) (m.) látigo. 2) (m.) interruptor de la corriente.

D, E

en picada (loc. adv.) en picado, que se mueve hacia abajo casi verticalmente, que precipita. *El avión cayó en picada sobre el edificio. / La demanda para ese producto bajó en picada desde que su precio subió vertiginosamente.*
espejuelos (m. pl.) anteojos, gafas.
estampilla (f.) sello postal (también timbre). *Voy al correo porque ya se me acabaron las estampillas.*

F

ferromozo (sust.) empleado que atiende a la gente en los trenes; versión ferrocarrilera del aeromozo. *Adriana viaja mucho porque trabaja como ferromoza.*
frijol (m.) fréjol, judía (legumbre). *¿Arroz con frijoles otra vez?*

G

gasolinería (f.) gasolinera, establecimiento donde se venden carburantes. *La gasolinería que está cerca de mi casa tiene precios muy caros.*
goma (f.) neumático. *Las gomas están lisas, hay que cambiarlas porque es peligroso circular así.*

H, I, J

halar (v.) tirar, traer hacia sí (pronunciado jalar; antónimo de "empujar"). *Hala la cuerda y amárrala aquí.*
jaiba (f.) cangrejo. *Yo voy a ordenar la jaiba a la parrilla.*
jonrón (m.) en el juego de béisbol, cuando un jugador cubre las cuatro bases en su turno, marcando un punto para su equipo (de "home run").
jonronero (sust./adj.) jugador o equipo de béisbol que logra muchos jonrones. *¿Quién es el más jonronero de tu equipo?*
jugo (m.) zumo. *¿Y de tomar? --Para ella, agua mineral. A mí deme un jugo de pera.*

L

lacito (m.) corbata "pajarita".

M, N, Ñ

malecón (m.) calle o paseo costero. *Están construyendo un hotel de lujo cerca del malecón.*
maruga (f.) sonajero. *Cuando nació la niñita de Paula, la hermana le regaló una linda maruga en forma de conejito.*
muñequitos (m.) dibujos animados. *Los niños llegaron de la escuela, y sin quitarse el uniforme ni hacer las tareas, se pusieron a ver los muñequitos en el televisor.*

O

overol (m.) mono, traje de faena de una sola pieza que se pone encima de la ropa para protegerla (del inglés "overall"). *El "Mostachón" es ése del overol de mecánico.*

P

papa (f.) patata (voz de origen quechua). *¿Dónde copraste estas papas rojas?*
papalote (f.) cometa (juguete) (voz de origen nahua). *Héctor nunca había empinado papalotes pero aprendió muy pronto.*
parado (adj.) de pie, derecho, levantado. *"¡No sé los muchachos de hoy qué le ven de bonito a llevar las greñas paradas como puercoespín!" exclamó doña Aurelia, disgustada.*
pararse (v.) ponerse de pie, levantarse de la cama. *El joven se paró para darle el asiento a la señora embarazada.*
parquear (v.) aparcar, estacionar un vehículo. *No encontraba dónde parquear la bicicleta para que no me la robaran.*
pena (f.) vergüenza. *¡Qué pena me dio cuando mi hijo se tiró un pedo bien hediondo mientras estábamos de visita en la casa de unos amigos!*
petit pois (loc. sust. m.) guisante (legumbre) (del francés).
pipa (f.) camión cisterna. *Por fin llegó la pipa a distribuir agua potable a esta zona de la ciudad.*
pluma (f.) bolígrafo. *Se le acabó la tinta a esta pluma; ¿tienes tú otra?*
ponchar (v.) en el juego de beisbol, cuando un jugador pierde su turno y es eliminado después de no conectar con la pelota. *Se deprimió porque lo poncharon dos veces en el mismo partido.*
presilla (f.) grapa. *Se acabaron las presillas; hay que comprar más.*
presilladora (f.) engrapadora. *¿Me presta su presilladora para unir estos papeles?*

Q, R

regalía (f., usado más en el plural) porcentaje de una suma concedido a un autor por la venta de su obra. *Decidí no publicar mi libro con esa editorial porque las regalías que ofrecen a los autores son bajas.*
rentar (v.) sinónimo de alquilar, arrendar. *Rentamos un apartamento pero luego vamos a comprarnos una casa.* (f.) **renta:** alquiler, arrendamiento.
rollo (m.) carrete de película. *Tengo que llevar a revelar los rollos de las fotos que tomé en las vacaciones.*

S

saco (m.) chaqueta. *Me regalaron un saco de lino para mi cumpleaños.*
sancocho (m.) desperdicios de comida que se les da a los cerdos. *¿Dónde quedó el sancocho que dejé en la mesa? --Ah, ¿era sancocho eso? Nos lo comimos entre Víctor y yo...*
solar (m.) conjunto de casas populares con patios y corredores en común. *Hacía dos días que no había agua y los baños del solar apestaban.*

T

<u>tarea</u> (f.) deberes escolásticos.

tumbadora (f.) instrumento musical de percusión, bongó (sust. **tumbador:** músico que toca este instrumento). *Nadie toca la **tumbadora** como Ismael.*

U, V

<u>velorio</u> (m.) velatorio (acto de velar un difunto). *Me deprimen los **velorios**. Cuando yo muera, quiero que hagan fiesta.*

venduta (f.) tienda o local comercial pequeño. *Espérame aquí, voy a la **venduta** de la esquina a comprar la harina y el azúcar que hacen falta para la receta.*

<u>voltear</u> (v.) girar la cabeza. *Grité su nombre pero ella no **volteó.***

X, Y, Z

<u>zancudo</u> (m.) mosquito. *¡Cierren la puerta que están dejando entrar a los **zancudos!***

JERGA DE ECUADOR

A

acolitar (v.) ayudar en algo o no obstruir cuando otro lo hace. *Acolítame, que necesito mover esta mesa a aquel rincón.*

agarre (m.) amante, persona con quien se tiene una relación sexual informal (en masculino aunque se refiera a una mujer). *Sé que César tiene un agarre en Colombia.*

ahuevado (adj.) asustadizo, que teme tomar decisiones (pronunciado como "agüebado"). *Elisa es demasiado ahuevada, nunca se atrevería a salir sin el permiso de sus padres.*

amarrarse (v.) hacerse de un enamorado / enamorada. *Julián se amarró con Claudia desde el verano pasado.*

amarrete (sust./adj.) tacaño. *Los escoceses tienen fama mundial de amarretes.*

angurriento (adj.) ávido, hambriento. *¡No seas angurrienta, Clara, no te puedes acabar todo el pan porque hay que dejar algo para tus hermanos!*

aniñado 1) (adj.) engreído, soberbio. *Alberto es aniñado; va sólo a fiestas exclusivas.* 2) (adj.) bueno, elegante. *La ropa que venden allí es aniñadísima.*

arrecho 1) (adj.) valiente, decidido. *Edith es arrecha; no la vas a asustar con tus amenazas.* 2) (adj.) enojado. *No me hagas arrechar porque te juro que te vas a arrepentir.* 3) (adj.) excitado sexualmente (palabra que se debe usar con mucho cuidado--normalmente se entiende el significado por el tono de voz, contexto y situación) (verbo: **arrechar, arrecharse**). *Esos manes se arrechan viendo películas porno.*

arropado (m.) hombre que tiene relaciones con una mujer casada. *Roberto volvió temprano del trabajo y encontró a su jermu con el arropado.*

arroz con chancho (loc. sust.) acto homosexual. *A nuestro jefe le gusta el arroz con chancho, ten cuidado.*

atarzanar (v.) agarrar, asir, apoderarse de algo. *Julio quiere atarzanar a una pelada esta noche.*

avión (adj.) aprovechado. *No te metas en negocios con Carlos, que es avionsísimo.*

B

bacán (adj.) maravilloso, muy positivo, estimulante, agradable. *El sitio web de las jergas es bacán.*

bagre (m.) mujer muy fea. *La mujer de Alonso es un bagre, no me extraña que él se consuele con otras.*

bagrero (m.) hombre con muy mal gusto para las mujeres.

bajar (v.) robar, quitar. *El niño le bajó tres canicas a su compañero de juegos.*

balurde (adj.) sin valor, de mala calidad. *Tu amigo es balurde, cuando no te necesita, se olvida que existes.*

barajarla más despacio (loc. v.) explicar con más detalles. *No entendí. Barájamela (o "barajéamela") más despacio.*

barajarse (v.) irse. *Barájate de aquí que no te quiero ver.*

bemba 1) (f.) hocico, jeta. 2) (f.) labios protuberantes, gruesos. *¡Qué bemba tienes! ¿Quién te pegó?* (adj.) **bembón.** *Raquel quiere que le hagan inyecciones en la boca para ser bembona como Angelina Jolie.*
biela (f.) cerveza (de "bien helada"). *Con este calor una biela caería bien sabrosa.*
billuzo (m.) dinero, billetes. *Dame unos billuzos para pagar a la cachifa.*
boliche 1) (m.) burdel. *La veía todos los jueves en un boliche.* 2) (m.) bar frecuentado casi exclusivamente por hombres. *Hubo pleito otra vez en el boliche al lado de mi casa.*
buena nota (loc. adj.) bueno, simpático, agradable, amable. *Verás que Mirla es buena nota; te va a caer muy bien.*
buitre (m.) policía de tránsito. *Me detuvo un buitre porque dizque yo iba excediendo el límite de velocidad.*
buitrear (v.) galantear, entablar relaciones amorosas pasajeras, ligar. *Víctor se pasó toda la noche buitreando a una pelada colombiana.*

C

cabrear / cabrearse 1) (v. transitivo e intransitivo) enojar / enojarse. *Alguien hizo cabrear a mi padre y ahora anda de pésimo humor.* 2) (v.) irse, marcharse. *Quiero cabrearme de esta fiesta porque me estoy aburriendo.*
cachifo (sust.) criado, sirviente doméstico. *Las cachifas se reunieron en la cocina para rayar a la padrona vanidosa.*
cachina (f.) ropa, cualquier prenda de vestir. *Amanda tiene un armario lleno de cachina bacanísima.*
cacho (m. plural) infidelidad a la pareja. *A Eduardo le pusieron los cachos con el electricista.*
cachuelo (m.) trabajo ocasional o temporal para ganar dinero extra (verbo: **cachuelear**). *Búscate un cachuelo aunque sea.*
caer chancho (loc. v.) caer mal, resultar antipático. *Hilda me cae chancho porque es muy altanera.*
caleta (f.) casa. *Dicen que el dueño de esa caleta es un cantante famoso, pero nadie lo ha visto.*
camarón (sust.) persona que no sabe conducir bien, que choca frecuentemente. *No le prestes el carro a Manuel, es un camarón.*
camello (m.) trabajo, empleo (verbo: **camellar**). *¿Te gusta camellar en esa empresa?*
cana (f.) prisión (verbo: **encanar**). *Estuve en la cana por drogas.*
chamba (f.) trabajo. *Consígueme una chamba en tu compañía.*
chantar (v.) dar, encajar a alguien una cosa. *Me chantaron un trabajo supercomplicado.*
chaucha (f.) trabajo ocasional o temporal para ganar dinero extra. *Me conseguí una chauchita cosiendo botones por la noche.*
chévere (adj.) bueno, agradable, maravilloso. *La fiesta estaba chévere pero tuve que irme temprano.*
chimbo (adj.) de mala calidad, pésimo. *El pantalón que me compré resultó chimbo. / Hicieron una película muy chimba.*

china (f.) empleada doméstica. *Mi china descansa los domingos.*
chiro (adj.) sin dinero. *Andamos chiros y todavía faltan diez días para que nos paguen.*
chiva (f.) bicicleta. *Me acaban de robar la chiva y tuve que regresar a casa a pie.*
choclos (m. pl.) dientes. *Irma pela los choclos cada vez que alguien le va a tomar una foto.*
cholo (sust.) persona aborigen, indígena (a menudo usado despectivamente). *Los cholos organizaron una marcha de protesta contra el gobierno.***chongo** (m.) burdel. *Abrieron un chongo en mi calle y ahora siempre hay mucho tráfico en la noche.*
choro 1) (m.) ladrón, ratero (verbo: **chorear**); 2) (m.) robo. *Conseguí una televisión casi nueva en un choro.*
chumado (adj./sust.) borracho (v. **chumarse**). *Me tomé seis vodka tonics y ahora estoy chumado.*
chupar (v.) consumir bebidas alcohólicas. *Pasé toda la noche chupando para ahogar mis penas.*
cojudo (adj.) tonto, bobo. *No seas cojudo y date cuenta que tu hermano te quiere estafar.*
colombiche (sust./adj.) colombiano. *Ese fue el año en que el equipo nacional colombiche llegó a semifinales.*
colorado (sust./adj.) rubio. *Rita dice que se va a pintar el pelo porque quiere ser colorada como Marilyn Monroe.*
concha (f., vulgar) órgano sexual femenino. Palabra frecuentemente usada (en combinación con otras) en imprecaciones e insultos.
conchudez (f.) desvergüenza, indolencia. *Fue el colmo de la conchudez: le subió más alto el volumen al radio cuando empecé a decirle que debería buscarse un trabajo.*
conchudo (adj.) desentendido, indolente, desobligado. *¡Qué conchudo es Oscar! Hace trabajar a su mujer mientras él se toma una siesta.*
coño / coñudo (adj.) tacaño, avaro. *Carolina es tan coña que siempre trata de ir de vacaciones en ciudades donde tiene amigos para no gastar en el hotel.*
cortanota (sust.) tercer incómodo, persona que está de más, no dejando sola a una pareja. *¡Cómo eres cortanota! ¡Tenías que llegar justo cuando por fin me habían dejado solo con Aurora!*
cortavena (adj.) tipo de canción de instale muy triste, que invita al suicidio. *La nueva canción de ese artista es bien cortavena.*
cranear (v.) pensar, estudiar. *He estado craneando para tratar de encontrar la solución para tu problema.*
cráneo (m.) persona inteligente o estudiosa. *Rodolfo es un cráneo, siempre es el primero de su grupo en la escuela.*
cromo (m.) cara. *Patricia tiene el cromo lleno de granos porque come mucho chocolate.*
cucaracha (adj.) dícese de persona sabida, que sobrevive en cualquier situación. *A Francisco no lo agarra la juda porque es cucaracha.*
cuete 1) (adj.) de mala calidad o falso. *Esa camisa de Armani es cuete.* 2) (adv.) rápidamente, velozmente. *Mi ñaño salió cuete en el carro cuando supo que su pelada se había accidentado.*

culear (v., vulgar) tener relaciones sexuales.

D

dar chicharrón (loc. verbal) matar. *Le dieron chicharrón al periodista por insistir en investigar sobre los negocios dudosos del gobernador.*
de guan (loc. adv.) inmediatamente, enseguida (del inglés "one"). *Roberto llegó y de guan se puso a jamear.*
despelote (m.) caos, desorden, lío. *Hubo un despelote en el supermercado cuando se derrumbó una pirámide de latas de verduras.*

E

emplutarse (v.) emborracharse. *Esta noche no quiero emplutarme porque mañana tengo examen.*
en Dodge (loc. adv.) a pie (de "andar en Dodge --dos-- patas"). *Tengo jodido el carro; ando en Dodge.*

F

falseta (adj.) falso, no auténtico. *Ese Sony que compraste en la Bahía es falseta.*
farra (f.) fiesta, reunión entre amigos. *La farra en casa de Esther estuvo muy animada; bailamos toda la noche.*
farragitis (f.) malestar físico después de una borrachera. *Juan Carlos no puede ir a trabajar hoy. Está muy mal, tiene farragitis.*
farrear (v.) salir a divertirse. *Esos manes sólo piensan en farrear.*
fierro (m.) pistola. *Encontré un fierro escondido debajo de la cama de mi hermano.*
foco (m.) vergüenza. *¡Qué foco que te encontraste al ñaño de tu pelada mientras entrabas al motel con la otra.* (v.) foquear. *No la mires así a esa pelada,que la estás haciendo foquear.*
fregar (v.) molestar, fastidiar (adj. fregón). *A estos niños les encanta fregar a los mayores.*
fuchi expresión de asco. *¡Fuchi! ¡Esa sopa yo no me la como!*

G

gallada (f.) grupo de amistades. *¿Sigues saliendo con la misma gallada de siempre?*
gringo (sust./adj.) proveniente de Estados Unidos. *A los muchachos les encanta ir a buitrear gringas a la playa. / Dicen que el ejército gringo ha sufrido muchas más pérdidas en Iraq desde que terminó la guerra que durante la guerra.*
Gringolandia (f.) Estados Unidos. *Cada vez que Rafael va a Gringolandia, compra software nuevo.*
¡guácala! expresión de asco. *¡Guácala! ¡Hay una mosca muerta en la ensalada!*
guachafo (sust.) persona de mal gusto, relacionada con las clases bajas. *Elena anda de novia con un guachafo.*
guacharnaco (sust.) persona de mal gusto, relacionada con las clases bajas. *Nos fuimos de esa fiesta porque estaba llena de guacharnacos.*

guachimán (m.) guardia, vigilante (del inglés "watchman"). *No hagas ruido que Enrique está durmiendo. ¿Sabías que desde la semana pasada trabaja como* **guachimán**? *Ayer le tocó el turno de noche.*
guaro 1) (m.) cualquier bebida alcohólica. *Te compro un* **guaro** *para festejar tu cumpleaños.* 2) (adj.) borracho *El viejito estaba bien* **guaro**; *ni se dió cuenta cuando le robaron la cartera.*
guata (f.) barriga, panza (voz de origen mapuche). *¿Y esa* **guata**? *¿Acaso estás embarazada otra vez?*
guerrillera (f.) mujer a quien le gustan las emociones fuertes y la vida alegre. *Vamos a buscarnos unas* **guerrilleras** *y las llevamos de guan al hotel.*

H

hablar paja (v.) decir trivialidades, no decir nada importante. *La especialidad de aquel político es* **hablar paja**.
hacerse la pava (loc. v.) faltar a clases. *Marina* **se hizo la pava** *para irse a pasear al centro pero mientras andaba allá se topó con su tía.*
happy (adj. invariable en plural) tomado, en estado "alegre" y, a menudo, desinhibido (del inglés "happy": feliz). *Las peladas todavía no se terminaban la jarra de sangría que habían pedido y ya estaban bien* **happy**.
huevada (f.) tontería (también **güebada**). *A Marcos haría cualquier* **huevada** *por salir con tu prima.*
huevadilla (f.) juerga, parranda (también **güebadilla**). *A nosotros nos encanta irnos de* **huevadilla** *cada fin de semana.*

I

importado (sust./adj.) persona extranjera. *Aunque Estela hable con acento ecuatoriano, en realidad es* **importada**; *ella es de Venezuela.*
instale (m.) dicho de música que propicia la "instalación" de una persona a emborracharse. *Los tangos son todas canciones de* **instale**.
indio (sust./adj., despectivo) ignorante, inculto, maleducado, de mal gusto (a menudo usado como insulto). *Te ves bien* **india** *con ese peinado, mejor cámbialo. / No seas* **indio**, *¡saluda a tu padrino!*
irse de moco (loc. v.) abandonarse al llanto, llorar. *Con esa película me dieron ganas de* **irme de moco**.

J

jama (f.) comida (verbo: **jamear**). *Voy a empezar a preparar la* **jama** *porque ya tengo hambre.*
jermu (f.) esposa, mujer (sílabas invertidas mu-jer = jer-mu). *Vas a ver que un día me voy a tirar a la* **jermu** *de Arturo.*
jodido 1) (adj.) destrozado, arruinado. *El computador ya está muy* **jodido**, *hay que comprar uno nuevo.* 2) (adj.) complicado, difícil. *Está* **jodida** *la situación en el país.*
juda (m.) agente de policía no uniformado. *Cuidado, ñaño, que ahi anda un* **juda**.
juma (f.) borrachera. *Todos mis amigos salieron de la fiesta para seguir la* **juma** *en los bares.*

jumo (sust./adj.) borracho. *¿Otra vez jumo, compadre?*

L

lamparoso (sust.) mentiroso. *Willy es un lamparoso, siempre dice que viene a visitarme y hasta el día de hoy, nada.*

limpio (adj.) sin dinero. *Roberto salió del casino completamente limpio.*

loca (f.) mujer poco seria, que no mantiene relaciones fijas con ningún hombre. *La loca de Betania ha cambiado de novio cinco veces en lo que va del año.*

loco (m.) término informal para dirigirse a una persona, generalmente un amigo. *¿Qué dices, loco, mañana vienes a jugar futbol con nosotros?*

longo (sust. despectivo) persona rústica, del campo. *Llegaron varios longos a pedir trabajo, pero ninguno sabía escribir.*

M

machete (sust./adj.) persona muy recta o estricta. *El profesor Aguirre es muy machete, no vas a convencerlo a que te pase si no lo mereces.*

man (sust. invariable en género) persona (plural: **manes**). *Este man sabe hablar francés. / Esa mancita está buena.*

matute (m.) contrabando. *Raúl vende licores de matute.*

menso (sust./adj.) tonto. *Esos mensos no siguieron las instrucciones para armar el aparato y les sobraron unas piezas que no saben dónde van.*

meticle (sust./adj.) entrometido. *Tu tía Rosa tiene fama de ser la más metiche de la familia.*

milico (m., peyorativo) soldado, militar. *El hermano de Sonia es un milico.*

mirada braguetera (loc. sust.) mirada lasciva que una mujer da a un hombre. *Cuidado, Alicia ya le dió una mirada braguetera a tu marido.*

morder (v.) captar, entender. *¿Muerdes lo que te estoy tratando de decir?*

mundial (adj.) excelente, maravilloso, lo máximo. *El partido de fútbol del domingo va a estar mundial.*

N, Ñ

ni chicha ni limonada (frase) ni una cosa ni otra. *Juan no es ni chicha ni limonada: ni conservador, ni liberal.*

nuevón (adj.) novato, principiante. *Como soy nuevona en esta oficina, todavía no me dan trabajos de mucha responsabilidad.*

O, P

pacheco (m.) frío. *Con el pacheco que hace en la casa todos estamos resfriados.*

paco (m.) agente de policía (en la zona costera del país). *Alguien llamó a los pacos para avisarles del pleito, pero llegaron demasiado tarde.*

pana (adj./sust. invariable en género) amigo. *Paula es pana de Erica.*

parcero (sust./adj.) amigo. *Eliana les mandó postales de Madrid a todos sus parceros.*

pecuaca (f.) mal olor de pies. *¡Vieras cuánta gente viene a la zapatería a probarse zapatos con una pecuaca como para desmayarse!*

EC

pelado 1) (sust.) niño, muchacho. *Después de clases, los* **pela'os** *se juntaron para jugar un partido de futbol.* / *Esa* **pelada** *trabaja en mi compañía.* 2) (sust.) novio, enamorado. *Te presento a mi* **pelada**.

pendejo (adj.) cobarde, espantadizo. *Carlos no sabe montar a caballo porque es muy* **pendejo** *y tiene miedo de caerse.*

peni (f.) cárcel (acortamiento de *penitenciaría*). *Hilaria iba a la* **peni** *cada semana a ver a su marido.*

perol (f.) empleada doméstica, criada. *Mi* **perol** *está casada con un boliviano.*

perra (f.) malestar físico después de una borrachera. *Cuando tomo vino blanco al otro día siempre me da una* **perra** *fenomenal.*

pica (f.) envidia. *No le hagas caso a Víctor. Te tiene* **pica** *y por eso te aconseja mal.*

pila (adj.) inteligente. *Este alumno es bien* **pila** *para química.*

pillo (sust.) ladrón, ratero. *Los* **pillos** *lograron escapar sin ser vistos por el guardia de seguridad.*

pípol (f.) gente (del inglés "people"). *La* **pípol** *se reunió para manifestar contra el gobierno.*

pisos (m. pl.) zapatos. *Me ensucié los* **pisos** *caminando por el parque.*

pleno (adj.) bueno, excelente, lindo. *¡Qué* **pleno** *que te vayas de vacaciones a Europa!* / *Me compré una camiseta* **plena** *ayer.*

pluto (adj./sust.) borracho. *Anoche me puse tan* **pluto** *que amanecí bajo una mesa.*

polla (f.) papelito lleno de apuntes que el estudiante esconde para usar durante un examen. *A Silvia le descubrieron una* **polla** *en la manga.*

poto (m.) trasero, nalgas. *Sacaron al pobre perro de la cocina con una patada en el* **poto**.

Q

quedado (sust./adj.) tímido, pusilánime. *Ángel todavía es virgen porque es un* **quedado**.

R

rayar (v.) criticar, hablar mal de alguien. *A Tomás lo* **rayaron** *mucho por haber ido a la fiesta con una que no era su novia.*

rayarse (v.) volverse loco (adj.: **rayado**). *Mira, ése está bien* **rayado**. *Va hablando solo.*

rocapeña (sust./adj.) tacaño, avaro. *No le pidas dinero a tu tío Juan; es un* **rocapeña**.

S

sabido (sust.) quien se divierte a hacer las cosas más atrevidas, romper las reglas sin pensar en las consecuencias o los daños que puede causar a otros por sus acciones. *No quieras hacerte el* **sabido** *porque conmigo vas a terminar mal.*

simón afirmación, sí. *¿Te acostaste tarde anoche otra vez?* –**Simón**.

T

taita (m.) papá, padre. *El* **taita** *de Gustavito es ingeniero.*

<u>tirar</u> / **tirarse** (con / a alguien) (v.) tener relaciones sexuales. *Antonio no es nada romántico; él lo único que quiere es **tirar**.*

topar (v.) encontrarse, quedar de verse en un sitio. *Topamos en el cine a las seis. / Vamos a **topar** todos en la casa de Juana.*

topes saludo de despedida. *Me voy a mi casa. ¡**Topes**!*

treparse (v.) molestar, fastidiar. *No te le **trepes** a esa <u>man</u>; déjala en paz, es prima de mi <u>jermu</u>.*

trobo (m.) problema. *Tengo un **trobo** en la oficina por culpa de un colega.*

trueno (m.) pistola. *Anoche uno se suicidó con un **trueno** de 9mm.*

tuco de bola (loc. adj.) grande, fornido. *El hijo de Ignacio está **tuco de bola**.*

turro (adj.) malo, feo, dañado, mal hecho. *Ese vestido está muy **turro**; ¿Quién te lo hizo?*

U, V

<u>vaca</u> (f.) colecta, cooperación. *Hagamos una **vaca** para comprarle el regalo de bodas a Emilia.*

<u>vaina</u> (f.) fastidio, molestia, dificultad. *Es una **vaina** que hayas perdido el pasaporte. Ahora vas a tener que volver hacer los trámites para sacar otro.*

<u>vale</u> interjección para expresar acuerdo. *Tengo que ir a mi casa.--**Vale**, te acompaño.*

<u>veneco</u> (sust./adj.) venezolano, proveniente de Venezuela. *Ese año el concurso de Miss Universo lo ganó una **veneca**.*

<u>verdulera</u> (f.) mujer muy basta, vulgar, gritona. *Por mucho dinero que tenga ahora, Selma no deja de ser la **verdulera** de siempre.*

veterana 1) (f.) madre. *Voy al funeral de la **veterana** de Tavo.* 2) (f.) anciana.

violinista (sust.) tercer incómodo, persona que está de más, no dejando sola a una pareja. *No, yo no te acompaño a visitar a tu <u>pelada</u>, no me gusta ser **violinista**.*

<u>vista gorda</u> (loc. sust. f.) con la locución verbal "hacer de" y a veces con el pronombre "hacerse el/la/los/las de", fingir no darse cuenta de algo. *Los EEUU han aprovechado para hacerse **los de la vista gorda** frente a las propuestas ecuatorianas.*

X, Y

Yoyo (m.) la ciudad de Guayaquil. *No me gusta vivir aquí, me regreso para el **Yoyo**.*

<u>yunta</u> (sust. invariable en género) amigo íntimo. *Mi **yunta** me pidió que le hiciera un favor especial.*

Z

<u>zanahoria</u> (adj./sust. invariable en género) persona saludable, sin vicios. *Mi esposa no fuma, es **zanahoria**.*

<u>zuco</u> / **zuquito** (sust./adj.) rubio. *Mira, esta foto muestra cómo era yo **zuquita** de niña.*

TÉRMINOS DE ORIGEN QUICHUA USADOS EN EL HABLA COTIDIANA

C

<u>changa</u> (f.) pierna. *¿Viste qué buenas **changas** tiene ésa?*

<u>choclo</u> (m.) mazorca de maíz tierno.

chuchaqui (m.) malestar físico después de una borrachera. *Después del último chuchaqui, Damián juró no volver a tomar.*
cucayo (m.) comida que se prepara para un viaje. *¿Dónde quedó el cucayo? Ya me dio hambre.*
cushqui (m.) dinero. *Alguien está sacando cushqui de mi alcancía porque antes estaba llena y ahora está casi vacía.*

G

guachipichai (m.) fiesta para inaugurar una casa. *Voy a hacer un guachipichai por mi nueva caleta.*
guagua (sust. invariable en género) niño, hijo. *Tengo dos guaguas, ¿Y tú? / Este guagua se comió dos helados.*
guambra (sust. invariable en género) adolescente, joven, muchacho. *Mira, guambra, vamos a jugar futbol.*

Ñ

ñaño 1) (sust.) hermano. *Mi ñaño tuvo un accidente con la moto y mi madre está con él en el hospital.* 2) (sust.) buen amigo. *¿Puedo invitar a mis ñañas a venir a comer?*

Q

quichua (m./adj.) variante ecuatoriana del idioma quechua. *¿Cuántas palabras quichuas conoces?*
quiño (m.) golpe dado con el puño. *Si te dan un quiño nadie te va a defender porque te lo mereces.*
quishca (m.) leguleyo, abogado de secano. *Me quiso asustar mándandome a su quishca a amenazarme.*

S

shucho (adj.) desnudo. *En la revista *** aparecen puras viejas shuchas.*

AMERICANISMOS Y / O ECUATORIANISMOS

A

armador (m.) gancho o percha para colgar ropa. *Alcánzame un armador para esta blusa.*

B

boletería (f.) taquilla, sitio donde se venden entradas para espectáculos. *Te esperamos enfrente de la boletería.*
boquisucio (sust./adj.) persona grosera, de habla vulgar. *No me gusta la gente boquisucia que va a ese bar.*
botadero (m.) basurero, vertedero, lugar donde se tira la basura. *Descubrieron un botadero clandestino en una zona residencial.*
brasier (m.) sostén, prenda de vestir femenina para sujetar el pecho (del francés *brassière*). *En los años 60 las mujeres quemaban sus brasieres en señal de protesta.*

C

camote (m.) batata (voz de origen nahua). *Mi tía hace un dulce de **camote** bien rico.*
chancho (m.) cerdo. *Los musulmanes no comen carne de **chancho**.*
cobija (f.) manta. *Su gato se acostó en la **cobija** y la dejó llena de pelos.*
cocacho (m.) coscorrón. *¡Ya no me dé más **cocachos**, me voy a portar bien!*
competencia (f.) competición deportiva. *El día de la **competencia** el veterinario oficial revisa a todos los caballos antes de cada carrera.*
computador (m.) ordenador.
cortada (f.) herida hecha con objeto cortante. *Cayendo me hice una **cortada** en el brazo.*
cuy (m.) conejillo de indias. *¡Dejaste la jaula mal cerrada y se escapó el **cuy**!*

D, E

esfero (m.) bolígrafo. *El examen lo darán haciendo en **esfero**. No acepto exámenes escritos con lápiz.*

F

farándula (f.) conjunto de personajes de espectáculo (bailarinas, cantantes, actores, cómicos, etc.). *Ese fotógrafo se ocupa sólo del mundo de la **farándula**.*
foco (m.) bombilla de alumbrado eléctrico. *Darás poniendo un **foquito** a la lámpara, por favor, hijo.*
fréjol (m.) judía (legumbre).
frutilla (f.) fresa. *Esta receta requiere de **frutillas** frescas, no congeladas.*
funda (f.) bolsa de plástico o papel. *Se rompió la **funda** y todo lo que había comprado cayó al piso.*

G

gasolinería (f.) gasolinera, establecimiento donde se venden carburantes. *La **gasolinería** que está cerca de mi casa tiene precios muy caros.*
guaro (m.) tafia, aguardiente de caña. *Mi abuelo sabe hacer muy buen **guaro**.*

H, I

hablador: (adj.) embustero, mentiroso. *¡No sea **hablador**! ¡Yo nunca dije que le iba a pagar las vacaciones!*

J

jonrón (m.) en el juego de béisbol, cuando un jugador cubre las cuatro bases en su turno, marcando un punto para su equipo (de "home run").
jonronero (sust./adj.) jugador o equipo de béisbol que logra muchos jonrones. *¿Quién es el más **jonronero** de tu equipo?*

L, M

malecón (m.) calle o paseo costero. *Están construyendo un hotel de lujo cerca del **malecón**.*

EC

N, O

overol (m.) mono, traje de faena de una sola pieza que se pone encima de la ropa para protegerla (del inglés "overall"). *El "Mostachón" es ése del overol de mecánico.*

P

parado (adj.) de pie, derecho, levantado. *"¡No sé los muchachos de hoy qué le ven de bonito a llevar las greñas paradas como puercoespín!" exclamó doña Aurelia, disgustada.*
pararse (v.) ponerse de pie, levantarse de la cama. *El joven se paró para darle el asiento a la señora embarazada.*
parquear (v.) aparcar, estacionar un vehículo. *Me multaron por parquear en una zona prohibida.*

Q

quien quita (frase) ojalá. *Quien quita y este año me dan un aumento de sueldo.*

R, S

raspado (m.) refresco hecho con hielo granizado. *Tengo mucho calor. ¿Vamos a comprarnos unos raspados?*
regalía (f., usado más en el plural) porcentaje de una suma concedido a un autor por la venta de su obra. *Decidí no publicar mi libro con esa editorial porque las regalías que ofrecen a los autores son bajas.*
rostizar (v.) asar, cocer al horno. *En la receta dice que hay que usar un platón para rostizar con una rejilla para recoger el jugo.* (adj.) **rostizado.** *Me quedé dormido en la playa y quedé como pollo rostizado.*

T

tratativa (f.) negociación que se hace para llegar a un arreglo sobre temas comerciales, laborales, políticos, económicos, etc. *Los rebeldes rechazaron toda tratativa de paz.*

U, V

vereda (f.) acera. *Amanda se cruzó a la otra vereda para no saludarnos.*

X, Y, Z

zancudo (m.) mosquito. *¡Cierren la puerta que están dejando entrar a los zancudos!*

JERGAS DE HABLA HISPANA

ESPAÑOL DE EEUU Y SPANGLISH

A

accento (m.) acento (de "accent"). *Oye, hablas con un accento raro--¿de dónde eres, de España?*
aluzar (v.) alumbrar, dar luz. *Alúzame aquí con la lámpara, que no veo bien.*
ampayer (m.) árbitro deportivo (de "umpire"). *El ampayer estaba distraído y no vio los gestos que le hizo el jugador.*
aplicación (f.) solicitud (de "application"). *Hay que llenar una aplicación para ver si nos dan trabajo allí.*
aseguranza (f.) seguro (de "insurance"). *Por culpa de este accidente me van a subir la cuota de la aseguranza del <u>carro</u>.*
autopar (m.) tienda de partes y accesorios para automóvil (de "auto parts"). *Vamos al autopar a buscar unos <u>waipers</u> nuevos.*

B

baica / baika (f.) bicicleta (de "bike"). *A Jessica le compraron una baica nueva para su cumpleaños.*
baquear (v.) ir en reversa, recular, retroceder (de "to back up"). *Cuando oyó cómo lo llamaron, el <u>bato</u> baqueó y se bajó del <u>carro</u>.*
bas (m.) autobús (de "bus").
básquet / basquetbol (m.) baloncesto. *¿Quién es el jugador más alto de tu equipo de básquet?*
bato (m.) hombre, muchacho (escrito también **vato**). *Aquel bato trabaja en una discoteca.*
bíper (m.) buscapersonas, aparato avisador mediante impulsos de audiofrecuencia (de "beeper") (verbo: **bipear**) (en desuso). *Bipéame a las ocho.*
biles (m.) facturas de servicios públicos (de "bills"). *Mario no ha pagado los biles y ya amenazaron con que le van a cortar la luz y el agua.*
blinkear / blinquear (v.) parpadear; (dicho de luz) oscilar (de "to blink"). *Traigo algo en el ojo. --Déjame ver. No blinquees. / Las lucecitas del árbol de navidad ya no blinkean.*
bom (sust.) vagabundo, ocioso (de "bum") *Ese bom se dormía en una banca del parque.*
bonche 1) (m.) gran cantidad, mucho, un montón. 2) (m.) puñado (de "bunch"). *Los niños se robaron bonches de dulces de aquella <u>marketa</u>.*
bonque (v.) litera (de "bunk bed"). *Me tocó el bonque debajo del de el "Roñoso".*
brasier (m.) sostén, prenda de vestir femenina para sujetar el pecho (del francés brassière). *En los años 60 las mujeres quemaban sus brasieres en señal de protesta.*
brecas / brekas (f.) frenos (de "brake") *¡Aplástale a la brecas, ya casi matas a esa viejita!*
breic / breque (m.) descanso, pausa (de "break"). *Yo no voy a hacer eso ahorita: estoy en mi breic.*

134

bróder 1) (m.) hermano, amigo. *Bróder, préstame estos CDs.* 2) (m.) compañero de una misma causa (política, etc.) (de "brother").
bulchitear (v.) vacilar, embromar, mentir (de "to bullshit"). *Ese pendejo te estaba bulchiteando. Aquí no hay trabajo para ti.*

C

caballo (m.) la droga heroína. *Los tecatos juran que el caballo te hace elevarte a un nivel sublime y alcanzar el nirvana.*
cachar (v.) atrapar, capturar, pillar (de "to catch"). *Cacharon al "Manotas" vendiendo coca en una escuela.*
calificar (v.) reunir los requisitos necesarios (de "to qualify"). *Hicimos solicitud para que nos asignaran una casa, pero nos dijeron que no calificábamos.*
carro (m.) automóvil (**NO** proviene del inglés). *Wacha los carros cuando tengas que cruzar la calle, ¿eh, mijita?*
chaineado (adj.) limpio, lavado (verbo: **chainear, dar una chaineada**) (de "shine": brillo). *¡Hasta que le diste una chaineada a tu moto!*
chamaco (sust.) muchacho, chico (un tanto despectivo, según el contexto).
checar (v.) chequear, controlar, revisar (de "to check") *Tengo que checar el trabajo que hizo la nueva empleada.*
cheraparse / cherapearse (v.) callarse (de "to shut up"). *Cherápate, que no sabes ni de lo que estábamos hablando.*
cherri (f.) cereza (de "cherry"). *Cómprame una canastita de cherris, no seas mala.*
chicanada (f.) comunidad o grupo de chicanos. *El político prometió nuevos empleos a la chicanada para granjearse su voto.*
chicano (sust./adj.) persona de origen mexicano nacido en EEUU. *Conozco a muchos chicanos que no saben español.*
cheve (f.) cerveza. *Pásame otra cheve, I'm thirsty.*
chíngales voz usada para incitar a la prisa (importación variada de jerga mexicana). *¡Chíngales, que ya casi es hora de cuitear y tenemos que terminar de pintar esta pared!*
chíngar (m.) espinillera, pieza de protección para la pierna (espinilla) para trabajadores o deportistas (de "shin guard"). *Esa marca de chíngar es cara, pero protege muy bien la pierna.*
chiroquear (v.) colocar cartón enyesado. El **chiroquero** es el obrero que se dedica a ese tipo de trabajo (de "Sheetrock", una marca de cartón enyesado). *Los chiroqueros ya terminaron de chiroquear todo el edificio.*
cholo (sust.) joven vago, normalmente miembro de una pandilla, con un modo de vestir y hablar particular (en las zonas fronterizas sureñas). *Con esos pantalones pareces una chola.*
choquear (v.) asombrar, alarmar, impresionarse (de "to shock"). *La señora quedó choqueada cuando vio que su hijo sangraba de una pierna.*
chor (m.) pantalones cortos (también **chores**) (de "shorts"). *Ese chor está demasiado corto, ponte el verde.*

chutar / chutear 1) (v.) disparar (de "to shoot"). 2) (v.) patear. *Chutó la bola directito a los pies de uno del <u>tim</u> contrario.* 3) arrojar. 4) (v.) ingerir. *Dame tantita agua para chutarme esta medicina.*

cloch (m.) embrague de motor (de "clutch"). *La próxima vez no se te olvide pisar el cloch cuando cambies a segunda...*

clica (f.) pandilla (jerga de pandilleros). *Mi clica va armada y siempre está lista para la acción.*

clóset (m.) armario empotrado o cuarto pequeño con función de ropero. *Encontré este abrigo todo apolillado en el clóset.*

comercial (m.) anuncio publicitario grabado o filmado (de "tv / radio commercial"). *No me gusta ver este canal porque siempre ponen muchos comerciales.*

confleys (m.) cualquier cereal para desayuno (de "corn flakes"). *Se acabaron los confleys; acuérdate de comprar más cuando vayas a la <u>marqueta</u>.*

constipado (adj.) estreñido (de "constipated"). *Llevo varios días constipado; tengo que comer más fruta.*

cool (adj.) bueno, excelente, maravilloso (de la jerga en inglés "cool", pronunciado "cuul"). *¡Qué tatuaje tan cool te hiciste!*

cora / cuara (f.) moneda de 25 centavos (de "quarter"). *Necesito otra cora para ponerle a la lavadora.*

cuitear (v.) renunciar a un juego, una tarea, etc., o terminar un día de trabajo. (de "to quit") *¡No cuitees ahora que casi vas ganando!*

cúler (m.) hielera (de "cooler"). *¡Pon unas sodas y unas cheves en el cúler y vámonos a la playa!*

D

daime (m.) moneda de 10 centavos (de "dime"). *Nomás traigo un daime, no me alcanza ni pa' agarrar el <u>bas</u>.*

dauntaun (m.) el centro de un pueblo o ciudad (de "downtown"). *Este <u>bas</u> no te deja dauntaun, tienes que esperar al siguiente.*

dona (f.) pan dulce en forma de rueda (de "doughnut / donut"). *Algunas mañanas me gusta ir a desayunar donas con café antes del trabajo.*

dompe (m.) basurero municipal, vertedero (de "dump"). *Préstame tu <u>troca</u> para llevar este viejo sofá al dompe.*

dompear (v.) eliminar, desechar, tirar, botar. *No vayas a dompear esas revistas; me sirven para mi scrapbook.*

dos letras (sust.) se refiere a las dos letras iniciales de la Policía Internacional, o Interpol, en el habla del hampa. *Lo reconocieron como uno de las dos letras.*

dropearse (v.) darse de baja de una clase, renunciar (de "to drop out"). *Carlos quiere dropearse de la clase de química.*

E

escáfol (m.) andamio (de "scaffold"). *Salvador se cayó del escáfol y se rompió una pata.*

JERGAS DE HABLA HISPANA

escrín 1) (m.) pantalla. *De repente apareció un mensaje raro en el* **escrín** *y se me apagó la* computadora. 2) (m.) mosquitero metálico para ventanas (de "screen"). *Para lavar bien las ventanas hay que quitarles los* **escrines**.
espelear (v.) deletrear (de "spell"). *Sé cómo se dice, pero ¿cómo se* **espelea?**
esponsorizar (v.) patrocinar (de "to sponsor"). *¿Ya tienen quién les* **esponsorice** *el programa?* (sust.) **espónsor:** patrocinador. *La Marlboro es el* **espónsor** *de mi* tim *favorito.*
eventualmente (adv.) más adelante, al final, con el tiempo (del falso amigo "eventually"). Nota: en español esta palabra es un sinónimo de "casualmente, en modo incierto, posiblemente". *Claro, me voy a casar* **eventualmente**, *pero ahora no tengo prisa.*

F
faxear (v.) enviar un fax (de "to fax"). *Me acaban de* **faxear** *una foto de mi sobrino nuevo desde Michigan.*
fil (m.) campo (de "field"). *Mañana nos toca trabajar en un* **fil** *cosechando tomates.*
finishero (sust.) obrero que hace el trabajo final, el terminado de determinada obra (de "finish"). *En esa empresa andan buscando obreros con experiencia para trabajar como* **finisheros**.
flirtear (v.) coquetear, cortejar (de "to flirt"). *¡Sara anda* **flirteando** *con un hombre casado!*
flonquear (v.) no ser aprobado en un examen o un curso (de "to flunk"). *Ese profesor es bien duro; casi siempre más de la mitad de sus alumnos* **flonquean** *su curso.*
foruardear (v.) reenviar un mensaje o documento por correo electrónico (de "to forward"). *Ayer me* **foruardearon** *un chiste bien bueno.*
freimeador / freimero (m.) obrero que construye el armazón o esqueleto de un edificio (de "framer").
freimear / fremear (v.) enmarcar, encuadrar (de "to frame"). *Queremos* **fremear** *esta foto y regalársela a Susana.*
friquear (v.) espantar (de la jerga "to freak"). *No* **friquees** *al pobre bebito con esa máscara.* (adj.) **friqueado.**
fríser / frízer (m.) congelador de nevera o refrigerador (de "freezer"). *Yo* prendo *el horno, tú saca la pizza del* **fríser**.
friziar (v.) congelar (de "to freeze"). *Hizo tanto frío que se* **frizió** *el agua de la fuente.*
frostin (m.) dulce glaseado para decorar pastelería (de "frosting"). *Yo quiero mi* quequi *de cumpleaños con* **frostin** *de chocolate.*
fúltaim (m.) tiempo completo (dicho de trabajo) (de "full-time job") *Me dijeron que si seguía así me iban a poner de mecánico* **fúltaim**.

G
ganga (f.) pandilla (de "gang"). *Anoche mataron a uno de la* **ganga** *de "los Lokos".*
garreado (adj.) bien vestido, elegante (en California). *Me robaron la maleta en el aeropuerto. Alguien debe andar muy* **garreado** *ahorita.*
gasolina (f.) base de cocaína refinada con gasolina. *Se acabó la* **gasolina** *y yo ya necesito "llenar el* tanque*" otra vez.*

137

JERGAS DE HABLA HISPANA

gringo 1) (sust./adj) persona de Estados Unidos, sobre todo la que habla sólo inglés. *Me vieron cara de gringo porque aunque entre ellos hablaban español, a mí me hablaron en inglés.* 2) (sust./adj) cualquier cosa que proviene de Estados Unidos. *No me gusta la comida gringa.*

grocerías (f. pl.) comestibles (de "groceries"). *Si compro este meicap, luego no me va a alcanzar para las grocerías.*

guachar (v.) mirar (también wachar) *No te voy a dejar guachar la tele si no terminas la tarea.*

güero (sust.) estadounidense de piel blanca (escrito también **wero**) (en los estados sureños del país). *No me gustaba esa clase porque yo era el único latino entre un montón de weros.*

güinche (m.) grúa, cabrestante (de "winch"). *Se rompió el güinche que servía para sacar agua del pozo.*

H, I

íncontas (m.) impuesto sobre la renta (de "income tax"). *¿Ya pagaste tu íncontas?*

insulación (f.) aislamiento (de "insulation"). *Hace mucho frío en la casa porque no hay insulación.*

irse pa' atrás (loc. v.) regresar, devolverse (traducción literal de "to go back"). *Tuvimos que irnos p'atrás pa' la casa por la cámara que casi se nos olvidaba.*

J

jaina (f.) novia (habla pandillera). *Te guaché que hablabas con mi jaina, ¿qué quieres con ella?*

jaipo (m.) persona que se droga por medio de inyecciones (de "hypodermic needle", jeringuilla). *Yo no me junto con ésos, son puros jaipos.*

jándiman (m.) factótum, persona que sabe desempeñar trabajos caseros de todo tipo, desde la jardinería a la reparación y mantenimiento en general (de "handyman"). *Gabriel es nuestro jándiman; él lo hace funcionar todo.*

janguear (v.) estar de ocioso en un lugar (de la jerga estadunidense "hang out"). *Pablo nomás estaba jangueando cuando unos jaras llegaron y empezaron a interrogarlo.*

jara (sust. invariable en género) agente de policía (proviene del muy común apellido irlandés "O'Hara", porque en las fuerzas del orden de NY la mayoría de los agentes son de origen irlandesa). *¿Viste la muvi en que la Jennifer López era una jara?*

jira (m.) calefacción, estufa (de "heater"). *Nos estamos friziando porque no sirve el jira en la oficina.*

jomboy (m.) pandillero (de la jerga estadunidense "homeboy"). *Ten cuidado con tu hija, la acabo de ver subirse a un carro lleno de jomboys.*

jonrón (m.) en el juego de béisbol, cuando un jugador cubre las cuatro bases en un solo turno, marcando un punto para su equipo (de "home run"). *Aquel jugador japonés siempre hace jonrones.*

jonronero (sust./adj.) jugador de béisbol que logra muchos jonrones. *Quién es el mejor jonronero de tu tim?*

juría (f.) jurado (de "jury"). *La juría escuchaba incrédula la declaración del testigo.*

138

L

laira (m.) encendedor (de "lighter"). *¿Dónde dejaste el laira que no lo encuentro?*
landsquipero (sust.) jardinero de parques o jardines públicos y privados (de "landscaper"). *Mi primo Jorge, como es landsquipero, a veces consigue bonitas plantas para su propia yarda.*
liquear (v.) gotear (de "to leak"). *Cómprate otra manguera, esa se liquea ya mucho.*
llamar pa' atrás (v.) regresar una llamada (traducción literal de "to call back"). *Llama pa' atrás a tu novia, que te ha estado buscando toda la tarde.*
llanta (f.) rollito de grasa que se forma generalmente alrededor de la cintura de la gente gorda. *¡Wacha las llantotas que tiene ese bato!*
lonchar (v.) comer (la comida de mediodía) (del verbo "to lunch"). *¿Mañana vamos a lonchar a esa cafetería nueva?*
lonche (m.) almuerzo, comida del mediodía, que normalmente se lleva para comer en el trabajo o en la escuela (de "lunch"). *No se te olvide otra vez tu lonche, m'hijo.*
lonchera (f.) especie de maletín metálico donde se lleva la comida que se consumirá en la escuela o en el trabajo. *La lonchera de Tito es ésa de Mickey Mouse. / Roberto dejó la lonchera en el taller.*
londri (f.) ropa sucia o recién lavada (de "laundry"). *Panchita trabaja lavando la londri de ese hotel.*
loquear (v.) cerrar con candado (de "to lock"). *No se te olvide loquear bien la puerta cuando salgas.*
lóquer (m.) armario con candado o apertura por combinación para depositar objetos (de "locker"). *A la pobre de Melissa le abrieron el lóquer en la escuela y le robaron todos los libros.*

M

manejador 1) (sust.) administrador. 2) (sust.) gerente. 3) (sust.) quien dirige a un equipo deportivo o a un deportista (de "manager"). *Al manejador de los Dodgers casi le da un ataque cuando los Piratas marcaron el cuarto jonrón en la tercera entrada.*
marketa / marqueta (f.) mercado, almacén de comestibles (de "market"). *Ayer me encontré a tu hermana en la marketa.*
mapear (v.) fregar el piso (de "to mop"). **(mapeador:** (m.) utensilio para fregar pisos, fregona). *Mandaron a Gloria a mapear después de que se le cayó la soda en el piso.*
meicap (m.) maquillaje (de "make-up"). *No te pongas tanto meicap que te ves peor.*
migra (f.) cuerpo de policía de EEUU que se encarga de arrestar a los inmigrantes indocumentados. *La migra arrestó a un mexicano, un pakistaní y dos hondureñas que trabajaban en un hotel de Los Angeles; los demás escaparon a tiempo.*
m'hijo / mijo / mijito (sust.) trato entre personas. *Oye, mija, llámame más tarde que ahorita estoy really busy.*
mofle (m.) silenciador de motor de vehículo (de "muffler"). *Ya no sirve el mofle del carro y ahi venía haciendo un escándalo.*
mol (m.) centro comercial (de "shopping mall"). *Voy a verme con unas amigas allá en el mol.*
muvi (f.) película. *Los weekends siempre vamos a ver una muvi.*

N, Ñ

naifa (f.) cuchillo (de "knife"). *Los jomboys sacaron las naifas y empezó el pleito en serio.*
nais (adj.) bonito, bueno, agradable (de "nice"). *Mi abuelita es bien nais conmigo. Me regaló $100 para mi cumpleaños.*
norsa (f.) enfermera (de "nurse"). *Las norsas tuvieron que llamar a un ayudante para curar al muchacho rebelde.*
nursería (f.) vivero, semillero (de "nursery"). *José trabaja en una nursería y nos vende las plantas bien baratas.*

O

olrai 1) sí, de acuerdo *Olrai, mañana vengo por ti a las siete.* 2) (adv.) bien (de "all right") *¿Cómo te fue en el test? -- Olrai. No estuvo difícil.*
overol (m.) mono, traje de faena de una sola pieza que se pone encima de la ropa para protegerla (del "overall"). *El "Mostachón" es ése del overol de mecánico.*

P

pántijos (f.) pantimedias. (de "panty hose"). *Tienes un agujero en las pántijos.*
pans (m.) pantalones para hacer deportes o gimnasia (de "sweatpants"). *Cuando estoy en mi casa me gusta estar cómodo y ando siempre en pans.*
paricear (v.) ir de juerga, salir a divertirse (de la jerga estadunidense "to party"). *Nos encanta paricear y conocer a gente nueva.*
parqueadero 1) (m.) sitio para el estacionamiento de vehículos, generalmente de paga. *Tuve que dejar mi carro en un parqueadero porque no encontré parkin en la calle.* 2) (m.) lote o parcela para estacionar casas transportables.
parkin / parquin (m.) estacionamiento, aparcamiento, espacio libre para estacionarse (de "parking, parking lot"). *Allá hay parkin, ¡que nadie nos lo gane!*
parquear (v.) aparcar, estacionar un vehículo (de "to park"). *Las mujeres no saben parquear. Mirá cómo dejaste el carro, casi a media calle.*
partaim (m.) tiempo parcial (dicho de trabajo) (de "part-time job") *Mi hija estudia en la universidad y trabaja partaim.*
pay (m.) pastel (de "pie"). *A mis hijos les encanta el pay de manzana.*
performear (v.) exhibirse en algún espectáculo, ya sea actuando, cantando, bailando, etc. (sust./adj. **performero**). *Quienes quieran performear en el festival de la escuela pónganse en contacto con el profesor Valle.*
picap (m.) especie de camioneta con espacio al aire libre atrás para tranportar material. (de "pickup, pickup truck") (sinónimo de troca y **troque**). *Choqué con uno que iba en un picap azul.*
plis / por plis (adv./loc. adv.) por favor (de "please"). *Pásame una servilleta, por plis.*
ploga (f.) enchufe, toma de corriente (de "plug"). *Búscame una ploga para conectar el radio.*
pompar / pompear (v.) bombear, elevar un líquido o sacar aire por medio de una bomba (de "to pump"). *Esta vez te toca a ti pompear la gasolina.*
ponchar 1) (v.) perforar (del inglés "to punch"). *El acto de vandalismo más común en este barrio es el de ponchar llantas.* **poncharse** (v.) sufrir un pinchazo un neumático

140

de vehículo. 2) (v.) en el juego de béisbol, cuando un jugador pierde su turno y es eliminado después de no conectar con la pelota. *Se deprimió porque lo **poncharon** dos veces en el mismo partido.*

printear (v.) imprimir (de "to print"). *Printéame este documento, que lo necesito para la junta de esta tarde.*

puchar (v.) empujar (de "to push"). *Tuvimos que **puchar** el <u>carro</u> porque no quería arrancar.*

pulga (f.) mercado al aire libre, mercado de artículos de segunda mano (de la traducción directa de "flea" en "flea market").

Q

quequi (m.) torta o tarta; escrito también **keki** (de "cake"). *¿Compramos un **keki** para el cumpleaños de Chris?*

R

raca (f.) especie de armazón o soporte para colgar ropa (de "clothes rack"). *Ve a colgar ese vestido en la **raca** donde lo encontraste, hija; yo no voy a pagar esos precios por tu ropa.*

raite 1) (m.) pasaje que se pide o se da (en auto, moto, etc.) (de "ride"). *¿Me das un **raite** a la estación?* 2) (m.) paseo. *Me voy a dar un **raite** con la moto.*

ranfla (f.) automóvil (en la frontera sureña). *Van a haber carreras de **ranflas** mañana en un tramo poco transitado del freeway.*

ranquear (v.) clasificar, en ámbito deportivo sobre todo (adj. **ranqueado**) (de "to rank"). *Ellos no merecían que los **ranquearan** tan arriba. / Aunque mi tenista favorita estaba **ranqueada** en tercer lugar, ganó el torneo.*

razalogía (f.) método de educación comunitaria a través de principios de aprendizaje de grupo y activismo cultural que consisten en compartir experiencias de vida de familia, cultura y comunidad (neologismo creado en EEUU). *Tomás estudió **razalogía** en la San José State University.*

reca (f.) grúa para remolque (de "wrecker"). *Llegaron con una **reca** a llevarse los carros accidentados.*

rentar (v.) alquilar, arrendar (f. **renta**: alquiler, arrendamiento). (**NO** proviene del inglés). *Rentamos un apartamento pero luego vamos a comprarnos una casa.*

reque (m.) objeto muy dañado (verbo **requear**) (de "wreck"). *Su casa está hecha un **reque**, hay que demolerla. / Jacky acaba de **requear** el <u>carro</u> otra vez.*

reiquear (v.) rastrillar (de "to rake"). *Hay que **reiquear** la <u>yarda</u> porque ya está muy llena de hojas caídas.*

rosticería (f.) negocio donde se asan y venden pollos. *No tenía ganas de cocinar, así que me fui a comprar un pollo a la **rosticería** de la esquina.*

rostizar (v.) asar, cocer al horno (adj. **rostizado**). *En la receta dice que hay que usar un platón para **rostizar** con una rejilla para recoger el jugo. / Me quedé dormido en la playa y quedé como pollo **rostizado**.*

rufero (m.) persona que se dedica a poner techos, techador (de "roofer"). (Verbo: **rufear** de "to roof").

S

saine (m.) letrero (de "sign"). *Había un **saine** que decía que la máquina no funcionaba.*

sainear (v.) firmar (de "to sign"). *Se me olvidó **sainear** el cheque y se me devolvió.*

seis (m.) envase múltiple (de seis) de cerveza *(de "six-pack"). *No se te olvide comprarme un **seis** de XX cuando vayas a la <u>marketa</u>.*

semai (m.) camión de transporte con remolque (de "semi trailer").

sink / sin (m.) fregadero (de "sink"). *Haydee tenía el **sin** repleto de trastes sucios.*

sori / sorri (adj.) palabra usada para pedir perdón, disculpa (de "sorry").

sortear (v.) clasificar, ordenar, arreglar (de "to sort"). *Ya terminé de fotocopiar los documents, pero todavía no los he **sorteado**.*

<u>**sudadera**</u> (f.) camisa de punto, de manga larga, para hacer deporte o gimnasia. (traducción de "sweatshirt"). *Manny nunca se quita esa **sudadera** vieja.*

<u>**suera**</u> (f.) jersey, suéter (de "sweater"). *Si tienes tanto calor, ¿por qué no te quitas la **suera**?*

suich (m.) interruptor, conmutador (de "switch"). *Se rompió el **suich** del volumen de la tele y ahora casi no se oye nada.*

T

taipear (v.) escribir a máquina (de "to type"). *Gloria quiere aprender a **taipear** tan rápido como su hermana.*

tecato (sust.) drogadicto de heroína, heroinómano. *¿Cómo se llama esa asociación donde pueden ir los **tecatos** que quieren dejar el vicio? --Narcotics Anonymous.*

teip (m.) cinta adhesiva (de "tape"). (Verbo: **teipear** de "to tape") *¿Tienes **teip**? Se le despegó la cubierta a este libro.*

tenis (m.) zapatillas deportivas (de "tennis shoes"). *¿Ya viste los **tenis** nuevos que trae Miguel? Están bien <u>nais</u>.*

tenkiu (m.) gracias. (de "thank you"). *¡Muchos **tenkius** por el regalo, mamá!*

terrafear (v.) quitar, arrancar (de "to tear off"). *Vamos a tener que **terrafear** este linóleo para poder poner el nuevo.*

tim (m.) equipo (de "team") *Soy parte de un **tim** que está trabajando en un proyecto importante. / ¿Y tú a cuál **tim** le vas?*

tíquete (m.) multa (de "ticket") *Me pusieron un **tíquete** por haber dejado el <u>carro</u> mal parqueado.*

traila (f.) casa móvil (de "trailer home"). *Los Sánchez viven en una de esas **trailas**.*

tres letras (sust.) se refiere a las tres letras de las agencias FBI, CIA o DEA, en el habla del hampa. *No vayas a tu casa ahora, andan rondando los de las **tres letras**.*

<u>**tripear**</u> (v.) alucinar (de la jerga "to trip"). *La historia triste de Johnny nos dejó **tripeando**.*

triplay (m.) madera contrachapada (tal vez de "three-ply", plywood). *Vamos a necesitar más **triplay** para terminar este trabajo.*

troca (f.) especie de camioneta con espacio al aire libre atrás para tranportar material (de "truck"). *Iba yo en mi **troca** cuando me rebasó una que iba manejando una <u>van</u> roja.*

troque (m.) sinónimo de <u>troca</u> (de "truck"). *Fernando tiene un troquecito blanco todo chocado.*

tubo (m.) televisión (de la jerga estadunidense "tube"). *Estuvimos mirando el tubo todo el día.*

U, V

van (m. y f.) furgoneta, camioneta cerrada (de "van"). *Queremos comprarnos una van, aunque sea usada.*

vaquear (v.) limpiar con aspiradora (de "to vacuum"). *Salte un ratito a jugar afuera porque tengo que vaquear la sala, Eddy.*

vidal (m.) prisionero condenado a cadena perpuetua (interpretación libre de "lifer"). *Es un vidal porque mató a una familia entera.*

wachar (también <u>guachar</u>) ver, mirar (de "to watch"). *¡Wacha esta foto de mi hermano hace dos años; qué gordo estaba entonces!.*

waiper 1) (m.) limpiaparabrisas (de "[windshield] wiper"). *Pon los waipers porque está empezando a llover.* 2) (m.) por extensión, persona que se droga con metanfetamina llamada cristal (por el hecho que un drogadicto de esta sustancia está "pegado al cristal"). *Ya se supo que el Kiko es un waiper.*

worchop 1) (m.) taller de trabajo. *En la oficina van a dar un worchop sobre métodos de ventas.* 2) (m.) curso práctico (de "workshop")

Y

yarda (f.) patio (de "yard"). *Quiero plantar un arbolito en la yarda.*

yompear 1) (v.) pasar corriente de la batería de un automóvil a otro (de "to jump-start"). *¿Hay alguien que me pueda yompear el <u>carro</u>? Dejé las luces prendidas toda la tarde.* 2) (v.) atacar a alguien inesperadamente (de "to jump"). *Josh y Gary me yompearon a la salida de la escuela.*

yonque (m.) depósito de chatarra (de "junkyard"). *¿Vamos al yonque? Voy a ver si encuentro unas partes usadas para mi Chevy.*

Z

zíper (m.) cremallera (de "zipper"). *¡Súbete el zíper del pantalón, <u>bróder</u>, que estás dando show!*

JERGA DE EL SALVADOR

A

achis interjección. *No tengo ni un centavo para comprar comida. ¡Achis, yo voy a ir a cortar mangos aunque sea!*

agüite 1) (m.) tristeza, depresión. *Es un agüite perderse ese concierto* (v.) **agüitarse.** *Brenda se agüita cuando le recuerdan a su ex novio.* (adj.) **agüitado.** *Rosita anda bien agüitada desde que sus papás le dijeron que se van a divorciar.*

alebrestarse (v.) agitarse, alborotarse.

arrecho (adj.) excitado sexualmente (verbo: **arrechar, arrecharse**). *Esos batos se arrechan viendo películas porno.*

asaltacunas (sust. invariable en género y número) persona que tiene relaciones sentimentales y / o sexuales con otras mucho más jóvenes. *Todos empezaron a llamarme asaltacunas cuando supieron que mi novio es menor que yo.*

B

babosada 1) (f.) estupidez, disparate. *Ya no digás babosadas, si no sabés nada sobre el tema, mejor quedate callado.* 2) (f.) persona insignificante. *No es más que una babosada pero se porta como si fuera tan importante.*

balastre (adj.) vil, ruin, malo. *No seás balastre, prestame tu moto.*

barra 1) (f.) compañía. *¿Me hacés barra a ir a ver a mi novia?* 2) (f.) grupo de partidarios que en actos públicos apoyan ruidosamente a los suyos o rechazan a los contrarios. *Cuando íbamos a jugar a San Vicente, lo que nos desconcentraba era la gran barra que tenía ese equipo.*

bato (m.) hombre, muchacho (también escrito como **vato**). *Aquel bato trabaja en una discoteca.*

bayuncada (f.) tontería. *Ese candidato a presidente dice sólo bayuncadas.*

bayunco (sust./adj.) tonto, necio. *Todas las novias de Edgar han sido unas bayuncas.*

bicho (sust.) niño malcriado; niño callejero. *Mirá, bicho del diablo, parate ahí.*

birria (m.) cerveza. *¿Quién me robó las birrias que dejé en el refrigerador?*

boca de paisaje (loc. sust.) ausencia de bocadillos. *Tuvimos que echarnos la botella a pura boca de paisaje porque no había nada que comer.*

bolo (sust./adj.) borracho. *Parece que la única ambición de mi yerno es andar siempre bolo.*

broza (f.) grupo de amigos, gente con quien se tiene afinidades. *Quisiera regresar a San Salvador para ver a toda la broza del instituto.*

buitre (v.) vómito. *Anoche estuvo tomando quaro y ahora está ahí el pobre, echando el buitre.*

C

cabuda (f.) colecta para un fin común. *Vamos a hacer la cabuda para ayudar a la viuda de Quincho.*

144

cachimbear (v.) castigar corporalmente (pronunciado "cachimbiar"). *Si Miguelito no vuelve a casa a las siete, le voy a dar una buena cachimbeada.*

cachimbón (adj.) excelente, muy bueno. *El Alianza es el más cachimbón de todos los equipos de futbol.*

cachos (m. pl.) engaño o traición (cuernos) a la pareja. *A Eduardo le pusieron los cachos con el electricista.*

caliche (m.) jerga, argot, modismo. *El caliche de El Salvador crece a una velocidad vertiginosa.*

caliente (adj.) enojado, de mal humor (con los verbos andar / estar). *Guillermo anda caliente desde que supo que su novia lo quería dejar.*

camellar 1) (v.) caminar mucho. *Como ya había pasado el último autobús, tuve que camellar hasta mi casa.* 2) (v.) trabajar o realizar una labor ardua y pesada.

camello (m.) trabajo. *Pablo le está buscando camello a su hijo porque ya no lo quiere mantener.*

canche (sust./adj.) persona de piel y cabello claros. *Perlita, la hija de Antonio, salió canchita, como su mamá.*

chachalaquear (v.) decir trivialidades, hablar mucho (sust./adj. **chachalaquero**). *Cada vez que viene tu hermana se la pasa chachalaqueando y me quita mucho tiempo.*

chele (sust./adj.) persona, ya sea nacional o extranjera, de piel, cabello y / u ojos claros. *Es raro ver a un chele viajando en bus.*

chero (sust.) amigo. *Fui a tomarme unas birrias con un chero.*

chévere (adj.) muy bueno, fantástico, fenomenal (palabra importada por las telenovelas venezolanas). *Dejame que te cuente un chiste bien chévere.*

chichí (sust. invariable en género) bebé, niño pequeño (habla infantil). *El chichí lloraba porque se le había caído el biberón.*

chindondo (m.) chichón. *¡Ese loco me tiró una piedra en la mera cabeza y me dejó este chindondo bien grande!*

chingo (m.) mucho, gran cantidad. *Hay un chingo de basura por las calles. / Son mis sobrinas y las quiero un chingo.*

chirote (adj.) desnudo. *Ese pintor sólo pinta obras con mujeres chirotas.*

choyado (adj.) loco, demente; retrasado mental. *Desde que estábamos en primaria, se notaba que Julián estaba choyado.*

chulón (adj.) desnudo. *Eran tan pobres que todos sus hijos andaban chulones.*

chunche (m.) cosa, objeto. *Elisa no puede ir de viaje sin ir cargando un montón de chunches inútiles.*

chuña (adj.) descalzo. *Estos zapatos ya están muy viejos, casi me quedo chuña.*

cipote (sust.) niño, muchacho. *Vení a cuidar a la cipota mientras voy al mercado.*

codo (adj.) avaro, tacaño. *No seás coda, Blanca. Dame más dinero porque esto no me va alcanzar para lo que me encargaste.*

cuilia (sust.) policía (la policía en general: *la cuilia*; el agente de policía: *el cuilio*). *La mujer del frente está casada con un cuilio. / ¡Ojo, ahí viene la cuilia!*

coger (v., vulgar) tener relaciones sexuales.

D

degenere 1) (m.) desorden, caos. *El tráfico al salir del estadio era un degenere.* 2) (m.) fiesta. *Con del equipo de basquet tuvimos un degenere después de haber ganado el campeonato.*

deschongue (m.) escándalo, caos, tumulto. *Anoche no pude dormir a causa del deschongue que traían en casa de los Ramírez.*

descalza (f.) cuerpo de policía rural. *A Sergio lo detuvo la descalza y tuvo que mostrar identificación.*

desmadre (m.) caos, desorden, lío. *Olga hizo un desmadre con los documentos y ahora ya no se encuentra nada.*

desmostolar (v.) destruir, hacer polvo. *Dijeron en las noticias que la bomba desmostoló todo el edificio.*

dos que tres (adj.) más o menos, regular. *¿Qué tal la película? --Dos que tres.*

dundo (sust./adj.) tonto, lunático. *Cristina es dunda--¿viste cómo se puso la blusa al revés?*

E

empurrado (adj.) con expresión severa en la cara, mal encarado. *Don Ramiro anda empurrado, quién sabe quién lo hizo enojar.*

emputarse (v.) enfurecerse. *Pascual se emputó cuando supo que su hijo había sido arrestado por exhibirse desnudo delante de un convento.*

en guinda (adv.) huida sigilosa y secreta, de prisa. *Muchos tuvimos que salir a medianoche, en guinda, para no ser asesinados por los escuadrones de la muerte.*

enyoyar (v.) ganarse la confianza de una persona para obtener algo a cambio; tratar de quedar bien con alguien. *Si lo enyoyamos, tal vez nos ayude a transportar los muebles a la casa nueva con su camioneta.*

F

filo (m.) hambre. *Me comí toda la comida en la casa porque traía un gran filo.*

finde (m.) fin de semana. *Este finde nos vamos al mar.*

fregado (adj.) arruinado, destruido. *Están muy fregados estos libros, deberías tratarlos con más cuidado.*

fregar (v.) molestar, fastidiar. *A estos cipotes les encanta fregar a los mayores.* (adj.) **fregón**. *¡Cómo es fregón tu hijo!*

fufurufo (sust./adj.) vanidoso, presumido. *Ahi anda Leti bien fufurufa con el vestido que le regalaron para su graduación.*

G

gachupín (sust./adj.) proveniente de España (antiguamente era un término despectivo, ahora puede ser usado en tono jovial). *A Marla la vinieron a visitar unas amigas gachupinas de Córdoba. / Me regalaron un abanico gachupín bien bonito.*

gringo (sust./adj.) proveniente de Estados Unidos. *Estafaron a turistas gringos vendiéndoles terrenos inexistentes. / Dicen que el ejército gringo ha sufrido muchas más pérdidas en Iraq desde que terminó la guerra que durante la guerra.*

<u>Gringolandia</u> (f.) Estados Unidos. *Cada vez que Rafael va a **Gringolandia**, compra software nuevo.*

guanaco (sust./adj.) salvadoreño. *En Los Angeles encontrarás a los **guanacos** comiendo en las <u>pupuserías.</u>*

<u>guachimán</u> 1) (m.) criado. *Dile a tu **guachimán** que nos traiga algo de comer.* 2) (m.) guardia, vigilante (del inglés "watchman"). *Oigan bien: ustedes distraen al **guachimán** mientras yo entro por la puerta de atrás...*

<u>guapachoso</u> (adj.) de ritmo tropical, alegre. *La música era bien **guapachosa** y toda la gente estaba bailando.*

<u>güiri-güiri</u> (m.) voz onomatopéyica que representa el sonido de charla animada. *Por estar en el **güiri-güiri**, a Martina se le quemó la cena.*

H, I

<u>hablar paja</u> (loc. v.) decir trivialidades, no decir nada importante. *La especialidad de aquel político es **hablar paja**.*

hacer clavo (loc. v.) estorbar, molestar, interrumpir. *Si no fuera porque me **hizo clavo** su hermano, Estela ya sería mi novia.*

hacer gallo (loc. v.) acompañar. *Tengo que ir al banco hasta Usulután; ¿me **hacés gallo**, Edwin?*

huillo (adj.) raro, extraño (también pronunciado **güillo**). *Alberto es bien **huillo**, no le gustan los deportes. / Esa bebida tiene un sabor **huillo**. / Me contaron una historia **güilla**.*

J

<u>jaina</u> / **jainita** (f.) novia de pandillero (del inglés "honey").

jinete 1) (m.) persona inculta, vulgar. *Qué lástima Blanquita, tan linda y con qué **jinete** se fue a casar.*

jombo / **jomboy** (m.) pandillero (del inglés "homeboy"). *Me dijeron que vieron a tu hermanito con unos **jomboys**.*

L

ladrillo (sust. inv.) ladrón. *En la estación de trenes hay muchos **ladrillos**.*

<u>lambiscón</u> (sust./adj.) adulador. *El **lambiscón** de Alberto nunca contradice al jefe aunque esté equivocado.*

larva 1) (adj.) avaro, tacaño. *Con lo **larva** que es, Mila fue la única que no cooperó para pagar por la operación urgente de su sobrino.* 2) (adj.) mal intencionado, deshonesto. *Toño vende su carro muy barato, pero como yo sé que es bien **larva**, algo ha de tener y yo no le doy ni la mitad de lo que pide.*

lica (f.) película. *Quiero ir a ver la **lica** nueva donde sale Robert de Niro.*

<u>loquera</u> (f.) locura. *Le dio la **loquera** y se puso a pintar toda la casa de color morado.*

M

<u>maje</u> (sust./adj.) tonto, idiota. *Gregorio es un **maje** si cree que le voy a regalar mi colección de CDs.*

mamacita (f.) mujer muy bella, impactante (también **mamasota**). *¿De 'onde sacaste las fotos de esas* **mamasotas** *que pusiste en tu página?*

mano peluda (f.) manipulación. *Dijeron que los documentos importantes que estaban archivados en esa* <u>computadora</u> *se borraron por culpa de un virus, pero muchos creen fue cosa de* **mano peluda.**

marca diablo (adj.) muy grande, fuerte o impactante. *Cuando toqué a la puerta de Carla me vino a abrir un fulano con músculos* **marca diablo***, así que mejor inventé una excusa y me largué.*

mariposón (m.) hombre afeminado. *Aquel peluquero es un* **mariposón.**

matarse (v.) sacrificarse o esforzarse uno mucho por algo. *La pobre de Irene* **se mató** *trabajando y la despidieron de su puesto de todos modos.*

meter la pata (loc. v.) aparte de la acepción de cometer una indiscreción, un error, se usa a menudo como eufemismo de la mujer que queda encinta sin planearlo. *Genoveva* **metió la pata** *justo en la temporada en que su marido estuvo ausente.*

mazucho (sust./adj.) hábil, bueno para algo, diestro. *En ese equipo de futbol, los* **mazuchos** *son los números 2, 7 y 18.*

metiche (sust./adj.) entrometido. *Tu tía Rosa tiene fama de ser la más* **metiche** *de la familia.*

mocho (sust./adj.) amputado. *La gata de la cola* **mocha** *tuvo un accidente con el ventilador.*

muco (adj./sust. despectivo) nicaragüense. *Vimos a varios grupos de turistas* **mucos** *en las ruinas de Tazumal.*

N

negra papa (loc. sust. f.) tarea difícil. *En este trabajo me va a tocar la* **negra papa.**

nigua (adj.) llorón, quejumbroso. *El hijo de Don Manuel es bien* **nigua***, ¡sólo lo toqué y se puso a llorar!*

niña 1) (f.) manera de dirigirse a señoras mayores, acompaño del nombre. *Buenas, niña Adela.* 2) (f.) prostituta. *Las* **niñas** *estarán repartiendo condones esta noche.*

no cantar mal las rancheras (frase) no quedarse atrás en cuanto alguna habilidad o característica poco recomendable. *¡Tu hermano Pedro es un borracho holgazán! -- Pues tu marido* **no canta mal las rancheras.**

Ñ

ñero (sust.) amigo. Acortamiento de "compañero". *¿Puedo invitar a mis* **ñeros** *a tu fiesta de despedida?*

O, P

pajero (adj.) mentiroso. *Sos un* **pajero***, Nelson; ayer te vi tomando en un bar y vos decís que estuviste en tu casa todo el día.*

palanca (f.) valimiento, intercesión poderosa o influencia que se emplea para conseguir algo. *Julián tiene* **palanca** *con el alcalde de su pueblo.*

paloma (adj.) difícil. *La situación económica en el país está bien* **paloma.**

pando (adj.) desafortunado. *Estoy tan* **pando** *que no puedo encontrar trabajo ni de barrendero.*

SA

pasmado (adj.) tonto. *No seás **pasmado** y fíjate dónde ponés las cosas.*

patinar (v.) salir a divertirse, de parranda. *¿Adónde vamos a **patinar** esta noche?*

pediche (sust./adj.) pedigüeño, que pide con frecuencia. *¿No te da vergüenza ser tan **pediche** con tus tíos?*

pésimo (adj.) grosero, mal educado. *¡Qué **pésimo**! ¡Mirá cómo le contestó a la mamá!*

piedra (f.) la droga crack, derivada de la cocaína. *Mis hijos dejaron los estudios y se pusieron a fumar **piedra**.*

pilocho (adj.) desnudo. *Nadia no se avergüenza si la ven **pilocha**.*

pipían (m.) hombre homosexual. *Diana tiene un amigo **pipián** muy simpático.*

pipianada (f.) acción o situación ridícula. *Acabo de hacer una **pipianada** delante de mi profesor de historia, ¡qué vergüenza!*

pirujo (sust./adj.) persona que no cumple con sus deberes religiosos. *Gabriel dice que es católico, pero es un **pirujo** porque yo nunca lo he visto en misa.*

pisar (v.) tener relaciones sexuales (vulgar). *Esta mañana encontraron a dos **pisando** en el baño del colegio.*

pisto (m.) dinero. *No me pidas más **pisto**; ya no tengo.*

plomoso (adj.) grosero, mal educado. *La señora que vende tortillas es bien **plomosa**.*

poderoso (adj.) muy bueno, excelente. *Esa canción está **poderosa**.*

ponerse buzo (loc. v.) estar listo, alerta, despierto. *Me tuve que **poner buzo**, si no, sus papás me habrían encontrado en casa de ella.*

púchica interjección de rabia, irritación. *¡**Púchica**, mañana terminan las vacaciones!*

Q

¿qué ondas, vos? (frase interrogativa) saludo típico, equivalente a "¿cómo estás?".

R

ranear (v.) tener dificultades. *Nuestro equipo está **raneando**, ¡vamos a perder!*

rascuache (adj.) de baja calidad, de mal aspecto, desaliñado. *María nació en este pueblo **rascuache**. Cuando cumplió los 18 se fue y nunca volvió.*

S

suegra (f.) moneda de un colón (unidad monetaria salvadoreña). *Me encontré una **suegra** cuando quité los cojines del sofá.*

T

tamal (m.) ladrón. *Dicen que Rodrigo tiene muchos amigos **tamales**.* (verbo) **tamalear**. *Nos **tamaleamos** este libro de la biblioteca.*

tamarindo (m.) ladrón. *Ese hombre es un **tamarindo**; fíjate que me robó un anillo.*

tapis (m.) bebida, trago. *Para celebrar tengo ganas de echarme un **tapis** de whiskey.*

tiliche 1) (m.) objeto inútil, de poco valor. *¿Por qué no tirás esos **tiliches** que nomás están estorbando?* 2) (m. pl.) pertenencias. *Agarrás todos tus **tiliches** y te me largás de esta casa ahora mismo.*

tilichero (m.) conjunto de objetos inútiles o de poco valor. *Tenía un **tilichero** en su cuarto y se ofendió cuando le dije que era desordenada.*

tirar / tirarse (con / a alguien) (v.) tener relaciones sexuales. *Antonio no es nada romántico; él lo único que quiere es tirar.*
tuanis 1) (adj.) muy bueno, bonito, excelente. *Este pantalón te queda tuanis.* 2) (adv.) muy bien. *La lica nueva va a estar tuanis.*

U, V
vaina (f.) fastidio, molestia, dificultad. *Es una vaina que hayas perdido el pasaporte. Ahora vas a tener que volver hacer los trámites para sacar otro.*
volado (m.) favor. *Roberto, haceme un volado, prestame dinero.* 2) (m.) cualquier objeto, cosa. *No sé cómo podés trabajar en tu escritorio; está siempre lleno de volados.*
volteado (m.) hombre homosexual. *Ramiro resultó siendo un volteado.*

X, Y
yuca (adj.) difícil. *Está yuca que dejen ir a Pedrito al paseo con lo mal que se ha estado portando.*

Z
zafarse 1) (v.) alejarse. *Solamente voy a bailar unas tres canciones más, porque me tengo que zafar a las 12.* 2) (v.) librarse de responsabilidades. *Dicen que a Edith le mandaron una carta de amor--¡yo me zafo!*
zocado (adj.) difícil. *El partido se puso bien zocado después de que nos empataran.*

TÉRMINOS DE ORIGEN NAHUA USADOS EN EL HABLA COTIDIANA

C
camote (m.) batata. *Mi tía hace un dulce de camote bien rico.*
chichipate (m.) borracho vagabundo. *Hay un par de chichipates durmiendo a pierna suelta en plena calle.*
chile (m.) pimiento, ají. *No me gusta la comida con tanto chile.*
chompipe (m.) pavo. *En el corral había un par de chompipes y varias gallinas.*

E
ejote (m.) judía verde. *¿Acaso cociste estos ejotes sin sal? No saben a nada.*
elote (m.) mazorca de maíz. *Un señor estaba vendiendo elotes asados en la esquina.*

G
guate (sust.) gemelo, mellizo. *La guata de Elia es Celia.*

P
pacha (f.) biberón. *Voy a prepararle una pacha a Ramoncito.*
papalote (m.) cometa (juguete). *Corrimos para elevar nuestros papalotes.*
pepenar 1) (v.) recoger objetos, uno por uno, de una superficie. *Vi a un niño pepenando el arroz que habían arrojado en una boda.* 2) (v.) encontrar algo después de rebuscar.

T

tanate (m.) envoltorio, bolsa, morral. *Hizo su **tanate** y agarró camino. / Mayra tuvo que cargar con sus **tanates** cuando su marido la echó de su casa.*

tapiscar (v.) 1) cosechar. 2) desgranar las mazorcas de maíz. *Puse a las cipotas a **tapiscar** el maíz para meterlo en costales y guardarlo en el granero.* (f.) **tapisca:** cosecha. *Ellos llegan siempre en la temporada de la **tapisca** del café.*

tecolote (m.) búho. *El logo de mi escuela lleva un **tecolote**.*

tepocate (m.) renacuajo. *En época de lluvias abundan los **tepocates** en los estanques.*

tetelque (adj.) desabrido, generalmente aún verde (dicho de fruta). *Esta mañana compré estas peras que se ven maduras pero que resultaron bien **tetelques**.*

titipuchal (m.) multitud, gran cantidad. *Había un **titipuchal** de gente en el mercado. / Tengo un **titipuchal** de cosas que hacer hoy; no quiero que nadie me interrumpa.*

AMERICANISMOS Y / O SALVADOREÑISMOS

A

ameritar (v.) merecer. Ambos verbos se usan. *Su caso **amerita** mucha atención.*

B

básquet / basquetbol (m.) baloncesto.

bocas (f., plural) bocadillo, aperitivo que acompaña a las bebidas alcohólicas. *¡Vieras que buenas las **bocas** que sirven en ese bar!*

bómper (m.) parachoques de un auto (del inglés "bumper"). *Íbamos bien despacio, **bómper** contra **bómper**.*

botadero (m.) basurero, vertedero, lugar donde se tira la basura. *Descubrieron un **botadero** clandestino en una zona residencial.*

brasier (m.) sostén, prenda de vestir femenina para sujetar el pecho (del francés brassière). *En los años 60 las mujeres quemaban sus **brasieres** en señal de protesta.*

C

cacho (m.) cuerno de toro, cabra o venado.

café (adj.) castaño o marrón (color). *Berenice y Agustín tienen ojos **cafés** pero sus dos hijos los tienen verdes.*

carro (m.) automóvil.

chingaste (m.) sobras, desperdicio, residuo. *Maura sabe ver el futuro en el **chingaste** del café.*

chirivisco 1) (m.) arbusto. *Andaba corriendo entre tanto **chirivisco** y no se caía.* 2) (m.) vara. *Aunque sea con este **chirivisco** veamos si podemos encender el fuego.*

competencia (f.) competición deportiva. *El día de la **competencia** el veterinario oficial revisa a todos los caballos antes de cada carrera.*

D

droga (f.) deuda. *No puedo gastar más; estoy llena de **drogas**.*

151

E, F

frijol (m.) fréjol, judía (legumbre). *¿Arroz con frijoles otra vez?*
futbolito (de mesa) (m.) futbolín, juego de mesa con una caja que sirve de campo de futbol y once jugadores que penden de tres travesaños que atraviesan el campo. Los "jugadores" son de madera y están atornillados a la barra de tal modo que sus bases-- o pies--rozan el piso.

G, H

gasolinería (f.) gasolinera, establecimiento donde se venden carburantes. *La gasolinería que está cerca de mi casa tiene precios muy caros.*
guaro (m.) tafia, aguardiente de caña. *Mi abuelo sabe hacer muy buen guaro.*
güegüecho (m.) bocio. *Las autoridades de salud han ordenado ponerle yodo a la sal para evitar que se contraiga el güegüecho.*

I, J

jonrón (m.) en el juego de béisbol, cuando un jugador cubre las cuatro bases en su turno, marcando un punto para su equipo (de "home run").
jonronero (sust./adj.) jugador o equipo de béisbol que logra muchos jonrones. *¿Quién es el más jonronero de tu equipo?*
jugo (m.) zumo. *¿Y de tomar? --Para ella, agua mineral. A mí deme un jugo de pera.*
jute (m.) caracol de río. *Juana sabe hacer una sopa de jutes bien rica.*

L

licuado (m.) bebida, generalmente a base de leche, hecha usando licuadora. *Mirá: esta receta del licuado de plátano puede servir para tu dieta.*
llanta (f.) neumático. *Yo solita le cambié la llanta a la bici cuando se ponchó.*

M

malecón (m.) calle o paseo costero. *Están construyendo un hotel de lujo cerca del malecón.*
matazón (f.) matanza. *En la clase de historia leímos sobre el Holocausto, la terrible matazón de judíos durante la segunda guerra mundial.*

N, Ñ

nomás (adv.) solamente. *Cómprelo, seño; nomás cuesta cuatro colones.*

O

overol (m.) mono, traje de faena de una sola pieza que se pone encima de la ropa para protegerla (del inglés "overall"). *El "Mostachón" es ése del overol de mecánico.*

P

papa (f.) patata (voz de origen quechua).
parado (adj.) de pie, derecho, levantado *"¡No sé los muchachos de hoy qué le ven de bonito a llevar las greñas paradas como puercoespín!" exclamó doña Aurelia, disgustada.*

pararse (v.) ponerse de pie, levantarse. *El joven se paró para darle el asiento a la señora embarazada.*

parquear (v.) aparcar, estacionar un vehículo. *Me multaron por parquear en una zona prohibida.*

pegoste (m.) pegote, cosa pegajosa adherida a algo. *Traés un pegoste en el codo, parece que es una etiqueta.*

peleonero (sust./adj.) agresivo, belicoso, picapleitos. *Mi hijo siempre se anda metiendo en problemas en la escuela porque es muy peleonero.*

pichel (m.) jarra para servir agua u otras bebidas. *Para empezar, ordenamos un pichel de cerveza y algo para picar.*

plumón (m.) rotulador, instrumento parecido al bolígrafo con punta (generalmente gruesa) de fieltro. *Necesito un plumón para escribir la dirección en la caja que voy a enviar.*

ponchar 1) (v.) perforar (del inglés "to punch"); **poncharse** (v.) sufrir un pinchazo un neumático de vehículo. *El acto de vandalismo más común en este barrio es el de ponchar llantas.* 2) (v.) en el juego de beisbol, cuando un jugador pierde su turno y es eliminado después de no conectar con la pelota. *Se deprimió porque lo poncharon dos veces en el mismo partido.*

pupusería (f.) sitio donde se venden pupusas, comida típica salvadoreña.

Q

quien quita (frase) ojalá. *Quien quita y este año me dan un aumento de sueldo.*

R

raspado (m.) refresco hecho con hielo granizado. *Tengo mucho calor. ¿Vamos a comprarnos unos raspados?*

rostizar (v.) asar, cocer al horno (adj. **rostizado**). *En la receta dice que hay que usar un platón para rostizar con una rejilla para recoger el jugo. / Me quedé dormido en la playa y quedé como pollo rostizado.*

S, T

tambache (m.) bulto, fardo (voz de origen tarasco). *El niño hizo un tambache de sus pertenencias y huyó de su casa.*

tomacorriente (m.) toma de electricidad, dispositivo donde se enchufan los aparatos que funcionan con la electricidad.

U, V

voltear (v.) girar la cabeza. *Grité su nombre pero ella no volteó.*

X, Y, Z

zancudo (m.) mosquito. *¡Cierren la puerta que están dejando entrar a los zancudos!*

zocar (v.) apretar *Estas tuercas no las zocaste bien.* (adj. **zocado**: apretado). *Quítate esa blusa, está demasiado socada.*

zorrillo (m.) mofeta (el mamífero). *¡Uff! ¿Qué pasó aquí? ¡Huele a puro zorrillo!*

JERGA DE ESPAÑA

A

a bote pronto (loc. adv.) improvisadamente, en el acto. *Profesor: "Explícame la lección, José" –"¿Así, a bote pronto?"*

a dedo (loc. adv.) por designación directa sin un criterio objetivo. *Los profesores se contratan por oposición, pero al director lo elige a dedo el consejero.*

a dos velas (loc. adj.) sin dinero, con escasos recursos económicos (usado con los verbos andar, quedar, dejar, estar). *Quisiera ir con vosotros a ese concierto, pero estoy a dos velas. / Cuando su mujer se divorció, le dejó a dos velas.*

a escote (loc. adv.) pagando cada quien una parte igual en un gasto. *Vale, vamos al bar, pero pagamos a escote.*

a huevo (loc. adv.) fácilmente, sin esfuerzo. *Me lo pusieron a huevo, con un salario inicial excelente: tuve que aceptar el contrato.*

a la bartola (loc. adv.) despreocupadamente, sin tener en cuenta las obligaciones. *Mañana es día de fiesta y yo me tiraré todo el día tumbado a la bartola. / Dormía a la bartola mientras sus hijos pintarrajeaban las paredes alegremente.*

a mí plin (frase) expresión que denota indiferencia, escaso interés. *¿Que va a haber suplente hoy en la clase de informática? A mí plin.*

a ojímetro (loc. adv.) suponiendo con cálculos aproximados, sin instrumentos precisos de medida. *Pues así, calculando a ojímetro, yo creo que sí hay sitio para que pase el camión por ahí.*

a toda hostia (loc. adv.) a toda velocidad, muy rápidamente. *Preparamos las maletas y salimos de casa a toda hostia, pero cuando llegamos a la estación el tren ya había salido.*

a trancas y barrancas (loc. adv.) con mucha dificultad. *Terminé el examen a trancas y barrancas.*

aborto (m.) persona muy fea. *No entiendo cómo Ignacio está saliendo con ese aborto.*

abrirse (v.) desaparecer rápidamente de un sitio. *Este lugar no me gusta nada, mejor nos abrimos enseguida.*

abuelo (m.) recluta que lleva más de un año de servicio militar. *Roberto es el abuelo más borde del cuartel.*

abusica (sust. invariable en género, habla infantil) abusón. *Andrés es el abusica de la clase, el que exige una "contribución" por dejar en paz a sus compañeros.*

acojonado (adj.) asustado. *Tengo un examen y estoy acojonado porque no he estudiado nada.* (v.) **acojonarse.** *Chico, esta película de terror me está acojonando.*

acucharar (v.) intimidar, asustar (zona de Bilbao). *¿Vas a dejarte acucharar por ese imbécil?*

acusica (sust., invariable en género, habla infantil) delator, soplón. *Silvia es una acusica, no dejes que te vea con los cigarrillos.*

achuchón 1) (m.) empujón. *Juana le dio un achuchón a la señora que casi la tumba.* 2) (m.) abrazo fuerte. *Cuando se encontraron en el aeropuerto, él le dio un achuchón que hizo que se le saltaran las lágrimas.* 3) (m.) encuentro amoroso pasional que no

154

llega al acto sexual. *De joven se le conocía por los* **achuchones** *que daba a las chicas en el establo.* 4) (m.) dolor físico, ataque, molestia, agobio. *Ayer me dolía la tripa y me dio un* **achuchón** *tan grande que tuve que meterme en cama.* (v.) **achuchar.**

afoto (m.) fotografía (de *una foto*). Como esto, también **amoto** y **arradio.** *Muéstrame el* **afoto** *de tu novia.*

agenciar (v.) robar. *El muchacho se* **agenció** *una gallina.* / *Luis se quiere* **agenciar** *a la novia de Blas.*

agua y ajo frase que invita a la paciencia ('a aguantar y a joderse', con variante **ajo y agua** y también **resina, agua y ajo,** 'resignación, a aguantarse y a joderse'). *Y le han dado a él el puesto sólo porque habla inglés.* *--¡**Resina, agua y ajo!***

agur (del vasco "saludo") en el País Vasco, adiós.

ahuecar el ala (loc. v.) irse, largarse. ***Ahueco el ala.*** *Me esperan en casa.*

ajo 1) (m.) exclamación malsonante. *La señora saltó dos* **ajos** *y se le quedó todo el mundo mirando.* 2) (m.) asunto (con intención peyorativa). *Menudo* **ajo** *debéis tener aquí liado.* / *A mí no me metas en* **ajos** *de los tuyos.* 3) (m.) cartoncito impregnado en LSD. *Le encontraron varios* **ajos** *en los bolsillos.*

al loro (loc. adv.) enterado, pendiente, al tanto de una situación. *Debéis estar* **al loro** *de lo que pasa en la oficina si no queréis que os pillen desprevenidos.*

al pairo 1) (loc. adv.) en expectativa, listo para actuar si es necesario. *Mientras Julio hablaba con el profesor, los demás estábamos* **al pairo.** 2) (loc. adv.) sin importancia. Usado con el verbo "traer" significa "no importar, tener sin cuidado". *Me trae* **al pairo** *lo que vosotros penséis de mí.*

alucinar en colores (loc. v.) sorprenderse mucho. *Cuando se lo conté a Juan, el hombre* **alucinó en colores.**

amarrete (sust./adj.) tacaño. *Los escoceses tienen fama mundial de* **amarretes.**

año catapún (loc. sust.) pasado remoto, hace muchos años. *A mi abuela le gusta ver esas películas* **del año catapún** *en la televisión.*

año de la pera / año de la tarara (loc. sust.) pasado remoto, hace muchos años, antiguamente. *En el* **año de la pera** *las mujeres no se iban a bailar solas.*

armarla / armar la de Dios (es Cristo) / armar una buena / armar una de las gordas (loc. v.) organizar un lío grande, provocar un conflicto de consecuencias graves. *Israel y Palestina van a volver a* **armarla** *como sigan así.* / *Anoche se encotraron en esa calle unos seguidores del Betis con unos del Sevilla y* **se armó la de Dios es Cristo.**

arrastrado (sust.) persona obsecuente y servil. *Jaime es un* **arrastrado,** *por eso el jefe lo prefiere.*

asaltacunas (sust. invariable en género y número) persona que tiene relaciones sentimentales y / o sexuales con otras mucho más jóvenes. *Cuando Yoli me pidió para salir ya pensé que los colegas me iban a llamar* **asaltacunas.**

B
baldado (adj.) destrozado físicamente por haber hecho algún esfuerzo físico particular. *Hemos quedado* **balda'os** *después de haber movido todos los muebles de la casa.*

155

baldeo (m.) limpieza (verbo: **dar un baldeo**). *Estaba muy sucia la casa; le dimos un baldeo.*

bardeo (m.) navaja. *Saliendo del metro, un tío me ha amenazado con un bardeo.*

baré (m.) moneda de cinco pesetas (en desuso con la adopción del euro).

basca (f.) pandilla.

bastorro (adj./sust.) persona basta, vulgar. *Ese bastorro de Estéban me ha hecho pasar vergüenza ayer en la facultad.*

bebercio (m.) bebida. *Esta vez te toca a ti pagar por los bebercios.*

berrear (v.) delatar, hablar. *Los van a engatillar, hay uno que lo berreó todo.*

biblia en pasta / verso (loc. sust.) cualquier cosa, ya sea discurso, película, explicación, instrucción o texto largo y aburrido. *Tuve que traducir un contrato que era la biblia en verso.*

bicharada (f.) sitio lleno de insectos (en Andalucía). *Su habitación estaba hecha una bicharada.*

billete (m.) cuando no se especifica otra cantidad, mil pesetas (en desuso con la adopción del euro). *No me gustaba ese puesto, pero en 1999 ganaba 150 billetes al mes.*

birra (f.) cerveza. *¿Cuál es tu marca preferida de birra?*

bisnes (m.) negocios no muy claros. *¿Y vosotros qué bisnes tenéis con esos tíos?*

bizcocho (m./adj.) vizcaíno, de Vizcaya (en el País Vasco).

bocata (f.) sandwich, emparedado. *Allí hacen buenas bocatas.*

bocazas (sust. invariable) persona que habla demasiado, indiscreta. *Amparo es una bocazas, no le digas lo que me has contado.*

bodrio (m.) porquería, cosa mala. *No tires tu tiempo en ir a ver esa exposición. Es un bodrio.*

bola 1) (f.) suerte, golpe de suerte. *¡Vaya bola habéis tenido al marcar el último gol!* 2) (f.) mentira (se utiliza "meter una bola" más que "decir una bola" o "contar una bola"). *Este profe es muy listo y no va a dejar que le metan una bola así de gorda. / No te creas lo que te ha dicho Ernesto, que seguro que es bola.*

bolinga 1) (adj.) borracho. *Ha brindado tanto que está bolinga.* 2) (f.) borrachera. *Trae una bolinga que no se tiene en pie.*

bollicao (m.) persona muy guapa y joven (marca de pastelitos con chocolate). *La hermana de Iñaki es un bollicao.*

bombo (m.) embarazo, barriga de una mujer embarazada. *Lucía llamó a casa para avisar cuándo llegaba, pero no les contó que venía con bombo.*

boniato (m.) billete de 1000 pesetas (en desuso con la adopción del euro).

borde (adj.) grosero, mal educado. *Hay que ser borde para responderle así a una señora...*

brasas (sust. invariable en género y número) pesado, antipático.

broncas (sust. invariable en género y número) persona que siempre se mete en líos o que siempre está riñendo a alguien, que no está de acuerdo con nadie.

buga (m.) automóvil. *Un buga que me vuelve loco es el Ferrari.*

bujarra / bujarrón (m.) afeminado, maricón, homosexual.

burra (f.) motocicleta. *¡Paséame en tu burra nueva!*

JERGAS DE HABLA HISPANA

ES

buscarse la vida 1) (loc. v.) resolver uno sus propios problemas por su cuenta, sin ayuda de otros. *¿Y cómo voy a instalar un enchufe yo solo? --Ah, **búscate la vida**. Yo no puedo estar arreglándote todos tus problemas.* (loc. v.) ganar dinero (especialmente cuando no se tiene un salario fijo). *Froilán vende pañuelos de papel a los conductores en los semáforos para **buscarse la vida**.*

C

caballo (m.) heroína.

cabrear / cabrearse (v.) enojar / enojarse, enfadarse. *¿Que has vuelto a hacer **cabrear** a Yolanda con tus comentarios indecentes? / Si mamá se entera de que lo has roto, **se cabreará** mucho.*

cacharro 1) (m.) cualquier bebida alcohólica combinada. *Gabriela, prepara unos **cacharros**. Ahí hay una botella de ron y otra de vodka.* 2) (m.) instrumento, aparato, dispositivo. *Hemos probado varios **cacharros** para reproducir ficheros .mp3 y ninguno nos convence del todo.*

cachas (adj. invariable en género y número) musculoso. *El hijo de Carmen está bastante **cachas**.*

cachondeo (m.) broma (verbo **cachondear**). *Era sólo **cachondeo**. No es cierto que me voy a hacer la mili.*

cachondo 1) (adj., vulgar) excitado sexualmente. *Él necesita hojear revistas porno para ponerse **cachondo**.* 2) (adj./sust.) divertido, chistoso, bromista. *Una peli **cachonda** que nos ha hecho reír un montón es "Torrente, el brazo tonto de la ley"./ El **cachondo** de Marco ha ido a conocer a los padres de su novia disfrazado de Osama Bin Laden.*

cagarla (frase) hacer algo mal, cometer un error serio o de difícil solución. *¡No vayas a **cagarla** otra vez, haz el trabajo con cuidado!*

cagarse (v.) asustarse mucho (adv./adj. **cagado**).

cague / caguelo (m.) miedo. *Cuando llegó el guardia, les entró un **cague** de impresión.*

cagueta (sust./adj.) cobarde. *Mi supervisor era un **cagueta** que, apenas lo retaban, iba a esconderse a su oficina.*

cajón (m.) cárcel. *Lo mandaron al **cajón** aunque era inocente.*

cala (f.) una peseta (unidad monetaria española, en desuso con la adopción del euro). *Me faltaban sólo dos **calas** para pagar la leche y el tendero no me la quiso dar.*

calderilla (f.) monedas de poco valor (siempre en singular). *Quiero deshacerme de esta **calderilla** porque pesa demasiado.*

calorro (sust.) gitano (despectivo).

calzonazos (m.) hombre subyugado por su pareja. *Víctor es un **calzonazos**. Mira como se deja ordenar por la mujer.*

callo (m.) 1) mujer fea y antipática. *¿Qué quieres que te diga, tío? Si nadie quiere salir con tu hermana es porque es un **callo**.* 2) (m.) experiencia. *Sancho tardaría menos en hacer esto, con el **callo** que tiene.*

cambiar el agua al canario (loc. v.) mear. *Ya vuelvo. Voy a **cambiar el agua al canario**.*

cambiar el chip (loc. v.) cambiar de mentalidad, prepararse para cambiar de actividad o de conducta. *Los consumidores tienen que* **cambiar el chip** *y generar menos basuras.*

cambio de cromos (loc. sust.) negociación política (despectivo).

camelar (v.) conquistar, cortejar. *Daniel se está intentando* **camelar** *a Silvia.*

camello (m.) vendedor de droga ilegal al por menor. *Me acabo de enterar de que Mateo es un* **camello.**

campanear (v.) pasear, dar una vuelta por ahí. *Alicia no fue a trabajar y se fue a* **campanear** *por el parque.*

canallesca (f.) la prensa. *El artista canceló todas las entrevistas a la* **canallesca.** (sust.) **canallesco:** reportero, cronista. *Salimos por la puerta de servicio para evitar al* **canallesco** *que nos esperaba afuera.*

cangrejo (m.) agente de policía (Andalucía). *Yo ya me* había pirado *cuando llegaron los* **cangrejos.**

cantar 1) (v.) confesar en un interrogatorio. *Detuvieron a Juan porque sus compañero* **cantaron** *muy pronto* 2) (v.) tener mal olor. *¿No te has da'o cuenta 'e cómo te* **cantan** *los zapatos?* 3) (v.) ser algo muy evidente, llamar mucho la atención. *Las cifras* **cantan:** *esa empresa está en la ruina.*

cantar las cuarenta a alguien (loc. v.) desahogarse diciéndole claramente lo que se piensa de él después de haberlo callado durante un tiempo (probablemente la expresión viene de un juego de cartas). *Cuando vea a ese cabrón le voy a* **cantar las cuarenta.**

cani (m.) joven de barrios bajos que viaja en ciclomotor (usado en Andalucía). *Rodolfo es un* **cani** *que siempre va con la vespa creando problemas.*

cante (m.) mal olor. *En el puerto siempre hay un* **cante** *insoportable de pescado.*

canuto (m.) cigarrillo de hachís o marihuana.

caña 1) (f.) dificultad. *¿Qué tal el examen de ayer? --¡Puah! Mucha* **caña.** *Cayeron cinco preguntas de los temas que me había estudia'o.* 2) (f.) pesadez, aburrimiento. *¿Qué tal la clase de ayer? --¡Puah! Mucha* **caña.** *El* profe *acabó el tema de la descripción de puestos y empezó uno nuevo.* 3) (f.) viveza, animación. *¿Qué tal el concierto de ayer? --¡*Mogollón *de* **caña,** tío*! Ese batería es una* máquina. 4) (f.) vaso de cerveza. *Traiganos cuatro* **cañas** *y tapas de marisco, por favor.*

cañero (adj.) impresionante. *La música que toca ese grupo es súper* **cañera.**

cara (f.) desvergüenza. *¡Qué* **cara** *tienes, Marisol! ¿Que le vas a cobrar a tu madre por cuidarla mientras está enferma?*

carabina (f.) acompañador. *Elena no puede salir con su chico sin su hermanito como* **carabina.**

careto (m.) cara. *Ignacio traía ese* **careto** *porque lo despidieron del trabajo.*

cargarse 1) (v.) suspender o reprobar de un examen o un curso. *A Ricardo* **se lo han cargado** *en el examen.* 2) (v.) despedir. *A Marisa* **se la cargaron** *en el trabajo cuando la pillaron robando.* 3) matar. *Unos delincuentes* **se cargaron** *a tres personas en un atraco.*

cargársela / cargársela con todo el equipo (loc. v.) cometer un error de graves consecuencias para uno mismo. *Como nos pillen sacando una muestra del laboratorio,* **nos la hemos cargado con todo el equipo.**

carroza (sust. invariable en género) persona de ideas anticuadas. *Lo que pasa es que los míos son unos carrozas y no logro hacerles entender que necesito un ordenador.*
casarse de penalty (loc. v.) casarse después de descubierto el embarazo.
caseto (m.) aparato reproductor de cintas magnetofónicas (de "cassette").
cate (m.) suspenso académico (verbo: **catear**) *¿Cómo es que has catea'o matemáticas, con lo fácil que era?*
cateto (sust.) persona inculta que viene de un pueblo y anda despistada en la ciudad.
chabolo (m.) celda de prisión. *Al pobre de Julio, que sólo había robado una cartera, le encerraron en un chabolo con dos asesinos.*
chachi 1) (adj.) bueno, positivo. *Mañana vamos a subir al monte. --¡Chachi! Pues voy con vosotros.* 2) (adv.) bien (variación un tanto infantil, **chachi piruli**). *He oído un poco del CD de U2 que se ha comprado Mario y está chachi piruli.*
chalado (adj.) que dice o hace disparates, loco. *¿Que te vas de misionero a Timbuktú? ¡Tú sí que estás chala'o!*
chao adiós, hasta luego. (del italiano "ciao"--que en realidad es ya sea saludo que despedida).
chapar (v.) trabajar o estudiar constantemente. *He estado chapando todo el fin de semana.*
chapar (un lugar) (v.) cerrar (en sentido figurado, permanecer hasta la hora de cierre de algún local, como si el cliente fuese quien lo cierra). *Hemos oído que van a mandar a la Policía Nacional a chaparnos el local.*
chapas (sust./adj. invariable en género y número) persona molesta, pesada, fastidiosa. *Sé que Joan es un poco chapas, pero a mí me gusta.*
chapero (m.) hombre que se dedica a la prostitución homosexual.
charlamento (m. despectivo) parlamento, especialmente, el Congreso de los Diputados (una de las cámaras de las Cortes Generales del Estado). *Esos cabrones del charlamento sí que cobran bien.*
charnego 1) (sust.) persona inculta y conflictiva (en Cataluña). *Se acaban de mudar unos charnegos al edificio de enfrente.* 2) (sust., despectivo) inmigrante de otra región española no de habla catalana (en Cataluña). *Es un charnego, pero entiende el catalán.*
charrería (f.) acción u objeto de mal gusto. *Uff, no. Yo esos guantes no me los compraría. Son una charrería.*
chaval (sust.) niño, muchacho. *Los chavales estaban jugando a la guerra.*
chequear (v.) revisar, controlar. *Esta semana no he chequeado mi correspondencia.*
cheli (m.) jerga, modismo. *¿Conoces el cheli madrileño?*
chicharrero (sust./adj.) tinerfeño, de la isla de Tenerife, en Canarias. *Olga es una chicharrera muy simpática.*
chinchar (v.) molestar, fastidiar. *Ese impresentable siempre anda chinchando a las chicas.*
chorar (m.) robar.
chorbo 1) (sust.) novio informal. *Mirella todavía no me ha presentado a su chorbo.* 2) (sust.) chico, persona joven. *Hace diez minutos me ha preguntado por ti una chorba de tu clase.*
chorimangui / chorizo (sust.) ladrón.

chorra (f.) suerte. *Pedro ganó otra vez a la lotería. ¡Tiene una **chorra** que te cagas!*
chuchurrido (adj.) mal hecho, arruinado. *No sé qué has hecho mal, pero esa tarta te ha queda'o **chuchurri'a**.*
chuleta (f.) escrito con una versión reducida de los apuntes para uso no autorizado de los alumnos durante un examen. *Tuve que hacerme una **chuleta** para el examen de geografía porque no había estudiado casi nada.*
chungo 1) (adj.) en mal estado, enfermo (se aplica tanto a lo físico como a lo psíquico). *Este queso está **chungo**. / Hoy estoy **chunga**, debo haberme pilla'o un resfriado.* 2) (adj.) difícil, complicado. *Que venga Marisa a la fiesta está **chungo**.*
chupa (f.) cazadora (chaqueta). *Quiero comprarme una **chupa** nueva; la que siempre uso está llena de parches.*
chupatintas (sust.) burócrata, empleado de oficina.
chupi (adj/adv., infantil) bueno, agradable. *La última peli de Disney está **chupi**.*
chupón (m.) moretón en el cuello o en otra parte del cuerpo que resulta de un beso apasionado. *Clara no se ha quitado la bufanda desde que ha entrado; seguro que tiene un **chupón** en el cuello.*
chupóptero (sust. despectivo) persona corrupta, parásito. *La federación de fútbol está llena de **chupópteros** e incompetentes.*
churro (m.) chiripa, buena suerte casual. *Obtuvo el puesto de **churro**, porque no era mejor que los demás candidatos.*
chuta (f.) jeringuilla hipodérmica. *El callejón estaba regado de **chutas** usadas.*
clavar (v.) cobrar (cuando el precio es percibido como excesivo). *¿Cuánto te han clava'o por las bebidas?*
coco 1) (sust. m. invariable en género) persona inteligente. 2) (sust. m. invariable en género) persona fea. *Es natural que nadie quiera salir con ella ¡si es un **coco**!*
cochambroso (adj.) viejo, muy feo. *Este abrigo es **cochambroso**: ya no lo quiero.*
cojoneras (sust.) persona torpe y lenta en sus reacciones. *Ese hombre es un **cojoneras**, le explicas las cosas y no reacciona.*
cojonudo (adj.) bueno. *Este tío es **cojonudo**. Es mi mejor amigo.*
colado 1) (sust.) persona que entra en sitios donde no ha sido invitado o sin pagar. 2) (adj.) enamorado. *Antonio está **colado** por Eugenia.*
colarse 1) (v.) meterse al inicio de una fila o entrar en cualquier sitio sin permiso. 2) (v.) cometer una indiscreción. *Te has **colao** contándole a Esperanza lo de su novio.*
cole (m.) colegio. *Las librerías, papelerías y grandes almacenes ganan mucho en septiembre con la vuelta al **cole**.*
colega / colegui (sust.) amigo, compañero (apelativo frecuente entre los jóvenes). *Joaquín y Josep han dejado de ser **colegas** desde que a los dos les gusta la misma chica. / ¿Qué pasa, **colegui**?*
colgado 1) (adj.) enamorado. *Mari está **colgada** por Ricardo.* 2) (adj.) drogado. *Déjalo; no te hace caso porque va **colgado**.*
colgar el marrón (a alguien): (loc. v.) acusar a otra persona por algo malo. *Si no sabes quién ha sido, es tu problema, pero a mi no me **cuelgues el marrón**.*
colgarse (v.) quedarse solo, plantado. *Juan se ha quedado **colgado** porque Blanca no ha acudido a la cita.*

colocarse (v.) estar en estado "alternativo" por los efectos de droga o alcohol. *Esa noche no había nada en la tele, así que nos hemos colocao.* (adj.) **colocado.** *Aquel día en la playa iba yo un pelín coloca'o cuando pisé un trozo de botella rota.*

colocón (m.) estado de euforia por droga o alcohol. *Felipe todavía no se ha recupera'o de su colocón.*

colorado (m.) oro, dinero.

comercio (m.) comida (normalmente acompañando a <u>bebercio</u>). *Las amigas de Estíbaliz no vienen a Bilbao por los museos, sólo por el comercio y el <u>bebercio</u>.*

comerse el / un marrón (loc. v.) asumir la responsabilidad por algo malo. *Estoy harta de comerme tus marrones; de ahora en adelante te las arreglas tú solo.*

comerse el tarro / comerse la olla (loc. v.) pensar demasiado en algo. *Olga se estaba comiendo el tarro porque estaba obsesionada con irse a Londres.*

como una chota (loc. adj.) chiflado, medio loco.

como una cuba (loc. adj.) muy borracho. *Me han regalado una botella de ron y me he puesto como una cuba.*

coña (f.) broma, burla *¿Estás de coña o qué? ¿Apenas empiezas y ya quieres abandonar la universidad? / Yo no voy a la mili ni de coña.*

coñazo (sust./adj.) aburrido, pesado. *Jorge es un coñazo, nunca cuenta nada nuevo.*

cortarse (v.) cohibirse, renunciar a hacer algo por la presión de los demás, por miedo o por vergüenza. *Nos pusimos como motos con la <u>birra</u> y los <u>canutos</u>, se cortaron de meterse algo más fuerte* (de una canción de Joaquín Sabina) / *¡Córtate un poco y deja de escupir en el suelo, que aquí me conoce mucha gente!*

corte (m.) vergüenza. *Me da corte desvestirme delante de mis compañeras de equipo.*

cotilla (adj. invariable en género) criticón y entrometido (m. **cotilleo**). *No seas cotilla, Antonio. Tu hermana sabe lo que hace, déjala en paz.*

cuadrado 1) (adj.) borracho. *Iba cuadra'o cuando chocó contra un árbol.* 2) (adj.) quien ha recibido una reprimenda.. *El marido de Inés ayer no fue a dormir y ella le ha regañado tanto que lo ha dejado cuadra'o.* 3) (adj.) persona gruesa o musculosa. *Charo es una <u>tía</u> alta y cuadrada que da impresión.*

cuadrilla (f.) (en el noreste del país) grupo de amigos.

cuando Franco era cabo / cuando Franco era corneta / cuando reinaba Carolo (frase) en un pasado remoto, hace muchos años. *Cuando yo era joven, el baile acababa a las diez. --Sí, cuando Franco era corneta. / Para subir al pueblo de Engracia tienes que ir por unas carreteras de cuando reinaba Carolo, sin asfaltar ni nada.*

cubata (f.) bebida alcohólica. *Este es mi cubata preferido.*

<u>cuernos</u> (m. pl.) traición o infidelidad a la pareja.

cuesco (m.) pedo, flatulencia. *¡A que te has tirado un cuesco ahora mismo--abre la ventana, <u>hostia</u>!*

culebrón (m.) telenovela. *Mi abuela se pasa el día entero viendo culebrones.*

<u>curda</u> (f.) borrachera. *Pepe va de curda en curda desde que lo dejó su mujer.*

<u>currante</u> (adj./sust.) trabajador. *Todos los currantes de esa fábrica van a participar en la huelga.*

currela (sust. invariable en género) trabajador de clase obrera. *A los padres de Ainhoa no les gusta que ella salga con un **currela** como yo.*
curre / curro (m.) trabajo, empleo. *Me voy al **curro**; no quiero llegar tarde hoy.* (v.) **currar**. *Cuando empieces a **currar** te darás cuenta cuánto cuesta ganar dinero.*
cutre 1) (adj.) de mala calidad, feo. *No sé qué hacer con el regalo que me ha dado Isidro--¡es tan **cutre**!* 2) (sust.) persona mal vestida, fea.

D
dabuti (adj.) excelente, óptimo. *Este vino está **dabuti**.*
dar coba (loc. v.) halagar para obtener algo en cambio. *No me des **coba** que no te voy a prestar mis DVDs nuevos.*
dar el cante (loc. v.) llamar demasiado la atención. *No sé por qué tie's que ir **dando el cante** por toda la ciudad.*
dar esquinazo (loc. v.) evitar algo o alguien. *Hay que **darle esquinazo** a Alonso; sé que le anda pidiendo dinero prestado a todo el mundo.*
dar un toque (loc. v.) avisar (generalmente por teléfono). *Cuando el coche esté listo, me **das un toque**, ¿vale?*
dar la lata / **dar la paliza / dar el tostón** (loc. v.) molestar.
darle (a uno) **la venada** (loc. v.) dejarse llevar por un impulso (zona Bilbao). *A Iñaki le **dio la venada** pero bien dada se fue hace dos meses de casa y todavía no ha vuelto.*
darle la vuelta a la tortilla (loc. v.) invertir una relación de poder, cambiar drásticamente una situación. *Paula le **ha dado la vuelta a la tortilla** y ahora es ella quien traiciona a su marido.*
darle (a uno) **el / un punto** (loc. v.) dejarse llevar por un impulso. *¿Por qué has comprado un disco en gaélico? --No sé, tío, porque me **dio un punto**.*
dárselas uno **de naja / darse el piro** (loc. v.) irse, marcharse. *Ignacio se **dio el piro** después de haber recibido una llamada misteriosa.*
de aupa (loc. adj.) impresionante. *Me he llevado un susto **de aupa** al verlo de pie delante de mí cuando habíamos apenas terminado de hablar por móvil.*
de boquilla (loc. adv.) sin compromiso, por hablar. *Eso tú se lo has dicho **de boquilla** porque sé que no tienes intenciones de ayudarle.*
de cachete (loc. adv.) gratuitamente. *¡He Conseguido este perfume **de cachete**!*
de cojones (loc. adj.) impresionante. *Hacía un calor **de cojones** el día que me casé.*
de ley (loc. adj.) bueno, honrado, fiable (jerga gitana, caló) *Yo quiero que mis hija se case con un hombre **de ley**.*
de órdago (loc. adj.) muy grande, excepcional. *Me he pillado un atasco **de órdago** por pasar cerca del estadio a la hora en que terminaba el partido.*
de traca (loc. adj.) impresionante. *Joan le dio un bofetón **de traca** a Pablo.*
de tranqui (loc. adv.) tranquilamente, sin prisas. *Buscamos un portal donde sentarnos y nos acabamos las patatas fritas **de tranqui**.*
del quince (loc. adj.) impresionante, excesivo, tremendo. *Han pasado una noticia **del quince** en la tele: ha habido un incendio en la universidad.*
depre (adj.) deprimido. (f.) **la depre**: depresión, decaimiento del ánimo. (Nota "estoy depre", "estoy con la depre", "tengo la depre"; no se usa *"tener depre" o *"estar con depre").

descojonarse (v.) reír a carcajadas. *Vimos una película de Mr. Bean y nos descojonamos como nunca.*
despellejar (v.) criticar a las espaldas. *Las viejas estaban entretenidas despellejando a la vecina nueva.*
despitorrarse (v.) reír mucho. *Esos chistes que te mandaron por correo electrónico nos tenían despitorrados.*
diñarla 1) (v.) morir. *Don Pepe está por diñarla.* 2) (v.) arruinar algo, hacer algo mal con malas repercusiones. *¡La has diñao! Se darán cuenta tus padres y se enfadarán mucho.*
doblar (v.) trabajar. *Los hay tan vagos que no doblan ni pa' Dios.*
doblar el espinazo (ante alguien) (loc. v.) someterse, hacer una reverencia física o figuradamente. *Reyes y presidentes son y serán por siempre grandes figuras incuestionables ante quienes hay que doblar el espinazo.* (de una canción de *Def Con Dos*)
duro (m.) cinco pesetas (antes de la adopción del euro); dinero. *Este anillo no vale un duro. / No tengo ni un duro.*

E
echar la pota (v.) vomitar. *La chica ha echado la pota porque no está acostumbrada a beber tanto.*
echar los tejos (v.) cortejar a alguien. *¿Sabías que Vicente le ha echado los tejos a tu ex?*
echar un quiqui / echar un polvo (loc v.) tener relaciones sexuales. *Los encontraron echando un quiqui detrás de la discoteca.*
echarse al monte (loc. v.) rebelarse, abandonar una conducta sumisa y enfrentarse. *Diana se echó al monte cuando su padre le prohibió volver a salir con Miguel.*
embolillado (adj.) drogado. *¡Debes haber estado embolillado cuando dibujaste esto!*
emilio (m.) mensaje de correo electrónico (del inglés "email"). *Mándame un emilio con los datos.*
empanada mental (loc. sust. f.) confusión. *El agente de viajes le dio tanta información sobre Asia que Olga se hizo una empanada mental.*
emparanoiado (adj.) preocupado, obsesionado con algo. *Estoy emparanoiado con los ruidos que se oyen en mi recámara por las noches.*
empiparse (v.) andar muy drogado, sobre todo por medio de marihuana. *Esta noche es perfecta para empiparse.*
en bolas 1) (loc. adj.) desnudo. *A mi coinquilina italiana le gusta pasearse por la casa en bolas.* 2) (loc. adj.) sin recursos (especialmente intelectuales), sin conocimientos suficientes. *Comparados con Bélgica en temas de educación bilingüe, en España seguimos en bolas.*
en cueros / en cueros vivos (loc. adj.) desnudo. *A Mónica la pillaron en cueros vivos en casa del mejor amigo de su prometido.*
en el ajo (loc. adj.) enterado, al tanto, al corriente de una situación, secreto o evento (con el verbo estar). *No te preocupes, que Marcelo está en el ajo.*

en la inopia (loc. adj.) distraido, sin enterarse de algo que los demás conocen. *Lourdes está en la inopia si no se ha dado cuenta de lo que le está haciendo su chico.*

en pelotas / en pelota picada 1) (loc. adj.) desnudo. *Cuando Jordi ya se había quedado en pelotas, entraron su madre y su suegra en la habitación.* 2) (loc. adj.) sin recursos (especialmente intelectuales), sin conocimientos suficientes. *Se darán cuenta que Darío está en pelota picada en cuanto a informática, y lo descartarán.*

en stand-by (loc. adj.) pendiente, en espera de algo. *Mientras no mandes otra cosa, aquí estoy en stand-by.*

en un pis pas (loc. adv.) inmediatamente, rápidamente. *Vosotros habéis tardado seis meses en hacer este trabajo y estoy segura que entre Esther y Loli lo hubieran hecho en un pis pas.*

enano (sust.) niño pequeño o subdesarrollado. *Cuando yo era enano me gustaba subir a los techos de las casas.*

enchufado (sust.) persona sin méritos que ha obtenido un cargo o destino por amistad o por influencia política (verbo: **enchufar**).

enchufe (m.) influencia ante una autoridad para conseguir de ella algún favor. *Gabriel tiene un enchufe en el ayuntamiento y por eso nunca paga las multas.*

enfarlopado (adj.) drogado, bajo los efectos de la cocaína (verbo: **enfarloparse**). *Carlos dice que es feliz sólo cuando está enfarlopado.*

enrollado (adj.) dicho de persona que se relaciona bien. *Mi jefe es muy enrollado-- puedes hablar con él de cualquier cosa.*

enrollarse (v.) extenderse en una conversación o en un monólogo, hablar durante mucho tiempo (también **enrollarse como una persiana**). *Hemos llegado tarde porque Andrés se ha encontrado con un colega y se han enrollado contándose lo que han hecho desde el verano / Todos evitan a Clara porque tiene la costumbre de enrollarse como una persiana..*

enrollarse (con alguien) 1) (loc. v.) ligar, establecer una relación erótica, sentimental y / o sexual con alguien. *Joan no ha venido porque se ha encontrado con una del pueblo y se ha enrollado con ella.* 2) (loc. v.) condescender, acceder a una petición, comportarse de forma correcta o amable con alguien. *Podemos pedirle la moto a JuanMa, que siempre se enrolla de puta madre.*

entender (v.) tener relaciones sexuales entre hombres. *¿Rodrigo? Dicen que es un chico que entiende.*

esaborío (sust./adj.) desabrido, o sea persona sin gracia, aburrida (en Andalucía). *¡Qué tío más esaborío es tu cuñado! No lo vuelvas a invitar a mis fiestas.*

escoñar (v.) estropear. *Valentín usó sin saber el vídeo y lo ha escoñado.*

escopetado / escopeteado (adj.) apurado, de prisa. *Ayer anduve tan escopeteada que ni tiempo tuve de comer.*

espicharla (loc. v.) morir. *El presidente acaba de espicharla y su sucesor ya está listo para tomar el mando.*

espídico / espitoso (adj.) frenético, hiperactivo (del inglés "speed"). *No sé qué le ha pasa'o a Verónica hoy; la noto muy espitosa.*

F
facha (sust.) fascista, ultraderechista; excesivamente autoritario. *Armando es un facha; por eso discutimos cada vez que nos vemos.*
fardar (v.) presumir, hacer alarde de algo, causar envidia. *Miguel no ha hecho otra cosa que fardar su éxito con las mujeres.* (m.) **farde**. *¡Ese vestido nuevo sí que es de farde!*
fardón 1) (adj./sust.) presumido. *El fardón de Aurelio me tiene harto con los detalles sobre la potencia de su coche nuevo.* 2) (adj./sust.) que posee algo envidiable. *María del Mar siempre ha sido una fardona--tiene algo, la chica.*
farlopa (f.) cocaína.
farol (m.) mentira. *Se nota a leguas que me estás contando faroles.*
farra (f.) parranda, juerga (zona País Vasco). *Anoche salimos todos de farra y no hemos vuelto a casa hasta la madrugada.*
fetén (adj.) óptimo, maravilloso, genial. *Me han regalado un calendario fetén.*
feto (m.) persona muy fea (habla infantil). *La hermana de Guillermo es un feto.*
fiambre (m.) muerto, cadáver. *Llevaban al fiambre en su pijama de madera por la calle cuando alguien tropezó y todos los cargadores cayeron con el ataúd encima.*
finde (m.) fin de semana. *Este finde nos vamos al mar.*
flamenco (adj.) enojado, encolerizado, irritado, agresivo (usado con el verbo ponerse). *Gustavo se ha puesto flamenco porque le he dado un beso a su novia.*
flipar / flipar por un tubo / flipar en colores (loc. v.) sorprenderse, maravillarse. *¡Estoy flipando! He aprobado el examen!*
follar (v., vulgar) tener relaciones sexuales.
Foro (m.) nombre dado por los madrileños a su ciudad. *Va a ser fin de semana largo con la celebración de San José y el Foro va a quedar como un desierto.*
forofo (sust.) aficionado, admirador, entusiasta. *Se nota que Felipe es forofo del Real Madrid por las pegatinas que tiene en la ventana de su habitación.*
fullero (adj./sust.) tramposo. *Yo no apuesto con fulleros, he oído hablar de ti.*
furgona (f.) furgoneta policial. *Se han llevado a Nicolás a pasear en una furgona; no creo que vuelva pronto.*
fusilar (v.) copiar algo textualmente, ya sea de deberes escolásticos o información de alguna fuente. *Creo que nos han fusila'o todo el contenido de nuestro sitio web.*

G
gabacho (sust.) francés, persona que vive en Francia (despectivo).
galleta (f.) (NE de España) bofetada. *Cada vez que se ven, Alvaro y Estéban se lian a galletas.*
ganso (adj.) grande (en tamaño o cantidad, no en grandeza). *Con este negocio podéis sacaros una pasta gansa.*
gañán 1) (adj.) feo, de mal gusto. *El cuadro que Rocío colgó en su sala está muy gañán.* 2) (m.) persona maleducada, ignorante. *Ella ha llegado a la cita puntual como una inglesa, y yo como gañán, 45 minutos después.*
garbear (v.) pasear, salir con amigos sin meta fija, casualmente (sust. m. **garbeo**). *Después de la cena hemos salido a garbear por el centro.*

garito (m.) cualquier lugar público de baja categoría. *Los sábados Enrique iba de garito en garito hasta la mañana siguiente.*

garrulo (sust.) objeto de mal gusto, persona mal vestida, cosa fea (despectivo). *No sé qué atractivo le ve Ramiro a esa garrula.*

gasofa (f.) carburante, gasolina. *Ha vuelto a subir el precio de la gasofa.*

gayumbos (m.) calzoncillos. *¿No os da vergüenza tener siempre gayumbos colgados en el baño?*

gilipollas (sust./adj.) tonto, idiota. *...y lo hemos dejado allí, como un gilipollas, a pagar la cuenta.*

gitanada (f. despectivo) engaño, traición, o cualquier otro acto mezquino. *Si descubro que me haces gitanadas te irá muy mal. / Le pillaron yéndose sin pagar, total, por un café pasar esa vergüenza... ¡Vaya gitanada!*

godo (sust./adj.) español peninsular (en las islas Canarias). *José se casó con una goda de Algeciras.*

gorrito (m.) preservativo, condón. *No se te olvide ponerte el gorrito cuando te metas con ella, mejor no arriesgarse.*

grifa (f.) marihuana, hashish. *Estaban vendiendo grifa detrás de un edificio cuando llegó la policía.*

grifota (sust. invariable) adicto a la marihuana. *El grifota se quedó dormido en el umbral de un portón.*

grillado (adj.) loco, trastornado. *Gonzalo se fue al casino y volvió sin un duro, gastándose todo el sueldo de un mes. Está grillado. / Sara salió de marcha una noche cuando era adolescente. Se puso hasta el culo de pastillas y se quedó grillada.*

grima (f.) repugnacia, disgusto, asco. *El sushi me da grima.*

guai 1) (adj.) bueno, estupendo (también **guai del Paraguay**). *Mi hermana me ha regalado un reloj muy guai.* 2) (sust. despectivo) alguien que se cree superior a los demás o a lo que en realidad es. *¿Y tú qué hablas por los demás? ¿Eres el guai del equipo o qué?*

gualtrapa (sust./adj. invariable en género) cualquier cosa de dudosa autenticidad y / o calidad. *Ese gualtrapa ha llegado a donde está gracias a las amistades de su padre. / No compres esas gafas--me parece que son de marca gualtrapa.*

guillarse (v.) irse. *Es hora que nos guillemos de este sitio.*

guiri (sust. invariable en género) forastero, extranjero (principalmente del centro y del norte de Europa, y para norteamericanos blancos). *No vamos a esa discoteca porque está llena de guiris que no saben beber.*

guita (f.) dinero. *Nos dijo que había encontrado la guita en una bolsa de papel.*

gusanito (sust.) oficial encargado de multar a quien aparca su vehículo abusivamente (por eso de que "dan vueltas a la manzana"). *Me piro antes de que llegue un gusanito a multarme.*

H

hacer campana / hacer pellas / hacer novillos / hacer pira (loc. v.) faltar a la escuela o saltarse una clase sin justificación.

hacer dedo (loc. v.) hacer autostop, pedir transporte gratis a los vehículos. *Juan nunca coge a los mochileros que hacen dedo en la carretera de Irún.*

hacer el candado (loc. v.) estar en un sitio sin hacer nada útil. *Mira, vámonos de este bar, aquí estamos haciendo el candado.*

hacer la carrera (loc. v.) prostituirse. *Pepa hace la carrera para poder sobrevivir.*

hacer la rosca / la pelota (loc. v.) tratar de ganarse la confianza de otra para obtener algo a cambio; tratar de quedar bien con alguien. *Carlos le hace la rosca al <u>profe</u> de matemáticas.*

hacer la / una pirula (loc. v.) saltarse alguna regla. *Roberto no se fija en las señales de tráfico, así que muchas veces tiene que hacer una pirula y tirar marcha atrás pa' coger la salida que buscaba.*

hacer un calvo (loc. v.) mostrar el trasero. *Todos los chicos de nuestro equipo les han hecho un calvo a los del equipo rival.*

hacer zapping (loc. v.) cambiar de canal (tv). *Odio ver televisión con mi hermano porque pasa todo el tiempo haciendo zapping.*

<u>**hasta la coronilla**</u> (loc. adj.) harto, fastidiado.

hay que joderse (frase) alusión a la necesidad de soportar alguna situación desagradable. *Eso, me despiden del trabajo y encima hay que joderse.*

hay-untamiento (m.) como "untar" puede significar "sobornar", se usa este término en modo despectivo para un ayuntamiento al cual se le sospecha corrupción. *Los dos partidos más votados ya están cambiando cromos para ver cómo se reparten el poder en el hay-untamiento.*

hecho cisco / hecho polvo / hecho una braga (loc. v.) estar muy cansado físicamente. *Me he ido de compras con Mari Pepa y estoy hecha una braga.*

<u>**hijo de papá**</u> (loc. sust.) hijo de gente adinerada, que todo lo tiene gracias a ellos. *A aquel hijo de papá le han pagado toda la carrera de derecho y luego le han comprado un puesto en un bufete.*

<u>**hincha**</u> (sust. invariable en género) seguidor de un equipo de fútbol. *Los hinchas del equipo visitante se volvieron violentos cuando su equipo perdió el partido.*

hinchada (f.) grupo de aficionados de un equipo de fútbol. *La hinchada rojiblanca se volcó ayer con su equipo.*

hortera (adj./sust. invariable en género) de mal gusto, despreciable. *Este cenicero es más hortera que un ataúd con pegatinas.*

hostia 1) interjección de irritación, ira. *¡Hostia! Ya me he olvidado la cartera en casa.* 2) (f.) golpe. *Me di una hostia esquiando y me rompí un brazo.* 3) (f.) bofetada, manotazo. *Hubo una pelea en la calle, y el tipo bajito recibió una hostia en toda la cara.*

I

impepinable (adj.) seguro, ineludible, que no tiene remedio. *La situación es impepinable--los chicos tendrán que casarse.*

<u>**importar un pimiento**</u> (loc. sust.) no importar nada.

ir ciego (loc. v.) estar fuera de sí por estar borracho, drogado, furioso, etc. *Paco va ciego, no te cruces por su camino.*

ir de legal (loc. v.) ser amable, buena gente. *Inés tiene tantos amigos porque siempre va de legal.*

J

jaco (m.) heroína (por influencia del inglés "horse").

jala (f.) comida (verbo **jalar**). *¿A qué hora estará lista la jala?*

jamacuco (m.) trastorno, especie de desmayo o mareo. *A Fernanda le dan unos jamacucos tremendos que a veces hay que llamar al doctor.*

jeta (f.) cara. *Me puso una jeta cuando le dije que prefería estar sola.*

jiñarla 1) (v.) morir. 2) (v.) arruinar algo, hacer algo mal que luego tendrá malas repercusiones. Variante de diñarla.

jo interjección de ira, asombro, etc; eufemismo de joder. *¡Jo! Alguien aparcó su coche en el espacio reservado a nosotros.*

joder la marrana (v.) fastidiar. *Cálmate, hombre. --Me calmaré cuando tu padre deje de joder la marrana.*

joder interjección de asombro, admiración, enojo, etc. *¡Pero joder! ¿Por qué no te fijas por donde vas, tío?*

jolín / jolines / jope / jopelines interjección, eufemismo de joder. *¡Jolines! ¿dices que Braulio tiene apenas catorce años y ya mide 1.84 m.?*

judiada (f., despectivo) daño, tormento, maltrato físico. *A ese hombre le gusta hacer judiadas.*

julay / julandrón (m.) hombre homosexual (en Madrid). *Ahora con la nueva ley, el julandrón de mi vecino ha anunciado su próximo matrimonio con su "prometido".*

junar (v.) ver, mirar, observar con atención. *¿Qué están haciendo? --No sé, no juno desde aquí.*

L

la abuela fuma (frase) excusa típica, problema que se debería haber evitado. *¡Que no me venga con que si la abuela fuma y tal y cual! ¡Él me había prometido llevarme al cine esta noche!*

ladilla (sust./adj. invariable en género) persona que está siempre alrededor, fastidiosa. *Mari es mogollón de ladilla; no entiende que ya no quiero que me llame.*

leche 1) (f.) golpe. *Te voy a pegar una leche en toda la jeta.* 2) (f.) palabra usada en imprecaciones; interjección. *¿Qué leches haces tú aquí? / Me cago en la leche. / ¡La leche!*

lechera (f.) coche de la policía.

lechuga (f.) billete de 1000 pesetas (en desuso con la adopción del euro). *Este paraguas me costó una lechuga.*

liarse a piños (loc. v.) cuando dos o más personas se pegan. *Alberto y Marcos se liaron a piños.*

liarse la manta (loc. v.) arriesgarse en algo inseguro. *No tiene con qué responder, pero se ha liado la manta y ha pedido un crédito al banco.*

llevar la cinta negra (loc. v.) ir borracho.

llorica (adj./sust. invariable en género) llorón (habla infantil).

lolailo (m.) persona de mal gusto, que tiende a una moda de tipo flamenco (Andalucía.) *Raúl no para de escuchar rumbas y ponerse camisas con lunares--es un lolailo.*

loro (m.) radiocassette, aparato de radio con reproductor de cintas magnetofónicas. *No olvides llevar el loro para oir música en la playa.*

M

macarra (sust./adj. invariable) persona agresiva, pendenciera, vulgar. *Unos macarras estaban obstruyendo la entrada al bar.*

macizo (sust./adj.) persona atractiva, guapa. *Renata sí que es maciza, debería ser modelo.*

maco (m.) cárcel. *Pasó seis meses en el maco por posesión de droga.*

machacón (adj.) aburrido, monótono, insistente. *Ahi viene Sergio, ese machacón que no habla de otra cosa que no sea política. ¡Sálvese quien pueda! / En ese bar sólo ponen canciones de ritmo machacón y letras insulsas.*

madero (m.) agente de policía nacional. *Lo vimos correr, seguido por dos maderos.*

majareta / majara (adj. invariable en género) loco.

majo 1) (adj.) bonito, hermoso. *¡Qué chica más maja es Claudia!* 2) (adj.) agradable, simpático. *Te llevarás bien con Jorge, es muy majo.*

mala leche (loc. sust.) mala intención, propósito avieso. *No digas tonterías; me dio el codazo con toda la mala leche.*

mani / manifa (f.) manifestación, protesta pública. *Yo no sé tú, pero nosotros queremos participar en la manifa que está organizando la facultad de ingeniería.*

manga (f.) borrachera. *¡Nos hemos cogido una manga anoche que ni te cuento!*

manga por hombro (adj.) desordenado. *No me gusta que los críos anden en mi habitación porque luego lo dejan todo manga por hombro.*

mangante (sust.) ladrón de poca monta (verbo **mangar**). *He mangado estas copas de una cervecería.*

mangui (m.) ladrón, especialmente si es joven o de poca monta.

mano de santo (loc. sust.) remedio eficaz. *Para el dolor de oído el ajo es mano de santo.*

manta (sust. invariable en género) persona perezosa y vaga. *Rodrigo es un manta; lo pillo siempre durmiendo en su escritorio.*

maño 1) trato entre iguales o para dirigirse a gente más joven. *Hala, maño, bájate a la bodega y súbenos algo de beber.* 2) (sust./adj.) aragonés. *El equipo maño goleó en casa al Real Madrid.*

mapa de la Rioja (loc. sust.) irritación de algunas venas superficiales de la nariz que provoca una mancha roja permanente, característica de los bebedores habituales (la Rioja es una región de España conocida por su producción de vinos; las botellas de vinos con denominación de origen Rioja suelen presentar una etiqueta con el mapa de las tres comarcas de la Rioja). *Me preocupa su padre, se le ve ya el mapa de la Rioja.*

maquearse (v.) arreglarse (vestirse bien). *Lara se esta maqueando porque va a salir con David.*

máquina 1) (sust. invariable en género) persona inteligente. 2) (sust. invariable en género) persona precisa, eficiente, hábil. 3) (sust. invariable en género) persona valiente, impávida. *Martha es una máquina; nada la perturba.*

mariposón (m.) hombre afeminado. *Aquel peluquero es un mariposón.*

marrón 1) (m.) situación vergonzosa o comprometida. *A mí ya me gustaría guardar tus revistas porno en casa, pero si me pillan los viejos es un **marronazo**. / Jaime ha llegado antes de lo que esperábamos y ha pillado a su esposa **de marrón** con Daniel.* 2) (m.) problema grave. *El tuyo es un **marrón** difícil de solucionar sin ayuda.*
maruja (adj./sust.) hogareño, casero, que le gustan las labores de casa. *Graciela y Marcos son muy **marujas**; los domingos, en vez de salir, prefieren limpiar la casa.*
masoca (sust./adj.) masoquista. *Andrés no se decide a dejar a su mujer porque es **masoca** y le gusta que lo maltraten.*
matarse (v.) sacrificarse o esforzarse uno mucho por algo. *La pobre de Irene **se ha matado** estudiando y ha suspendido la materia de todos modos.*
mazas (adj. invariable en género y número) musculoso. *Todas las discotecas tienen por lo menos un tío **mazas** en la puerta.*
mazo (m.) mucho, gran cantidad. *El libro que tengo que leer pa' la semana que viene tiene **mazo** de páginas.*
melopea (f.) borrachera. *Manolo lleva una **melopea** de armas tomar.*
menda (sust. invariable en género) individuo, persona. *Dile al **menda** ése que se quite de allí o le irá mal. / Esa **menda** se ha marcha'o sin pagar por el café.*
mentar a la madre / mentarla (loc v.) insultar. *Alguien **se la mentó** y al final tuvieron que llamar a la pasma para apartarlos.*
merluza (f.) borrachera. *Te has pilla'o una buena **merluza** anoche, ¿eh?*
meter caña 1) (loc. v.) incitar, presionar. ***Métele caña** a la secretaria, que este documento tiene prioridad.* 2) (loc. v.) meter prisa, acelerar. *Si no le **metes caña** al coche no vamos a llegar en to'l día.* 3) (loc. v.) golpear, pegar. *De tanto **meterle caña** lo mandaron al hospital.*
meter un clavo (loc. v.) tener relaciones sexuales.
meterse a (loc. v.) convertirse en algo, adoptar una profesión, ingresar en una orden religiosa. *Si no me caso este año **me meto a** fraile.*
militroncho (m.) soldado de reemplazo, joven que realiza el servicio militar.
millonetis (sust./adj.) ricachón, adinerado. *Se piensan que soy **millonetis** y puedo pagar todo lo que rompen.*
mocoso (sust.) niño (despectivo).
mocho (sust./adj.) amputado. *La gata de la cola **mocha** tuvo un accidente con el ventilador.*
mogollón 1) (m.) mucho, gran cantidad *Hubo un **mogollón** de gente en la plaza durante el concierto gratis. / Ese cuadro me gusta **mogollón**.* 2) (m.) lío, conflicto, situación muy dinámica. *Jo, tío, menudo **mogollón** ha montado mi abuelo con el dueño de la tienda de abajo.*
molar (v.) gustar. *Esta bebida **mola** mucho.*
mona (f.) borrachera. *Hernán no ha vuelto a coger una **mona** desde que vive con su hermana.*
mono (m.) síndrome de abstinencia de los drogadictos. *Cuando alguno de esos yonquis del parque tiene el **mono**, se le nota enseguida.*
moña (m.) hombre afeminado.
moraco (sust.) árabe o africano de lengua árabe (despectivo). *Ese bar siempre está lleno de **moracos**.*

170

moro (sust./adj.) posesivo, celoso, machista. *El novio de Silvia es un **moro** que no le deja salir con sus amigas.*
morriña (f.) nostalgia (en Galicia). *Cada vez que salgo de viaje siento **morriña** por mi pueblo.*
morro (m.) desvergüenza (usado con el verbo "tener"). *Colega, ¡Qué **morro** tienes pretendiendo un aumento de sueldo cuando siempre llegas tarde a la oficina!*
mosca 1) (f.) dinero. *No hay suficiente **mosca** para festejar tu cumpleaños.* 2) (loc. v.) estar alerta, sospechar de algo que se avecina. *Mi compañero está **mosca** desde que se enteró que van a despedir a muchos empleados.*
mosquearse (v.) enojarse, enfadarse. *Ana se **mosqueó** con Gabriel cuando él olvidó su aniversario.*
muermo (sust.) persona muy aburrida, inaguantable. *Tu amigo Rafa es un **muermo**.*
multiplicarse por cero (loc. v.) callar. *No cuentes más chistes; mejor **multiplícate por cero**.*
muvi (f.) movida; asunto poco claro, tal vez ilegal. *Conseguí el dinero de mi escaso sueldo de camarero y de otras **muvis**.*

N, Ñ

neura (f.) preocupación obsesiva. *Hija, cuando te da la **neura** no hay quien te aguante.*
no comerse una rosca (loc. v.) no ser capaz de ligar.

O

olla (f.) cabeza. *Creo que a Tito no le funciona bien la **olla**. Dice que va a cerrar el estudio legal y abrir un centro de masaje shiatsu.*
ordenata (m.) ordenador, computadora. *El **ordenata** que me he comprado es muy potente.*
ordeñador (m.) ordenador, computadora. *He tenido problemas con el **ordeñador** y por eso no he podido terminar el trabajo.*

P

pachanga (f.) fiesta, celebración. *Hay **pachanga** en la playa esta noche.*
pachanguero (adj.) vulgar, de mal gusto. *Esta música es muy **pachanguera**; ¿puedo cambiar la emisora?*
pagar el pato (loc. v.) asumirse la responsabilidad de algo. *Melina no tuvo la culpa pero tuvo que **pagar el pato**.*
pajero (sust.) persona que revuelve la verdad con mentiras. *No le creas a todo lo que te cuente Eva; es una **pajera**.*
palestino (m.) pañuelo grande, bicolor (frecuentemente blanco y negro) de estilo árabe. *¿Ves al chico del **palestino** y las gafas? Pues ése es el novio de Marta.*
paleto (sust.) 1) pueblerino; por extensión, persona inculta, que tiene mal gusto. *El **paleto** de Carlos se puso una camisa hawaiana con el esmoquin.*
palique (m.) exceso de verbosidad, sobre todo si se habla de temas de poca importancia. *Esther tiene mucho **palique**, me hace perder demasiado tiempo.*

palizas (sust. inv. en género y número) persona pesada, que molesta. *No seas tan palizas--hoy no tengo tiempo para tus cosas.*
palo 1) (adj.) aburrido, pesado. *Esta clase es un palo, cada vez me resulta más difícil aguantar el sueño.* 2) (m.) golpe duro. *¡Se ha muerto su madre, vaya palo!*
palurdo (sust.) pueblerino; por extensión, persona inculta, que tiene mal gusto. *Han venido unos palurdos al bar y nos han preguntado si sabíamos dónde hay trabajo para ellos.*
panoja (f.) dinero. *Hace falta panoja para poder comprar esa cámara.*
panoli (sust. invariable en género) persona ingenua, tonta. *Clara y Maribel son unas panolis--siempre hay que explicarles los chistes maliciosos.*
papel (m.) millar de pesetas (se usaba sólo en plural; en desuso). *Trabajando en este negocio puedes ganar veinte papeles en una semana.*
papeo (m.) comida (verbo: **papear**). *Prepara el papeo y luego salimos.*
parida (f.) tontería, estupidez. *Ha dicho una parida y ni cuenta se ha dado, el muy imbécil.*
parné (m.) dinero. *Gaspar insiste que le debo parné; no se acuerda que ya le he pagado.*
pasada 1) (f.) cosa divertida. *Ese libro es una pasada.* 2) (f.) exceso o exageración. *Los zapatos de Silvia son una pasada de caros.*
pasar de algo o alguien 1) (loc. v.) desentenderse, no preocuparse. *¿Tú a quién vas a votar? --Yo paso de política. --¿Pasas de política? ¿Y crees que la política va a pasar de ti, desgraciado?* 2) (loc. v.) dejar en paz, no molestar, no atacar. *Pasa de mí* (o, más vulgarmente, *pasa mío*), *tío, que hoy no estoy de humor para tus desvaríos.*
pasarse (v.) empezar a insultar a alguien, salir del comportamiento normal. *Ivan, con esos comentarios te estás pasando. / Dejemos este asunto, creo que nos estamos pasando los dos.*
pasma (f.--sustantivo colectivo) policía. *La pasma nos está buscando por lo de la otra noche.*
pasmado (adj.) tonto. *No seas pasmado y fíjate dónde pones las cosas.*
pasota (sust. invariable en género) persona que no se preocupa por el futuro ni por los demás, despreocupado, indiferente (despectivo, se aplica especialmente a jóvenes). *Valentina tiene un hijo pasota que pasa todo el día en su habitación escuchando música y jugando con el nintendo, y ni siquiera intenta buscar trabajo.*
pasotismo 1) (m.) desinterés, apatía. *Marcela anda con un pasotismo abrumador. Hace 5 meses que no sale de su casa.* 2) (m.) irresponsabilidad.
pasta (f.) dinero. *¿Cuánta pasta crees que se necesite para pasar un finde en Londres?*
pastón (m.) mucho dinero. *Ese tipo de coche vale un pastón.*
patatero (sust./adj.) alavés, procediente de Álava (despectivo, en el País Vasco).
patear (v.) caminar mucho. *Me he pateado toda la ciudad buscando una oficina de correos.*
pedazo 1) (m) cosa gigantesca. *He visto un pedazo de camión aparcado en la calle.* 2) (m) algo realmente bueno *Bruce Springsteen dio un pedazo de concierto.*
pedo (m.) estado de embriaguez, borrachera. *Se ha puesto un pedo tomándose toda una botella de whisky él solo.*

pegar / prender la hebra (loc. v.) intentar entablar conversación a toda costa. *Iba en el bus en Liverpool y el viejecillo de al lado intentando prender la hebra y Silvia sin saber qué decir; ella no habla inglés.*
pegote (sust. invariable en género) persona que se une a alguien sin preocuparse por si se le admite. *¿Quiénes son los que vienen contigo? --Estos dos son Carlos y Marisa, mis amigos de toda la vida. --¿Y el alto? --Ese es uno de clase que viene de pegote, apenas lo conozco.*
peli (f.) película. *A Federico no le gusta ver pelis románticas--le da corte.*
pelma / pelmazo (adj./sust.) pesado, antipático. *Aquellos dos que ves entrando al bar son unos pelmas de mi clase.*
pelota (sust. invariable en género) persona servil y aduladora. *Juanjo es el pelota de la oficina.*
peluco (m.) reloj. *Lo han pillado vendiendo pelucos robados en la calle.*
peña 1) (f.) grupo de amigos, pandilla. *Voy a una quedada con la peña.* 2) (f.) gente en general. *No hemos podido entrar en el bar porque había más peña que en la guerra.*
perder aceite 1) (loc. v.) no acertar, cometer o decir barbaridades. *Mi tía dice que no se necesita harina para hacer el pan... la pobre pierde aceite.* 2) (loc. v.) ser homosexual.
perico (m.) cocaína. *El perico que vende Damián no es bueno.*
perro (sust./adj.) holgazán.
petarse (v.) averiarse, estropearse. *El televisor se ha petado y no hemos encontrado un técnico disponible que nos lo repare. / Ayer vimos una película cómica y nos petamos de risa.*
pico (m.) inyección de heroína. *Encontré una jeringuilla con la que alguien se había dado un pico.*
picoleto / pícolo (m.) agente de la guardia civil. *Esconde el porro, ahí viene un picoleto.*
pijo 1) (sust./adj.) persona que por su aspecto o comportamiento demuestra que es de posición económicamente alta. *Los pijos de la universidad no frecuentan sitios como este bar.* 2) (m./f. vulgar) organo genital masculino. *... y al pobre le dieron una patada en la pija.*
piltra (f.) cama. *Un día te va a ir mal si sigues con esa costumbre de fumar en la piltra.*
pillado (adj.) enamorado. *Mateo está súper pilla'o con Marla, le vuelve loco.*
pifiarla (v.) cometer un error, estropear algo. *¡La pifiaste! ¡No debiste decirle a Raquel que Antonio ha estado saliendo con María del Mar.*
pifostio (m.) lío, caos. *¡Qué pifostio que se ha montado por la visita del Papa!*
pijama de madera (loc. sust.) ataúd. *Nunca imaginé que pronto vería a Guzmán en un pijama de madera.*
pillarse una mierda (loc. verbal) emborracharse. *Don Macario se pilló una mierda el día que se jubiló.*
pimpla (f.) cualquier bebida alcohólica. *¿Sabes cómo se prepara esta pimpla?*
pimplar (v.) beber bebidas alcohólicas. *Déjame pimplar en paz, que quiero ahogar mis penas.*

pinchaculos (sust. invariable en género, vulgar) practicante. *Me han asignado un pinchaculos que no sabe siquiera usar el teclado.*
pinrel (m.) pie. *Me duelen los pinreles de tanto caminar.*
piños (m.) dientes. *Le tumbaron dos piños de una sola bofetada.*
pipa (f.) pistola. *... y de repente sacó una pipa y les disparó a quemarropa.*
piponero (adj.) chismoso (zona de Valencia). *Esas dos son un par de piponeras.* (v.)
piponear. *La vecina del quinto se pasa el día piponeando con la portera.*
pirante (sust.) sinvergüenza, bribón. *Esa familia está llena de pirantes.*
<u>pirarse</u> 1) (v.) irse, escapar. *Se lió tanto el asunto que Andrés se piró.* 2) (v.) también en sentido figurativo, puede interpretarse como "ido" de loco o despistado.
pisar huevos (loc. v.) ser lento, despistado. *El conductor de ese taxi va pisando huevos.*
<u>planchar oreja</u> (loc. v.) dormir. *El viaje va a ser largo. Vamos a tener que parar en algún sitio a planchar oreja.*
plasta (adj./sust. invariable en género) pesado, antipático. *No me gusta ese programa porque el personaje principal es un plasta insoportable.*
plomo (adj./sust. m.) pesado, antipático. *No seas plomo, déjame usar tu nintendo.*
pocholo (adj.) (del euskara "pottolo": gordito) bonito, encantador. Puede ser una palabra cariñosa, aniñada o <u>pija</u>. En el País Vasco hay quien no llamaría "pochola" a una chica porque podría creer que la están llamando gorda. *¿Has visto lo pocholo que está el hijo de Carmen?*
pocholada (f.) cosa bonita. *Mira qué pocholada de pulsera me he compra'o.*
polaco (sust.) catalán (despectivo).
polla (f., vulgar) órgano genital masculino. *El balón lo golpeó justo en la polla.*
por un tubo (loc. adv.) mucho, excesivamente. *Alucinas por un tubo--¿quién te dijo que te iba a prestar mis CDs?*
porro (m.) cigarrillo de marihuana o hachís mezclado con tabaco. *Mario se fumó un par de porros antes del examen.*
porsiaca (adv.) por si acaso, por lo que pueda suceder. *Esta noche tenemos invitados y creo que les <u>mola</u> bastante el vino, así que voy a comprar otras dos botellas de tinto, porsiaca.*
potajero (adj.) vulgar, ordinario, de mala calidad. *En ese canal ponen sólo programas potajeros.*
potar (v.) vomitar. *Había bebido demasiado y no dejaba de potar.*
pringado 1) (sust.) persona que asume la responsabilidad. 2) (sust.) persona que trabaja mucho. *Mi padre es un pringado--nunca está en casa.* (v.) pringar. *Él copió en el examen igual que su vecino, pero el profe le vio sólo a él y ha pringado porque le han expulsado.*
priva (f.) bebida alcohólica (verbo **privar**). *¿Cuál es tu priva favorita?*
puerta expresión usada para echar de mala gana a alguien de algún sitio. *<u>Venga, coge tus cosas y ¡puerta!</u>*
punto (adj.) borracho. *El novio ya andaba punto antes que empezara la ceremonia.*
<u>puñeta / puñetas</u> interjección de asombro, irritación, enojo. *¡Puñeta! ¡Fíjate por dónde caminas!*

putear (v.) fastidiar a alguien por venganza o despecho. *Desde que Francisco se enteró que su ex novia está conmigo, no para de putearme.*

puesto 1) (adj.) arreglado (referido al aspecto) con los verbos estar / ir. *¿Dónde vas tan puesta?--¡Voy a la ópera!* 2) (adj.) controlado, sin alterarse. *Sé que Román se llevó un chasco pero estuvo muy puesto.* 3) (adj.) bien informado, con conocimientos extensos. *Jorge está súper puesto en coches, le puedes preguntar lo que quieras.* 4) (adj.) drogado o borracho. *Mira el tío ése qué tumbos está dando; seguro que va puesto.*

Q

quedada (f.) reunión entre amigos. *Dani está organizando una quedada en su casa.*

quejica (sust. invariable en género) persona quejumbrosa (habla infantil). *La quejica de Anabella no quiere que la dejemos sola pero cuando la invitamos, nunca quiere jugar con nosotras.*

quemado (adj.) cansado psíquicamente. *Miguel está quemado; hace tiempo que no sale con los amigos.* (v.) **quemar**. *El trabajo quema mucho.*

quemarse (v.) hartarse, fastidiarse, asquearse. *Marta se va a quemar en ese empleo porque trabaja mucho y cobra muy poco.* / *A Isidro le están quemando con tantas miraditas que le echan a su novia.* / *Me tiene quemado con tanto hablar, porque él no escucha, sólo habla y habla y a mí nunca me deja pronunciar ni media palabra.*

quillo (sust.) (diminutivo de chiquillo). témino cariñoso para una persona. *Quilla, no me llores ahora.*

quinqui (sust.) delincuente. *A Tu hijo lo han visto en el bar en compañía de un par de quinquis.*

R

rácano (sust./adj.) avaro. *Todos dicen que Doña Anselma es una rácana.*

rajar 1) (v.) hablar, confesar. *La policía ha detenido a Leandro porque alguien rajó.* 2) (v.) herir, matar. *Como le digas la verdad a Lidia te voy a rajar.*

rallar (v.) fastidiar, aburrir por la repetición. *Esa canción ya ralla; cada vez que la oigo, cambio de estación.*

rato / rato largo (m.) mucho, gran cantidad. *Pedro sabe un rato largo de informática.*

recochineo (m.) choteo, burla o ironía molesta. *No le hagas caso, te ha dicho eso sólo de recochineo.*

regaliz (m.) regalo, objeto gratuito. *Mira, me dieron esta lámpara de regaliz por haber comprado un juego de sala.*

repatear (a uno) (v.) dar mucho fastidio, detestar. *Me repatea que no me respondas cuando te pregunto algo.*

repe (adj.) entre los niños, objeto coleccionable igual a otro que ya se tiene (de "repetido"). *He comprado un sobre de seis cromos y me han salido cinco repes.*

resaca (f.) malestar después de una borrachera.

rollo (m.) algo aburrido, pesado. *¡Qué rollo ha soltado éste!*

roñoso (sust./adj) tacaño, avaro. *¡Dos euros donó el roñoso ése para los damnificados de las inundaciones!*

rugar (v.) vomitar. *La hermana de mi novia se sintió mal y rugó saliendo del bar.*

S

salado / saleroso (adj.) gracioso, simpático, chistoso. *Mi vecina irlandesa es muy salada sobre todo porque todavía no ha aprendido a hablar bien el castellano y dice cada barbaridad. / Agustín se enamoró de una malagueña salerosa.*

salero (m.) gracia, viveza. *Mis amigos cubanos tienen mucho salero cuando cuentan chistes.*

saltarse a la torera (loc. v.) pasar por alto, hacer caso omiso, desobedecer. *Mi hijo está tomando la mala costumbre de saltarse a la torera.*

sarasa (m.) hombre homosexual. *Ese tenista será casado y tendrá hijos, pero yo sé que es un sarasa.*

sieso (m.) persona insociable. *Le he hablado a Jorge y ni me ha respondido, es un sieso.*

sinpa (m.) acción de irse de un sitio sin pagar. *Roberto ha hecho un sinpa en el bar de Pepe.*

sobre (m.) cama. *Ya eran las tres de la tarde y Armando todavía en el sobre.*

subidón (m.) momento en el que se nota más el efecto de una droga. *Ésos traen un subidón que casi flotan.*

sudaca (adj./sust. invariable en género, despectivo) sudamericano (dicho de cualquier cosa proveniente de América Latina). *No me gusta la música sudaca, quiero decir, la salsa, el merengue y tal.*

T

taco (sust. m. usado como adverbio) mucho, gran cantidad. *Hay que tener taco de pasta para comprar un buga como ése.*

tajada (f.) tremenda borrachera. *Juanjo cogió una taja'a enorme de beber tanto ron.*

talegada (f.) cantidad grande de dinero. *Me gusta esta impresora, pero cuesta una talegada.*

talego 1) (m.) billete de 1000 pesetas (en desuso con la adopción del euro). *¿Me prestas un talego? Mañana mismo te lo devuelvo.* 2) cárcel. *Dicen que el pretendiente de Sonia ha estado en el talego.*

tarro (m.) cabeza.

tarumba (adj.) atolondrado, ido, falto de juicio, chiflado (con los verbos quedarse, volverse). *Luego de una experiencia traumática, Rodolfo se quedó tarumba y empezó a predicar el fin del mundo.*

tela (sust. usado como adverbio) mucho, gran cantidad. *Ese día hizo tela de frío; tanto que empezó a nevar.*

teniente (adj.) sordo, que no oye bien. *Me estoy quedando teniente por ir a tanto concierto.*

tío 1) (sust.) individuo, persona. *A ese tío lo conozco. / ¡Qué tía más macarra, casi me atropella con el coche y encima me insulta porque estaba en su camino!* 2) trato de confianza. *¡Cuidado con la bicicleta, tía!*

tirar (v.) tener relaciones sexuales. *Antonio no es nada romántico; él lo único que quiere es tirar.*

tirar los tejos (loc. v.) cortejar. *Joel le ha tirado los tejos a Beatriz.*

tirar los trastos (loc. v.) reñir, pelear.

tocar el piano (loc. v.) ser fichado por la policía, cuando se toman las huellas dactilares.

tocha (f.) nariz (en el Gran Bilbao). (loc. v.) **meterse por la tocha**: esnifar alguna droga. *Juantxo ya no se mete por la vena, ahora sólo por la tocha.*

tontobava (sust./adj.) estúpido, idiota. *...y encima el tontobava le pidió perdón a su suegra después de que ella lo insultara en público.*

torta / tortazo (f./m.) bofetada en la cara.

tortillera (f./adj.) lesbiana, mujer homosexual. *Todo el mundo ya sabe que esa actriz es tortillera. Lo confesó en una entrevista por televisión.*

tragarse un / el marrón (loc. v.) asumir la responsabilidad por algo malo. *Si nos pillan, nos pillan a todos. No penséis que me voy a tragar yo solo todo el marrón.*

trallar (v.) vomitar. *Cuidado donde pisas. Alguien ha trallado.*

tranqui (adj.) tranquilo. *Tranqui, colegui, hoy el jefe no ha venido al trabajo.*

trena (f.) cárcel. *¡Sinvergüenzas! A la puta trena os tendrían que mandar a todos.*

trepa (sust. invariable en género) persona que intenta escalar posición social o económica, arribista. *Los políticos no tienen escrúpulos, son todos unos trepas.*

trincar 1) (v.) tomar, agarrar, coger. *Trinca las maletas que nos vamos de viaje.* 2) ingerir bebidas alcohólicas. *El médico le tiene prohibido trincar.* 3) (v.) tener relaciones sexuales. *Los arrestaron por actos obscenos porque los pillaron trincando en el tren.*

tripi (m.) pedacito de cartón o papel secante, de superficie menor que un centímetro cuadrado, bañado en ácido lisérgico (LSD), administrable por vía oral.

trola (f.) mentira. *¡Que no te vengan a contar trolas! Ella no sería capaz de eso.*

tronco (sust.) amigo (en estratos sociales bajos). *No le hables mal de Flavio, que es su tronco.*

trozo de pan (loc. adj.) muy bueno, amable (referido a personas, animales). *No te asustes, mi perro mastín, "Sadam", es un trozo de pan.*

trullo (m.) cárcel. *Ese tipo ha salido del trullo la semana pasada.*

U

último mono (loc. sust) persona sin poder ni influencia, en lo más bajo de la jerarquía. *Me voy, porque ya he visto que soy el último mono en esta oficina.*

V

vacilar (v.) hacer el fanfarrón.

vaina (f.) fastidio, molestia, dificultad (en las islas Canarias). *Es una vaina que hayas perdido el pasaporte. Ahora vas a tener que volver hacer los trámites para sacar otro.*

vale interjección para expresar acuerdo. *Vale, paso por ti a las diez.*

venga muletilla usada sobre todo al finalizar una conversación, al despedirse, al ponerse de acuerdo, o para dar ánimos. *¿Que nos vemos a las nueve enfrente del cine Reina? Vale, venga, allí estaré. / Venga, verás que la próxima vez ganarás tú la carrera.*

verborrea (f.) diarrea verbal, tendencia a hablar demasiado. *Cuando Guillermina bebe demasia'o le da una verborrea que nadie la aguanta.*

JERGAS DE HABLA HISPANA

verdes (m.) la Guardia Civil. *Los verdes intentaron cerrarle el paso a los manifestantes.*
verdulera (f.) mujer muy basta, vulgar, gritona. *Por mucho dinero que tenga ahora, Selma no deja de ser la verdulera de siempre.*
vestido de 21 botones (loc. adj.) muy bien vestido, elegante. *Para la boda de su hermana, Germán iba vestido de 21 botones.*
vieja / viejo (sust.) madre, padre. *Mi viejo se acaba de jubilar y no sabe qué hacer con su tiempo libre.*
viejo verde (loc. sust. m.) hombre maduro que se dedica a cortejar mujeres jóvenes. *El viejo verde de mi jefe creyó que iba a poder seducirme con regalos.*
vinagre 1) (m.) borrachera monumental. *Menudo vinagre que agarramos cuando salimos a festejar el cumpleañaños de Justina.* 2) (adj.) borracho. *Mi vecino va todo el día de vinagre; nunca lo he visto sobrio.*
virguería (f.) cosa complicada pero bien hecha. *Mi hermano ha diseñado una virguería de página web.*
vista gorda (loc. sust. f.) con el verbo y artículo "hacer la", fingir no darse cuenta de algo. *Los que tenemos conciencia no podemos hacer la vista gorda ante las injusticias.*

W

water (m.) W.C., servicio, retrete (del inglés "water closet" pronunciado [báter]; no suele escribirse).

Y

yayo (sust.) abuelo. *Mi yaya sabe hacer unos biscochos de nuez dabuti.*
yogurín (m.) persona muy joven, inmadura. *¡Pero Maripepa! ¿Cómo vas a salir con Leonardo si es un yogurín? ¡No creo que tenga más de 16 años, te van a llamar asaltacunas!*
yonqui (de la jerga inglesa "junkie") drogadicto, generalmente a la heroína.
yoya (f.) bofetada (en desuso). *Como Juan vuelva a darme la lata le meto dos yoyas.*

Z

zombi (adj.) dormido, ausente. *Ayer he trasnochado y hoy estoy zombi.*

JERGA DE GUATEMALA

A

a memeches (loc. adv.) sobre los hombros. *Don Pedro traía a su nietecito a memeches para que viera mejor la carrera.*
a pija (loc. adv., vulgar) borracho. *Irving estaba a pija cuando le robaron la cartera.*
a poco (loc. adv.) acaso, expresión que pide confirmación o conformidad (usada siempre con interrogativo). *¿A poco le dijiste eso al profe delante de toda la clase? -- ¿A poco no? ¿Qué crees, que no me iba a atrever? ¡A poco!* interjección de sorpresa, admiración, incredulidad. *¿Supiste que a Ramón lo reprobaron en el examen final? -- ¡A poco!*
a puro tubo (loc. adv.) forzosamente. *¡Y no me digás que no! Vas a ir a misa a puro tubo.*
a talega (loc. adv., vulgar) borracho. *El hombre iba bien a talega y no se dio cuenta que no llevaba pantalones.*
a tuto (loc. adv.) a cuestas, sobre los hombros. *Llevaban el cajón a tuto entre dos hombres.*
a verga (loc. adv., vulgar) borracho. *Andaba bien a verga manejando cuando se estampó contra un árbol.*
abonarse (v.) bailar con la misma persona por largo rato. *Julio y Mercedes se abonaron en la fiesta.*
aciguambado / aguambado (adj.) lento, tonto, lerdo (usado en la parte oriental del país). *Ana, no seás tan aciguambada y ayudame a levantar esto.*
achicopalar 1) (v.) avergonzar, humillar, cohibir. *Josué se va a achicopalar si le dices que te gusta. Es muy tímido.* (adj.) **achicopalado.** *El profesor la tenía achicopalada; ella no lograba dejar de tartamudear en su presencia.* 2) (v.) entristecer. *Me quedé achicopalada cuando oí las malas noticias.*
achis interjección de sorpresa, asco, admiración. *No tengo ni un centavo para comprar comida. ¡Achis, yo voy a ir a cortar mangos aunque sea!*
aflatado (adj.) asustado, preocupado, mortificado. *Estoy aflatada con las noticias de la guerra.* (v.) **aflatarse.** *Sus papás se aflataron cuando supieron del accidente de Leonardo.*
agringarse (v.) adoptar las costumbres de la gente de EEUU (adj. agringado). *Lorena se agringó mucho desde que la mandaron a estudiar un año a un colegio de Boston. Ahora dice que no le gustan las tortillas y pide que le den pan blanco.*
aguacate 1) (adj.) poco atrevido o arriesgado. *Él no se sube a esa montaña, es muy aguacate.* 2) (adj.) consentidor. *Adriana es muy aguacate con sus hijos, les pasa todo.*
aguadar (v.) debilitar. *Del susto se me aguadaron las piernas.*
aguado (adj.) débil, flojo. *Gustavo no aguanta nada, es muy aguado.*
agüitar 1) (v.) asustar, cohibir. *Me siento toda agüitada cuando camino sola de noche.* 2) (v.) entristecer, deprimir. *No te agüités, la guerra terminará pronto.*

ahí / aquí está tu son, Chabela frase que implica que alguien está recibiendo algo (no necesariamente positivo) bien merecido. *¿Que te portaste mal con tu abuela? Ahí está tu son, Chabela: esta semana no salís a jugar, estás castigado.*
ahi nos vidrios despedida, "ahi nos vemos".
ahuevarse (v.) acobardarse, asustarse. *Fernando se ahuevó y al final no se atrevió a saltar con la liga bungee.*
alalá / ala interjección. *¡Alalá, cómo me cae de mal ese patojo! / Ala, yo no quiero ir a la escuela.*
alebrestarse (v.) agitarse, alborotarse. *José Luis anda bien alebrestado porque, después de tantos años, su mujer por fin salió embarazada.*
alunado (adj.) enojado, de mal humor. *No te acerques a Hernán, que anda alunado.*
amansaburros (m.) diccionario. *Vas a necesitar un amansaburros nuevo cuando entres a la secundaria, ¿verdad?*
amelcochado (adj.) en actitud romántica, mirando fijamente, abrazando, besando a la persona amada. *Cada vez que oyen su canción, Sara y Estéban se ponen todos amelcochados.* (v.) amelcocharse.
amiguero (adj.) sociable, que hace amistad fácilmente o que tiene muchos amigos. *Luis era tan amiguero que no podía pasear por la calle sin que la gente lo detuviera varias veces para saludarlo.*
amishado (adj.) huraño (al gato se le llama "mish"). *Víctor se ha vuelto muy amishado desde que quedó viudo.*
apachar (v.) aplastar, apachurrar. *No apachés las frutas que se arruinan.*
apachurrar / apachurrarse (v.) bajarle el ánimo a uno, entristecer; desanimarse, entristecerse. *Él tiene la costumbre de apachurrar a su mujer con las cosas que le dice.* (adj.) apachurrado: deprimido, triste, desalentado. *Juana anda toda apachurrada porque al final no le dieron el puesto de trabajo que quería.*
apantallar (v.) presumir, deslumbrar. *Ahi andaba Simón, apantallando a los amigos con su novia europea.*
arbano (sust.) combinación de "árabe" y "hermano", se refiere a personas provenientes del medio oriente. *En el restaurante de los arbanos probamos algo bien sabroso que se llama falafel, hecho con garbanzos.*
arralarse (v.) asustarse. *Miguel se arraló cuando el hombre lo amenazó con un cuchillo.*
arrastrado (sust.) persona obsecuente y servil. *Jaime es un arrastrado, por eso el jefe lo prefiere.*
arrastrar la cobija (loc. v.) estar muy enamorado. *Héctor anda arrastrando la cobija por Eugenia.*
arreado (adv.) de prisa. *Véndame unos sobres rápido que ando arreada. / En la clase de matemáticas nos llevan arreados.* (v.) arrear: apurar, incitar a la acción.
arrecho (adj.) que demuestra empeño, tesón. *Anita es muy arrecha para los estudios.*
arrimado (sust./adj.) persona que vive en casa ajena sin contribuir para el gasto. *El sobrino de Lucas lleva tres meses de arrimado en la casa de su tío.*

G

asaltacunas (sust. invariable en género y número) persona que tiene relaciones sentimentales y / o sexuales con otras mucho más jóvenes. *Todos empezaron a llamarme asaltacunas cuando supieron que mi novio es menor que yo.*
atravesado (adj.) atrevido, audaz, temerario. *No le digan a Luis Rodrigo que haga eso. Es peligroso y saben lo atravesado que es.*
aventado (adj.) atrevido, audaz. *Eric es bien aventado y no se avergüenza de nada.*
aventón (m.) acción de llevar un conductor (en auto, moto, etc.) a un pasajero gratuitamente *Nos vamos a ir a la playa de aventón.* (loc. v.) **dar un aventón:** acompañar a alguien a un sitio con el vehículo de uno. *Dame un aventón al centro, vos que tenés que pasar por ese rumbo.*
azacuán (m.) ave centroamericana conocida como animal que predice la lluvia, especie de ave de mal agüero. Por extensión, persona que da malas noticias. *Ya viene ese azacuán a contarnos alguna desgracia.*

B

babosada (f.) estupidez, disparate. *Ya no digás babosadas, si no sabés nada sobre el tema, mejor quedate callado.*
babosear 1) (v.) entretenerse, perder el tiempo. *Ángeles estaba baboseando en internet cuando llegó el jefe y le dio una santa regañada.* 2) (v.) distraerse. *Me salí del carril y casi choco por andar baboseando.*
bagre (adj./sust.) malvado, vil, ruin. *Elia es una bagre, siempre hace trampas. / Gloria está en el hospital porque el bagre de su marido la golpeó con una silla.*
bajar (v.) robar, quitar. *El niño le bajó tres canicas a su compañero de juegos.*
bajar libros (loc. v.) pensar, concentrarse, hacer memoria. *Tuvimos que ponernos a bajar libros para recordar en qué fecha se casaron Sabina y Manuel.*
banquetear (v.) estar muy enamorado. *José Luis anda banqueteando por Leticia.*
barajarla más despacio (loc. v.) explicar con más detalles. *A ver, barajámela más despacio ¿querés decir que Jaimito no es hijo de tu marido, como todos pensábamos?*
bemba (f.) 1) hocico, jeta. 2) (f.) labios protuberantes, gruesos. *Le salió un fuego en un labio y se le hizo una bemba bien grandota.* (adj.) **bembón.** *Será muy bonita la tal Angelina Jolie, pero a mí no me gustan las mujeres tan bembonas.*
birria (m.) cerveza. *¿Quién me robó las birrias que dejé en el refrigerador?*
bisnero (adj./sust.) persona que a menudo entra en tratos y negocios, no siempre legales. *El gobierno actual está lleno de bisneros.*
bisnes (m.) negocio (del inglés "business"). *Tengo un mi bisnes entre manos.*
boca aguada (loc. adj.) persona a quien no se le puede confiar un secreto. *¿Y le contaste a Roberta lo de tu hermana? ¿Qué no sabes lo boca aguada que es?*
bolo (sust./adj.) borracho. *Armando anda bolo y no quiere irse a dormir.*
bote (m.) cárcel. *Metieron al bote al "Pando" por asaltar una farmacia.*
buchaca (f.) boca. *Yo mejor cierro la buchaca y no me meto en problemas.*
buena nota (loc. adj.) bueno, simpático, agradable, amable. *Verás que Mirla es buena nota; te va a caer muy bien.*
bueno / buenón / buenote (adj.) guapo, atractivo, de buen aspecto. *Mónica se puso bien buenota desde que bajó diez kilos.*

JERGAS DE HABLA HISPANA

G

buitrear (v.) vomitar (m. **buitre**, como en las frases "**echar el buitre** y **amarrar buitre**). *El perro buitreó en la cocina después de haberse comido el guiso de Alicia.*
burra (f.) autobús (en el occidente del país). *Tuve que irme en burra porque no pasaba ningún taxi.*
buruca 1) (f.) protesta. *Hubo una gran buruca cuando se supo que iban a volver a aumentar el precio de la gasolina.* 2) (f.) conspiración. *Se descubrió que los colegas estaban formando una buruca para hacer que Wilson fuera culpado por el material robado.* 3) (f.) pleito, riña. *Cuando salimos con ellos, la noche siempre termina en buruca.*
buscona (f./adj.) mujer en busca de compañía masculina. *Acabo de ver entrando a un bar a la buscona de tu vecina.*

C

cabrón (sust./adj.) persona lista, despierta. *Tu hijo es muy cabrón, nunca pierde en las apuestas.*
cacha 1) (f.) esfuerzo. *¡Hay que hacerle la cacha para obtener lo que queremos!* 2) (f.) trabajo suplemental ocasional. *Ernesto tuvo que salir a hacer unas cachitas para ganar más lenes.*
cachar (v.) atrapar, capturar, pillar (del inglés "to catch"). *El perro corrió tan lejos que el perrero no lo pudo cachar.*
de **cachetes embarrados** (loc. adj.) enamorado. *David ya anda de cachetes embarrados con Carmen.*
cachimbazo 1) (m.) mucho, gran cantidad. *Hoy tengo que hacer un cachimbazo de cosas.* 2) (m.) golpe fuerte. *A Zoila le dieron un cachimbazo en la cabeza cuando quiso entrometerse en la pelea.* 3) (m.) balazo. *Volaron los cachimbazos cuando la policía y los malandrines se enfrentaron.* 4) (m.) vaso o copa de bebida alcohólica. *A esos cuates les encanta tomarse sus cachimbazos en la tienda de Lola.*
cachimbear (v.) castigar corporalmente, golpear (pronunciado "cachimbiar"). *Si Miguelito no vuelve a casa a las siete, le voy a dar una buena cachimbeada.*
cachimbiro (sust./adj.) vulgar, de mal gusto. *La página web de Humberto tiene las fotos más cachimbiras que yo haya visto jamás. / Isidora se habrá titulado, pero sigue siendo una cachimbira.*
cachimbón (adj./sust.) excelente, muy bueno. *El Alianza es el más cachimbón de todos los equipos de fútbol.*
cachos (m. plural) infidelidad a la pareja. *A Eduardo le pusieron los cachos con el electricista.*
cagarse (v.) asustarse mucho (adv./adj. **cagado**). *Adriana se cagó cuando alguien le dejó un mensaje anónimo amenazándola de muerte.*
calaca (f.) esqueleto humano. *¿Qué le ves de bonito a esa modelo? Parece calaca de tan flaca.* (f.) la muerte. *Don Enrique, se lo va a llevar la calaca si no se toma sus medicinas.*
caliente (adj.) enojado, de mal humor (con los verbos andar / estar). *Guillermo anda caliente desde que supo que su novia lo quería dejar.*
calilla (f.) molestia. (usado con el verbo "parecer", persona que molesta, insistente). *Dejá de decirme qué es lo que quieres para tu cumpleaños. Parecés calilla.*

182

camote (m.) pantorrilla. *De tanto correr me dolieron los camotes.*
campaña (f.) favor. *Haceme la campaña de venir por mí al trabajo.*
canas verdes (loc. sust. f.) desesperación, agobio (con los verbos sacar / salir). *¡Ese mocoso me está sacando canas verdes con tanto berrear!*
canche (sust./adj.) persona de piel y cabello claros. *Perlita, la hija de Antonio, salió canchita, como su mamá.*
canela fina (loc. adj.) listo, despierto. *Mi hermanita es canela fina; es mejor no hablar de eso delante de ella.*
canijo 1) (adj.) difícil, complicado. *Tá canijo que a Ruth le den permiso para ir a la discoteca contigo.* 2) (adj.) dicho de persona, malvado. *Roberto es tan canijo que no dudo te invite al concierto y luego te deje plantada.*
cantineador (m.) hombre muy enamoradizo.
cantinear (v.) hacer la corte, enamorar. *Manolo está cantineándose a tu hermana.*
capear (v.) evitar una obligación o una situación negativa. *Nora se capeó del trabajo porque tenía mucho sueño. / Mejor salgamos otro día, hay que capear este aguacero.*
capirulazo (m.) copa o vaso de bebida alcohólica. *Nomás me alcanza para dos capirulazos.*
capucha (f.) preservativo, condón. *No debes tener relaciones si no usás una capucha.*
caquero (sust./adj.) 1) engreído. *La caquera de Lisette no quiso salir con Germán porque dice que él es muy poca cosa para ella.* 2) (sust./adj.) susceptible, quisquilloso. *Con Elsa no se puede tratar. Es tan caquera que con cualquier cosa se ofende.* 3) (sust./adj.) exigente, difícil de complacer. *Mi tata es un caquero que nunca está satisfecho con las calificaciones que saco en la escuela.*
casaca (f.) mentira. *Julián quiere convencer a esa muchacha con puras casacas.* (adj.) **casaquero**: mentiroso. *No te creo, tenés fama de casaquero.*
cashpián / cashpiano (sust.) amante. *Rigo no es fiel; le conozco varias cashpianas.*
caula (f.) treta, maña, engaño. *Él tiene una su caula para reparar este aparato. / Jorge conquistó a Queta con caula.*
cerote 1) (m.) mojón de excremento. *¡Otra vez el maldito perro de los vecinos vino a dejar sus cerotes aquí!* 2) (adj.) impertinente, enfadoso, despreciable. *¡Mirá qué cerota ésa, cómo le contesta de mal a su madre!*
chachalaquear (v.) decir trivialidades, hablar mucho (sust./adj. **chachalaquero**). *Cada vez que viene tu hermana se la pasa chachalaqueando y me quita mucho tiempo.*
chafa 1) (m.) militar. *Los chafas entran al cine gratis.* 2) (adj.) de marca no reconocida o de mala calidad. *Voy a comprarme un radio chafa.*
chamba (f.) trabajo, empleo. *Mañana no puedo verte; tengo mucha chamba.*
chambear (v.) trabajar. *En cuanto se recibió se puso a chambear en la misma universidad donde estudió.*
chambeador (sust./adj) trabajador, que se esmera en su ocupación. *Lucila es chambeadora; nunca está quieta.*
chambón (adj/sust.) persona que no hace las cosas bien hechas. *Nadie quiere trabajar con él porque es un chambón.*
chambonada (f.) cosa mal hecha. *Ese gorro que tejiste es una chambonada. Deshacelo y volvelo a tejer.*

chamusca (f.) juego informal de futbol. *El torneo de futbol del año pasado fue tan malo que más bien parecía una serie de chamuscas.*

chance (m.) trabajo, empleo. *Milton no ha encontrado otro chance desde que cerraron la fábrica de lámparas.*

chancle (sust.) persona muy cuidadosa de su aspecto, bien vestida. *Mi patrona es una chancla. / Mírate todos esos chancles parados en la esquina.*

chancuaco (m.) cigarro. *Daniel es bien lamido, ¡se acabó todos mis chancuacos!*

changarro (m.) negocio, tienda modesta o puesto callejero. *Le quitaron el changarro a don Cosme porque no tenía licencia para vender.*

chante (m.) casa, hogar. *En mi chante nunca hay nada bueno que comer.*

chaparrastroso (adj.) desaliñado, sucio, mal vestido. *¡Ni crean que las voy a llevar a la fiesta así de chaparrastrosas como andan!*

chaparro (sust./adj.) persona de baja estatura. *Mi abuelita es bien chaparrita.*

chapín (sust./adj.) guatemalteco. *Tengo dos amigas chapinas que viven en Estados Unidos.*

charamilero (sust.) persona adicta a la bebida llamada "charamila", una mezcla de alcohol etílico con agua o soda. *A cada paso se veían charamileros tirados en la calle.*

charnel (m.) automóvil. *¡Ya lavá ese charnel que está que se cae de sucio!*

charro (sust./adj.) mexicano. *Cuando estuve en la universidad en California conocí a dos charras de Sonora y Baja California.*

chavo (sust./adj.) persona joven, muchacho. *¿Invitaste a las chavas al purrún?*

chele (f.) legaña. *¡Qué clavo, salí a la calle con los ojos llenos de cheles!*

chelón (sust./adj.) legañoso. *Debo de tener una infección en los ojos porque amanezco toda chelona.*

chenca (f.) colilla de cigarro. *Hay que vaciar los ceniceros; están todos llenos de chencas.*

chenco (sust./adj.) rengo, cojo, que tiene una pierna más corta que la otra. *La mesa está chenca. Ponele algo a la punta de esa pata para nivelarla.* (v.) **chenquear.** *Mi tata chenquea desde que tuvo el accidente.*

cheve (f.) cerveza. *El otro día probé una chela con sabor a cereza, importada de Bélgica.*

chevo (adj.) tonto. Anécdota curiosa sobre el origen de la palabra, que originó en Quetzaltenango. Allí vivía un señor muy peculiar que a menudo cometía tonterías. Se llamaba don Eusebio, y a los Eusebios se les llama Chevos. Don Chevo había sido invitado a una fiesta y estaba lloviendo mucho. Él era muy cumplido, y como no había teléfonos en ese entonces, llegó a la fiesta bajo la lluvia y dijo en la puerta: "Sólo vengo a avisar que no puedo venir porque está lloviendo mucho." (Se usa especialmente en el Occidente del país y algunas regiones del centro de Guatemala). *No rompás esas fotos, no seás cheva. Luego te podrías arrepentir.*

chichí (sust. invariable en género) bebé, niño pequeño (habla infantil). *¿Te gusta el chichí que está en el columpio, nena?*

chilaca (f.) axila. *¡Bajá el brazo que te apesta la chilaca!*

chilatoso (adj.) andrajoso, mal vestido. *Sandra fue a la casa de su hermana toda chilatosa, sin saber que le habían preparado una fiesta de sorpresa.*

chilazo (m.) instante. Con las preposiciones "en" y "de" y el artículo indeterminado se usa como adverbio con significado de "a toda velocidad, rápidamente". *Me gusta cómo trabaja Laura--ella lo hace todo en un chilazo. / Si tomás este camino, llegás a la frontera de un chilazo.*

chilerear (v.) presumir o lucir prenda u objeto de lujo (usado en modo despectivo refiriéndose a los indígenas). *¿Viste el Rolex que anda chilereando ése?*

chilero (adj.) atractivo, bonito. *Esa tu camisa está bien chilera.*

chilindrina (f.) niña llorona y fastidiosa (alusión al personaje del programa TV "El chavo del ocho"). *¡Nadie quiere quedarse a cuidar a esa chilindrina, ni pagándole extra!*

chimar (v.) tener relaciones sexuales. *¡Ustedes nomás piensan en chimar!*

china (f.) niñera. *¿Me podés recomendar a una buena china?*

chindondo (m.) chichón. *¡Ese loco me tiró una piedra en la mera cabeza y me dejó este chindondo bien grande!*

chinear (v.) cargar a una persona, generalmente a niños pequeños. *Mamá, chinéame.*

chingo (m.) mucho, gran cantidad. *Hay un chingo de basura por las calles. / Son mis sobrinas y las quiero un chingo.*

chino (adj.) aburrido, fastidiado. *Estoy chino de comer sólo pollo. ¿No hay nada más?*

chirís (sust.) niño. *El patio estaba lleno de chirises. / Ya hiciste llorar a la pobre chirisa otra vez. / Es hora de cambiarle el pañal al chirisito.*

chirmol (m.) chisme *No me metas en chirmoles, o te va a ir mal.*

chirmolero (sust./adj.) chismoso *Sos bien chirmolera, pero no aguantas cuando hablan mal de vos.*

chish interjección de asco. *¡Chish, esperá a que limpien la mesa antes de sentarte allí!*

chispudo (adj.) vivo, ingenioso, astuto. *En mi clase Regina era la chispuda del grupo. / Doña Ester siempre ha sido muy chispuda y siempre nos hace reír con sus comentarios acertados y agudos. / La respuesta chispuda de Raulito nos dejó asombrados.*

chivas (f. plural) pertenencias. *Los muchachos agarraron sus chivas y se subieron al tren.*

choca (f.) moneda de 25 centavos (por la imagen de una indígena de Sololá que parece que tuviese los ojos cerrados). *Me encontré dos chocas en un cajón del escritorio.*

choco (sust./adj.) ciego, tuerto. *Me estoy quedando choco; creo que ya necesito lentes.*

cholero (sust./adj. despectivo) sirviente (se usa también como insulto). *El cholero de los Gómez es un abusivo. / ¡No sos más que una cholera!*

chompipe de la fiesta (m.) el chivo expiatorio, la persona a quien se culpa cuando hay más de un responsable. *Esta vez le tocó al pobre de Jaime ser el chompipe de la fiesta.*

chonta (f.) la policía en general. *La chonta se tardó dos horas para llegar al lugar del accidente.*

chonte (m.) agente de policía. *Acabo de ver a dos **chontes** saliendo de tu casa. Te andan buscando.*

chorrearla (v.) arruinar algo, cometer un grave error o una indiscreción. *¡La **chorreaste** cuando le dijiste que viste a su novia caminando abrazada de otro!*

chorrillo (m.) diarrea. *Me pasé todo el fin de semana encerrado en la casa con **chorrillo**.*

chotear 1) (v.) vigilar la policía secreta a una persona. *A Mariano lo están **choteando**, mejor que ni te vean con él.* 2) (v.) señalar la sociedad a una persona por lo que percibe como mal comportamiento. (adj.) **choteado**. *Ese político, por mucho que esté **choteado**, tiene la desvergüenza de seguir candidándose.*

choya (f.) pereza, pachorra. *¡Qué **choya** la de Roberto ésa de dejar que su madre le siga lavando la ropa ahora que él vive en un apartamento de soltero.* (adj.) **choyudo**. *La gente **choyuda** nunca realiza sus proyectos.*

choza (f.) casa, hogar. *Vení, te invito a mi **choza**.*

chuchón (adj.) tragón, comilón. *Héctor es tan **chuchón** que en su casa nunca hay sobras.*

chueco (adj.) irregular, ilegal. *Jorge anda en negocios **chuecos**; ya hay gente que sospecha de él.*

chufla (f.) (f.) indirecta, insinuación. *A Marina por más **chuflas** que le digan no se da por enterada. / No me gusta cuando me echan **chuflas**--a mí que me digan clarito lo que me tengan que decir.*

chunche (m.) cosa, objeto, cachivache (m. **chunchero**: montón de cosas). *¡Quitá tus **chunches** de la mesa!*

chupar (v.) beber bebidas alcohólicas. *Lo único que saben hacer los fines de semana es **chupar**.*

clarines (sust. usado como adverbio) claro, por supuesto. *¡**Clarines** que voy al cine con Luis Miguel!*

clavar (v.) estafar, hacer mala jugada. *Antonio me **clavó** con el carro que me vendió; no sirve.*

clavarse (v.) robar. *Cada vez que viene aquí, Norma **se clava** todos los ceniceros que encuentra.*

clavero (sust.) persona que frecuentemente comete clavos, actos que causan ver-güenza. *No me gusta salir con él porque es un **clavero** y nomás me hace pasar vergüenzas.*

clavo 1) (m.) problema. *No encuentro la solución para todos estos **clavos**.* 2) (m.) acto que causa vergüenza. *Me dio un **clavo** horrible cuando se rompió mi vestido. / Griselda siempre hace **clavos** en la mesa porque nadie le enseñó cómo se usan los cubiertos.*

codo (adj.) avaro, tacaño. *No seás **coda**, dame más para el regalo de Miriam.*

coger (v., vulgar) tener relaciones sexuales.

colado (sust.) persona que entra en sitios donde no ha sido invitado o sin pagar (verbo **colarse**). *Entramos de **colados** a la inauguración de ese restaurante.*

colgar los tenis (loc. v.) morir. *El pobre viejo va a **colgar los tenis** bien pronto si no le consiguen las medicinas que necesita.*

G

colocho 1) (adj./sust.) rizado (dicho de cabello), y por extensión, persona de cabellos rizados. *Rosa y todos sus hermanos son colochos.* 2) (sust.) apelativo genérico usado en vez del nombre propio. *Hola, colocha, ¿cómo te va?* 3) (sust.) individuo, tipo. *Ese colocho me ha quedado mal.*

columpiarse (v.) abusar, aprovecharse de una situación. *Bueno, te voy a llevar, pero no te columpiés.*

como pizote (loc. adj.) solo, sin compañía. *Irma, no vayas como pizote al cine; llevate a tu hermana.*

con la camisa levantada (loc. adv.) con miedo, asustado. *Y nosotros andamos con la camisa levantada por las noticias del terremoto.*

conchudez (f.) desvergüenza, indolencia. *Fue el colmo de la conchudez: le subió más alto el volumen al estéreo cuando empecé a decirle que debería buscarse un trabajo.*

conchudo (adj.) desentendido, indolente, desobligado. *¡Qué conchudo es Oscar! Hace trabajar a su mujer mientras él se toma una siesta.*

corcho (m.) acto que causa vergüenza. *¡Qué corcho! ¡En la boda derramé el vino en el vestido de la novia! / Mi hijo hizo un corcho metiéndose un dedo en la nariz mientras le sacaban una foto para el pasaporte.*

correr la bola (v.) difundir una noticia inquietante o incierta. *Se corrió la bola por toda la escuela que uno de los muchachos llevaba una pistola escondida.*

corretear (v.) perseguir, acosar. *El perro de la vecina correteó al vendedor ambulante hasta la esquina.*

coyote (m.) persona que se encarga ilegalmente de facilitar trámites o conseguir documentos falsificados. *Conozco a un coyote que no cobra muy caro y que podría conseguirte un pasaporte.*

cruda (f.) malestar físico después de una borrachera. *Cada vez que tomo vino blanco me da cruda.* (adj.) **crudo**: que padece de este malestar. *Víctor andaba bien crudo el día que se casó.*

cuache (m. invariable en femenino excepto el diminutivo cuachitas) gemelo, mellizo. *Adriana y Felicia son cuaches, y una de ellas acaba de tener cuachitas.*

cuajarse (v.) dormirse, adormecerse. *Estaba tan aburrida que me cuajé en la clase de historia.* (m.) **cuaje** sueño, dormida. *A la mitad de los pasajeros les dio cuaje después de la primera hora de camino.* (adv.) **cuajado** usado con el verbo "caer" *Caimos cuajados por el cansancio después de subir todos los muebles a la azotea.*

cuate 1) (sust./adj.) amigo. *Renata y Yesenia son muy cuatas.* 2) (m.) hombre, individuo. *Ese cuate es muy popular.*

cucufate (m.) trasero, nalgas. *¿Ya viste el cucufate que tiene ése?*

cucheco (sust./adj.) belicoso, picapleitos (usada en el occidente del país). *Mis hermanas son muy cuchecas, siempre tengo que andar separándolas cuando se pelean porque se ponen violentas.*

cuchufleta (f.) zapato viejo. *El perro encontró una cuchufleta en la calle que usa como juguete.*

cuentazo (m.) golpe fuerte. *Jorge le dió un cuentazo al fulano en defensa propia.*

cuello (m.) trato preferencial o privilegiado. *Francisco tiene cuello con el profesor.*

187

JERGAS DE HABLA HISPANA

G

cuerudo 1) (adj.) insensible, duro. *Gerardo es* **cuerudo** *y no se nota si está sufriendo.*
2) (adj.) sin escrúpulos. *Ella era una mi amiga, pero la muy* **cueruda** *me quitó a mi novio.*
cuete (m.) pistola. *El delincuente los amenazó con su* **cuete**.
culear (v., vulgar) tener relaciones sexuales.
culebrear (v.) ser adulador, obsecuente y servil (porque se arrastra). *¡Dejá de* **culebrear** *a tu suegro!* (adj.) **culebra**. *Marcos es bien* **culebra** *con su jefe.*
cuque (m.) soldado. *Los* **cuques** *tuvieron un desfile ayer.*
cuto (m.) copa de bebida alcohólica. *Llevales estos* **cutos** *a los de la mesa número cinco.*

D

dar chicharrón (loc. v.) matar. *Le* **dieron chicharrón** *al periodista por insistir en investigar sobre los negocios* chuecos *del gobernador.*
dar en la torre (loc. v.) estropear, arruinar. *La nueva ley sobre los impuestos nos* **dio en la torre**.
dar lata (loc. v.) molestar, fastidiar. *¡Dejá de* **dar lata** *y ponete a estudiar!*
darle al clavo (loc. v.) acertar (variante de "dar en el clavo"). *¡Le* **diste al clavo**! *Mónica está embarazada, nos lo dijo esta mañana.*
darse paquete (loc. v.) presumir, vanagloriarse. *Gema se* **da paquete** *porque su marido es rico.*
de a huevo (loc. adj.) muy bueno, excelente. *Haceme un dibujo, pero que esté* **de a huevo**.
de a pelos (loc. adj.) muy bueno, excelente. *El cuento que escribiste está* **de a pelos**.
de al pelo (loc. adj.) aprovechado. *¡Qué* **de al pelo** *es Walter! No me quiere pagar lo que me debe.*
de jalón (loc. adj.) quien se suma con entusiasmo a una empresa común. *Como Aurora es* **de jalón**, *fue la primera que aprobó la idea de tener la fiesta en la playa.*
de la patada (loc. adv.) muy mal, pésimamente. *Nos fue* **de la patada** *en el examen de física.*
de luna (loc. adj.) malhumorado. *Joel está* **de luna**. *Mejor ni lo molestes.*
de medio palo (loc. adj.) ni bonita ni fea / ni guapo ni feo: de aspecto regular. *Andrés está* **de medio palo**, *pero es tan simpático que todas quieren salir con él.*
de nuez (loc. adv.) de nuevo, otra vez. *¿No recibiste mi foto? Te la mando* **de nuez**.
de panzazo (loc. adv.) apenas, por poco. *Pasamos el examen de álgebra* **de panzazo**. */ Alcancé a entrar al banco* **de panzazo**; *ya estaban cerrando.*
de pele (loc.adv.) ociosamente, de vagancia. *Me fui* **de pele** *con unos* cuates *al lago en lugar de ir con mi mamá a visitar a los abuelos.*
dejar pelón el clavo (loc. v.) ir muy bien vestido. *Rogelio* **dejó pelón el clavo** *el día de la boda de su hermana.*
descacharrado (adj.) desaliñado, descuidado en el aspecto. *Estéban iba bien* **descacharrado** *por la calle... tan presumido que era, no sé qué le habrá pasado.*
deschavetarse (v.) enloquecer. *Mariano se* **deschavetó** *cuando lo eliminaron del equipo.*

188

G

deschongue (m.) escándalo, caos, tumulto. *Anoche no pude dormir a causa del* **deschongue** *que traían en casa de los Ramírez.*

desconchinflar / desconchinflarse (v.) arruinar, averiar; dejar de funcionar. *Yesenia* **desconchinfló** *la impresora; vamos a tener que comprar otra. / Se* **desconchinfló** *la computadora, y ahora no puedo escribir en mi blog.*

desguachipado (adj.) desaliñado, descuidado en el aspecto. *Estela está deprimida, por eso la ves tan* **desguachipada.**

desmadrar / desmadrarse (v.) arruinar, averiar; dejar de funcionar. *Volviste a* **desmadrar** *el carro, ¿verdad? / Se* **desmadró** *otra vez el aire acondicionado en el taller y nos estamos asando.*

desmostolar (v.) destruir, hacer polvo. *Dijeron en las noticias que la bomba* **desmostoló** *todo el edificio.*

detallar (v.) sesión apasionada de besos y caricias. *No dejaron de* **detallar** *ni cuando entró el profesor al salón de clases.*

dicha (f.) suerte. *Por* **dicha** *se me ocurrió traer el paraguas... ¡mirá cómo llueve!*

dos que tres (adv.) regular, más o menos. *¿Qué tal te va en la chamba nueva? --Dos que tres.*

dundo (sust./adj.) tonto, lunático. *Cristina es* **dunda**--¿viste cómo se puso la blusa al revés?

E

echar chile (loc. v.) presumir o lucir prenda u objeto de lujo. *Ahi viene Liliana* **echando chile** *con su anillo de brillantes nuevo.*

eléctrico (adj.) tenso, nervioso, ansioso. *No me gusta trabajar con Jorge, siempre está* **eléctrico.**

empiernarse (v.) tener relaciones sexuales. *Célida y Alberto están de luna de miel. Seguramente se pasarán todo el tiempo* **empiernados.**

empresa de cartón (f.) empresa falsa. *Abrieron cuatro* **empresas de cartón** *y trece cuentas bancarias en Panamá.*

empurrado (adj.) con expresión severa en la cara, mal encarado. *Don Ramiro anda* **empurrado,** *quién sabe quién lo hizo enojar.*

empurrarse (v.) contrariarse, enojarse. *No tiene caso* **empurrarse** *por una cosa tan insignificante.*

emputarse (v.) enfurecerse. *Pascual* **se emputó** *cuando supo que su hijo había sido arrestado por exhibirse desnudo delante de un convento.*

en capilla ardiente (loc. adv.) en suspenso, en espera de algo. *Mañana me dan el resultado del examen que tuve en esa clase tan difícil. Estoy* **en capilla ardiente.**

en la torre interjección de consternación, angustia, aflicción. *¡En la torre! ¡Me va a matar mi hermano si se da cuenta que le rompí la camisa que me prestó!*

en paleta (loc. adv.) mucho, gran cantidad. *Miguel ganó trofeos* **en paleta**; *fue el mejor pescador. / La fiesta estuvo espléndida y gozamos* **en paleta.**

echar los perros (loc. v.) cortejar a alguien. *Pablo le anda* **echando los perros** *a Lucía.*

echar(le) un ojo (a algo) (loc. v.) observar, cuidar, estar de guardia. **Échenle un ojo** *a mi bici mientras entro a la tienda a comprar los refrescos.*

encachimbar (v.) enojar, molestarse (adj. **encachimbado**). *Me encachimba que no me hagás caso. / Estela está encachimbada porque su novio se fue con otra.*
encampanado 1) (adj.) enamorado. *Felipe está bien encampanado con esa novia.* 2) (adj.) ilusionado, entusiasmado. *Griselda estaba bien encampanada con ese trabajo cuando lo tuvo que dejar por problemas de salud.*
enchinchar (v.) enojar, molestarse. *Vas a terminar enchinchando al perro si sigues agarrándole la cola.* (adj.) **enchinchado**. *Pedro se pone violento cuando está enchinchado.*
entrañudo (sust./adj.) malintencionado. *No te voy a volver a advertir sobre Ignacio: todos saben que es un entrañudo. / Su pregunta fue entrañuda.*

F
fajasón (f.) pleito. *Lorenzo estuvo metido en una fajasón.*
fajar (v.) pelear. *A Federico le gusta fajarse con todo el mundo.*
farandulero (sust.) persona que se entretiene en eventos sociales. *Rosalilia es una farandulera, siempre anda organizando actividades para la iglesia.*
farolazo (m.) favor. *Necesito que me hagás un farolazo: ¿llevarías a los güiros a la escuela mañana?*
filero (m.) navaja, cuchillo. *Quiero conseguirme un filero como el que tiene el "Chinche".*
finde (m.) fin de semana. *Este finde nos vamos al mar.*
flato 1) (m.) miedo, pánico. *Tengo un flato terrible de salir a pie de noche.* 2) (m.) ansiedad. *Las películas de terror me dan flato.* 3) (m.) malestar después de una borrachera. *Dijo que estaba enfermo, pero pa' mí que andaba con flato.*
fregado 1) (adj.) perverso, ruin. *Arturo es bien fregado; siempre tiene doble intención cuando hace algo.* 2) (adj.) astuto, hábil. *Julio lo compone todo: es bien fregado con la electrónica.*
fregar (v.) molestar, fastidiar. *A estos niños les encanta fregar a los mayores.* (adj.) **fregón**. *¡Cómo es fregón tu hijo!*
fría (f.) cerveza. *El día está perfecto para tomarse unas frías.*
friquear (v.) espantar, asustar (de la jerga en inglés "to freak")(adj. = **friqueado**). *No friquees al pobre bebito con esa máscara.*
fuchi expresión de asco. *¡Fuchi! ¡Esa sopa yo no me la como!*
fufurufo (sust./adj.) vanidoso, presumido. *Ahi anda Leti bien fufurufa con el vestido que le regalaron para su graduación.*

G
gacho 1) (sust./adj.) malvado, ruin, vil. *La gacha de Eva no vino a la fiesta. / No seás gacho, haceme ese favor.* 2) (sust./adj.) malo, penoso, una lástima. *¡Qué gacho! ¿Oyeron del terremoto en Turquía?* 3) (adj.) de mala calidad. *Se ve a leguas que esos zapatos son bien gachos.*
gachupín (sust./adj.) proveniente de España (cayendo en desuso). *A Marla la vinieron a visitar unas amigas gachupinas de Córdoba. / Me regalaron un abanico gachupín bien bonito.*
gafo (adv.) sin dinero. *No puedo salir este finde, ando gafo.*

G

galgo (sust./adj.) comilón, goloso. *Todos mis hijos son unos galgos y cuando llego a casa del trabajo ya no queda nada de comer para mí. / Admito que soy galga: me encantan los chocolates.*

gallito (sust./adj.) pendenciero, agresivo, belicoso. *Por andar de gallito Alonso se ganó un balazo en la pierna.*

garra (adj.) tacaño, avaro. *Ernesto siempre ha sido bien garra; nunca les da regalos ni a sus hijos.*

gato (m.) músculo desarrollado (adj. **gatudo**: con músculos desarrollados). *¡Mirá qué gatos tiene Flora desde que levanta pesas!*

goma (f.) malestar físico después de una borrachera. *No hagás ruido, que estoy de goma. / Dicen que el consomé es bueno para curar la goma.*

gorrito (m.) preservativo, condón. *No se te olvide ponerte el gorrito cuando te metas con ella, mejor no arriesgarse.*

gringo (sust./adj.) proveniente de Estados Unidos. *Estafaron a turistas gringos vendiéndoles terrenos inexistentes. / Dicen que el ejército gringo ha sufrido muchas más pérdidas en Iraq desde que terminó la guerra que durante la guerra.*

Gringolandia (f.) Estados Unidos. *Cada vez que Rafael va a Gringolandia, compra software nuevo.*

guácala expresión de asco. *¡Guácala! ¡Hay una mosca muerta en la ensalada!*

guachimán (m.) guardia, vigilante (del inglés "watchman"). *No hagas ruido que Enrique está durmiendo. ¿Sabías que desde la semana pasada trabaja como guachimán? Ayer le tocó el turno de noche.*

guamazo (m.) golpe fuerte, garrotazo. *Víctor se resbaló y se dio tremendo guamazo en la cabeza.*

guanacada (f.) chisme, tontería. *Sólo guacanadas escriben en esa revista.*

guanaco (adj. y sust.) 1) persona tonta, simple. *Mis vecinas son muy guanacas, por eso no me gusta hablar con ellas.* 2) (adj. y sust.) salvadoreño.

guapachoso (adj.) de ritmo tropical, alegre. *La música era bien guapachosa y toda la gente estaba bailando.*

guaro (m.) cualquier bebida alcohólica. *Vamos, te invito a tomar un guaro.*

guarura (m.) guardaespaldas. *El tata de Javier es guarura.*

guayaba (f.) presidencia de la República. *Mirá lo que escribieron en el periódico: "La distancia entre el candidato y la guayaba es aún larga y seguramente azarosa. Del enfrentamiento entre sus fuerzas y las de la oposición bien puede que resulte ganador."*

güicoy (m.) hombre afeminado, homosexual. *Tengo un vecino bien güicoy.*

güiro (sust.) niño. *Esa señora cuida güiros en su casa.*

H

hablar paja (v.) decir trivialidades, no decir nada importante. *No me gusta esa emisora porque el locutor habla pura paja.*

hacer gallo (v.) acompañar. *Tengo que ir por unos papeles hasta Quetzaltenango; ¿me haces gallo, Edwin?*

hacerse bolas (v.) confundirse. *El taxista se hizo bolas y me llevó a una calle equivocada.*

G

hacerse pato (v.) fingir ignorancia, hacerse el desentendido. *Me debe dinero pero se está haciendo pato con él.*

hasta la coronilla / el copete (loc. adj.) harto, fastidiado.

hocicón (adj./sust.) chismoso. *No le vayas a contar nada de esto a Petra, es una hocicona.*

hoja de pacaya (f.) persona que frecuenta muchas fiestas. Las hojas de pacaya, que son enormes, se usan para adornar las paredes o las puertas en las fiestas, bodas, bautizos, etc. *Paulina parece hoja de pacaya--siempre me la encuentro en todas las fiestas.*

hueco (m.) hombre homosexual. *¡Lástima, tan guapo Ramiro y es hueco!*

I

importar un pepino (frase) no importar nada.

indio (sust./adj., despectivo) ignorante, inculto, maleducado, de mal gusto (a menudo usado como insulto). *Te ves bien india con ese peinado, mejor cambialo. / No seás indio, ¡saludá a tu padrino!*

irse de capiuza (f.) faltar a la escuela, no ir a clases. *Julio y Pepe se fueron de capiuza otra vez.*

írsele el pájaro (a uno) (loc. v.) distraerse, perder el hilo o la concentración. *Me estaba contando un chiste cuando de repente se le fue el pájaro y ya no lo terminó.*

írsele la onda (a uno) (loc. v.) distraerse, perder el hilo o la concentración. *Se me fue la onda y no felicité a Ramiro por su cumpleaños ayer.*

írsele la vara (a uno) (loc. v.) distraerse, perder la secuencia de una conversación, perder la concentración. *Se me fue la vara y no supe cómo terminó el discurso del candidato.*

ishto (sust.) niño. *Las ishtas están entretenidas viendo un video de Disney.*

J

jalón (m.) pasaje gratis en un vehículo. *¿Podés darme un jalón a la universidad?*

jaracatal (m.) gran cantidad. *Es que tenemos un jaracatal de hijos y nada que comer.*

jodido 1) (adj.) destrozado, arruinado. *La computadora ya está muy jodida, hay que comprar una nueva.* 2) (adj.) complicado, difícil. *Está jodida la situación en el país.*

jugar la vuelta (locución verbal) evitar, esquivar, eludir algo o alguien. *Mario le anda jugando la vuelta a su cuñado porque le debe dinero. / Le voy a jugar la vuelta a la profesora porque no hice el deber que nos dejó ayer.*

jurunero (m.) sitio desordenado. (se dice que proviene de la cueva del "hurón", que la llena de todo lo que encuentra). *La casa de Lola es un jurunero.*

jute (m.) moco. *Limpiale la nariz a ese patojo, que trae los jutes colgando.*

L

lagartón (sust.) persona voraz, que quiere acaparse todo (úsese más frecuemente para mujeres). *Esa lagartona va a tener problemas si cree que se puede meter con mi marido.*

lambiscón (sust./adj.) adulador. *El lambiscón de Alberto nunca contradice al jefe aunque esté equivocado.*

G

lamido (adj.) abusón, aprovechado. *No me gusta andar con Juana, es muy lamida.*
largo 1) (sust./adj.) persona deshonesta, amoral. *Esa muchacha no me gusta para mi hijo, es muy larga.* 2) (sust./adj.) delincuente. *En el gabinete del actual gobierno hay varios largos.*
len (m.) moneda de un centavo. *Con todo lo que tuve que pagar para tu fiesta de quince años, me quedé sin un len.* / *El chocolate ése cuesta 20 lenes.*
lengüetero (sust./adj.) chismoso. *El lengüetero de Ricardo anduvo contándole a todo el mundo que estás embarazada.* / *No digás nada enfrente de mis hermanas porque son muy lengüeteras.*
lero lero (candelero) (voz infantil) expresión burlona usada para expresar que algo percibido como negativo que le sucede al interlocutor es bien merecido, o para jactarse de alguna cosa de la cual el interlocutor no goza. *¡Lero lero, te vieron rayando las paredes del baño de la escuela y te van a castigar!* /*¡Lero lero, candelero, a mí me van a llevar a un rancho a montar a caballo y a vos no!*
levantar (v.) entrar intencionalmente e informalmente en contacto con alguien desconocido, sobre todo con intenciones románticas o sexuales (probablemente traducción literal de la expresión equivalente en inglés "to pick up"). *Levantamos a unas que conocimos en el concierto.*
levante (m.) persona con quien se tiene una relación ilícita, informal o pasajera. *No, ella no es mi novia, es mi levante.*
lica (f.) película. *Quiero ir a ver la lica nueva donde sale Robert de Niro.*
llanta (f.) rollito de grasa que se forma generalmente alrededor de la cintura de la gente gorda. *Voy a inscribirme a un gimnacio. Tengo que deshacerme de estas llantas.*
llegarle (algo a alguien) (v.) gustar. *Sandra me llega. La voy a invitar a salir.*
llegar sólo a decir amén (v.) presentarse a un evento o actividad sólo cuando está por terminar. *Pablo llegó sólo a decir amén a la boda de su hermano.*

M

mal cabestro (sust.) persona sin ambiciones, que se mete siempre en problemas. *Mateo siempre ha sido un mal cabestro y en su casa ya no lo quieren ver.*
mal de camioneta (m.) diarrea. *Comimos mucha fruta y nos dio mal de camioneta.*
malacate (sust. inv.) persona de malos sentimientos, mala gente. *Ella no te dará ningún consejo, es muy malacate.*
maleta (adj.) inhábil, poco diestro. *Jovita es bien maleta para amarrar tamales, luego se abren.*
mamacita (f.) mujer muy bella, impactante (también mamasota). *¿De 'onde sacaste las fotos de esas mamasotas que pusiste en tu página?*
mamplor (m.) hombre afeminado. *No hagás tantos ademanes, parecés mamplor.* (adj.) amamplorado. *Chema se compró unos zapatos medio amamplorados.*
manada (f.) golpe dado con la mano, manotazo. *¿Y vos quién creés que sos para amenazarme con manadas?*
mango (m.) persona guapa, atractiva físicamente. *Yo todavía pienso que Alain Delon sea un mango.* / *La sobrina de Celia es un mango de 20 años.*
manix / manín (m.) trato entre amigos. *No, manix, esta vez no puedo ir contigo.*

mano (m.) hermano, amigo, usado como apelativo (de "hermano"). *Mano, ayudame a llevar estas cajas al otro cuarto.*

mano de mono 1) (f.) robo. *La mano de mono fue la que se llevó todo lo que había en el escritorio.* 2) (f.) manipulación. *Leí que en ese país se quemó un archivo en el Registro Electoral en donde había miles de firmas para revocar al presidente. Para mí que allí hubo mano de mono.*

mano peluda 1) (f.) robo. *Señalaron al Ministerio Público que había habido mano peluda con los fondos de protección social para los huérfanos, viudas y ancianos.* 2) (f.) manipulación. *Dijeron que los documentos importantes que estaban archivados en esa computadora se borraron por culpa de un virus, pero muchos creen fue cosa de mano peluda.*

mara (f.) pandilla. *La mara del Conejo estuvo parando carros.*

marca diablo (adj.) muy grande, fuerte o impactante. *El doctor me dijo que tenía una infección marca diablo y que me iba a recetar medicina para curarme.*

marimacha (f.) mujer de aspecto masculino y / o comportamiento o gustos típicamente atribuidos a los hombres. *La marimacha de Eva sabía más de mecánica que sus hermanos.*

mariposear (v.) andar un hombre de una mujer a otra sin comprometerse con ninguna. *¿Que si Gerardo anda con Dulce? No, él sólo está mariposeando.*

matarse (v.) sacrificarse o esforzarse uno mucho por algo. *La pobre de Irene se mató trabajando para poder mandar a su hijo a estudiar a Inglaterra.*

mechudo (sust./adj.) greñudo, de pelo largo y desordenado. *"El Sarampión" es un mechudo que toca la guitarra y se viste siempre de negro.*

menso (adj.) tonto. *Toña es mensa, no sabe escoger a los novios y siempre le va mal.*

mentada (f.) insulto (a la madre). *¡No andés echando mentadas enfrente de las monjitas! / A Gerardo no lo haces trabajar ni a mentadas (de madre).*

mentar a la madre / mentarla (v.) insultar. *Alguien se la mentó y se armó la bronca.*

merequetengue (m.) alboroto, lío, barullo. *Con todo el merequetengue de los preparativos de viaje, Héctor olvidó el pasaporte en su casa.*

mero mole 1) (loc. sust. m.) la especialidad, esencia, centro o corazón de alguien. *Su sonrisa triste me dio en mi mero mole y ya nunca lo he podido olvidar. / Las artesanías de vidrio son el mero mole de Vicente.* 2) (loc. adv.) con la preposición "en" y usado con pronombre posesivo, describe a quien se encuentra en su elemento, en una situación o ambiente ideal. *Josefa estaba en su mero mole, intercambiando chismes con sus vecinas. / Estoy en mi mero mole en cualquier pista de baile.*

meter la pata (loc. v.) aparte de la acepción de cometer una indiscreción, un error, se usa a menudo como eufemismo de la mujer que queda encinta sin planearlo. *Genoveva metió la pata justo en la temporada en que su marido estuvo ausente, trabajando en una plataforma de perforación petrolera en mar abierto.*

meter el huevo doblado (v.) fastidiar, molestar. *Me metieron el huevo doblado y al final hubo pleito.*

meter (a alguien) en cintura (v.) controlar, someter a alguien a reglas estrictas. *A esa muchacha hay que meterla en cintura. Va por mal camino.*

G

metiche (sust./adj.) entrometido. *Tu tía Rosa tiene fama de ser la más* **metiche** *de la familia.*

m'hijo / mijo / mijito (sust.) trato entre personas. *Mija, llamame más tarde que ahora estoy bien ocupada.*

mirruña (f.) 1) pedacito de una cosa. *No seás malo, dale siquiera una* **mirruña** *de tu galleta al perico, que desde hace rato te está pidiendo.* 2) cosa pequeña. *La novia de Marcos es una* **mirruña** *de metro y medio.*

mish (adj.) huraño (al gato se le llama "mish"). *Yolanda es muy* **mish**, *no te sorprendas si no te saluda o si finge que no te ve.*

moco (m.) dinero obtenido ilegalmente. *Claudio siempre saca su* **moco** *en todos los* <u>bisnes</u> *que hace. / Le dieron su* **moco** *por ese trabajito.*

mocoso (sust.) niño (despectivo). *¡Lárguese de aquí,* **mocoso** <u>infeliz</u>*! ¡Si lo veo otra vez brincándose la barda le voy a dar una buena <u>penqueada</u>!*

moquetazo (m.) moquete, golpe dado con el puño. *Elías es muy agresivo, todo lo quiere arreglar a* **moquetazos.**

mosh (m.) mal humor (adj. **moshudo**). *No le hablés a Martha porque tiene* **mosh**. */ El niño está* **moshudo** *porque perdió su juguete favorito.*

muca (f.) sirvienta. *Gladys se fue a trabajar de* **muca** *con su prima en California.*

muchá / muchis (sust.) palabra usada para dirigirse a un grupo (tal vez apócope de "muchachos"). *Hola,* **muchá**, *¿en dónde andaban?*

N, Ñ

nagüilón (sust. y adj.) (de "naguas") cobarde, pegado a las faldas de su madre o de su mujer (puede usarse también en femenino, aunque en menor grado). *Jorge es un* **nagüilón***. ¡Tuvo que pedirle permiso a su novia para venir al partido con nosotros!*

nana (f.) madre. *Sí quiero ir, pero primero le tengo que pedir permiso a mi* **nana**.

nave (f.) automóvil. *Le robaron la* **nave** *otra vez.*

nel / nelson no. *¿Me puedo ir contigo? --***Nelson**, *tengo otro compromiso.*

nerdo (sust.) persona vista como muy inteligente pero abstraída, generalmente solitaria, que no encaja en los grupos (de la jerga en inglés "nerd"). *Yo no quiero tomar esa clase. Hay puros* **nerdos** *allí.*

ni chicha ni limonada (frase) no ser ni una cosa ni otra. *Juan* **no es ni chicha ni limonada**: *ni conservador, ni liberal.*

nigua (adj.) llorón, quejumbroso. *El hijo de Don Manuel es bien* **nigua**, *¡sólo lo toqué y se puso a llorar!*

O

ojo al Cristo expresión de advertencia. *¡Mirá, echale un* **ojo al Cristo**, *ahí hay alacranes!*

onda 1) (loc. adj.) cosa negativa o positiva. *¡Qué* **mala onda** *que cancelaran el concierto!.* 2) (loc. adj.) dicho de persona, **buena onda**: simpático, agradable, afable; **mala onda**: malvado, cruel, insensible. *¡Qué* **mala onda** *es Vicente! Me dio la espalda cuando yo más lo necesitaba. / Rosario es muy* **buena onda**, *la voy a invitar a la fiesta.*

G

P

pachanga (f.) alboroto, fiesta alegre y ruidosa. *Rosa y Martha se fueron a una pachanga y volvieron hasta la madrugada.*

paja (f.) trivialidad, tontería. *Esa muchacha habla pura paja.* 2) (f.) mentira. *Su cuñada anda contando paja sobre usted.* 3) (f.) acto de onanismo (adj. **pajero**).

pajero (adj.) mentiroso. *Sos un pajero, Milton; ayer te vi tomando en un bar y tú dices que estuviste en tu casa todo el día.*

papalotear (v.) perder el tiempo. *Rodrigo se la pasa papaloteando en vez de estudiar para el examen de mañana.*

papo (sust. m./adj) bobo, tonto (usado solo en masculino). *¡Pero qué papo eres, te volviste a dar en la cabeza!*

para nada no, de ninguna manera. *¿Tenés hambre, Claret? --¿Yo? ¡Para nada!*

pasmado (adj.) tonto. *No seás pasmado y fijate dónde ponés las cosas.*

patantaco (sust./adj.) torpe, sin gracia. *La pobre es tan patantaca que se cayó mientras bailaba y de la vegüenza salió corriendo del salón.*

patear la cubeta (loc. v.) morir.

patojo (sust.) niño, muchacho. *Vení a cuidar a la patoja mientras voy al mercado.*

pegar (v.) tener éxito (también **pegar con tubo**). *El programa nuevo de ese cómico está pegando con tubo.*

pegoste (m. invariable en género) tercer incómodo, estorbo (referido en particular a algún miembro de la familia o la pareja). *Ahora no puedo hablar contigo porque está aquí mi hermanito de pegoste. / Vení, pero sin pegoste.*

pegue (m.) magnetismo personal, carisma; éxito con el sexo opuesto. *Yo no creo que Ricky Martin sea guapo, pero sí tiene mucho pegue.*

peinar (v.) robar. *Alguien me peinó los lentes en el café mientras yo estaba pagando la cuenta.*

pelarse 1) (v.) tener éxito o fracasar, dependiendo del contexto. *Se pelaron con ese juego de video, está tuanis. / Julio se peló, perdió tres clases.* 2) (v.) enloquecer momentáneamente. *Rita se peló y bailó hasta sobre la mesa sin zapatos.*

pelársela 1) (loc. v.) holgazanear, perder el tiempo. *Dejá de pelártela y vení a revisarle los frenos a este carro.* 2) (loc. v.) huir, escapar. *¡Nos la pelamos antes de que llegue la dueña!*

pendejada (f.) estupidez, idiotez. *Ya no diga pendejadas, no sabe ni de lo que está hablando.*

pendejo (adj./sust.) tonto, idiota

peni (f.) cárcel (acortamiento de *penitenciaría*). *Hilda iba a la peni cada semana a ver a su marido.*

penquear (v.) golpear, castigar corporalmente. *Te voy a penquear si no te ponés en paz. / A Mayra le van a dar una penqueada cuando su madre se entere de lo que hizo.*

pepear (v.) robar. *Dejé unas canastas en el patio y se las pepearon todas.*

pestañazo (m.) sueño, siesta breve. *La misa se me hizo corta hoy porque sin darme cuenta me eché mi pestañazo durante el sermón.*

petatearse (v.) morir. *Don Abundio acaba de petatearse. El funeral es mañana.*

pichicato (adj.) cicatero, miserable, que escatima lo que debe dar (tal vez del italiano "pizzicato": pellizcado). *¡No seás **pichicata**, Margarita! Le estás dando muy poquita comida a ese pobre gato.* (v.) **pichicatear**. *Con la familia no hay que **pichicatear**, sé más generoso, Juan.*

pijasear (v., vulgar) golpear, dar una paliza. *Los **pijasearon** porque estaban molestando a unas muchachas.* (adj., vulgar) **pijaseado**: golpeado. *No sé qué le pasó a Marcos, pero iba bien **pijaseado**.* (m., vulgar) **pijaseada**: paliza. *A Dolores su marido le dio una **pisajeada** tan tremenda que la mandó al hospital.*

pilas (sust. usado como adj.) inteligente. *M'hija es bien **pilas**. Tiene apenas quince años y ya habla cuatro idiomas.*

pillo (sust.) ladrón, ratero. *Los **pillos** lograron escapar sin ser vistos por el guardia de seguridad.*

pipiriche (m.) pene; por extensión, cualquier cosa que se le asemeje. *Hay que cambiarle el **pipiriche** a la manguera; ya no deja pasar el agua por lo picada que está.*

pipona (adj.) embarazada. *La María está **pipona** y no sabe ni quién es el padre.*

pirujo (sust./adj.) persona que no cumple con sus deberes religiosos. *Gabriel dice que es católico, pero es un **pirujo** porque yo nunca lo he visto en misa.*

pisar 1) (v. vulgar) tener relaciones sexuales. *Esta mañana encontraron a dos **pisando** en el baño del colegio.* 2) (v. vulgar) arruinar, destrozar. *Nelson nos **pisó** cuando se fue del país sin pagarnos lo que nos debía.*

pispireta (adj./sust. f.) coqueta. *A sus 13 años Matilde ya es toda una **pispireta**.*

pisto (m.) dinero. *No me pidas más **pisto**; ya no tengo.*

playera (f.) camiseta de manga corta sin cuello. *Me regalaron una **playera** promocional los de esa estación de radio.*

plebe 1) (f.) la gente en general. *Cuando el político subió a la tarima la **plebe** empezó a abuchearle.* 2) (f.) grupo de amigos. *La **plebe** estuvo contando chistes en el bar.*

plomoso (adj.) pesado, aburrido, fastidioso. *Esta niña cada día está más **plomosa**.*

poner el dedo (loc. v.) acusar, delatar. *Le pusieron el dedo al "Chorejas" y le cayó de sorpresa la policía.*

ponerse buzo (loc. v.) estar listo, alerta, despierto. *Me tuve que **poner buzo**, si no, sus papás me habrían encontrado en casa de ella.*

ponerse las pilas 1) apurarse, ponerle más ánimo o esfuerzo a lo que se está haciendo. *Ponete las pilas y terminá de una vez lo que estás haciendo, que se nos hace tarde para el cine.* 2) ponerse listo, atento.

popó (m.) excremento (habla infantil, eufemismo). *Mamá, el Fufi se hizo **popó** en la alfombra.*

pozoles (m.) pedacitos pequeños, añicos. *El boxeador puertorriqueño hizo **pozoles** a su contrincante.*

pringa pie (m.) diarrea, soltura de estómago. *No puedo ir al mercado, tengo **pringa pie**.*

prisco (m.) reo, preso. *Los **priscos** se rebelaron ante los malos tratos de los guardias.*

púchica interjección de contrariedad, disgusto. *¡**Púchica** vos, te hubieras traído más cigarros!*

G

puchis interjección de sorpresa, susto, etc. *¡Puchis, la próxima vez tocá la puerta antes de entrar!*
puñetero (sust./adj.) persona abusiva, mal portada, grosera, mentirosa. *Fijate que Gabriela se fue con su novio; ¡qué muchachita tan puñetera! / ¡María, no salgás con ese puñetero, después te arrepentirás!*
purrún (m.) fiesta. *El sábado hay un purrún que no me quiero perder.*
pusa (f., vulgar) órgano genital femenino.
puyar con tortilla tiesa frase usada para referirse a un sitio muy peligroso: el concepto es que allí uno puede ser herido hasta con una tortilla tiesa. *No me gusta ir sola a la estación del tren; allí puyan con tortilla tiesa.*

Q

qué onda (frase interrogativa) saludo; también usado para preguntar qué ha sucedido. *¿Qué onda, ya estás lista para ir al baile?*
quemar (v.) volver fastidioso o "rancio" algo que era original y fresco a fuerza de repetirlo o copiarlo; también puede referirse a la reputación de alguien (adj. **quemado**; sust. f. **quemada**). *Van a quemar esa canción si siguen tocándola cada cinco minutos. / Ese tatuaje de la rosa ya está muy quemado, mejor escoge otro. / ¡Qué quemada se dio ésa cuando dijo que conocía a Ricardo Arjona y él lo desmintió!*
quemar la canilla (loc. verbal) ser infiel a la pareja, generalmente al marido. *Rosaura le quema la canilla al marido.*

R

rabo verde (loc. sust. m./adj.) hombre maduro que se dedica a cortejar mujeres jóvenes. *Ese profesor es un viejo rabo verde: el otro día lo oí cuando invitaba a salir a una de sus alumnas.*
rascuache (adj.) de baja calidad, de mal aspecto, desaliñado. *María nació en un pueblo rascuache. Cuando cumplió los 18 se fue y nunca volvió.*
refri (m) frigorífico, refrigerador. *Sacá el postre del refri, que ya llegaron los invitados.*
regarla (v.) arruinar todo, cometer una indiscreción. *Leonidas siempre la anda regando con sus indiscreciones. / ¡La regaste! Lo de la fiesta iba a ser una sorpresa y vos fuiste y le dijiste!*
relajear (v.) divertirse bromeando, causando alboroto. *En la biblioteca de la prepa todos los estudientes se la pasan relajeando en vez de estudiar.*
relajero (adj./sust.) persona alborotera, bulliciosa, vivaracha. *No me gusta salir con los de ese grupo porque son muy relajeros.*
relajo (m.) 1) lío, escándalo, alboroto. *Hubo un gran relajo en el supermercado porque se cayeron todas las cosas de un estante.*
resbalosa (f./adj.) mujer que se insinúa y coquetea con los hombres, libertina. *Edith no es más que una resbalosa. Ahí está coqueteando con tu novio.*
retacado (adj.) muy lleno, repleto. *El estadio estaba retacado; había gente sentada en los pasillos y en los escalones.*
rollo (m.) cuento largo, invención, mentira. *Para poder ir a la playa con sus amigas, Lucita le contó un rollo a sus papás.*

JERGAS DE HABLA HISPANA

G

ruco 1) (sust./adj.) viejo, persona o animal de edad avanzada *Pobrecita Panchita, ya está muy ruquita.* 2) (adj.) de mala calidad (para objetos). *Compramos un reloj de pared pero era tan ruco que dejó de funcionar después de un mes.*

S

sal (f.) mala suerte. *¡Qué sal, me toca lavar los platos!*
salado (adj.) desafortunado. *Mi compadre está salado. Ya perdió el puesto otra vez.*
segundo frente (loc. sust. m.) amante. *Mi jefe le manda flores cada semana a su segundo frente.*
sheca 1) (f.) cabeza. *Desde que me golpeaste en la sheca veo doble.* 2) (f.) cerebro. *Josefina tiene una buena sheca para las matemáticas.*
sho interjección para callar a alguien. *¡Sho! ¡La patojita se acaba de dormir!*
shola (f.) cabeza. *Se acaba de dar un golpe muy fuerte en la shola; creo que hasta vio estrellitas.*
sholco (adj.) sin dientes. *Mi pobre perro ya está tan ruco que ya casi está sholco.*
show (m.) barullo, caos, escándalo. *Hubo un show en mi casa cuando mi hermana dijo que estaba embarazada y que no sabía quién es el padre.*
shuco (adj.) sucio. *El perico ya tiene su jaula muy shuca, limpiala. / ¿No te da pena tener tu cuarto tan shuco?*
shute (adj.) entrometido (invariable en ambos géneros). *Un día Román se va a meter en broncas por ser tan shute.*
simón sí. *¿Vas a ir al cine? --Simón. Esa película me llama la atención.*
simplear (v.) bromear o hacer / decir cosas tontas para divertir. *Berenice se puso a simplear con el niño para que dejara de llorar.*
sirimba (f.) vientre abultado, barriga. *¿Viste la sirimba que trae don Manolo? Es de tanta cerveza que toma.*
sombrerito (m.) preservativo, condón. *Julio siempre lleva un sombrerito en su mochila por aquello que le salga una chava al paso.*
sucursal 1) (f.) amante. *Pobre Javier... se peleó con la sucursal y su mujer lo corrió de la casa.* 2) (f.) sitio donde se llevan a cabo relaciones extraconyugales. *Roberto no fue a dormir a su casa... seguro está donde la sucursal.*

T

tacuche (m.) terno o traje de vestir. *Voy a tener que comprarme un tacuche nuevo para esa fiesta.*
talega 1) (adj.) bueno, excelente. *¡Qué talega está tu moto!* 2) (f. vulgar) órgano sexual masculino.
talegazo 1) (m., vulgar) golpe muy fuerte *Daniel se cayó de la escalera y se dio un buen talegazo en la cabeza.* 2) (m., vulgar) paliza. *A Miguelito le dieron sus talegazos sus papás por grosero.*
talishte (sust./adj.) necio, terco. *La talishte de Rafaela dice que se va a hacer un tatuaje en el brazo aunque su tata se lo haya prohibido. / El patojo talishte no quería irse a dormir.*
tamarindo (m.) hombre homosexual. *Dicen que ese hombre es tamarindo pero no se le nota nada.*

199

tanatero (m.) gran cantidad. *Tienen un tanatero de hijos y él se quedó sin trabajo.*

tapiz (m.) licor, cualquier bebida alcohólica. *Se terminó el guateque en cuanto empezó a escasear el tapiz.*

tata (m.) padre. *No quiero que me regañe tu tata, te llevo a tu casa.*

telenque 1) (adj.) delgado, flaco (dicho de personas). *A este niño no le dan de comer, de plano. ¡Mirá qué telenquito se está poniendo!* 2) (m.) cachivache, utensilio. *¡Ya no se puede puede ni caminar por esta casa con todos los telenques que tenés regados!*

tener cola parada (v.) salir mucho a las fiestas o a la calle. *Elisa tiene cola parada, nunca la encuentro en su casa.*

tencha (f.) penitenciaría. *El lunes vamos a visitar a Alberto a la tencha.*

tiliche (m.) objeto inútil, de poco valor. *¿Por qué no tirás esos tiliches que tenés allí estorbando?*

tilichero (m.) conjunto de objetos inútiles o de poco valor. *Tenía un tilichero en su cuarto y se ofendió cuando le dije que era desordenada.*

timba (f.) barriga. *Mi hermana tiene una timba tan grande que la gente cree que está embarazada.*

timbón (sust./adj.) barrigón. *Ese viejo timbón me venía siguiendo desde que salí de la escuela.*

tipacha (f.) persona de baja estatura. *Mi prima Rita es una tipacha.*

tirar / tirarse (con / a alguien) (v.) tener relaciones sexuales. *Antonio no es nada romántico; él lo único que quiere es tirar.*

tishudo (adj.) dicho del cabello, mal peinado o mal cortado. *Me dejaron tishuda la última vez que fui al salón de belleza.*

tortillera (f./adj.) lesbiana, mujer homosexual. *Todo el mundo ya sabe que esa actriz es tortillera. Lo confesó en una entrevista por televisión.*

trago (m.) copa o vaso de bebida alcohólica. *A Efrén se le cayó el trago encima y aparte le mojó la falda a Ceci.*

traido (sust.) novio. *Las traidas que ha tenido mi hijo siempre han sido extranjeras.*

trancazo 1) (m.) puñetazo. *Dele unos trancazos a ese tipo y vamos a ver si no se calla.* 2) (m.) golpe violento. *Daniel se cayó por las escaleras y se dio tremendo trancazo.*

transa 1) (f.) estafa, fraude, acción ilegal para obtener algo. *Germán tuvo que hacer una transa para conseguir la licencia de manejar.* 2) (sust./adj. invariable en género) persona que comete una "transa". *Joaquín es tan transa que ya nadie quiere hacer tratos con él.* (v.) **trancear / transar.**

trapeada (f.) regaño áspero. *Te van a dar una buena trapeada por salirte sin permiso.*

trincar (v.) acto amoroso pasional que no llega al acto sexual. *A Silvia la encontraron trincando con el hermano de su novio.*

trinquete (m.) fraude, estafa. *Lo de la venta de terrenos baratos en la costa es sólo un trinquete.*

trinquetero (adj./sust.) estafador. *No hagas negocios con ese. Tiene fama de trinquetero.*

trompabulario (m.) vocabulario vulgar, soez. *El trompabulario de Inés es de los peores que he oído en mi vida.*

JERGAS DE HABLA HISPANA

G

trompudo 1) (adj.) malhumorado, enojado. *Paty está **trompuda** con su hermanita porque tiene que llevarla cuando salga con su novio.* 2) difícil, complicado. *Este trabajo está **trompudo**; voy a necesitar quien me ayude a terminarlo.*
trono (m.) retrete, WC, "toilette". *Creo que don Toño no se siente bien. Hace una hora que está en el **trono**.*
tuanis 1) (adj.) muy bueno, bonito, excelente *¡Este juego nuevo está **tuanis**!* 2) (adv.) muy bien. *Te quedó **tuanis** el dibujo que hiciste del profe.*
tunco 1) (sust./adj.) amputado, mutilado. *El pobre de José quedó **tunco** luego del accidente con la máquina industrial.* 2) (sust./adj.) cerdo. *Los árabes no comen carne de **tunco**.* 3) (sust./adj.) persona de baja estatura. *Doña Fernanda es bien **tunquita**; ¿viste que su nieta de 11 años es más alta que ella?*
tusar 1) (v.) cortar mal el pelo, trasquilar. *Quedaste toda **tusada**, ¿adónde fuiste a que te cortaran el pelo?* 2) (v.) por extensión, criticar. *Aquellas lenguas de trapo me estuvieron **tusando** durante la reunión.*

U

U (f.) universidad. *Yo quiero que mi hija estudie en la **U**.*
újule interjección de desaliento o decepción, usada sobre todo para expresar maravilla ante una actitud o reacción excesiva. *¡**Újule**! ¿No me digas que te encelaste porque le di un beso a la niña?*

V

vacilar 1) (v.) bromear, divertirse *No **vaciles** con Noelia, ¿no ves que es muy tímida y se achicopala?* 2) (v.) engañar, tomar el pelo. *Me quisieron **vacilar** tratando de venderme un celular con el interior vacío.*
vaina (f.) fastidio, molestia, dificultad. *Es una **vaina** que hayas perdido el pasaporte. Ahora vas a tener que volver hacer los trámites para sacar otro. / Tengo una **vaina**; fijate vos que viene mi suegra y no he limpiado la casa.*
valer (v.) no importar. *Me **vale** si no querés ir conmigo porque yo me voy sola.*
varejón (sust.) vara muy larga y delgada; por extensión, alguien muy alto y delgado. *Mi nieta se ha vuelto una **varejona**; ¡apenas tiene 15 años y ya mide 1,75 m!*
veintiúnico (sust./adj.) único (referido a una unidad, pero dando a entender que una cantidad mayor sería preferible). *José lavó su **veintiúnica** camisa y se quedó esperando a que se secara.*
verdulera (f.) mujer muy basta, vulgar, gritona. *Por mucho dinero que tenga ahora, Selma no deja de ser la **verdulera** de siempre.*
verla fea (loc. v.) estar pasando por penas o problemas. *Los pobres la están viendo fea desde que se enfermó su tata y no puede trabajar.*
vecha (f.) cerveza. *Gabriel es un fenómeno. Ya se tomó ocho **vechas** y todavía no ha ido al baño.*
vista gorda (loc. sust. f.) con la locución verbal "hacerse de la", fingir no darse cuenta de algo. *El gobierno no puede continuar haciéndose de la **vista gorda** frente a los reclamos del pueblo.*
volado (m.) favor. *Rigo, haceme un **volado**, prestame dinero.*

G

voladora (f.) golpe dado con la mano. *A Valentina le dieron sus voladoras por volver tan tarde de la calle.*
voltear la cara (loc. verbal) despreciar o rechazar a alguien ignorándolo. *Iba a saludar a mi ex novia, pero la desgraciada me volteó la cara.*

X, Y

y diai (frase interrogativa) "y de ahí": ¿luego que pasó? ¿Cómo has estado? ¿Qué te pasa?

Z

zafado (sust./adj.) loco. *Tu gato está bien zafado; lo acabo de ver colgándose de las cortinas.*
zafarse (v.) alejarse; librarse de responsabilidades. *Solamente voy a bailar unas tres canciones más, porque me tengo que zafar a las 12. / Dicen que a Edith le mandaron una carta de amor--¡yo me zafo!*
zampar 1) (v.) meter algo con fuerza dentro de algo, encajar. *Me zampé los zapatos aunque sabía que me quedarían chicos. / Le zampó la pulcera aunque ella no la quería comprar.* 2) (v.) golpear, pegar. *Te voy a zampar una voladora si no te callás.*
zocado (adj.) borracho. *A Manolo no le importa andar zoca'o a media calle.*
zocar (v.) emborracharse. *Sí, los vi tratando de hacer zocar a unas turistas en un bar el sábado.*
zorra (f.) mujer promiscua. *Supe que también Wilson seguido va a buscar a esa zorra.*

TÉRMINOS DE ORIGEN NAHUA USADOS EN EL HABLA COTIDIANA

C

camote (m.) batata. *Mi tía hace un dulce de camote bien rico.*
chalchihuite (m.) baratija, cachivache. *Hugo regala sólo chalchihuites a sus novias.*
champa (f.) puesto de mercado al aire libre. *Mi prima puso una champa para vender tamales durante la feria de Xela.*
chile (m.) pimiento, ají. *No me gusta la comida con tanto chile.*
chompipe (m.) pavo. *En el corral había dos gansos y tres chompipes.*

E

elote (m.) mazorca de maíz. *Un señor estaba vendiendo elotes asados en la calle.*
ejote (m.) judía verde. *¿Acaso cociste estos ejotes sin sal? No saben a nada.*

G

güizache (m.) abogado de secano, leguleyo (también **huizache**). *Martínez es un güizache; mejor ve con el abogado Flores.*

H

huehuete (sust.) chico que intenta parecer más maduro. *Gabriel es sólo un huehuete; decidirán sus papás si puede irse de viaje solo.*

P

pacha 1) (f.) biberón *Voy a prepararle una* **pacha** *al* patojito. 2) (f.) recipiente de metal o botella de licor que llevan consigo los borrachos. *El* bolo *ya se había acabado el contenido de su* **pacha**.

pepenar 1) (v.) recoger objetos, uno por uno, de una superficie. *Vi a un niño* **pepenando** *el arroz que habían arrojado en una boda.* 2) (v.) encontrar algo después de rebuscar.

pizote (m.) coatí (mamífero); el macho es conocido por sus costumbres solitarias.

T

tanate 1) (m.) objeto, pertenencia. *Levantá tus* **tanates** *del suelo o los voy a tirar. / Mayra tuvo que cargar con sus* **tanates** *cuando su marido la echó de su casa.* 2) (m.) envoltorio, bolsa, morral. *Hizo su* **tanate** *y agarró camino.*

tapiscar (v.) 1) cosechar. 2) desgranar las mazorcas de maíz. *Puse a las* patojas *a* **tapiscar** *el maíz para meterlo en costales y guardarlo en el granero.* (f.) **tapisca:** cosecha. *Ellos llegan siempre en la temporada de la* **tapisca** *del café.*

tecolote (m.) búho. *El logo de mi escuela lleva un* **tecolote**.

tepocate (m.) renacuajo. *En época de lluvias abundan los* **tepocates** *en los estanques.*

tetelque (adj.) desabrido, generalmente aún verde (dicho de fruta). *Esta mañana compré estas peras que se ven maduras pero que resultaron bien* **tetelques**.

titipuchal (m.) multitud, gran cantidad. *Había un* **titipuchal** *de gente en el mercado. / Tengo un* **titipuchal** *de cosas que hacer hoy; no quiero que nadie me interrumpa.*

AMERICANISMOS Y / O GUATEMALTEQUISMOS

A

abanico (m.) ventilador. *Apagá el* **abanico** *que ya me está dando frío.*

abarrotes (m.) artículos de comercio, comestibles. *Don Tomás tuvo que cerrar su tienda de* **abarrotes** *cuando abrieron el supermercado nuevo a dos cuadras de su negocio.*

acalambrarse (v.) sufrir un calambre. *Se me* **acalambró** *la mano de tanto escribir.*

acolchonar (v.) acolchar (adj. **acolchonado**). *La poltrona en la sala de la abuela es fea, pero me gusta porque está muy bien* **acolchonada**.

acomedido (sust./adj.) persona que se ofrece a ayudar, que es servicial. *Penélope es la única* **acomedida** *de la familia, por eso es la preferida de su mamá.* (v.) **acomedirse**. *Lo que no me gusta de Yahir es que nunca* **se acomide** *a nada, ni cuando ve que me estoy matando de trabajo.*

afiche (m.) poster, cartel. *¿Les gusta el* **afiche** *que compré de la Torre Eiffel?*

aguadar (v.) mezclar o diluir con agua. *La sopa quedó muy espesa, así que la* **aguadé**.

G

aguajal (m.) gran cantidad de agua; charco enorme, corriente. *Se formó un **aguajal** en la calle con tanto que llovió.*
aguinaldo 1) (m.) bonificación de salario de fin de año. *Quiero comprarte un regalo con lo que me den de **aguinaldo**.* 2) (m.) regalo dado en dinero en efectivo. *Mi tío me dio mi **aguinaldo** para mi cumpleaños.*
ameritar (v.) merecer. Ambos verbos se usan. *Su caso **amerita** mucha atención.*
andén (m.) acera de la calle (término considerado más elegante que el más común "banqueta"). *Todos los días paso por el **andén** de la casa de Laura a ver si la veo.*
antier (adv. de tiempo) anteayer. ***Antier** fue mi cumpleaños y nadie de mi familia se acordó.*
alegar (v.) discutir, disputar, altercar. *Usted no me **alegue**, ya es hora de tomarse sus pastillas.*
atrincado (adj.) (dicho de la ropa) tan apretado que crea dificultades en el movimiento del cuerpo o hace resaltar defectos físicos. *Mirá cómo le quedan **atrincados** esos pantalones. Si se sienta, se van a romper.*

B

balacera (f.) tiroteo (verbo: **balacear**). *Ayer hubo una **balacera** entre la policía y ladrones enfrente del banco.*
banqueta (f.) acera. *Cuando nos vio, se cruzó a la otra **banqueta** para no saludarnos.*
barrilete (m.) cometa (juguete). *El 1 de noviembre quiero ir a Sumpango a ver los **barriletes** tradicionales que hacen allí.*
blanquillo (m.) usado en el occidente del país como sinónimo de huevo. *Si vas a la tienda, te encargo una docena de **blanquillos**.*
bocas (f. plural) entremeses que se sirven para que coman los tomadores de licor. *¡Oiga, estas **bocas** están rancias!*
boleto (m.) billete de entrada o para viajar. *¡Anímese, Seño, compre su **boleto** de la lotería!*
bómper (m.) parachoques de un auto (del inglés "bumper"). *Íbamos bien despacito, **bómper** contra **bómper**.*
botadero (m.) basurero, vertedero, lugar donde se tira la basura. *Descubrieron un **botadero** clandestino en una zona residencial.*
brasier (m.) sostén, prenda de vestir femenina para sujetar el pecho (del francés brassière). *En los años 60 las mujeres quemaban sus **brasieres** en señal de protesta.*

C

cachetón (sust./adj.) carrilludo, que tiene los cachetes abultados. *¿Te acordás del **cachetón** de Quico en El chavo del 8?*
cacho (m.) cuerno de toro, cabra o venado.
cadejo (m.) animal legendario similar a un enorme perro lanudo con ojos brillantes como brazas que se aparece a los trasnochadores. El cadejo blanco protege a los viandantes nocturnos que acompaña, mientras que el cadejo negro es considerado un demonio que ataca a los parranderos y los incita a seguir bebiendo hasta que los mata. *Te va a llevar el **cadejo** negro si seguís portándote mal y volviendo a casa tan tarde.*

JERGAS DE HABLA HISPANA

café (adj.) castaño o marrón (color). *Berenice y Agustín tienen ojos cafés pero sus dos hijos los tienen verdes.*

cajuela (f.) maletero de automóvil. *Ayúdenme a bajar las bolsas que quedaron en la cajuela, por favor.*

calzones (m.) bragas, ropa interior masculina o femenina (también en singular, **calzón**). *En Italia es de buena suerte tener puestos calzones rojos el día de año nuevo.*

calzoneta (f.) traje de baño, bañador (ya sea para hombre que para mujer). *La calzoneta roja te queda muy apretada, ponete la verde.*

caite (m.) sandalia. *Victoria vende caites en el mercado.*

caniche (m.) perro de aguas. *La palabra caniche deriva de "canard", que en francés significa "pato", ya que en el pasado era empleado como perro de caza y en particular de esas aves.*

cantaleta (f.) cantilena, estribillo, repetición fastidiosa. *¡Ya me tienes aburrida con la misma cantaleta!*

cantina (f.) taberna. *Don Abelardo salió bien zocado de la cantina.*

capirucho (m.) boliche, juego infantil. *Se necesita buen coordinación entre la vista y la mano para jugar bien capirucho.*

caravana (f.) reverencia, inclinación del cuerpo para demostrar respeto. *Los japoneses a menudo además de saludar dando la mano, hacen caravanas.*

carro (m.) automóvil.

canilla (f.) pantorrilla. *Me lastimé una canilla jugando futbol.*

cercha (f.) percha, gancho para colgar la ropa. *Necesito más cerchas en mi ropero.*

chamarra (f.) manta, frazada para la cama.

chambrita (f.) prenda de punto para bebé; cubre la parte superior del cuerpo y generalmente es de manga larga. *Cuando la tía Lulu supo que Amelia estaba embarazada, luego luego se puso a tejer chambritas.*

champa (f.) 1) tienda de campaña precaria hecha con palmas, tela de plástico o cartón. 2) puesto provisional, tiendecilla ambulante.

chaye 1) (m.) fragmento de vidrio roto. *El espejo quedó hecho chayes cuando la niña lo estrelló contra la pared.* 2) (m.) por extensión, gafas, anteojos. *No sé cómo podés ver con esos chayes tan sucios.*

chibola (f.) cuerpo esférico pequeño, pelota pequeña. *Haceme un masaje, siento chibolas en la nuca.*

chicote (m.) látigo corto; (m.) **chicotazo**: azote, latigazo.

chinchín (m.) sonajero. *Delia le regaló un lindo chinchín a su sobrino recién nacido.*

chingaste (m.) sobras, desperdicio, residuo. *Maura sabe ver el futuro en el chingaste del café.*

chinto (adj.) brillante (dicho de color). *Mi carro tenía un color chinto que todo el mundo reconocía a leguas de distancia. / La última vez que la vi, llevaba puesta una blusa color amarillo chinto con unos pantalones negros.*

chirivisco 1) (m.) arbusto. *Andaba corriendo entre tanto chirivisco y no se caía.* 2) (m.) vara. *Aunque sea con este chirivisco veamos si podemos encender el fuego.*

choro (m.) mejillón (voz de origen quechua). *Quiero tu receta para los choros gratinados.*

chucho (m.) aparte del nombre familiar para el perro, tuerca de los tornillos que sujetan las ruedas de los automóviles.
chueco 1) (sust./adj.) patituerto. *¿Sabes cuál es el colmo del **chueco** Baldomero? Querer estudiar Derecho.* 2) (adj.) ladeado, torcido. *Como no tenía escuadra a la mano, los trazos me salieron **chuecos**.*
chumina (f.) chaqueta, cazadora. *Ahora que viene el frío quiero comprarme una mi **chumina**.*
chumpa (f.) chaqueta (tal vez por degeneración del inglés "jumper"). *Mario es ése de la **chumpa** de cuero.*
cinco (m.) canica. *Tengo un **cinco** verde que me gusta mucho.*
clóset (m.) armario empotrado o cuarto pequeño con función de ropero. *No ponga la ropa en el **clóset** si todavía no la ha planchado.*
comercial (m.) anuncio publicitario grabado o filmado (del inglés "tv / radio commercial"). *No me gusta ver este canal porque siempre ponen muchos **comerciales**.*
competencia (f.) competición deportiva. *El día de la **competencia** el veterinario oficial revisa a todos los caballos antes de cada carrera.*
componerse (v.) aliviarse, recuperarse de una enfermedad. *Iremos a la playa cuando te **compongas**, Pepito, te lo prometo.*
computadora (f.) ordenador.
confite (m.) caramelo, dulce. *A Marcela le encantan los **confites** con sabor a fresa.*
cortada (f.) herida hecha con objeto cortante. *Cayendo me hice una **cortada** en el brazo.*
contralor (sust.) funcionario encargado de examinar la contabilidad oficial. *La **contralora** llegó y todo el mundo se puso a temblar.*
contraloría (f.) oficina de Estado que controla las diversas cuentas del gobierno.
covacha (f.) vivienda precaria, hecha de desechos. *Alguien construyó unas **covachas** en el terreno baldío cerca de mi casa.*
cucurucho 1) (m.) vestido usado en las procesiones de Semana Santa 2) (m.) persona vestida de esta manera. *Mis dos hermanos fueron **cucuruchos** en la procesión del Viernes Santo del año pasado.*
cuchubal (m.) sistema colectivo de ahorros, generalmente con duración de un año. Normalmente participan 12 personas, con una más con función de recolector. Cada mes las 12 personas abonan una cantidad fija por todo el arco del año, y cada mes después del primer mes, a suerte, una de las 12 personas recibe el monto de 12 abonos. *Este mes no voy a poder ir a la reunión del **cuchubal** pero mi hermana llevará mi cuota.*
cuchumbo (m.) cubilete para el juego de dados. *Saca el **cuchumbo** y los dados y jugamos mientras esperamos a que tu mujer termine de preparar la cena.*
curita (f.) vendaje adhesivo, tirita. *Dame otra **curita**. La que tenía se mojó.*
cupo (m.) cabida. *Ya no había **cupo** en el teatro y no estaban dejando entrar a nadie más.*
cuyo (m.) conejillo de indias.

D

dendoy (adv.) recientemente, hace poco (de "desde hoy"). *Dendoy he tenido sueños raros.*
dilatarse (v.) demorar, tardarse. *Está bien, acompaña a Rocío a su casa, pero no te dilates; ya casi es hora de comer.*
directorio (m.) guía telefónica. *Fíjate en el directorio si está el número de esa pizzería que te gusta.*
dizque (adv.) supuestamente, al parecer. *¡Ve estos güiros! ¡Mirá que mugre, y dizque ya se lavaron las manos para venir a comer!*

E

egresado (sust.) quien obtiene el certificado de haber concluido una carrera académica. *Va a ver una reunión de egresados de La U. ¿Vas a ir?*
encaramarse (v.) trepar *Los patojos se encaramaron en el árbol para que el perro no los alcanzara.* (adj.) **encaramado** *¿Qué estás haciendo allí encaramada, muchacha del demonio? ¡Bajate ahora mismo!*
enchilado (adj.) que sufre de sensación de ardor en la boca por comer algo picante (verbo) **enchilar / enchilarse**. *Me enchilé con los taquitos que me diste. ¿Qué tipo de salsa les pusiste?*
escupelo (m.) orzuelo, granito que sale en las orillas de los párpados. *Me duele mucho el ojo, creo que me va a salir un escupelo.*
estampilla (f.) sello postal. *Un filatelista es uno que colecciona estampillas.*
estéreo (m.) sistema de sonido estereofónico. *¿De qué marca es tu estéreo?*
estufa (f.) cocina (aparato con hornillos o fuegos y a veces horno, para guisar alimentos). *Dejaron el gas de la estufa abierto y casi se asfixian.*

F

farándula (f.) conjunto de personajes de espectáculo (bailarinas, cantantes, actores, cómicos, etc.). *Ese fotógrafo se ocupa sólo del mundo de la farándula.*
farmaceuta (sust. inv. en género) boticario. *El farmaceuta de la esquina es bien atinado.*
flor (f. singular) horquillas en las puntas del cabello. *No me puedo dejar crecer el pelo porque me sale flor.* (adj.) **floreado**. *Tenés todo el pelo floreado.*
forma (f.) formulario. *Hay que llenar esta forma para inscribirse al colegio.*
frijol (m.) fréjol, judía (legumbre). *¿Arroz con frijoles otra vez?*
fúrico (adj.) furibundo, furioso. *Samuel se puso fúrico cuando supo que su hermano le había roto la videocámara.*

G

gotero (m.) cuentagotas. *Le dimos agua con un gotero al pajarito herido.*
gasolinería (f.) gasolinera, establecimiento donde se venden carburantes. *La gasolinería que está cerca de mi casa tiene precios muy caros.*
golpiza (adj.) paliza, sucesión de golpes. *Alfredo se mereció la golpiza que le dieron por insolente.*
grama (f.) césped, pasto. *Está muy pelón el jardín: hay que plantar grama.*

G

guango (adj.) aguado, blando. *Cuando te estrechen la mano, no la pongas guanga como pescado muerto.*
guaro (m.) tafia, aguardiente de caña. *Mi abuelo sabe hacer muy buen guaro.*
güegüecho (m.) bocio. *Las autoridades de salud han ordenado ponerle yodo a la sal para evitar que se contraiga el güegüecho.*
güicoy (m.) calabaza.

H

hablador (adj.) embustero, mentiroso. *¡No sea hablador! ¡Yo nunca dije que le iba a pagar las vacaciones!*

I

igualado (sust./adj.) irrespetuoso, que se dirige a alguien que se percibe como superior en modo demasiado confianzudo. *¡Martín, no seás igualado! A la gente mayor se le habla de "Ud." / Toña es una igualada. ¿Oíste cómo le respondió feo a su jefe?*
impuesto (adj.) acostumbrado. *Eva no está impuesta a que le griten, y llora cada vez que su jefe lo hace.*

J

jalonear (v.) agarrar y sacudir o tirar de algo. *El patojo jaloneó a su amigo y lo hizo caer en un charco. / ¡Dejá de jalonearme el pelo cada vez que me peinás!*
jonrón (m.) en el juego de béisbol, cuando un jugador cubre las cuatro bases en su turno, marcando un punto para su equipo (de "home run").
jonronero (sust./adj.) jugador o equipo de béisbol que logra muchos jonrones. *¿Quién es el más jonronero de tu equipo?*
jugo (m.) zumo. *¿Y de tomar? --Para ella, agua mineral. A mí deme un jugo de pera.*
jute (m.) caracol de río. *Carmela sabe hacer una sopa de jutes bien rica.*

L

lentes (m. pl.) anteojos, gafas. *¿Has visto mis lentes? No los encuentro.*
licuado (m.) bebida, generalmente a base de leche, hecha usando licuadora. *Mirá: esta receta del licuado de plátano puede servir para tu dieta.*
llanta (f.) neumático. *Las llantas están lisas, hay que cambiarlas porque es peligroso circular así.*
llave (f.) usado como sinónimo de grifo. *No tomen agua de la llave, que se pueden enfermar.*
lonchera (f.) especie de maletín metálico donde se lleva la comida que se consumirá en la escuela o en el trabajo. *La lonchera de Tito es ésa de Mickey Mouse. / A Roberto se le olvidó la lonchera en el taller.*
lunada (f.) fiesta nocturna al aire libre. *Me encantan las lunadas en la playa.*

M

malecón (m.) calle o paseo costero. *Están construyendo un hotel de lujo cerca del malecón.*

G

manicurista (sust.) manicuro. *Tengo que ir con la manicurista para que me ponga uñas falsas.*

maroma (f.) voltereta, pirueta, volatín. *Beto le está enseñando al perro a hacer maromas.*

matazón (f.) matanza. *En la clase de historia leímos sobre el Holocausto, la terrible matazón de judíos durante la segunda guerra mundial.*

mezquino (m.) usado como sinónimo de verruga (ambos términos se usan). *¿Te salió otro mezquino en la mano?*

N, Ñ

ni modo (frase) no hay manera, es imposible. *Ni modo, hoy no vas al colegio. Tenés fiebre muy alta.*

nomás 1) (adv.) solamente. *Cómprelo, seño; nomás cuesta cuatro quetzales.* 2) partícula que añade énfasis a la oración. *¡Ve nomás cómo te ensuciaste en el ratito que me descuidé!*

O

ocupar (v.) necesitar (usado generalmente por personas con bajo nivel escolástico). *Ocupo un pedazo de papel. ¿Me das una hoja de tu cuaderno?*

overol (m.) mono, traje de faena de una sola pieza que se pone encima de la ropa para protegerla (del inglés "overall"). *El "Mostachón" es ése de overol de mecánico.*

P

paja de agua (f.) medida que determina la cantidad de agua asignada a cada vivienda.

papel tapiz (loc. sust.) papel pintado (para las paredes).

parado (adj.) de pie, derecho, levantado. *"¡No sé los muchachos de hoy qué le ven de bonito a llevar las greñas paradas como puercoespín!" exclamó doña Aurelia, disgustada.*

pararse (v.) ponerse de pie, levantarse de la cama. *El joven se paró para darle el asiento a la señora embarazada.*

parquear (v.) aparcar, estacionar un vehículo. *Las mujeres no saben parquear. Mirá cómo dejaste el carro, casi a media calle.*

patrulla (f.) vehículo de la policía para vigilancia pública. *La patrulla estaba escondida detrás de un muro para que los policías vigilaran el tráfico sin que los vieran.*

pegoste (m.) pegote, cosa pegajosa adherida a algo. *Traés un pegoste en el codo, parece que es una etiqueta.*

peleonero (sust./adj.) agresivo, pendenciero, picapleitos. *Mi hijo siempre se anda metiendo en problemas en la escuela porque es muy peleonero.*

pena (f.) vergüenza. *Me dio mucha pena cuando invité una amiga a salir y luego a la hora de pagar tuvo que prestarme dinero ella porque olvidé mi billetera.*

pichel (m.) jarra para servir agua u otras bebidas. *Para empezar, ordenamos un pichel de cerveza y algo para picar.*

pizote (m.) coatí (mamífero); el macho es conocido por sus costumbres solitarias.

G

plomero (m.) fontanero. *Hay que llamar al **plomero** porque no podemos desperdiciar tanta agua.*

ponchar 1) (v.) perforar (del inglés "to punch"); **poncharse** (v.) sufrir un pinchazo un neumático de vehículo. *El acto de vandalismo más común en este barrio es el de **ponchar** llantas.* 2) (v.) en el juego de beisbol, cuando un jugador pierde su turno y es eliminado después de no conectar con la pelota. *Se deprimió porque lo **poncharon** dos veces en el mismo partido.*

poporopo (m.) roseta de maíz tostado y reventado. *Yo no puedo ver una película sin mis **poporopos** a la mano.*

prender (v.) encender. *No **prendas** el radio, que vas a despertar al niño.*

pringa (f.) mancha pequeña. *No sabe comer como la gente. Después del almuerzo siempre anda con la camisa llena de **pringas**.*

pringar (v.) lloviznar. *Llevate el paraguas porque ya está **pringando**.*

pututu (m.) bocina, claxon. *¿Qué ganás con tocar el **pututu**, si nadie tiene espacio para quitarse de nuestro camino?*

puyar (v.) herir con arma u objeto puntiagudo o cortante. *En el parque **puyaron** a uno para robarle el dinero. / Me **puyé** con el lápiz y se me quedó enterrada la punta en la piel.*

Q

quemador (de CD o DVD) (m.) aparato grabador (traslación literal del inglés informático *burner*) (v. **quemar** grabar un CD o DVD). *Mi sistema es viejo y no tiene **quemador**.*

quien quita (frase) ojalá. ***Quien quita** y este año me dan un aumento de sueldo.*

R

rancho (m.) granja donde se crían caballos o ganado. *Hernán sabe montar muy bien a caballo: creció en un **rancho**.*

recámara (f.) dormitorio, habitación, cuarto de dormir (usado principalmente por las clases altas). *Encontré el reloj de mi marido en la **recámara** de la criada...*

refundir (v.) poner una cosa profundamente dentro de algo, encajar. *Encontré un billete de quinientos quetzales **refundido** en el cajón de los calcetines. / Miguel faltó al taller hoy y a mí me **refundieron** todo su trabajo pendiente.*

regadera (f.) ducha. *Estaba en la **regadera** cuando oí que sonó el teléfono.*

remate (m.) sinónimo de subasta. *Conseguí esta moto bien barata en un **remate**.*

rin 1) (m.) llanta (parte metálica de la rueda, sobre la cual se monta el neumático). *Le acabo de comprar **rines** nuevos al carro.* 2) (m.) cuadrilátero de boxeo o lucha libre (del inglés "ring"). *Toda la gente empezó a gritar cuando los luchadores subieron al **rin**.*

rollo (m.) carrete de película. *Tengo que llevar a revelar los **rollos** de las fotos que tomé en las vacaciones.*

rosticería (f.) negocio donde se asan y venden pollos. *No tenía ganas de cocinar, así que me fui a comprar un pollo a la **rosticería** de la esquina.*

rostizar (v.) asar, cocer al horno (adj. **rostizado**). *En la receta dice que hay que usar un platón para **rostizar** con una rejilla para recoger el jugo. / Me quedé dormido en la playa y quedé como pollo **rostizado**.*

210

S
surfear (v.) practicar el deporte de surf. *¿Vamos a surfear el domingo?*

T
talishte (adj.) dícese de fruta o verdura pasada de madurez o ya seca. *Esos limones ya se pusieron talishtes. Hay que tirarlos.*
tapanco (m.) desván. *Cuando vivía en Chicago no podía guardar nada en el tapanco porque se humedecía mucho en el invierno.*
tenis (m.) zapatillas deportivas. *Dejé los tenis aquí al lado del sofá y ahora falta uno. ¿Lo agarraría el perro?*
timbre (f.) sello postal.
tosijoso (adj.) tosegoso, que padece de tos. *¿Ya ves? Por no ponerte la bufanda ahora andás todo tosijoso y te duele la garganta.*
trapeador (m.) utensilio para fregar pisos. *Pasame el trapeador, que la niña derramó la leche en el piso.*
trapear (v.) fregar el suelo. *Odio trapear; mejor vos hacé eso y yo limpio el baño.*
tuja (f.) frazada, manta. *Las tujas de mi cama ya están muy viejas.*

U, V
voltear 1) (v.) girar la cabeza *Te estoy llame y llame y vos ni volteas.* 2) (v.) poner al revés, boca abajo o lo de dentro fuera *A ver, voltéate las bolsas del pantalón a ver si es cierto que están vacías.*

X, Y, Z
zancudo (m.) mosquito. *¡Cerrá la puerta que estás dejando entrar a los zancudos!*
zarabanda (f.) baile o fiesta popular. *Nos conocimos en una zarabanda.*
zocar (v.) apretar. *Estas tuercas no las zocaste bien.* (adj.) zocado: apretado. *Traigo los pies hinchados; los zapatos me quedan zocados.*

JERGA DE HONDURAS

A

a puro rin (locución adverbial) desnudo. *A Valeria le sacaron unas fotos donde sale a puro rin.*

a tuto (loc. adv.) a cuestas, sobre los hombros. *Llevaban el cajón a tuto entre dos hombres.*

alero (sust./adj.) amigo. *Pidele a un alero que te lleve a tu casa; así como andás no podés manejar. / Las aleras de Jessica le regalaron un CD para su cumpleaños.*

arrastrado (sust./adj.) persona obsecuente y servil. *¡No seás tan arrastrado y decile a tu jefe que no querés trabajar este fin de semana!*

arroz con pollo (loc. sust.) persona experta, diestra, inteligente (usado sólo en sentido irónico). *Manuel se las tira de arroz con pollo en informática pero yo sé que no sabe ni cómo prender una computadora.*

B

babear (v.) desear algo, sobre todo a una persona. *Marcia anda babeando por Yahir, pero a la pobrecita no le va a salir nada.*

babosada (f.) estupidez, disparate. *Ya no digás babosadas, si no sabés nada sobre el tema, mejor quedate callado.*

bajar (v.) robar, quitar. *El niño le bajó tres canicas a su compañero de juegos. / El otro día me bajaron dos CD cuando me dormí en el bus.*

barajarla más despacio (loc. verbal) explicar con más detalles. *No entendí. Barjámela más despacio.*

barco 1) (adj. invariable en género) poco exigente, consentidor. *Giselda dice que a ella le tocó una profe barco, pero el mío es bien yuca.* 2) (adj. invariable en género) fácil. *Hacer investigaciones es barco si sabés usar internet.*

bato (m.) hombre, muchacho (también escrito como **vato**, usado casi exclusivamente por pandilleros). *Aquel bato trabaja en una discoteca.*

becado (m.) hombre (amante) que es mantenido por alguien o que recibe regalos por sus atenciones. *Arnoldo está becado con esa vieja.*

bemba 1) (f.) hocico, jeta. 2) (f.) labios protuberantes, gruesos. *Le salió un fuego en un labio y se le hizo una bemba bien grandota.* (adj.) **bembón**. *Será muy bonita la tal Angelina Jolie, pero a mí no me gustan las mujeres tan bembonas.*

birria (f.) cerveza. *¿Quién me robó las birrias que dejé en la refri?*

biyuyo (m.) dinero. *Es una colecta de beneficencia. El biyuyo va a ser para los damnificados.*

boa (f.) adulador. *La boa de tu hermana ya convenció a tu papa a prestarle el carro a ella y no a ti esta noche.*

bola (f.) unidad monetaria, lempira. *Me hacen falta 5 mil bolas para terminar de pagar por los muebles.*

bolo (sust./adj.) borracho. *Armando anda bolo y no quiere irse a dormir.*

bote (m.) cárcel. *Metieron al bote al novio de Paquita por asaltar una farmacia.*

212

JERGAS DE HABLA HISPANA

H

bruta (f.) cerveza. *A la salida del trabajo vamos a echarnos un par de brutas a la casa de Wilbur.*

bueno / buenón / buenote (adj.) guapo, atractivo, de buen aspecto.

C

cachar (v.) atrapar, capturar, pillar. Del inglés "to catch". *El portero salvó al equipo cachando el balón en el aire.*

cacho (m. plural) infidelidad a la pareja. *A Eduardo le pusieron los cachos con el electricista.* 2) (m.) zapato. *Alguien dejó unos cachos viejos en la entrada de mi casa.*

cagarse (v.) asustarse mucho (adj. **cagado**). *Adriana se cagó cuando alguien le dejó un mensaje anónimo amenazándola de muerte.*

calaca (f.) esqueleto humano. *¿Qué le ves de bonito a esa modelo? Parece calaca de tan flaca.* (f.) la muerte. *Don Enrique, se lo va a llevar la calaca si no se toma sus medicinas.*

cambalache (m.) favor. *¡Hey, loco! Haceme el cambalache de darme jalón hasta el centro.*

canas verdes (loc. sust.) desesperación, agobio (con los verbos sacar / salir). *¡Ese mocoso me está sacando canas verdes con tanto berrear!*

canche (adj./sust. invariable en género) albino. *En el edificio donde vivo hay una familia con el papá y dos niños canches.*

catracho (sust./adj.) hondureño (del nombre del general hondureño Xatruch). *Este es un restaurante de catrachos. / A Bill le gusta mucho la jerga catracha.*

catrín (adj.) elegante, adornado con mucho esmero, ostentando lujo. *Diana se puso catrina para la graduación de su hermano. / La recepción de la boda fue en un salón muy catrín.*

chafa / chafarote 1) (m.) agente de policía (en el interior del país). *A Joaquín lo agarraron los chafas por andar manejando borracho.* 2) (m.) militar. *¡Mirá los rifles que llevan esos chafarotes!*

chafarotada (f.) el servicio militar. *Edson se cansó de no tener empleo y se metió a la chafarotada.*

chamba (f.) trabajo (verbo **chambear**). *Dame algo que hacer. Si chambeo se me pasa el tiempo más rápido.*

chance / chanza 1) (m.) oportunidad, posibilidad. *Dale chanza a tu primo de entrar a trabajar en tu empresa.* 2) (interjección) ojalá. *Chance y encuentro en esa tienda el CD que busco desde hace semanas.*

charralear (v.) quemar, chamuscar. *No te expongás mucho al sol, que te vas a charralear. / Una vez me sirvieron la comida charraleada en ese restaurante y ya nunca volví.*

charrango (m.) fiesta. *¿Va a haber charrango para tu cumpleaños?*

charrear (v.) bromear. *Estuvimos mis aleros y yo charreando toda la tarde.* (sust./adj.) **charrero**: bromista, poco serio. *Felipe sí que es charrero, no se toma nada en serio.*

chascada (f.) propina, adehala, lo que se da de gracia sobre un precio o sueldo. *¿Y a vos por qué te dieron chascada y a mí no?*

213

chavalo (sust.) niño, muchacho. *Los chavalitos estaban jugando con las canicas a media calle.*

chavo 1) (sust./adj.) adolescente, muchacho, joven. *A esa chava le encanta comadrear.* 2) (sust.) novio. *La chava de Samir nació en Belice.*

chaya (sust./adj.) persona mezquina, cicatera. *César y yo ya no somos amigos. Se ha vuelto muy chaya y no lo soporto.*

chela (f.) cerveza. *Pídanme una chela mientras voy al baño.*

chele 1) (sust./adj.) persona no extranjera, de piel, cabello y / o ojos claros. *No parecen hermanas: Anita es chela, mientras que Lety es morena.* 2) (sust.) miembro activo del partido Liberal. *Los cheles representan la oposición en el gobierno actual.*

chenca (f.) colilla de cigarro. *La calle estaba regada de chencas.*

chenco (sust./adj.) rengo, cojo, que tiene una pierna más corta que la otra. *La mesa está chenca. Ponele algo a la punta de esa pata para nivelarla.* (v.) **chenquear.** *Mi hermano chenquea desde que tuvo el accidente.*

chepa (sust.) policía (la policía en general: *la chepa;* el agente de policía: *el chepa*). *Nunca se encuentra uno a un chepa cuando se necesita.*

chepear (v.) copiar un trabajo o recurrir a cualquier truco para salir airoso en un examen. *Descubrieron a Cecilia chepeando en la prueba de química.*

chepia (f.) papelito con apuntes para uso, no autorizado, de estudiantes en los exámenes. *Memo se está preparando una chepia para la prueba de inglés.*

cheto 1) (m.) trasero, glúteos, nalgas. *Por ahí leí que Jennifer López tiene el cheto asegurado por millones de dólares.* 2) (m.) mujer muy atractiva. *A Carlos lo vi entrando al cine con un chetillo que acaparaba todas las miradas.*

chévere (adj.) muy bueno, fantástico, fenomenal (palabra importada por las telenovelas venezolanas). *Me acaban de contar un chiste bien chévere y ya no me acuerdo cómo iba.*

chichí (sust. invariable en género) bebé, niño pequeño (habla infantil). *¿Te gusta el chichí que está en el columpio, nena?*

chinear (v.) 1) cargar a una persona, generalmente a niños pequeños. *Allison, chineá a tu hijo para que se duerma.* 2) combinado con frases como "a riata" o "a pija", significa golpear. *No me andés molestando que te voy a chinear a riata.*

chingüín (sust. despect.) niño hasta los 12 años de edad. *Dale el pepe a la chingüina para que deje de llorar. / ¡Cuánto joden estos chingüines! Dejalos salir a jugar.*

chiva 1) interjección usada para advertir, avisar, incitando a poner atención o tener cuidado. *¡Chiva con la pelota!* 2) (adj.) atento, cuidadoso. *Hay que estar chivas con lo del nuevo pedido--es muy delicado lo que vamos a hacer.*

chuleta (m.) hombre homosexual. *Los viernes por la noche ese parque se llena de chuletas.*

chunche (m.) cosa, objeto, cachivache. (**chunchero:** montón de cosas.) *¡Quitá tus chunches de la mesa!*

chupar (v.) beber bebidas alcohólicas. *Te vas a morir de cirrosis si sigues chupando todos los días.*

cipote 1) (sust.) niño, muchacho (**cipota** en femenino). *¡Mirá vos que cipote tan malcriado, ni las gracias me dio por el regalo que le traje! / Ana salió a pasear con los*

cipotes del trabajo. 2) trato cariñoso entre personas. *Cipote, ¿cuándo es tu cumpleaños?*
codo (adj.) avaro, tacaño. *No seás coda, dame más para el regalo de Miriam.*
coger (v., vulgar) tener relaciones sexuales.
colado (sust.) persona que entra en sitios donde no ha sido invitado o sin pagar (verbo **colarse**). *Entramos de colados a la inauguración de ese restaurante.*
colgar los tenis (loc. v.) morirse. *El pobre viejo va a colgar los tenis bien pronto si no le consiguen las medicinas que necesita.*
conchudo (adj.) desentendido, indolente, desobligado. *¡Qué conchudo es Oscar! Hace trabajar a su mujer mientras él se toma una siesta.*
cranear (v.) pensar mucho, concentrarse, inventar algo. *Se nota que Jorge estuvo craneando el problema la suya fue la mejor solución para llevar a cabo el proyecto.*
cuestión (f.) droga, en particular, cocaína. *Conozco a unos chavos que se meten cuestión todos los días.*
culear (v., vulgar) tener relaciones sexuales.
culero 1) (m.) hombre homosexual. *¿Te diste cuenta que Bayron se volvió culero? Hasta novio tiene.* 2) trato entre amigos. *Culero, ¿cómo te ha ido en el trabajo?*
cutear (v.) vomitar. *Me hizo mal algo que comí porque hoy pasé toda la mañana cuteando.*

D
damo (m.) amante (en femenino es simplemente **dama**). *Nelson descubrió que su mujer tenía un damo.*
dar charra (loc. verbal) comportarse irrespetuosamente o con excesiva confianza con un subordinado, abusando de su posición superior. *Ese gerente sí le da charra a su secretaria; oigan cómo en vez de llamarla por su nombre le dice "mi reina".*
dar chicharrón (loc. verbal) matar. *Le dieron chicharrón al periodista por insistir en investigar sobre los negocios dudosos del gobernador.*
de miedo (adv./adj.) muy bien, excelente. *Con las modificaciones que le hice a mi moto quedó de miedo. / El concierto estuvo de miedo, lástima que te lo perdiste.*
desgraciado (sust./adj.) vil, infame, despreciable. *Ya no aguanto a mi jefe, es un desgraciado que nomás anda buscando cómo chingar gente.*

E
echar humo (loc. verbal) dormir. *Griselda echaba humo en el cine, ni cuenta se dio cuando terminó la función.*
empedarse (v.) emborracharse. *Esta noche quiero empedarme para olvidar mis penas.*
empurrado (adj.) con expresión severa en la cara, mal encarado. *Don Ramiro anda empurrado, quién sabe quién lo hizo enojar.*
enchibolar / enchibolarse (v.) confundirse. *Me enchibolé y tomé el camino equivocado.* **enchibolado** (adj.) confundido. *El profesor de matemáticas me dejó todo enchibolado con lo de las ecuaciones.*

215

endamarse 1) (v.) conseguir amante. 2) (v.) vivir como pareja sin estar casados, vivir en concubinato. *Bernardo cree que lo que le hace falta a Pepe es endamarse.* (adj.) **endamado.** *Cuentan en la oficina que el jefe está endamado.*
enyucar (v.) encajar, propinar. *Alejo faltó al taller hoy y a mí me enyucaron todo su trabajo pendiente.*

F
fregar (v) fastidiar, molestar. (adj **fregón:** fastidioso) *A estos niños les encanta fregar a los mayores.*
fresa (adj.) muy bien hecho. *La conferencia estuvo fresa, muy informativa. / Las viviendas que están construyendo están muy fresas.*
fresa / fresón / fresita (sust.) persona engreída. *El hermano de Matilde es un fresón, no lo soporto.*
fresco (m.) soda, refresco. *No, no me des una birria. Hoy mejor tomo sólo frescos. Todavía ando con goma por la parranda de anoche.*
friquear (v.) espantar, asustar (de la jerga en inglés "to freak"). *No friquees al pobre bebito con esa máscara.* (adj.) **friqueado**
fufurufo (sust./adj.) vanidoso, presumido. *Ahi anda Leti bien fufurufa con el vestido que le regalaron para su graduación.*

G
gachupín (sust./adj.) proveniente de España (antiguamente era un término despectivo, ahora puede ser usado en tono jovial). *A Marla la vinieron a visitar unas amigas gachupinas de Córdoba. / Me regalaron un abanico gachupín bien bonito.*
gafo (adj.) deseoso sexualmente. *Ando gafo, hace más de un mes que no tengo nada de nada con una mujer.*
gallo (adj.) muy hábil o diestro en algo. *Dulce es galla para dibujar.*
gato (m.) músculo desarrollado. *Usá estas pesas para que se te hagan gatos.* (adj.) **gatudo** con músculos desarrollados. *Antonio tiene gatudas las piernas porque es ciclista.*
goma (f.) malestar físico después de una borrachera. *No hagás ruido, que estoy de goma. / Dicen que el consomé es bueno para curar la goma.*
grencho 1) (sust./adj.) cualquier cosa procediente de de Estados Unidos. *Unas grenchas me detuvieron en la calle para pedirme direcciones pero no supe adónde querían ir porque no hablaban español.* 2) (sust.) cualquier extranjero de tez, cabello y / o ojos claros. *Creo que los grenchos de la mesa de al lado son holandeses.*
gringo (sust./adj.) 1) cualquier cosa procediente de de Estados Unidos. *Esa marca de cigarros es gringa.* 2) (sust.) cualquier extranjero blanco, rubio, de ojos claros. *Moisés conoció a unas gringas en la plaza y las llevó a su casa.*
Gringolandia (f.) Estados Unidos. *Cada vez que Rafael va a Gringolandia, compra software nuevo.*
grueso (adv.) bastante, en gran cantidad. *Ese tipo de camisas se está vendiendo grueso.*
guácala expresión de asco. *¡Guácala! ¡Hay una mosca muerta en la ensalada!*

H

guachimán (m.) guardia, vigilante (del inglés "watchman"). *Oigan bien: ustedes distraen al **guachimán** mientras yo entro por la puerta de atrás...*
guaro (m.) cualquier bebida alcohólica. *Vamos, te invito a tomar un **guaro**.*
güirro (sust.) niño. *Hay una **güirra** en mi clase que se cree muy bella.*

H

hacerse bolas (loc. v.) confundirse. *El taxista **se hizo bolas** y me llevó a una calle equivocada.*
happy (adj. invariable en plural) tomado, en estado "alegre" y, a menudo, desinhibido (del inglés "happy": feliz). *Las muchachas todavía no se terminaban la jarra de sangría que habían pedido y ya estaban bien **happy**.*
hasta la coronilla / el copete (loc. adj.) harto, fastidiado.
hijo de papi / papá (loc. sust.) hijo de gente adinerada, que todo lo tiene gracias a ellos. *A aquel **hijo de papi** le pagaron toda la carrera de administración de empresas y luego le compraron una compañía.*
hule (adj.) sin dinero. *Inés no pudo prestarme <u>pisto</u> porque también ella anda **hule**.*

I

importar un comino / pepino (loc. v.) no importar nada.
infeliz (sust./adj.) vil, infame, despreciable. *Esos **infelices** de tus tíos se repartieron la herencia que te había dejado tu padre. / El **infeliz** de Hugo se gastó toda la plata que era para comprar los remedios de su mamá. / ¡Vieja **infeliz**, váyase a su casa!*

J

jalón (m.) pasaje que se pide o se da (en auto, moto, etc.). *No seás malo, dame un **jalón** a la casa.*
jocho (adj./sust.) que le hace falta uno o más dientes. *Me quedé **jocha** después del accidente. / ¿Viste a ese **jocho** que vende globos en el parque? Es el pretendiente de Maru.*
juca (f.) cerveza. *A Erica no le gusta la **juca**, siempre pide vino.*
jugar la vuelta 1) (loc. v.) engañar, estafar. *A Edson le **jugaron la vuelta** con unos dólares que compró.* 2) (loc. v.) traicionar. *Mi marido me **sacó la vuelta** con mi mejor amiga.*

L

la riata (sust. usado como adjetivo) poco diestro para alguna actividad o habilidad. *Ignacio es **la riata** para el futbol.*
lambiscón (sust./adj.) adulador. *El **lambiscón** de Alberto nunca contradice al jefe aunque esté equivocado.*
lero lero (candelero) (voz infantil) expresión burlona usada para expresar que algo percibido como negativo que le sucede al interlocutor es bien merecido, o para jactarse de alguna cosa de la cual el interlocutor no goza. *¡**Lero lero**, te <u>cacharon</u> rayando las paredes del baño de la escuela y te van a castigar! / ¡**Lero lero, candelero**, a mí me van a llevar a un <u>rancho</u> a montar a caballo y a vos no!*

217

H

liso (adj.) sin dinero. *No gracias, no podemos ir al cine con ustedes porque andamos lisos.*

llanta (f.) rollito de grasa que se forma generalmente alrededor de la cintura de la gente gorda. *A Lizbeth le da vergüenza ponerse el bikini que le regalaron porque ya se le hacen llantitas por haber engordado tanto.*

loco término informal para dirigirse a una persona, generalmente un amigo. *¿Qué dices, loco, mañana vienes a jugar futbol con nosotros?* 2) (adj.) drogado, en estado de estupor o frenesí por los efectos de las drogas. *Pablo andaba bien loco cuando se pasó el semáforo y chocó.*

M

mable / maule 1) (adj. invariable en género) torpe, no diestro, inhábil. *Marvin sí que es maule en informática.* 2) (adj. invariable en género) poco inteligente. *Sos mable, Yolanda. Nunca vas a aprender bien el idioma sólo viendo películas en inglés.*

macaneado 1) (adj.) golpeado. *Me dieron un descuento por este mueble porque está un poquito macaneado.* 2) (adj.) muy cansado, agotado. *Vengo macaneado. Trabajamos un turno de 10 horas hoy.*

macanear (v.) golpear, dar una paliza. *Los ladrones macanearon al vigilante.*

macanudo (adj.) 1) muy buena persona. *Gaspar es macanudo, siempre está cuando lo necesitás.* 2) cosa excelente.

macizo (adj.) excelente, muy bueno o bonito. *Su carro nuevo está macizo y tiene muy buen estéreo.*

maje (sust./adj.) 1) tonto, idiota. *Gregorio es un maje si cree que le voy a regalar mi colección de discos.* 2) trato entre amigos (a menudo pronunciado "mae"). *Hey, mae, vamos a cenar a mi casa.* 3) fulano, cualquier hombre. *Llegó un mae preguntando por vos.*

maleado (adj.) muy enojado, enfurecido. *Ahorita yo no hablo con el jefe porque en la mañana estaba todo maleado.* (verbo) **malear.** *Vieras, ayer sí que me malearon los chavos de la gasolinería. Le estaban poniendo diesel en vez de gasolina.*

mamá de Tarzán (loc. sust.) dícese de persona superior (en sentido irónico). *Don Pancracio se cree la mamá de Tarzán desde que su hijo se recibió en ingeniería.*

mamado 1) (adj.) atrapado. *Dile a Hilda que voy a llegar tarde porque estoy mamado en el tráfico.* 2) (adj.) muy ocupado (refiriéndose al trabajo). *No puedo atenderte ahora porque estoy mamado de trabajo.* 3) (m.) hombre musculoso. *Beto dice que va a inscribirse al gimnasio porque quiere ser un mamado.*

mamo (m.) cárcel. *Eduardo el "Pesuñas" se escapó del mamo.*

mano peluda (f.) manipulación. *Dijeron que los documentos importantes que estaban archivados en esa computadora se borraron por culpa de un virus, pero muchos creen fue cosa de mano peluda.*

mara (f.) pandilla juvenil. *Tengan cuidado con sus hijos. La tentación de entrar en una mara es fuerte. / A Meño lo amenazaron de muerte unos de una mara rival.*

marero (sust./adj.) pandillero. *Desde que Julián se hizo marero ha estado encerrado tres veces en una correccional de menores.*

mentada (f.) insulto (a la madre). *¡No andés echando mentadas enfrente de las monjitas! / A Gerardo no lo haces trabajar ni a mentadas (de madre).*

H

<u>mentar a la madre</u> / <u>mentarla</u> (v.) insultar. *Alguien se la mentó y se armó la bronca.*
<u>mera brasa</u> 1) (f.) el jefe, el mandamás. *Bill Gates es la mera brasa de la Microsoft.*
2) (f.) el más importante. *Laura es la mera brasa del equipo de básket.*
<u>mero</u> 1) palabra que sirve para reforzar, recalcar. *¿Quién dijo esa barbaridad?--¡Yo merito!* 2) (adj.) exacto (también en diminutivo: **merito**). *¡Esa mera es la canción que quiero oír!*
<u>meter la pata</u> (loc. v.) aparte de la acepción de cometer una indiscreción, un error, se usa a menudo como eufemismo de la mujer que queda encinta sin planearlo. *Genoveva metió la pata justo en la temporada en que su marido estuvo ausente, trabajando en una plataforma de perforación petrolera en mar abierto.*
<u>metiche</u> (sust./adj.) entrometido. *Tu tía Rosa tiene fama de ser la más metiche de la familia.*
<u>mirruña</u> (f.) pedacito de una cosa. *No seás malo, dale siquiera una mirruña de tu galleta al perico, que desde hace rato te está pidiendo.*
<u>mocoso</u> (sust.) niño (despectivo). *Ya se está haciendo costumbre aquí que los mocosos salgan disfrazados a pedir dulces el 31 de octubre, por Halloween.*
<u>muco</u> (sust. despectivo) nicaragüense. *Esa muca era mi amiga, pero me quitó mi novio y ahora no nos hablamos.*

N

<u>narola</u> 1) (f.) mezcla desagradable de líquidos o alimentos. *La soda se me cayó en el plato, se me hizo una narola y ya no pude seguir comiendo.* 2) (f.) desorden causado por alguna falla. *Se rompió un empaque, entró el agua y se hizo una sola narola dentro del motor.*
<u>nave</u> (f.) automóvil. *Le robaron la nave otra vez.*
<u>ni chicha ni limonada</u> (frase) ni una cosa ni otra. *Juan no es ni chicha ni limonada: ni conservador, ni liberal.*
<u>niche</u> (sust./adj. despectivo) persona (varón) de raza negra. *En la selección nacional hay puros niches.*
<u>niple</u> (sust./adj. desp.) persona (varón) de raza negra. *¡No quiero volverte a ver con ese niple delincuente!*
<u>nos vidrios</u> saludo de despedida, "nos vemos".

Ñ

<u>ñato</u> (sust./adj.) persona de nariz chata. *Era bajita, de ojos negros, ñata.*

O, P

<u>pachanga</u> (f.) fiesta, celebración. *Hay pachanga en la playa esta noche.*
<u>pacuso</u> (m.) mal olor corporal (combinación de las primeras sílabas de pata, culo, sobaco). *Ese cine de mala muerte siempre tenía un pacuso inaguantable.*
<u>paja</u> 1) (f.) mentira. *No me des paja, dame las llaves del carro.* / *¡Qué paja! ¿Acaso ustedes le ganaron al otro equipo por goleada?* (adj.) **pajero**: mentiroso. *No le creás a Jaime, es pajerísimo. Hoy se compromete con vos y mañana te sale con otra paja.* 2) (f.) acto de onanismo.

JERGAS DE HABLA HISPANA

H

pajear 1) (v.) convencer con halagos, mentiras, engaño. *Junior trató de pajear a su mama por lo del dinero faltante, pero ella no le creyó. / Franklin es cosa seria para pajearse a las chavas.* 2) (v.) perder el tiempo, no ser productivo en el puesto de trabajo o no ejecutar alguna tarea de manera eficiente. *Marcela no hizo los reportes. Se pasó pajeando toda la tarde en internet. / Ese maje sí se pajea con la inspección. Se tarda como mil horas y yo la hago en 15 minutos.*

paloma (f.) órgano genital masculino. *Mi hijo dice que le duele la palomita cuando hace pipí. Creo que tiene una infección a las vías urinarias.*

pana (sust. inv./adj.) amigo. *Pablo y Andrés son panas desde que iban a la escuela.*

papada 1) (f.) cosa que funciona mal, es inútil o de mala calidad. *Esta papada de computadora me tiene harto--¡es lentísima!* 2) (f.) cualquier objeto. *Voy a ver si logro armar esta papada.*

papadas (sustantivo usado como adj.) que usa pretextos o excusas para librarse de algún compromiso u obligación. *Sólo sos papadas vos con lo de la salida a la playa!*

papo (adj.) sinónimo cariñoso de "tonto". *¡Vos sí que sos papo! ¿Buscás tus lentes y los traés puestos!*

pata de perro (loc. sust.) persona a la cual le gusta andar en la calle, vagar, viajar. *Adriana se fue de pata de perro a Brasil.*

pedo 1) (m.) asunto, lío, problema. *¿Qué pedo traen ésos? / Andamos con un pedo con las computadoras que nos está volviendo locos en la oficina.* 2) (adj.) borracho. *Alan no quiso tomar para no andar pedo en la fiesta de su hijito.*

pelado 1) (adj.) desnudo. *Cecilia quiere ser famosa y posar pelada.* 2) (adj.) sin dinero. *Por ir al estadio me quedé pelado.*

pelársela 1) (loc. v., vulgar) holgazanear, perder el tiempo. *Dejá de pelártela y vení a revisarle los frenos a este carro.* 2) (loc. v.) fallar, perder una oportunidad. *La selección de fútbol se la peló porque no pasó de la semifinal de la Copa Oro.*

peluche (adj. invariable en género) resentido, molesto. *Exon se puso peluche ayer con la broma que le hicimos.*

penco (m.) hombre rústico, grosero. *Rodrigo es un penco que no respeta ni a su madre.*

pendejo (adj.) tonto, idiota

penquear (v.) golpear, castigar corporalmente (m. penqueo: pleito). *Entre tres se penquearon a Ramiro en un callejón oscuro.*

perra (f.) cuento estrafalario, historia inverosímil. *Ayer nos cagábamos de la risa con la perra que contó Alex.*

perrero (adj./sust) persona que cuenta historias estrafalarias, inverosímiles.

pesebre (m.) unidad monetaria. *Parece que a Marcela se le olvidó que me debe cuatrocientos pesebres desde el año pasado.*

pichicato (sust./adj.) tacaño, avaro, cicatero (v. pichicatear: escatimar). *Diana es pichicata, no quiso donar ni un centavo para la colecta de beneficencia.*

piedra (adj. invariable en género) tacaño. *Ese maje sí que es piedra; no nos invitó ni a un café cuando estuvimos en su casa.*

pijalío (m.) lugar muy remoto, en particular referido a pequeños poblados del interior del país. *El domingo mi esposo me llevó al pijalío donde viven sus papás.*

H

pijinear (v.) salir a divertirse, de parranda, etc. *Quiero **pijinear** esta noche--¡Hay que celebrar que me aumentaron el sueldo!* (sust./adj.) **pijinero**. *Fui a buscar a Velia a su casa anoche, pero la muy **pijinera** no estaba.*

pilas (sustantivo usado como adjetivo) perspicaz, agudo, listo. *Luisa es **pilas**, rápido averiguó dónde estaba el pisto que su marido había escondido.*

pinche 1) (adj.) de mala calidad. *Esa marca de televisores es **pinche**.* 2) (adj.) insignificante, de poco valor. *No me pudo ofrecer ni un **pinche** vaso de agua.*

pisar (v.) tener relaciones sexuales (vulgar). *Esta mañana encontraron a dos **pisando** en el baño del colegio.*

pistal (m.) dineral. *Nos va a costar un **pistal** ir de vacaciones a Jamaica, pero hace mucho tiempo que queremos conocer ese país.*

pisto (m.) dinero. *¿Ya metiste el **pisto** al banco?*

primo (sust.) persona de raza negra (usado para dirigirse directamente a la persona en cuestión). *¡Hey, **primos**! ¿Saben de quién es ese perro?*

pucha interjección de contrariedad, disgusto (eufemismo de "puta"). *¡**Pucha**, olvidé las llaves de la casa adentro!*

púchica interjección de contrariedad, disgusto. *¡**Púchica** vos, te hubieras traído más cigarros!*

puto (m./adj.) mujeriego. *Sonia no aceptó la propuesta de matrimonio de Martín porque conoce su fama de **puto**. / Javier es tan **puto** que ni sus propios hermanos lo dejan solo con sus mujeres.*

Q

qué onda (frase interrogativa) puede ser un saludo, o se puede usar para preguntar qué sucede. *¿**Qué onda**, todavía no estás lista para salir?*

quemar la canilla / pata (loc. verbal) ser infiel a la pareja, generalmente al marido. *Rosaura le **quema la pata** a Winston.*

queso 1) (adj.) bueno, bien hecho. *¡Qué **queso** te quedó la estatua!* 2) (adj./m.) persona diestra, hábil, la mejor. *Claudia es el mero **queso** en dibujo técnico, mirá el plano que hizo de la pieza.*

R

rabo verde (loc. sust. m./adj.) hombre maduro que se dedica a cortejar mujeres jóvenes. *Ese profesor es un viejo **rabo verde**: el otro día lo oí cuando invitaba a salir a una de sus alumnas.*

raite (m.) pasaje que se pide o se da (en auto, moto, etc.) (del inglés "ride"). *¿Me das un **raite** a la estación?*

rapidito (m.) microbús de transporte público. *Ayer chocaron dos **rapiditos** por ir peleando ruta.*

rebanador (sust.) persona que se presta a aventuras amorosas. *No me gusta esa chava, tiene fama de **rebanadora**.*

rebane 1) (m.) encuentro amoroso pasional que no llega al acto sexual. *El **rebane** estaba en su apogeo cuando llegó el chepa y les dijo que se fueran de allí.* 2) (m.) persona con quien se tiene tal encuentro. *Franco no es el novio de Silvia; es su*

rebane. 3) (m.) aventura sexual de una noche. *Jacinto tuvo un rebane una noche en la playa.* (verbo) **rebanar.** *Valentín andaba rebanando con tu prima en la fiesta.*
refri (f.) frigorífico, refrigeradora. *La refri está vacía; hay que ir a comprar comida.*

S

sapo (sust.) adulador. *Solamente porque sos sapo pudiste conseguir ese puesto.*
shasta 1) (adj.) de mala calidad, cuando se refiere a un objeto. La palabra proviene de una marca de jugos. Para promover las ventas, los productores regalaban relojes digitales de pésima calidad, que se dañaban en poco tiempo. *Yo no lo compraría. Si cuesta tan poco será porque es shasta.* 2) (adj.) malo, al referirse a una persona. *No seás shasta, llevame al estadio.*
sobado (sust./adj.) persona que se comporta en modo excéntrico, extravagante. *Karla se pasó riendo toda la noche; es bien sobada.*
sonar / sonarse (v.) dar una paliza, castigar físicamente. *Vas a ver, te voy a sonar si seguís fregando. / Pobrecito Mauricio, entre todos lo agarraron afuera de la escuela y se lo sonaron bien y bonito.*
soplarse la pija / la verga 1) (loc. verbal) masturbarse. 2) (loc. verbal) por extensión, no hacer nada productivo, holgazanear (voz muy soez).
soplársela (loc. v.) holgazanear, perder el tiempo (alusión a soplarse la pija). *Ese maje pasa soplándosela todo el día con sus videojuegos en lugar de bajar a la planta a ver en qué ayuda, pero ya sabés, es el hijo del dueño.*
sopletear (el eje) (v., vulgar) no importar, tener muy sin cuidado algo. *Me sopletea lo que diga el jefe de mi manera de trabajar.*
subido (adj.) engreído, vanidoso. *Pablo es subidísimo, por eso le cae mal a todo el mundo.*

T

Tegus / Tepas nombre que se le da cariñosamente a la capital, Tegucigalpa. *Yo nací en Tegus, ¿y vos? / ¿Cuánto se tarda uno en llegar a Tepas de San Pedro Sula en carro?*
tetunta (f.) cabeza (en el interior del país). *En el cumpleaños de Sarita golpearon a Tito con el palo de la piñata y le rompieron la tetunta.*
tirar / tirarse (con / a alguien) (v.) tener relaciones sexuales. *Antonio no es nada romántico; él lo único que quiere es tirar.*
trago (m.) copa o vaso de bebida alcohólica. *A Efrén se le cayó el trago encima y aparte le mojó la falda a Ceci.*
trincar (v.) acto amoroso pasional que no llega, sin embargo, al acto sexual. *A Sherry la encontraron trincando con el hermano de su novio.*
trinque 1) (m.) sesión de caricias apasionadas que no llega al acto sexual. 2) (m.) persona con quien se tiene tal encuentro. *No, Esther y yo no somos novios, es mi trinque.* 3) (m.) aventura sexual de una noche.
tuanis (adv.) bien, sin problemas (usado en Tegucigalpa y zonas lindantes). *Supe que tuvieron que operar de la rodilla a Daniel. ¿Cómo está, salió todo tuanis?*
tufoso (sust./adj.) persona soberbia, presuntuosa. *No sé por qué Soledad es tan tufosa, ni que fuera tan especial.*

JERGAS DE HABLA HISPANA

H

<u>tunco</u> (sust./adj.) amputado, mutilado. *Atropellaron a mi perro y el pobre quedó tunco.*

U

<u>U</u> (f.) universidad. *Tengo un tío que es docente en la U.*

V

<u>vaina</u> 1) (f.) fastidio, molestia, dificultad. *Es una vaina que hayas perdido el pasaporte. Ahora vas a tener que volver hacer los trámites para sacar otro.* 2) (f.) cosa, objeto. *¿Y esta vaina para qué sirve?*
<u>valer</u> (**charra / chancleta**) 1) (v.) no importar; no siempre se añade la palabra 'charra' o 'chancleta'. Se puede usar el verbo solo. *A mí me vale lo que la gente piense de mí.* 2) (interjección) usada cuando algo no tiene remedio. *¡Ya valió charra! Mis viejos cancelaron su viaje y ahora no voy a poder hacer el <u>charrango</u> que planeaba...*
<u>vergueo</u> 1) (m., vulgar) disturbio, caos, alboroto, pleito. *Marlon le <u>bajó</u> la novia a Joaquín y vieras el vergueo que se armó entre ellos.* 2) (m., vulgar) fiesta estrepitosa. *Hey, y ¿cómo estuvo el vergueo en la casa de Karen? --¡<u>Macizo</u>, <u>loco</u>! Esa <u>maje</u> sí sabe lo que es poner una fiesta.*
<u>vieja</u> 1) (f.) esposa *Mi vieja está embarazada otra vez.* 2) (f.) mujer en general (término algo despectivo). *Lalo presume siempre que las viejas lo encuentran irresistible.*
<u>vista gorda</u> (loc. sust. f.) con la locución verbal "hacerse de la", fingir no darse cuenta de algo. *Los llamados a ejecutar las leyes se hacen de la vista gorda cuando alguien de su partido <u>mete las patas</u>.*

X, Y

<u>yuca</u> 1) (adj.) difícil. *Estuvo yuca convencer a mi mamá para que me dejara salir esta noche.* 2) (adj.) estricto, rígido. *El jefe de la planta es yuca, por cualquier cosa regaña.*

Z

<u>zafado</u> (sust./adj.) indiscreto, que fácilmente revela asuntos privados. *Su mujer es tan zafada que todo el barrio sabe que Armando es impotente.*
<u>zocado</u> (sust./adj.) persona engreída, presuntuosa. *Carmen es una zocada. No quiere salir conmigo.*

TÉRMINOS DE ORIGEN NAHUA USADOS EN EL HABLA COTIDIANA

C

<u>camote</u> (m.) batata. *Mi tía hace un dulce de camote bien rico.*
<u>champa</u> (f.) puesto de mercado al aire libre. *Mi prima puso una champa para vender tamales durante la Feria Juniana.*

E

<u>ejote</u> (m.) judía verde *¿Acaso cociste estos ejotes sin sal? No saben a nada.*
<u>elote</u> (m.) mazorca de maíz. *Me encantan los elotes asados.*

223

G
gobilote (m.) pavo ¿*Qué parte del* **gobilote** *prefieren?*
guato (sust.) mellizo, gemelo. *Los Fernández tienen dos preciosas* **guatitas**, *Sherling y Darling.*

M
milpa (f.) maizal, sembradío de maíz. *José ha trabajado en las* **milpas** *desde que tenía 15 años.*

P
pacha 1) (f.) biberón. *Voy a prepararle una* **pacha** *al niño.* 2) (f.) recipiente de metal o botella de licor que llevan consigo los borrachos. *Sentados en una banca en el parque, los dos amigos se pasaban la* **pacha**.
papalote (m.) cometa (juguete). *A Pepito le acaban de regalar un* **papalote** *verde muy bonito y ya lo rompió.*

T
tecolote (m.) búho. *El logo de mi escuela lleva un* **tecolote**.
tetunte (m.) piedra. *Teníamos una casa en el monte hecha de* **tetuntes**.
tile (m.) suciedad (adj. **tiloso**). *¿Le viste el cuello a ese maje? Todo lleno de* **tile**, *parece que no se baña.* / *No te pongas esa falda* **tilosa** *para ir a la escuela.*

Z
zacate (m.) hierba, pasto. *No te sientes en el* **zacate**; *está mojado.*

AMERICANISMOS Y / O HONDUREÑISMOS

A
ameritar (v.) merecer. Ambos verbos se usan. *Su caso* **amerita** *mucha atención.*

B
balacera (f.) tiroteo (verbo: **balacear**). *Hubo una* **balacera** *enfrente de mi casa anoche y hoy vi que mi carro tiene dos agujeros del lado del pasajero.*
bordo (m.) obra de protección contra inundaciones en las orillas o riberas de un río o canal. Por extensión, barrio marginal asentado sobre tal obra.
botadero (m.) basurero, vertedero, lugar donde se tira la basura. *Descubrieron un* **botadero** *clandestino en una zona residencial.*
brasier (m.) sostén, prenda de vestir femenina para sujetar el pecho (del francés *brassière*). *En los años 60 las mujeres quemaban sus* **brasieres** *en señal de protesta.*

C
cacho (m.) cuerno de toro, cabra o venado.
café (adj.) castaño o marrón (color). *Berenice y Agustín tienen ojos* **cafés** *pero sus dos hijos los tienen verdes.*

H

cantaleta (f.) cantilena, estribillo, repetición fastidiosa. *¡Ya me tienes aburrida con la misma cantaleta!*

carro (m.) automóvil.

chaparro (sust./adj.) de baja estatura. *Ese perrito chaparrito entre los grandotes es el mío. / La chaparra de la familia es Ceci. / Samuel es el más chaparro del equipo de básquet.*

checar 1) (v.) chequear, revisar, controlar. *Tengo que checar cuánto dinero traje para ver si puedo comprar ese pantalón.* 2) (v.) combinar bien, hacer juego, pareja. *Ese color de camisa no checa con la corbata.*

chingaste (m.) sobras, desperdicio, residuo. *Maura sabe ver el futuro en el chingaste del café.*

colonia (f.) barrio urbano. *Con el pasar de los años la colonia donde vivimos ha empeorado.*

concuño (sust.) concuñado. *Tengo una concuña que vive en Suiza.*

D, E

encaramarse (v.) trepar (adj. **encaramado**). *Los cipotes se encaramaron en el árbol para que el perro no los alcanzara. / ¿Qué estás haciendo allí encaramada, muchacha del demonio? ¡Bajate ahora mismo!*

estéreo (m.) sistema de sonido estereofónico. *¿De qué marca es tu estéreo?*

F

fúrico (adj.) furibundo, furioso. *Samuel se puso fúrico cuando supo que su hermano le había roto la videocámara.*

futbolito (de mesa) (m.) futbolín, juego de mesa con una caja que sirve de campo de futbol y once jugadores que penden de tres travesaños que atraviesan el campo. Los "jugadores" son de madera y están atornillados a la barra de tal modo que sus bases-- o pies--rozan el piso.

G

gasolinería (f.) gasolinera, establecimiento donde se venden carburantes. *La gasolinería que está cerca de mi casa tiene precios muy caros.*

guaro (m.) tafia, aguardiente de caña. *Mi abuelo sabe hacer muy buen guaro.*

güegüecho (m.) bocio. *Las autoridades de salud han ordenado ponerle yodo a la sal para evitar que se contraiga el güegüecho.*

guineo (m.) plátano, banana (en el norte y occidente del país)

J

jalonear (v.) agarrar y sacudir o tirar de algo. *El cipote jaloneó a su amigo y lo hizo caer en un charco. / ¡Dejá de jalonearme el pelo cada vez que me peinás!*

jonrón (m.) en el juego de béisbol, cuando un jugador cubre las cuatro bases en su turno, marcando un punto para su equipo (de "home run").

jonronero (sust./adj.) jugador o equipo de béisbol que logra muchos jonrones. *¿Quién es el más jonronero de tu equipo?*

jute (m.) caracol de río. *La sopa de jutes de doña Chela es legendaria.*

225

L

lentes (m. pl.) anteojos, gafas. *¿Has visto mis lentes? No los encuentro.*
llanta (f.) neumático. *Las llantas están lisas, hay que cambiarlas porque es peligroso circular así*

M

mable / maule (m.) canica (barbarismo del inglés "marble"). *Roberto le ganó todos los mables a Jacinto en sólo dos jugadas.*
malecón (m.) calle o paseo costero. *El ingeniero Méndez participó en la presentación del proyecto para el malecón de La Ceiba.*
manejar (v.) conducir un vehículo.
mesero (sust.) camarero (persona que atiende en un restaurante). *¿No le vas a dejar propina a la mesera?*
mínimo (m.) plátano, banana (en el centro y sur del país)

N, Ñ

nomás 1) (adv.) solamente. *Cómprelo, seño; nomás cuesta diez lempiras.* 2) partícula que añade énfasis a la oración. *¡Ve nomás cómo te ensuciaste en el ratito que me descuidé!*

O

overol (m.) mono, traje de faena de una sola pieza que se pone encima de la ropa para protegerla (del inglés "overall"). *El "Mostachón" es ése del overol de mecánico.*

P

paleta (f.) dulce o helado con palito que sirve de mango.
parado (adj.) de pie, derecho, levantado. *"¡No sé los muchachos de hoy qué le ven de bonito a llevar las greñas paradas como puercoespín!" exclamó doña Aurelia, disgustada.*
pararse (v.) ponerse de pie, levantarse de la cama. *El joven se paró para darle el asiento a la señora embarazada.*
pegoste (m.) pegote, cosa pegajosa adherida a algo *Traés un pegoste en el codo, parece que es una etiqueta.*
pepe (m.) biberón. *Marisa le da a su bebé pepes llenos de Pepsi en vez de leche.*
pluma (f.) bolígrafo. *Se le acabó la tinta a esta pluma; ¿tenés una que me prestes?*
ponchar 1) (v.) perforar (del inglés "to punch"); **poncharse** (v.) sufrir un pinchazo un neumático de vehículo. *El acto de vandalismo más común en este barrio es el de ponchar llantas.* 2) (v.) en el juego de beisbol, cuando un jugador pierde su turno y es eliminado después de no conectar con la pelota. *Se deprimió porque lo poncharon dos veces en el mismo partido.*
prender (v.) encender. *No prendás la tele, que vas a despertar al niño.*

Q

quien quita (frase) ojalá. *Quien quita y este año me dan un aumento de sueldo.*

226

H

R, S

rancho (m.) granja donde se crían caballos o ganado. *Hernán sabe montar muy bien a caballo: creció en un **rancho**.*

refundir (v.) poner una cosa profundamente dentro de algo, encajar. *Encontré un billete de quinientos lempiras **refundido** en el cajón de los calcetines.*

rin (m.) llanta (parte metálica de la rueda, sobre la cual se monta el neumático). *Le acabo de comprar **rines** nuevos al carro.*

rollo (m.) carrete de película. *Tengo que llevar a revelar los **rollos** de las fotos que tomé en las vacaciones.*

T, U

tenis (m.) zapatillas deportivas. *Dejé los **tenis** aquí al lado del sofá y ahora falta uno. ¿Lo agarraría el perro?*

trapear (v.) fregar el suelo. *Odio **trapear**; mejor vos hacé eso y yo limpio el baño.*

V

velorio (m.) velatorio (acto de velar un difunto). *Me deprimen los **velorios**. Cuando yo muera, quiero que hagan fiesta.*

X, Y, Z

zafar (v.) dislocarse un hueso (adj. **zafado**). *Con la caída se le **zafó** un hombro y se la llevaron al hospital.*

zancudo (m.) mosquito. *¡Cerrá la puerta que estás dejando entrar a los **zancudos**!*

zarco (sust./adj.) persona de ojos claros. *Las hijas de Berenice son **zarcas**, pero una tiene ojos azules mientras que los de la otra son verdes.*

zocar (v.) apretar. *Estas tuercas no las **zocaste** bien.* (adj.) **zocado**: apretado. *Traigo los pies hinchados; los zapatos me quedan **zocados**. / Llevaba los pantalones tan **zocados** que no se atrevía a sentarse.*

JERGA DE MÉXICO

A

a capuchi (loc. adj.) (cargar) en la espalda a una persona, que se sujeta con las piernas alrededor de la cintura y los brazos al cuello (con los verbos *llevar / traer*). *El señor llevaba a capuchi a su hija para que ella pudiera ver mejor el desfile.*

a chaleco (loc. adv.) por fuerza. *Se llevaron a chaleco a la hermanita al cine, si no, no les habrían dado permiso de salir solos.*

a Chuchita la bolsearon frase que alude a cualquier excusa poco creíble. *¡Que no me salga con que a Chuchita la bolsearon! ¡Él había prometido llevarme al teatro esta noche!*

a fuercioris (loc. adv.) por fuerza. *A fuercioris te vas a comer toda la sopa, si no, no sales a jugar.*

a golpe de calcetín (loc. adv.) a pie. *Me fui al trabajo a golpe de calcetín pues el carro me dejó tirada.*

a grapa (loc. adv.) gratis. *Aquí puedes conseguir una página web de a grapa.*

a huevo (loc. adv.) por fuerza. *Tuvimos que ir a la casa de mi suegra a huevo porque era su cumpleaños.*

a la chingada frase equivalente a "al infierno" (expresión de ira con que se suele rechazar a la persona que importuna y molesta). *Yo que tú mandaría a tu marido a la chingada, Liliana. ¿O prefieres seguir manteniéndolo?*

a lo macho (loc. adv.) en serio. *Te quiero a lo macho, mi chata.*

a lo que te truje, Chencha frase usada para incitar a desempeñar una acción o tarea sin rodeos ni demoras. *Ya llegó el pedido y hay que acomodar todo...¡a lo que te truje, Chencha!*

a morir (loc. adv.) mucho. *Tenemos trabajo a morir en la oficina este mes. / ¿Te gustó el concierto? --¡A morir!*

a pa'... (loc. adj.) expresión que, siempre acompañada de una frase, indica admiración, generalmente ante una situación o acción contradictoria. *¡A pa' dieta la que llevas! ¿Qué no te habían prohibido comer chocolates?*

a papuchi (loc. adv.) (cargar) en la espalda a una persona, que se sujeta con las piernas alrededor de la cintura y los brazos al cuello (con los verbos *llevar / traer*, variante de a capuchi).

a patín / a pincel (loc. adv.) a pie (ver patín o pincel). *Prefiero andar a patín que subirme a una burra.*

a poco 1) (loc. adv.) acaso, expresión que pide confirmación o conformidad (usada siempre con interrogativo). *¿A poco le dijiste eso al profe delante de toda la clase? -- ¿A poco no? ¿Qué crees, que no me iba a atrever?* 2) interjección de sorpresa, admiración, incredulidad. *¿Supiste que a Ramón lo reprobaron en el examen final? -- ¡A poco!*

a producto avícola / a producto de gallina (loc. adv.) por fuerza (eufemismo de a huevo). *¿Tengo que entregar el reporte aunque no lo haya terminado? --A producto avícola.*

JERGAS DE HABLA HISPANA

M

a rais 1) (loc. adv.) descalzo. *La niña iba a la escuela a rais porque sus papás no tenían para comprarle zapatos.* 2) (loc. adv.) tocando el suelo. *Los pobres durmieron a rais porque ya no había camas libres.*
a toda madre 1) (adj./adv.) buenísimo, estupendo, maravilloso, muy bien. *Esta foto del carnaval de Río está a toda madre.* 2) (adj.) muy simpático (también se dice en siglas **ATM**). *Paty es bien a toda madre, verás que te va a caer muy bien.*
a todo dar 1) (adj./adv.) buenísimo, estupendo, maravilloso, muy bien. *Nos la pasamos a todo dar en la fiesta de Ileana.* 2) (adj.) muy simpático. *La mamá de Perla es a todo dar y sabe contar unas charras que te meas de la risa.*
a wilbur (loc. adv.) a fuerzas (eufemismo de "a huevo"). *Los chotas metieron al "Firulais" y al "Jetón" a wilbur en la julia y se los llevaron.*
abogacho (sust.) abogado. (combinación de abogado + gacho). *Dalia está estudiando leyes porque quiere ser abogacha.*
abogángster (sust.) abogado. *Lo primero que hizo el mafioso al ser capturado fue llamar a su abogángster.*
abrir cancha (loc. v.) dar espacio, abrir campo. *¡Ábranme cancha! ¿No ven que vengo cargando esta caja pesada y están en mi camino?*
abusado 1) (interjección) cuidado, alerta; *¡Abusada, que uno está tratando de robarte la cartera!* 2) (adj.) vivo, despierto, agudo (probablemente barbarismo de "aguzado"). *Toñito es bien abusado; sabe cómo sacar provecho de cada situación.*
acá (adv. usado como adjetivo) sofisticado, excepcional. *El Jorge se viste bien acá, de Armani y toda la cosa.* / *El graffiti del Chato quedó bien acá.*
acatarrar (v.) agobiar, hartar, causar molestia. *¡Ahi viene otra vez ese Hare Krishna a acatarrar a la gente con sus rollos religiosos!* (adj.) **acatarrado**. *Ya me tienes acatarrado con que te vas a ir. ¡Lárgate de una vez!*
acelerado (adj.) frenético, hiperactivo. *Mi papá anda bien acelerado estos días porque si no termina un proyecto del trabajo a tiempo, no podremos irnos de vacaciones como planeábamos.* (v.) **acelerarse** agitarse, tratar de actuar inmediatamente sin pensar. *No te me aceleres. Verás que el problema se resuelve si lo examinamos detenidamente.* (m.) **acelere** frenesí). *¿Qué acelere es éste? Cálmense. Podemos terminar este trabajo mañana.*
achicopalar (v.) avergonzar, humillar, cohibir. *Josué se va a achicopalar si le dices que te gusta. Es muy tímido.* (adj.) **achicopalado**. *El profesor la tenía achicopalada; ella no lograba dejar de tartamudear en su presencia.*
¡achis! interjección de sorpresa, asco, admiración, desafío. *No tengo ni un centavo para comprar comida. ¡Achis, yo voy a ir a cortar mangos aunque sea!*
acogotado (adj.) limitado, vigilado, controlado. *Sus papás la traen acogotada; casi nunca puede salir con sus amigos.*
acordeón (m.) papelito con apuntes para uso, no autorizado, de estudiantes en los exámenes. Llamado así por que el papel viene doblado muchas veces para hacerlo lo más pequeño posible. *El profesor encontró el acordeón de Catalina.*
adió interjección de incredulidad, sorpresa. *¿Ya sabes que Mercedes se va a Europa? --¡Adió! ¿Pos con qué dinero?*
agachón (sust./adj.) persona pusilánime. *Digamos la pura neta: los mexicanos como pueblo somos bien agachones--raramente nos rebelamos.*

229

M

agalambado (adj.) tonto (en el sur del país). *Rosario siempre se burla de un viejo agalambado que vende periódicos en la esquina.*

agandallar (v.) aprovechar perjudicando a otros, robar *Pepe le agandalló la novia a su hermano.*

agarrado del chongo con alguien (loc. adj.) enojado o resentido con alguien. *Julieta y Mari andan agarradas del chongo desde que Mari empezó a salir con el ex de Julieta.*

agarrarse del chongo (loc. v.) pelear, particularmente entre mujeres. *Las hermanitas se agarraron del chongo porque una no le quiso prestar su muñeca a la otra.*

agarrar en curva (loc. v.) encontrar desprevenido. *Alex la agarró en curva cuando le pidió que se casara con él.*

agarrar la onda (loc. v.) entender. *¡Agarra la onda, Ana! Hoy no puedes ir a jugar tenis. Tienes fiebre.*

agarrar patín (loc. v.) divertirse, hacer gracia. *El extranjero agarraba patín oyendo a mi amigo tratando de hablar su idioma.*

agarrón (m.) discusión, pelea. *Me di un agarrón con mi hermana porque usó mis zapatos sin mi permiso.*

agasajo 1) (m.) encuentro amoroso pasional sin llegar al acto sexual. *El agasajo estaba en su apogeo cuando llegó el chota y les dijo que se fueran de allí.* 2) (m.) persona con quien se tiene tal encuentro. *No, Zulema no es su novia, es solamente su agasajo.* (v.) **agasajarse.** *Dicen que Lisette se agasajó al mejor amigo de su novio.*

agringarse (v.) adoptar las costumbres de la gente de EEUU. *Lorena se agringó mucho desde que la mandaron a estudiar un año a un colegio de Boston. Ahora ya no le gusta desayunar chilaquiles y pide siempre que le hagan "pancakes".* (adj.) **agringado** *Se me hace muy agringado eso de festejar Halloween y luego olvidarse del día de los muertos.*

aguado (sust./adj.) aguafiestas, soso. *Rafael es bien aguado, nunca lo he visto entusiasmado por nada. / La aguada de Alicia no quiso venir con nosotras a la fiesta.*

¡aguas! interjección usada para advertir, avisar, incitando a poner atención o tener cuidado. *¡Aguas, güey, no vayas a pasar encima de esos vidrios rotos!*

agüite 1) (m.) tristeza, depresión. *Es un agüite perderse ese concierto.* 2) (m.) vergüenza. *Yo me agüitaría si tuviera que cantar enfrente de toda esa gente.* 3) (m.) molestia. *¡Uff, qué agüite! Voy a tener que mover este mueble pesado para alcanzar el documento que se me cayó allí atrás.* (v.) **agüitarse.** *Brenda se agüita si criticas a su novio.* (adj.) **agüitado.** *Rosita anda bien agüitada desde que sus papás le dijeron que se van a divorciar.*

¿ah, cabrón? interjección de perplejidad, asombro, extrañeza, incredulidad. *¿Ah, cabrón? Yo me acuerdo de haber cerrado esta reja con candado...*

¡ah, chirrión! interjección de perplejidad, asombro, incredulidad. *No, señora, yo no la tengo entre la lista de pacientes para consulta hoy. --¡Ah, chirrión, si yo me acuerdo haber hecho cita para hoy a las 11!*

ah, jijo interjección de perplejidad, asombro, incredulidad. *Fíjate que Bertha tuvo triates. --¡Ah, jijo! ¿Y cómo le va a hacer para mantenerlos?*

230

M

ahi muere (frase) expresión usada para finalizar algo, o para solicitar paz. *¿Que si estoy casada? ¿Por qué lo quieres saber? --No, por nada. Si no me quieres decir, **ahi muere**.*

ahi nomás (loc. adj.) regular, ni mal ni bien. Respuesta a interrogativas sobre una condición, estado de ánimo, etc. *¿Qué tal tu empleado nuevo?--**Ahi nomás;** todavía no se ha aclimatado bien al ambiente de trabajo.*

ahi nos vidrios despedida, "ahí nos vemos".

ahi se va frase que indica indiferencia ante lo mal hecha que está una cosa. *¡Oye, deberías lavar la lechuga antes de hacer la ensalada! --**Ahi se va**.*

ahogado (adj.) muy borracho. *Tony andaba bien **ahogado** anoche y ni siquiera se dio cuenta que su novia se fue a bailar con otro.*

al bravazo (loc. adv.) 1) descuidadamente, sin arte. *Preparé la cena **al bravazo**; no tenía ganas de cocinar.* 2) desconsideradamente, abusivamente. *Gil se metió **al bravazo** al inicio de la fila.*

al cuas (loc. adj.) arruinado, cansado, en malas condiciones (usado con el verbo dar). *Ando toda dada **al cuas**. Hacía mucho que no hacía ejercicio y hoy estuve dos horas en el gimnasio.*

al chile (loc. adv.) directamente, sin preámbulos o miramientos. *Si me quieres decir algo, dímelo de una vez, pero **al chile**.*

al (puro) chingazo (loc. adv.) exactamente, perfectamente. *Esta corbata le queda **al puro chingazo** al color de tu traje.*

al ratón vaquero (loc. adv.) al rato (con referencia a una canción para niños, *El ratón vaquero*, de Cri-cri). *Okey, paso por ti **al ratón vaquero**.*

al tiro (adj.) muy bueno, excelente. *Ese dibujo que hiciste del director está **al tiro**.*

alcancía (f.) cárcel. *Me contaron que "Faisal" está guardado en la **alcancía** de Tijuana.*

alebrestarse (v.) agitarse, alborotarse. *No se me **alebreste**, amá, que el accidente que tuvo mi apá no fue nada serio.*

alipuz (m.) bebida alcohólica de cualquier tipo (en desuso). *Se echó unos **alipuces** y al rato ahi andaba bailando como trompo.*

alivianar (v.) ayudar, apoyar, calmar (también usado como verbo reflexivo **alivianarse** calmarse). *Mis amigos me **alivianaron** mucho cuando murió mi hermano. / ¡**Aliviá**-**nate**! Tu abuelo se está quedando sordo. No te desesperes porque no te entiende.*

aliviane (m.) alivio, apoyo, ayuda. *Necesito un **aliviane** para poder soportar esta situación.*

aló sinónimo de "hola" (común en la zona fronteriza de Baja California).

alvaradeño (sust./adj.) persona que dice groserías con desenvoltura (de los oriundos de Alvarado, Veracruz, famosos por su colorido trompabulario). *¡Y que ß±øÿ$ su madre ese §~þ% delegado, nomás nos quiere ø¥&*£^!!! -- ¡Óralee... tu jefe es bien **alvaradeño**!*

amá (f.) madre. *Le tengo que pedir permiso a mi **amá** para ir al cine con ustedes.*

amacharse (v.) entercarse, obstinarse en algo resistiendo la oposición. *Ricardo se **amachó** con que ese día todos teníamos que ir a ver aquella película.*

amachinar / amachinarse (v.) apañar, apoderarse de algo, tomar posesión de algo. *El Héctor siempre **amachina** luego luego su asiento en el metro. / La raza se*

amachinó *todas las muestras que pusimos en el mostrador. / A ti te gustaba la Pilar, pero tu hermano* **se la amachinó** *primero.*

amelcochado (adj.) en actitud romántica, mirando fijamente, abrazando, besando a la persona amada. *¿Dónde están Lucy y Fabián? --Los vi bailando un lento bien* **amelcochados.** (v.) **amelcocharse.** *Una vez que* **se amelcochan** *ni un terremoto los puede apartar.*

amén interjección usada para expresar ignorancia (en el noroeste del país). *¿Y quién se sacó el premio que rifaron?* **--Amén.** *Yo me fui antes que lo anunciaran.*

amigo (sust.) persona, fulano, individuo (usado más para hombres que para mujeres, se entiende el significado por el contexto o por el tono de voz). *El* **amigo** *iba cruzando la calle cuando lo atropelló la ambulancia.*

amiguero (adj.) sociable, que hace amistad fácilmente o que tiene muchos amigos. *Luis era tan* **amiguero** *que no podía pasear por la calle sin que la gente lo detuviera varias veces para saludarlo.*

ampayer (m.) árbitro deportivo (del inglés "umpire"). *La expresión "alégale al* **ampayer"** *significa que es inútil discutir, no cambiará nada.*

ancheta (f.) cualquier objeto o herramienta. *Ya no sirve la* **ancheta** *ésa; nomás está ahi de adorno.*

ándale 1) ¡exacto! *¿Quieres decir que para conectarme a internet es mejor tener un módem veloz?* **--¡Ándale!** 2) palabra para incitar a la acción. *¡* **Ándale,** *flojo, levántate que tienes que ir a la escuela!*

ándale pues (frase) de acuerdo. *Espérame. Tengo que hacer una llamada.* **--Ándale pues.**

antro (m.) bar, taberna o discoteca. *Que van a abrir un* **antro** *nuevo con tres pistas de baile y alberca olímpica.*

antrólogo / antropólogo (sust.) persona que se la pasa en bares y discotecas, o sea "antros" de vicio. *No me dejan salir contigo porque tienes fama de* **antropólogo.**

año de hidalgo (loc. sust.) último año en el mandato de un gobierno, el cual se caracteriza tradicionalmente por un aumento en la corrupción (se hipotiza que la palabra hidalgo se usa porque rima con "chingue a su m... el que deje algo"). *En el* **año de hidalgo** *siempre desaparecen ingentes cantidades de dinero de la tesorería del Estado.*

apá (m.) padre. *¡Ay, apá! El carro todavía está limpio... ¿Pa' qué quieres que lo lave otra vez?*

apachurrado (adj.) triste, deprimido. *Juana anda toda* **apachurrada** *porque al final no le dieron el puesto de trabajo que quería.* (v.) **apachurrar / apachurrarse.** *No se me* **apachurre,** *jefa; verá que Panchito va a salir del hospital bien pronto.*

apantallar (v.) presumir, deslumbrar. *Ahi andaba Cipriano,* **apantallando** *a los amigos con su novia sueca.*

apapache (m.) caricia, abrazo. *Las hermanitas seguido pasaban de* **apapaches** *a golpes.* (v.) **apapachar.** *A mi gato le encanta que lo* **apapachen.**

aparachuecos (sust./adj.) perista, vendedor de artículos robados. *Marcos no era ratero, era un* **aparachuecos** *que compraba lo que robaban otros y luego lo revendía.*

apendejarse (v.) atontarse, errar por distracción. *Yo sé cómo llegar a ese pueblo, pero ayer* **me apendejé** *y me fui por un camino equivocado.*

aperingarse (v.) agarrarse o aferrarse fuerte a algo. *El loco se aperingó al alero del edificio y allí estuvo colgando hasta que llegó la chota y lo bajó.* (adj.) **aperingado.** *Encontraron a los novios bien aperingados detrás de un árbol.*

apretado 1) (sust.) persona desdeñosa, que no accede a hacer algo por no "rebajarse" a un nivel que considera más bajo. *Erica es una apretada y nunca se junta con las compañeras de la escuela.* 2) (f.) en femenino, a menudo dicho de mujer que no concede favores sexuales. *Pierdes tu tiempo con Sonia; es una apretada.*

apretarse / tirar apriete (v.) negarse a hacer algo, ser poco accesible. *Cuando la invitan a bailar, Chela siempre tira apriete.*

apuchar (v.) empujar (variante de puchar). *¿Me apuchas tantito en el columpio?*

araña (f., despectivo) mujer libertina, generosa con sus favores sexuales. *La Suzette es bien araña, los muchachos salen con ella sólo para eso.*

arbano (sust.) combinación de "árabe" y "hermano", se refiere a personas provenientes del medio oriente. *En el restaurante de los arbanos probamos algo bien sabroso que se llama falafel, hecho con garbanzos.*

archivar (v.) encarcelar. *Los archivaron a todos por en contrarse en la escena del delito cuando llegó la policía.* (adj.) **archivado.** *Abel se va a quedar archivado hasta la fecha de su juicio.*

arderse (v.) sentir envidia y despecho por vanidad herida. *Hugo se ardió un montón cuando el güero le ganó en la carrera con una moto viejita y no tan flamante como la suya.* (adj.) **ardido.** *Cinthia anda ardida porque a su hermanita le echaron un piropo y a ella no.*

arete (m.) persona que invariablemente acompaña a otra (casi siempre se refiere a un hijo o al cónyuge o pareja). *No invites a Tina porque siempre anda con su arete. / Vamos a hacer una fiesta para todos los empleados, pero sin aretes.*

argüende (m.) chisme, lío. *A tu abuela le encanta andar en los argüendes.* (adj.) **argüendero.** *¡Viejo argüendero, lárguese de aquí! ¿Usté qué vela tiene en este entierro?*

armarla (v.) ser capaz. *¿Sabes tocar la guitarra? --No, no la armo; apenas estoy aprendiendo.*

arpón (m.) jeringuilla. *El vicioso amenazó a la señora con un arpón manchado de sangre.*

arquitonto (sust.) arquitecto. *El arquitonto que diseñó este edificio mezcló el estilo gótico con el barroco.*

arrastrado (sust./adj.) persona obsecuente y servil. *¡No seas tan arrastrado y dile a tu jefe que no quieres trabajar este fin de semana!*

arrastrar la cobija (v.) estar deprimido, triste. *Ando arrastrando la cobija porque mi novio se va de estudiante de intercambio a Inglaterra por un año.*

arrecho (adj.) excitado sexualmente (v. **arrechar, arrecharse**). *Esos batos se arrechan viendo películas porno.*

arrimado (sust./adj.) persona que vive en casa ajena sin contribuir para el gasto. *El sobrino de Lucas lleva tres meses de arrimado en la casa de su tío.*

asaltacunas (sust. invariable en género y número) persona que tiene relaciones sentimentales y / o sexuales con otras mucho más jóvenes. *Todos empezaron a llamarme asaltacunas cuando supieron que mi novio es menor que yo.*

asistonto (sust.) asistente. *Mi asistonto no vino hoy al trabajo y no sé dónde archivó los documentos.*

astilla (f.) persona fastidiosa, pesada. *¡No me digas que también vendrá a la fiesta la astilla de tu prima Isabel; nadie la aguanta!*

atarantado 1) (sust./adj.) tonto. *La atarantada de Micaela en vez de ponerle azúcar al flan, le echó sal.* 2) (sust./adj.) mareado o aturdido. *La última vez que me subí a ese tipo de juego mecánico bajé toda atarantada y con ganas de vomitar.*

atarantarse 1) (v.) atontarse. *Horacio se atarantó y se perdió en el camino.* 2) (v.) marearse. *Me ataranté aquella vez que subí al último piso en el* elevador *panorámico de ese rascacielos.*

atornillado (adj.) bloqueado, sin poder moverse o salir de un sitio por estar esperando algo (una llamada, una visita, etc.) o por no tener un medio de transporte a disposición. *Estuve atornillada en la facultad porque hubo huelga de autobuses, no pasaba ningún taxi y en la casa no había nadie que pudiera venir por mí.*

atracada (f.) efecto de comer y beber excesivamente, atracón. *Nos dimos una atracada de mariscos en el restaurante nuevo.*

aura (m.) preso con funciones de recadero, sirviente (alusión a un ave de carroña americana). *Mandaron a un aura a buscar cigarros contrabandeados.*

aventado (sust./adj.) atrevido, audaz. *La aventada de Andrea quiere irse de viaje hasta Chile de puro* aventón. */ Héctor es bien aventado y no se avergüenza de nada.*

aventarse 1) (v.) atreverse, osar. *Hoy me voy a aventar a subirme a la rueda de la fortuna en la feria.* 2) (v.) ser muy hábil, diestro; tener talento. *Laura se avienta para pintar sobre lienzo.*

aventón (m.) acción de llevar un conductor (en auto, moto, etc.) a un pasajero gratuitamente. *Nos vamos a ir a la playa de aventón.* (loc. v.) dar un aventón: acompañar a alguien a un sitio con el vehículo de uno). *Dame un aventón a la* colonia *Juárez, tú que tienes que pasar por ese rumbo.*

aviador / avión (sust.) empleado (sobre todo un dependiente de gobierno) que resulta en la nómina pero que no se presenta al trabajo sino hasta que "aterriza" para cobrar su cheque. *Los aviadores de la universidad ya fueron a recoger su* aguinaldo.

ay, güey interjección de asombro, incredulidad. *¡Ay, güey! Yo creía que Federica era una* vieja, *y resulta que es un* cabrón. */ ¡Ay, güey! de aquí arriba se ve bien lejos el suelo; ¡yo no me brinco!*

azagata (f., despectivo) azafata, asistente de vuelo (ver gata). *Mari quiere ser azagata cuando sea grande, para viajar por todo el mundo.*

azorrillado (adj.) escarmentado, asustado. *Pepito anda todo azorrillado porque sabe que su papá lo va a castigar.*

azotado (adj./sust.) exagerado. *¡Lilia, qué azotada eres! ¿No me habías dicho que te dieron el tercer lugar en el concurso? Ahora sales con que te coronaron reina del certamen.*

azotar (v.) caer y darse un golpe duro (un tanto irrespetuoso). *La viejilla iba bajando las escaleras cuando azotó.*

B

babosada (f.) estupidez, disparate. *Ya no digas **babosadas**, si no sabes nada sobre el tema, mejor quédate callado.*

babosear 1) (v.) entretenerse, perder el tiempo. *Ángeles estaba **baboseando** en internet cuando llegó el jefe y le dio una santa regañada.* 2) (v.) distraerse. *Me salí del carril y casi choco por andar **baboseando**.*

bacha (f.) colilla de cigarrillo de marihuana. *Ese fulano se fuma las **bachas** hasta que no queda nada.*

bajado de la sierra a tamborazos (frase) referido a alguien que es huraño, tosco (considerado por algunos como término racista contra los pueblos autóctonos) (también usado como verbo **bajar de la...**). *Cuenta mi tío Oscar que a mi <u>apá</u> lo tuvieron que **bajar de la sierra a tamborazos**.*

bajar (v.) robar, quitar. *El niño le **bajó** tres canicas a su compañero de juegos.*

balconear (v.) delatar (tal vez provenga de la antigua costumbre entre vecinos de espiar desde el balcón). *A Rafa lo **balconearon** y tuvo que salir huyendo del país.* (m./adj.) **balcón** delator. *Cuídate de ese <u>güey</u>, es **balcón**.*

balín (adj.) no efectivo, inútil, de mala calidad. *Es una grabadora **balín**; la compré hace un mes y ya no sirve.*

bañársela (loc. v.) exceder los límites preestablecidos de la moral y de las buenas costumbres. *¡Te la **bañaste** al decir eso en clase!*

baquetón 1) (sust./adj.) hedonista desvergonzado (también **vaquetón**). *A Mario lo dejó su mujer por **baquetón**; pasó cuando ella supo que él tenía hijos con otras mujeres.* 2) (sust./adj.) persona desaliñada. *Esa vieja **baquetona** apesta a rayos.* 3) (sust./adj.) perezoso, ocioso. *La **baquetona** de la Azucena no fue a trabajar por tres meses con el <u>paro</u> de que tenía fuertes dolores de espalda que nunca le fueron diagnosticaron.* 4) (sust./adj.) alcahuete, consentidor. *La administración **baquetona** cierra un ojo ante la rampante corrupción de sus funcionarios.*

baquetonear 1) (v.) comportarse en manera hedonista, desvergonzada (también **vaquetonear**). *Camilo vivió toda su vida **vaquetoneando**, dándole vuelo a la hilacha.* 2) (v.) holgazanear. *El sábado me la pasé **baquetoneando** todo el día y el domingo amanecí cansado.*

barajarla más despacio (loc. v.) explicar con más detalles. *No entendí. **Barajéamela** más despacio.*

barbero (sust./adj.) persona que elogia a otra para obtener favores de ella. *La barbera de Olga hace lo que quiere con su jefe.* (v.) **barbear / hacer la barba.** *Pierdes tu tiempo **barbéndome**. No te voy a prestar mi Mercedes.*

baro (m.) unidad monetaria (también escrito **varo**). *Quiero cambiar estos mil **baros** en dólares.*

barrer (v.) mirar de arriba a abajo a alguien con desprecio. *Olivia me **barrió** cuando supo que fui yo quien ganó el concurso que ella estaba segura de ganar.*

bataca (f.) batería (instrumento musical). *Ya <u>nomás</u> necesitamos alguien que toque la **bataca** y la banda está lista.*

bato (m.) (también escrito **vato**) hombre, muchacho, invididuo. *Aquel **bato** trabaja en una discoteca.*

M

betabel (adj. m.) viejo, anciano. *Don Cristóbal ya está muy betabel para andar ahí de coqueto.*

bicicleto 1) (sust.) bisexual. *Te digo que ese bato es bicicleto; le da lo mismo si eres vieja o cabrón.* 2) (sust.) ciclista, aficionado a la bicicleta. *Los bicicletos se reunieron en la plaza para empezar su paseo de Masa Crítica.*

bicla (f.) bicicleta. *Por poco y me estampo contra un árbol porque ya no le sirven los frenos a mi bicla.*

bichi (adj.) desnudo. *Aquella vieja loca traía a su bebé bichi con el frío que hacía.*

bien dado (adj.) robusto, fornido. *Victoria estará chaparrita pero está bien dada. / En aquellos tiempos salía yo con un muchacho bien dado que se llamaba Tonatiúh.*

birria (f.) cerveza. *¿Quién me robó las birrias que dejé en el refrigerador?*

bisnes (m.) negocio, asunto (del inglés "business"). *El Héctor anda metido en un bisnes medio raro.*

bizcocho (sust. m./adj.) mujer bonita. *La esposa de tu primo está bien bizcocho. / Está rebuena esa vieja... ¡Bizcochoooo!*

bizcorneto (sust./adj.) bizco. *La novia de Tomás es muy bonita, lástima que sea bizcorneta.*

bobernador (m.) gobernador de un estado. *Durante su mandato como bobernador, nunca hizo nada que pudiera beneficiar al estado.*

bobierno (m.) gobierno. *No te fíes de lo que dicen los del bobierno; son rementirosos.*

bodorrio (m.) fiesta o recepción de una boda. *Va a haber bodorrio, pero nos mandaron sólo dos invitaciones. Uno de nosotros va a tener que entrar de colado.*

bofeado (adj.) sin aliento por un esfuerzo. *Con sólo subir las escaleras la señora quedó bofeada.* (v.) **bofearse**. *Tienes que hacer más ejercicio si te bofeas con sólo diez minutos de caminata.*

bola (f.) 1) dólar (en regiones fronterizas del norte), unidad monetaria mexicana en zonas norteñas internas. *Me cobraban 300 bolas por cruzarme a Arizona por el desierto, pero al final no me animé.* 2) montón. *Te contaron una bola de mentiras, no les creas. / Los de la oficina son todos una bola de atarantados; siempre tengo que andar sacándolos de broncas.* 3) grupo, pandilla. *Me fui al parque con mi bolita.* (loc. adv.) **en bola**: en grupo. *Lo atacaron en bola, los muy cobardes.*

bolas voz expresiva del sonido de un golpe, ya sea real o figurativo. *No se dio cuenta que su papá estaba detrás de ella cuando dijo la grosería y ¡bolas!, que le suelta una cachetada. Todavía no había aprendido a frenar con los patines, y ¡bolas! se estrelló contra el bote de la basura.*

bolo (sust./adj.) borracho (en el sur del país--Tabasco, Chiapas...). *Armando anda bolo y no quiere irse a dormir.*

bolsear (v.) ratear, robar la cartera o bolso. *Ten mucho cuidado con los que andan bolseando en el metro.*

bombo (adj.) molido, destruido, rendido, harto, muy cansado. *Mi jefe nuevo nos trae bombos; nunca está satisfecho con lo que hacemos.*

borlo (m.) fiesta. *Por tu culpa vamos a llegar bien tarde al borlo.*

borlote 1) (m.) fiesta en grande. *Le van a hacer borlote a Mayra para festejar sus quince años.* 2) (m.) bulla, alboroto. *Se armó un borlote cuando subió al escenario el cantante que ganó el concurso.*

borrarse (v.) alejarse, irse, desaparecer. *Tú mejor bórrate, que si te agarra tu hermano, te pone como camote.*

botana (f.) charla divertida, broma. *Las señoras traían una botana bien sabrosa, contando cosas sobre sus respectivos maridos.* (v.) **botanear / echar botana.** *Estuvimos botaneando con los del equipo después del juego.*

bote (m.) cárcel. *Metieron al bote al "Pando" por asaltar una farmacia.*

briago (adj./sust.) borracho. *¿Andas briago, o qué? Sabes muy bien que ese lugar cierra los domingos, así que ahórrate el viaje.*

brincador (sust.) inmigrante ilegal que cruza la frontera a cortas distancias (zona fronteriza con EEUU). *Esos campos los trabajan unos brincadores.*

brincos diera / dieras / dieran frase que expresa el deseo de alguien que algo se realice. *¡Brincos dieran los de ese partido por que ganara su candidato! / ¿Que te van a condonar la deuda? ¡Brincos dieras! / No sabes la suerte que tienes. ¡Brincos diera yo por tener un mes de vacaciones como tú!*

bróder (m.) hermano, amigo (del inglés "brother") *Bróder, préstame estos CDs.*

bronca (f.) aparte de la acepción de pelea, se usa con significado de lío, problema. *Va a ser una bronca añadir estos datos después de haber formateado el archivo.*

bronco (sust./adj.) huraño, no acostumbrado a tratar con la gente. Sinónimos chúntaro, ranchero. *No sea tan bronco, don Román; siéntese a tomarse una cervecita con nosotros.*

brusqui / bruski (f.) cerveza (de la jerga en inglés "brewskie") (en las zonas fronterizas del norte). *Voy a ir a echarme unas brusquis con los camaradas.*

bubi (f.) seno, pecho (del inglés coloquial americano "boob, booby"). *Me contaron que Alicia se operó las bubis.*

buchaca (f.) sinónimo de boca, usada con los verbos apestar / heder / rugir, refiriéndose exclusivamente al mal aliento. *Al famoso actor Clark Gable nadie lo quería besar porque le apestaba la buchaca.*

buchón (m.) vendedor de droga. *Dicen que vieron a tu hermano con unos buchones.*

buen (adj. usado como adv.) mucho, gran cantidad (en la Cd. de México). *¡Te tardaste un buen! ¿Adónde fuiste?*

buen lejos (loc. adj.) atractivo hasta a una cierta distancia (usado con el verbo *tener*). *La casa tenía buen lejos hasta que nos acercamos y notamos que le hacía falta una mano de pintura. / ¿Aquel que va caminando con Ernesto? No, es horrible. Tiene buen lejos, pero ya de cerquita, ¡pica!*

bueno / buenón / buenote (adj.) guapo, atractivo, de buen aspecto (con el verbo estar). *¡Qué buenota se está poniendo tu nieta!*

buey 1) (sust./adj.) idiota (también escrito y pronunciado *güey*). *'Tas bien güey, esa pieza la tenías que montar al revés.* 2) (m.) término informal entre amigos, también usado para referirse a cualquier hombre (últimamente se usa también para referirse a las mujeres, aunque la lógica dictaría que se les llamara "vacas"). *Hey, buey, nos vemos al rato.*

M

buki, buqui (sust. invariable en género) niño (en el estado norteño de Sonora). *La buki estaba chillando porque tenía hambre. / Ya es hora de que se acuesten los buquis.*
burra (f.) autobús (en el noroeste del país). *Tuve que irme en burra porque no pasaba ningún taxi.*
burucarse (f.) equivocarse (habla infantil, jocosa). *Mira, te burucaste al sumar esto no es 8 sino 9.*

C

caballo (m.) la droga heroína. *Los tecatos juran que el caballo te hace elevarte a un nivel sublime y alcanzar el nirvana.*
caballona (f.) mujer muy alta. *Las mujeres de parte de la familia de mi papá son todas unas caballonas.*
cabrón 1) (sust./adj.) persona o cosa mala, poco recomendable. *¡Qué cabrona eres, Griselda! ¡Deja en paz a tu hermanito!* 2) (m.) término informal entre hombres. *Oye, cabrón, dame un cigarro.* 3) (m.) cualquier hombre indeterminado. *Esta mañana en el camino que hice de la casa hasta el trabajo vi a cuatro cabrones tirados durmiendo en la banqueta.* 4) (adj.) difícil, complicado. *Está cabrón que Dina se levante temprano.* 5) diestro, hábil, bueno. *Andrés está bien cabrón para la gráfica en computadora.*
cábula 1) (f.) mentira, engaño. *No vengas a contarme cábulas--yo sé lo que hiciste. / El trato que recibí por teléfono fue de lo mejor y muy atento, sin cábulas ni trabas.* 2) (sust. invariable en género/adj.) bromista pesado, burlón. *Te apuesto que Carlos le va a decir algo a esa muchacha con el pelo pintado de verde. Ya sabes que es recábula.* 3) (sust. invariable en género) malviviente, vago. *Hay chavos menores de edad que andan de cábulas con su Colt 45 o metralleta, veteranos de correccionales de menores.*
cabulear 1) (v.) mentir, engañar. *Ese actor es perfecto interpretando el papel de un policía judicial corrupto, huevón y cínico que aprovecha cualquier oportunidad para cabulear a sus superiores.* 2) (v.) burlarse o divertirse a costa de alguien. *El otro día, nada más por cabulear, le dije a mi novia que me iba a ir a vivir a un rancho.*
cacle (m.) zapato. *Mira, hay quien se divierte a colgar sus cacles viejos en los cables de electricidad. En esta calle ya vi cinco pares.*
cachar (v.) atrapar, capturar, pillar (del inglés "to catch"). *Cacharon al "Pelotas" vendiendo coca en una escuela.*
cacharpa (f.) monedas de poco valor (siempre en singular). *Quiero deshacerme de esta cacharpa porque pesa demasiado.*
cacharpo (m.) ayudante del conductor de unidad de transporte público que se dedica a cobrar la "cacharpa" o dinero del pasaje a la gente que aborda. *¿Ya sabes que el Lalo anda de cacharpo en el microbús de su tío?*
cachetear banquetas (v.) estar muy enamorado. *Valeria te trae cacheteando las banquetas.*
cachetón (sust./adj.) persona indolente, despreocupada, que se la toma cómoda, que no se esfuerza. *Hilda estaba allí, muy cachetona leyendo el periódico mientras su*

mamá estaba de rodillas restregando el piso. (adv.) **cachetonamente.** *Tania se la pasa **cachetonamente**, sin trabajar y gastando el dinero de sus papás.*

cachirul 1) (m.) trampa, engaño (usado sobre todo en los ambientes del deporte y la política. *Fabián hizo un **cachirul** con su acta de nacimiento para poder calificar para el equipo juvenil.* 2) (m.) persona que comete un cachirul. *Hay dos **cachirules** en el equipo de básquet.*

caducar (v.) morir. *No, compa, ése que andas buscando ya **caducó**.*

caer (a alguien) (v.) jurar, asegurar. *Me cae que ayer me sentí mal y por eso no vine a trabajar.*

caer de a madre (loc. v.) detestar, odiar. *Me cae de a madre que me digas lo que tengo que hacer.*

caer el chahuistle expresión que se usa cuando llega algo o alguien inesperado y no bienvenido, una desgracia (el chahuistle es una plaga para la agricultura). *Nos cayó el chahuistle y nos arruinó las vacaciones. / Los chamaquillos ya estaban refinándose las galletas cuando les cayó el chahuistle (la mamá).*

caer el veinte (a alguien) (loc. verbal) darse cuenta. *Y por fin le cayó el veinte que su marido la estaba engañando.*

caerse los chones (a alguien) (loc. v.) quedar azorado, sobresaltado por la sorpresa. *Cuando Mariela supo que Martín en realidad era casado, se le cayeron los chones.*

cafetearse (v.) velar a un muerto. Generalmente se usa para situaciones hipotéticas. *Cuídate mucho en el camino, no queremos cafetearte mañana. / Se me hace que si sigue el pleito entre Alfredo y Daniel, nos vamos a cafetear a uno de los dos o a los dos muy pronto.*

cafre (sust. m./adj. invariable en género) peligroso al volante de cualquier vehículo. *¡Jazmín, eres un cafre! Ya casi matabas a ese pobre señor que cruzaba la calle...*

cagado (adj.) ridículo, absurdo. *Pinches rastas feas que se hizo tu primo; se ve bien cagado.*

cagar el palo (v.) molestar con alguna acción fastidiosa. *Nomás sigue cagando el palo, Víctor, y verás cómo te va.*

cagarse 1) (v.) asustarse mucho (adv./adj. cagado). *Ya me estaba cagando cuando vi que la mancha roja en la camisa de mi hijo era salsa de tomate y no sangre.* 2) (v., vulgar) hacer algo bien. *¡Te cagaste con ese cuadro que pintaste!*

cagarla (loc. v.) hacer algo mal, cometer un error serio o de difícil solución. *¡No vayas a cagarla otra vez, haz el trabajo con cuidado!*

caifán (m.) hombre duro, probablemente delincuente, líder de los barrios bajos (en desuso). *No te cruces en el camino de Saúl. Es el caifán del barrio.*

cajearse (v.) tener obligación de pagar. *Norma se cajeó con $500 de multa por no respetar el límite de velocidad.*

cajetearla (loc. v.) hacer algo mal, equivocarse (eufemismo de cagarla). *¡La cajeteaste! Para la pregunta número 5 tenías que poner que la capital de Noruega es Oslo, no Nuremberg.*

calaca 1) (f.) esqueleto humano. *El día de los muertos es común comer dulces con forma de calaca / ¿Qué le ves de bonito a esa modelo? Parece calaca de tan flaca.* 2) (f.) por extensión, la muerte. *A don Enrique se lo va a llevar la calaca si no se toma sus medicinas.*

calo (m.) centavo. *Me faltaron <u>nomás</u> diez **calos** para pagar por la leche y el dueño de la tienda no me la quiso dar.*

calote 1) (adj.) fornido, musculoso. *Tomás se ha puesto bien **calote** por las pesas que levanta todos los días en el gimnasio.* 2) (adj.) muy fuerte. *Ileana es chiquita, pero es bien **calota**.*

calzonear (v.) apurar, incitar a la rapidez. *La señora **calzoneaba** a sus hijos para que estuvieran listos para la escuela.*

cámara interjección que invita a la calma (cayendo en desuso). *¡**cámara**, <u>güey</u>! Claro que te voy a pagar, pero ahorita no tengo <u>feria</u>.*

caminar (v.) robar. *Francisco me **caminó** un paquete de cigarros.*

camotes (adj.) muy cansado, molido, agotado o adolorido. *Estoy **camotes**. Ayer nos pusimos a pintar la casa y ahora no puedo ni mover los brazos.*

campechano aparte del oriundo del estado de Campeche, (adj.) indolente, despreocupado. *¡Tan **campechana**, la Paola! Su marido acaba de perder el trabajo y ella ni se inmuta.*

campeona de natación (f.) mujer con escasas curvas (por eso de "nada por delante, nada por detrás"). *¡Pobre Lidia, está juntando dinero para la cirugía plástica porque ya no quiere ser **campeona de natación**!*

canas verdes (f.) desesperación, agobio (con los verbos sacar / salir). *¡Ese mocoso me está sacando **canas verdes** con tanto berrear!*

canijo 1) (adj.) difícil, complicado. *Tá **canijo** que a Ruth le den permiso para ir a la discoteca contigo.* 2) (adj.) dicho de persona, malvado. *Roberto es tan **canijo** que no dudo te invite al concierto y luego te deje plantada.*

cantón (m.) casa, hogar. *En mi **cantón** nunca hay nada listo para comer. Vamos al tuyo.*

cañón (adj./sust.) eufemismo de <u>cabrón</u> en sus acepciones de (sust./adj.) persona o cosa mala, poco recomendable y cosa difícil, complicada. *El hambre es **cañona**, te hace hacer cosas que nunca imaginarías.*

capear 1) (v.) entender, hacer caso (tal vez del italiano *capire* entender) *¿**Capeaste** lo que dijo el jefe?* 2) (v.) aceptar una propuesta. *Mi tío no quiso **capear**. No me prestó su moto.*

capirucha (f.) la Cd. de México. Proviene de "*capital*". *Analisa nunca ha estado en la **capirucha**.*

carcacha / carcancha (f.) viejo automóvil destartalado. *Quería vender su **carcancha** para comprar <u>carro</u> nuevo, pero nadie se la quiere comprar.*

carga (f.) heroína. *Eran traficantes especializados en **carga**.*

carita (adj.) guapo (usado exclusivamente por mujeres). *Israel está bien **carita**; no sé qué le ve a esa <u>changa</u> con la que anda.*

carnal 1) (sust.) hermano. *Mi **carnala** está estudiando leyes en Guadalajara.* 2) (sust./adj.) amigo íntimo. *Sus **carnales** le están organizando una fiesta de cumpleaños.*

carrilla 1) (f.) burla, molestia. *El Jorge no aguantó la **carrilla** de sus amigos y se quitó la camisa que su novia le había regalado.* 2) (f.) presión (en el norte del país). *Alba le da mucha **carrilla** a su hija para que haga la <u>tarea</u> de la escuela.*

carrilludo (adj./sust.) criticón, burlón (en el norte del país). *No seas tan carrilludo con tu hermanita--déjala en paz. / Ahí viene el carrilludo del Memo; no hay que hacerle caso.*

carrocería (f.) físico, cuerpo. *Tatiana tiene muy buena carrocería, pero la cara es de espanto.*

casa chica (f.) la casa de la amante. *Voy a la casa chica; si llama mi mujer, dile que estoy en reunión.*

cascabelear 1) (v.) estar enfermo, no comportarse normalmente. *Álvaro no durmió anoche y ahora anda cascabeleando.* 2) (v.) criticar. *Allá están Mariana y Paty cascabeleando a todo lo que da, mejor sácales la vuelta.*

cascarear / echar **cáscaras** (v.) jugar algún deporte de equipo. *No pudimos echar cáscaras porque todas las canchas ya estaban ocupadas. / ¿Vamos a cascarear un rato?*

cascarear (v.) hacer trabajitos ocasionales o informales. *Cuando cerró la fábrica donde trabajaba, anduve cascareando hasta que encontré otro jale en una funeraria.*

cateado (adj.) arruinado, cansado, en malas condiciones. *¿Vienes a bailar con nosotras a la noche, Yadira? --No, gracias. Tengo que trabajar tarde y cuando termino ya ando bien cateada. / La mesita está tan cateada ya que se tambalea cada vez que se le pone algo encima.* (v.) **catear** arruinar, averiar, estropear. *¡No te pongas a jugar con mi calculadora que me la vas a catear!*

catego (f.) alta calidad, alcurnia o esfera social alta (de "categoría"). *Como los Salazar son muy de catego, mandaron imprimir las invitaciones a la boda de su hija con tinta de oro.*

catrín (adj.) elegante, adornado con mucho esmero, ostentando lujo. *Diana se puso catrina para la graduación de su hermano. / La recepción de la boda fue en un salón muy catrín.*

cerote (m.) porción compactada de excremento. *¡Qué asco! Acabo de pisar un cerote.*

chaca (sust. inv. en género) persona con autoridad o más diestra. *Flavio es el más chaca para jugar tenis. / El Lic. Montes es el chaca de la oficina.*

chacal 1) (sust.) persona peligrosa, agresiva. *No se queje si Rolando se fue sin pagarle las cervezas que pidió; es un chacal.* 2) (sust.) persona que se aprovecha o abusa de menores de edad (en el noreste del país). *La chacala de Silvia está saliendo con uno doce años menor que ella.* 3) (adj.) cualquier cosa fea, de mal gusto, de baja calidad. *Neta q' el álbum que acaba de grabar esa banda está bien chacal.*

chachalaca (f.) persona locuaz (chachalaca: especie de gallina muy vocinglera). *Ahi viene la chachalaca de tu comadre--no dejes que te entretenga con sus chismes, acuérdate que tenemos que irnos temprano.*

chachalaquear (v.) decir trivialidades, hablar mucho (sust./adj. **chachalaquero**). *Cada vez que viene tu hermana se la pasa chachalaqueando y me quita mucho tiempo.*

chacharear (v.) negociar con objetos de poco valor. *Este fin de semana voy a chacharear al tianguis.*

M

chafa (adj) de mala calidad, poco valor, no auténtico. *Toño quería venderme un reloj Rolex* **chafa**. */ Esta falda resultó siendo muy* **chafa** *porque a la primera lavada se destiñó toda.*

chafear (v.) echarse a perder, fracasar algo. *¿Qué pasó con tu puesto de tortas? -- Pos nada, mano, ya* **chafeó**.

chafirete (sust. invariable en género) chofer. *Andar de* **chafirete** *en la capirucha es alucinante.*

chaineado (v.) limpio, lavado, brillante (del inglés "shine": brillo). *Me dijeron que con este producto cualquier cosa hecha de piel queda bien chaineadita.* (v.) **chainear**, dar una **chaineada**. *Dale una* **chaineada** *al carro; está lleno de lodo.*

chalán (sólo en masculino) ayudante, servidor, asistente. *Manda a tu* **chalán** *a comprar cervezas.*

chale no, de ninguna manera. *¡**Chale**, compadre! ¡Claro que te voy a pagar lo que te debo!* se ha extendido su uso como interjección usada para contrastar o contradecir expresando protesta, rechazo o resistencia. *¡**Chale**, yo ni muerta me pondría ese vestido!*

chamaco (sust./adj.) niño, joven, hijo. *Los* **chamacos** *de Rosana son muy simpáticos. / Está todavía muy* **chamaca** *para salir sola.*

chamacón 1) (sust.) joven atractivo o chica guapa. *A don Fermín le encantan las* **chamaconas**, *pero como ellas lo tiran a lucas, se conforma comprando Playboy. / Contrataron a un* **chamacón** *para que fuera a embicharse en la despedida de soltera de Miriam.* 2) apelativo cariñoso usado predominantemente por mujeres. *¿Qué pasó, **chamacón**, cómo estás? Hacía mucho que no te veía.*

chamba (f.) trabajo, empleo. *Me ofrecieron* **chamba** *en la compañía de mi suegro.*

chambeador (sust./adj) trabajador, que se esmera en su ocupación. *Lucila es* **chambeadora**; *nunca la he visto flojeando.*

chambear (v.) trabajar. *En cuanto se recibió se puso a* **chambear** *en la misma universidad donde estudió.*

chamuco (m.) diablo. (En oraciones como "se le apareció el **chamuco**" significa que alguien tuvo un susto.) *¡Te va a llevar el* **chamuco** *si no dejas de molestar a tu hermana!*

chanate (m. despectivo) persona de piel muy oscura o de raza negra (barbarismo de zanate, ave americana de plumaje negro). *¿Va a venir el Max con nosotros a la playa? --¿Y tú cuándo has visto un* **chanate** *asoleándose en la playa?*

chance / chanza 1) (f.) oportunidad, posibilidad. *Dale* **chanza** *a tu primo de entrar a trabajar en tu empresa.* 2) interjección de esperanza: ojalá. ***Chance** y encuentro en esa tienda el CD que busco desde hace semanas.*

chancla (f.) mujer homosexual. *En ese apartamento vive un par de* **chanclas**.

chancletero (sust.) persona de baja extracción social. *Se colaron unos* **chancleteros** *al baile de las debutantes.*

changarro (m.) negocio, tienda modesta o puesto callejero. *Le quitaron el* **changarro** *a don Vasco porque no tenía licencia para vender.*

chango (adj.) atento, alerta (con el verbo 'ponerse'). *Ponte* **chango** *porque podrías perder el equilibrio y caer.*

chante (m.) casa, hogar. *Vamos a mi chante a ver si mi jefe me pasa una feria pa' echarle más gota a la nave.*

chao adiós, hasta luego. (del italiano "ciao"--que en realidad es ya sea saludo que despedida).

chapucero (adj.) tramposo (sust. f. **chapuza** trampa, engaño). *Federico es bien chapucero; ignora siempre las reglas del juego.*

chaqueta (f. vulg.) masturbación. *Lo sorprendieron haciéndose una chaqueta en el baño.*

chaquetero 1) (adj) feo, mal hecho, de mal aspecto. *¡Órale ése, ya arregla tu taxi! Se ve bien chaquetero. / ¿Qué onda Joaquín, y esa cara de chaquetero?* 2) (m.) onanista.

charola (f.) placa, distintivo de la policía. *Damián es un detective de la policía. Me enseñó su charola.*

charra (f.) especie de chiste, cuento largo y gracioso (en el noroeste del país). *Estuvimos contando charras después de clases.*

chavalo 1) (sust.) niño, muchacho. *Los chavalitos estaban jugando a las canicas a media calle.* 2) (adj.) joven. *Era todavía chavala cuando se murió su papá.*

chavo (sust.) adolescente, muchacho. *A esa chava le encanta comadrear.* 2) (adj.) joven. *Desde muy chavito Irving ya tenía que rasurarse.*

che (adj.) vil, despreciable (abreviación de pinche). *¡Che baboso! ¿Por qué no te fijas por donde caminas, güey? / ¡Ches telenovelas que ve mi amá, me cae que sacan pura pendejada!*

chela (f.) cerveza. *Ábreme otra chela.*

chemo (m.) pegamento fuerte, inhalado para intoxicarse. *Encontré a un par de niños escondidos oliendo chemo.*

chero (sust./adj., acortamiento de ranchero) rústico, no acostumbrado a tratar con la gente, poco refinado. *Estela y Juana son bien cheras y nunca participan en clase.*

chesco (m.) soda, refresco, bebida refrescante (centro y sur del país). *Compramos chescos para la fiesta de los niños.*

cheve (f.) cerveza. *Juan se la pasa todo el día con una cheve en la mano.*

chévere (adj.) muy bueno, fantástico, fenomenal (palabra importada por las telenovelas venezolanas) (cayendo en desuso). *Déjame te cuento un chiste bien chévere.*

chicle (m.) como la goma de mascar, se trata de alguien que está siempre encima, que no se despega. *No puedo hablar ahora. Aquí anda el chicle de mi hermanita.*

chico (adj.) grande, tremendo (en sentido irónico). *¡Chico regalito que te dieron tus papás!* (referido a un Mercedes Benz, por ejemplo.)

chicoteado (adj.) apurado, ajetreado. *Andábamos bien chicoteados arreglando todo para la boda de nuestra hija.* (v.) **chicotear**. *¡No me chicotees, chamaco, nos vamos a la casa cuando yo diga!*

chichero (m. vulgar) sostén, prenda de vestir para sujetar el pecho. *Es obvio que Flavia no trae chichero; se le rebotan pa' todos lados cada vez que da un paso.*

chichi (f.) pecho, seno. *¿Supiste del lío que se armó cuando a la Janet Jackson se le vio una chichi en un programa que salió en la tele?* (adj.) **chichón**. *Doña Lourdes está bien chichona.*

chichí (sust. invariable en género) bebé, niño pequeño (habla infantil). *Pablito, no hagas ruido que la chichí está durmiendo.*
chichifo (m.) hombre que ofrece particulares servicios sexuales por remuneración, gigoló (en desuso). *Mejor me meto de chichifo, quien quita y gano más dinero.*
chicho (adj.) perspicaz, hábil, diestro, talentoso (usado en sentido irónico). *¿No que muy chicho? La próxima vez no hagas apuestas si no estás seguro. / ¿Pos qué se cree ése, el muchacho chicho de la película gacha?*
chido (adj.) estupendo, maravilloso. *"Lobo" es un perro chido; sabe un montón de trucos.*
chiflando en la loma (loc. adj.) con los verbos dejar / quedarse, dejar a alguien o quedar uno mismo esperando una cosa que nunca se verifica. *A Pancho lo dejaron chiflando en la loma en cuanto al aumento de sueldo que le habían prometido. / Celia se quedó chiflando en la loma porque el muchacho que la había invitado al cine nunca fue por ella.*
chiflársela (loc. v.) perder (una oportunidad). *¡Te la chiflaste! ¡Ya vendieron el reloj que te había gustado!*
chilango (sust./adj.) perteneciente al Distrito Federal o Ciudad de México. *Recientemente ha ingresado un montón de chilangos a mi escuela. / ¿Conoces la canción Chilanga Banda de Café Tacuba?*
Chilangolandia (f.) Ciudad de México. *En Chilangolandia es una bronca viajar en coche.*
chilapastroso (adj.) andrajoso, mal vestido. *Me fui bien chilapastrosa al mercado y con tan mala suerte que me encontré a un pretendiente.*
chillón (m.) radio (caló pandillero del noroeste del país). *¡Súbele al chillón, esa rola me pasa!*
chimisturria (f.) objeto inútil, de poco valor. *Quítate esa chimisturria que traes en el pelo y te verás mejor.*
chimuelo (sust.) persona a quien le hace falta un diente. *Por el accidente Isabel se quedó chimuela.*
chin interjección para expresar rabia, desilusión, exasperación. *¡Chin, se me había olvidado que hoy hay examen de geometría!*
chinchin palabra de desafío usada como condición (eufemismo de "chinguen a su madre si..."). *Chinchin si agarras la cerveza que puse en el refrigerador.*
chinga (f.) trabajo, dificultad, tortura, paliza. *Es una chinga tener que trabajar también los domingos. / Si mi apá se da cuenta que te fumaste sus cigarros, te va a poner una chinga.* Con la preposición "en", rápidamente, de prisa (**en chinguiza** muy de prisa). *Salió en chinga en cuanto oyó que tocaban a la puerta.*
chingada 1) (f.) palabra usada en imprecaciones como *¡Me lleva la chingada! / ¡Con una chingada! / ¡A la chingada!*
chingadazo (m.) golpe muy fuerte. *Por andar distraída, me di un buen chingadazo con la puerta.*
chingadera 1) (f.) cosa mala, injusta. *Son chingaderas que él crea que lo voy a esperar por horas.* 2) (f.) objeto considerado una porquería (despectivamente) *¡Quita esa chingadera de la mesa!*

chingaderita (f.) objeto pequeño o insignificante. *Victoria es una* **chingaderita**--*no me llega ni al hombro.*
chingado 1) (adj.) arruinado, destruido. *Este radio ya está bien* **chingado**, *nomás se puede oír una estación.* 2) (adj.) vil, malvado. *El* **chingado** *perro de la vecina no me dejó dormir con su ladrerío.* 3) interjección para expresar rabia, desilusión, exasperación. *¡***Chingado***! ¡Se me olvidaron las llaves del* carro *en la casa de Maribel!*
chingamadral (m.) variación un poco más vulgar de chingatal. *Tengo que estudiar un* **chingamadral** *de apuntes para la prueba de mañana.*
chingaquedito (sust. de género invariable) alguien que discretamente insiste en algo hasta obtener lo que quiere. *Paquita siempre se sale con la suya con sus papás porque es una* **chingaquedito**.
chingatal (m. vulgar) variación de chingo, muchísimo (en el noroeste del país). *Al* morrito *le dieron un* **chingatal** *de regalos en su cumpleaños.*
chingar / chingarse 1) (v. vulgar) tener relaciones sexuales. *No sé quién fue el que se la* **chingó**, *pero al rato ella ya estaba bien panzona.* 2) (v. vulgar) robar. *Ese ratero se* **chingó** *un anillo de esmeraldas.* 3) (v.) molestar. *Las moscas no dejaban de* **chingar** *al pobre perro enfermo.* 4) (v. vulgar) dar una paliza. *Los de la pandilla* **se chingaron** *a Fede cuando iba saliendo de la biblioteca.* 5) (v. vulgar) consumir. *Tenía tanta sed que* **me chingué** *una* caguama *de un solo trago.* Las frases conjugadas en el presente indicativo como **¡Ya ni la chingas!** expresan disgusto o incredulidad ante un colmo, generalmente negativo. *Ya ni la chingan esos* cabrones *se tardan tres semanas en pavimentar la calle, y un mes después la cierran otra vez para romper el asfalto e instalar cables.*
chíngale / chínguele / chínguenle expresión imperativa para incitar a la acción o para apurar a alguien. *¡***Chíngale**, *que ya son las cinco y todavía nos falta pintar ese otro cuarto!*
chingazo (m.) golpe fuerte, puñetazo. *Te voy a agarrar a* **chingazos** *si no te callas.*
chínguere (m.) aguardiente; por extensión, cualquier bebida embriagante (en el centro del país). *¿Le pongo tantito* **chínguere** *a su café, don Efraín?*
chinguero (m.) variación de chingo, muchísimo (en el centro / interior del país). *Tuve que hacer un* **chinguero** *de cola y cuando por fin llegué, me cerraron la ventanilla en la cara.*
chinguiña (f.) lagaña. *Quítate las* **chinguiñas**--*¿no te lavaste la cara hoy?*
chinguiñoso 1) (adj.) lagañoso. *Voy a llevar al gato con el veterinario, siempre anda* **chinguiñoso**. 2) (adj.) muy exigente, que no está satisfecho con nada. *Seguramente a Beatriz no le gustará el vestido--ya sabes lo* **chinguiñosa** *que es.*
chingo (m.) mucho, gran cantidad. *Después de que se quita el* tianguis, *siempre hay un* **chingo** *de basura por las calles.*
chingón (adj.) hábil, diestro. *Roberto se cree muy* **chingón**. (adj.) excelente, de buena calidad. *El líder del grupo tiene una guitarra muy* **chingona**. (adj.) potente. *¿Viste qué* nave *tan* **chingona** *trae el Bebo?*
chingonería (f.) cosa sobresaliente, maravillosa, estupenda. *Las fotos que tomaste en tu viaje al Cañón del Cobre son una* **chingonería**.

M

chipocle / chipocludo 1) (sust./adj.) potente, importante. *Adrián se cree muy chipocle <u>nomás</u> porque su papá es el gobernador del estado.* 2) (sust./adj.) hábil, diestro. *De mis amigos, el más chipocludo pa'l patín es Christian.*

chiqueado (adj.) muy mimado, consentido. *A ese mocoso lo chiquea mucho su abuela.* (v.) **chiquear / chiquearse.** *Paula se chiquea comprándose ropa nueva cada semana.*

chiqueón (sust./adj.) (pronunciado como "chiquión") exigente, al que no se le puede dar gusto. *A la perra chiqueona de mi tío Rafael no le gusta la carne cruda. / Tengo un jefe bien chiqueón para las cartas comerciales--nunca queda conforme con como las hago yo y las tengo que escribir tres o cuatro veces. / Esta planta es bien chiqueona, no le gusta estar en la sombra.*

chiripiorca (f.) violento tic o ataque de nervios; por extensión, se refiere a cuando algo o alguien deja de comportarse normalmente. Del programa TV de Chespirito. *¡Jajajaja! Mira, ¡ése baila como si le estuviera dando la chiripiorca! / Y de repente como que le dio la chiripiorca y ya no pudo ni hablar.*

chirola (f.) cárcel, prisión. *El "Verruga" lleva años pudriéndose en la chirola.*

chirotear (v.) retozar, corretear jugando. *Los cachorritos chiroteaban felices por el jardín.*

chirris (m.) pequeña cantidad de cualquier cosa. *Échale un chirris de licor al postre y verás qué bueno te sale.*

chirujo (m.) muchacho joven que se prostituye. *En el parque vi a dos chirujos que esperaban que llegaran clientes.*

chiva 1) (f.) heroína. *Le encontraron 100 gramos de chiva entre el equipaje y lo arrestaron.* 2) (adj.) delator. *¿El Beto? No, no le cuentes nada, todos saben que es chiva.* 3) (adj.) cobarde, y por extensión, que no se droga. *No creo que te puedas llevar bien con Vicky; ella es chiva y se escandalizaría si le ofreces un <u>churro</u>.*

chivas (f. plural) pertenencias. *Los muchachos agarraron sus chivas y se subieron al tren.*

chivearse (v.) avergonzarse, cohibirse (ver **achicopalar**). *Yo no podría trabajar como modelo; me chivearía ser el centro de la atención de la gente.* También como verbo transitivo **chivear**: causar vergüenza. *Los albañiles chivearon a la muchacha con sus piropos insistentes.*

chispoteársele (algo a alguien) (loc. v.) equivocarse (cuando se dice algo indebido) (Del programa TV de Chespirito). *Se le chispoteó y sin querer Paco le dijo a su hermana que el mensaje amor de parte de Alfredo que ella había encontrado no era para ella, sino para él.*

choco (sust.) tabasqueño, gentilicio alternativo del nativo del estado de Tabasco. *Los chocos nunca pronuncian las eses finales de las palabras. / Mi madrina es choca.*

chocolate (adj.) irregular, ilegal (eufemismo de <u>chueco</u>). *Valentín trae el <u>carro</u> con placas chocolate; a ver si no se dan cuenta un día.*

chocho (m.) pastilla (droga). *Andaban unos tipos vendiendo chochos en la discoteca.*

cholo (sust.) joven vago, normalmente miembro de una pandilla, con un modo de vestir y hablar particular (en las zonas fronterizas norteñas). *Con esos pantalones pareces una chola.*

chompeta (f) cabeza (en el noroeste del país—caló pandillero). *Nos agarraron a pedradas y una le cayó al Pirulo en la chompeta.*

chompetear (v.) pensar, refleccionar, meditar (en el noroeste del país—caló pandillero). *Estuve chompeteando toda la tarde y se me ocurre un plan para conseguir una nave para ahora en la noche.*

chómpiras (m.) caco, ladronzuelo (de un personaje popularizado por el programa TV de Chespirito). *La estación del metro está llena de chómpiras, ten cuidado.*

chones (m.) calzones, bragas, ropa íntima. *Encontré unos chones escondidos en un asiento de atrás de la pánel de Nando.*

choncho (adj.) regordete. *Te vas a poner más choncha todavía si sigues comiendo tanto pan dulce.*

chorcha (f.) charla, conversación. *Las comadres estaban tan metidas en la chorcha que no se dieron cuenta que el perro había entrado a la casa para luego ir a zurrarse en el sofá.* (f.) familia, prole (en el estado de Michoacán). *Llegó también Juanita y toda su chorcha, y los tamales que habíamos pensado guardar se acabaron inmediatamente.*

chorear (v.) contar mentiras inverosímiles. *La abuela castigó a Sergio por chorear tanto.*

choro (m.) mentira estrafalaria, larga y complicada. *Le contó un chorazo a su vieja para poder salir de parranda con sus amigotes.*

chorro (m.) aparte de la acepción común de "gran cantidad", significa diarrea. *Al niño le dio chorro por comer demasiados duraznos.*

chorroscientos (adj.) muchos, gran cantidad. *Tengo que leer chorroscientas páginas de este libro para la semana próxima.*

chorrotal (m.) gran cantidad, muchísimo. *Había un chorrotal de gente en la playa.*

chota (sust.) policía (la policía en general *la chota*; el agente de policía *el chota*) *¡Que alguien llame a la chota, me acaban de robar la cartera! / El pinche chota me multó otra vez.*

choteado (adj.) totalmente desprovisto de originalidad, muy visto. *Ese estilo de chaqueta ya está muy choteado, Rubén; vas a parecer uniformado.*

chotear 1) (v.) bromear, divertirse a costa de alguien. *Martín nos anduvo choteando toda la semana porque perdimos el partido contra su equipo.* 2) **chotear / chotearse** (v.) hacer que una cosa pierda su originalidad, se vuelva corriente, común *Esa rola se va a chotear si siguen tocándola tanto en la radio.*

choya (f.) cabeza. *¿Tienes una aspirina? Me duele la choya.*

choyero (sust./adj.) gentilicio informal para los nacidos en Baja California Sur (por la variedad de cacto llamado "choya" o "cholla" que abunda en el estado). *Mis parientes choyeros viven en San Ignacio.*

chubi (m.) cigarro de mariguana (en el norte del país). *Mira nomás qué porquería de chubi enrollaste. ¡A estas alturas y todavía no aprendes!*

chuchuluco 1) (m.) cualquier objeto o efectos personales. *Estaba en la oficina cuando me llamaron los del laboratorio, así que agarré mis chuchulucos y me lancé de volada para allá.* 2) (m.) golosina, tentempié. *La abuelita de Marcos siempre le lleva chuchulucos cuando lo va a visitar.*

JERGAS DE HABLA HISPANA

M

chuchuluquear (v.) acariciar; dependiendo del contexto, puede ser de una caricia inocente a una caricia preliminar a relaciones sexuales. *Ni creas que chuchuluquéandome me vas a sacar dinero, me debes todavía del mes pasado.* (m.) **chuchuluqueo**. *La pobre bebita estaba fastidiada con tanto chuchuluqueo de las tías.*

chueco (adj.) irregular, ilegal. *Jorge anda en negocios chuecos; ya hay gente que sospecha de él.*

chulear (v.) alabar, expresar admiración por la belleza de algo. *Todas mis amigas me chulearon el anillo que me regaló Luis.*

chulo (sust./adj.) guapo, muy atractivo. *¡La concursante de Quintana Roo es requetechula, pa' mí que tiene que ganar!*

chumistreta (f.) cualquier objeto o herramienta. *Tengo que comprarle una chumistreta al carro pa' que me lo arreglen.*

chunche (m.) cualquier objeto o herramienta (en el centro y sur del país). *Los muchachos se ganaban la vida vendiendo chunches en la calle y tocando la guitarra y cantando.*

chundo (sust.) vago, persona poco recomendable. *No quiero que invites a ese chundo a nuestra casa.*

chúntaro / chútaro 1) (adj./sust.) huraño (ver bronco y ranchero). *Tus hermanas son unas chúntaras, van y se encierran en su cuarto cuando llega visita.* 2) (adj./sust.) ignorante, rústico. *Ese chúntaro no sabe ni leer.*

chupar (v.) beber bebidas alcohólicas. *Lo único que sabes hacer los fines de semana es chupar.*

chupado (adj.) borracho. *El curita andaba bien chupado y caminaba como si estuviera combatiendo contra un fuerte viento.*

chupe (m.) bebida alcohólica. *Vamos a la fiesta. Habrá chupe gratis.*

chupete (m.) moretón en el cuello o en otra parte del cuerpo hecha por besos demasiado "apasionados". *Clara ha de tener un chupete en el cuello; mira cómo no se ha quitado la bufanda, con el calor que hace aquí adentro.*

chuponero (sust./adj.) drogadicto de éxtasis. *Él no le va a la piedra; es chuponero.*

churro 1) (m.) obra mal hecha (referido exclusivamente a espectáculos). *Esa película con Richard Gere es un churro.* 2) (m.) cigarrillo de marihuana. *Prepara un churro también para mí.*

chutar 1) (v.) ingerir. *Dame tantita agua para chutarme esta medicina.* (v.) disparar, arrojar, patear (del inglés "to shoot") *¡Chuta la pelota pa'cá!*

cifra (f.) dinero. *Queríamos ir al concierto, pero como no hay cifra...*

clarín / clarines (sust. usado como adverbio) claro, por supuesto. *¿Se te antoja un café con galletas? --¡Clarines que sí!*

clavar 1) (v.) robar algo metiéndoselo al bolsillo. *Mónica se clavó una manzana del puesto de frutas.* 2) (v.) tener relaciones sexuales *Tus amigotes nomás piensan en clavar.*

clavarse (v.) aferrarse a una idea, obsesionarse o insistir. *¡No te claves! Ya te dije que mañana te pago.* (adj.) **clavado**. *Raúl anda clavado con esa muchacha.*

codo (adj.) avaro, tacaño. *No seas coda, Blanca. Dame más dinero porque esto no me va alcanzar para lo que me encargaste.*

248

cochi (m.) cerdo, puerco (en el noroeste del país). *Se escaparon dos cochis del corral y a uno lo atropelló un carro.*

codomontano (adj., desp.) (combinación de codo + regiomontano) originario de la ciudad de Monterrey, que tiene mala fama de tacañería. *¿Y qué regalo podías esperarte de Alberto? ¿No sabes que es codomontano?*

coger (v., vulgar) tener relaciones sexuales.

colado (sust.) persona que entra en sitios donde no ha sido invitado o sin pagar (verbo *colarse*). *A Chava le encanta entrar de colado a las fiestas de los ricos.*

colgado (adj.) exagerado, ridículo. *¡Qué colgado, me quiso cobrar extra por el café porque le puse dos cucharadas de azúcar!* (v.) **colgarse**. *¡No te cuelgues! ¿En serio vas a cancelar tu boda sólo porque tu novio no quiere que tu prima Celia sea madrina de anillos?*

colgar los tenis (v.) morir. *¡Pobre don Pablo, ya colgó los tenis!*

colmilludo (adj.) astuto, despierto; uno a quien no se le puede engañar fácilmente. *¡N'hombre, ni se te ocurra hacer eso con Aurelio! Es recolmilludo y seguro se va a dar cuenta.*

comadres (f.) senos, pechos (término usado por mujeres). *La prostituta se guardó los billetes que había ganado entre las comadres.*

comer gallo (loc. v.) andar agresivo, de malas. *¡Uy! ¿Comiste gallo, o qué? Nomás quería saber si te esperamos para cenar o no.*

comer payaso. (loc. v) abandonarse a la euforia, reír descontroladamente por cualquier cosa (en el altiplano). *Parece que Olga comió payaso. Estaba atacada de la risa con un chiste bien baboso que contó Simón.*

como agua para chocolate (loc. adj.) muy enojado, furioso (alude al hecho que el agua debe estar hirviendo). *Mi abuelita se puso como agua para chocolate cuando supo que mi papá me prohibió ir a verla.*

como camote (loc. adj.) maltrecho, muy golpeado, morado (del color del camote) de tantos golpes (con los verbos andar / quedar / poner / dejar). *Lo pusieron como camote por hocicón. / A Luz la dejaron como camote sus papás cuando supieron que había pasado una noche con su novio.*

como jefe (loc. adv.) en modo desenvuelto, con facilidad o con impudencia. *El tipo ese salió del restaurante como jefe sin pagar la cuenta.*

como la chingada / fregada (loc. adv.) rebelde, malicioso, que da siempre la contraria. *¡Eres como la fregada! ¡Te acabo de decir que no hagas eso y es lo primero que haces!*

como palo de gallinero (loc. adj.) humillado, asustado (alude al hecho que el palo está muy cagado). *El cura dejó a los novios como palo de gallinero por haber tratado de fugarse.*

compa (m.) amigo, camarada (de "compadre"). *Miguel Angel es un compa que conozco desde que íbamos a la primaria.*

con el ojo cuadrado (loc. adj.) muy sorprendido, asombrado. *Me dejó con el ojo cuadrado cuando me contó que estaba tomando clases de karate, ella que siempre ha sido tan aplatanada. / Nos quedamos todos con el ojo cuadrado en el aeropuerto cuando anunciaron que todos los vuelos de ese día habían sido anulados.*

conchudez (f.) desvergüenza, indolencia. *Fue el colmo de la* **conchudez**: *le subió al volumen bien alto al estéreo cuando empecé a hablarle de que debería ponerse a trabajar.*
conchudo (sust./adj.) desentendido, indolente, desobligado. *¡Qué* **conchudo** *es Oscar! Hace trabajar a su mujer mientras él se toma una siesta.*
congal (m.) burdel. *Fernando iba todos los viernes al* **congal**.
conectar (v.) conseguir drogas. *¿Qué onda,* **conectaste**?
cool (adj.) bueno, excelente, maravilloso (de la jerga en inglés "cool", pronunciado "cuul"). *¡Qué lentes tan* **cool** *traes! ¿De qué marca son?*
coperacha (f.) cooperación, colecta. *Hicimos* **coperacha** *para comprarle el regalo de bodas a Esther.*
copiosa (f.) copa, bebida. *Mis amigas me invitaron a tomar unas* **copiosas**.
correteado 1) (adj.) pasado de su momento de auge en el sentido de juventud o atractivo. *Maricela ya está muy* **correteada** *para que se vaya a conseguir otro pretendiente a estas alturas.* 2) (adj.) apurado, ajetreado. *En el trabajo ando siempre bien* **correteado**, *ni tiempo para comer tengo.*
coscolino (sust.) persona libertina, desenfrenada. *Nicarlo se pescó la sífilis por andar de* **coscolino**. */ La* **coscolina** *de Eugenia se mete con el colega de su marido.*
cosechar (v.) imitar, copiar. *Mira, aquella te* **cosechó** *el peinado.*
cosijoso (adj.) cojijoso, irritable, susceptible. *Con Valentín no se puede vacilar a gusto porque es muy* **cosijoso**.
cotorrear (v.) engañar, tomar el pelo, sobre todo con el fin de divertirse a costa de alguien. *¡Te* **cotorrearon**! *Ese servicio no es gratuito; verás que luego te va a llegar la cuenta.*
cotorreo 1) (m.) plática, charla. *Se puso rebueno el* **cotorreo** *después de la clase de psicología: se hablaba de viajes astrales.* 2) (m.) broma. *Era puro* **cotorreo** *eso de que no va a haber clases mañana.*
coyote (m.) persona que se encarga ilegalmente de facilitar trámites o conseguir documentos falsificados. *Conozco a un* **coyote** *que no cobra muy caro y que podría conseguirte un pasaporte.*
coyotear 1) (v.) obtener falsificaciones de documentos oficiales (certificados, etc) o facilitar trámites burocráticos de manera ilegal. *Ahí andaba un tal "Lic. Fuentes"* **coyoteando** *a unos indocumentados centroamericanos.* 2) (v.) (en el norte del país) fingir la parte del trabajador modelo y eficiente cuando en realidad no se está haciendo nada de provecho. **Coyoteo** *todo el día en la oficina cuando el jefe no está.*
coyotito (m.) siesta corta. *Arnoldo estaba tan cansado que se echó un* **coyotito** *en el sofá.*
crema (adj./sust.) persona adinerada, de la alta sociedad. *Isidoro se cree muy* **crema** *desde que se casó con una de familia de abolengo. / Los* **cremas** *de esa casa tienen un vigilante cuidando el portón de la entrada.*
crema y nata (loc. sust. f.) alta sociedad. *La* **crema y nata** *de la ciudad tuvo una cena para recabar fondos en beneficio de los ancianos de los asilos.*
cruda (f.) malestar físico después de una borrachera. *Uno de los mejores remedios pa' la* **cruda** *es un buen plato de menudo.*

crudo (adj.) que sufre de malestar físico después de una borrachera. *Víctor andaba bien crudo el día que se casó.*

cruz con los verbos cargar con / llevar, (loc. verbal) soportar una carga (moral) muy pesada (ej. marido drogadicto y / o golpeador, padre muy enfermo, hijo muy rebelde, etc.); por extensión e irónicamente, padecer de malestar físico causado por beber en exceso. *¡Mira qué cara trae el Omar! Pobre, anda cargando con la cruz.*

cruzarse (v.) beber mezclando el tipo de bebida alcohólica, o mezclar alcohol con drogas, garantizándose así un fuerte trastorno físico (vómito, como mínimo). *Sabía que la mensa de la Marga iba a cruzarse. ¡Ya si no! Empezó tomando cerveza y terminó echándose varios tequilazos, y luego se sintió tan mal que quería que la llevaran al hospital.*

cuacha 1) (f.) mierda. *Pisé una cuacha y no hallo cómo limpiar el zapato.* 2) expresión de rechazo. *Ah, ¿sí? ¡Pues come cuacha!*

cuaderno (variante de cuate) (sust./adj.) amigo. *Rodolfo es mi cuaderno, no se metan con él.*

cuadrar (v.) parecer justo, gustar (usado casi exclusivamente en el negativo). *La explicación que das por tu comportamiento de ayer en la fiesta no me cuadra.*

cuatache (m.) muy buen amigo (**cuatacha** en femenino). *Vanessa y Maricarmen son muy cuatachas; para todos lados van juntas.*

cuate 1) (sust./adj.) amigo. *Moisés es mi cuate.* 2) (m.) hombre, individuo. *Ese cuate es muy popular.* 3) (sust./adj.) gemelo. *Natalia y Belén son cuatas.*

cuatrapear (v.) poner (algo) fuera de orden. *Mi abuela cuatrapea todo lo que dice y al final no se le entiende nada.* (adj.) **cuatrapeado**. *Los archivos estaban todos cuatrapeados y no pude encontrar el documento que buscaba.*

cucharón (m.) corazón (cayendo en desuso). *No me rompas el cucharón, negrita linda.*

cucuy (m.) (habla infantil) el diablo, el robachicos. *Te va a agarrar el cucuy si sales a la calle a estas horas.*

cuentachiles (sust. invariable en género/adj.) persona que vigila celosamente la administración del dinero, avaro. *Mi mamá es bien cuentachiles; se va a dar cuenta si no le doy el vuelto exacto del mandado.*

cuentear (v.) mentir, exagerar. *Nos cuentearon en esa tienda habían anunciado rebaja de precios, pero todo estaba igual de caro.* **cuentero** (adj./sust.) mentiroso. *Pancho es bien cuentero; no es cierto que su familia proviene de Francia.*

cuerazo (m.) inyección fuera de la vena (con dar). *Se dio un cuerazo y se le hinchó todo el brazo.*

cuernos (m.) traición o infidelidad a la pareja. *A mí se me hace que a Ivette le están poniendo los cuernos.*

cuero (m.) persona guapa o atractiva (invariable en el femenino). *Muchos opinan que la Marilyn Monroe era un cuero.*

cuete (adj./sust.) borracho, borrachera. *Braulio anda cuete todos los fines de semana. / Antonio trae un cuete bien sabroso.*

cuico (sust.) agente de policía (despectivo). *Lo atropellaron porque corrió a la calle seguido por un cuico.*

culear (v., vulgar) tener relaciones sexuales.

culero 1) (adj.) malvado, vil. *Ese viejo culero siempre anda molestando a las chavas.* 2) (adj.) cobarde, pusilánime. *Arturo no te va a defender, ni creas. Es bien culero--va a ser el primero que corre.*

culo / culón (sust./adj.) cobarde, miedoso. *Eddy fue el único que no se tiró con el bungee; siempre ha sido bien culón.*

cura (f.) diversión, gracia (en el noroeste del país--Baja California, Sonora, Sinaloa). *Es una cura oír hablar inglés a Rocío.* (v.) **curársela / agarrar cura / dar cura.** *Nos la estuvimos curando un rato con el perrito, que es bien juguetón. / Doña Petra agarró cura al ver a su hermana mayor disfrazada de ángel. / Las ocurrencias de Juvencio me dan un montón de cura.*

curado (adj.) divertido, gracioso (en el noroeste del país--Baja California, Sonora, Sinaloa) *Rogelio se sabe unos chistes muy curados.*

curiosito (adj.) bonito, lindo, atractivo. Dícese especialmente de los niños y de las cosas pequeñas y delicadas. *¡Mira qué curiosita estaba Otilia en esta foto de cuando tenía cuatro años!*

cursera (f.) diarrea. *¿Que si quiero lentejas? No, gracias. Cada vez que las como me da una cursera que me dura días.*

D

dado al cuas (loc. adv.) en malas condiciones, averiado, enfermo, muy cansado. *Vicente no pudo venir porque después del trabajo estaba ya muy dado al cuas. / Está muy dada al cuas esa guitarra. ¿Cuándo te compras una nueva?*

dar atole con el dedo (loc. v.) engañar, embaucar (**atole** bebida caliente y espesa de harina de maíz disuelta en agua o leche, mezclada con sabores como fresa, chocolate, etc.). *Hernán te dio atole con el dedo al venderte esa porquería de tabla de surfear.*

dar aire (a alguien) (loc. v.) 1) despedir (de un trabajo). *¡Pobre! Le dieron aire en la fábrica cuando supieron que está embarazada.* 2) alejar, mandar lejos. *Yolanda dice que va a darle aire a su novio porque él todavía no quiere casarse.*

dar chicharrón (loc. verbal) matar. *Le dieron chicharrón al periodista por insistir en investigar sobre los negocios chuecos del gobernador.*

dar (el) avión (loc. verbal) ignorar, no dar importancia o valor, tratar a alguien con poca consideración. *¡Pinche vieja! Yo acá tratando de ligarla y ella nomás me daba el avión.*

dar el gatazo (loc. adj.) ser satisfactorio, oportuno, suficiente o adecuado (generalmente dicho de aspecto). *¿Que no tienes zapatos que le queden a tu traje nuevo? Yo creo que estos dan el gatazo. / Hay que limpiar la sala para que al menos dé el gatazo cuando lleguen las visitas.*

dar en (toda) la madre / dar en la torre (loc. v.) golpear, estropear, arruinar. *Lo compró hace un mes, y Abraham ya le dio en la madre a su jeep. / La nueva ley sobre los impuestos nos dio en la torre.*

dar lata (loc. v.) molestar, fastidiar. *Déjame de dar lata porque no te voy a comprar ese videojuego.*

darle al clavo (loc. v.) acertar (variante de "dar en el clavo"). *¡Le diste al clavo! Mónica está embarazada, nos lo dijo esta mañana.*

M

dar un quemón (v.) querer causar envidia, humillar demostrando superioridad. *Héctor le dio un quemón a Julio ganándole en ajedrez.*
darse color (v.) darse cuenta. *No me había dado color que estabas parado allí.*
darse de santos locución verbal imperativa usada para hacer notar que el interlocutor debería estar agradecido por una condición favorable (dentro de un contexto generalmente negativo). *¡Y dese de santos que nomás se le zafó el hombro; podría habérsele quebrado el brazo!*
darse paquete / darse mucho taco (v.) presumir, vanagloriarse. *Gema se da mucho taco porque su marido es rico.*
darse una matada 1) (loc. v.) sacrificarse o esforzarse uno mucho por algo. *Irene se dio una matada estudiando y reprobó la materia de todos modos.* 2) (loc. v.)caer, proporcionándose tremendo golpe. *Elba no vio la cáscara de plátano en el piso y se dio una matada, la pobre.*
de a seis (loc. adj.) asombrado. *Me dejó de a seis cuando me contó que quiere operarse para cambiar de sexo.*
de aquellas (loc. adj.) bueno, bonito, magnífico, estupendo. *¿Ya has estado en ese antro? Está de aquellas.*
de aspirina (loc. adj.) planas (dicho de nalgas), por el aspecto de la píldora plana con una raya en medio. *Sabrina adelgazó demasiado. Antes estaba medio petacona y ahora le quedaron de aspirina.*
de hachazo (loc. adj.) que no tiene desarrollados los glúteos (en el noroeste del país). *No, a Margot este tipo de pantalón le queda muy mal porque está de hachazo.*
de hueso colorado (loc. adj.) firme, fanático. *Leonor es comunista de hueso colorado.*
de la chingada (loc. adv., vulgar) de lo peor, malísimo. *Al pobre de Javier le está yendo de la chingada en el trabajo nuevo.*
de la patada (loc. adj.) muy mal, pésimamente. *La situación económica del país está de la patada.*
de nanquiu (loc. adv.) de nada, respuesta irónica a quien da las gracias diciendo "tenquiu". *Y tenquiu por el café. --De nanquiu.*
de nuez (loc. adv.) de nuevo, otra vez. *¿No recibiste mi foto? Te la mando de nuez.*
de panzazo (loc. adv.) apenas, por poco. *Pasamos el examen de álgebra de panzazo. / Alcancé a entrar al banco de panzazo; ya estaban cerrando.*
de pelos / de peluches 1) (loc. adv.) magníficamente, muy bien. *¿Cómo te va en el trabajo nuevo?--¡De pelos!* 2) (loc. adj.) muy bueno. *Este CD está de peluches.*
de perdis (loc. conjunt.) por lo menos, aunque sea, como mínimo (variante jergal de de perdida). *Si no tienes las diez bolas que te presté, de perdis abóname cinco, ¿no?*
de petatiux (loc. adj., jocoso) aplicado a cosas / personas que imitan algo de fama internacional, pero en versión "nacional", autóctona, de idiosincrasia local (petatiux = petate + -iux). *Eugenio era nuestro Rambo de petatiux, el guerrero invencible, irreducible y temerario del barrio.*
de pilón (loc. adv.) por añadidura, además. *Hoy tengo muchas cosas que hacer, y de pilón en la tarde tengo que llevar a mi tía Concha al doctor.*
de poca madre (loc. adj.) estupendo, sublime. *Estuvo de poca madre el viaje que hicimos por toda la Baja California.*

253

M

de tarea (loc. adj.) planas (dicho de nalgas). Alusión a los deberes escolásticos en que se debía escribir algo repetidamente en varias *planas* de un cuaderno (usado en el centro del país). *Angeles no está mal de la cuerpo porque es alta y delgada, pero las pompis las tiene de tarea.*

de volada (adv.) rápidamente, inmediatamente. *Agarra una toalla de volada y vámonos a la playa.*

dedo (sust./adj.) delator, acusador. *Mi hermanita es bien dedo, si me ve fumar corre y se lo cuenta a mi papá.*

DeFectuoso (m.) Ciudad de México, Distrito Federal (DF), a menudo conocida como "el De Efe". *Creo que los vuelos a Europa son más baratos saliendo del Defectuoso.*

dejado (sust./adj.) quien no reacciona o no se defiende ante ofensas, insultos o situaciones amenazadoras. *Por ser tan dejada tus hijos te faltan al respeto y abusan de ti.*

dejar abajo (loc. v.) decepcionar, entristecer. Traducción directa del inglés "let down". *Necesito tu ayuda. No me dejes abajo.*

del cocol (loc. adv.) muy mal (cayendo en desuso). *Nos fue del cocol en el viaje. Había habido un accidente en el camino y estuvimos atorados en el tráfico por tres horas. / Tus calificaciones están del cocol; no vas a salir con tus amigotes hasta que las mejores.*

del dos (loc. sust.) excremento (habla infantil, eufemismo). *Hay que cambiarle el pañal a Pili, ya se hizo del dos.*

del nabo (adj.) difícil. *Esa materia está del nabo.*

del otro lado (loc. adj.) eufemismo de homosexual. *Hubo un escándalo en la familia cuando Rodrigo admitió que era del otro lado.*

del uno (loc. sust.) orina (habla infantil, eufemismo) *¡Mamá, tengo que ir al baño! --Si es del uno, puedes ir a hacerlo detrás de esas matas.*

desafanarse (v.) escabullirse, evitar una responsabilidad. *Querían que llevara a mi suegra al mercado, pero me desafané diciendo que se me había descompuesto el carro.*

descalabrarse (v.) aparte de golpease la cabeza, estar en bancarrota. *La mercería de la esquina se descalabró y en el local ahora van a poner una papelería.*

deschavetarse (v.) enloquecer. *Mariano se deschavetó cuando lo eliminaron del equipo.*

deschongada 1) (f.) acto disinhibido, diversión desenfrenada. *Nos pegamos una buena deschongada en la casa de Emy el otro día. /* 2) paliza (entre mujeres). *Le voy a poner una buena deschongada a la babosa de la Cindy si sigue mandándole mensajitos a mi novio.*

deschongar 1) (v.) despeinar, desaliñar, desarreglar. *Iba muy arregladita para la entrevista de trabajo, pero el viento fuerte que soplaba la deschongó.* 2) (v.) riña violenta y física entre mujeres. *Malena deschongó a Denise en plena iglesia porque se presentó con el ex de Malena.*

deschongarse (v. reflexivo) perder el control o las inhibiciones, desenfrenarse. *Alex y Ofelia se deschongaron y empezaron a besuquearse mientras bailaban en la pista.* adj. **deschongado**. *La deschongada de Salomé fue a insinuársele al bajista de la banda.*

M

deschongue (m.) escándalo, caos, tumulto. *Hubo un deschongue en el <u>antro</u> cuando un cliente borracho empezó a romper todas las botellas que encontraba.*

descolgarse (v.) dar una vuelta, irse a pasear, distraerse (también "darse una descolgada"). *Manuel se descolgó un rato en el billar porque estaba harto de estudiar.*

descuachalangado (adj.) descompuesto, averiado, que no funciona (verbo **descuachalangarse**). *El reloj del aula de clases está descuachalangado y nunca sabemos cuándo está por terminar la lección.*

desconchinflar / desconchinflarse (v.) arruinar, averiar; dejar de funcionar. *Yesenia desconchinfló la impresora; vamos a tener que comprar otra. / Se desconchinfló la computadora, y ahora no puedo escribir e-mails.*

descontarse (v.) herir como resultado de una pelea, dar una paliza. *El guitarrista se descontó al cantante después de que discutieron por una <u>rola</u>.*

desgarriate (m.) caos, barullo. *¡Qué desgarriate cuando perdió el equipo de la ciudad! La <u>chota</u> arrestó a más de cien <u>cabrones</u> por vandalismo.*

desgraciado (sust./adj.) vil, infame, despreciable. *Ya no aguanto a mi jefe, es un desgraciado que nomás anda buscando cómo <u>chingar</u> gente.*

desmadrar / desmadrarse (v.) arruinar, averiar; dejar de funcionar. *Volviste a desmadrar el <u>carro</u>, ¿verdad? / Se desmadró otra vez el aire acondicionado en el taller y nos estamos asando.*

desmadre (m.) desorden, caos extremo. *Angela tenía un desmadre en su cuarto. / Felipe es el alumno más desmadroso de la escuela.* **desmadroso** (adj./sust.) que crea caos, problemas. *Vivian es una desmadrosa pero me cae bien.*

desnalgado (adj.) que tiene poco desarrollados los glúteos (en el noroeste del país). *Lástima, Manolo es guapo, pero así de desnalgados no me gustan los hombres.*

desnarizarse (v.) [desnarigarse] afanarse, apresurarse a hacer algo con vehemente anhelo. *Llegaron dos galanes al mismo tiempo, desnarizándose por sacar a bailar a Verónica.*

despacharse 1) (v.) consumir. *Tus amigos se despacharon dos barriles de cerveza; ya no hay nada que tomar.* 2) (v.) matar. *Se despacharon a Wilfrido cuando iba saliendo de su casa.*

despapaye (m.) desorden, confusión. *Había un despapaye en la calle porque se había roto un tubo de drenaje y estaba todo inundado.*

despedorrar (v.) averiar, romper, estropear. *No toques eso que lo vas a despedorrar. / Ya se despedorró otra vez la computadora.*

deste (sust.) palabra usada para llenar huecos o evidenciar lagunas mentales (como cuando uno olvida el nombre de un objeto o persona). *Deste... ¿qué te estaba diciendo? / Pásame el deste. / La desta me mandó una carta el otro día.*

destramparse (v.) enloquecer. *No le digas esto a Paco porque se va a destrampar.*

destrampe (m.) ataque de locura (adj. **destrampado**). *El loco rompió la lámpara en uno de sus destrampes.*

detalle (m.) amante. *Willy tiene un detallito en Puebla.*

detritus defecam (m.) nombre alternativo para la capital, Distrito Federal. *Tuve que ir hasta el detritus defecam para que me certificaran este documento.*

disparar (v.) pagar la cuenta, invitar. *Ven, te disparo un tequila...*

M

divis (adj.) muy bonito, "divino" (usado generalmente por gente <u>popis</u> o gente que habla con afectación o amaneramiento). *¡Uy, hubieras visto cómo lucía la Gladys después de haberse hecho la liposucción, **divis, divis!***

domadora (f.) esposa, novia formal o amante.*¿Qué, <u>a poco</u> ya te vas? Luego luego se ve que tu **domadora** te <u>trae cortito, carnal</u>.*

dompearse (v.) de repente quedarse profundamente dormido (adj. **dompeado**). *Encontramos a Jaime **dompeado** en el sofá con la televisión <u>prendida</u>.*

dos-tres / <u>dos que tres</u> (loc. adv.) más o menos, ni bien ni mal. *¿Cómo te fue en la prueba de alemán? --**Dos-tres.***

E

¡e' lo madre! expresión que indica indiferencia ante una cosa, o la poca importancia que tiene algo. *Pero Abel me dijo que él lo iba a hacer... --**¡e' lo madre!**, tú sabes bien que no se puede contar con él.*

¡école! expresión un tanto anticuada para afirmar que algo es exacto. (Tal vez de origen italiano "ecco": ahi está). *La capital de Siria es Damasco, ¿verdad? --**¡École!***

echar de cabeza (loc. v.) delatar. *El idiota de Rubén se **echó de cabeza** él solo cuando le dijo a su esposa que no comprara esa nueva marca de medias porque se rompen muy fácilmente.*

echar hueva (loc. v.) holgazanear. *Como ayer fue mi día libre, me la pasé **echando hueva**.*

echar los perros (loc. v.) cortejar a alguien. *Pablo le anda **echando los perros** a Lucía.*

echar madres (loc. v.) maldecir, decir obscenidades. *El viejo salió de su casa **echando madres** porque su mujer lo había regañado.*

echar papa (loc. v.) comer. *Deja <u>nomás</u> **echar papa** y nos vamos, ¿okey?*

echar porras (loc. v.) vitorear. *Los muchachos le **echaban porras** a Leticia para que ganara la carrera.*

echar un fonazo (loc. v.) llamar por teléfono. *Salvador me acaba de **echar un fonazo** para decirme que va a llegar tarde.*

echar(le) un ojo (a algo) (loc. v.) observar, cuidar, estar de guardia. ***Échenle un ojo** a mi bici mientras entro a la tienda a comprar las sodas.*

efectivo (adj.) excelente, muy bueno. *Ese pastel que hiciste está bien **efectivo**-- pásame la receta.*

éjele interjección de burla en tono amigable. *¡<u>Chin</u>, ya no me alcanza para mis papitas! --**Éjele**, ya te acabaste tu <u>domingo</u>.*

elefante (m.) droga alucinógena PCP. *Tenía el **elefante** guardado en un recipiente de vidrio con una etiqueta que decía "harina".*

embarcarse (v.) asumir una responsabilidad. *Chema y Rosario ya **se embarcaron** con los pagos de la casa nueva. (adj.) **embarcado**. Los socios dejaron **embarcado** a don Gaspar cuando de repente abandonaron la empresa.*

embicharse (v.) desnudarse (de <u>bichi</u>). *En el hospital le dijeron que se **embichara** para revisarlo bien.*

embuchacarse (v.) comer vorazmente, atragantarse la comida. *¡Mamá! Fermín se **embuchacó** toda la pizza y no nos dejó nada!*

M

empedarse (v.) emborracharse. *Esta noche quiero empedarme para olvidar mis penas.*

empiernarse (v.) tener relaciones sexuales. *Célida y Alberto están de luna de miel. Seguramente se pasarán todo el tiempo empiernados.*

emputarse (v.) enfurecerse. *Don Pascual se emputó cuando supo que su hijo había sido arrestado por exhibirse desnudo delante de un convento.*

en chinga / en friega (adv.) de prisa, rápidamente. *Josefa preparó en chinga la comida para tener tiempo de ver sus novelas después.*

en la torre interjección de consternación, angustia, aflicción, desesperación por algo que va mal o que se ha arruinado. *¡En la torre! ¡Me va a matar mi hermano si se da cuenta que le rompí la camisa que me prestó! / ¡En la torre! ¡Ya llegó mi papá y todavía no he hecho el encargo que me dio en la mañana!*

en punto pedo (loc. adj.) en estado de embriaguez. *Ya cuando estaba en punto pedo podías pedirle cualquier cosa a Osvaldo y te la daba.*

encabronar / encabronarse (v.) hacer enojar o enojarse mucho. *No te vayas a encabronar, pero perdí tu número de teléfono. ¿Me lo das otra vez?*

enchufar (v.) conquistar. *Jaime quiere enchufar a todas sus compañeras de clases.*

encarrilar (v.) comprometer, en todos los sentidos. *No me quise encarrilar con la compra de esa casa. No sé si lograría pagarla toda.*

encuerado (adj.) desnudo (verbo **encuerar / encuerarse**). *A Marcos le gusta comprar de esas revistas donde salen viejas encueradas.*

encueratriz (f.) artista de striptease o de películas porno *Sasha Montenegro fue una de las encueratrices más conocidas del país.*

enchilado (adj.) molesto, enojado. *Mi papá ya anda enchilado ahorita por ondas suyas, mejor ni le digas del accidente que tuviste con su carro.* (v.) **enchilarse.**

enchinar el cuero (v.) ponérsele a uno la piel de gallina. *Se me enchina el cuero cada vez que oigo esa canción.*

enfocarse (v.) drogarse con metanfetamina (cristal) por medio de un foco (bombilla de alumbrado). *Javier acababa de enfocarse y no sentía el suelo bajo sus pies descalzos.* (adj.) **enfocado.** *Maribel estaba enfocada mientras su hijo lloraba desatendido en su cuna.*

enjaulador (m.) ladrón que entra en las casas a robar. *El "Pecas" compartió su celda con dos enjauladores cuando estuvo guardado en la peni.* (v.) **enjaular.**

enmuinarse (v.) enojarse, molestarse (de "muino", barbarismo de "mohino"). *Tu hermano se va a enmuinar cuando se dé cuenta que te pusiste su camisa nueva.*

entambar (v.) encarcelar. *Entambaron al "Ruletero" por andar falsificando billetes.* (adj.) **entambado** *Le estoy escribiendo a mi primo; está entambado otra vez.*

entós qué, loco (frase interrogativa) saludo de desafío.

entrado 1) (adj.) entusiasmado. *Edgar está bien entrado en eso de los juegos de azar.* 2) (adj.) referido a una pareja, absortos en acariciarse o hacer el amor. *Carmen y Martín estaban bien entrados en la sala cuando llegaron los papás de él.*

equis (sust./adj.) objeto, persona o situación que no es del agrado de nadie (término usado por quien ostenta pertenecer a la clase social alta). *Y luego el chavo se me acercó, según él a ligarme, pero el tipo estaba bien feo, ¿ves?, o sea, equis. / No, las películas de acción son equis para mí.*

257

escamar (v.) espantar, hacer sobresaltar. *El mocoso me escamó con la serpiente de plástico que me aventó a la cara.*

escuadra (f.) pistola. *El pobre hombre se suicidó con una escuadra de 9mm.*

escuincle / escuintle (sust.) literalmente significa perro (voz de origen nahua), pero se usa despectivamente como "niño". *Ese escuincle siempre se limpia los mocos en la manga. / La escuinclilla apenas había aprendido a andar en bicicleta y ya quería que le compraran una moto.*

ése (pronombre usado como apelativo) tú (término poco refinado). *¡Hey, ése! Ven, que te tengo que decir algo... / ¿Qué pues, ésa? ¿No me habías dicho que viniera por ti a las nueve?*

F

fachadiento 1) (sust. y adj.) vago, desobligado, desvergonzado. *Después de haberme hecho enojar, el fachadiento de mi hijo me vino a pedir dinero.* 2) (sust. y adj.) que se viste descuidadamente. *Estela andaba toda fachadienta cuando su novio fue a pedir su mano.*

fachoso (adj.) exagerado, ridículo, excéntrico, extravagante. *¡Cómo eres fachoso, Pablo! ¿Por qué le regalaste flores a la profesora de inglés el día de la prueba?*

fajarse 1) (v.) concederse alguien una sesión de besos, abrazos y demás, sin llegar al acto sexual. *A Lola le gusta mucho fajarse con medio mundo.* 2) (v.) asumirse una responsabilidad, estar dispuesto a hacer algo (de "fajarse los pantalones"). *Tony se fajó y terminó el trabajo aunque era muy tarde y estaba cansado.*

faje (m.) encuentro amoroso pasional que no llega al acto sexual. *Estaban tan entrados en el faje que se dieron cuenta que estaba lloviendo sólo cuando ya estaban empapados.*

fardear (v.) robar mercancía de los negocios. *Las morritas se divertían fardeando fruta en el mercado.*

fardero (sust.) ladrón de mercancía de los negocios. *La actriz Winona Ryder es una fardera... digo, "cleptómana" famosa.*

farolazo (m.) bebida alcohólica. *Me hace falta un farolazo para reponerme de este susto.*

fashion (adj.) a la moda, de marcas famosas (término usado por quien ostenta pertenecer a la clase social alta). *Si le regalas esa corbata a Eric te la va a tirar en la cara. Él nomás se pone ropa fashion. / ¡Mira qué fashion va Mónique con sus lentes Dolce & Gabbana!*

fayuca (f.) contrabando. *Los Alvarez traían fayuca de Los Angeles para vender en el mercado sobre ruedas.* (v.) *fayuquear.*

fayuquero (sust.) vendedor de artículos de contrabando. *Mi tía era una fayuquera que se especializaba en artículos de peletería.*

felón (adj.) agresivo, provocador. *Horacio es un tipo bien felón y siempre se anda metiendo en broncas.*

felpar (v.) arruinarse, fracasar, echarse a perder. *¿Cómo va tu noviazgo con aquella venezolana? --Ya felpó; se fue pa' su tierra.*

feria 1) (f.) dinero. *Alicia me debe una feria.* 2) (f.) cambio, monedas. *No traigo feria para la máquina de las sodas. ¿Me cambias este billete?*

fichera (f.) prostituta de taberna. *Esperanza trabajaba de fichera en el bar "La marabunta".*

fiera (f.) mujer, esposa (término usado por hombres para referirse a su pareja). *Okey, te acompaño a donde tienes que ir, pero deja le aviso a la fiera, porque sé que me espera para las seis.*

fifar (v.) funcionar (generalmente usado sólo en el negativo). *Nuestro teléfono no fifa desde ayer.*

fifiriche (adj.) muy flaco, raquítico, enclenque. *El novio de Martha está fifiriche; la ropa le queda mal y parece que va nadando dentro de los pantalones.*

fifo (m.) cigarro. *El Kike trajo fifos <u>gringos</u> de <u>fayuca</u>.*

fijado (sust./adj.) persona que observa, toma nota de detalles para luego criticar. *Mejor no te pongas ese vestido tan escotado para la cena, Diana. Ya sabes que doña Luz es una fijada y no se le va a pasar la oportunidad de decirte alguna <u>gachada</u>. / No seas fijado, Oscar, tú también tienes tus defectos.*

filero (m.) navaja, cuchillo. *Quiero conseguirme un filero como el que tiene el "Chinche".*

la flaca (f.) la muerte. *Se lo llevó la flaca anoche.*

flamenco (adj.) enojado, encolerizado, irritado, agresivo (usado con el verbo **ponerse**). *No te pongas flamenca si todavía no sabes por qué llegué tan tarde.*

florido (adj. irónico) grosero, soez (dicho del lenguaje). *Tu comadre es reteflorida pa' hablar, ¿no será norteña?*

fodongo (sust./adj.) desaliñado, de aspecto descuidado. *Doña Cuca es una vieja fodonga que siempre anda con las medias rotas y sin peinar.*

forjar (v.) fabricar, enrollar cigarros de mariguana. *Fórjame uno, a mí no me salen bien.*

forro (sust. m./adj.) persona físicamente atractiva. *<u>No manches</u>, tu prima está bien forro... ¡Presenta!*

francés / hijo de Francia (sust.) preso sin contacto con familia, que no recibe visitas (argot carcelario). *La condena fue muy dura para él porque estando preso en el extranjero, sabía que iba a tener que descontar su pena como hijo de Francia.*

fregadera 1) (f.) sinónimo de <u>chingadera</u> (cosa mala, injusta), pero menos malsonante. *Federico se la pasa haciéndome fregaderas, pero esta vez no lo voy a perdonar.* 2) (f.) objeto pequeño o insignificante. *Ando buscando una fregaderita que se le soltó a mi pulsera.* 3) (f.) necedad. *No me vengas con fregaderas: tienes que levantarte para ir a la escuela.*

fregado (adj.) 1) arruinado, destruido. *Están muy fregados estos libros, deberías tratarlos con más cuidado.* 2) malvado, vil (término ligeramente menos vulgar que <u>chingado</u>). *El fregado viejo que vive al lado se trajo a la <u>tambora</u> anoche después de la parranda y no dejó dormir a nadie. / ¡Fregado <u>chamaco</u>, éste! ¿No te dije hace media hora que te metieras a bañar?*

fregar (v.) molestar, fastidiar. *A estos <u>chavitos</u> les encanta fregar a los mayores.*

fregón (adj.) 1) bueno, de buena calidad, potente. *Jaime se acaba de comprar una cámara muy fregona.* 2) (sust./adj.) enfadoso, insistente. *¡Qué fregón es tu vecino! Siempre viene a pedir cosas prestadas.*

M

fresa (sust. invariable y adj.) persona adinerada de clase alta, que generalmente desdeña las clases sociales más bajas. *No, yo no quiero que vengan tus amigos fresas a mi fiesta de graduación.*

friega 1) (f.) fastidio, molestia. *¡Qué friega es tener que ir a renovar el pasaporte!* 2) (f.) paliza o castigo corporal. *Le pusieron una friega a Pepito por haber dicho palabrotas.* 3) (f.) gran dificultad. *Me encanta ese platillo típico, pero es una friega prepararlo.*

friego (m.) mucho, gran cantidad. *Ken y Julie dicen que tienen un friego de ganas de volver a Oaxaca. / Corrí un friego, pero no alcancé a llegar antes de que saliera el avión.*

frijol / frijolín (sust./adj.) frío. *Aquí en la sierra hace harto frijolín en la noche.*

friquear (v.) espantar, asustar (de la jerga en inglés "to freak"). *No friquees al pobre bebito con esa máscara.* (adj.) **friqueado.**

fuchi expresión de asco. *¡Fuchi! ¡Esa sopa yo no me la como!*

fuera de onda (loc. adj.) distraído, confundido. *Andas bien fuera de onda, ¿en qué estás pensando?*

fufurufo (sust./adj.) vanidoso, presumido. *Ahi anda Leti bien fufurufa con el vestido que le regalaron para su graduación.*

fumar como un chacuaco (frase) fumar mucho, como un horno de platería (llamado chacuaco).

fumigado (adj.) muy borracho. *Don Roque salió fumigado de la cantina.*

furcio (m.) error de grabación (ya sea por radio que por televisión). *Me encanta ver los furcios que hace ese reportero porque luego no logra recobrar la calma.*

furris (adj.) de baja calidad, insignificante, de poco valor o de mal gusto. *Marina traía puesta una pañoleta muy furris.*

fusca (f.) pistola. *¿Nunca has tenido que usar tu fusca?*

fusilar (v.) copiar algo textualmente, ya sea una tarea o información de alguna fuente. *Me fusilé casi toda la prueba de economía, si no, no la habría pasado.*

G

gabacho (sust.) persona de Estados Unidos (sinónimo de gringo). *Los gabachos estaban encerando sus tablas de surfear en la playa.*

gachada (f.) mala acción, cosa desagradable, vileza. *La Bárbara se divierte haciéndoles gachadas a sus compañeras de trabajo. / Supe de la gachada que le hiciste a Irma.*

gacho 1) (sust./adj.) malvado, ruin, vil. *La gacha de Eva no vino a la fiesta.* 2) (adj.) malo, penoso, lastimoso. *¡Qué gacho, ayer olvidé felicitar a José por su cumpleaños!*

Gachupilandia (f.) España. *En Gachupilandia la gente no está acostumbrada a comer picante como nosotros.*

gachupín (sust./adj.) proveniente de España (antiguamente era un término despectivo, ahora puede ser usado en tono jovial). *A Marla la vinieron a visitar unas amigas gachupinas de Córdoba. / Me regalaron un abanico gachupín bien bonito.*

galán (m.) pretendiente. *Antier el galán de Iris le llevó serenata para su cumpleaños.*

gallo 1) (m.) gargajo. *Los niños estaban haciendo competencias para ver quien aventaba más lejos los* **gallos**. 2) (m.) cigarro de mariguana. *Nos quedan dos* **gallos**; *hay que ir a conseguir más* <u>mota</u>.

gandalla (sust./adj. invariable en género) aprovechado. *Los García son unos* **gandallas** -- *Siempre obtienen los mejores asientos en el teatro.*

garra (f. despectivo) prenda de vestir, ropa. *¿Qué vas a hacer con el dinero que te regalaron, comprarte más* **garras**, *como si te hicieran falta?*

garreado (adj.) bien vestido, elegante. *Me robaron la maleta en el aeropuerto. Alguien debe andar muy* **garreado** *ahorita.*

gasofa (f.) carburante, gasolina. *Subió otra vez el precio de la* **gasofa**.

gasolina (f.) pasta de cocaína de pésima calidad, extraída con malos disolventes como la gasolina. *Encontraron una bolsita con* **gasolina** *entre los libros del muchacho.*

gata (f. despectivo) criada, sirvienta. *Voy a tener que despedir a mi* **gata**; *creo que me está robando ropa.*

gaviota (sust.) persona que trata de obtener todo gratuitamente. *Siendo tan* **gaviota**, *David prueba siempre la comida que ofrecen como muestra en los supermercados.*

globito (m.) preservativo, condón. *Les dio vergüenza ir a comprar* **globitos** *y ahora Jacqueline está embarazada.*

globo (m.) bolsita de plástico para conservar cualquier droga en polvo, que permite ser engullida. *Cuando el médico legal examinó el cadáver, le encontró varios* **globos** *en el estómago.*

gota (f.) carburante, gasolina. *Tengo que ponerle* **gota** *al* <u>carro</u> *porque ya va marcando vacío.*

gorda de hombre (adj.) embarazada, encinta (expresión usada sobre todo en zonas rurales). *Lourdes está* **gorda de hombre** *otra vez. Ya va por el sexto* <u>chamaco</u>.

gorrito (m.) preservativo, condón. *No se te olvide ponerte el* **gorrito** *cuando te metas con ella, mejor no arriesgarse.*

gorrón (sust.) persona que pretende hacerse pagar por otros, que abusa de los demás. *¡No seas* **gorrón**! *¡Ya te* <u>disparé</u> *dos cervezas! ¿Qué más quieres?* (v.) **gorrear**. *¡Ya viene la Cristina otra vez a* **gorrear** *el café!*

grapa (f.) papelito para hacer dósis individuales de cocaína. *Cuando revisaron al sospechoso, los agentes le encontraron docenas de* **grapas** *y 800 dólares en efectivo.*

grifa (f.) mariguana, hashish. *Estaban vendiendo* **grifa** *detrás de un edificio cuando llegó la policía.*

grifo (sust./adj.) bajo los efectos de la mariguana. *Andaba tan* **grifo** *el amigo que creía que iba volando.*

grilla (f.) grupo que se mueve para obtener un cambio (a menudo con métodos poco ortodoxos). *La* **grilla** *se encargó de difundir rumores negativos y al final el alcalde tuvo que dejar su puesto.*

gringo (sust./adj.) proveniente de Estados Unidos. *A los muchachos les encanta ir a* <u>levantar</u> **gringas** *a la playa. / Dicen que el ejército* **gringo** *ha sufrido muchas más pérdidas en Iraq desde que terminó la guerra que durante la guerra.*

Gringolandia (f.) Estados Unidos. *Cada vez que Rafael va a* **Gringolandia**, *compra software nuevo.*

grueso 1) (adj.) tremendo, impresionante. *Esa película de terror estuvo gruesa. Tuve pesadillas después de verla.* 2) (adj.) difícil, complicado, pesado. *Está bien grueso el trabajo que nos encargaron para el curso de informática.*

guácala expresión que indica asco. *¡Guácala! ¡Hay una mosca muerta en la ensalada!*

guacarear (v.) vomitar (también huacarear). *¡No me hagas guacarear! Ya sabes que los huevos crudos me dan mucho asco.*

guachar (v.) mirar, fijarse, estar atento (variante de wachar) Del inglés "to watch". *¡Guacha qué olas tan altas hay--perfectas para surfear!*

guacho 1) (m.) soldado. *Vimos varios guachos en el camino porque el presidente iba a pasar por ahí ese día.* 2) (m. despect., usado en el estado de Sonora) persona oriunda de la Cd. de México. *¡Les partimos la madre a esos guachos si vienen a chingar aquí!*

guaje (sust./adj.) tonto, ingenuo. *Celina es reteguaje, por eso la estafaron.*

guamazo (m.) golpe, garrotazo. *Víctor se resbaló y se dio tremendo guamazo en la cabeza.*

guandajón (adj.) desaliñado, vestido descuidadamente o con ropa demasiado holgada. *Se me hace horrible esa moda que siguen algunos muchachos que van por ahí todos guandajones, con el tiro de los pantalones que casi llega a la rodilla. / ¿A poco le vas a tomar una foto a Moisés, con lo guandajón que anda?*

guapachoso (adj.) de ritmo tropical, alegre. *La música de Rigo Tovar es bien guapachosa.*

guarura (sust. invariable en ambos géneros) guardia. *Había muchos guaruras alrededor del presidente.*

guasanga (f.) bulla, algarabía. *Tenían una guasanga tremenda y al final no entendí lo que había pasado.*

guatemalhecho (sust./adj.) guatemalteco (en tono jocoso). *Maura es guatemalhecha de Quetzaltenango.*

guato (m.) gran cantidad, montón, mucho. *Necesitarías un guato de feria pa' comprarte un carro como ése.*

güerindio (sust./adj.) usado más para calificar mujeres que hombres, se refiere despectivamente a la gente de aspecto indígena que hace de todo para parecer más "blanquita"--desde el uso de cremas para aclarar la piel hasta (y sobre todo) teñirse el pelo rubio o rojizo (en el noroeste del país). *Vi a Gonzalo con una güerindia el otro día; ¿sería su novia?*

güero 1) (sust./adj.) rubio o de piel clara. *Jovita quiso pintarse el pelo güero y le salió anaranjado. / ¿Cuál te gusta más, la güera o la morena?* 2) (sust.) estadounidense de piel blanca. *Yo trataba de explicarles a los güeros cómo llegar al aeropuerto, pero ellos no entendían español.* 3) (sust.) el sol. *Hoy el güero está grosero (= hace mucho calor).*

güey (sust./adj.) idiota (variante de buey). También usado como término informal entre amigos. *Hey, güey, nos vemos al rato.*

güila 1) (f.) prostituta (en el centro / sur del país). 2) (f.) bicicleta (en el estado de Chihuahua). *A Adriana se le descompuso la güila y ahora anda por todos lados a patín.*

M

güilo (adj.) flaco (en el norte del país). *Aquella gata está bien güila de tan desnutrida.*
güiri-güiri (m.) voz onomatopéyica que representa el sonido de charla animada. *Por estar en el güiri-güiri, a Martina se le quemó la cena.*

H

hacer agua la canoa (loc. v.) ser homosexual. *A Beto le hace agua la canoa, así que ni te emociones con él, Claudia.*
hacer changuitos (loc. v.) cruzar los dedos (como 'tocar madera') para invocar a la buena suerte. *Mamá, haz changuitos para que me vaya bien en la prueba de francés.*
hacer concha (loc. v.) desentenderse, comportarse en manera desvergonzada, indiferente. *Haz concha y no pagues la renta a tiempo esta vez--el dinero te sirve para otras cosas más urgentes.*
hacer el fuchi (loc. v.) rechazar, despreciar. *Dalia le hizo el fuchi a la invitación al cine de Julio.*
hacer el jalón (loc. verbal) ayudar, seguir la corriente. *Me voy con Alma: ella sí me hace el jalón cuando quiero ir a bailar.*
hacer los mandados (loc. v.) expresión que indica inferioridad. *¿Iván, un buen jugador de tenis? ¡Me hace los mandados!*
hacer Panchos (loc. v.) hacer el ridículo, barullo (especialmente cuando en estado de embriaguez). *Memo iba haciendo Panchos a media calle. / Este mocoso me hizo un Pancho en la fiesta porque quería un regalo que le dieron al festejado.*
hacerla 1) (v.) lograr algo. *Si el examen tuviera que ver con la música contempo- ránea, ya la tendrías hecha. /* 2) (v.) ser capaz de algo. *Ese equipo de softbol no la hace, va a perder todos los juegos de la temporada. / Si me dan el préstamo, ya la hice y me lanzo a comprar la casa.* 3) (v. en negativo) ser el colmo. *¡Ya ni la haces, Roberto! Te pido que me ayudes a mover estos muebles, y tú te pones a ver la tele.*
hacerla cardíaca (loc. verbal) crear gran expectativa por algo que al final no llega a nada. *No quise hacerla cardíaca y contarles que había participado en un concurso, pero... ¡gané!*
hacerla de tos (loc. v.) poner trabas o exagerar, dar excusas para no hacer o conceder algo o para que algo no se realice. *¡No la hagas de tos, mamá! ¡Déjame ir al concierto!*
hacerla de emoción (loc. verbal) crear gran expectativa por algo que al final no llega a nada. *Siempre dices que vamos a ir de vacaciones a Europa y luego terminamos yendo al rancho de tu compadre. Nomás te gusta hacerla de emoción.*
hacerle (loc. verbal) existen dos frases muy comunes en México, y expresan más o menos la misma cosa: la poca importancia que tiene algo. Son **"qué le hace"** y **"no le hace"**. *Qué le hace si los zapatos le quedan grandes al niño ahora; cómpralos y guárdalos para el año que entra. / ¿No le hace si te doy el cambio en monedas? Es que se me acabaron los billetes.*
hacerle al ensarapado (loc. verbal) tratar de pasar desapercibido (de la idea de cubrirse con un sarape). *No le hagas al ensarapado y págame lo que me debes. / Aquel bato le anda haciendo al ensarapado para entrar a robar en esa casa.*

263

hacerle al loco (loc. v.) 1) fingir, simular algo. *Apenas Andrés se dio cuenta que había llegado el jefe, se puso a **hacerle al loco** con las herramientas.* 2) improvisar. *Fuimos al karaoke y Lupita **le hizo al loco** con el micrófono sin darse cuenta que estaba <u>prendido</u>.*

hacerse bolas (loc. v.) confundirse. *El taxista **se hizo bolas** y me llevó a una calle equivocada.*

hacerse cochi (loc. v.) hacerse el desentendido, tomársela cómoda (en el norte del país). *Julián **se hizo cochi** y no cooperó para comprar el regalo de Mario.*

hacerse pato (loc. v.) hacerse el desentendido. *¡No **te hagas pato**! Hoy te toca a ti lavar los platos.*

happy (adj. invariable en plural) tomado, en estado "alegre" y, a menudo, desinhibido (del inglés "happy": feliz). *Las muchachas todavía no se terminaban el pichel de margaritas que habían pedido y ya andaban bien **happy**.*

harnero (f.) viejo automóvil destartalado. *¿Quién vino a estacionar este **harnero** aquí?*

hasta atrás (loc. adv.) muy borracho o drogado. *A aquellos muchachos les encanta ponerse **hasta atrás**.*

hasta la coronilla / el copete / las narices (loc. adj.) harto, fastidiado.

hasta el gorro (loc. adj.) harto, hasta el límite. *Estoy **hasta el gorro** de sus quejas. Si no le gusta, que se largue.*

hasta la madre 1) (loc. adj.) satisfecho (de apetito), en estado de saciedad. *¿Quieres otra cerveza?--No, ya estoy **hasta la madre**.* 2) (loc. adj.) repleto, muy lleno. *Ese <u>bote</u> de basura ya está **hasta la madre**, ve a vaciarlo.* 3) (loc. adj.) harto, fastidiado. *Estoy **hasta la madre** de oir tus lloriqueos.*

hasta lo que no frase usada para expresar que se dijeron cosas que no debieron ser reveladas. *Cuando mi papá me regañó, me enojé tanto que le respondí **hasta lo que no**.*

hecho garras (loc. adj.) arruinado, despedazado, en muy mal estado. *La tapicería de los asientos de ese cine estaba **hecha garras**. / Eleazar estaba **hecho garras** ese día porque había trabajado dos turnos seguidos.*

hecho madre (adv.) velozmente. *Vi pasar a Alejandro y Juan Carlos **hechos madre** en sus motos. Creo que iban jugando carreras.*

herramienta (f.) los utensilios necesarios para inyectarse heroína. *Mi <u>jefa</u> encontró la **herramienta** que tenía escondida en el baño.*

hidalgo (m.) trago único que vacía el contenido de un vaso de bebida alcohólica (normalmente usado en situaciones en que se reta a otro bebedor; se hipotiza que la palabra se usa porque rima con "chingue a su m... el que deje algo"). *Nos echamos otro **hidalgo** y al ratito yo ya no podía ni caminar.*

hijo de papi / papá (sust.) hijo de gente adinerada, que todo lo tiene gracias a ellos. *A aquel **hijo de papi** le pagaron toda la carrera de administración de empresas y luego le compraron una compañía.*

¡híjole! interjección de sorpresa. *¡**Híjole**, David! ¡Ya casi chocabas con ese camión!*

hocicón (sust./adj.) grosero, malhablado. *Por andar de **hocicón**, a Gilberto lo <u>corrieron</u> de su casa.*

hojaldra (sust./adj.) malvado, ruin. (eufemismo de ojete). *No sean hojaldras, denme un aventón al centro.*

hornazo (m.) mal olor. *¡Y me dio el hornazo cuando se quitó los zapatos!*

hornearse (v.) intoxicarse por encontrarse cerca de alguien que está fumando mariguana al inhalar el humo. *Salí horneada de la fiesta, sentía que iba volando. Parece que todo el mundo alrededor se la estaba tronando.*

huacarear (v.) vomitar (también **guacarear**). *¡Uff! El perro se huacareó en la sala la semana pasada y aunque lavaron la alfombra, todavía apesta gacho. / ¡Para el carro, mano! ¡Tengo que huacarear!*

huerco (sust.) niño, en algunas regiones del norte del país. *Vo' a llevar a los huercos al doctor, están malos los dos.*

hueso (m.) cargo menor en administración pública obtenido más por relaciones que por real mérito o habilidades, visto como recompensa por servicios dados. *A Jorge ya le prometieron un hueso en la nueva administración municipal de Reynosa.*

hueva (también **güeva**) 1) (f.) pereza, flojera. *Tengo que llevar a limpiar el pantalón, pero me da hueva ir a la tintorería.* 2) (f.)cosa desagradable. *¡No, qué hueva! ¡Tendré que pagar este recibo de la luz porque es la tercera vez que me advierten del retraso y amenazan con cortármela!*

huevón (también **güevón**) (adj./sust.) perezoso, holgazán. *La güevona de tu hermana nunca me ayuda ni a lavar los trastes.*

huevonada (f.) holgazanería, pereza. *Es por pura huevonada que no has terminado de pintar esa cerca, ¿verdad?* (v.) **huevonear.** *Todos saben que Julio se la pasa huevoneando en la oficina.*

I

iguanas ranas (adv.) igualmente, de la misma manera. *Te deseo lo mejor, Joel. -- Iguanas ranas, Maru. / Los que lleguen a las 8 pueden entrar sin pagar, y mañana a la misma hora, iguanas ranas.*

impermeable (m.) preservativo, condón. *A Beto le da vergüenza ir a comprar impermeables a la farmacia de su barrio--va siempre donde no lo conocen.*

indio (sust./adj., despectivo) ignorante, inculto, maleducado, de mal gusto (a menudo usado como insulto). *La neta te ves bien india con ese sombrero. Quítatelo. / No seas indio, ¡saluda a tu padrino!*

infeliz (sust./adj.) vil, infame, despreciable. *¡Infeliz vieja, ya vino y me dejó su basura en la puerta otra vez!*

ingeniebrio (sust.) ingeniero. *Deberían matar al ingeniebrio que trazó esta carretera.*

ínguiasu / ínguiesu deformación de "chingue a su... (madre)" Interjección de sorpresa, admiración, asombro, etc (en el noroeste del país). *¡Ínguiesu! ¿Viste el Ferrari que acaba de rebasarnos?*

írsele la onda (a uno) (loc. v.) distraerse, perder el hilo o la concentración. *Se me fue la onda y no felicité a Ramiro por su cumpleaños ayer.*

írsele las cabras (a alguien) (loc. v.) perder el control, actuar por impulso. *A Laura se le fueron las cabras y habló de más en la junta. / Me dio tanta rabia que se me fueron las cabras y le dije sus verdades a mi jefe.*

M

-iux sufijo añadido a nombres propios (y ocasionalmente, a objetos) para darles un tono cariñoso. Normalmente usado para nombres de personas cercanas al interlocutor, como miembros de la familia, amigos, y hasta para la propia ciudad. *Emiliux, ¿me ayudas a abrir este frasco, que está bien apretado? / Salúdenme a toda la bola allá en **Tijuaniux**.*

J

jaipo (m.) persona que se droga por medio de inyecciones (del inglés "hypodermic needle", jeringuilla) *Yo no me junto con esos, son puros **jaipos**.*
jalada 1) (f.) cosa mala, injusta (dicho sobre todo del comportamiento). *¡No me hagas esa **jalada**, Marcos! ¡Dijiste que me ibas a prestar el carro y ahora te echas para atrás!* 2) (f.) cosa absurda, ridícula, poco seria. *¡Son **jaladas** ésas de que Mariano se va a casar contigo!*
jalador (adj./sust.) quien se suma con entusiasmo a una empresa común. *Hugo es bien **jalador**, verás que nos va a ayudar con tu proyecto.*
jalar 1) (v.) funcionar. *Mi carrito es de segunda mano, pero todavía **jala** requetebién.* 2) (v.) trabajar. *Estuve **jalando** en esa empresa algunos años.*
jalar parejo (loc. v.) ser justo, hacer las cosas equitativamente. *Mi vecina no **jala parejo** conmigo. No se le dificulta pedirme favores, pero cuando yo necesito algo, nunca puede darme una mano.*
jalas o te pandeas (frase interrogativa) expresión que pide una respuesta positiva o negativa del interlocutor. *Si vas conmigo, quisiera ir a la playa el sábado. ¿Qué dices, **jalas o te pandeas**?*
jale (m.) trabajo, empleo, ocupación. *Llevo cuatro meses buscando **jale**.*
jalisquillo (sust.) gentilicio despectivo para los nacidos en el estado de Jalisco. *El Atlas es uno de los equipos favoritos de futbol de los **jalisquillos**.*
jaria (f.) hambre (en el norte del país). *Con la **jaria** que traigo comería hasta insectos fritos.*
jarioso (adj.) cachondo, excitado sexualmente. *El anuncio decía 'soy sexy, joven, **jariosa**, insaciable y te estoy buscando...'*
jarra (adj.) borracho (centro del país). *Andaba ya tan **jarra** que ni me di cuenta cuando mi novia se fue con otro.*
jefe / jefa (sust.) padre / madre. *No hagas ruido. Mis **jefes** están durmiendo.*
jetear (v.) dormir. *Los vecinos no lo dejaban **jetear** con su escándalo.*
jetón 1) (adj.) dormido 2) (adj.) enojado. *Lorenzo Parachoques se quedó **jetón** en el sofá, como siempre. / Mi papá se puso **jetón** cuando supo que le choqué el carro.*
jimbar (v.) arrojar (en el estado de Chiapas). *A Rolando su mujer le **jimbó** el plato de sopa en la cara cuando se pelearon.*
jincar 1) (v.) dar a otra persona una responsabilidad indeseable. *No me puedo ir temprano porque el jefe me **jincó** el reporte para que lo revise.* 2) (v.) ponerse una prenda de vestir a fuerza (del verbo "hincar"). *Manuela no quería ponerse el abrigo, pero se lo **jinqué**.*
jinetear (v.) tardar mucho en pagar una deuda mientras se hace uso del dinero para otra cosa. *Gustavo es requetebueno para **jinetear** el dinero de la renta.*
jinetera (f.) prostituta. *Ésta es una cantina muy frecuentada por **jineteras**.*

jirito (adj.) muy recto, derecho, bien erguido (se usa particularmente refiriéndose a los ancianos). *Doña Eustaquia ya tiene 102 años y todavía va, muy jirita, a misa todas las mañanas.*

joda (f.) molestia, fastidio. *Es una joda vivir en esta calle donde todos los fines de semana ponen el mercado sobre ruedas.*

jodicial (f.) policía judicial. *La jodicial acaba de hacer una redada en esa discoteca.*

jodido 1) (adj.) destrozado, arruinado. *La computadora ya está muy jodida, hay que comprar una nueva.* 2) (adj.) complicado, difícil. *Está jodida la situación en el país.*

josear (v.) en el ambiente beisbolero, esforzarse mucho para obtener un buen resultado. (del inglés *hustle*) *La mejor manera de sobresalir en el beis es joseando.* (adj./m.) **joseador**: jugador voluntarioso, motivado, resuelto. *Él era un jugador versátil, carismático y un gran joseador.*

joto (m. despect.) hombre homosexual.

joy término informal entre hombres. Deformación de "hijo", que a su vez alude a "hijo de..." (en desuso). *¿Sabes qué, joy? Al rato vuelvo.*

jugar beis / jugar béisbol (loc. v.) drogarse con pasta base de cocaína (por alusión a la "base"). *Lalo, ven, vamos a jugar béisbol.*

julia (f.) vehículo de la policía. *Después de la pelea se llevaron a los borrachos en la julia.*

jullido (adj.) (barbarismo de "huído") desaparecido, que se esconde por miedo a algo (con los verbos estar / andar). *La perra anda jullida desde que la bañaron--no ha vuelto ni para darle de comer a sus cachorros.*

junior (sust.) persona mantenida por sus padres, que ostenta riqueza (pronunciado "yúnior"). *Rodolfo es un junior que se la pasa todos los días en el hipódromo. / Las juniors de la escuela se juntan en bolita y no les hablan a las demás.*

L

lambiscón (sust./adj.) adulador. *El lambiscón de Alberto nunca contradice al jefe aunque esté equivocado.*

lana (f.) dinero. *Si me pasas una lana, puedo solucionar el problema que tienes con tu socio...*

lángaro (adj./sust.) ávido, insaciable. *Esa niña es muy lángara con la comida, ¿no tendrá lombrices? / Al lángaro de Manolo no le dejó nada su abuelo en el testamento.* 2) (adj./sust.) aprovechado. *El lángaro de Norberto le vendió acciones de una empresa ficticia a su tía Pepa, que tiene 89 años.*

largo (sust./adj.) aprovechado, desvergonzado. *Santiago es bien largo, le saca dinero a sus papás con mucha facilidad. / La larga de Edith se lleva la ropa de la tienda donde trabaja a su casa y luego la reporta robada.*

lavar el coco (loc. v.) convencer, persuadir. *Al pobre de David le lavó el coco su novia; se van a casar dentro de tres meses.*

leperada (f.) grosería, indecencia. *Lo acusaron de haber hecho leperadas en público.*

lépero (sust./adj.) soez, vulgar, ordinario, indecente. *El Mario es un lépero, no respeta ni a su pobre abuela. / Gualberto se despidió de sus amigos con un gesto lépero.*

JERGAS DE HABLA HISPANA

M

lero lero (candelero) (voz infantil) expresión burlona usada para expresar que algo percibido como negativo que le sucede al interlocutor es bien merecido, o para jactarse de alguna cosa de la cual el interlocutor no goza. *¡Te cacharon rayando las paredes del baño de la escuela y te van a castigar, lero lero! /¡Lero lero, candelero, a mí me van a llevar a un rancho a montar a caballo y a ti no!*

levantar (v.) entrar intencionalmente e informalmente en contacto con alguien desconocido, sobre todo con intenciones románticas o sexuales (probablemente traducción literal de la expresión equivalente en inglés *"to pick up"*). *Ellos van a los antros na' más a ver a quién levantan.*

lira (f.) guitarra. *Charly estaba ahorrando para comprarse una lira.*

lisa (f.) camisa (habla entre pachucos). *Pláncheme esta lisa, jefa.*

liso (adj.) sin dinero (en el centro del país). *Ejem... yo no le entro a la coperacha, ando bien liso.*

livais 1) (m.) pantalones estilo vaquero, jeans(pronunciación de "Levi's"). *Lava esos livais, ya casi se paran solos de tan sucios.* 2) (f./adj.) lesbiana. *Patricia es livais; dice que no le importa quien lo sepa.*

llamarada de petate (loc. sust. f.) entusiasmo fugaz por cualquier cosa. *Claudia dijo que ella se encargaría de los adornos para la fiesta de cumpleaños de su sobrinito, pero fue pura llamarada de petate porque después de hacer un poco de papel picado se cansó y lo dejó todo a su hermana. / Lo de las clases de piano de Enrique nomás fue llamarada de petate. Después de la primera lección no volvió al curso.*

llanta (f.) rollito de grasa que se forma generalmente alrededor de la cintura de la gente gorda. *A Lizbeth le da vergüenza ponerse el bikini que le regalaron porque ya se le hacen llantitas por haber engordado tanto.*

llegarle (a alguien) (v.) declarar amor a alguien, pidiendo iniciar una relación. *Enrique le llegó a Jasmín, pero ella ya anda con Gerardo.*

llegue (m.) golpe producido por choque (usado con los verbos dar / pegar). *Ayer mientras estacionaba el carro le di un llegue al del vecino. Ahora me quiere demandar por el daño.*

llevado (adj.) confianzudo, irrespetuoso, que se toma demasiada familiaridad en el trato. *Ten cuidado con don Chuy, que es muy llevado.*

llevarse (v.) tratarse con confianza, bromeando y vacilando. *¿Quién le dijo que podía tutearme? ¿Qué acaso ya nos llevamos?*

llevarla (ahi) (v.) subsistir, aguantar, seguir adelante. *¿Cómo van los negocios? --Ahi la llevamos, aunque la economía no nos favorezca.*

loco término informal para dirigirse a una persona, generalmente un amigo. *¿Qué dices, loco, mañana vienes a jugar futbol con nosotros?* 2) (adj.) drogado, en estado de estupor o frenesí por los efectos de las drogas. *Pablo andaba bien loco cuando se pasó el semáforo y chocó.*

locochón (sust.) vicioso, drogadicto. *¡Uff! Ni se te ocurra juntarte con Cinthia y sus amigas--son todas unas locochonas.*

lonchar (v.) comer (la comida de mediodía). *¿Mañana vamos a lonchar a esa cafetería nueva?*

M

lonche (m.) almuerzo, comida del mediodía, que normalmente se lleva para comer en el trabajo o en la escuela (del inglés "lunch"). *No se te olvide otra vez tu **lonche**, m'hijo.*
lonja (f.) rollito de grasa que se forma generalmente alrededor de la cintura de la gente gorda. *Deberías ponerte a dieta. Ya te está saliendo **lonja**.*
lonjudo (sust./adj.) gordo, con muchas lonjas. *Lástima que Salvador se haya puesto tan **lonjudo**, antes tenía físico de atleta.*
loquera (f.) locura. *Le agarró la **loquera** y se puso a pintar toda la casa de color morado.*

M

macuarro 1) (m./sust. despectivo) obrero, ayudante de albañil. *Norma está saliendo con un **macuarro** que no sabe ni hablar bien español.* 2) (m./sust. despectivo) cosa o persona ordinaria, de mal gusto, sin estilo. *La entrevista que le hicieron al actor estuvo bien **macuarra**, solo se habló de banalidades y chismes.*
machetear 1) (v.) trabajar duro, batallar. *Tuvimos que **machetear** un friego para tener la mercancía lista antes del plazo.* 2) (v.) aprender algo de memoria, sobre todo para un examen próximo. *Georgina está **macheteando** en su cuarto porque mañana tiene una prueba.*
machetero (sust./adj.) estudiante que usa el sistema basado en la memorización a corto plazo. *Andrea es re**machetera**, no retiene nada lo que estudia.*
machetón (sust./adj.) persona que hace las cosas sin cuidado, mal hechas. *No le des a ese pintor el trabajo de pintar tu cocina--me han dicho que es un **machetón**.*
machetona (f./adj.) niña que prefiere los juegos rudos, típicamente masculinos. *Ahí anda la **machetona** de Perla trepada en los árboles otra vez.*
machín (m./adj.) hombre fuerte, valiente o viril. *Ese cuate es **machín**, mira qué bueno es para los madrazos y pa' las viejas.*
madrazo (m.) golpe fuerte. *El otro día me di un **madrazo** en la rodilla jugando futbol.*
madre (f.) cualquier objeto (despectivamente). *Quita esa **madre** de allí, que me está estorbando. / Nomás échale esta **madre** a su trago y verás que luego ni cuenta se da adonde la llevas...* acompañada del artículo indefinido (una), **madre** adquiere la acepción de nada, ninguna cosa, mientras que cuando va acompañada por un verbo, éste debe ir en el negativo. *¿Cuánto dinero te dio tu papá para ir al cine? --¡Una **madre**! / No me tocó ni una **madre** porque llegué tarde a la repartición.*
madreado (adj.) en malas condiciones. *Este DVD ya está todo **madreado**--¿a quién se lo prestaste?*
madrear (v.) herir como consecuencia de una pelea, dar una paliza. *Te voy a **madrear** si no te das una calmada.*
madrina (f. aunque usado mayormente para hombres) ayudante de policía judicial, informador, ejecutor. *Una **madrina** les avisó a los tiras que esa noche iba a haber bronca fea en el barrio.*
madriza (f.) paliza. *Le dieron una **madriza** a nuestro equipo de básquet durante el torneo.*
madrecita / madrecilla / madriángula / madrinola (f.) cualquier cosa insignificante. *Al juguete se le cayó la **madriángula**. / Traigo una **madrecita** en el zapato.*

M

mafufo (adj.) extraño, raro. *Tavo anda todo* **mafufo**; *parece que está drogado.* (f.) **mafufada.** *Marisa anda diciendo* **mafufadas**; *dice que ha estado en Saturno.*

maistro (m.) (barbarismo de "maestro") hombre que se dedica a cualquier tipo de trabajo generalmente de tipo manual (desde el fontanero al señor que vende fritangas en la calle). *Oiga,* **maistro** ¿*y cuánto me va a cobrar por poner ese vidrio?* / *El* **maistro** *me preparó más tacos de carne asada con cebolla y cilantro para llevar.*

maje (sust./adj. invariable) tonto, idiota. *Gregorio es un* **maje** *si cree que le voy a regalar mi colección de CDs.* / *¡No seas* **maje**, *Alba! ¿Qué no ves que están tratando de estafarte?*

malafacha (sust.) vago hosco y agresivo, probablemente delincuente. *Mejor no te le cruces enfrente a ese* **malafacha** *porque pue'que se te eche encima.*

maldoso 1) (sust./adj.) persona con malas intenciones. *El* **maldoso** *de Rufino algo anda tramando: de repente anda muy zalamero con la hija del jefe.* 2) (sust./adj.) persona mal pensada, maliciosa. *¡No seas* **maldosa**, *Julieta! Te dije que mi novio me había pedido que le sobara la espalda, no otra cosa.*

maleta (adj.) inhábil, poco diestro. *Juana es bien* **maleta** *para amarrar tamales, luego se abren.*

malilla (adj. invariable en género) enfermo (malestar físico después de haber hecho uso de drogas). *El* <u>bato</u> *andaba bien* **malilla** *y por eso no se levantó en todo el día.*

malora (adj.) travieso, malintencionado. *¡Ese* <u>chamaquito</u> *sí que es* **malora**! *El otro día le prendió fuego a la cola del perro.*

mamacita (f.) mujer muy bella, impactante (también **mamasota**). ¿*De 'onde sacaste las fotos de esas* **mamasotas** *que pusiste en tu página?*

mamada (f.) tontería, incoherencia. *Tus consejos son puras* **mamadas**; *leer el horóscopo no sirve para nada.* / ¿*Vas a salir otra vez con tu* **mamada** *de que tengo que rezarle al santo niño de Atocha pa' que me haga el milagro?*

mamado (adj.) fuerte o musculoso. *Los guardaespaldas del gobernador son unos tipos super***mamados**.

mamar (v.) exagerar, hacer el ridículo. *La exclamación* ¡*no mames!* (con variante ¡**no manches!**) *expresa incredulidad.* ¡*No mames,* <u>güey</u>! *Mañana tienes que ir conmigo a* <u>surfear</u>, *nada de que tienes que ir a clases.*

mamón (adj.) 1) ridículo, cursi, exagerado. *Le vo' a romper la jeta a ese* <u>pinche</u> **mamón** *si sigue riéndose de mí.*

mandarse (v.) 1) exagerar, exceder, sobresalir en algo (ya sea positivo que negativo, según el contexto). *Se* **mandó** *el que diseñó esta casa--¡está fantástica!* 2) aprovecharse. ¡*No te* **mandes**! *Si me tocas la pierna otra vez, llamo a mi hermano.* / *En esa tienda se* **mandan** *con los precios altos.*

mandil / mandilón (m.) hombre subyugado por su mujer / novia. *Mi hermano el* **mandilón** *no sale de casa sin el permiso de mi cuñada.*

manita de <u>cochi</u> (loc. sust. f.) con el verbo "hacer", forzar a alguien a hacer algo (variante norteña de **manita de puerco**, llave de lucha libre que consiste en la maniobra de torcer la mano hacia el interno). *Le hicimos* **manita de cochi** *y por fin nos contó el secreto.*

mano (sust.) hermano, amigo, usado como apelativo entre amigos (de "hermano"). *Mana, ayúdame a tender esta ropa.*

M

mano del muerto (loc. sust.) expresión usada como salida fácil para explicar cualquier situación torcida o de dudosa concepción, y a veces para acusar directamente (en la capital). *Y 'ora, quién abrió la puerta? –'Sabe, tú, la mano del muerto... / De veras, yo ni sabía que era tu novia, a mí me dijo que era tu prima... –¡La mano del muerto! Me quieres hacer pendejo.*

mañoso (sust./adj.) quien se divierte molestando a los demás. *El chiquillo mañoso se prendió de las trenzas de su hermanita.*

marca diablo (adj.) muy grande, fuerte o impactante. *Me tropecé con un mueble y me salió un morete marca diablo en el pie.*

marca llorarás / marca sufrirás (loc. sust. f.) cosa, situación, evento, etc. desagradable o doloroso. *El regalo que me dieron estaba marca llorarás, pero me hice como si me hubiera gustado mucho. / Ese día el tráfico estuvo marca sufrirás y llegué a la cita con el dentista con más de una hora de retraso.*

mare interjección para llamar la atención, usada por la población de habla maya en Yucatán. *¡Mare! ¿Viste ese muchacho cómo se me quedó viendo?*

mareado (m.) marido. *Mi mareado nunca ha estado en Acapulco.*

marear (v.) hacer que una cosa dure más usando cantidades más pequeñas o diluyéndola. *Se me está acabando la pomada que me recetó el doctor para los jiotes, pero la estoy mareando para que me dure otra semana.*

mariachi aparte del grupo musical tradicional de México, (adj.) incapaz, poco diestro. *Ariadne es bien mariachi para hacer tortillas de harina.*

marimacha (f.) mujer de aspecto masculino y / o comportamiento o gustos típicamente atribuidos a los hombres. *La marimacha de Eva sabía más de mecánica que sus hermanos.*

marimba (f.) marihuana. *Vaya a conseguirnos más marimba, que ya se está acabando.*

mariposilla (f.) prostituta. *La avenida estaba llena de mariposillas.*

mariposón (m.) afeminado. *Aquel peluquero es un mariposón.*

marro (sust./adj.) avaro. *No le pidas nada a Joaquín, es remarro.*

martillo (sust./adj.) avaro. *Dicen que son tan martillos en esa empresa que hacen que los empleados lleven su propio papel higiénico.*

matado (adj.) problemático, complicado, que requiere mucho tiempo o esfuerzo. *Nos encantan los tamales, pero como es muy matado prepararlos, los compramos ya hechos.*

matarse (v.) sacrificarse o esforzarse uno mucho por algo. *La pobre de Irene se mató estudiando y reprobó la materia de todos modos.*

mayate (m.) hombre homosexual activo. *Mayate (voz nahua) es sinónimo de escarabajo estercolero.*

mayativo (adj.) llamativo; algo de colores chillantes o extravagante, de mal gusto (también, vestido como un *mayate*). *La señora se paseaba con un paraguas bien mayativo.*

me lleva el chanfle (frase) expresión de tristeza, congoja, vergüenza o enojo, según el contexto. Del programa TV Chespirito, de los años 70.

me lleva la que me trajo (frase) expresión de tristeza, congoja, vergüenza o enojo, según el contexto.

mechudo (sust./adj.) greñudo, de pelo largo y desordenado. *"El Molcas" es un mechudo que toca la guitarra y viste siempre de negro.*

meco 1) (adj.) feo, mal hecho, desagradable a la vista, al olfato o al gusto (en la región de altiplano). *Chale, jefa, los frijoles le salieron bien mecos. / Se te ve bien meco ese pantalón, ¿engordaste?* 2) (adj.) sucio, mugroso (en los estados de Guerrero y Oaxaca). *¡Lava las ventanas, están tan mecas que ni se puede ver pa' afuera!* 3) (m., usado en el plural, vulgar) esperma, semen.

méndigo (sust./adj.) despreciable, vil, malvado. *El jefe de Anita es bien méndigo y a veces ni la deja salir a comer a mediodía con la excusa de que hay mucho trabajo.*

menear el tambo (loc. v.) bailar. *Virginia no se aguanta: apenas oye algo de música, y ahi anda meneando el tambo.*

menos burros, más olotes frase que expresa la idea que si hace falta alguien a alguna repartición, es mejor porque a los demás les toca más. *Ya no vino Rolando-- mejor así--mientras menos burros, más olotes.*

menso (sust./adj.) tonto. *¡Cómo eres mensa! ¡No cerraste bien el frasco de salsa y se echó a perder toda!*

mentada (f.) insulto (a la madre). *¡No andes echando mentadas enfrente de las monjitas! / A Gerardo no lo haces trabajar ni a mentadas (de madre).*

mentar a la madre / mentarla (v.) insultar (específicamente mencionando a la madre). *Alguien se la mentó y se armó la bronca.*

mera mata (f.) de donde origina o abunda algo. *Cuando estuve en Bogotá siempre tomé un café excelente. --¡Ya si no, si allí es la mera mata!*

merequetengue (m.) alboroto, lío, barullo. *Con todo el merequetengue de los preparativos de viaje, Héctor olvidó el pasaporte en su casa.*

mero 1) (adj.) palabra que sirve para reforzar, recalcar (también en diminutivo merito). *¿Quién dijo esa barbaridad? --¡Yo merito!* 2) (adj.) exacto. *¡Esa mera es la canción que quiero oír!*

mero mero 1) (sust.) el jefe, el mandamás. *Bill Gates es el mero mero de la Microsoft.* 2) (sust.) el más importante. *Jennifer es la mera mera del equipo de natación.*

mero mole 1)(loc. sust. m.) la especialidad, esencia, centro o corazón de alguien. *Su sonrisa triste me dio en mi mero mole y ya nunca lo he podido olvidar. / Las artesanías de vidrio son el mero mole de Vicente.* 2) (loc. adv.) con la preposición "en" y usado con pronombre posesivo, describe a quien se encuentra en su elemento, en una situación o ambiente ideal. *Josefa estaba en su mero mole, intercambiando chismes con sus vecinas. / Estoy en mi mero mole en cualquier pista de baile.*

metalizado (adj.) interesado sólo en el dinero. *Lucy es bien metalizada, seguro no se va a casar con ese ricachón por amor.*

meter el choclo / la pata (loc. v.) aparte de la acepción de cometer una indiscreción, un error, se usa a menudo como eufemismo de la mujer que queda encinta sin planearlo. *Genoveva metió el choclo justo en la temporada en que su marido estuvo ausente, trabajando en una plataforma de perforación petrolera en mar abierto.*

metiche (sust./adj.) entrometido. *Tu tía Rosa tiene fama de ser la más metiche de la familia.*

M

mexiquillo (sust.) término despectivo para los naturales de la Ciudad de México. *En el equipo nacional de básquet hay un mexiquillo.*

migra (f.) cuerpo de policía de EEUU que se encarga de arrestar a los inmigrantes indocumentados. *La migra arrestó a un mexicano, un pakistaní y dos hondureñas que trabajaban en un hotel de Los Angeles; los demás escaparon a tiempo.*

m'hijo, mijo, mijito (sust.) trato entre personas. *Oye, mija, llámame más tarde que ahora estoy bien ocupada.*

mirolear (v.) mirar. *Estaba miroleando lo que había en la vitrina cuando oí una voz conocida.*

mirruña (f.) 1) pedacito de una cosa. *No seas malo, dale siquiera una mirruña de tu galleta al perico, que desde hace rato te está pidiendo.* 2) cosa pequeña. *Fidel será una mirruña, pero es rebueno pa' pelear.*

mirujear (v.) mirar. *Claudia pasa horas mirujeando la foto de su novio.*

mitotero (sust./adj.) persona entrometida, amante de los escándalos. *¡Vieja mitotera! ¡Mejor váyase a su casa y no se meta en lo que no le importa!*

mocoso 1) (sust.) niño (despectivo). *¡Lárguese de aquí, mocoso infeliz! ¡Si lo veo otra vez brincándose la barda lo pongo como camote!* 2) (adj.) joven (dicho de persona). *Hugo está muy mocoso para andar comprando revistas porno; no creo que ésta sea de él.*

mochada (f.) soborno. *No te va a dejar en paz sino hasta que le des su mochada.*

mocharse (v.) dar, cooperar con dinero. *Móchate con algo para ir a comprar otro barril de cerveza.*

moche (m.) soborno. *Es sabido que los chotas de tránsito viven de sus moches.*

mocho 1) (sust./adj.) persona que pasa la mayoría de su tiempo en la iglesia, beato, santurrón. *Yo ya no quiero quedarme con mis tíos en las vacaciones porque son bien mochos y siempre quieren que vaya con ellos a la iglesia.* 2) (sust./adj.) persona rústica, inculta. *Llegaron unos mochos a pedir trabajo, pero ninguno supo llenar la solicitud de empleo.*

molacho (sust./adj.) que le hace falta uno o más dientes. *El niño de Hilda se ve bien chistoso porque anda molacho.*

molcas (sust. invariable en ambos géneros) palabra similar a "fulano" o "tipo" que se usa para reemplazar el nombre de la persona de quien se habla. *Por ahí supe que molcas tiene una relación con su secretaria.*

móndrigo (sust./adj.) vil, despreciable (eufemismo de **méndigo**). *Cada vez que viene a la casa la móndriga de mi suegra se pone a inspeccionar a ver si está todo limpio.*

monear (a.) inhalar solventes o pegamentos para drogarse. *Acabo de ver a esos chavitos moneando detrás de unos coches en el estacionamiento.*

monstruar (v.) deformación de *menstruar*, con referimiento al estado de ánimo que suele acompañar ese periodo. *Qué genio te cargas, chula. ¿Qué, andas monstruando?*

montonal (m.) montones, gran cantidad de algo. *Me contaron un montonal de chismes sobre ella.*

moquetazo (m.) moquete, golpe dado con el puño. *Elías es muy agresivo, todo lo quiere arreglar a moquetazos.*

M

mora (f.) mariguana. *¿Supiste que Federico dejó la carrera de ingeniería y ahora vende **mora**?*

mordida (f.) soborno (verbo **morder**, aceptar un soborno). *Le tuve que dar una **mordida** al policía para que no me hiciera la multa.*

morlaco (m.) unidad monetaria. *Eso te va a costar muchos **morlacos**; mejor olvídalo.*

morro 1) (sust./adj.) joven, muchacho, chico (también en sentido de niño **morrito** / **morrillo**) (en el norte del país). *Esas **morritas** siempre están masticando chicle en clase. / Daniel está demasiado **morro** para entender ciertas cosas.* 2) (sust.) novio (en el norte del país). *La **morra** de Ismael es alemana.*

mosca (f.) cocaína de alto grado de pureza. *Dice que está esperando 30 kilos de **mosca** que le tienen que llegar de Colombia.*

mota (f.) marihuana. *Aquel tipo les vende **mota** a los turistas.*

moto / motorolo (adj.) drogado. *En los años sesenta andar **moto** era la cosa más natural del mundo.*

mover el bote 1) (loc. v.) bailar. *Raquel es rebuena pa' **mover el bote**.* 2) (loc. v.) moverse más aprisa, apresurarse. ***Mueve el bote** o no vas a llegar a tiempo al aeropuerto para alcanzar tu vuelo.*

movida (f.) relación ilícita de cualquier tipo. *Pancho traía una **movida** con unos tipos sospechosos.*

movia (f.) palabra entre *movida* y *novia*. Implica una "novia" poco oficial. *Sandra conoció a la **movia** de Alfonso.*

mucha crema a (mis / tus / sus / nuestros) tacos con los verbos ponerle / echarle, (loc. verbal) jactarse, vanagloriarse, atribuirse mucho valor, mérito o talento. *Susana le pone **mucha crema a sus tacos**. ¿Oíste que le estaba presumiendo al escritor de sus talentos de correctora de estilo? / Le echas **mucha crema a tus tacos**, ¿A poco crees que no sé que nunca fuiste a la universidad de donde dices que te graduaste?*

muerto de hambre (sust.) ávido, tacaño (probablemente porque su comportamiento haría pensar a cualquiera que no tiene ni qué comer). *Los Rivero son unos **muertos de hambre**. No quisieron adelantarle el sueldo al chofer cuando la hija de él se enfermó y no tenían dinero para operarla.*

N

nacayote (sust./adj.) aumentativo de naco, ignorante, de mal gusto. *En la calle se burlaban de ellos, llamándolos "**nacayotes**" por la música a todo volumen que se oía desde su carro.*

naco (sust./adj.) persona de malos gustos, sin gracia ni estilo, sin personalidad, ignorante. *¡Solamente a un **naco** se podía haber ocurrido ponerse ese sombrero espantoso!*

nachas (f.) nalgas, trasero. *Alguien le tocó las **nachas** en el metro y ella se puso a echar madres.*

naifa (f.) cuchillo (del inglés "knife"). *Saca la **naifa** y aquí nos la jugamos a ver si eres tan macho.*

nais (adj.) bonito, bueno, agradable (del inglés "nice") (en el habla de quien ostenta ser de la clase alta). *Mi abuelita es bien **nais** conmigo. Me regaló $100 para mi cumpleaños. / ¿Viste qué **nais** me quedó el tatuaje?*

M

nanches no. *Le pedí permiso a mi apá de ir a la disco, pero me dijo **nanches** porque todavía estoy castigada por las malas calificaciones que saqué este semestre.*
naranjas no.
narices / nariz bola no.
nave (f.) automóvil. *Le robaron la **nave** otra vez.*
nel / nel pastel no. *Nel, ése. Ya no te vo' a prestar mi apartamento. Váyanse a un hotel.*
nerdo (sust.) persona vista como muy inteligente pero abstraída, generalmente solitaria, que no encaja en los grupos (de la jerga en inglés "nerd"). *Yo no quiero tomar esa clase. Hay puros **nerdos** allí.*
neta (f.) verdad. *Te estoy diciendo la pura **neta**. Elio dice que no quiere saber nada de ti. / ¿La mera **neta**? No me gusta Oscar--salgo con él sólo por puro interés.*
ni chicha ni limonada (frase) ni una cosa ni otra. *Juan **no es ni chicha ni limonada**: ni conservador, ni liberal.*
ni madre / ni madres negación: de ninguna manera; un "no" vehemente.
ni pedo (frase) no hay remedio (vulg.). ***Ni pedo**, a estas horas ya nos dejó el avión.*
ni picha ni cacha ni deja batear (frase) con referencia al juego de beisbol (del inglés "pitch", "catch" y "bat"), la expresión se usa para indicar a alguien que no ayuda, que estorba solamente. *Oye, tú **ni pichas ni cachas ni dejas batear**. ¿Por qué no te vas a sentar allá y nos dejas trabajar en paz?*
nieve (f.) cocaína. *El hombre nos ofreció algo de **nieve** para festejar el cierre del contrato.*
niguas negación. ***Niguas**, tú no vuelves a usar mi carro--me lo dejaste sin gota y te valió.*
n'hombre 1) no enfático. *¡**N'hombre**, si yo ni siquiera estaba allí a esas horas!* 2) interjección genérica. ***N'hombre**, nos entretuvimos un montón oyendo el relato de sus aventuras en Africa.*
no acabársela (loc. v.) no encontrar alivio o tregua; no soportar algo (usado siempre con el negativo). *Joel **no se la acaba** con los maltratos del jefe.*
no cantar mal las rancheras (frase) no quedarse atrás en cuanto alguna habilidad o característica poco recomendable. *¡Tu hermano Pedro es un borracho holgazán! -- Pues tu marido **no canta mal las rancheras**.*
no hallar la puerta (loc. v.) no encontrar alivio o tregua. *Rosa **no halla la puerta** con su suegra.*
no hay fijón / no le hace / no hay pedo (frase) no importa, no hay problema. ***No hay fijón** si te acabas la pizza; yo ya no tengo hambre. / No tengo cien pesos, pero te puedo prestar cincuenta. --Pos **no le hace**, aunque sea pa' salir del apuro. / ¡Uy, se me hace que perdí la pluma que me prestaste! --**No hay pedo**, tengo otra en el carro.*
no medirse frase usada para expresar asombro o admiración ante un acto o discurso audaz o exagerado de alguien. *¡**No te mediste**! ¿Cómo te atreviste a decirle eso a la monjita? / Carla **no se mide**, se acaba de comprar una tanga, y fue y se la enseñó a su papá.*
no negar la cruz de la parroquia (de uno) (frase) admitir o demostrar (con palabras o comportamiento) que una característica atribuida a una persona le pertenece plena-

mente. *No niego la cruz de mi parroquia--soy norteña, hablo "golpeado" y digo muchas palabrotas.*

no tener madre (loc. v.) ser desalmado, desvergonzado, atrevido (en sentido negativo). *Ese tipo no tiene madre. Le dio una golpiza a su hijo y lo mandó al hospital. / ¡No tienes madre! ¡Te presto mi carro y me lo dejas sin gota de gasolina!*

noviar (v.) charlar y / o coquetear con la pareja (también "**echar novio**"). *¡Uff! Alonso ya se puso a noviar por teléfono y ahora ni quien lo quite de allí por al menos un par de horas. / ¿Beatriz? La acabo de ver en la ventana, noviando. / No, Cristina no está estudiando ahorita, está echando novio.*

Ñ

ñango (adj.) (dicho de personas / animales) flaco y débil, muy frágil, enclenque. *Hay un perro ñango en la entrada--¿es de alguien de aquí?*

ñáñaras (f.) estremecimiento, escalofríos (del programa TV "Los Polivoces"). *Las alturas me dan ñáñaras.*

ñero (sust.) amigo. Acortamiento de "compañero". *¿Puedo invitar a mis ñeros a tu fiesta de despedida?*

ñongo (m.) sitio donde se va a drogarse. *Arrestaron al "Muñeco" llegando al ñongo con varias dosis de carga.*

O

ojete (adj./sust. invariable en fem. y masc.) vil, ruin. *Mi suegra es bien ojete; le encanta cuando mi marido y yo discutimos para poder decir que ella sabía que yo no era buena para él.*

ojos de pistola (loc. sust.) mirada torva, amenazadora, que asusta. *La Paty le echó ojos de pistola a su novio cuando él saludó de beso a su prima. / Mi marido me miró con ojos de pistola cuando invité a mi mamá a comer con nosotros el domingo.*

olérselas (loc. v.) sospechar. *Creo que tu papá se las olió que tú no habías ido a estudiar con tus amigas.*

onda 1) (f.) cosa negativa o positiva. *¡Qué mala onda que cancelaran el concierto!.* 2) (loc. adj.) dicho de persona, **buena onda**: simpático, agradable, afable; **mala onda**: malvado, cruel, insensible. *Alicia es bien buena onda, siempre se ofrece a lavar los platos después de comer. / ¡Qué mala onda es Vicente! Me dio la espalda cuando yo más lo necesitaba.*

órale 1) interjección para expresar acuerdo. *¿Nos vemos a las nueve?--¡Órale!* 2) interjección usada para indicar molestia, asombro, o para incitar a la acción. *¡Óoorale! ¡Ahora me vas a decir que no quedamos de vernos a las 10, que entendí mal? / ¡Óoorale, fíjate por donde vas que ya casi me pisas, pendejo! / ¡Órale, muévete, ya casi es hora de que subas al escenario!*

orita (adv.) barbarismo de "ahorita", ahora mismo. *Orita estoy ocupada, pero al ratito te ayudo con la tarea.*

oso 1) (m.) vergüenza. *¡Qué oso que me vean mis amigos en piyama!* 2) (m.) situación o acto ridículo o vergonzoso (con "hacer el / un"). *Karla estaba presumiendo de que bailaba salsa muy bien cuando se resbaló, haciendo el oso. / La cantante hizo un oso cuando se le olvidaron las palabras de la canción que estaba cantando.*

M

otro lado (m.) Estados Unidos. *Roxana quería ir al otro lado a ver el concierto de REM en San Diego.*

P

pa' su mecha interjección de asombro, sorpresa. *¡Pa' su mecha, doña Petra ya tiene 50 años y salió embarazada!*

¡pácatelas! voz expresiva del sonido que hace un golpe, ya sea real o figurado. *Iba en el <u>carro</u> y de repente me acordé que tenía que dar vuelta a la izquierda en la esquina cuando ¡pácatelas! le pegué un <u>llegue</u> al <u>carro</u> que iba al lado. / ...Y en eso ¡pácatelas! que van llegando sus papás. Los agarraron con las manos en la masa, a los pobres.*

pacuso (m.) mal olor corporal (combinación de las primeras sílabas de pata, culo y sobaco). *No se podía estar en la sala de espera del hospital con el pacuso que había.*

pachanga (f.) fiesta, celebración. *Hay pachanga en la playa esta noche.*

pachanguear (v.) ir de fiesta. *Anduvimos pachangueando hasta el amanecer y luego fuimos a desayunar antes de acostarnos.*

pacheco (adj.) drogado, intoxicado. *Cuando llegamos a su casa, el Poncho ya andaba bien pacheco.*

pachichi 1) (adj.) viejo y acabado. *Don Pedro ya está muy pachichi; ya no reconoce a la gente.* 2) (adj.) dicho de fruta o verdura, pasada de madurez. *Esas manzanas están pachichis, mejor las boto.*

pachocha (f.) dinero que hace bulto, ya sea en monedas o billetes, aunque sean de poco valor. *Sacó la pachocha de los bolsillos y se la entregó a su mujer.*

pachuco 1) (m.) billete de un peso (unidad monetaria mex.) *Ya no imprimen pachucos--ahora hay sólo monedas de valor de un peso.* 2) (sust.) joven vago, que no estudia, generalmente percibido como grosero, maleducado y vulgar. Normalmente es miembro de una pandilla. *Vieron a Félix y a Mateo peleando con unos pachucos en la calle. / ¡No quiero volverte a ver con esa pachuquilla!*

padre (adj.) bueno, excelente. *Bárbara compró un par de zapatos muy padres.*

padrote (m.) hombre que "protege" y vive del trabajo de las prostitutas, alcahuete. *Valentín te puede conseguir cualquier tipo de mujer. Es un padrote muy conocido en esta zona.*

paisa (adj./sust.) paisano, compatriota. *Conocí a un paisa de Tampico cuando estuve viviendo en Valparaíso. / Chela y Enrique son paisas pero viven en las islas Canarias.*

pájaro nalgón (loc. adj./sust) persona que promete y no cumple. *Ese Lucas es puro pájaro nalgón. Había prometido escribirme.*

pajarear (v.) espiar, intentar de enterarse de algo con disimulo. *No me cuentes nada ahorita que mi mamá anda por ahi pajareando.*

palabra dominguera (loc. sust.) palabra de uso poco común. *Me gusta platicar con don Ezequiel, el rector del Tecnológico, porque con él aprendo un montón de palabras domingueras.*

palanca (f.) valimiento, intercesión poderosa o influencia que se emplea para conseguir algo. *Julián tiene palanca con el alcalde de su pueblo.*

palero (sust./adj.) cómplice, persona que apoya alguna causa a cambio de retribución o favor especial. *La mayoría de la gente que asistió al mitin del gobernador eran puros paleros.*

palo (m.) sesión o unidad del acto sexual. *Ramiro presume que puede echarse hasta ocho palos sin cansarse en una sola noche.*

palomazo (m.) participación espontánea de un grupo o artista en un concierto donde no ha sido anunciado. *Mi banda hizo un palomazo en el concierto de Santana.*

palomilla (f.) grupo de amigos, pandilla. *¡Amá! ¡Me voy al cine con la palomilla!*

pamba / pambiza (f.) lluvia de coscorrones y manotazos en la cabeza. *¡Pamba al que no sepa la respuesta a esta adivinanza! / Al pobre de Juan le dieron una pambiza por haber dicho que el equipo rival iba a ganar el juego.*

panal (adj.) fácil. *La prueba de historia estuvo bien panal.*

panchólares 1) (m. pl.) dinero falso. Los panchólares eran billetes de juguete que se regalaban con el Choco Milk, chocolate en polvo promocionado con Pancho Pantera, dibujo animado. *Imprimían y distribuían panchólares de $100 hasta que los descubrieron.* 2) (m. pl.) por extensión, pesos (unidad monetaria mexicana), en tono jocoso. *Ganando panchólares nunca lograré ahorrar lo suficiente para el viaje que quiero hacer a Europa.*

pandroso (sust/adj.) persona mal vestida, harapienta o simplemente con mal gusto para vestir. *El pandroso de Israel fue a la boda de su prima con unos pantalones que casi se le caían de tan grandes. / Será pandrosa, pero es mi hermana y no te voy a dejar que la ningunees.*

panzona (sust./adj.) embarazada, encinta. *Dejó a su mujer panzona y se fue a vivir con otra. / La clínica estaba llena de panzonas por reventar.*

papacito (f.) hombre muy guapo, impactante (también **papasote**). *Te corté el pelo como el del papasote de la foto; pero no puedo cambiarte la cara, no hago milagros.*

papas 1) sí, de acuerdo. *¿Me esperas tantito? --¡Papas!* 2) (f.) mentiras. *Me estabas contando puras papas cuando dijiste que te habían dado el trabajo, ¿verdad?*

papiro (m.) periódico, diario. *Publicaron mal el nombre de la empresa en el papiro, jefe.*

papucho (m.) hombre muy guapo. *Yo nomás voy a ir a ver esa película porque los dos actores que salen en ella son unos papuchos.*

paquete (m.) responsabilidad. *¡No, a mí no me avienten el paquete de organizar la despedida de Malú! / Después de la pachanga se fueron todos y me dejaron con el paquete de limpiar y poner en orden.*

para las pulgas (de alguien) frase que indica la poca tolerancia que alguien le tiene a un cierta situación, o a la actitud o comportamiento de otros. *¿En serio te dijo que odiaba a los mexicanos? ¡Pa' tus pulgas! ¿Y tú qué le dijiste?*

para nada no, de ninguna manera. *¿Estás enojada conmigo, Claret? --¿Yo? ¡Para nada!*

paracaidista (sust.) quien ocupa un terreno o una vivienda abusivamente. *Tuvieron que arrestar a los paracaidistas para que abandonaran esa tierra.*

pararse de pestañas (loc. v.) estar uno muerto de rabia, enojadísimo. *El padrecito se paró de pestañas cuando le contaron que su sobrino andaba diciendo que es ateo.*

parado de pestañas (loc. adj.) lleno de rabia, furioso. *Alba anda **parada de pestañas** desde que el jefe le dijo que le iba a cancelar las vacaciones.*

parchar (v.) tener relaciones sexuales. *¿Dónde andan Aldo y su novia? --Se fueron a **parchar** al carro.*

parecer árbol de navidad (frase) arreglarse demasiado, exagerar en el modo de vestir o maquillarse. *¡Mira nomás, **pareces árbol de navidad**! ¿Adónde vas en esas fachas?*

pari (m.) fiesta (del inglés "party"). *Anduvimos de **pari** en **pari** hasta que amaneció.*

paro 1) (m.) excusa. *Con el **paro** que tiene mucho trabajo, nunca quiere salir con él.* 2) (m.) favor. *Hazme el **paro**: dile a Alejandra que la espero en el parque.*

Partido Robolucionario Institucional (m.) el Partido Revolucionario Institucional, PRI. *Me contaron que Marcos se consiguió un hueso en el **Partido Robolucionario Institucional**.*

partir la madre (loc. v.) golpear duramente, herir, lastimar (también en forma reflexiva). *Se cayó del techo y **se partió la madre**.*

pasar 1) (v.) gustar. *Me **pasa** ese cantante.* 2) (v.) dar. *Si me **pasas** una feria, no le digo al profe que copiaste en la prueba.*

pasarse de lanza 1) (loc. v.) exagerar en cuanto a atrevimiento. *¡Te **pasaste de lanza** con ese comentario enfrente del director!* 2) (loc. v.) aprovecharse de una situación. *Nada más viste a la novia del Joel medio happy en la fiesta y luego luego te la llevaste a lo oscurito...¡te **pasaste de lanza**!*

pasón (m.) sobredosis de droga (usado con los verbos tener, darse). *Dicen que el senador murió no por un paro cardíaco como anunciaban en las noticias, sino porque se dio un **pasón**.*

pata de perro (loc. sust.) persona a la cual le gusta andar en la calle, vagar, viajar. *Adriana se fue de **pata de perro** a Brasil.*

patín (m.) pie. *A Pedrito le dolían los **patines** por haber marchado en el desfile.*

patrasear (v.) cambiar de idea, arrepentirse, retroceder, echarse para atrás (de pa'trás: para atrás). *No te me **patrasees**; me habías dicho que cuidarías a los niños mientras mi marido y yo vamos al teatro.*

peda (f.) borrachera. *Anoche nos pusimos una buena **peda** y nos quedamos dormidos en el sofá.*

pediche / **pedinche** (sust./adj.) pedigüeño, que pide con frecuencia. *¿No te da vergüenza ser tan **pediche** con tus tíos?*

pedo 1) (adj.) borracho. *Carlos se puso **pedo** con sólo dos botellas de cerveza. No te puedo prestar el carro hoy; lo necesito ---No hay **pedo**, uso la bici.* 2) (m.) lío, problema, dificultad. *Cada vez que quiero ir a una fiesta, es un **pedote** para que mi papá me dé permiso.*

peer / **peerse** (v.) enojar / enojarse (en Veracruz). *Vas a hacer **peer** al perro si le sigues tirando piedras. / No te **peas** pero perdí el libro que me prestaste.*

pegoste (m. invariable en género) tercer incómodo, estorbo (referido en particular a algún miembro de la familia o la pareja). *Ahora no puedo hablar contigo porque está aquí mi hermanito de **pegoste**.*

pegar (v.) tener éxito. *Le conté a mi amá que necesitaba la feria para un proyecto de la escuela, pero no **pegó**. / El programa nuevo de ese cómico está **pegando** mucho.*

pegue 1) (m.) magnetismo personal, carisma. *Yo no creo que Ricky Martin sea guapo, pero sí tiene mucho pegue.* 2) (m.) éxito con el sexo opuesto. *¡Qué pegue tiene tu primo, nomás porque sabe bailar muy bien!*

pelado 1) (sust.) persona vulgar. *¡Ese pelado es un desvergonzado, se pone cerca de la puerta del autobús para poder restregarse contra las mujeres cuando suben!* 2) (adj.) fácil. *La prueba de aritmética estuvo pelada.*

pelangoche (adj.) vulgar, malhablado. *Me fui de la fiesta porque los muchachos empezaron a contar puros chistes bien pelangoches.*

pelar (v.) hacer caso. *¡Hey, pélame! Desde hace rato que te estoy hablando...*

pelar gallo 1) (loc. v.) irse, huir, escapar. *Los malvivientes pelaron gallo al oír la sirena de la policía.* 2) (loc. v.) morir.

pelársela (loc. v.) fallar, perder una oportunidad. *Parecía que mi caballo iba a ganar la carrera, pero al final se la peló; lo rebasó "Lucky Strike".*

pelón (adj.) difícil. *¡'Tá pelón pasar el examen si ni estudiaste!*

pendejada (f.) estupidez, idiotez. *Ya no digas pendejadas, no sabes ni de lo que estás hablando.*

pendejo (sust./adj.) tonto, idiota; palabra frecuentemente usada en insultos.

peni (f.) cárcel (acortamiento de *penitenciaría*). *Hilda iba a la peni cada semana a ver a su marido.*

perar (v.) esperar (sólo en el modo imperativo: *pérate / pérame / péreme / pérenos / pérenme / pérennos*). *¡Pérame! Déjame le aviso a mi mamá que voy a salir.*

pericazo (m.) cantidad de cocaína que se inhala (con los verbos echarse / darse). *Vi a dos que se estaban echando unos pericazos en el baño de la discoteca.*

perico (m.) cocaína. *Consígueme algo de perico para esta noche.*

perjudicial (m.) policía judicial. *Cuando llegó la perjudicial, todos fingieron ignorancia aunque habían sido testigos del pleito.*

perrón (adj.) excelente, muy bueno. *¡Qué perrona está tu nave!*

perrucho 1) (sust./adj.) agresivo, pendenciero, picapleitos. *La perrucha de Hilda se prendió de las trenzas de su hermana y no la soltaba. / Sixto es bien perrucho y en la escuela todos le sacan la vuelta.* 2) (sust./adj.) inflexible, exigente, estricto. *La profe de japonés era bien perrucha y todos los lunes nos ponía examen.*

persinado (adj./sust.) asustadizo, mojigato, que ostenta castidad (de "persignar"). *Como Juana es tan persinada, ni siquiera se le ocurrió a nadie invitarla a la despedida de soltera de Meche porque iba a haber destape.*

pestañazo (m.) sueño, siesta breve. *Estoy cansada; voy a echarme un pestañazo antes de que lleguen los muchachos.*

petacón / petacudo (adj.) de caderas anchas y / o nalgas prominentes. *Todos los bailarines de ballet son bien petacones.*

petatearse (v.) morir. *Parece que doña Chuyita no tiene intenciones de petatearse-- ya va a cumplir los cien años.*

peor es nada (loc. sust.) término con el cual se denomina un pretendiente, novio, marido / mujer. *Laura llevó a su peor es nada a conocer a la familia.*

picadero (m.) sitio (lote baldío o edificio abandonado, por ejemplo) donde se reúnen los viciosos para drogarse. *Las noticias dicen que un individuo desconocido murió en un picadero.*

picap (m.) especie de camioneta con espacio al aire libre atrás para transportar material. (del inglés "pickup, pickup truck") (sinónimo de troca y troque). *Choqué con uno que iba en un picap azul.*

picudo (adj.) agresivo. *El tipo ese se puso picudo y por eso Jorge se peleó con él.*

pichicato (adj.) cicatero, miserable, que escatima lo que debe dar (tal vez del italiano "pizzicato" = pellizcado). *¡No seas pichicata, Margarita! Le estás dando muy poquita comida a ese pobre gato.* (v.) **pichicatear.** *Con la familia no hay que pichicatear, sé más generoso, Juan.*

piedra (f.) la droga crack, derivada de la cocaína. *Mis hijos dejaron los estudios y se pusieron a fumar piedra.*

pila (f.) batería (instrumento musical). *Cuando mi hermano se pone a ensayar con la pila, todo el barrio se pone algodón en las orejas.*

pillo (sust.) ladrón, ratero (cayendo en desuso). *Los pillos lograron escapar sin ser vistos por el guardia de seguridad.*

pincel (m.) pie. *Preferimos irnos a pincel porque hace bonito día y hay demasiado tráfico.*

pinchurriento (adj.) escaso, insuficiente, miserable. *Mi tío Estéban me dio dos pinchurrientos pesos por haberle lavado y encerado el carro. / Le pusieron sólo tres pinchurrientas rosas al arreglo floral que ordené para mi novia.*

pinche (adj.) vil, despreciable. *El pinche viejo ese me echó a su perro para que me mordiera.*

pinga (f.) droga, píldoras en general. *¿Es cierto que dijo el doctor que tengo que tomarme todas esas pingas dos veces al día?*

pingo 1) (adj.) drogado. *El tipo ese andaba bien pingo, corriendo medio desnudo a media calle.* 2) (sust.) niño travieso. *Ya no voy a cuidar a mis sobrinos--son todos unos pingos que no se aguantan.*

pinteársela / hacer la pinta (loc. v.) faltar a la escuela sin buena excusa. *Me la quiero pintear el viernes porque hay prueba de cálculo y no he estudiado.*

piñar (v.) engañar, timar (habla infantil). *Pepito piñó al equipo rival haciendo una finta a la izquierda pero corriendo hacia la derecha.*

piocha (adj.) excelente, magnífico. *Acabo de leer un artículo piocha sobre el rock en español.*

piojo 1) (adj.) de mala calidad, barato. *Ese cine es muy piojo; todos los asientos están rotos.* 2) (sust./adj.) dicho de persona: tacaño, mezquino. *¡No seas pioja! Para la boda de tu sobrina hay que comprar un regalo bueno.*

pípiris nais (adj.) muy bien arreglado, elegante (tal vez una corrupción del inglés "pretty nice"). *Adornaron el salón bien pípiris nais para la recepción. / Iracema se puso pípiris nais para la inauguración de su restaurante.*

pipope (sust. invariable en género) poblano, gentilicio alternativo de los nacidos en el estado de Puebla (según ellos mismos, es abreviación de pieza poblana perfecta--aunque los mexicanos de estados vecinos tengan una versión mucho menos halagadora, por no decir ofensiva, del significado del término). *Lo que sea de cada quien, los pipopes tienen una cocina regional riquísima.*

piruja (f.) prostituta, mujer de costumbres fáciles. *Andaba pintada como una vil piruja.*

pirujo (m.) 1) mujeriego. *En aquellos tiempos, al presidente de EEUU le andaban quitando el puesto por pirujo.* 2) hombre homosexual. *Unos pirujos se le acercaron a Vicente en el gimnacio.*

pistear (v.) ingerir bebidas embriagantes (en el norte). *¿Qué estás pisteando? --Es un "desarmador".*

pisto (m.) bebida alcohólica en general (en el norte). *Necesitamos comprar más pisto para la fiesta.*

pitazo (m.) advertencia, aviso (sobre todo en ambientes criminales). *Le echaron un pitazo y escapó antes de que llegara la policía.*

planchar oreja (loc. v.) dormir. *El viaje va a ser largo. Vamos a tener que parar en algún sitio a planchar oreja.*

plebe 1) (f.) la gente en general. *Cuando el político subió a la tarima la plebe empezó a abuchearle.* 2) (f.) grupo de amigos. *La plebe estuvo contando chistes en el bar.* 3) niño (sust. usado en los estados de Sonora y Sinaloa). *Diles a los plebitos que se vayan a lavar las manos porque ya es hora de comer.*

plomazo (m.) disparo (v. **plomear**: disparar, matar a tiros). *Llovieron los plomazos en la cantina de Pancho anoche. / Plomearon a Agustín mientras volvía del trabajo.*

pluma (f.) eufemismo de pedo, ventosidad, gas. *¿Quién se tiró una pluma? ¡Abran las ventanas!*

poca madre (loc. sust. f.) desfachatez, desvergüenza, indolencia, atrevimiento (usado con el verbo "tener"). *¡Qué poca madre tienes! ¿Quieres decir que te gastaste todos nuestros ahorros para las vacaciones apostando en las peleas de gallos?*

pochilingue / pochis (adj.) muy corto, dicho de ropa (usado en los estados de Sonora y Sinaloa). *Con ese vestido no sales a la calle. Te queda muy pochilingue. / Trae unos pantalones pochis. Pa' mí que son de su hermano menor.*

pochismo (m.) vocabulario usado en lugar del español, fuertemente influenciado por otro idioma. *Decir "yarda" por "patio" es pochismo típico de los chicanos y esencia del "spanglish".*

pocho (sust.) persona que olvida su propio idioma, mezclándolo con otro. *Desde que se fue a EEUU, Luis se volvió pocho. / Las pochitas recién llegaron de Los Angeles y no se acordaban cómo se dice "beer" en español.*

pollero (sust.) persona que se dedica al contrabando de personas a EEUU. *En ese bar se juntan varios polleros; si quieres que uno te pase, ve a preguntar allí.*

pollo 1) (sust.) persona indocumentada que entra ilegalmente en EEUU. *Araminta se fue de polla y ahora está viviendo en Sacramento con una pariente.* 2) (adj.) joven (en desuso). *La Doris todavía está polla para saber de esas cosas; déjala que crezca tantito más y verás.*

pomo (m.) botella de licor. *Los muchachos trajeron una caja llena de pomos para la pachanga.*

ponchado 1) (adj.) robusto. *Elvira está poniéndose bien ponchada; ¿Por qué no se pone a dieta?* 2) (adj.) eliminado (referido a un jugador de béisbol).

ponchar tarjeta (loc. v.) reportarse con el novio o la novia (*ponchar* en sentido del inglés "to punch", perforar). Alude al acto de timbrar la tarjeta al entrar al trabajo (en el norte del país). *Todos los días Daniel va a ponchar tarjeta después de cenar.*

ponededo (sust./adj.) delator. *El **ponededo** del Marcos nos acusó de haber robado ese software.*

poner el dedo (loc. v.) acusar, delatar. *Le **pusieron el dedo** al "Chorejas" y le cayó de sorpresa la policía.*

poner un cuatro (loc. v.) tender una trampa. *Le tuvimos que **poner un cuatro** al perro porque sólo así podemos agarrarlo para bañarlo.*

ponerse al brinco (loc. v.) protestar, atacar, reaccionar agresivamente. *Mi jefe se me puso al brinco porque anoche llegué muy tarde.*

ponerse buzo (loc. v.) estar listo, alerta, despierto. *Me tuve que **poner buzo**, si no, sus papás me habrían acusado de abusar de ella.*

ponerse guapo (loc. v.) quedar bien, sobre todo ofreciéndose a pagar algo o regalando algo. *Mi mamá espera que mi hermano mayor **se ponga guapo** y pague por la reparación de la televisión.*

poninas, dijo Popochas frase que incita a la acción. *Si acabamos la tarea temprano, luego podemos irnos a jugar básquet. ¡**Poninas, dijo Popochas**!*

por angas o por mangas (loc. adv.) de alguna manera u otra, por fuerza. *Tú **por angas o por mangas** tienes que quejarte de tu suegra cada vez que viene de visita.*

por piocha (loc. adv.) cada uno, por cabeza. *La cena costó $90--o sea que toca pagar $45 **por piocha**.*

popis (sust./adj.) miembro de la alta sociedad. *Había pura gente **popis** en la fiesta, así que mejor nos largamos. / Los Bejarano son de los **popis** de Guadalajara.*

popó (m.) excremento (habla infantil, eufemismo) *Mamá, el Fufi se hizo **popó** en la alfombra.*

prendérsele (a uno) el foco (loc. v.) tener una idea. *Ayer se me **prendió el foco** y compré salsa de soja para preparar una cena china esta noche.*

prendido 1) (adj.) enamorado. *Abraham no va a pelar a Concha--está bien **prendido** de Carolina.* 2) (adj.) entusiasmado, "picado". *Abel está súper **prendido** de ese juego de Gameboy, ni siquiera quiere dejarlo para ir a comer.* 3) (adj.) excitado sexualmente (v. **prender**). *Esa actriz me **prende** un montón.*

prepa (f.) escuela preparatoria previa a la entrada a la universidad. *Maya y Pancho se conocieron en la **prepa**.*

pretendejo (m.) pretendiente no apreciado (en tono jocoso o irónico--combinación de pretendiente + pendejo). *Analilia está decepcionada porque dice que lo único que logra atraer son **pretendejos**.*

puchar (v.) empujar (del inglés "push"). *Tuvimos que **puchar** el carro porque no quería arrancar.*

pulmón (m.) hombre homosexual, afeminado (en algunas regiones del norte y centro de México).

punta (f.) navaja. *Alguien sacó una **punta** y empezó el pleito en serio.*

puntada (f.) ocurrencia. *¿Qué **puntadas** son esas de preguntarle a la monjita si es virgen, Luisito?*

puñal (m.) hombre homosexual. *Se ve muy macho, pero yo sé que es un **puñal**.*

putazo 1) (m.) puñetazo. *Gabriel le tumbó dos dientes con un **putazo**.* 2) (m.) golpe muy fuerte. *Se dio un **putazo** en la pierna cayendo de las escaleras.*

M

putiza 1) (f., vulg.) paliza. *¡Pobre bato! Le pusieron una buena putiza por andar de enfadoso.* 2) (loc. adv., vulg.) con la preposición "en", a toda velocidad. *El de la moto pasó en putiza y casi se lleva a un buqui que cruzaba la calle.*
puto (m.) hombre homosexual.

Q

qué jais (frase interrogativa) saludo; puede ser equivalente de *¿qué tal?*
qué onda (frase interrogativa) puede ser un saludo, o se puede usar para preguntar qué sucede. *¿Qué onda, ya estás lista para ir al baile?*
qué pex (frase interrogativa) saludo o petición de información (deformación de "¿qué pues?" o "¿qué pedo?") *¿Qué pex contigo, Pili? ¿Vas a ir al cine con nosotros?*
quebrada (f.) oportunidad. Traducción directa del inglés "break". *Edgar quiere que le pases quebrada y le presentes a tu amiga. / El profe nos dio quebrada para entregar el trabajo hasta la semana próxima.*
quedada (f., despectivo) mujer soltera de una cierta edad. *Amanda es una quedada, ya tiene 35 años y ni pretendiente tiene.*
quemacocos (m.) techo solar de un auto. *Diego se compró un Cadillac con quemacocos.*
quemado (adj.) totalmente desprovisto de originalidad. *¡No, Chela! Ese peinado está bien quemado, mejor déjate el pelo suelto.*
quemar (v.) volver enfadoso o "rancio" algo que era original y fresco a fuerza de repetirlo o copiarlo hasta lo inverosímil. *Van a quemar esa canción si siguen tocándola cada cinco minutos.*
quemar llanta (loc v.) llegar o irse de prisa. *Andrés llega siempre a casa quemando llanta a la hora de comer.*
quemarse (v.) obtener mala reputación. *Te quemaste en la escuela por haberte peleado con el profesor de química.*
quemarse las pestañas (loc. v.) estudiar o leer mucho. *He pasado toda la semana quemándome las pestañas para estar listo para el examen de mañana.*
quever 1) (m.) amante. *Genaro tuvo un quever aquella vez que lo mandaron a Houston a un curso de actualización profesional.* 2) (m.) relación sexual. *De vez en cuando Lumy aún tiene sus queveres con su ex.*
quillo (sust.) abreviación de jalisquillo, gentilicio alternativo del nativo de Jalisco. *Me cae remal ese quillo.*
quinta chingada / fregada (loc. sust.) muy lejos (el uso de la palabra "chingada" es ligeramente más vulgar). *Rodolfo vive hasta la quinta fregada. / La universidad queda en la quinta chingada, por allá casi en las afueras de la ciudad.*
quihubo / quihúbole (frase) hola, qué tal ("qué hubo"). Saludo.

R

rabo verde (loc. sust. m./adj.) hombre maduro que se dedica a cortejar mujeres jóvenes. *Ese profesor es un viejo rabo verde: el otro día lo oí cuando invitaba a salir a una de sus alumnas.*

raite 1) (m.) paseo. *Me voy a dar un raite con la moto.* 2) (m.) pasaje que se pide o se da (en auto, moto, etc.) españolización de la palabra inglesa "ride". *¿Me das un raite a la estación?*

rajón 1) (sust./adj.) dicho de persona que se compromete a algo y luego se arrepiente y no cumple. *¡Qué rajón eres, me cae! Me dijiste que ibas a ir conmigo al hospital a ver a Cinthia y ahora me sales con que siempre no.* 2) (sust./adj.) soplón, delator. *Te apuesto que la rajona de Bea te <u>puso el dedo</u> con tu papá.*

ranchero (sust./adj.) persona poco refinada, huraña (sinónimos: <u>chúntaro</u>, <u>bronco</u>). *M'hijo es bien ranchero y se esconde cuando llega gente de visita.*

ranfla (f.) automóvil (en la frontera norteña). *Va a haber carreras de ranflas mañana en un tramo poco transitado de la carretera.*

rascuache (adj.) de baja calidad, de mal aspecto, desaliñado. *María nació en este pueblo rascuache. Cuando cumplió los 18 se fue y nunca volvió.*

raspa (invariable en género) persona u objeto basto, de mala calidad o reputación. *Ese albañil es un raspa.*

rasquera (f.) comezón. *Dicen que si te da rasquera en la palma de una mano, significa que vas a recibir dinero.*

rayar la madre / rayarla (loc. v.) insultar (el peor insulto para un mexicano es a la madre). *Se agarraron a puñetazos porque Antonio se la rayó a Gilberto.*

rayarse (v.) tener suerte, obtener algo positivo. *¡Te rayaste con el anillo de compromiso que te regaló Carlos!*

raza 1) (f.) la gente en general. *La raza se divertía jugando futbol.* 2) (f.) los amigos. *¡Hey, raza, vamos a la playa!*

recortar (v.) criticar, hablar mal de alguien. *La recortaron bien y bonito por haberse puesto ese vestido tan escotado.*

refabrón cavor (loc sust. m.) eufemismo de "recabrón favor" con sílabas invertidas, usado para expresar descontento, sobre todo cuando alguien se siente ofendido o tratado injustamente. *Hágame el refabrón cavor y dígale al gerente que no me voy a ir hasta que elimine de la cuenta este servicio que nunca recibí.*

refinar (v.) comer (se usaba ya en los tiempos de Pancho Villa). *Me duele la cabeza porque ya es tarde y todavía no he refinado.* (m.) **refín**: comida. *Nos trajeron refín del restaurante chino.*

refri (m.) frigorífico, refrigerador. *El refri está vacío; hay que ir a comprar comida.*

refrito (m.) nueva versión de una canción vieja interpretada en modo diferente. *Tú crees que sea una <u>rola</u> original pero en realidad es un refrito de una canción de hace 15 años.*

regar el tepache* / regarla (loc. v.) arruinar algo, cometer una indiscreción. (**tepache:* bebida hecha con pulque, agua, piña y clavo.) *No andes regando el tepache, como siempre; mejor cállate. / ¡Ya la regaste! ¿Por qué tuviste que decirle a mi papá que me viste fumando un cigarro?*

regazón (sust. invariable en género) cosa o persona que arruina algo. *¡Marina es una regazón! Le dijo a tu novia que te vio con otra.*

relajear (v.) divertirse bromeando, causando alboroto. *En la biblioteca de la <u>prepa</u> todos los estudiantes se la pasan relajeando en vez de estudiar.*

relajiento (adj./sust.) persona alborotera, bulliciosa, vivaracha. *La relajienta de Lupita nos tuvo atacados de la risa contándonos chistes hasta la madrugada. / Vicente y Héctor son los más relajientos del salón.*

relajo 1) (m.) lío, escándalo, alboroto. *Los papás de su novia le armaron un relajo a Ismael porque la trajo de regreso a su casa a las cinco de la mañana.* 2) (m.) dificultad. *Va a ser un relajo hacer pasar el piano por este pasillo tan estrecho.*

relamido 1) (sust./adj.) persona que se aplica demasiadas sustancias como vaselina, spray, gel, etc. en la cabeza para aplanar los cabellos rebeldes. *Los escuincles andaban todos bien relamidos porque ese día iban a tomar las fotos escolares.* 2) (sust./adj.) por extensión, engreído, soberbio. *Pura gente relamida asistió al concierto de Pavarotti.*

repatear (a uno) (v.) dar mucho fastidio, detestar. *Me repatea que te quedes callado y no respondas cuando te pregunto algo.*

resbalársele (algo a alguien) (loc. v.) tener muy sin cuidado, desinteresarse de algo. *¿Tú no te encabronarías si te dijeran que tu hermano es un joto? --No, a mí se me resbala.*

resbalosa (f./adj.) mujer que se insinúa y coquetea con los hombres, libertina. *Edith no es más que una resbalosa. Ahí está coqueteando con tu novio.*

retacado (adj.) muy lleno, repleto. *El estadio estaba retacado; había gente sentada en los pasillos y en los escalones.*

retachar / retacharse (v.) devolver; regresar, volver. *Tuvimos que retacharnos a la casa porque a Silvia se le había olvidado la cartera en la mesa.*

retache (m.) devolución, vuelta. *Manolo acaba de llegar de la oficina. ---¡Mándalo de retache porque su jefe acaba de llamar diciendo que lo necesita de urgencia!*

reve (m.) acortamiento de reventón (combinación de fiesta, diversión, ligue). *A Wanda lo único que le interesa es el reve.*

reventado (sust./adj.) persona a quien le gustan las fiestas, desvelarse, beber o drogarse, y que es bastante libre sexualmente. *A Héctor le gusta andar con gente reventada.*

reventón (m.) combinación de fiesta, diversión, ligue (verbo reventarse). *El reventón se pone bueno en Cancún.*

ridículum (m.) currículum vitae. *La secretaria me dijo que les mandara mi ridículum porque estaban seleccionando personal nuevo.*

rifar (v.) dominar, ser superior--casi siempre referido a pandillas. *En este barrio "Los Rapados" rifan.*

rila (f.) bicicleta. *Quiero comprarme una rila de ésas de montaña para cuando vaya a la sierra.*

rola (f.) canción. *El grupo tocó una rola nueva durante el concierto.*

rollero (adj.) mentiroso, embustero. *Si Chema te cuenta algo, no le hagas caso porque es bien rollero.*

rollo (m.) cuento largo, invención, mentira. *Para poder ir a la playa con sus amigas, Lucita le contó un rollo a sus padres.*

roña / roñita (f.) 1) cualquier objeto (desde un automóvil hasta la pareja) visto como pertenencia a la cual se tiene cariño, apego (en tono irónico). *La roñita que le compré*

a mi computadora la hace jalar mucho más rápido. 2) cualquier objeto visto con desprecio. *¿Y esta roña cómo funciona? Pásame el manual para ver cómo se arma.*
ruco (sust. y adj.) viejo. Referido sólo a las personas y animales. *Ese ruquito pasa todo el día tomando cerveza en el bar. / Nuestro perico está muy ruco y ya no habla tanto como antes.*
ruletero (v.) taxista. *Alex es uno de los miles de ruleteros que abusan con los privilegios de los taxistas.*

S
sacar de onda (loc. v.) descontrolar, dejar perplejo, romper la concentración de alguien. *Andrés me sacó de onda con sus gritos y olvidé lo que te estaba diciendo.*
sacar el tapón (locución verbal) impacientarse, hacer perder el control. *Le sacaron el tapón en el trabajo y ya nunca volvió. / Tus hijos me sacan el tapón. Mándalos a jugar afuera o les va a ir mal.*
sacar la vuelta (locución verbal) evitar, esquivar, eludir algo o alguien. *Mario le anda sacando la vuelta a su cuñado porque le debe dinero. / Ya no le saques la vuelta al problema. Es mejor resolverlo de una vez por todas.*
sacar un pedo (loc. verbal) asustar. *El ruido repentino del cohete le sacó un pedo al pobre señor.*
sacarle al parche (loc. v.) rodear un asunto peligroso en el cual no se está dispuesto a intervenir. *¿No te digo? Apenas se arman los putazos, tú te largas. Siempre le andas sacando al parche.*
sacatón (adj./sust.) miedoso, cobarde. *Mayra es bien sacatona y no quiere meterse a la parte profunda de la alberca. / El sacatón de Chuy se fue cuando supo que estaba por llegar su rival.*
San Lunes (m.) día en que trabajadores y estudiantes eluden ir al trabajo o a la escuela porque están desvelados o indispuestos después de los excesos del fin de semana. *El salón estaba casi vacío. La mitad de los estudiantes celebró San Lunes.*
sal 1) (f.) mala suerte. *¡Qué sal! ¡Llegaron mis jefes justo cuando yo iba saliendo sin permiso!* 2) (f.) persona que acarrea mala suerte. *¡Chin, ya llegó la sal de Fernanda! Verás que nuestro equipo va a empezar a perder.*
salado (adj.) desafortunado, con mala suerte. *El pobre de Valentín está más salado que la bragueta de un marinero; se acababa de comprar un carro nuevo cuando lo chocaron.* (v.) **salar, salarse.** *Te vas a salar si pasas debajo de esa escalera.*
sale y vale (frase) de acuerdo, entendido.
salsa (adj.) diestro, hábil, experto. *¿No que muy salsa para el patín? A la primera rampa te caes.*
sangronada (f.) cosa ofensiva, desaire. *Cecilia me hizo una sangronada que nunca le voy a perdonar.*
sangrón (sust./adj.) antipático. *¡No seas sangrona, saluda a mis amigos!*
segundo frente (loc. sust. m.) amante. *Ahora que mi mujer fue a visitar a sus parientes a EEUU, voy a poder ver más seguido a mi segundo frente.*
sepa Pancha / sepa la bola expresión que indica ignorancia de un hecho. *¿Dónde está tu marido? --¡Sepa Pancha!*

M

servilleta (f. invariable en género) servidor. *No, mi papá no está, pero aquí tienes a tu servilleta para lo que se te ofrezca.*
sesera (f.) cabeza. *Alguien tiró una piedra y le dio en la sesera a Emilio.*
show 1) (m.) barullo, caos, escándalo. *Hubo un show en mi casa cuando mi hermana dijo que estaba embarazada y que no sabía quién es el padre.* 2) (m.) problema, cosa complicada (anglicismo). *Es un show tratar de conseguir una visa para EEUU.*
simón sí. *¿Te gustó la película? –Simón, aunque el final se me hizo medio mafufo.*
simple 1) (m.) con los verbos agarrarle / traer, abandonarse a la euforia, reír descontroladamente por cualquier cosa (Noroeste del país). *Traíamos el simple y nos pusimos a bailar a media calle. / Me agarró el simple en misa y me sacaron de la iglesia porque no me podían callar.* 2) **andar / estar de simple** (v.) bromear o hacer / decir cosas tontas para entretener (Noroeste del país). *Pedro se lastimó la cabeza por andar de simple haciendo maromas.*
simplear (v.) bromear o hacer / decir cosas tontas para entretener (Noroeste del país). *Berenice se puso a simplear con el niño para que dejara de llorar.*
sobres 1) de acuerdo, sí- *¿Quieres comer? --¡Sobres!* 2) (adj.) interesado (especialmente en obtener algo). *Todos los muchachos andan sobres de Celina.*
sociales de los pobres (loc. sust.) sección policíaca de un diario. *¡Ya volvió a salir Rodrigo en las sociales de los pobres!*
Soledad no quiere hacer nada (frase) excusa que se da cuando uno tiene pereza de hacer algo. Basado en la idea que "Soledad" (criada imaginaria) sea la perezosa, no uno mismo. *Hay mucha ropa que planchar pero Soledad no quiere hacer nada.*
sonar / sonarse (v.) dar una paliza, castigar físicamente. *Vas a ver, chamaco, te voy a sonar si sigues fregando. / Pobrecito Mauricio, entre todos lo agarraron afuera de la escuela y se lo sonaron bien y bonito.*
sordearse (v.) fingir no oír, hacerse el sordo. *Te pregunté que si eres casado, contéstame, no te sordees. / Les he dicho mil veces que no vayan a casa de Mari, pero siempre se sordean.*
suato (sust./adj.) tonto, idiota. *¡Cómo eres suato! ¡No sabes poner un clavo sin lastimarte un dedo con el martillo! / La suata ésa nunca saca buenas calificaciones.*
suave (adj.) bueno, divertido, maravilloso. *¡Qué suave estuvo el concierto! / Amelia es bien suave; verás que te morirás de risa con sus ocurrencias.*
sucursal 1) (f.) amante. *Pobre Javier... se peleó con la sucursal y su mujer lo corrió de la casa.* 2) (f.) sitio donde se llevan a cabo encuentros extraconyugales.
sudar calenturas ajenas (loc. v.) preocuparse por los problemas que no le conciernen a uno. *Estás enferma por sudar calenturas ajenas, a ti qué te importa que a Lupe la corrieran de la casa.*
sueños guajiros (loc. sust.) describe algo irrealizable, fantasía extrema. *Quisiera ir a aprender francés a París.--¡Olvídalo! Esos son puros sueños guajiros.*
suera (f.) jersey, suéter (del inglés "sweater"). *Si tienes tanto calor, ¿por qué no te quitas la suera?*
suéter (f.) suegra. *La suéter de Marcia es veracruzana.*
surfo (sust.) aficionado al deporte del surf. *Mi hermano es un surfo empedernido. No logra levantarse temprano para el trabajo, pero si sabe que el oleaje es bueno,*

JERGAS DE HABLA HISPANA

M

entonces es capaz de estar en la playa a las cinco de la mañana para "agarrar las mejores olas".
surtirse (v.) herir como resultado de una pelea, dar una paliza. *La morra, encabronadísima, **se surtió** al novio cuando lo agarró con otra.*

T
tablas (adj.) parejo, equilibrado (en cuanto a deudas). *Bueno, Xico, con estos cien pesos ya quedamos **tablas** ¿okey?*
taco de cáncer (m.) cigarro. *El viejo no podía estar sin su **taco de cáncer** después de cada comida.*
taco de ojo (m.) deleitarse viendo la anatomía del sexo opuesto. *Nada más les gusta ir a la playa para echarse su **taco de ojo**.*
tacuche (m.) traje. *La única vez que he visto a René de **tacuche** fue cuando se casó.*
tacha (f.) pastilla de éxtasis (droga de diseño). *Detuvieron a siete con 18500 **tachas** que iban a vender en discotecas.*
tachuela (f.) persona de baja estatura. *El hermano de Queta es una **tachuela**, y ella tan caballona que es.*
talacha (f.) labor, trabajo. *Ando buscando **talacha** nueva.* (verbo **talachear**).
talonear 1) (v.) practicar la prostitución callejera; por extensión, buscar trabajo. *Memo perdió el trabajo y ahora anda **taloneando** para hallar otro.* 2) (v.) incitar a ir más de prisa, como un jinete le hinca los talones a un caballo. *Ese del carro blanco me anda **taloneando**, pero yo no lo voy a dejar rebasar.* 3) (v.) pedir dinero. *Voy a **talonearles** a mis tíos para comprar unas sodas.*
tamarindo (m.) policía de tránsito (por el color del uniforme, que ahora ha cambiado-- en desuso).
tambo (m.) cárcel. *¡No quiero que me metan al **tambo** por tu culpa!*
tango 1) (m.) centro de un poblado o ciudad. *¿Vamos al **tango**? Hoy va a desfilar mi sobrinito y quiero verlo pasar.* 2) (m.) escándalo, escena melodramática. *Felicia armó un **tango** en la escuela cuando supo que no había sacado las mejores calificaciones, como creía.*
tanto pedo pa' cagar aguado (frase, vulgar) tanto escándalo para nada. *Me citaron de urgencia porque tenía que presentar unos documentos importantes que me costó trabajo obtener, y cuando llegué resulta que había huelga y no había quien me atendiera. --¡**Tanto pedo pa' cagar aguado**!*
tapado (sust./adj.) lento mentalmente, tonto. *Aquel bato está bien **tapado**. ¡No sabía cómo meter la tarjeta para usar el teléfono público! / La **tapada** de la secretaria del Sr. Robles seguía diciendo mal mi nombre aunque le se lo repetí cinco veces.*
taquear (v.) comer, sobre todo comida callejera. *¿Llegamos a **taquear** al restaurante de tu hermana?*
taquiza (f.) comida a base de gran variedad o grandes cantidades de tacos, especialidad culinaria mexicana. *Dicen que va a haber **taquiza** en casa de mis tíos para el cumpleaños de mi prima. ¿Vamos? / Conozco una lonchería aquí cerquita donde podemos echarnos una buena **taquiza**.*

289

tarántula 1) (f. peyorativo) esposa. *Fui por Chema a su casa, y me abrió la **tarántula**.* 2) (f. peyorativo) mujer problemática, chismosa. *Me tocó compartir el cuarto con la **tarántula** de Magui, ¡se la pasó hablando mal de todos!*

tarolas (sust./adj. invariable en género) tonto, tarado. *La **tarolas** de Teresa metió un dedo en la botellita y luego ya no lo podía sacar. Tuvimos que romper la botella.*

tecato (sust.) drogadicto de heroína, heroinómano. *¿Cómo se llama esa asociación donde pueden ir los **tecatos** que quieren dejar el vicio? --Narcóticos Anónimos.*

teco (m.) agente de policía. *Mi hija dice que cuando sea grande, va a ser una **teca**.*

teporocho (sust./adj.) borracho. *Esta actriz tiene fama de ser muy **teporocha**. / Esta calle siempre está llena de **teporochos**.*

teporrón (sust./adj.) grueso, robusto (dicho de persona). *T'estás poniendo muy **teporrona**, Adriana, más vale que te pongas a dieta. / M'hijito es un **teporrón** pero estoy segura que cuando crezca se va a componer.*

terrón (sust./adj., despectivo) persona de piel oscura. *Aquella **terrona** es la jaina del "Gatillo".*

tijera 1) (f.) crítica. *La **tijera** estaba afilada ese día en el club de damas voluntarias.* 2) (f./adj. invariable en género) criticón. *Doña Cuca es una **tijera** tremenda.* **tijerear** (v.) criticar. *A Hermilia lo único que la entretiene es **tijerear** a sus hermanas.*

tijuanaco (sust./adj. despectivo) tijuanense, de la ciudad norteña de Tijuana (de la combinación tijuana + naco). *Había un montón de **tijuanacos** en el aeropuerto de Los Ángeles. / Estuvimos oyendo algo de 'nortec', esa música **tijuanaca** que combina el estilo norteño con la música electrónica.*

tilico (adj.) flacucho. *Ya estás **tilica**, Melissa, no exageres con la dieta.*

tiliche 1) (m.) objeto inútil, de poco valor. *¿Por qué no tiras esos **tiliches** que nomás están estorbando?* 2) (m. pl.) pertenencias. *Agarras todos tus **tiliches** y te me largas de esta casa ahora mismo.*

tilichero (m.) conjunto de objetos inútiles o de poco valor. *Tenía un **tilichero** en su cuarto y se ofendió cuando le dije que era desordenada.*

tira (sust.) policía (la policía en general *la tira*; el agente de policía *el tira*)(en el centro y sur del país). *Me fui a esconder porque me avisaron que unos **tiras** me andaban buscando.*

tirado a la calle (loc. adj.) en mal estado, de mal aspecto. *Esa cantante no es joven pero no está tan **tirada a la calle**.*

tirar a Lucas (loc. v.) ignorar. *Me **tiraron a Lucas** cuando les dije que tendrían problemas si no hacían bien las cosas.*

tirar el rol (loc. v.) pasear, dar una vuelta. *Vamos a **tirar el rol** por el bulevar un rato; estoy aburrido.*

tirar estilo (loc. v.) derrochar elegancia, ya sea en el modo de vestir, comportarse, etc. *Bernadette iba **tirando estilo** en su Volvo nuevo.*

tira-pari (sust. invariable) persona a quien le gusta salir con los amigos, desvelarse, beber, etc. *Luis es bien **tira-pari**; nunca lo encontrarás en su casa.*

tirar pari (que sería "party") (loc. v.) irse de juerga, irse a divertir. *Ayer vi a Ernesto **tirando pari** con sus amigos en la disco.*

tirarse a la milonga (loc. v.) arruinarse, no poner atención a su cuidado personal, abandonarse. *José **se tiró a la milonga** desde que Mayra lo dejó.*

tiznada / tiznado eufemismo de chingada o de chingado. *¡Me lleva la tiznada! ¡Se me olvidó que ayer era el último día para inscribirse al curso!*

tizo (sust./adj.) drogado. *Creo que el tipo que me dio el empujón en el metro iba bien tizo.*

tocho morocho (loc. adj.) todo, completo, entero. *¿A poco ya leíste todo el libro? --Tocho morocho.*

toque (m.) calada, chupada de cualquier tipo de cigarro o cigarrillo. *Dame otro toque de tu churro.*

torcer (v.) pillar a alguien haciendo algo indebido o ilegal. *¡Ya te torcí! ¡Estabas tratando de comerte todo el pastel!*

torearse (a alguien) (v.) evitar a alguien. *¡No vayas tan recio, Martín, que te va a agarrar un chota! --No te preocupes, sé toreármelos.*

tortillera (f./adj.) lesbiana, mujer homosexual. *Todo el mundo ya sabe que esa actriz es tortillera. Lo confesó en una entrevista por televisión.*

tostón (m.) cincuenta (antiguamente una moneda de cincuenta centavos). *Tu tía Nancy va a cumplir el tostón y dice que quiere que vayamos con ella a festejar a Las Vegas.*

tostonear (v.) vender algo a muy bajo precio (generalmente mercancía robada) para deshacerse rápidamente de ello. *Joel dice que había un bato en el parque tostoneando una bici roja. ¿No será la que te robaron ayer?*

tracalero (sust./adj.) persona que no paga sus deudas. *¡Qué tracalera es Liliana! Finge ignorancia cada vez que le pido que me pague el préstamo que le hice en 1988.*

tramos (m.) pantalones (habla entre pachucos). *Se le rompieron los tramos al brincar la barda.*

trancazo 1) (m.) puñetazo. *Ponle unos trancazos a ese güey y vas a ver cómo no se calla.* 2) (m.) golpe violento. *Nomás se oyó el trancazo cuando el carro se estrelló contra el poste.*

tranquiza (f.) paliza, lluvia de golpes. *Su rival cubano le dio una tranquiza al boxeador estadounidense.*

transa 1) (f.) estafa, fraude, acción ilegal para obtener algo. *Germán tuvo que hacer una transa para conseguir la licencia de manejar.* 2) (sust./adj. invariable en género) persona que comete una "transa". *Joaquín es tan transa que ya nadie quiere hacer tratos con él.* (v.) **trancear / transar.** 3) apelativo, trato entre amigos. *¿Qué onda, transa? ¿Cuándo regresaste de tu viaje?*

traer corto (loc. v.) ser limitado, controlado, restringido (por alguien). *Sus papás la traen corta y casi nunca puede salir con sus amigos. / Me traen corto en la oficina y no hay chance de navegar en internet.*

trago (m.) copa o vaso de bebida alcohólica. *A Efrén se le cayó el trago encima y aparte le mojó la falda a Ceci.*

tras de los huesos de alguien (loc. adv.) queriendo conquistar. *Desde hace años que el pobre de Agustín anda tras de los huesos de Irma.*

tribilín (m.) cárcel. *Ya nomás le faltan tres meses al flaco para salir del tribilín.*

trinquete (m.) fraude. *Un día te van a agarrar por todos tus trinquetes.*

trinquetear (v.) estafar, engañar. *Este viejo te quiere trinquetear, mejor vámonos a otra tienda.*

trinquetero (sust./adj.) estafador. *No hagas negocios con él; Andrés tiene fama de trinquetero.*

triques (m., pl.) objetos personales, pertenencias. *¡Cuántos triques cargas en esa bolsa!*

tripear (v.) alucinar, confundir (de la jerga en inglés *trip*, "viaje" o alucinación causada por alguna droga). *Esa noticia me dejó tripeando.*

troca (f.) especie de camioneta con espacio al aire libre atrás para transportar material (del inglés "truck"). *Iba yo en mi troca cuando me rebasó una güera que iba manejando una pánel roja.*

trola (f.) cerillo. *Me acabé todas las trolas tratando de prender este cigarro.*

trompabulario (m.) vocabulario vulgar, soez. *El trompabulario de Inés es de los peores que he oído en mi vida.*

trompudo (adj.) de labios prominentes o gruesos (de "trompa"). *Esa cantante sería muy bonita si no fuera porque está demasiado trompuda.*

tronar 1) (v.) no tener éxito en algo, fallar, fracasar. *El noviazgo de Gilda y Marcos tronó cuando él supo que ella tenía interés en otro.* 2) (v.) reprobar o quedar suspendido en examen. *Me tronaron en la prueba de química.*

tronársela (v.) fumar marihuana. *En la prepa muchos se la tronaban en el baño.*

trono (m.) retrete, WC, "toilette". *Creo que don Toño no se siente bien. Hace una hora que está en el trono.*

troque (m.) especie de camioneta con espacio al aire libre atrás para transportar material (del inglés "truck"; sinónimo de troca). *Fernando tiene un troquecito blanco todo chocado.*

trucha (adj. invariable en género) inteligente, perspicaz. *¡Qué trucha tu hijito, cada vez que llega alguien de visita, le pide dinero!*

tumbado del burro (loc. adj.) loco. *Estás tumbado del burro si crees que te voy a presentar a mi hermana.*

tumbaburros (m.) diccionario. *Primero consulta el tumbaburros antes de que se te vuelva a ocurrir corregir al profesor delante de todos.*

turistear (v.) pasear, vagar sin rumbo fijo. *Celia y sus amigas se fueron a turistear al centro.*

tuturusco (adj.) atontado, aturdido. *Me recetaron unas medicinas nuevas que me traen toda tururusca.*

U

újule interjección de desaliento o decepción, usada sobre todo para expresar maravilla ante una actitud o reacción excesiva. *¡Újule! ¿No me digas que te encelaste porque le di un beso a la niña?*

uta, mano interjección de enojo o irritación (también **uta** a secas, eufemismo de "puta"). *¡Uta, mano! ¿Todavía no estás lista? ¡Vamos a llegar tarde por tu culpa!*

V

vaca (f.) colecta para un fin común. *Hicieron una vaquita para comprar una serie de boletos de la lotería y ganaron cincuenta mil pesos cada uno.*

vaciado (adj.) divertido, curioso, gracioso. *Ese cuento está bien vaciado.*

M

vacilada (f.) broma, diversión. *Me puse una máscara de perro de pura vacilada y el gato se asustó y se fue a esconder.*

vacilar 1) (v.) bromear, divertirse. *No vaciles con Noelia, ¿no ves que es muy tímida y se chivea?* 2) (v.) engañar, tomar el pelo. *Me quisieron vacilar tratando de venderme un celular con el interior vacío.*

vagaciones (f.) vacaciones. *Nuestras vagaciones en Cancún fueron estupendas.*

valemadrista (sust. y adj.) sinvergüenza, despreocupado, que le importan poco las consecuencias de su comportamiento (m. **valemadrismo**: cualidad o condición del valemadrista). *Bernardo es un valemadrista; ya van cinco meses que no paga la renta aunque lo hayan amenazado con echarlo del departamento.*

valer (madre, gorro o Wilson) (no siempre se añade la palabra 'madre', que lo vuelve un poco vulgar, mientras que añadir *gorro* o *Wilson* es inofensivo. Se puede usar el verbo solo) 1) (v.) no importar. *A mí me vale lo que la gente piense de mí.* 2) (interjección) usada cuando algo no tiene remedio. *¡Valiendo gorro! Mis papás cancelaron su viaje y ahora no voy a poder hacer la fiesta que planeaba...*

valona (f.) favor. (verbo *hacer la valona*: cubrir por alguien). *Carlos me hace la valona cuando llego tarde al trabajo.*

vara (adj.) barato. *Estaban vendiendo la moto bien vara porque ya no le funcionaban los frenos.*

veintiúnico (sust./adj.) único (referido a una unidad, pero dando a entender que una cantidad mayor sería preferible). *José lavó su veintiúnica camisa y se quedó esperando a que se secara.*

veneno / venenoso (adj./sust. invariable en género) dicho de persona sarcástica, que crítica ácidamente. *Cristina es un veneno: me dijo el corte de pelo que tengo se lo vio una vez a una mula.*

venir guango / venir Wilson (loc. v.) no importar. *A mí me viene guango que tú hayas llegado primero. Este es mi asiento, así que te quitas. / Nos viene Wilson que este barrio sea suyo. Nosotros hacemos lo que nos da la gana donde nos dé la gana.*

ver (la) cara de semilla (loc. v.) plantar / dejar plantado a alguien. *Lisbeth nos vio cara de semilla; no vino a la cena que habíamos preparado en su honor.*

verdulera (f.) mujer muy basta, vulgar, gritona. *Por mucho dinero que tenga ahora, Selma no deja de ser la verdulera de siempre.*

vergatal (m., vulgar) gran cantidad, mucho. *Hay un vergatal de gente haciendo cola; mejor vuelvo mañana.*

verla fea (loc. v.) estar pasando por penas o problemas. *Los Arellano la están viendo fea con la enfermedad del niño más chiquito.*

vetarro (adj.) viejo (usado para hombres). *Eso déjalo para cuando ya estés vetarro, por ahora goza de tu juventud.*

viborear (v.) criticar. *Paulina estuvo toda la tarde viboreando a medio mundo con sus amigas.*

vieja 1) (f.) esposa *Mi vieja está embarazada otra vez.* 2) (f.) cualquier mujer (término algo despectivo). *Israel presume siempre que las viejas lo encuentran irresistible.*

violín (m.) delincuente violador (argot carcelario). *Los otros presos siempre trataban mal a los violines.*

virola (adj./sust. invariable en género) bizco. *El viejo virola quería robarme la cartera.*

virote (m.) asunto (el virote es un tipo de pan--también llamado "bolillo"--parecido a la baguette francesa). *¿Cómo está el virote del incendio que hubo en la fábrica?*
vista gorda (loc. sust. f.) con la locución verbal "hacerse de la" y a veces con el pronombre "hacerse el / la / los / las de la", fingir no darse cuenta de algo. *El gobierno federal no puede continuar haciéndose de la vista gorda frente a los reclamos del pueblo.*
vocho (m.) Volkswagen Sedan, modelo clásico de auto conocido también como "pulga" (escrito también **bocho**). *Mi primer carro fue un vochito azul lleno de calcomanías en la defensa.*
volado 1) (sust./adj.) persona coqueta y susceptible a elogios. *El volado de Jaime creyó que yo lo llamaba porque estaba interesada en él cuando en realidad yo nomás quería que le diera un recado a su hermana.* 2) (m.) suerte echada con una moneda. *Nos echamos un volado para ver quién pagaba por los tragos.*
volarse (v.) dar muestras de apreciar o sentirse halagado por atenciones, piropos o cumplidos. *La niña se voló y se puso roja cuando sus primos le dijeron que era bonita.*
volársela (loc. v.) perder una oportunidad. *¡Te la volaste! Erica te estuvo esperando, pero luego se hartó y se fue con otro.*
volteado (m.) hombre homosexual. *Ramiro resultó siendo un volteado.*
voltear la cara (loc. verbal) despreciar o rechazar a alguien ignorándolo. *Iba a saludar a mi ex novia, pero la desgraciada me volteó la cara.*

W, X
wacha / wacho (f. y m.) reloj (del inglés "watch"). *Si quieres te vendo mi wacho. ¡Es que necesito dinero!*
wachar (también **guachar**) ver, mirar (del inglés "to watch") *¡Wacha esta foto de mi hermano hace dos años; qué gordo estaba entonces!*

Y
y tu nieve de qué la quieres frase interrogativa usada cuando alguien excede en sus peticiones o exigencias (cambia según el sujeto). *¿Así que según los suegros yo tengo que regalarles un viaje a Europa para su aniversario? ¿Y su nieve de qué la quieren?*
ya mero 1) (loc. adv.) ya casi. *Teresita ya mero empieza la secundaria.* 2) *¡Ya mero!* interjección para expresar negación irónicamente. *¡Ya mero me voy a creer tus mentiras!*
yonque (m.) depósito de chatarra (del inglés "junkyard"--usado sobre todo en el norte del país, en zona fronteriza con EEUU). *¿Vamos al yonque? Voy a ver si encuentro unas partes usadas para mi Chevy.*
yoyo (m.) eufemismo de ano, culo. *Me dijo que le arde el yoyo. Creo que tiene almorranas.*

Z
zafado (sust./adj) loco, chiflado. *Tu gato está bien zafado; lo acabo de ver colgándose de las cortinas.*

zas sí, de acuerdo.
zorrear (v.) estar atento, vigilar con la mirada (en el norte del país). *Tu mamá siempre está zorreando desde la ventana a ver con quién llegas.*
zorimbo (sust./adj.) tonto. *¡Si serás zorimbo! ¡Colgaste ese cuadro al revés!*
zotaco (sust./adj. despectivo) persona de baja estatura. *Nunca podrás aspirar a ser modelo--eres una zotaca y ya no vas a crecer.*

TÉRMINOS DE ORIGEN NAHUA USADOS EN EL HABLA COTIDIANA

A, B
achichincle (sust.) ayudante o asistente servil, despectivamente (**achichincla** en femenino). *Es el achichincle del senador el que escribe todos sus discursos. / ¿Por qué no mandas a tu achichincle a que vaya a comprar la pieza que falta?*
ajolote (m.) renacuajo. *¡Pobre niño, tiene cara de ajolote!*

C, D
cacahuate (m.) cacahuete; conocido también como maní en otros países. *¿Has probado las galletas de cacahuate?*
camote (m.) batata. *Mi tía hace un dulce de camote bien rico.*
cuachalote (adj.) desaliñado, mal vestido. *Ahí andaba Teresa por la casa, toda cuachalota, cuando de repente llegó su futura suegra.*
cuate (sust.) gemelo, mellizo. *Karina es una cuata; su hermana se llama Katia.*
chahuistle (m.) plaga de cualquier tipo que afecta los sembradíos.
chapopote (m.) asfalto. *El obrero estaba tapando los hoyos de la calle con chapopote.*
chapulín (m.) saltamontes, cigarrón (insecto). *En algunas partes de México los chapulines se comen fritos.*
chile (m.) pimiento, ají. *¡Esto no sabe a nada! ¡Échale tantito chile aunque sea!*
chilpayate (m.) bebé, niño pequeño. *¿Tiene usted hijos? --¡Noooo, si yo todavía estoy muy joven pa' tener chilpayates!*
chípil (sust./adj.) niño muy mimado, caprichoso, difícil. *No me gustan los hijos de Susana--son todos unos chípiles inaguantables.*
chipote (m.) chichón. *Me salió un chipote en la frente por el golpe que me di el otro día con la puerta.*

E, F
ejote (m.) judía verde. *A mí no me gustan los ejotes con huevo.*
elote (m.) mazorca de maíz. *Un señor estaba vendiendo elotes asados en la calle.*

G, H
guajolote (m.) pavo. *Había un enorme corral lleno de guajolotes y gallinas.*
guarache / huarache (m.) sandalia. *¿Dónde quedaron mis huaraches? –Pablito los enterró en la arena.*
hule (m.) caucho o goma elástica. *Ponte guantes de hule si vas a lavar los trastes.*

I, J

itacate (m.) comida que se prepara para llevar en el camino o a casa (sobras de la comida en un restaurante o repartición en una fiesta). *Me voy a llevar un itacate porque no creo que vaya a tener tiempo para comer en el viaje.*
jacal (m.) choza. *Encontramos unos jacales abandonados en la selva.*
jiote (m.) empeine (enfermedad cutánea). *¿Tenemos pomada para los jiotes? Me salió uno en la mano.*

L, M

machote (m.) formulario con espacios en blanco para rellenar. *Mira, llena este machote y luego haz cola para la ventanilla 3.*
malacate (m.) huso, torno. *Mi abuelita dice que su mamá sabía hilar con malacate.*
mayate (m.) insecto de varios colores (coleóptero)
mecate (m.) cuerda, riata. *El perro logró aflojar el mecate que lo amarraba y se escapó.*
metate (m.) piedra cuadrada usada para moler maíz.
milpa (f.) maizal, sembradío de maíz. *José ha trabajado en las milpas desde que tenía 15 años.*
mitote (m.) bulla, pleito, escándalo. *Me contaron que hubo mitote en la oficina del jefe. ¿Qué pasó?*
molcajete (m.) mortero *La salsa sale mejor si mueles los ingredientes con el molcajete.*

N,O

olote (m.) corazón o raspa de la mazorca del maíz después de desgranada.

P, Q

pacha (f.) recipiente de metal o botella de licor que llevan consigo los borrachos. *Sentados en una banca en el parque, los dos amigotes se pasaban la pacha.*
paliacate (m.) pañuelo grande, pañoleta. *Ponte un paliacate alrededor del cuello si vas a ir en moto; te protege del aire frío.*
papalote (m.) ("mariposa") cometa (juguete). *A Pepito le acaban de regalar un papalote verde muy bonito y ya lo rompió.*
papalotear (v.) sacudir al viento, aletear como una mariposa. *Se había puesto tan flaco que los pantalones nomás le papaloteaban alrededor de las piernas.*
pepenar 1) (v.) recoger objetos, uno por uno, de una superficie. *Vi a un niño pepenando el arroz que habían arrojado en una boda.* 2) (v.) encontrar algo después de rebuscar. *Pepené esta foto, arrumbada en una caja, de cuando tenías seis años.*
petaca (f.) maleta. *Ayúdame a bajar las petacas del carro.*
petate (m.) estera de paja para dormir. *A mí me gusta llevarme un petate a la playa para poner abajo de la toalla.*
piocha (f.) barba de mentón. *¿Por qué no te rasuras, hijo? Te ves muy feo con esa piocha.*
pizca (f.) cosecha de granos o fruta (v. pizcar). *Ya va a ser temporada de la pizca de fresas en Salamanca.*
popote (m.) pajilla para las bebidas. *¿Nunca te has tomado una cerveza con popote?*

R, S

sarape (m.) prenda de vestir (sin mangas y con una abertura para la cabeza) parecida a la que en Sudamérica llaman "poncho". *Le regalé un **sarape** y una botella de tequila a mi amigo italiano como recuerdo de México.*
socoyote (sust.) hijo menor. *La **socoyota** de don Pedro se llama Guillermina.*

T, U, V

tatahuila (f.) voltereta. *Olga ya aprendió a hacer **tatahuilas**.*
tecolote (m.) búho. *El logo de mi escuela lleva un **tecolote**.*
tepocate (m.) renacuajo. *En época de lluvias abundan los **tepocates** en los estanques.*
tianguis (m.) mercado al aire libre. *A mis amigas les encanta ir al **tianguis** todos los fines de semana a ver qué pepenan.*
titipuchal (m.) multitud, gran cantidad. *Había un **titipuchal** de gente en el mercado. / Tengo un **titipuchal** de cosas que hacer hoy; no quiero que nadie me interrumpa.*
tlacuache (m.) zarigüeya.

X, Y, Z

zacate (m.) hierba, pasto. *No te sientes en el **zacate**; está mojado.*
zopilote (m.) buitre americano. *Tuve que espantar a los **zopilotes** para poder entrar a tu casa. ¿Ya te sientes mejor o sigues con fiebre?*

AMERICANISMOS Y / O MEXICANISMOS

A

a la otra (loc. adj.) la próxima vez. *Que no se te vuelva a olvidar tu tarjeta de membresía, o **a la otra** no te dejamos entrar.*
abanico (m.) ventilador. *Apaga el **abanico** que ya me está dando frío.*
abarrotes (m.) artículos de comercio, comestibles. *Don Tomás tuvo que cerrar su tienda de **abarrotes** cuando abrieron un supermercado nuevo a dos cuadras de su negocio.*
acalambrarse (v.) sufrir un calambre. *Se me **acalambró** la mano de tanto escribir.*
acarreado 1) (sust.) persona (generalmente traída de otro lugar, pero no necesariamente) reclutada para llenar las filas en manifestaciones políticas o a votar a cambio de un favor o retribución. *Después de votar, los **acarreados** fueron al banquete que les prepararon.* 2) (adj.) apresurado, ajetreado. *Tenía mucho que no iba al foro porque ando muy **acarreada** con la universidad.*
acolchonar (v.) acolchar (adj. **acolchonado**). *La poltrona en la sala de la abuela es fea, pero me gusta porque está muy bien **acolchonada**.*
acomedido (sust./adj.) persona que se ofrece a ayudar, que es servicial. *Penélope es la única **acomedida** de la familia, por eso es la preferida de su mamá.* (v.) **acomedirse**. *Lo que no me gusta de Yahir es que nunca se **acomide** a nada, ni cuando ve que me estoy matando de trabajo.*

M

achicalado (adj.) cubierto de miel (verbo **achicalar**). *Me regalaron estos camotes achicalados de Querétaro.*

águila o mono (frase) el equivalente de "cara o cruz" al echar a suertes con una moneda.

afanador (sust.) persona que en las oficinas públicas se ocupa de la limpieza y hace mandados. *Manda al **afanador** a que nos traiga unas sodas.*

aguinaldo (m.) bonificación de salario de fin de año. *Quiero comprarte un regalo con lo que me den de **aguinaldo.***

aironazo (m.) viento fuerte. *De repente se soltó un **aironazo** y se voló una blusa recién lavada que tenía colgada afuera.*

ajustado (adj.) apretado. *Los libros quedaron tan **ajustados** en el estante que no puedo sacar ni uno. / No voy a comprar esta chaqueta: la siento muy **ajustada** en los hombros.*

alberca (f.) piscina deportiva. *Alguien encontró un anillo en el fondo de la **alberca.***

albur (m.) juego de palabras con doble sentido. *A ese viejito malicioso le encantaba usar **albures** cuando hablaba con los extranjeros que venían a estudiar español.*

alegar (v.) discutir, disputar, altercar. *Usted no **me alegue**, ya es hora de tomarse sus pastillas.*

aliviarse (v.) dar a luz. *¿Supiste que Mara **se alivió** ayer? Tuvo niño.*

ameritar (v.) merecer. Ambos verbos se usan indistintamente. *Ese problema **amerita** mucha atención.*

al tiempo (loc. adj.) dicho de bebida, a temperatura ambiente, tibia. *¡Oiga, esta limonada que me trajo está **al tiempo!***

altero (m.) pila, cúmulo de cosas. *¡Serafina! Tú tan tranquila viendo novelas y allí sigue el **altero** de ropa que hay que planchar! / Hoy no puedo salir a comer con ustedes. Tengo **alteros** de mercancía que inventariar.*

amolar (v.) arruinar, estropear, averiar, perjudicar. *¡No la **amueles!** ¿A poco vas a tener que cancelar tu viaje?* (adj.) **amolado** *Enrique anda bien **amolado**; su mujer está muy enferma y a él lo acaban de despedir del trabajo.*

antier (adv. de tiempo) anteayer. *Antier fue mi cumpleaños y nadie de mi familia se acordó.*

antojitos (pl., m.) aperitivo, tapas. *Lola sabe hacer unos **antojitos** de mariscos riquísimos.*

aparadorista (sust.) escarapatista. *Los **aparadoristas** usaron unos adornos muy bonitos hechos con hojas secas para las vitrinas con la ropa nueva de otoño.*

apartar (v.) usado como sinónimo de reservar. *¡**Apárteme** una mesa para doce personas para el sábado, por favor!*

apelincarse (v.) alzarse en la punta de los pies (en los estados de Colima y Michoacán). *Tú que estás más alto, si te **apelincas** tantito creo que puedes alcanzar la caja que está a mero arriba.*

arete (m.) cualquier tipo de pendiente (joyería). *A doña Esperanza le regalaron unos **aretes** de oro para su cumpleaños.*

atascado (adj.) muy sucio o percudido. *Los niños terminaron **atascados** después de haber jugado a los escondites en la azotea.*

M

atrabancado (sust./adj.) impulsivo, precipitoso, incauto, que no considera las consecuencias de sus actos. *¡La atrabancada de Maritza se rasuró el vello que tenía sobre el labio y ahora le está saliendo bigote! / ¡No seas tan atrabancado, fíjate si vienen carros cuando cruces la calle!*
atrincado (adj.) (dicho de la ropa) tan apretado que crea dificultades en el movimiento del cuerpo o hace resaltar defectos físicos. *Traía los pantalones tan atrincados de las piernas que no podía ni doblar las rodillas.*
atrincarse (v.) apretarse, ajustarse (dicho de ropa). *Pablo se atrincó el cinturón e inmediatamente se le saltaron las lonjas en la cintura.*
aventar (v.) lanzar, arrojar. *Aviéntame una toalla para secarme las manos, que en el baño no hay.*
avorazado (adj.) ávido, rapaz. *El hijo de Micaela era siempre el más avorazado cuando había repartición de dulces en las fiestas.*
avorazarse (v.) lanzarse sobre algo, generalmente para acapararlo. *Cuando por fin abrieron las puertas, todos se avorazaron a tomar boletos para ser los primeros.*

B
banqueta (f.) acera. *Sal a barrer la banqueta, que está llena de basura.*
balacera (f.) tiroteo (verbo: balacear). *Hubo una balacera enfrente de mi casa anoche y hoy vi que mi carro tiene dos agujeros del lado del pasajero.*
balata (f.) zapata del freno. *¿Oíste eso? Hay que cambiarle las balatas a este coche.*
balero (m.) juguete de mano (boliche) compuesto de un palo terminado en punta y una pieza taladrada de madera con forma de barrilito sujeta con un cordón, que se lanza al aire para ensartarla en el palo.
básquet / basquetbol (m.) baloncesto.
basurero (m.) recipiente, cesto de basura. *El basurero estaba desbordante de desperdicios y hedía a rayos.*
betabel (m.) remolacha. *¡Los betabeles volvieron a subir de precio!*
blanquillo (m.) usado en algunas partes del país como sinónimo de huevo. *Voy a la tienda a comprar la leche y una docena de blanquillos.*
bocina (f.) altavoz. *Se metieron al carro anoche y le robaron el estéreo con todo y bocinas.*
bolear (v.) lustrar calzado. *Deberías bolear todos tus zapatos, los traes siempre sucios.*
bolero (m.) limpiabotas. *Octavio y Ramón se hacían competencia en el parque chambeando como boleros.*
boleto (m.) billete de entrada, para viajar o para participar en una extracción. *¡Ándele, seño, compre su boleto de la lotería!*
boleto redondo (m.) billete de viaje de ida y vuelta (traducción del inglés *round trip ticket*).
boliche (m.) juego de bolos.
bolo (m.) monedas arrojadas por el padrino a los niños presentes en un bautizo. *Felipito fue el que recogió más dinero en el bolo.*
bolsa (f.) bolsillo. *Revísale las bolsas a ver si trae dinero.*

bomba (f.) usado como sinónimo de globo (receptáculo de materia flexible lleno de gas con que juegan los niños o que se usa como decoración en fiestas). *Papi, ¡cómprame una bomba!*

bordo (m.) obra de protección contra inundaciones en las orillas o riberas de un río o canal.

botana (f.) aperitivo, bocadillo que acompaña las bebidas. *Pide unas cervezas y botanas y nos las llevamos a la playa.*

bote de basura (m.) cesto de basura.

brasier (m.) sostén, prenda de vestir femenina para sujetar el pecho (del francés *brassière*). *En los años 60 las mujeres quemaban sus brasieres en señal de protesta.*

bromoso (adj.) tardado (en el estado de Sinaloa). *N'hombre, ese trámite es bien bromoso, no creo que lo consigas a tiempo.*

bueno voz usada para contestar al teléfono. *Bueno, ¿con quién hablo?*

burro (m.) tabla de planchar. *Guarda el burro si ya terminaste de planchar.*

buscapleitos (sust./adj.) picapleitos, provocador de riñas, revoltoso. *No invitaron a Mauricio a la fiesta por su fama de buscapleitos.*

C

cacarizo (adj.) con la piel llena de cacarañas, cicatrices de viruela. *Ése con la cara toda cacariza es el galán de Marta.*

cachanilla (sust. de género invariable) oriundo del estado de Baja California. *En el equipo nacional de natación masculino hay dos cachanillas.*

cachetón (sust./adj.) carrilludo, que tiene los cachetes abultados. *¿Te acuerdas del cachetón del Quico en El chavo del 8?*

cachucha (f.) gorra con visera. *Meño nunca se quitaba su vieja y manchada cachucha de béisbol.*

café (adj.) castaño o marrón (color). *Se equivocaron en tu pasaporte: pusieron que tienes los ojos cafés.*

caguama (f.) aparte de la tortuga marina, así se le conoce a la botella de cerveza de 940 ml. *En el pleito descalabraron al cantinero con una caguama.*

cairel (m.) bucle de cabello (en el centro de la república)

cajuela (f.) maletero de automóvil. *Ayúdenme a bajar las bolsas que quedaron en la cajuela, por favor.*

cajuelita (f.) guantera del automóvil. *¿Me alcanzas los lentes? Están ahí en la cajuelita.*

calentón (m.) estufa. *¡Ya prende el calentón, que está haciendo frío!*

calificar (v.) reunir los requisitos necesarios (del inglés "to qualify"). *Hicimos solicitud para que nos asignaran una casa, pero nos dijeron que no calificábamos.*

calzones (m.) bragas, ropa interior masculina o femenina (también en singular, **calzón**). *En Italia es de buena suerte traer puestos calzones rojos el día de año nuevo.*

camellón (m.) isleta, especie de terreno realzado para separar los carriles de direcciones opuestas o como refugio de peatones. *Ada no alcanzó a cruzar la calle y se quedó esperando en el camellón a que cambiara de nuevo la luz.*

camión (m.) puede usarse con significado de autobús. *Voy a ir a recibir a mi tía a la Central Camionera.*

cancha (f.) campo para practicar deportes (voz de origen quechua). *Para poder jugar tenis primero hay que reservar una* **cancha.**
canilla (f.) pantorrilla. *El perrito le mordió una* **canilla.**
cantina (f.) taberna. *Don Abelardo salió de la* **cantina** *como cucaracha fumigada.*
carátula (f.) muestra o esfera del reloj. *Le entró agua a mi reloj y se le despegaron los brillantitos que tenía en la* **carátula.**
caravana (f.) reverencia, inclinación del cuerpo para demostrar respeto. *Los japoneses a menudo además de saludar dando la mano, hacen* **caravanas.**
caricaturas (f. pl.) dibujos animados. *A Pepito le encantan las* **caricaturas** *de Popeye.*
carrerear (v) apurar, dar prisa. *Nos anduvieron* **carrereando** *tanto para que saliéramos de la biblioteca porque ya iban a cerrar, que dejé mi libreta adentro.* (adj.) **carrereado:** ajetreado. *Andaban bien* **carrereados** *porque les dieron muy poco tiempo para tener listos los documentos para el trámite de venta de la casa.*
carro (m.) automóvil (en el centro del país es más común *coche*). *Mi primo tiene un lote donde vende* **carros** *usados.*
catorrazo (m.) golpe dado con un palo o garrote. *Lo agarraron a* **catorrazos** *entre tres y lo mandaron al hospital.*
chabacano (m.) albaricoque.
chamagoso (adj.) sucio pegajoso, mugriento (adaptación del nahua *chiamahuia:* embadurnar algo con aceite de chía). *La chamaquita tenía toda la cara* **chamagosa** *porque se había comido un cono.*
chamarra (f.) cazadora, chaqueta.
chambrita (f.) prenda de punto para bebé; cubre la parte superior del cuerpo y generalmente es de manga larga. *Cuando la tía Lulu supo que Amelia estaba embarazada, luego luego se puso a tejer* **chambritas.**
chamorro (m.) pantorrilla. *Traigo los* **chamorros** *adoloridos por andar subiendo y bajando escaleras.*
chancla (f.) zapatilla, especie de sandalia
chango (sust.) mono, simio
chapa (f.) cerradura. *Los rateros rompieron la* **chapa** *de la puerta para entrar en la casa. / Que ni crea ese infeliz que puede volver cuando le dé la gana. Voy a cambiar todas las* **chapas.**
chaparro (sust./adj.) de baja estatura. *Ese perrito* **chaparrito** *entre los grandotes es el mío. / La* **chaparra** *de la familia es Xóchitl. / Samuel es el más* **chaparro** *del equipo de básquet.*
chapeado / chapeteado (adj.) sonrosado. *El bebito está bien bonito,* **chapeadito.**
chaperón (sust.) acompañador. *Elena no puede salir con su novio sin su hermanito como* **chaperón.**
chapetes (m.) mejillas rosadas, rubor. *Celina se pinta demasiado marcados los* **chapetes.**
chapucero (adj.) tramposo. *Federico es bien* **chapucero;** *ignora siempre las reglas del juego.*
chapuza (f.) trampa, engaño. *Raymundo no sabe jugar limpio; le encanta hacer* **chapuza.**

charola (f.) bandeja. *La sirvienta entró con una charola llena de caña pelada y cortada en cuadritos.*

charreada (f.) espectáculo o fiesta charra. *El sábado va a haber charreada en el Cortijo San José. ¿Vas a ir?*

charro (sust./adj.) jinete vestido en manera tradicional que se exhibe en destrezas ecuestres, manejo de reata y escaramuzas (f. **charrería:** arte y práctica de la equitación al estilo del charro mexicano). *Vestida con traje de charra, Lupe cantó "Te solté la rienda". / Rodolfo le regaló un sombrero charro a su amigo australiano.*

checar 1) (v.) chequear, revisar, controlar. *Tengo que checar cuánto dinero traje para ver si puedo comprar ese pantalón.* 2) (v.) combinar bien, hacer juego, pareja. *Ese color de camisa no checa con la corbata.*

chicanada (f.) acto o maniobra indebida para sacar ventaja de una situación. *Ese fulano ingresó a la escena política por medio de una chicanada histórica, cuando el presidente le ofreció la gubernatura de Guanajuato.*

chicano (sust./adj.) persona de origen mexicano nacido en EEUU. *Conocí a un chicano que me contaba que en su "yarda" hacía muchos "barbiquiús". / Este mural lo pintó un artista chicano.*

chícharo (m.) guisante. *Ponle chícharos al arroz y verás que te va a salir más rico.*

chillar (v.) llorar (un tanto despectivamente). *¡Ya deja de chillar, que así no vas a resolver nada!*

chino (m.) rizo del cabello. *Quiero hacerme chinos para la fiesta de graduación de Oscar.* (adj.) rizado, crespo *Jesús tiene las pestañas bien chinitas.*

chisquear / chisquearse (v.) despostillar / despostillarse. *Ernestina chisqueó una de mis estatuillas cuando desenpolvó el mueble.* (adj.) **chisqueado.** *No me sirvas en esa taza; está chisqueada.*

chiste colorado (loc. m.) chiste obsceno. *Al Neto le encanta contar chistes colora'os en presencia de la mojigata de su tía Rebeca.*

chistoso (adj.) en determinados contextos, significa raro, extraño, inusual. *El trago me supo medio chistoso. ¿No es que le echaste alguna porquería?*

chocante / chocoso (sust./adj.) presuntuoso, antipático, pedante, odioso. *A Vilma nadie la quiere invitar a las fiestas por chocante. ¡Híjole, Mario, qué chocoso eres! Nunca quieres sentarte en el asiento de atrás del coche.*

chongo (m.) moño o rodete de pelo de las mujeres. Sinónimo de molote. *No me sé hacer el chongo, siempre se me deshace.*

choro (m.) mejillón. *Quiero tu receta para los choros gratinados.*

chorreado (adj.) sucio, percudido, manchado. *¡Ya andas chorreado otra vez, y te acabo de cambiar de ropa!*

chueco 1) (sust./adj.) patituerto. *¡Mira cómo baila bien Arturo a pesar de ser chueco!* 2) (adj.) ladeado, torcido, no recto. *Esa peluquera debería devolverte el dinero, te cortó el fleco todo chueco.*

chulada (f.) preciosidad, hermosura. *¡Mira nomás que chulada de collar me regaló Omar!*

chulear (v.) piropear, lisonjear. *Todos la chulearon el día de su boda.*

chulo (sust./adj.) precioso, bonito, guapo. *¡Qué chula se está poniendo tu hija!*

chupamirto / chuparrosa (m.) colibrí.

churido (adj.) envejecido, arrugado (verbo **churir**). *La pera ya estaba toda churida, así que la tiré.*

claridoso (adj./sust.) franco, sincero, que dice lo que piensa. *Ya sabes que Nora es muy claridosa; le dijo a su cuñado que se largara de su casa.*

clavado (m.) (en natación) zambullida. *¡A que no te atreves a echarte un clavado desde el trampolín más alto!*

cloch (m.) embrague de motor (del inglés "clutch"). *A la otra no se te olvide pisarle al cloch cuando cambies a segunda...*

clóset (m.) armario empotrado o cuarto pequeño con función de ropero. *No pongas la ropa en el clóset si todavía no la has planchado.*

cobija (f.) manta. *El pinche gato se acostó en la cobija y me la dejó llena de pelos.*

cocón (sust.) pavo. *La cocona puso varios huevos y no dejaba que nadie se acercara al nido.*

colonia (f.) barrio urbano. *Con el pasar de los años la colonia donde vivimos ha empeorado.*

comercial (m.) anuncio publicitario grabado o filmado (del inglés "tv / radio commercial"). *Odio esa estación de radio; siempre ponen diez comerciales por cada canción que tocan.*

competencia (f.) competición deportiva. *El día de la competencia el veterinario oficial revisa a todos los caballos antes de cada carrera.*

componerse 1) (v.) aliviarse, recuperarse de una enfermedad. *Iremos a la playa cuando te compongas, Chavita, te lo prometo.* 2) (v.) mejorar. *La situación está fea, pero verás que se va a componer.*

computadora (f.) ordenador.

concuño (sust.) concuñado. *Mi cuñada no me cae bien, pero mis concuños son simpáticos.*

conejo (m.) bíceps del brazo contraído. *Jorgito, haz un conejo pa' que tu tía vea que tan fuerte te estás poniendo.*

contralor (sust.) funcionario encargado de examinar la contabilidad oficial. *Llegó la contralora y todo el mundo se puso a temblar.*

contraloría (f.) oficina de Estado que controla las diversas cuentas del gobierno.

corcholata (f.) tapa de botella. *Te puedes ganar un premio si juntas diez corcholatas de esta cerveza.*

corpiño (m.) justillo; ropa interior femenina. *¡Qué ocurrente, ponerse corpiño negro debajo de una blusa blanca!*

correr 1) (v.) echar de un sitio. 2) (v.) despedir del trabajo. *A mi prima la corrieron de la chamba por llegar siempre tarde.*

corretear (v.) perseguir, acosar. *El perro de la vecina correteó al vendedor ambulante hasta la esquina.*

corriente (adj.) se usa mucho como sinónimo de mala calidad, ordinario (si se refiere a una persona, es alguien basto, ignorante, inculto). *¡Qué muchacha más corriente! Mira cómo mastica el chicle, parece vaca.*

cortada (f.) herida hecha con objeto cortante. *Cayendo me hice una cortada en el brazo.*

cuaco (m.) sinónimo de caballo.

M

culichi (sust. de género invariable/adj.) nativo de Culiacán, Sinaloa. *La familia de mi papá es culichi.*

cundina (f.) sistema colectivo de ahorros, generalmente con duración de un año. Normalmente participan 12 personas, con una más con función de recolector de abonos. Cada mes las 12 personas abonan una cantidad fija por todo el arco del año, y cada mes después del primer mes, a suerte, una de las 12 personas recibe el monto de 12 abonos. Los abonos se hacen por trece meses, y el primer mes de abono se lo queda el recolector de la cundina. *¡Uy! ¡Mañana tengo que abonar el dinero de la cundina y me hacen falta $300!*

cupo (m.) cabida. *Ya no había cupo en el teatro y no estaban dejando entrar a nadie más.*

curita (m.) tirita, vendaje adhesivo. *Necesito un curita para esta cortada en la mano.*

cuyo (m.) conejillo de indias.

D

de a tiro / de al tiro (loc. adv.) de plano, claramente, totalmente. *Magali es de a tiro floja; es inteligente, pero no se esfuerza en los estudios.*

de oquis 1) (loc. adv.) de balde, inútilmente. *Hice una hora de cola de oquis porque cuando por fin llegué a la ventanilla, era hora de cerrar y no me quisieron atender.* 2) (loc. adv.) gratuitamente. *Venía este llaverito de oquis con la revista que compré.*

de perdida (loc. conjunt.) por lo menos, aunque sea, como mínimo. *Tu equipo no andaría dando tanta lástima si de vez en cuando--no digo ganar, ya sería mucho esperar--de perdida anotara un gol de vez en cuando.*

defensa (f.) parachoques de un auto. *Como que veo medio doblada la defensa de mi carro. ¿Me lo volviste a chocar?*

desarmador (m.) destornillador. *Pásame el desarmador para apretar estos tornillos flojos.*

descarapelar / descarapelarse (v.) pelarse la piel o la pintura. *¡Mira cómo traes la espalda toda descarapelada! / La manicurista me arregló las manos apenas ayer y ya se me está descarapelando la pintura de las uñas.*

descomponer (v.) averiar, estropear, deteriorar (adj. **descompuesto**). *Llévale este tostador descompuesto al maistro a ver si lo puede arreglar.*

desbalagado (adj.) suelto, separado de su grupo, fuera de su lugar (verbo **desbalagar**). *Me encontré un lápiz desbalagado bajo el mueble.*

diablito (m.) dispositivo para robar corriente eléctrica. *Mi suegro dice que hay que poner un diablito porque las cuentas de la luz siempre llegan bien altas.*

dilatarse (v.) demorar, tardarse. *Está bien, acompaña a Rocío a su casa, pero no te dilates; ya casi es hora de comer.*

directorio (m.) guía telefónica. *Fíjate en el directorio si está el número de esa pizzería que te gusta.*

dizque (adv.) supuestamente, al parecer. *¿Y estos escuincles? ¡Ve nomás, dizque ya se lavaron las manos para venir a comer!*

domingo (m.) cantidad fija de dinero que se le da a un niño cada semana para sus gastos personales. *Si se siguen portando mal, esta semana no les vamos a dar su domingo.*

droga (f.) deuda. *Ahorita no puedo gastar más; estoy llena de* ***drogas***.
durazno (m.) melocotón

E

egresado (sust.) quien obtiene el certificado de haber concluido una carrera
académica. *Va a ver una reunión de* ***egresados*** *de la UAG en Chapala. ¿Vas a ir?*
ei afirmación, sí (de origen un poco rústico). *¿Vas a participar en la excursión? --****Ei****.*
Ya estoy en la lista.
elevador (m.) ascensor. *El* ***elevador*** *estaba descompuesto y tuve que subir al quinto*
piso a pie con el niño en brazos.
embromarse (v.) retardar, tardarse o entretenerse involuntaria o incómodamente (en
el estado de Sinaloa). *Me* ***embromé*** *mucho en el banco porque es fin de mes y todos*
estaban cambiando sus cheques.
en especial (adv.) a precio rebajado. *Había mucha ropa* ***en especial*** *en esa tienda,*
pero estaba toda muy fea.
encaramarse (v.) trepar *Los* chamacos *se* ***encaramaron*** *en el árbol para que el perro*
no los alcanzara. (adj.) **encaramado**. *¿Qué estás haciendo allí* ***encaramada****,*
muchacha del demonio? ¡Bájate ahora mismo!
en picada (loc. adv.) en picado, que se mueve hacia abajo casi verticalmente, que
precipita. *El avión cayó* ***en picada*** *sobre el edificio. / La demanda para ese producto*
bajó ***en picada*** *desde que su precio subió vertiginosamente.*
encimoso (sust./adj.) dicho de persona que molesta por su constante cercanía, que a
menudo invade el espacio físico de los demás. *Deja de andar de* ***encimosa*** *con tus*
tíos, Delia, que les vas a ensuciar la ropa.
enchilado (adj.) que sufre de sensación de ardor en la boca por comer algo picante
(verbo: **enchilar / enchilarse**). *Me* ***enchilé*** *con los taquitos que me diste. ¿Qué tipo*
de salsa les pusiste?
enchiloso (adj.) picante
endenantes (adv.) hace poco (usado generalmente por ancianos o gente rústica).
Estaba lloviendo ***endenantes****, pero ahora ya salió el sol.*
endrogarse (v.) llenarse de deudas. *Braulio se* ***endrogó*** *con un* carro *nuevo y tuvo*
que cancelar sus vacaciones a Cancún.
enfadarse (v.) usado a predominantemente como sinónimo de aburrirse. *Ya* ***me***
enfadé *de ver televisión. ¿Vamos a dar una vuelta por ahi?*
enganche (m.) entrada en un préstamo o para pagar por una cosa a plazos. *Di un*
enganche *para el juego de sala que me gustó.*
engentarse (v.) sentir opresión, fastidio o angustia en un sitio donde se encuentra
una multitud de personas. *A Haydée no le gusta ir a los conciertos de rock porque* ***se***
engenta*.* (adj.) **engentado**. *Nos fuimos temprano del bautizo porque mi abuelito ya*
estaba ***engentado****.*
enjuague (m.) acondicionador para el cabello.
enlevado (adj.) absorto, concentrado (en los estados de Colima y Michoacán). *Hice*
de todo para llamar su atención pero él estaba ***enlevado*** *leyendo su libro y ni alzó la*
vista.

M

enlevar (v.) distraer, entretener (en los estados de Colima y Michoacán). *Voy a ver quién me enleva a los niños porque tengo que ir con el doctor.*

enlistar / enlistarse (v.) reclutar / reclutarse. *Como no encontraba trabajo, Maximiliano se enlistó en el ejército.*

enmicar (v.) plastificar una tarjeta o documento credencial. *Mandé enmicar mi credencial de estudiante para que no se me rompa.*

escusado (m.) retrete, WC, "toilette". *Uff, hoy nos toca limpiar los escusados de la escuela.*

estampilla (f.) sello postal (también timbre). *Voy al correo porque ya se me acabaron las estampillas.*

estándar (adj./sust) dicho de automóvil, de transmisión manual de cambios o marchas. *Dora no sabe manejar carros estándar.*

estéreo (m.) sistema de sonido estereofónico. *¿De qué marca es tu estéreo?*

estufa (f.) cocina (aparato con hornillos o fuegos y a veces horno, para guisar alimentos). *Dejaron el gas prendido de la estufa y casi se asfixian.*

F

farándula (f.) conjunto de personajes de espectáculo (bailarinas, cantantes, actores, cómicos, etc.). *Ese fotógrafo se ocupa sólo del mundo de la farándula.*

foco (m.) bombilla de alumbrado eléctrico. *Carlos no sabe ni cómo cambiar un foco fundido.*

fólder (m.) carpeta de cartoncillo (del inglés "folder"). *Guarda tu acta de nacimiento en un fólder para que no se te arruine.*

forma (f.) formulario. *Hay que llenar esta forma para inscribirse a la escuela.*

frenos (m. pl.) aparato corrector dental. *Hay que ponerle frenos a Dania para enderezarle esos dientes.*

frijol (m.) fréjol, judía (legumbre). *Sírveme otro plato de frijoles con queso.*

fuete (m.) látigo. *No me gusta usar el fuete con mi caballo.*

fúrico (adj.) furibundo, furioso. *Samuel se puso fúrico cuando supo que su hermano le había descompuesto la videocámara.*

futbolito (de mesa) (m.) futbolín, juego de mesa con una caja que sirve de campo de futbol y once jugadores que penden de tres travesaños que atraviesan el campo. Los "jugadores" son de madera y están atornillados a la barra de tal modo que sus bases-- o pies--rozan el piso.

G

garra 1) (f.) trapo para limpiar. *Pásame esa garra para sacudir estas lámparas.* 2) (f.) andrajo, harapo. *El viejito iba vestido con puras garras y no lo dejaron entrar al restaurante.*

gasolinería (f.) gasolinera, establecimiento donde se venden carburantes. *La gasolinería que está cerca de mi casa tiene precios muy caros.*

gayola (f.) galería, gallinero o paraíso (parte más alta) de un teatro o cine. *En ese entonces no teníamos dinero ni para comprar boletos para la gayola.*

golpiza (adj.) paliza, sucesión de golpes. *Alfredo se mereció la golpiza que le dieron por insolente.*

M

gotero (m.) cuentagotas. *Usa un **gotero** para darle la medicina al gatito.*
grafitero (sust.) persona que se dedica a pintar grafitos en las paredes con pintura en spray. *Yo conozco a la **grafitera** que hizo esto en tu barda.*
guango / guangoche 1) (adj.) aguado, blando. *Cuando te estrechen la mano, no la pongas **guanga** como pescado muerto.* 2) (adj.) ancho y sobrado, holgado. *¡Fíjate cuánto he adelgazado si este pantalón que me quedaba bien hace un mes ahora me queda **guango**!*
guapango (m.) fandango. *Cuando me siento nostálgica me pongo a escuchar **guapangos.***
guzgo (adj.) glotón, antojadizo. *¡Mariana, cómo eres **guzga**! Nomás me descuidé y te despachaste todo el postre solita.*

H

hablador (adj.) embustero, mentiroso. *¡No seas **hablador**! ¡Yo nunca dije que te iba a pagar las vacaciones!*
hidrocálido (sust./adj.) del estado de Aguascalientes, aguascalentense. *Mi prima es cachanilla como yo, pero sus hijos son **hidrocálidos.***

I

ideático (adj.) (dicho de persona) extravagante. *Max es bien **ideático**, no come si no hay tortillas, aunque se trate de comida china.*
igualado (sust./adj.) irrespetuoso, que se dirige a alguien que se percibe como superior en modo demasiado confianzudo. *¡Martín, no seas **igualado**! A la gente mayor se le habla de "Ud." / Toña es una **igualada**. ¿Oíste cómo le respondió feo a su jefe?*
impuesto (adj.) usado como sinónimo de "acostumbrado". *Estamos **impuestos** a ir a misa todos los domingos, aún cuando estamos de vacaciones fuera del país.*

J

jaiba (f.) cangrejo. *Yo voy a ordenar la ensalada de **jaiba**.*
jalar (v.) tirar, traer hacia sí (*halar*, usado como antónimo de "empujar"). *No, no; **jala** la puerta para abrirla, no la empujes.*
jalonear (v.) agarrar y sacudir o tirar de algo. *No me estés **jaloneando**, mocoso. Ya casi nos vamos. / ¡Deja de **jalonearme** el pelo cada vez que me peinas!*
jarocho (sust./adj.) persona o cosa originaria del estado de Veracruz. *Voy a visitar a mis parientes **jarochos** a Xalapa.*
jerga (f.) sinónimo de trapo de cocina o de limpieza en general. *Esta **jerga** ya está muy gastada; voy a tirarla.*
jolín (adj.) corto, dicho de prendas de tela (en el estado de Durango). *No, este mantel queda muy **jolín**, necesitas uno más largo. / ¿Me queda demasiado **jolina** esta falda?*
jonrón (m.) en el juego de béisbol, cuando un jugador cubre las cuatro bases en su turno, marcando un punto para su equipo (del inglés "home run").
jonronero (sust./adj.) jugador de béisbol que logra muchos jonrones. *El **jonronero** de tu equipo eres tú.*
jugo (m.) zumo. *No me gusta el **jugo** de toronja.*

L

lapicero (m.) portaminas. *No, no traigo sacapuntas. Es que yo uso **lapicero**.*
lentes (m. pl.) anteojos, gafas. *Antes había películas en 3D que podías ver bien sólo poniéndote **lentes** especiales.*
licencia de manejar (loc. sust.) carnet de conducir. *Discúlpeme, agente, pero no encuentro mi **licencia de manejar**.*
licuado (m.) bebida, generalmente a base de frutas, hecha usando licuadora. *Mira: esta receta del **licuado** de plátano te puede servir para tu dieta.*
limpiaduría (f.) sinónimo de tintorería. Ambos términos se usan. *A mí me gusta llevar las blusas a la **limpiaduría** porque así luego no las tengo que planchar yo.*
llanta (f.) neumático, llanta de goma. *Yo solita le cambié la **llanta** a la bici cuando se* ponchó.
llave (f.) usado como sinónimo de grifo. *No tomes agua de la **llave**, que te puedes enfermar.*
lonchera (f.) especie de maletín metálico donde se lleva la comida que se consumirá en la escuela o en el trabajo (del inglés "lunch"). *La **lonchera** de Tito es ésa de Mickey Mouse. / A Roberto se le olvidó la **lonchera** en el taller.*
lonchería (f.) especie de cafetería que ofrece almuerzo, comida del mediodía (del inglés "lunch"). *En la siguiente* cuadra *hay una **lonchería** muy buena. ¿Vamos a comer ahí?*
luchón (adj.) dicho de persona: dinámica, voluntariosa, motivada, que se esfuerza y lucha por superar los obstáculos de la vida. *Martha es trabajadora y muy **luchona**; verás que no se va a hundir por la muerte de su marido.*
lunada (f.) fiesta nocturna al aire libre, generalmente encendiendo una hoguera. *Marcos y Ana se conocieron en una **lunada**.*

M

macana (f.) garrote grueso, cachiporra. *Nos amenazaron con una **macana**.*
macanazo (f.) golpe con garrote. *El* chota *me dio un **macanazo** en la cabeza pero yo alcancé a darle una patada en la rodilla.*
machucar (v.) usado mucho como sinónimo de "atropellar". *El* morrito *se despidió de su amigo con un clásico "que te vaya bien y que te **machuque** un tren."*
maguey (m.) planta de agave, pita. *Hay gente que no sabe que el tequila proviene del **maguey**.*
malecón (m.) calle o paseo costero. *¿Vamos a dar una vuelta al **malecón**?*
malinchista (sust.) persona que prefiere lo extranjero en vez de lo nacional, xenófilo (proviene del nombre de Malintzin, o Malinche, india mexicana que actuó como intérprete y fue amante de Hernán Cortés). *Ubaldo es un **malinchista**: no quiso comprar un pantalón* nomás *porque la etiqueta decía "Hecho en México".*
mameluco (m.) pijama de una sola pieza para bebés o niños pequeños. *¡Qué rápido está creciendo Raulito! Voy a tener que regalar todos sus **mamelucos** porque ya no le quedan.*
manazo (f.) golpe dado con la mano, manotazo. *Su mamá le dio un **manazo** por andar de* igualado.

mancuernillas (f.) gemelos (accesorios para camisas). *Don Braulio es bien anticuado en el vestir; nunca sale sin ponerle mancuernillas a los puños de su camisa.*
manejar (v.) conducir un vehículo. *Xico no maneja si el coche no es de cambio automático.*
manicurista (sust.) manicuro. *Tengo que ir con la manicurista para que me ponga uñas falsas.*
maquila (f.) proceso de una o más fases de la manufactura de un producto por cuenta de una empresa.
maquiladora (f.) fábrica que se dedica a este tipo de manufactura parcial. *En Mexicali hay muchas maquiladoras donde puedes encontrar trabajo.*
marcar (v.) llamar por teléfono. *Márcale a Rebeca y dile que ya llegamos pa' que no esté con pendiente.*
maroma / marometa (f.) voltereta, pirueta, volatín. *Beto le está enseñando al perro a echarse marometas.*
mascada (f.) pañoleta o fular, normalmente de seda. *¡Qué bonita mascada te pusiste para la foto del pasaporte!*
matazón (f.) matanza. *En la clase de historia leímos sobre el Holocausto, la terrible matazón de judíos durante la segunda guerra mundial.*
membresía (f.) calidad de miembro. *Para poder entrar al club primero tienes que tener membresía.*
mesero (sust.) camarero. *Oye, la mesera se equivocó con la cuenta y nos está cobrando por tres sodas cuando ordenamos nomás dos.*
mezquino (m.) usado como sinónimo de verruga (ambos términos se usan). *¿Te salió otro mezquino en la mano?*
mica (f.) documento credencial forrado de plástico (v. **enmicar**). *Lleva a enmicar tu credencial de la secundaria para que no se te estropee.*
mocho 1) (sust./adj.) amputado. *La gata de la cola mocha tuvo un accidente con el ventilador.* 2) (sust./adj.) por extensión, cualquier cosa incompleta, a la que le hace falta algo. *No se ha acostumbrado a los frenos y habla todo mocho.*
mofle (m.) silenciador de motor de vehículo (del inglés "muffler"). *Se le desconchinfló el mofle al camión y ahi venía haciendo un ruidajo.*
molón (sust./adj.) enfadoso, insistente. *La molona de mi hija quiso que le comprara esa muñeca, que luego encontré abandonada en el jardín.*
molote (m.) moño de pelo de las mujeres. Sinónimo de chongo. *Mamá, hazme un molote porque a mí nunca me salen bien.*
mona / mono (sust.) muñeca o muñeco. *Mi hija también tiene colección de monas, pero no son "Barbis".*
monitos (m. pl.) dibujos animados. *Todos los sábados mis hermanos y yo nos poníamos a ver los monitos en la tele.*
moño (m.) corbata "pajarita". *Enderézate el moño, lo traes chueco.*
morete (m.) moretón, cardenal. *No me quise poner falda porque traigo un morete bien feo en la rodilla.*
mormado (adj) voz gangosa por culpa de un resfriado (v. **estar / andar mormado, mormarse**). *¡Ah! ¿Eres tú, Quintín? No te reconocí la voz de lo mormado que andas.*

M

morralla (f.) monedas de poco valor (siempre en singular). *El viejito me pagó por la comida con pura morralla.*

N, Ñ

nalgón (adj.) de nalgas prominentes. *No podemos compartir la misma silla, con lo nalgona que eres; ve búscate otra.*

nana (f.) nodriza, niñera. *No tengo con quién dejar a mis hijos porque se enfermó la nana.*

nevería (f.) heladería, negocio donde se venden helados. *La tienda de Ubaldo está entre una nevería y una lavandería.*

ni modo (frase) no hay manera, es imposible. *Ni modo, hoy no voy a la universidad-- me duele demasiado la cabeza.*

nieve (f.) helado (comestible). *Yolanda y Fede fueron a comprarnos unas nieves.*

nina / nino (sust.) padrino, madrina (*en el estado de Sinaloa, abuelo / abuela).

nomás 1) (adv.) solamente. *Cómprelo, seño; nomás cuesta dos pesos.* 2) partícula que añade énfasis a la oración. *¡Ve nomás cómo te ensuciaste en el ratito que me descuidé!*

nota roja (f.) sección policíaca de un diario. *Las noticias de la nota roja son las "sociales de los pobres."*

O

ocupar (v.) necesitar (usado generalmente por personas con bajo nivel escolástico). *Ocupo un pedazo de papel. ¿Me das una hoja de tu cuaderno?*

orzuela (f.) horquilla que se forma en la extremidad del cabello. *Tienes mucha orzuela, ve a que te corten el pelo.*

overol (m.) mono, traje de faena de una sola pieza que se pone encima de la ropa para protegerla (del inglés "overall"). *El "Mostachón" es ése que trae el overol de mecánico.*

P

paleta (f.) caramelo o helado montado sobre un palo (polo). *¡Papi, cómprame una paleta!*

paletería (f.) heladería especializada en la venta de paletas. *Mi paletería favorita se llama "La flor de Michoacán."*

pánel (f.) furgoneta usada ya sea para transportar material que como vehículo de recreación. *Cuando tenía la pánel me gustaba llenarla de mis amigos para irnos a la playa.*

panteón (m.) cementerio. *No me gusta quedarme a dormir en casa de mis tíos porque viven cerca de un panteón.*

papa (f.) patata (de origen quechua). *Estás así de gordo de tantas sodas y papitas que te tragas.*

papel tapiz (loc. sust.) papel pintado (para las paredes).

parado (adj.) de pie, derecho, levantado. *"¡No sé los muchachos de hoy qué le ven de bonito a llevar las greñas paradas como puercoespín!" exclamó doña Aurelia, disgustada.*

pararse (v.) ponerse de pie, levantarse de la cama. *El joven se paró para darle el asiento a la señora embarazada. / Me estoy muriendo de sueño porque hoy me paré a las cinco.*
parquear (v.) aparcar, estacionar un vehículo. *Me cae de a madre que parqueen las motos en la calle y ocupen el espacio de un carro.*
patrulla (f.) vehículo de la policía para vigilancia pública. *La patrulla estaba escondida detrás del cartel publicitario para que los policías vigilaran el tráfico sin ser vistos.*
pegoste (m.) pegote, cosa pegajosa adherida a algo. *Traes un pegoste en el codo, parece que es una etiqueta.*
peleonero (sust./adj.) agresivo, belicoso, picapleitos. *Mi hijo siempre se anda metiendo en problemas en la escuela porque es muy peleonero.*
pena (f.) vergüenza. *Me dio mucha pena cuando invité una amiga a tomar un trago y luego a la hora de pagar tuvo que prestarme dinero ella porque olvidé mi cartera.*
perrilla (f.) orzuelo, granillo que nace en el borde de los párpados. *Me salió una perrilla, voy a la farmacia a ver si me dan una pomada.*
pichel (m.) jarra para servir agua u otras bebidas. *Para empezar, ordenamos un pichel de cerveza y algo para picar.*
pilón (m.) añadidura, adehala, regalo que se da además de lo adquirido en una compra. *Ya no se acostumbra dar pilón cuando se vende algo.*
pipa (f.) camión cisterna. *Por fin llegó la pipa a distribuir agua al pueblito.*
plagio (m.) usado también como sinónimo de secuestro de persona. (verbo: **plagiar**) *¿Supiste que plagiaron al hijo del vicepresidente?*
platicar (v.) relatar, contar una historia. *A ver, platícanos de tu viaje a Irlanda. ¿Cómo te fue por allá?*
playera (f.) camiseta de manga corta sin cuello. *Me regalaron una playera promocional los de esa estación de radio.*
pleitero (sust./adj.) pleitista, belicoso, revoltoso, litigador. *Simón quiso estudiar leyes porque tiene alma de pleitero.*
plomero (m.) fontanero. *Hay que llamar al plomero porque no soporto que se tire tanta agua.*
pluma (f.) bolígrafo. *Se le acabó la tinta a esta pluma; ¿tienes una que me prestes?*
pluma fuente (f.) pluma estilográfica. *Me encanta escribir con pluma fuente, se ve más elegante.*
plumón (m.) bolígrafo con punta (generalmente gruesa) de fieltro, rotulador. *Dame el plumón pa' anotar el contenido de esta caja.*
ponchar 1) (v.) perforar (del inglés "to punch"); **poncharse** (v.) sufrir un pinchazo un neumático de vehículo. *El acto de vandalismo más común en este barrio es el de ponchar llantas.* 2) (v.) en el juego de beisbol, cuando un jugador pierde su turno y es eliminado después de no conectar con la pelota. *Se deprimió porque lo poncharon dos veces en el mismo partido.*
prender (v.) encender. *No prendas la tele, que vas a despertar al niño.*
pringar (v.) lloviznar. *Ya está pringando, mejor llévate el paraguas.*
profesionista (sust.) profesional con título académico superior. *La mamá de Araceli quiere que su hija salga sólo con jóvenes profesionistas.*

M

Q

quemador (de CD o DVD) (m.) aparato grabador (traslación literal del inglés informático *burner). Mi sistema es viejo y no tiene **quemador**.*

quequi (m.) (del inglés "cake")--habla infantil-- torta o tarta. *Clarita quiere que le hagan un **quequi** de chocolate para su cumpleaños.*

quien quita (frase) ojalá. *Quien quita y este año me dan un aumento de sueldo.*

R

rabón (adj.) palabra usada generalmente por personas rústicas, como sinónimo de corto, especialmente refiriéndose a la ropa. *Esa falda ya te queda **rabona**.*

rancho (m.) granja donde se crían caballos o ganado. *Hernán sabe montar muy bien a caballo: creció en un **rancho**.*

raspado (m.) refresco hecho con hielo granizado. *La primera vez que probé un **raspado** con sabor a capuchino fue en el puesto de Mireya.*

rastrillo (de rasurar) (m.) instrumento manual con navaja para rasurar, maquinilla de afeitar. *¿No tienes un **rastrillo** desechable que me regales? Siempre se me olvida empacarlos en los viajes.*

rasuradora (f.) máquina eléctrica de rasurar, afeitadora. *Esta navidad me regalaron dos **rasuradoras**.*

rayonear (v.) rayar sin arte, tachar o arruinar una superficie con un instrumento de escritura. *Cuando me di cuenta, mi hermanito de tres años ya me había **rayoneado** la foto.*

reborujadero (m.) conjunto de cosas revueltas. *¡Te dije que me buscaras las tijeras, no que me hicieras un **reborujadero** en el escritorio!*

reborujar (v.) revolver. *Walter sabe **reborujar** las cartas como si trabajara en un casino.*

recámara (f.) dormitorio, habitación. *Se oían ruidos raros desde la **recámara**, pero la puerta estaba cerrada con llave.*

recargarse (v.) apoyarse. *No te **recargues** en la mesa porque la acabo de encerar.*

refundir (v.) poner una cosa profundamente dentro de algo, encajar. *Encontré un billete de mil pesos **refundido** en el cajón de los calcetines. / Miguel faltó al taller hoy y a mí me **refundieron** todo su trabajo pendiente.*

regadera (f.) ducha. *Estaba bajo la **regadera** cuando oí que tocaron el timbre.*

regaderazo (m.) duchazo. *Deja nomás me echo un **regaderazo** y nos vamos.*

regalía (f., usado más en el plural) porcentaje de una suma concedido a un autor por la venta de su obra. *Decidí no publicar mi libro con esa editorial porque las **regalías** que ofrecen a los autores son bajas.*

rejego 1) (sust./adj.) huraño. *Te apuesto que Fidel no va a querer ir a la fiesta. Es un **rejego**.* 2) (sust./adj.) rebelde. *La hija de Elsa es bien **rejega**; anda metida en drogas.*

remate (m.) sinónimo de subasta. *Conseguí esta moto bien barata en un **remate**.*

rentar (v.) sinónimo de alquilar, arrendar (f. **renta**: alquiler, arrendamiento). *Rentamos un apartamento pero luego vamos a comprarnos una casa.*

resbaladero (m.) tobogán, deslizadero. *Cuando vamos al parque, Cinthia y Vale siempre quieren subirse al **resbaladero**.*

M

resortera (f.) tirachinas, horquilla con tira elástica usada para lanzar piedras. *Mi hijo casi pierde un ojo cuando un amigo le tiró una piedra con una resortera.*

rin 1) (m.) llanta (parte metálica de la rueda, sobre la cual se monta el neumático). *Le acabo de comprar rines nuevos al carro.* 2) (m.) cuadrilátero de boxeo o lucha libre (del inglés "ring"). *Toda la gente empezó a gritar cuando los luchadores subieron al rin.*

rollo (m.) carrete (de película). *Tengo que llevar a revelar los rollos de las fotos que tomé en las vacaciones.*

rosticería (f.) negocio donde se asan y venden pollos. *No tenía ganas de cocinar, así que me fui a comprar un pollo a la rosticería de la esquina.*

rostizar (v.) asar, cocer al horno. *En la receta dice que hay que usar un platón para rostizar con una rejilla para recoger el jugo.* (adj.) **rostizado.** *Me quedé dormido en la playa y quedé como pollo rostizado.*

ruidajo (m.) ruido exagerado, muy molesto. *Los muchachos estaban haciendo un ruidajo en el cuarto y mi papá tuvo que ir a callarlos.*

S

saco (m.) chaqueta. *Lleva saco porque tal vez más tarde haga algo de frío.*

salón (f.) palabra usada con acepción de aula escolar. Por extensión, clase, conjunto de estudiantes que reciben el mismo grado de enseñanza o asisten al mismo curso. *Ileana es la más trucha del salón.*

seguido (adv.) a menudo. *Seguido lo veo con una morena.*

siempre no locución que expresa cambio de plan. *Los García siempre no van a ir a Cuba este año.*

simple (adj./sust.) pueril, ridículo (en el norte del país). *El simple de Ignacio se ofendió porque le dije que parece que engordó desde la última vez que lo vi.*

sink / sin (m.) fregadero (del inglés "sink"). *Haydee tenía el sin repleto de trastes sucios.*

sudadera (f.) camisa de punto, de manga larga, para hacer deporte o gimnasia. (traducción de "sweatshirt"). *César nunca se quita esa sudadera vieja.*

suéter (m.) jersey (del inglés "sweater"). *Mi hermana me regaló un suéter que antes era suyo.*

surfear (v.) practicar el deporte de surf. *¿Vamos a surfear el domingo?*

T

tambache (m.) bulto, fardo (voz de origen tarasco). *El niño hizo un tambache de sus pertenencias y huyó de su casa.*

tambo (m.) tonel de lámina para guardar líquidos. *Atrás de la casa había un tambo donde se conservaba el agua.*

tambora (f.) conjunto musical típico del estado norteño de Sinaloa. *Cuando ando en punto pedo me da por oír música de tambora.*

tapatío (sust./adj) originario de Guadalajara, Jalisco, o del estado de Jalisco. *¿Sabías que Carlos Santana es tapatío?*

tardeada (f.) evento en un salón, generalmente frecuentado por adolescentes, donde se va a bailar en horario de la tarde en vez de nocturno, normalmente terminando mucho antes de medianoche (en desuso).
tarea (f.) deberes escolásticos. *De* **tarea** *me dejaron investigar el papel que desempeña la jerga dentro de los idiomas.*
tatemar (v.) asar a fuego vivo. *En esta receta primero hay que* **tatemar** *los tomates y luego pelarlos.*
tenis (m.) zapatillas deportivas. *Dejé los* **tenis** *aquí al lado del sofá y ahora falta uno. ¿Lo agarraría el perro?*
testerear (v.) mover algo de su lugar con un golpe o manotada. *El gato anduvo* **testereando** *el mantel, haciendo caer los vasos de la mesa.*
timbre (m.) sello postal. *A esta carta le hace falta un* **timbre** *de diez centavos.*
tiradero (m.) desorden. *No quiero que me vengas a hacer el* **tiradero** *de siempre en la cocina con tus experimentos culinarios.*
tlapalería (f.) tienda de pinturas, droguería. *Ve a la* **tlapalería** *y cómprame un litro de solvente.*
tomacorriente (m.) toma de electricidad, dispositivo donde se enchufan los aparatos que funcionan con la electricidad. *No ponga el mueble allí porque luego tapa el* **tomacorriente**.
tomatillo (m.) tomate verde de cáscara (en el norte del país). *La salsa de* **tomatillo** *es mi favorita.*
toque (m.) descarga o sacudida eléctrica. *Me dieron* **toques** *cuando tenté la silla.*
torta (f.) especie de emparedado hecho con pan estilo francés.
tosijoso (adj.) tosegoso, que padece de tos. *¿Ya ves? Por no ponerte la bufanda ahora andas todo* **tosijoso** *y te duele la garganta.*
traje de baño (loc. sust. m.) bañador.
trapeador (m.) utensilio para fregar pisos. *Pásame el* **trapeador** *y la escoba, que se me acaba de caer el florero al piso.*
trapear (v.) fregar el suelo. *Odio* **trapear** *en el invierno porque el piso se tarda un montón en secarse.*
triate (sust.) trillizo (cada uno de los tres hermanos nacidos de un mismo parto). Un grupo de trillizas--compuesto por sólo hembras--son **triatas**. *Valentina tuvo* **triates** *y dice que ya no sabe qué significa "dormir".*
tronar (v.) estallar. *Por suerte no había nadie cerca cuando* **tronó** *el tanque.*
tuna (f.) higo chumbo, fruto del nopal. *¡Qué bonitas esas* **tunas**, *de todos colores!*

U

ultimadamente (adv.) en conclusión, a final de cuentas. *Y* **ultimadamente**, *¿Por qué te mortificas si desapareció dinero de la caja si ni fuiste a trabajar ese día?*

V

velador (m.) vigilante nocturno. *Abraham duerme de día porque de noche trabaja como* **velador**.

M

velís (m.) maleta de mano (probablemente del francés "valise"). *Me bajé del taxi corriendo cuando llegué al aeropuerto con las prisas para no perder el vuelo, y olvidé mi velís en el taxi.*

velorio (m.) velatorio (acto de velar un difunto). *Me deprimen los velorios. Cuando yo muera, quiero que hagan fiesta.*

voltear 1) (v.) girar la cabeza. *Te estoy llame y llame y tú ni volteas.* 2) (v.) poner al revés, boca abajo o lo de dentro fuera. *A ver, voltéate las bolsas del pantalón a ver si es cierto que están vacías.*

vuelto (m.) vuelta, lo sobrante de dinero que se devuelve en una compra. *Se equivocaron con el vuelto, mira: me dieron diez pesos de más.*

Y

yerbería (f.) herboristería, tienda donde se venden plantas medicinales. *Ve a la yerbería de la esquina y diles que quieres 100 gramos de epazote.*

yerbero (sust.) herbolario, vendedor de plantas medicinales. *El yerbero me dijo que pusiera a hervir estas hojitas y me tomara el agua como un té.*

Z

zafar (v.) dislocarse un hueso (adj. **zafado**). *Con la caída se le zafó un hombro.*

zancudo (m.) mosquito. *¡Cierra la puerta que estás dejando entrar a los zancudos!*

zapeta (f.) taparrabo del traje típico de los indígenas Tarahumara; por extensión, pañal (en el norte del país). *Cámbiale la zapeta a Pedrito. Por el olor se me hace que anda zurrado.*

zíper (m.) cremallera, cierre (de "zipper"). *¡Súbete el zíper del pantalón, bróder, que estás dando show!*

zócalo (m.) plaza principal de un poblado. *Hubo otra manifestación de protesta en el zócalo, esta vez de feministas.*

zorrillo (m.) mofeta (el mamífero). *¡Uff! ¿Qué pasó aquí? ¡Huele a puro zorrillo!*

315

JERGA DE NICARAGUA

A

a la zumba marumba (loc. adv.) alocadamente, rápidamente. *Olvidé la bolsa en la mesa porque salimos a la zumba marumba de la casa.*
a medio palo (loc. adj.) inconcluso. *Dejé el juego a medio palo porque me aburrí.*
a precio de guate mojado (frase) barato. *Vengan, les vendo esta ropa a precio de guate mojado.*
a tuto (loc. adv.) a cuestas. *Llevaban el cajón a tuto entre dos hombres.*
acavangado (adj.) triste. *Teresa está acavangada porque se le murió su gato.*
al ruido de los caites (frase) en modo prematuro, a la primera señal. *El niño corrió a esconderse al ruido de los caites.*
alunado (adj) enojado, de mal humor. *No te acerques a Hernán, que anda alunado.*
amocepado (adj.) tonto. *Sos demasiado amocepada, Josefina! ¿No te dije que cuidaras el guisado? ¡Está todo quemado!*
ajambado (adj.) tonto. *Este Ricardo es ajambado, nunca hace bien las tareas.*
arreado (adv.) de prisa. *Véndame unos sobres rápido que ando arreada. / En la clase de matemáticas nos llevan arreados.* (v.) **arrear:** apurar
arrecho (adj.) enojado, molesto. *María está arrecha conmigo porque olvidé que era su cumpleaños.* (v.) **arrecharse.**
arrechura (f.) rabia, enojo. *Estoy con una arrechura... se me rompió una lámpara mientras limpiaba.*

B

babosada (f.) estupidez, disparate. *Ya no digás babosadas, si no sabés nada sobre el tema, mejor quedate callado.*
bacanal (m.) fiesta. *Conocí a un puertorriqueño en el bacanal de anoche.*
balurde 1) (adj.) de mala calidad. *Ese tipo de carro es balurde, siempre necesita reparaciones.* 2) (adj.) aburrido. *No hay que ser balurdes, vámonos a bailar.*
basuquero (m.) alcohólico. *Javier perdió su trabajo porque es un basuquero.*
bayuncada (f.) grosería, falta de respeto. *Es una bayuncada que no saludes a tus tías.*
bayunco (sust.) persona grosera, brusca. *En esa oficina trabajan muchos bayuncos.*
bemba 1) (f.) hocico, jeta. 2) (f.) labios protuberantes, gruesos. *¡Qué bemba traés! ¿Quién te pegó?* (adj.) **bembón.** *Será muy bonita la tal Angelina Jolie, pero a mí no me gustan las mujeres tan bembonas.*
bicha (f.) cerveza. *Con este calor se antoja unas bichas bien frías.*
birria (m.) cerveza. *¿Quién me robó las birrias que dejé en el refrigerador?*
bolenca (f.) borrachera. *Anoche Nicolás traía una bolenca bien sabrosa.*
bolo (sust./adj.) borracho. *Armando anda bolo y no quiere irse a dormir.*
boludo (sust.) haragán, perezoso. *Levantate y ayudame, no seás boludo.*
bote (m.) cárcel. *Metieron al bote al "Pando" por asaltar una farmacia.*
búfalo (adj.) bueno, maravilloso, excelente. *¡Qué búfalas están estas fotos!*

316

C

cacharse (v.) robar, usado generalmente por los niños. *Tito se **cachó** una manzana de aquel puesto de frutas.*

cachos (m. plural) infidelidad a la pareja. *A Eduardo le pusieron los **cachos** con el electricista.*

canilla (f.) pierna. *¡Mirá qué **canillas** tan flacas tiene esa <u>chavala</u>!*

cantimplora (m.) hombre homosexual. *Estoy segura que todos los estilistas de moda son **cantimploras.***

chavalo (sust.) niño, muchacho. *Los **chavalos** estaban jugando con las herramientas del electricista.*

chele (sust./adj.) persona, ya sea nacional o extranjera, de piel, cabello y / o ojos claros. *Es raro ver a un **chele** viajando en bus. / El conflicto contra los **cheles** franceses duró 18 años.*

chinear (v.) cargar a una persona, generalmente a niños pequeños. *Mamá, **chinéame.***

chirivisco (adj.) eufórico, inquieto. *Patricia anda **chirivisca**. ¿Qué le pasa?*

chiva (adj.) de cuidado, peligroso. *Ese barrio es **chiva**, no vayan solas por ahí.*

churro (m.) cigarro de marihuana. *Ese día Viviana se fumó el primer **churro** y desde entonces ya no paró.*

cocheche (m.) hombre homosexual. *Dicen que ese actor es un **cocheche**.*

colgar los tenis (v.) morir. *¡Pobre don Pablo, ya **colgó los tenis**!*

confite (m.) caramelo, dulce. *A Marcela le encantan los **confites** con sabor a fresa.*

coyote 1) (sust./adj.) aprovechado. *¡Qué **coyote** sos, te acabaste mi botella de ron!* 2) (sust.) persona que vende dólares en la calle. *Vamos a cambiar este dinero donde los **coyotes**.*

coyotear (v.) sacar provecho de algo o alguien. *Pablo vino a la fiesta a **coyotear** la comida.*

cuecho (m.) chisme. *Te tengo un **cuecho** tremendo sobre tu cuñada...*

culear (v., vulgar) tener relaciones sexuales.

culo / culito (m., vulgar) mujer, genéricamente. *Conocimos a unos **culitos** en la discoteca.*

D

de Boaco (loc. adj.) ingenuo, despistado (Boaco es un pueblo a 88 km de Managua). *¿Sabías que mañana es día de fiesta y no se trabaja? --¿Vos creés que soy **de Boaco**? ¡Claro que lo sé!*

dejado (sust./adj.) torpe, sin habilidad. *Matilde es una **dejada**, no sabe enhebrar el hilo en la aguja.*

despelote (m.) caos, desorden, lío. *Hubo un **despelote** en el supermercado cuando se derrumbó una pirámide de latas de verduras.*

dundo (sust./adj.) tonto. *Estas instrucciones hasta un **dundo** las entendería.*

E

echar(le) un ojo (a algo) (loc. v.) observar, cuidar, estar de guardia. ***Échenle un ojo** a mi bici mientras entro a la tienda a comprar los dulces.*

echarse un pelón (loc. v.) tomar una siesta. *Juan se echa un pelón todas las tardes.*
echarse la papa (loc. v.) ganar mucho dinero. *Pablo se está echando la papa con ese trabajo nuevo.*
empericuetarse (v.) arreglarse una persona con profusión y esmero (adj. **empericuetado**). *La Silvia se está empericuetando para salir con Rafael.*
en el once (loc. adv.) a pie. El número se refiere a las dos piernas, aludiendo irónicamente a alguna ruta de autobús. *¿En qué te vas a tu casa? ---En el once.*
enchichado (adj.) enojado (verbo: **enchichar**). *Me tiene enchichado esta tarea--es mucho trabajo.*
entotorotar (v.) entusiasmar, animar. *Ya vienen a entotorotar a Clara para ir al cine.* (adj.) **entotorotado**. *Flor anda entotorotada con la fiesta.*

F
fax (m.) chisme. *En el pueblo está circulando un fax sobre mis vecinos.*
forrarse (v.) ser afortunado, tener suerte. *Marcelo se forró con el trabajo nuevo que consiguió.*
fufurufo (sust./adj.) vanidoso, presumido. *Ahi anda Leti bien fufurufa con el vestido que le regalaron para su graduación.*

G
goma (f.) malestar físico después de una borrachera. *No hagás ruido, que estoy de goma. / Dicen que el consomé es bueno para curar la goma.*
gringo (sust./adj.) de Estados Unidos. *Moisés conoció a unas gringas en la plaza y las llevó a su casa. / La tecnología gringa está avanzando mucho.*
Gringolandia (f.) Estados Unidos. *Cada vez que Román va a Gringolandia, compra software nuevo.*
guachimán (m.) guardia, vigilante (del inglés "watchman"). *Oigan bien: ustedes distraen al guachimán mientras yo entro por la puerta de atrás...*
guanacada (f.) tontería. *Sólo guacanadas escriben en ese periódico.*
guanaco (sust./adj.) tonto. *Esas dos niñas son demasiado guanacas; siempre vienen a quejarse que los demás las maltratan.*
 guapachoso (adj.) de ritmo tropical, alegre. *La música era bien guapachosa y toda la gente estaba bailando.*
guaro (m.) cualquier bebida alcohólica. *Vamos, te invito a tomar un guaro.*
guatusa (f.) ademán grosero hecho con la mano. *Se despidió de ellos con una guatusa.* (loc. v.) **hacer la guatusa**: fingir, ser hipócrita. *Mi suegra me hace la guatusa.*
guatusero (sust./adj.) falso, hipócrita. *Rafael es un guatusero, trata bien a la gente sólo cuando le conviene.*

H
hacer el mandado (loc. v.) tener relaciones sexuales. *A la Rosa ya le hicieron el mandado.*
huevera (f.) pereza (pronunciado como "güevera"). *Tengo huevera de estudiar matemáticas.*

I

improsulto (adj.) hediondo, apestoso. *El niño vomitó a su madre y la dejó improsulta.*

indio (sust./adj., despectivo) ignorante, inculto, maleducado, de mal gusto (a menudo usado como insulto). *Te ves bien india con ese peinado, mejor cambialo. / No seás indio, ¡saludá a tu padrino!*

ipegüe (m.) añadidura, adehala, regalo que se da además de lo adquirido en una compra. *Ni creas que Don Pepe te va a dar ipegüe sólo porque le vas a comprar todo eso en su tienda.*

J

jayán (sust.) persona grosera, brusca. *¡Esos jayanes se comportan peor que los animales!*

jinchada (f.) vulgaridad, grosería. *Sólo jinchadas hablás vos.*

jincho (sust./adj.) persona u objeto vulgar, ordinario, de baja calidad. *Parecés jincha con ese vestido. / Esos zapatos son jinchos, no los compres.*

josear (v.) en el ambiente beisbolero, esforzarse mucho para obtener un buen resultado. (del inglés *hustle*) *La mejor manera de sobresalir en el beis es joseando.* (adj./m.) **joseador**: jugador voluntarioso, motivado, resuelto). *Él era un jugador versátil, carismático y un gran joseador.*

jugado de cegua (loc. adj.) incapaz, poco diestra. *Graciela parece jugada de cegua en la cocina--no sabe ni hervir agua.*

L

lagarto (sust.) persona abusiva, especialmente vendiendo mercancía a precios caros. *En esa tienda son unos lagartos.*

loquera (f.) locura. *Le dio la loquera y se puso a pintar toda la casa de color morado.*

M

maje 1) trato entre amigos. *Maje, nos vemos más tarde.* 2) (sust., despectivo) individuo, persona. *Esa maje me cae mal.*

maldoso (sust./adj.) persona con malas intenciones o mal pensada. *El maldoso de Rufino algo anda tramando: de repente anda muy zalamero con la hija del jefe.*

mamacita (f.) mujer muy bella, impactante (también **mamasota**). *¿De 'onde sacaste las fotos de esas mamasotas que pusiste en tu página?*

mamplora (f.) hombre homosexual. *Mi decorador es una mamplora.*

mano peluda (f.) manipulación. *Dijeron que los documentos importantes que estaban archivados en esa computadora se borraron por culpa de un virus, pero muchos creen fue cosa de mano peluda.*

marca diablo (loc. adj.) muy grande, fuerte o impactante. *El doctor me dijo que traía una infección marca diablo y que me iba a recetar medicina para curarme.*

mariposón (m.) hombre afeminado. *Aquel peluquero es un mariposón.*

marujo (m.) hombre homosexual.

mechudo (sust./adj.) greñudo, de pelo largo y desordenado. *El "Perequero" es un mechudo que toca la guitarra y se viste siempre de negro.*

319

N

mentar a la madre / mentarla (loc. v.) insultar a la madre. *Alguien se la mentó y se armó la bronca.*

merol (m.) comida. *Nos acabamos todo el merol que había en casa de Silvia.*

m'hijo / mijo / mijito (sust.) trato de confianza entre personas. *Mija, llamame más tarde que ahora estoy bien ocupada.*

mocoso (sust.) niño (despectivo). *Me vas a tener que pagar el vidrio que tus mocosos me rompieron jugando con la pelota.*

mocho (sust./adj.) amputado. *¡Pobre perro, tiene una pata mocha!*

moler (v.) no pasar un examen, quedar suspendido. *Me molieron en la prueba de álgebra.*

N, Ñ

ni chicha ni limonada (frase) ni una cosa ni otra. *Juan no es ni chicha ni limonada: ni conservador, ni liberal.*

O, P

pacha (f.) biberón. *Voy a prepararle una pacha a Miguelito.*

pachanga (f.) fiesta, celebración. *Hay pachanga en la playa esta noche.*

pacuso (m.) mal olor corporal (combinación de las primeras sílabas de pata, culo, sobaco). *Ese cine de mala muerte siempre tenía un pacuso inaguantable.*

paracaidista (sust.) persona que se presenta a un sitio sin ser invitada. *Hace una semana que llegaron a mi casa unos paracaidistas, parientes de mi mujer. / Me cayeron dos paracaidistas el mes pasado.*

pata (f.) influencia. *Pedro tiene pata con el alcalde; seguro encuentra trabajo.*

pato (m.) hombre homosexual.

pegue (m.) trabajo, empleo. *Quiero encontrar un pegue mejor pagado.*

pencón (adj.) valiente, fuerte. *Vladimir es pencón, nadie le gana en la lucha libre.*

peni (f.) cárcel (acortamiento de *penitenciaría*). *Hilda iba a la peni cada semana a ver a su marido.*

perico (sust./adj.) torpe, poco hábil, sobre todo para conducir. *Me tocó un perico en la carretera y casi choco por su culpa.*

picado (sust./adj.) borracho. *Cuando José Luis anda picado, ni quien lo aguante. / Los amigos de Ernesto son todos unos picados.*

piedra (f.) la droga crack, derivada de la cocaína. *Mis hijos dejaron los estudios y se pusieron a fumar piedra.*

pinche (adj.) tacaño, avaro. *¡Cuánto sos pinche! ¡No le llevaste ni flores a tu tío en su funeral!*

pipona (adj.) embarazada. *La Adriana está pipona; ya hasta le dijeron que va a ser niña.*

platanazo (m.) hombre homosexual (habla pandillera). *El bar estaba lleno de platanazos.*

playo (f.) prostituta. *Anoche la policía hizo una redada y se llevó a todas las playos que trabajaban en este barrio.*

profe (sust.) profesor. *¿Que andás coqueteando con el profe de biología?*

Q

qué onda (frase interrogativa) puede ser un saludo, o se puede usar para preguntar qué ha sucedido. *¿Qué onda, ya estás lista para ir al baile?*

quemar las canillas (loc. v.) ser infiel a la pareja, generalmente al marido. *Rosaura le quema las canillas al marido.*

R

rabo verde (loc. sust. m./adj.) hombre maduro que se dedica a cortejar mujeres jóvenes. *Ese profesor es un viejo rabo verde: el otro día lo oí cuando invitaba a salir a una de sus alumnas.*

real (m.) unidad monetaria nicaragüense, córdoba (pronunciado como "rial"). *Se necesitan muchos reales para poder comprar una casa aquí.*

rebanar (v.) hacer una broma, tomar el pelo, engañar. *¿Lo que me estás diciendo es cierto o me estás rebanando? / A Marcos le encanta contar disparates sólo por rebanar a sus amigos.*

reparisto (sust.) detallista, persona meticulosa. *Paula es una reparista, nada se le escapa.*

retrechero (sust.) pleitista. *No te les acerques a ésos porque son unos retrecheros.*

S

salado (adj.) desafortunado, con mala suerte (con los verbos ser / estar / andar). *El pobre de Pancho está bien salado; se acababa de comprar un carro nuevo cuando se estrelló.*

salvaje (adj.) bueno, maravilloso, excelente. *La película que estrenaron ayer en el cine está salvaje. / Ese anillo que traes es salvaje.*

sucursal 1) (f.) amante. *Pobre Javier... se peleó con la sucursal y su mujer lo corrió de la casa.* 2) (f.) sitio donde se llevan a cabo encuentros extraconyugales. *Roberto no fue a dormir a su casa... seguro está en la sucursal.*

T

tamal (invariable en género) ladrón. *Anoche entró un tamal en casa de los Duarte.*

tamalear (v.) robar. *No dejen que les tamaleen la mercancía.*

tapudo (sust.) persona mentirosa. *Ese maje es un tapudo, dice que viaja todos los años fuera del país. / La tapuda de Teresa anda con el cuecho que su jefa es lesbiana.*

tayacán (sust.) cabecilla, líder. *Joaquín es el tayacán del barrio.*

tierno (sust.) bebé. *¿Cómo se llama tu tierno?*

tistear (v.) matar. *Dijeron en las noticias que habían tisteado a unos turistas en Egipto.*

tortillera (f./adj.) lesbiana, mujer homosexual. *Todo el mundo ya sabe que esa actriz es tortillera. Lo confesó en una entrevista por televisión.*

trago (m.) copa o vaso de bebida alcohólica. *A Efrén se le cayó el trago encima y aparte le mojó la falda a Ceci.*

traido (sust.) pleito viejo, discordia familiar. *Hace más de cien años que inició el traido entre los Fernández y los Morales.*

N

tuanis 1) (adj.) muy bueno, bonito, excelente. *Este pantalón te queda tuanis.* 2) (adv.) muy bien. *Te quedó tuanis el dibujo que hiciste del profe.*
tuerce (m.) mala suerte. *Fue un tuerce que vos no ganaras el premio. Te lo merecías. / Gema esperó tanto tiempo para casarse, y tuvo el gran tuerce que cuando lo hizo, su marido le salió borracho y haragán.*

U

un indio menos, un bocado más (frase) expresa la idea que si hace falta alguien a la hora de una repartición, es mejor porque a los demás les toca más. *Ya no vino Alberto--mejor así--un indio menos, un bocado más.*

V, X, Y, Z

vacilar (v.) engañar, tomar el pelo. *Me quisieron vacilar tratando de venderme un celular con el interior vacío.*
vaina (f.) fastidio, molestia, dificultad. *Me pasó una vaina; fíjate que se me rompió la botella del aceite en el camino a la casa.*
valer (v.) no importar. *Nos vale que estés cansado, ¡tenés que ir a trabajar!*
vista gorda (loc. sust. f.) con la locución verbal "hacerse de la" y a veces con el pronombre "hacerse el / la / los / las de la", fingir no darse cuenta de algo. *Los llamados a ejecutar las leyes se hacen de la vista gorda cuando alguien de su partido las viola.*
volado (m.) favor. *Roque, haceme un volado, prestame dinero....*
volarse (v.) matar. *Se volaron a Don Andrés mientras iba por la calle.*
voltearse la tortilla (loc. v.) ser homosexual. *A Valentín se le voltea la tortilla.*

TÉRMINOS DE ORIGEN NAHUA USADOS EN EL HABLA COTIDIANA

C

camote (m.) batata. *Mi tía hace un dulce de camote bien rico.*
chile (m.) pimiento, ají. *No me gusta la comida con tanto chile.*
chompipe (m.) pavo. *En el corral había un par de chompipes y varias gallinas.*

G

guatusa (f.) coatí.

M, N, O

mecate (m.) soga, cuerda, riata. *Alcanzame el mecate para atar esta leña.*
papalote (m.) insecto, paloma nocturna. *Los papalotes revoloteaban alrededor de la lámpara encendida.*
pepenar 1) (v.) recoger objetos, uno por uno, de una superficie. *Ví a un niño pepenando el arroz que habían arrojado en una boda.* 2) (v.) encontrar algo después de rebuscar.

Z

zacate (m.) hierba, pasto. *No te sientes en el zacate; está mojado.*

zaguate (m.) perro callejero, de raza mixta. *Yo quiero tener un rottweiler, no un zaguate cualquiera.*
zopilote (m.) buitre americano. *Tuve que espantar a los zopilotes para poder entrar a tu casa. ¿Te sentís mejor o seguís con fiebre?*

AMERICANISMOS Y / O NICARAGÜEÑISMOS

A
andar (v.) usado a menudo en vez de traer, ir, tener. *¿Quién anda cámara?* (trae) / *No me siento bien; ando alergia.* (tengo).
antier (adv. de tiempo) anteayer. *Antier fue mi cumpleaños y nadie de mi familia se acordó.*
aplazar (v.) usado con acepción de suspender o reprobar en un examen o curso académico. *¡A Marco lo volvieron a aplazar en química!*

B
barrilete (m.) cometa (juguete). *Vamos a la playa a hacer volar estos nuestros barriletes.*
básquet / basquetbol (m.) baloncesto. *¿Quién es el jugador más alto de tu equipo de básquet?*
botadero (m.) basurero, vertedero, lugar donde se tira la basura. *Descubrieron un botadero clandestino en una zona residencial.*
brasier (m.) sostén, prenda de vestir femenina para sujetar el pecho (del francés brassière). *En los años 60 las mujeres quemaban sus brasieres en señal de protesta.*

C
cacho (m.) cuerno de toro, cabra o venado.
caite (m.) sandalia rústica.
cantaleta (f.) estribillo, repetición fastidiosa. *¡Ya me tienes aburrida con la misma cantaleta!*
caramanchel (m.) puesto de mercado hecho de madera y hojas de cinc. *Jaime tiene un caramanchel. ¡Vieras cuánta ropa vende!*
carro (m.) automóvil. *Se subió a un carro negro y se fue. Fue la última vez que la vi.*
chancho (m.) cerdo. *A Virginia no le des tamales de chancho; es vegetariana.*
checar (v.) chequear, revisar, controlar. *Tengo que checar cuánto dinero traje para ver si puedo comprar ese pantalón.*
chingaste (m.) sobras, desperdicio, residuo. *Sólo quedó el chingaste del pinolillo.*
contralor (sust.) funcionario encargado de examinar la contabilidad oficial. *La contralora llegó y todo el mundo se puso a temblar.*
cortada (f.) herida hecha con objeto cortante. *Cayendo me hice una cortada en el brazo.*

F
frijol (m.) fréjol, judía (legumbre). *¿Arroz con frijoles otra vez?*

G

gasolinería (f.) gasolinera, establecimiento donde se venden carburantes. *La gasolinería que está cerca de mi casa tiene precios muy caros.*
guaro (m.) tafia, aguardiente de caña. *Mi abuelo sabe hacer muy buen guaro.*
güecho (m.) bocio. *Las autoridades de salud han ordenado ponerle yodo a la sal para evitar que se contraiga el güecho.*

H

halar (v.) tirar, traer hacia sí (pronunciado **jalar**; antónimo de "empujar"). *Hale la cuerda y amárrela aquí.*

J

jonrón (m.) en el juego de béisbol, cuando un jugador cubre las cuatro bases en su turno, marcando un punto para su equipo (del inglés "home run").
jonronero (sust./adj.) jugador de béisbol que logra muchos jonrones. *El jonronero de tu equipo eres tú.*

L

llanta (f.) neumático, llanta de goma. *Yo solita le cambié la llanta a la bici cuando se ponchó.*

M, N, Ñ

malecón (m.) calle o paseo costero. *Están construyendo un hotel de lujo cerca del malecón*

O

overol (m.) mono, traje de faena de una sola pieza que se pone encima de la ropa para protegerla (del inglés "overall"). *El "Mostachón" es ése del overol de mecánico.*

P

papa (f.) patata (voz de origen quechua). *Gustavo siempre quiere puré de papas con su filete.*
parado (adj.) de pie, derecho, levantado. *"¡No sé los muchachos de hoy qué le ven de bonito a llevar las greñas paradas como puercoespín!" exclamó doña Aurelia, disgustada.*
pararse (v.) ponerse de pie, levantarse de la cama. *El joven se paró para darle el asiento a la señora embarazada. / Me paré a mediodía sólo porque tenía hambre.*
parquear (v.) aparcar, estacionar un vehículo. *Me multaron por parquear en una zona prohibida.*
pegoste (m.) pegote, cosa pegajosa adherida a algo. *Traés un pegoste en el codo, parece que es una etiqueta.*
peleonero (sust./adj.) agresivo, belicoso, picapleitos. *Mi hijo siempre se anda metiendo en problemas en la escuela porque es muy peleonero.*
pichel (m.) jarra para servir agua u otras bebidas. *Para empezar, ordenamos un pichel de cerveza y algo para picar.*

N

pleitero (sust./adj.) pleitista, belicoso, revoltoso, litigador. *Simón quiso estudiar leyes porque tiene alma de pleitero.*
ponchar 1) (v.) perforar (del inglés "to punch"); (v.) **poncharse**: sufrir un pinchazo un neumático de vehículo. *El acto de vandalismo más común en este barrio es el de ponchar llantas.* 2) (v.) en el juego de beisbol, cuando un jugador pierde su turno y es eliminado después de no conectar con la pelota. *Se deprimió porque lo poncharon dos veces en el mismo partido.*

Q
quien quita (frase) ojalá. *Quien quita y este año me dan un aumento de sueldo.*

R
raspado (m.) refresco hecho con hielo granizado. *Tengo mucho calor. ¿Vamos a comprarnos unos raspados?*
rentar (v.) sinónimo de alquilar, arrendar; (f.) **renta**: alquiler, arrendamiento. *Rentamos un apartamento pero luego vamos a comprarnos una casa.*
rosticería (f.) negocio donde se asan y venden pollos. *No tenía ganas de cocinar, así que me fui a comprar un pollo a la rosticería de la esquina.*
rostizar (v.) asar, cocer al horno (adj. **rostizado**). *En la receta dice que hay que usar un platón para rostizar con una rejilla para recoger el jugo. / Me quedé dormido en la playa y quedé como pollo rostizado.*

S
saco (m.) chaqueta. *No se siente en el saco que lo va a arrugar.*

T
tarea (f.) deberes escolásticos.
tenis (m.) zapatillas deportivas. *Dejé los tenis aquí al lado del sofá y ahora falta uno. ¿Lo agarraría el perro?*
tiradero (m.) desorden. *No quiero que me vengas a hacer el tiradero de siempre en la cocina con tus experimentos culinarios.*
tomacorriente (m.) toma de electricidad, dispositivo donde se enchufan los aparatos que funcionan con la electricidad. *No ponga el mueble allí porque va a tapar el tomacorriente.*

U, V
voltear (v.) girar la cabeza. *Grité su nombre pero ella no volteó.*

X, Y, Z
zancudo (m.) mosquito. *¡Cierren la puerta que están dejando entrar a los zancudos!*
zorrillo (m.) mofeta (el mamífero). *¡Uff! ¿Qué pasó aquí? ¡Huele a puro zorrillo!*

JERGA DE PANAMÁ

A

abuelazón (m.) amor desmedido de los abuelos hacia los nietos. *A Fernando y Cata les entró el abuelazón con los gemelos que tuvo su hija.*
allá la vida / allá la peste interjección de enojo o sorpresa. *¡Allá la peste! ¡No encuentro mi pasaporte!*
arrancarse (v.) emborracharse. *Me arranqué con unos amigos que no veía en mucho tiempo.*
arrecho (adj.) excitado sexualmente (verbo: **arrechar, arrecharse**). *Esos buays se arrechan viendo películas porno.*

B

batería (f.) papelito con apuntes para uso, no autorizado, por estudiantes en los exámenes. *Tuve que llevarme una batería para la prueba de geometría porque no estudié lo suficiente.*
birria 1) (f.) exceso, exageración. *¡Qué birria la tarea de geometría que nos dejaron!* 2) (f.) partido improvisado de cualquier deporte. *Eso se parecía más a una birria callejera que a un partido profesional.*
birriar (v.) exceder, exagerar en alguna actividad. *Estuvimos birriando basketbol toda la tarde.*
birrioso (sust.) deportista, aficionado a alguna actividad. *Adela es nuestra mejor birriosa de tenis.*
blanco (m.) cigarrillo. *Tengo ganas de fumarme un blanco, pero el doctor me dijo que tengo que dejar de fumar.*
botella (f.) persona que recibe sueldo sin trabajar. *Ese Ramiro es una botella del gobierno, pasó ayer a recoger su cheque.*
buay (m.) chico, muchacho (probablemente del inglés "boy"). *Mi colega del trabajo es un buay muy serio.*
buco (adj.) mucho (del francés "beaucoup"). *Este pantalón me aprieta buco; ya lo voy a regalar.*
bueno / buenón / buenote (adj.) guapo, atractivo, de buen aspecto.
burundanga (f.) comida chatarra, no saludable. *Si sigues comiendo esas burundangas nunca vas a adelgazar.*

C

camaroncito (m.) trabajo ocasional para sobrevivir (viene de "come around". Se cuenta que en tiempos de la ocupación EEUU del canal, los panameños iban a buscar trabajo allí, y los estadounidenses respondían "come around, come around"). *Voy a conseguir unos camaroncitos por ahí pa' comprar algo de comer.*
chachalaquear (v.) decir trivialidades, hablar mucho (sust./adj. **chachalaquero**: que habla mucho). *Cada vez que viene tu hermana se la pasa chachalaqueando y me quita mucho tiempo.*
chance (m.) oportunidad, posibilidad.

chántin (f.) casa. *Yo mejor me regreso a mi* **chántin.**
chécheres (m. pl.) objetos sin valor. *¿Por qué traes la bolsa siempre llena de* **chécheres?**
chenchén (m.) dinero. *Aurora gana harto* **chenchén** *como asistente del embajador.*
chimbilín (m.) dinero. *En esta familia siempre hace falta* **chimbilín.**
chirola (f.) cárcel, prisión. *El "Verruga" lleva años pudriéndose en la* **chirola.**
cholo (sust.) persona rústica, inculta; pueblerino. *Miren cómo come Adela, ¡Parece* **cholita!**
chuleta interjección de enojo, irritación o sorpresa. *¡Chuleta! ¡Fíjate por donde vas, que ya casi me pisabas!*
chuncho (m.) automóvil, coche, carro. *Anita se sintió mal en el viaje y vomitó en el* **chuncho.**
chupar (v.) ingerir bebidas alcohólicas. *Y el cura siguió* **chupando** *todo lo que le ponían enfrente.*
chutri interjección de sorpresa, irritación, enojo. *¡Chutri! ¿Qué no les dije que era hora de acostarse? ¿Qué hacen levantados?*
concha (f.) osadía, atrevimiento, desfachatez. *¿Que te pusiste mi ropa? ¡Sí que tienes* **concha!**
cool (adj.) bueno, excelente, maravilloso (de la jerga en inglés "cool", pronunciado "cuul"). *¡Qué lentes tan* **cool** *traes! ¿Qué marca son?*
cueco (m.) hombre homosexual. *El* **cueco** *que vive en el segundo piso quiere hacerse una operación para cambiar de sexo.*
culear (v., vulgar) tener relaciones sexuales.
curda (f.) borrachera.

D

de alante-alante 1) (loc. adj.) bonito, interesante. *Las primas de Arturo son* **de alante-alante**. *Una de ellas ganó un concurso de belleza.* 2) (loc. adj.) valiente, atrevido. *La niña se atrevió a cruzar la calle de doble vía sola; ella sí que es* **de alante-alante**.
despelote (m.) caos, desorden, lío. *Hubo un* **despelote** *en el supermercado cuando se derrumbó una pirámide de latas de verduras.*
duro (adj.) avaro, tacaño.

E

emputarse (v.) enfurecerse. *Don Pascual* **se emputó** *cuando supo que su hijo había sido arrestado por exhibirse desnudo delante de un convento.*
enchilorar (v.) arrestar, encarcelar, detener. *Conrado se escondió porque si lo agarran, lo* **enchiloran.**
enchuchado (adj.) enojado, molesto. *Carlos está* **enchucha'o** *con Verónica porque ella no quiere salir con él.*

F

fachon / fashion (adj.) moderno, a la moda (del inglés "fashion"). *Armida es una chica* **fachon.** / *Gerardo es el que trae esos pantalones* **fashion.**

fregón (sust.) persona que molesta, fastidia. *¡Qué **fregón** es tu vecino! Siempre viene a pedir cosas prestadas.*
fría (f.) cerveza. *Pasame otra **fría**.*
friforol (m.) disturbio, desorden, pelea de todos contra todos (del inglés "free-for-all"). *Se desató un **friforol** cuando quisieron reducir las raciones de los presos.*
friquear (v.) molestarse (sust. m. **friqueo**: irritación, adj. **friqueado**: enojado) (del inglés "freak") *¡Qué **friqueo**, no me quedó na' de plata!*
fuchi expresión de asco. *¡**Fuchi**! ¡Esa sopa yo no me la como!*
fufurufo (sust./adj.) vanidoso, presumido. *Ahi anda Leti bien **fufurufa** con el vestido que le regalaron para su graduación.*
fulo (sust./adj.) rubio. *Andrés está enamorado de una **fula**.*

G

goma (f.) malestar físico después de una borrachera. *No hagas ruido, que estoy de **goma**. / Dicen que el consomé es bueno para curar la **goma**.*
gorrero (sust.) persona que pretende hacerse pagar por otros, que abusa de los demós (variante de **gorrón**) (verbo: **gorrear**). *No le digas a Bárbara que vamos al cine porque es una **gorrera** y querrá que le paguemos la entrada.*
gringo (sust./adj.) proveniente de Estados Unidos. *Estafaron a turistas **gringos** vendiéndoles terrenos inexistentes. / Dicen que el ejército **gringo** ha sufrido muchas más pérdidas en Iraq desde que terminó la guerra que durante la guerra.*
Gringolandia (f.) Estados Unidos. *Cada vez que Rafael va a **Gringolandia**, compra software nuevo.*
guachimán m.) guardia, vigilante (del inglés "watchman"). *Oigan bien: ustedes distraen al **guachimán** mientras yo entro por la puerta de atrás...*
guapachoso (adj.) de ritmo tropical, alegre. *La música era bien **guapachosa** y toda la gente estaba bailando.*
guaro (m.) cualquier bebida alcohólica. *Vamos, te invito a tomar un **guaro**.*
guial (f.) chica, mujer (tal vez provenga del inglés "girl"). *Aquellas **guiales** nunca ponen atención durante las lecciones.*
güiri-güiri (m.) voz onomatopéyica que representa el sonido de charla animada. *Por estar en el **güiri-güiri**, a Martina se le quemó la cena.*

H

hablar paja (loc. v.) decir trivialidades, no decir nada importante. *Ya nadie le hace caso a Mariana porque no hace más que **hablar paja**.*
hacer la cama (loc. v.) tratar de hacer a un lado a alguien o quitarle lo que le pertenece. *Le vamos a **hacer la cama** a Miguel para quedarnos con su dinero.*
hamberga (f.) hamburguesa. *Pide otra **hamberga** si todavía tienes hambre.*

I

indio (sust./adj., despectivo) ignorante, inculto, maleducado, de mal gusto (a menudo usado como insulto). *Te ves bien **india** con ese peinado, mejor cámbialo. / No seas **indio**, ¡saluda a tu padrino!*

PA

J

jipato (adj.) pálido amarillento, enfermizo. ¿*Por qué la veo tan **jipata**, doña Juana? -- Es que hace una semana que no puedo dormir.*
josear (v.) en el ambiente beisbolero, esforzarse mucho para obtener un buen resultado. (del inglés *hustle*) *La mejor manera de sobresalir en el beis es **joseando**.* (adj./m.) **joseador:** (sust./adj.) jugador voluntarioso, motivado, resuelto. *Él era un jugador versátil, carismático y un gran **joseador**.*
julepe (m.) caos, confusión, ajetreo. *Tuvimos un **julepe** hoy en la oficina cuando vino un cliente a quejarse del mal servicio.*
juma (f.) borrachera. *Alonso trae una **juma** desde el sábado pasado.* (v. **jumarse**, adj. **jumado**). *Tu abuelo ya está **juma'o** y todavía ni empieza la fiesta.*

L

lambón (adj.) adulador. *¡No seas **lambona**, María! De mí no conseguirás nada.*
lana (f.) dinero. ¿*Cuánta **lana** hace falta para comprarnos la casa?*
levantar (v.) entrar intencionalmente e informalmente en contacto con alguien desconocido, sobre todo con intenciones románticas o sexuales (probablemente traducción literal de la expresión equivalente en inglés *"to pick up"*). *Ellos van a las discotecas a ver a quién **levantan**.*

M

mami (f.) mujer guapa. *¡Esa **mami** va a ser mía!*
man (sust.) persona (del inglés). *Lorena anda con un **man** que es militar. / ¿Conoces a esas **mancitas**? ¡Preséntamelas!*
mano peluda (f.) manipulación. *Dijeron que los documentos importantes que estaban archivados en esa computadora se borraron por culpa de un virus, pero muchos creen fue cosa de **mano peluda**.*
manzanillo (sust.) persona que se comporta como amigo sólo cuando puede sacar beneficio de uno o cuando uno tiene dinero. *Francisco dice que su hermana es una **manzanilla** y por eso perdió a todas sus amigas.*
mariposa (m.) hombre afeminado.
meña (sust. inv. en género) persona de clase baja, inculta y con poco refinamiento. *¡Son unos **meñas** los manes que van a ese gimnasio!*
metiche (sust./adj.) entrometido. *Tu tía Rosa tiene fama de ser la más **metiche** de la familia.*
monchis (m.) ganas de comer golosinas o otras comidas para "picar". De la jerga en inglés "munchies". *Traje estos pistachos para bajar los **monchis**.*
mopri 1) trato entre amigos ("primo" con las sílabas invertidas). ¿*Qué pasó, **mopri**, vamos al cine?* 2) (adj./sust. invariable en género) joven perteneciente a familia adinerada o cosa que lo caracteriza. *Se nota que esa chica es una **mopri**, ¿viste el carro que trae? / ¡Qué **mopri** esa cartera! ¿Es Fendi?*
mundeles (m. plural) artículos indefinidos. *¡Y vete con todo y tus **mundeles**!*

N

ni chicha ni limonada (frase) ni una cosa ni otra. *Juan no es ni chicha ni limonada: ni conservador, ni liberal.*
nítido (adj.) divertido, muy bueno. *Dicen que la obra que vamos a ir a ver está nítida.*

Ñ

ñinga (f.) excremento, mierda. *Ese candidato no vale ni ñinga.*
ñorro (m.) hombre homosexual.

O

ofi / oficial (adv.) afirmación. *¿Vas a clases hoy? --¡Ofi!*

P

palo (m.) unidad monetaria de Panamá (Balboa). *Acuérdate que me debes 10 palos, Linda.*
papacito (f.) hombre muy guapo, impactante (también papasote). *Te corté el pelo como el del papasote de la foto; pero no puedo cambiarte la cara, no hago milagros.*
papi (m.) hombre guapo. *¿Quién es ese papi que llegó con tu hermana?*
parquear (v.) estar de ocioso en un lugar, solo o en compañía. *Estábamos parqueando enfrente de mi casa.*
pato (m.) hombre homosexual.
pay / paycito / paysón (m.) amiga con "derechos", novia informal. *¿Viste el pay que llevó Víctor a la fiesta?*
pebre (m.) comida. *Vamos a meterle duro al pebre en este restaurante.*
pecueca (f.) mal olor de pies. *¡Vieras cuánta gente viene a la zapatería a probarse zapatos con una pecueca como para desmayarse!*
pelado (sust.) niño, muchacho. *¿Dónde dejaste a los pela'os? / Esa pelada ya necesita cortarse el pelo. Lo trae siempre en la cara.*
perro (m.) hombre mujeriego. *No sé cómo a Sonia se le pudo ocurrir casarse con el perro de Fernando.*
pichi (f.) cocaína. *Decomisaron cinco kilos de pichi a un agente de aduanas.*
piedra (f.) la droga crack, derivada de la cocaína. *Mis hijos dejaron los estudios y se pusieron a fumar piedra.*
pifiar (v.) presumir. *Quiero pifiarte mis zapatos nuevos.*
pifioso (adj.) admirable, impresionante. *La escena del derrumbe está pifiosa en esa película.*
pilinqui (adj./sust.) tacaño. *No seas pilinqui, dame algo para comprarle un regalo a tu sobrinita.*
pispireto (adj./sust.) coqueto. *Diana siempre tiene pretendientes porque es bien pispireta.*
plata (f.) dinero. *Denme toda la plata que tienen y no les va a pasar nada.*
por fuera (loc. adv.) a punto de marcharse. *Manuel ya va por fuera. Acompáñalo a la puerta.*
priti (adj.) bonito (del inglés "pretty"). *Quiero comprarme un vestido bien priti para salir con Iván.*

Q

quemar (v.) ser infiel, engañar a la pareja. *Cuentan que Braulio anda **quemando** a Silvia.*

R

rareza (adj.) agradable, excepcional, bonito, excelente. *¡Hey, esos zapatos están **rarezas**! / Pablo es un muchacho bien **rareza**.*

runcho (adj.) de mala calidad; dicho de persona: inculto, basto. *Griselda es **runcha**, igual a sus hermanos. / Es un radio **runcho**. Lo acabas de comprar y ya no funciona.*

S

serruchar el piso (loc. v.) tratar de hacer a un lado a alguien o quitarle lo que le pertenece. *Pamela me anda **serruchando el piso** para quitarme el puesto en la oficina.*

shifear (v.) dejar plantado, evitar. *Vamos a **shifear** a Rodolfo para que no vaya a la fiesta.* (m.) **shifeo**. *Mis compañeros de clase me hicieron un **shifeo**.*

sólido (adj.) divertido, a la moda. *Esa nueva tienda de ropa está **sólida**.*

soplamoco (m.) castigo corporal (a los niños). *Te voy a dar un **soplamoco** a ver si te callas.*

T

tarrantantán (m.) cantidad abundante. *Mi hermana me dio un **tarrantantán** de consejos la primera vez que un buay me invitó a salir.*

tildearse 1) (v.) dañarse, averiarse. *¡Allá la peste! ¡Se volvió a **tildear** la televisión!* 2) (v.) dicho de persona, enloquecer (se pronuncia "tildiar", del inglés "to tilt") *Rosa y Mario están **tildia'os**; quieren irse a vivir a Australia.*

tongo (m.) agente de policía. *Los **tongos** llegaron a la escena del accidente antes de las ambulancias.*

tortillera (f./adj.) lesbiana, mujer homosexual. *Todo el mundo ya sabe que esa actriz es **tortillera**. Lo confesó en una entrevista por televisión.*

trepa que sube (frase usada como sustantivo m.) disturbio, desorden. *Se formó un **trepa que sube** con el personal obrero, que se rebeló ante las injusticias.*

tumbador (sust.) ladrón. *Últimamente hay varios **tumbadores** operando en esta zona. Anoche arrestaron a dos.*

tumbar (v.) robar *El niño se **tumbó** las canicas de la tienda.*

tumbe (v.) (m.) robo. *Lo mataron por haber intentado un **tumbe** de drogas.*

U

U (f.) universidad. *Todos mis hermanos fueron a la **U**, pero ninguno terminó la carrera.*

V

vaina (f.) para los panameños es una palabra indefinida e indefinible, quiere decir todo y no quiere decir nada, sus pensamientos y sus palabras, todo lo animado e inanimado. Cuando no conoce un objeto y no sabe su nombre ni su uso, el dominicano pregunta:*¿Qué **vaina** es ésa?* Las herramientas de trabajo son **vainas** en el cotidiano hablar. Un momento agradable o desagradable es una **vaina**; ante un bello espectáculo, una obra de arte o un agradable acto social, se exclama *¡Qué vaina tan buena!*; los hijos son una **vaina**; el auto, los autobuses, el tráfico, la carretera, el calor, el frío, las lluvias, el verano, todo es una **vaina**. Cuando un amigo panameño te invita a una fiesta: *Vamos, que la vaina va a estar muy buena*; ante una desgracia o desagrado *¡Qué vaina tan mala!* Al ver a una mujer muy hermosa, *¡Qué vaina tan bella!* o muy fea, *Esa vaina es feísima.* El amor, el odio y todos los sentimientos son **vainas**. De un individuo extrovertido, de excelente carácter y buen humor o uno introvertido, neurótico e intratable, se dice que están llenos de **vainas** o que echan más **vainas** que una mata de frijol. La adversidad o mala suerte es una **vaina** seria; un buen negocio o una buena oportunidad, una **vaina** maravillosa.

veintiúnico (sust./adj.) único (referido a una unidad, pero dando a entender que una cantidad mayor sería preferible). *José lavó su veintiúnica camisa y se quedó esperando a que se secara.*

vidajena (sust. invariable) persona que se dedica a observar y criticar el comportamiento ajeno. *Don Rómulo se convirtió en un vidajena desde que está jubilado; se ve que no tiene nada mejor que hacer.*

vidajenear (v.) interesarse, hurgar en la vida ajena. *El pasatiempo preferido de mis tías es vidajenear.*

vista gorda (loc. sust. f.) con la locución verbal "hacerse de la" y a veces con el pronombre "hacerse el / la / los / las de la", fingir no darse cuenta de algo. *El gobierno no puede continuar haciéndose de la vista gorda frente a los reclamos del pueblo.*

W

washington (m.) dólar. *Miguel tiene unos washingtons que podría cambiar.*

X, Y

yeyé (sust. invariable en género) joven adinerado, de buenos recursos. *Hay un yeyé que tiene chofer que lo lleva todos los días a la escuela.*

Z

zaperoco (m.) desorden, caos, alboroto. *En medio de todo el zaperoco por la cañería rota que inundaba la calle, uno en moto resbaló y se estrelló contra un poste.*

AMERICANISMOS Y / O PANAMEÑISMOS

A

afiche (m.) poster, cartel. *¿Les gusta el afiche que compré de la Torre Eiffel?*

ameritar (v.) merecer. Ambos verbos se usan. *Su caso amerita mucha atención.*

arete (m.) pendiente (joyería). *A doña Cuca le regalaron unos aretes de oro para su cumpleaños.*

B

básquet / basquetbol (m.) baloncesto. *¿Quién es el jugador más alto de tu equipo de básquet?*

boletería (f.) taquilla, sitio donde se venden entradas para espectáculos. *Te esperamos enfrente de la **boletería**.*
boquisucio (sust./adj.) persona grosera, malhablada. *No me gusta la gente **boquisucia** que va a ese bar.*
botadero (m.) basurero, vertedero, lugar donde se tira la basura. *Descubrieron un **botadero** clandestino en una zona residencial.*
botana (f.) aperitivo, tapa. *Pide unas cervezas y **botanas** y nos las llevamos a la playa.*
brasier (m.) sostén, prenda de vestir femenina para sujetar el pecho (del francés *brassière*). *En los años 60 las mujeres quemaban sus **brasieres** en señal de protesta.*
buscapleitos (sust./adj.) picapleitos, provocador de riñas, revoltoso. *No invitaron a Mauricio a la fiesta por su fama de **buscapleitos**.*

C

café (adj.) castaño o marrón (color). *Berenice y Agustín tienen ojos **cafés** pero sus dos hijos los tienen verdes.*
camote (m.) batata (voz de origen nahua). *Mi tía hace un dulce de **camote** bien rico.*
carro (m.) automóvil.
chicha (f.) bebida refrescante hecha de fruta natural o artificial. *¡Queremos **chicha** de naranja!*
competencia (f.) competición deportiva. *El día de la **competencia** el veterinario oficial revisa a todos los caballos antes de cada carrera.*

D, E

enganche (m.) entrada en un préstamo o para pagar por una cosa en abonos. *Di un **enganche** para comprar el juego de sala que me gustó.*

F

frijol (m.) fréjol, judía (legumbre). *¿Arroz con **frijoles** otra vez?*

G

gasolinería (f.) gasolinera, establecimiento donde se venden carburantes. *La **gasolinería** que está cerca de mi casa tiene precios muy caros.*
guaro (m.) tafia, aguardiente de caña. *Mi abuelo sabe hacer muy buen **guaro**.*

H

halar (v.) tirar, traer hacia sí (pronunciado jalar; antónimo de "empujar"). *Hala la cuerda y amárrala aquí.*

I

igualado (sust./adj.) irrespetuoso, que se dirige a alguien que se percibe como superior en modo demasiado confianzudo. *¡Martín, no seas **igualado**! A la gente mayor se le habla de "Ud." / Toña es una **igualada**. ¿Oíste cómo le respondió feo a su jefe?*

J

jonrón (m.) en el juego de béisbol, cuando un jugador cubre las cuatro bases en su turno, marcando un punto para su equipo (del inglés "home run").
jonronero (sust./adj.) jugador de béisbol que logra muchos jonrones. *El jonronero de tu equipo eres tú.*
jugo (m.) zumo. *¿Y de tomar? --Para ella, agua mineral. A mí deme un jugo de pera.*

L

lentes (m. pl.) anteojos, gafas. *¿Han visto mis lentes? No los encuentro.*
llanta (f.) neumático. *Las llantas están lisas, hay que cambiarlas porque es peligroso circular así*

M

malecón (m.) calle o paseo costero. *Están construyendo un hotel de lujo cerca del malecón*
mamacita (f.) mujer muy bella, impactante (también **mamasota**). *¿De 'onde sacaste las fotos de esas mamasotas que pusiste en tu página?*
manduco (m.) porra, vara, garrote. *El manifestante amenazaba con un manduco en la mano.*
mesero (sust.) camarero (persona que atiende en un restaurante). *¿No le vas a dejar propina a la mesera?*
mozo (sust.) camarero (persona que atiende en un restaurante). *¿Dónde estará la moza? Hace media hora que nos trajo el menú.*

N

nomás (adv.) solamente. *Cómprelo, seño; nomás cuesta dos balboas.*

O

overol (m.) mono, traje de faena de una sola pieza que se pone encima de la ropa para protegerla (del inglés "overall"). *El "Mostachón" es ése del overol de mecánico.*

P

papa (f.) patata (de origen quechua). *Gustavo siempre quiere puré de papas con su filete.*
parado (adj.) de pie, derecho, levantado. *"¡No sé los muchachos de hoy qué le ven de bonito a llevar las greñas paradas como puercoespín!" exclamó doña Aurelia, disgustada.*
pararse (v.) ponerse de pie, levantarse de la cama. *El joven se paró para darle el asiento a la señora embarazada.*
parquear (v.) aparcar, estacionar un vehículo. *Me multaron por parquear en una zona prohibida.*
petit pois (m.) guisante (legumbre) (del francés).
pluma (f.) bolígrafo. *Se le acabó la tinta a esta pluma; ¿tienes una que me prestes?*
ponchar 1) (v.) perforar (del inglés "to punch"); **poncharse** (v.) sufrir un pinchazo un neumático de vehículo. *El acto de vandalismo más común en este barrio es el de*

ponchar *llantas.* 2) (v.) en el juego de beisbol, cuando un jugador pierde su turno y es eliminado después de no conectar con la pelota. *Se deprimió porque lo poncharon dos veces en el mismo partido.*

puyar (v.) herir con arma u objeto puntiagudo o cortante. *En el parque puyaron a uno para robarle el dinero. / Me puyé con el lápiz y se me quedó enterrada la punta en la piel.*

Q

quien quita (frase) ojalá. *Quien quita que este año me dan un aumento de sueldo.*

R

raspado (m.) refresco hecho con hielo granizado. *Tengo mucho calor. ¿Vamos a comprarnos unos raspados?*

rollo (m.) carrete de película. *Tengo que llevar a revelar los rollos de las fotos que tomé en las vacaciones.*

rostizar (v.) asar, cocer al horno (adj. rostizado). *En la receta dice que hay que usar un platón para rostizar con una rejilla para recoger el jugo. / Me quedé dormido en la playa y quedé como pollo rostizado.*

S, T

saco (m.) chaqueta. *Se me manchó la manga del saco con tinta; ¿crees que se le quite?*

tolete (m.) porra, garrote. *Leí en las noticias que torturaron a un comerciante, golpeándolo con un tolete en la cabeza y quemándolo con colillas de cigarrillo los brazos.*

U, V

velorio (m.) velatorio (acto de velar un difunto). *Me deprimen los velorios. Cuando yo muera, quiero que hagan fiesta.*

voltear (v.) girar la cabeza. *Grité su nombre pero ella no volteó.*

X, Y, Z

zancudo (m.) mosquito. *¡Cierren la puerta que están dejando entrar a los zancudos!*

zorrillo (m.) mofeta (el mamífero). *¡Uff! ¿Qué pasó aquí? ¡Huele a puro zorrillo!*

JERGA DE PARAGUAY

A

argel (adj.) desagradable, antipático, odioso (dicho de personas y cosas). *No me gustan las películas que exaltan la guerra: son* **argeles.**

al pedo (adv.) en balde, sin resultado alguno. *Estuve allí al pedo, ya que no me dejaron jugar en el equipo.*

apretado (sust.) tacaño, avaro.

atorrante (sust.) persona grosera, tosca. *Rodrigo es un atorrante y por eso nadie lo invita a las fiestas.*

B

boliche (m.) bar, café; término extendido a discotecas. *Me voy, todos mis amigos me están esperando en el boliche.*

boludez (f.) acto propio de un boludo, torpeza, idiotez. *Si dejaras de hacer boludeces podrías llegar a ser alguien.*

boludo (sust./adj.) individuo torpe, inútil, indolente. *"Sos un boludo, tenías que armar esa lámpara al revés", le dijo Román a su amigo.*

buitrear 1) (v.) robar. *El perro buitreó el pollo que estaba en la mesa de la cocina.* 2) (v.) comer o beber gratis o sin contribuir cor el gasto. *¿Vamos a buitrear en la inauguración de ese restaurante?*

C

cagarse (v.) asustarse mucho (adj.: **cagado**).

cagarse en (alguien) (loc. v.) despreciar o burlarse de alguien. *Tomás se cagó en su vecino, quien le pedía que callara a su perro.*

caliente (adj.) enojado, de mal humor (con los verbos andar / estar). *Tu hermana anda caliente, mejor no le pidas ese favor ahora.*

cana 1) (f.) policía. *La cana de esa ciudad es totalmente corrupta.* 2) (m.) agente de policía. *El cana nos pidió nuestros documentos.* 3) (f.) cárcel.

canas verdes (loc. sust.) desesperación, agobio (con los verbos sacar / salir). *Tus hijos me estan sacando canas verdes con tantos gritos. Hacelos callar.*

chamburreado (adj.) mezclado. *Aunque Graciela hable sólo un inglés chamburreado, cada año se va a trabajar a Inglaterra en el hotel de su tía.*

chance (m.) oportunidad, posibilidad. *¿Me das chance de entrar en la fila delante de tí?*

chau adiós, saludo de despedida. (del italiano "ciao"--que en realidad es ya sea saludo que despedida).

chiripiorca (f.) violento tic o ataque de nervios; por extensión, se refiere a cuando algo o alguien deja de comportarse normalmente. Del programa TV mexicano de Chespirito (El chavo del 8). *¡Jajajaja! Miren, ¡ese baila como si le estuviera dando la chiripiorca! / Y de repente como que le dio la chiripiorca y ya no pudo ni hablar.*

chupar (v.) beber bebidas alcohólicas.

chupi (m.) cualquier bebida alcohólica. *¿Qué tipo de chupi estás preparando?*

churro (sust./adj.) hombre guapo, atractivo, de buen aspecto (dicho exclusivamente por mujeres. *¿Ya viste el churro que acaba de llegar?*

coger (v., vulgar) tener relaciones sexuales.

colado (sust./adj.) persona que entra en sitios donde no ha sido invitado o sin pagar (verbo: **colarse**). *Mirá, aquí anda Marco. ¿Lo invitaste vos o vino de colado, como siempre?*

cuernos (m. pl.) traición o infidelidad a la pareja.

curepa / curepi (sust. peyorativo invariable en género) argentino (del guaraní "piel de cerdo"). *Bertha se casó con un curepa y se fue a vivir a Mendoza.*

Curepilandia (f.) Argentina. *Germán se fue a vivir a Curepilandia.*

curda (f.) borrachera. *¡Para tu cumpleaños será curda segura!*

D

dar lata 1) (loc. v.) molestar, fastidiar; 2) (loc. v.) hablar mucho. *Eugenio me dio lata toda la tarde y no me pude concentrar en los estudios.*

despelote (m.) caos, desorden, lío. *Hubo un despelote en el supermercado cuando se derrumbó una pirámide de latas de verduras.*

E

echar(le) un ojo (a algo) (loc. v.) observar, cuidar, estar de guardia. *Échenle un ojo a mi bici mientras entro a la tienda a comprar los refrescos.*

empedarse (v.) emborracharse. *No quiero empedarme esta noche porque traigo el auto de mi viejo.*

en pedo (loc. adj.) muy ebrio. *Cuando Gabriela llegó a su casa, iba en pedo y se armó el escándalo con sus viejos.*

F

farrear (v.) salir a divertirse, de parranda. *No tengo para ir a farrear, hasta la próxima semana me van a pagar el sueldo.*

G

gil (sust./adj.) tonto, imbécil. *Aquel gil pasó tres años en la penitenciaría por encubrir a la culpable: su mujer, quien luego huyó del país con otro.*

Gringolandia (f.) Estados Unidos. *Cada vez que Rafael va a Gringolandia, compra software nuevo.*

guita (f.) dinero. *Primero hay que juntar algo de guita y luego nos vamos de aquí para siempre.*

H

hasta la coronilla / el copete (loc. adj.) harto, fastidiado.

hijo de papi / papá (loc. sust.) hijo de gente adinerada, que todo lo tiene gracias a ellos. *A aquel hijo de papi le pagaron toda la carrera de administración de empresas y luego le compraron una compañía.*

hincha (sust. invariable en el masculino) seguidor de un equipo de fútbol. *Los hinchas del equipo visitante se pusieron violentos cuando su equipo perdió el partido.*

I

importar un comino / pepino (loc. v.) no importar nada.
infeliz (sust./adj.) vil, infame, despreciable. *Esos infelices de tus tíos se repartieron la herencia que te había dejado tu padre. / El infeliz de Hugo se gastó toda la plata que era para comprar los remedios de su mamá. / ¡Vieja infeliz, váyase a su casa!*
ingüeroviable (adj.) increíble. *Las noticias de hoy son ingüeroviables.*

J

jodido (adj.) difícil, intratable, terco. *Sus hijos son todos muy jodidos en la escuela.*
julepe (m.) susto muy grande. *Marina se dio un julepe cuando sintió el temblor.*

L

laburo (m.) trabajo. (verbo: **laburar**) *Cuando tenga un laburo fijo podremos pensar en casarnos.*
loco término informal para dirigirse a una persona, generalmente un amigo. *¿Dónde te habías metido, loco? Hacía días que no te veía. / ¿Qué decís, loco, mañana venís a jugar futbol con nosotros?* 2) (adj.) drogado, en estado de estupor o frenesí por los efectos de las drogas. *Rolando andaba loco cuando asaltó la licorería.*

M

matarse (v.) sacrificarse o esforzarse uno mucho por algo. *La pobre de Irene se mató estudiando y reprobó la materia de todos modos.*
mariposón (m.) hombre afeminado. *Aquel peluquero es un mariposón.*
metiche (sust./adj.) entrometido. *Tu tía Rosa tiene fama de ser la más metiche de la familia.*
m'hijo / mijo / mijito (sust.) trato entre personas. *Mija, llámame más tarde que ahora estoy bien ocupada.*
milico (m., despectivo) soldado, militar. *Hoy van a desfilar los milicos por ser fiesta nacional.*
mocoso (sust., despectivo) niño. *Me vas a tener que pagar el vidrio que tus mocosos me rompieron jugando con una pelota.*
mosca (f.) dinero. *No hay suficiente mosca para irnos de vacaciones.*

N, Ñ

ni chicha ni limonada (frase) ni una cosa ni otra. *Juan no es ni chicha ni limonada: ni conservador, ni liberal.*

O, P

pachanga (f.) fiesta, celebración. *Hay pachanga en el parque esta noche.*
palanca (f.) valimiento, intercesión poderosa o influencia que se emplea para conseguir algo. *Julián tiene palanca con el alcalde de su pueblo.*
patota (f.) grupo de jóvenes revoltosos y montoneros que se dedica a molestar o atacar a la gente en sitios públicos. *La patota de Sergio cobraba "peaje" para dejar pasar a la gente delante de la estación ferroviaria.*

patotero 1) (sust./adj.) miembro de un grupo de jóvenes revoltosos y montoneros que se dedica a molestar o atacar a la gente en sitios públicos. *Ser **patotero** es ser cobarde, porque solo no se atrevería a hacer lo que hace en patota.* 2) (sust./adj.) lo que es propio de tal grupo.

pedo tísico (loc. sust. m.) borrachera exagerada. *Manuel agarró un **pedo tísico** en la boda de su hermana.*

pendejo (sust.) muchacho, novio (f. **pendejada**: acto propio de un joven). *Erica es la **pendeja** de Franco.*

perro (sust.) amigo. *Voy a salir con los **perros**, no me esperés.*

pirulo (m.) año. *Quisiera emigrar a otro país, pero a mis 53 **pirulos** va a ser difícil acostumbrarse a otras costumbres.*

plata (f.) dinero. *Necesito más **plata** para comprar tus encargos.*

poto (m.) trasero, nalgas. *Sacaron al pobre perro de la cocina con una patada en el **poto**.*

Q, R

resaca (f.) malestar físico después de una borrachera. *No gracias, ya no tomo. Le tengo miedo a la **resaca**.*

reservado (m.) hotel donde se alquilan las habitaciones por hora. *Nos citamos en el shopping y de allí nos fuimos a un **reservado**.*

S

sánguche (m.) emparedado. *No va a haber tiempo para pararnos a comer en el viaje. Prepará unos **sánguches** para el camino.*

T

tirar (v.) tener relaciones sexuales. *Antonio no es nada romántico; él lo único que quiere es **tirar**.*

tortillera (f./adj.) lesbiana, mujer homosexual. *Todo el mundo ya sabe que esa actriz es **tortillera**. Lo confesó en una entrevista por televisión.*

trago (m.) copa o vaso de bebida alcohólica. *A Efrén se le cayó el **trago** encima y aparte le mojó la falda a Ceci.*

U, V, X

vaina (f.) cosa, objeto. *Yo que vos no compraría esa **vaina**.*

vale interjección para expresar acuerdo. *Tengo que ir a mi casa. --**Vale**, te acompaño.*

vieja / viejo (sust.) madre, padre. *Mi **viejo** se acaba de jubilar y no sabe qué hacer con su tiempo libre. / Los **viejos** de Mauricio son italianos.*

viejo verde (loc. sust. m.) hombre maduro que se dedica a cortejar mujeres jóvenes. *El **viejo verde** de mi jefe creyó que iba a poder seducirme con regalos.*

Y, Z

yorugua (sust./adj. invariable en género) uruguayo, proveniente de Uruguay (por inversión de sílabas). *El mejor tango **yorugua** tiene que ser "La cumparsita".*

AMERICANISMOS Y / O PARAGUAYISMOS

A
acarasy (m.) malestar físico después de una borrachera (voz de origen guaraní). *¡Qué acarasy me dio aquella vez que me tomé toda una botella de whisky!*
afiche (m.) poster, cartel. *¿Les gusta el afiche que compré de la Torre Eiffel?*
ameritar (v.) merecer. Ambos verbos se usan. *Su caso amerita mucha atención.*
aretes (m.) pendientes (joyería). *A doña Clara le regalaron unos aretes de oro para su cumpleaños.*

B
balacera (b.) tiroteo (verbo **balacear**). *Ayer hubo una balacera entre la policía y ladrones enfrente del banco.*
básquet / basquetbol (m.) baloncesto. *¿Quién es el jugador más alto de tu equipo de básquet?*
boletería (f.) taquilla, sitio donde se venden entradas para espectáculos. *Te esperamos delante de la boletería.*

C, D, E
carpir (v.) eliminar las hierbas nocivas de un terreno. *Primero carpimos, luego aramos y al final sembramos.*
choclo (m.) mazorca de maíz (voz de origen quechua). *Deme un kilo de choclos, por favor.*
competencia (f.) competición deportiva. *El día de la competencia el veterinario oficial revisa a todos los caballos antes de cada carrera.*

F, G, H
foco (m.) bombilla de alumbrado eléctrico
frutilla (f.) fresa (fruta). *Esta receta requiere de frutillas frescas, no congeladas.*

I, J
jugo (m.) zumo. *¿Y de tomar? --Para ella, agua mineral. A mí deme un jugo de pera.*

L
lentes (m. pl.) anteojos, gafas. *¿Han visto mis lentes? No los encuentro.*
llanta (f.) neumático. *Las llantas están lisas, hay que cambiarlas porque es peligroso circular así*

M, N, Ñ
manejar (v.) conducir un vehículo.
morocho 1) (sust./adj.) persona de cabello oscuro; 2) (sust./adj.) persona de tez morena. *Laura es una morocha muy bonita.*

340

O

overol (m.) mono, traje de faena de una sola pieza que se pone encima de la ropa para protegerla (del inglés "overall"). *El "Mostachón" es ése del overol de mecánico.*

P

papa (f.) patata (de origen quechua).

parado (adj.) de pie, derecho, levantado. *"¡No sé los muchachos de hoy qué le ven de bonito a llevar las greñas paradas como puercoespín!" exclamó doña Aurelia, disgustada.*

pararse (v.) ponerse de pie, levantarse de la cama. *El joven se paró para darle el asiento a la señora embarazada.*

plumón (m.) rotulador, instrumento parecido al bolígrafo con punta (generalmente gruesa) de fieltro. *Necesito un plumón para escribir la dirección en la caja que voy a enviar.*

poroto (m.) (de origen quechua) frijol, judía (legumbre). *Volvió a subir de precio el kilo de porotos.*

Q, R

rollo (m.) carrete de película. *Tengo que llevar a revelar los rollos de las fotos que tomé en las vacaciones.*

rotisería (f.) negocio donde se asan y venden pollos. *No tenía ganas de cocinar, así que me fui a comprar un pollo a la rotisería de la esquina.*

S, T

shopping (m.) centro comercial (del inglés). *Gabriela labura en el shopping.*

tratativa (f.) negociación que se hace para llegar a un acuerdo sobre temas comerciales, laborales, políticos, económicos, etc. *Después de una larga tratativa, el encuentro entre sindacatos se concluyó sin un acuerdo.*

U V

velorio (m.) velatorio (acto de velar a un difunto). *Me deprimen los velorios. Cuando yo muera, quiero que hagan fiesta.*

vereda (f.) acera. *Amanda se cruzó a la otra vereda para no saludarnos.*

vincha (f.) banda con que se ciñe la cabeza pasando por la frente (voz de origen quechua). *En Japón las vinchas se llaman hachimaki.*

X, Y, Z

yuyal (m.) lugar donde crece maleza (voz de origen quechua). *El conejo que iba siguiendo el perro desapareció en los espesos yuyales.*

yuyo 1) (m.) planta medicinal (voz de origen quechua). *Venga, siéntese que le voy a preparar un té de yuyos* 2) (m.) mala hierba. *Esta casa está muy abandonada con tanto yuyo.*

zorrillo (m.) mofeta (el mamífero). *¡Uff! ¿Qué pasó aquí? ¡Huele a zorrillo!*

JERGA DE PERÚ

A

a la firme frase usada para jurar, asegurar o garantizar algo (usado por los estratos más populares). *Armando está trabajando en el Ministerio de Economía... ¡a la firme!*
a la tela (loc. adv.) elegantemente vestido (traje formal). *Pancho siempre anda bien a la tela porque gana harto villegas.*
abrir cancha (loc. v.) dar espacio, abrir campo. *¡Abran cancha! ¿No ven que vengo cargando esta caja pesada y están en mi camino?*
acelerado (adj.) frenético, hiperactivo (verbo **acelerarse**: agitarse. sust. m. **acelere**: frenesí). *Mi papá anda bien acelerado estos días porque si no termina un proyecto del trabajo a tiempo, no podremos irnos de vacaciones como planeábamos. / No se me acelere. El problema se resuelve si lo examinamos detenidamente. / ¿Qué acelere es éste? Cálmense. Podemos terminar este trabajo mañana.*
achicar (v.) orinar (el término originalmente era **achicar la vejiga / achicar la bomba**, usado por los hombres). *Para el carro, tengo que achicar.*
achorado (adj.) desafiante. *El niño miraba achorado a su madre, que acababa de regañarlo.*
afanar (v.) enamorar, cortejar. *Eduardo está afanando a Rosana, pero ella no le hace caso.*
afanarse (v.) entusiasmarse por algo, dedicarse con tesón a una actividad no laboral, como un deporte o un pasatiempo. *Ciro se afana con su carrito nuevo: lo limpia a diario y no quiere que se le pare ni una mosca encima.*
afanoso (sust./adj.) apasionado, fanático). *No logran ponerse de acuerdo para el cine porque a él le gustan las películas de acción y ella es afanosa de las comedias románticas.*
aguja (adj.) pobre, sin dinero. *Miguel, te pago la próxima semana porque ahora estoy aguja.*
ahi nos vidrios (frase) despedida, "ahi nos vemos".
ajustado (adj.) pobre, sin dinero. *Pucha, hermano... no sabes... ahora estoy más ajustado que pantalón de torero.*
al polo (adj.) muy frío. Particularmente referido a las bebidas. *Queremos unas chelas al polo.*
ambrosio (m.) hambre. *Con el ambrosio que tengo me comería una ballena.*
amiguero (adj.) sociable, que hace amistad fácilmente o que tiene muchos amigos. *En la universidad todos conocen a Karen porque es bien amiguera.*
ampayar (v.) pillar, agarrar desprevenido, "con las manos en la masa". *Cuando el jefe ampayó a Sergio viendo porno en Internet, se armó el chongazo.*
arranchar (v.) arrebatar. *La señora arranchó de las manos del bebé la botella de detergente.*
arrastrado (sust.) persona obsecuente y servil. *Jaime es un arrastrado, por eso el jefe lo prefiere.*
arrecho (adj.) excitado sexualmente (verbo: **arrechar, arrecharse**). *Esos hombres se arrechan viendo películas porno.*

arrimado (sust./adj.) persona que vive en casa ajena sin contribuir para el gasto. *El sobrino de Lucas lleva tres meses de **arrimado** en la casa de su tío.*
arruga (f.) deuda. *Los García ya no podían con tantas **arrugas**.*
asado (adj.) enojado. *Juana estaba **asada**--su padre acababa de regañarla por algo que ella no hizo.*
asaltacunas (sust. invariable en género y número) persona que tiene relaciones sentimentales y / o sexuales con otras mucho más jóvenes. *Todos empezaron a llamarme **asaltacunas** cuando supieron que mi novio es menor que yo.*
atracar 1) (v.) asentir, aceptar. *Le propusieron un trabajo nuevo y ella **atracó**. / Espero que **atraquen** mi solicitud para un préstamo en el banco.* 2) (v.) creer. *Ese cuento que no tienes plata pa' pagarme ya nadie te lo **atraca**.*
aventado (adj.) audaz, atrevido. *Rubén, de puro **aventado**, compró panes y pollo y se puso a vender sanguches en la playa... y le fue bien. / Al **aventado** del Paco le presenté a Marisol, y a los cinco minutos ya la estaba invitando a salir.*

B

babosada (f.) estupidez, disparate. *Ya no diga **babosadas**, si no sabe nada sobre el tema, mejor quédese callado.*
bacán 1) (adj.) maravilloso, muy positivo, estimulante, agradable. *El espectáculo estuvo **bacán**. / Vamos al "Pitcher"; las chelas estarán caras pero hay hembritas **bacanes**.* 2) (m.) galán. *Martín es el **bacán** del barrio.*
bamba (adj.) falsificado, no original, imitación. *En el mercado venden pantalones Calvin Klein **bamba**.*
bárbaro (adj.) bueno, estupendo, maravilloso. *El viaje estuvo **bárbaro**. Cruzamos de Túnez a Argelia por el desierto en camello.*
bemba (f.) 1) hocico, jeta; 2) labios protuberantes, gruesos (adj. **bembón**). *Será muy bonita la tal Angelina Jolie, pero a mí no me gustan las mujeres tan **bembonas**.*
bicicleta (f.) diarrea. *Después de la comida en casa de la suegra, estoy con la **bicicleta**.*
bicla (f.) bicicleta. *Te doy 50 soles por tu **bicla**, ¿atracas?*
bíper (m.) buscapersonas, aparato avisador mediante impulsos de audiofrecuencia (del inglés "beeper", en desuso) (verbo **bipear**). ***Bipéame** a las ocho.*
blanquita (f.) cocaína. *Ese hombre vende **blanquita** en la universidad.*
bobo 1) (m.) reloj de pulsera. *A Marcos le regalaron un **bobo** para navidad.* 2) (m.) corazón. *El **bobo** le latía aceleradamente cada vez que la veía.*
bola (f.) noticia, rumor (usado con el verbo *correr*). *Se corre la **bola** que va a haber despidos en la fábrica.*
botánica (f.) botella. *José trajo una **botánica** de buen vino francés.*
bravazo (adj. invariable en género) maravilloso, excelente, excepcional (usado por los estratos más altos). *El torneo estuvo **bravazo**. Ganamos. / Supe que el local que van a inaugurar el sábado está **bravazo**.*
bravo (adj.) difícil. *El último examen que di estuvo **bravo**.*
brichero (sust.) individuo local que suele coquetear exclusivamente con turistas. Su actividad es más sofisticada que la simple prostitución ya que su meta es formalizar con el o la extranjera para poder salir del país. *No me gustan los pubs de Cuzco*

*porque se llenaron de **bricheros** y otra gente antipática. / El irlandés se enamoró de la **brichera** y tiene planes de llevársela a su isla.*
brinchi / brito (m.) hombre homosexual. *Un **brinchi** quizo tocar a Mario.*
bróder 1) (m.) hermano, amigo; 2) (m.) compañero de una misma causa (política, etc.) (de "brother"). ***Bróder**, préstame estos CDs.*
buitrear (v.) vomitar (m. **buitre**: vómito). *El perro **buitreó** en la cocina después de haberse comido el guiso de Alicia.*
burundanga (f.) narcótico (escolopamina) usado para adormecer a víctimas de atracos o violaciones. *El modus operandi de esa banda era intoxicar a sus víctimas con **burundanga**.*

C
cabrilla / cabrinchi / cabrito / cabro (m.) hombre homosexual. *Una amiga me contó del drama en su casa cuando su hermano le reveló a la familia que él era un **cabrito**.*
cachaco (m.) militar, sobre todo el de infantería. *Como Valentín no encuentra trabajo, dice que se va a meter de **cachaco**. / ¿Qué efecto te hace pensar que algún día mandarán a nuestras **cachaquitas** a una guerra?*
cachar (v.) tener relaciones sexuales.
cachos (m. plural) infidelidad (cuerno) a la pareja. *A Eduardo le pusieron los **cachos** con el electricista.*
cachuelo (m.) trabajo temporal, informal. *Pues verá, yo soy ingeniero agrónomo, pero como no hay chamba, agarré el **cachuelo** de taxista.* (v.) **cachuelear**. *Este fin de semana no puedo salir, me estoy **cachueleando** llevándole la contabilidad a la farmacia de mi primo.*
café (m.) regaño áspero. Se usa principalmente en ambiente laboral. *Le voy a dar un **café** a César porque siempre llega tarde al taller. / A Federico le cayó su **café** por dormir en horario de trabajo.*
cagarla (loc. v.) hacer algo mal, cometer un error serio o de difícil solución. *¡No vayas a **cagarla** otra vez, haz el trabajo con cuidado!*
calabacita (sust. invariable en género) cabeza vacía, persona vacua. *El hermano de Laura es un **calabacita**, siempre anda distraído y tropezándose dondequiera.*
calato 1) (sust./adj.) persona o cosa desnuda. *Fermín tiene la extraña costumbre de andar **calato** por la casa aunque haga frío. / Le voy a decir a Catalina su verdad **calata**. 2) (sust.) por extensión, bebé. *Ayer nació el **calato** de Elvira.*
caldero (m.) malestar físico después de una borrachera.
calientahuevos (f., vulgar) mujer exhibicionista, provocadora, que luego no "se concede". *Esa **calientahuevos** de Blanca me la va a pagar.*
caliente (adj.) enojado, de mal humor (con los verbos andar / estar; cayendo en desuso). *Guillermo anda **caliente** desde que supo que su novia lo quería dejar.*
camote (m.) afición, obsesión. *Enrique le agarró **camote** a los videojuegos.*
cana (f.) cárcel. *Todos los viernes María iba a ver a su marido a la **cana**.*
canas verdes (f.) desesperación, agobio (con los verbos sacar / salir). *¡Ese chibolo me está sacando **canas verdes** con tantos berrinches!*
cáncer (m.) cigarrillo, tabaco. *Ya no compro **cáncer** porque estoy tratando de dejar de fumar.*

canear (v.) encarcelar. *Encanaron a su hijo por fraude.*
caña (f.) automóvil. *Cada vez que salgo con Eugenio me ensucia la **caña** con la ceniza de sus cigarros. / Esta mañana chocaron tres **cañas** en la esquina de mi calle.*
caña brava (loc. sust.) según el contexto, se puede referir ya sea al conductor de vehículo intrépido, que regularmente excede en velocidad, o un conductor que sabe controlar perfectamente su auto. *Ese **caña brava** de Raúl se pasó dos altos y ya casi atropellaba a una viejita que atravesaba la calle. / Nadia es **caña brava**, nunca ha tenido un accidente.*
caña monse (loc. sust.) conductor de vehículo que conduce torpemente o muy lentamente. *Oye, **caña monse**, avanza pues... ¿no ves que el semáforo está en verde?*
cañacero (sust.) borracho que toma licor barato. *Estaba un **cañacero** tirado a media calle, profundamente dormido.*
carabina (f.) cara, rostro. *Rosario no se maquilló bien la **carabina***
cargosear (v.) importunar, fastidiar, molestar. *El otro día en un bar un viejo se puso a **cargosearnos** por nuestra manera de vestir.*
causa (m.) amigo (usado entre hombres). *Ayer salí con mis **causas** al cine.*
chaira (f.) cuchillo, puñal. *El delincuente sacó su **chaira** y nos amenazó con ella.*
chaleco (m.) guardaespaldas. *Víctor es el **chaleco** del Cholo Toledo.*
chamba (f.) (por influencia de telenovelas mexicanas) trabajo (verbo: **chambear**). *Necesito cambiar de **chamba**; aquí nunca voy a avanzar.*
chamullar (v.) hablar mucho tratando de convencer a alguien aunque uno no esté seguro que sus datos sean correctos o para cubrir un error (también **meter un chamullo**; adj.: **chamullador, chamullero**). *Pepe estuvo **chamullando** a sus padres para que no lo castigaran por haber llegado tarde. / En el examen de filosofía tuve que **meter un chamullo** porque no había estudiado.*
chancabuques (m.) tipo de zapato tosco con punta redonda y suela gruesa. *A Miguelito le han comprado tremendos **chancabuques** que apenas si puede levantar las rodillas.*
chancar 1) (v.) moler, aplastar. *Quita la mano, que te voy a **chancar** los dedos.* 2) (v.) estudiar. *Como no me gustaba **chancar** me salí de la escuela y me puse a trabajar.* 3) (v.) modificar un archivo electrónico preexistente, variando o conservando el nombre original (jerga informática). *Javier, **porfa**, actualiza la lista de precios en el sistema y **chanca** la anterior para que no haya confusiones.*
chancay 1) (m.) acto sexual. *David y Tatiana se salieron del **tono** temprano... parece que hubo **chancay**.* 2) (sust.) pareja sexual. *Victoria asegura que ha tenido sólo tres **chancays** en su vida.*
chance (m.) oportunidad, posibilidad. *Necesitamos un **chance** para poder ingresar a ese club.*
chancón (sust.) persona estudiosa. *Ellas son muy **chanconas**; todos los días van a la biblioteca.*
chancha (f.) colecta, cooperación. *Mis hermanos y yo hicimos una **chancha** para comprarle un regalo a mi mamá para el día de las madres.*

JERGAS DE HABLA HISPANA

chancho 1) (m.) eructo. *El ruidoso y prolungado chancho de Luis causó impresión entre los presentes.* 2) (m.) nalgas, trasero. *Ana tiene un chancho que da ganas de pellizcar.*

chao adiós, hasta luego. (del italiano "ciao"--que en realidad es ya sea saludo que despedida).

chapa / chaplín (f.) sobrenombre, mote, apodo. Alude a la chapa o tapa metálica de botella porque figurativamente el apodo "te lo ponen encima a presión". *La chapa de Carlos es "mi bello genio" porque aparece cada vez que abren una botella... de cerveza.*

chapar 1) (v.) atrapar. *La policía quiere chapar a un peligroso delincuente que se escapó de la cárcel.* 2) (v.) besar. *Abraham chapaba a Liliana a escondidas.*

chape (m.) beso en la boca.

characato (sust.) persona oriunda de Arequipa. *Emma está muy orgullosa de ser characata.*

charlie (adj.) temerario, atrevido. *Ese se cree muy charlie abusando de su mujer, pero no es más que un cobarde.*

chato (sust.) persona de baja estatura. *La chata es Erica; la otra, un poco más alta, es su prima Bernadette.*

chaufa saludo de despedida. *¡Chaufa, nos vemos mañana!*

chela (f.) cerveza. *Mis amigos no pueden ver un partido de futbol sin algunas chelas.*

chepi (m.) pausa, descanso. *Chepi, chepi... voy a tomar agua y seguimos jugando a las escondidas.*

chequear (v.) revisar, controlar. *Esta semana no he chequeado mi correspondencia.*

chévere (adj.) muy bueno, fantástico, fenomenal. *La fiesta estaba chévere pero tuve que irme temprano.*

chibolo (sust.) niño, persona joven. *Las chibolas estaban jugando en el jardín.*

chibolero (sust.) persona que prefiere la compañía de personas más jóvenes. *Marcia es una chibolera, sale con uno seis años menor que ella.*

chicha 1) (adj. invariable en género) informal, sin registros legales o tributarios. *La economía chicha está representada por las masas de vendedores ambulantes que no emiten ningún tipo de factura.* 2) (adj. invariable en género, despectivo) improvisado, de mal gusto e informal. *Si quieres saber los escándalos de la <u>farándula</u> limeña, basta con leer los diarios chichas. / No me gusta esta combinación de ropa... está medio chicha.* 3) (adj. invariable en género) borracho. *Anita y Alejandro siguieron tomando vino hasta que quedaron totalmente chichas.*

chichero 1) (sust.) persona que cultiva o es aficionado de la música tropical andina (llamada "chicha"). *Antaño, los chicheros usaban camisas de flores y pantalones acampanados; hoy en día usan la moda actual pero exagerándola.* 2) (sust.) persona con idiosincrasia chicha, en sentido peyorativo. *El chichero de Sergio ha decorado su cuarto con almanaques de <u>calatas</u>. / La chichera de Nina espera a la víspera del cierre de edición para recién elaborar su informe.*

chifa 1) (m.) comida china (parece que la palabra nació del término cantonés "chi fa", que literalmente significa 'comer arroz'). *Esta tarde para el almuerzo voy a hacer chifa* 2) (m.) restaurante chino. *El chifa de la esquina está repleto, mejor vamos al de la vuelta.*

346

chifar (v.) tener relaciones sexuales.

china (f.) cincuenta céntimos. *Me encontré una china de 1947 en un monedero viejo.*

chinear (v.) mirar, ver. *Los turistas fueron a chinear los tesoros incas en el museo.*

chingana (f.) bar o establecimiento sórdido y barato. *Saliendo de una chingana le robaron el poco dinero que le quedaba.*

chinganear (v.) ir de parranda, de una chingana a otra. *A los hermanos les gustaba salir a chinganear juntos.*

chiripiorca (f.) violento tic o ataque de nervios; por extensión, se refiere a cuando algo o alguien deja de comportarse normalmente. Del programa TV mexicano de Chespirito (El chavo del 8). *¡Jajajaja! Miren, ¡ése baila como si le estuviera dando la chiripiorca! / Y de repente como que le dio la chiripiorca y ya no pudo ni hablar.*

choborra (adj. invariable en género) borracho (con las sílabas invertidas). *Cuando me encontré a Ernesto en el bar, ya estaba bien choborra.*

choche (sust. invariable en género) amigo (apócope de **chochera**). *Gloria es mi choche, por eso quiero regalarle algo especial para su cumpleaños.*

chocho (adj.) feliz. *Miguel y Angélica están chochos con el nacimiento de su primer hijo. / Paula está chocha porque irá a Europa el mes próximo.*

cholo (a menudo en sentido despectivo) indígena, especialmente el que habita en la costa y proviene de los Andes.

chongo 1) (m.) barullo, confusión, caos. *La clase de matemáticas de ayer fue un chongo; uno de los compañeros estaba con gases.* 2) (m.) burdel. *Ayer vi a don Ramón saliendo de un chongo.*

chonguear (v.) divertirse bromeando. *El cómico nos tenía muertos de la risa chongueando acerca del presidente.*

chonguero (sust./adj.) bromista. *¡Qué chonguero es Otto, nunca lo he visto serio!*

choro (sust.) ladrón, ratero (verbo: **chorear**). *Ese barrio está lleno de choros.*

chucha 1) (f. vulg.) organo genital femenino. 2) en la frase "a mí / ti / nosotros / ustedes / etc. **qué chucha**", significa que (algo) no importa. *A mí qué chucha, lárgate si quieres.*

chungo (adj.) tacaño. *Rosa es demasiado chunga; no querrá cooperar para comprar el regalo de Andrés.*

chupado (sust./adj.) tímido, cobarde. *Sólo los chupados tienen miedo de zambullirse desde este acantilado.*

chupamedias (adj./sust. inv. en género) persona obsecuente y servil. *Dejen de ser chupamedias, no van a conseguir nada.*

chupar (v.) beber bebidas alcohólicas.

chuparse (v.) arrepentirse, echarse para atrás. *Estuve a punto de teñirme el pelo, pero al último momento me chupé.*

churre (sust. invariable en género) niño de edad entre 4 y 7 años aproximadamente (propio de la costa norte de Perú, Piura). *La churre había sido castigada por grosera.*

churreta (f.) diarrea. *No sé si fue la cena que preparó mi hija, pero amanecí con churreta.*

churro (m.) hombre guapo. *El actor principal de esa película es un churro.*

chuzo 1) (m.) cicatriz o corte en la piel. *Alberto es el que tiene un chuzo en la cara.* 2) (m.) zapato (del inglés "shoe"). *Me he comprado un par de chuzos bien bacanes.*

347

coca cola (loc. adj.) loco. *Debe estar medio coca cola ese tipo si pretende que le den dinero para limpiar el roca que él mismo ensució.*

cocho 1) (adj./sust.) viejo. *¡Qué cocha se ve Adelaida desde la última vez que nos encontramos!* 2) (sust.) padre o madre. *Les dije a mis cochos que quiero irme a vivir en otra ciudad.*

codo (adj.) avaro, tacaño. *Don Julián es el hombre más codo del pueblo.*

cofla (adj./sust. invariable) flaco, delgado (inversión de las sílabas de 'flaco'). *Ramón, estás muy cofla, ¿estás comiendo bien?*

coima (f.) comisión que se da para obtener algo en forma ilegal, soborno. *Le tuve que dar una coima al tombo porque me pasé el semáforo en rojo y me iba a multar.*

coimero (sust./adj.) quien da o recibe soborno.

cojudo (adj.) palabra usada como insulto fuerte.

colado (sust./adj.) persona que entra en sitios donde no ha sido invitado o sin pagar. (verbo **colarse**). *Nos mandaron una invitación para dos personas para la recepción. Uno de nosotros va a tener que entrar de colado.*

combear (v.) comer. *En este restaurante se combea muy bien.*

combo 1) (m.) comida, alimentos (también **combate**). *Estela preparó un combo excelente.* 2) (m.) golpe (usada con los verbos *tirar / meter*, significa comer, golpear). *Yo siempre tiro combo a la una y media. / Le metieron combo hasta mandarlo al hospital.*

como cancha (loc. adv.) mucho, bastante. *¿Te gusta la comida peruana, Bill? -- ¡Como cancha!*

concha (f., vulgar) órgano sexual femenino. Palabra frecuentemente usada (en combinación con otras) en imprecaciones e insultos.

conchudez (f.) desvergüenza, indolencia. *Fue el colmo de la conchudez: le subió más alto el volumen al radio cuando empecé a decirle que debería buscarse un trabajo.*

conchudo (adj.) desentendido, indolente, desobligado. *¡Qué conchudo es Oscar! Hace trabajar a su mujer mientras él se toma una siesta.*

conejo (m.) ruido hecho al tronar los huesos (se usa con el verbo "sacar"). *Odio cuando Manolo se pone a sacarse conejos de los dedos.*

cool (adj.) bueno, excelente, maravilloso (usado por los estratos sociales más altos) (de la jerga en inglés "cool", pronunciado "cuul"). *¡Qué tatuaje tan cool te hiciste!*

corcho (sust.) torpe, inepto *No seas corcha... ¿cómo se te ocurre freír el pescado sin sacarle las vísceras?*

corvina (f.) corbata. *Para Navidad siempre me regalan muchas corvinas.*

costilla (f.) novia. *Déjala en paz, es la costilla de Daniel.*

criollada (f.) estafa, engaño. *Oiga, señor, no me venga a mí con criolladas y tome su billete falso.*

cucufato (sust./adj.) santurrón, mojigato. *Mi tía es tan cucufata que no deja usar pantalones ni minifalda a sus hijas. / La cucufata de Violeta casi se desmaya cuando le dije que en Semana Santa me comí un rico lomo saltado.*

cuernos (m. plural) traición o infidelidad a la pareja. *A Ramón le pusieron los cuernos con su mejor amigo.*

cuero (m.) persona guapa, atractiva. *Raquel Welch era un cuero en esa película. / El novio de Nadia es un cuerazo.*

<u>culear</u> (v., vulgar) tener relaciones sexuales.
culo (m. vulgar) gran cantidad. *Tengo un **culo** de problemas desde que mi suegra se vino a vivir con nosotros.*

D

dar bola (loc. verbal) hacer caso. *No le **des bola** a Arturo porque después se pone fastidioso.*
<u>darle al clavo</u> (loc. v.) acertar (variante de "dar en el clavo"). *¡**Le diste al clavo**! Mónica está embarazada, nos lo dijo esta mañana.*
dar sajiro (loc. verbal) excitar, provocar. *Ella sabe bailar de un modo que les **da sajiro** a todos los hombres.*
de cajón (loc. adj.) evidente, totalmente seguro, obvio. *Es **de cajón** que Diana obtendrá ese puesto en el municipio: su tío es el alcalde de la ciudad.*
de la patada (loc. adv.) fuerte, tremendo, impactante (en sentido positivo). *La noticia que nos dieron estuvo **de la patada**.*
de nanquiu (loc. adv.) de nada, respuesta irónica a quien da las gracias diciendo "tenquiu". *Y tenquiu por el café. --**De nanquiu**.*
de todas mangas (loc. adv.) por fuerza, de cualquier manera. ***De todas mangas** su hermanita tiene que acompañar a Silvia cuando sale con su novio.*
debutar (v.) tener relaciones sexuales por primera vez. *Dos de mis amigas **debutaron** durante el viaje a Chile con la escuela.*
<u>del carajo</u> (loc. adj.) excelente, muy bueno. *Me quedó **del carajo** esta viñeta.*
<u>desconchinflar / desconchinflarse</u> (v.) arruinar, averiar; dejar de funcionar. *Yesenia **desconchinfló** la impresora; vamos a tener que comprar otra. / **Se desconchinfló** la computadora, y ahora no puedo escribir en mi blog.*
<u>desgraciado</u> (sust./adj.) vil, infame, despreciable. *¿Qué se cree esa **desgraciada** de mi hija, que voy a estar aquí cuidando a sus hijos mientras ella sale a <u>tonear</u>? / Ese **desgraciado** que va corriendo me acaba de robar el reloj.*
<u>despelote</u> (m.) caos, desorden, lío. *Hubo un **despelote** en el supermercado cuando se derrumbó una pirámide de latas de verduras.*
diquera (f.) mujer exhibicionista, provocadora, que luego no "se concede". *No creas que vas a conseguir algo con Marlene... es sólo una **diquera**.*
duro (adj.) tacaño. *No seas **dura** y ayúdame con algo de <u>quita</u>, que ando <u>misio</u>.*

E

en algo / en algodón (loc. adj.) bueno, a cumplir los mínimos requerimientos para ser tomado por bueno, sin llegar a destacable o extraordinario (con el verbo estar). *¿Qué tal es el nuevo asistente de marketing?-- Bueno, está **en algo** ese chico. / Me compré un equipito nuevo de sonido, barato <u>nomás</u>, que está **en algodón**.*
encamotarse 1) (v.) enamorarse. *Mi hermano David está **encamotado** con tu prima.* 2) (v.) obsesionarse con alguna cosa o persona. *Tienes tantos pantalones, hijo, pero te has **encamotado** con esos jeans reviejos.*
enyucar 1) (v.) engañar, timar. *Compré un carro a plazos y estoy **enyucado** por 5 años.* 2) (v.) contraer alguna responsabilidad pesada, tarea engorrosa, deuda. *Sergio se quitó temprano de la oficina y me **enyucó** con los informes de mañana.*

estar con los muñecos (loc. verbal) estar nervioso, inquieto. *Por estar con los muñecos, a Layla se le cayó el micrófono y todos voltearon a mirarla.*
estar parado (loc. v.) tener buena posición económica. *Celia está parada con ese trabajo en el municipio.*

F

faite (m.) matón; individuo agresivo y violento, pendenciero. (del inglés "fighter" -- probablemente lo introdujeron marineros extranjeros en el puerto de Callao). *Mañuco andaba de noche por la calle y se topó con dos faites que lo insultaron.*
fallo (m.) cigarrillo, tabaco. *Mi hijo me hizo pedazos todos los fallos de una cajetilla jugando con ellos.*
farra (f.) fiesta, reunión entre amigos. *La farra en casa de Esther estuvo muy animada; bailamos toda la noche.*
fashion (adj.) a la moda, de marcas famosas. *¡Mira qué fashion va Monique con sus lentes Dolce & Gabbana!*
federal (adj.) feo (aplicable a personas, objetos, situaciones). *En mi clase de computación solamente hay chicas federales. / Cuando los tombos se llevaron a Marco, se dio cuenta que la cosa se le ponía federal.*
fichas (f. pl.) monedas, dinero metálico sin especificar cantidad. *El niño llevó todas las fichas de su alcancía al banco para abrir una cuenta.*
figuretti (sust./adj.) persona que intenta ser siempre el centro de la atención, arribista (del nombre de un personaje creado por el cómico argentino Freddy Villareal). *Nino es tan figuretti que siempre aparece en todas las fotos del tono. / El figuretti de Angel apenas ve a su jefe corre a saludarlo antes que otro lo haga primero.*
fintero (adj./sust.) que aparenta algo que no es. *En la chamba, el fintero de Sergio se pasa todo el día frente a la computadora jugando y no hace ni michi.*
firme (f.) verdad. *La firme es que hoy no tengo plata, pero la próxima semana te termino de pagar.*
flaco apelativo, término informal para dirigirse a una persona. *Flaca, ven a darme una mano con este mueble.*
flirtera (sust./adj.) mujer coqueta (del inglés "flirt"). *Antonieta es bien flirtera, no sé cómo la soporta su novio, con lo celoso que es.*
florear (v.) adular, alabar. *Las empleadas florearon a su jefa por su nuevo corte de pelo.*
floro (m.) el mejor léxico para impresionar, convencer, influenciar a alguien (usado con los verbos meter / tirar). *Los políticos son unos expertos en meter floro.*
franco (m.) palabra usada para pedir confirmación o para asegurar. *Me vas a llevar al concierto, ¿franco? --Franco. Ya tengo los boletos.*
fregar (v.) molestar, fastidiar (adj. fregón). *A estos niños les encanta fregar a los mayores.*
frío (sust./adj.) muerto. *Cuando la ambulancia llegó al hospital, el paciente ya estaba frío.*
friquear (v.) espantar (de la jerga "to freak"). (adj. friqueado). *No friquees a la pobre guagua con esa máscara.*

fuchi expresión de asco; también usada para ahuyentar algo. *¡Fuchi! ¡Esa sopa yo no me la como! / ¡Fuchi, sálganse de aquí, perros sarnosos!*

fumón (sust./adj.) que fuma marihuana. *Rigo, no quiero verte otra vez en compañía de esos fumones.*

funar (v.) mirar. *La mujer estaba allí, funando la película en alemán sin entender nada.*

G

gil 1) (m./adj.) tonto; 2) (m.) novio. *El gil de Carmen es de Nicaragua.*

gila (f.) chica, mujer, novia, pareja femenina (usado por los estratos más bajos). *Toño se acaba de separar de su gila. / La discoteca estaba escasa de gilas.*

gilear (v.) coquetear con las mujeres. *Hay chiquillos que vienen a la academia solo para gilear.*

gilero (adj./sust. m.) hombre mujeriego, galanteador--o que presume de serlo. *Al gilero de Mariano esta vez su novia lo agarró a cachetadas.*

goma (f.) golpe, castigo físico, acto de agresión. *Por andar con pandilleros a Quique siempre le cae goma.*

gomear (v.) golpear, castigar físicamente, agredir. *Griselda dejó a su marido porque la gomeaba casi todos los días.*

gringo 1) (sust./adj.) proveniente de Estados Unidos. *Estafaron a turistas gringos vendiéndoles terrenos inexistentes. / Dicen que el ejército gringo ha sufrido muchas más pérdidas en Iraq desde que terminó la guerra que durante la guerra.* 2) (sust./adj.) rubio. *La chibola de María Gracia nació gringa.*

Gringolandia (f.) Estados Unidos. *Cada vez que Rafael va a Gringolandia, compra software nuevo.*

grone (sust. inv. en género) persona muy morena o de raza negra. *Esas grones del coro cantan muy bien.*

guácala expresión de asco. *¡Guácala! ¡Hay una mosca muerta en la ensalada!*

guachimán (m.) guardia, vigilante (del inglés "watchman"). *Tú distrae al guachimán mientras yo entro por la puerta de atrás...*

guarapero (sust./adj.) borracho que toma licor barato. *Conozco a esa vieja guarapera; es la mamá de Vicente.*

guata (f.) barriga, panza. *¿Y esa guata? ¿Acaso estás embarazada otra vez?*

guita (f.) dinero. *Para ella lo único que importa en un hombre es que tenga mucha guita.*

H

hacer cholito (a alguien) (loc. v.) engañar, estafar, timar. *Oye, Paco, ¡no me vengas a querer hacer cholita diciéndome que esa chica era tu primita! / Ese vendedor de terrenos hizo cholitos a unos amigos míos.*

hacer gol (loc. v.) empreñar, poner encinta a una mujer. *Jaime está preocupado porque parece que le ha hecho gol a su jermita. / ¡La chica tan joven y con guagua! Seguro que le hicieron gol en un tono.*

hacer la taba (loc. verbal) acompañar. *No quiero ir sola a la reunión, le voy a decir a Paty que me haga la taba.*

hacerse bolas (loc. v.) confundirse. *El taxista se hizo bolas y me llevó a una calle equivocada.*
hasta la coronilla / el copete (loc. adj.) harto, fastidiado.
helena (adj.) helado. Particularmente referido a las bebidas. *Me tomé un par de chelas bien helenas.*
hijo de papi / papá hijo de gente adinerada, que todo lo tiene gracias a ellos. *A aquel hijo de papi le pagaron toda la carrera de administración de empresas y luego le compraron una compañía.*
hincha (invariable en el masculino) seguidor de un equipo de fútbol. *Los hinchas del equipo visitante se pusieron violentos cuando su equipo perdió el partido.*
huachafo (sust.) persona cursi, ridícula (sust. **huachafería**, acto ridículo). Dice un costumbrista que en los años 50 la influencia de la cultura estadounidense fue muy fuerte, y algunos sectores de la población, queriendo aparentar pertenecer a un estrato social superior, remedaba, con resultados desastrosos. En este caso hubo gente que por querer decir "white church" (iglesia protestante donde los antiguos oligarcas se reunían con sus familias e iguales) decían "gua char", y de allí originó huachafo. *El huachafo de Fernando habla inglés en la oficina para querer impresionar a las chicas. / La huachafa de Miriam se baja tres cuadras antes de llegar a una fiesta para que no sepan que vino en micro. / Caminar por lugares públicos hablando por celular a toda voz es una grandísima huachafería.*
huaracazo (m.) borrachera; palabra proveniente de huaraca. *Don Nicanor y su compadre se mandaron tal huaracazo que al día siguiente no se acordaban qué hicieron.*
huarique 1) (m.) escondrijo, guarida criminal. *Un reo dio a la policía el dato del huarique donde estaba el resto de su banda.* 2) (m.) por extensión, cualquier bar, cantina, cafetería o lugar de reunión con un cierto aire de clandestinidad, ilegalidad. *Paco, el sábado pasado descubrí un huarique bien alucinante con bandas en vivo y un cuba libre buenazo.*
huayco 1) (m.) gran cantidad. *El verano pasado hubo un huayco de protestas sociales.* 2) (m.) vómito. *De dar tantas vueltas en la montaña rusa siento que me viene el huayco.*
huevear 1) (v.) desperdiciar el tiempo en cosas improductivas. *¡Deja de huevear y ponte a estudiar!* 2) (v.) confundirse. *Nos hueveamos de dirección y por eso llegamos tarde a la reunión.*
huevo 1) (adj.) fácil. *El último examen estuvo huevo, pero esta vez creo que estará más difícil.* 2) (m.) gran cantidad. *No me pidas plata porque estoy con un huevo de deudas.*
huiro (m.) cigarro de mariguana. *Pásame el huiro, no te lo acabes.*

I
importar un comino / pepino (loc. v.) no importar nada.
indio (sust./adj., despectivo) ignorante, inculto, maleducado, de mal gusto (a menudo usado como insulto). *Te ves bien india con ese peinado, mejor cámbialo. / No seas indio, ¡saluda a tu padrino!*

infeliz (sust./adj.) vil, infame, despreciable. *Esos infelices de tus tíos se repartieron la herencia que te había dejado tu padre. / El infeliz de Hugo se gastó toda la plata que era para comprar los remedios de su mamá. / ¡Vieja infeliz, váyase a su casa!*

J

jalar 1) (v.) reprobar, suspender (adj. **jalado**). *En una clase de 20 personas, el profe jaló a 17.* 2) (v.) aspirar (cocaína). *Encontramos a Cristina jalando en el baño.* 3) (v.) llevar a alguien de pasajero en un vehículo. *¿Vas a tu casa? Jálame, estoy justo yendo para esa zona.*

jale (m.) atractivo, magnetismo personal, carisma. Por extensión, cualquier cosa que obtenga buenos resultados. *Así como lo ves, Ernesto tiene un jale tremendo. / El anuncio que mandé publicar en "El Comercial" tuvo buen jale.*

jama (f.) comida, alimentos (verbo **jamear**). *A Elisabeth le gusta la jama muy picante.*

jatear dormir (también **tirar jato**). *Lorena jateaba tranquilamente en su escritorio cuando su jefe la halló.*

jato (f.) casa. *Al rato paso por tu jato para llevarte una torta que hice.*

jeringa (f.) jerga. *Conozco muy bien la jeringa de El Salvador.*

jerma (f.) enamorada, novia, esposa (corrupción por inversión de las sílabas de mujer: mu-jer = jer-ma). *La jerma de Macario es intérprete.*

jetear (v.) besar. *Elena ya ha jeteado a todos los muchachos de la escuela.*

jironear (v.) pasear por las calles o jirones del centro (en desuso). *Era común entre mis tías ponerse sus mejores ropas para salir a jironear todos los sábados.*

jodido 1) (adj.) destrozado, arruinado. *La computadora ya está muy jodida, hay que comprar una nueva.* 2) (adj.) complicado, difícil. *Está jodida la situación en el país.*

jugadora (f.) mujer promiscua. *Gerardo buscaba una jugadora con quien pasar la noche.*

L

ladilla (sust./adj. invariable en género) persona que está siempre encima, que no se despega. *Mari es bien ladilla; no entiende que ya no quiero que me llame.*

ladrillo (adj.) trabajador. *Eligio es muy ladrillo y casi siempre se queda a trabajar tarde.*

lana (f.) dinero.

lata (f.) caminata larga. *No voy a llegar a tiempo a casa de Conrado. Es una lataza.*

latear (v.) caminar (también **tirar lata**). *¿Vienes en tu carro? --No, voy lateando.*

latosear (v.) irritar, importunar, fastidiar, molestar. *Y no vuelvas aquí a latosear otra vez de que quieres ir con nosotros--tú te quedas a cuidar a tu hermana.*

lechero (sust./adj.) suertudo, afortunado. *¡Solamente un lechero como tú podía hacer que alguien como Ruth acepte salir contigo!*

lenteja (adj.) tonto. *Es lenteja quien no sepa apreciar la belleza de Liliana.*

lisura (f.) grosería. *¡No digas lisuras enfrente de los niños!*

lisuriento (adj.) grosero, mal hablado. *El personaje principal de la historia es simpático, pero usa un vocabulario demasiado lisuriento. / Tu hija se ha vuelto muy lisurienta desde que se sale con ese chico.*

JERGAS DE HABLA HISPANA

llegar (v.) no importar (también **llegar al pincho**, versión vulgar). *Nos llega si ella prefiere irse a la playa con ellos.*
loco (sust.) término informal para dirigirse a una persona, generalmente un amigo. *¿Qué dices, loco, mañana vienes a jugar futbol con nosotros?*
lompa / lomplay (m.) pantalón. *En esta tienda venden lompas pulentos.*
lorcho (sust./adj. despectivo) cholo, incivilizado, torpe, de mal gusto. *Leonardo será blanco y de ojos claros, pero se comporta como un vil lorcho. / Benjamín tiene la casa decorada con un montón de estatuillas bien lorchas. /¿No sabes usar la compu? ¡Pucha, pareces lorcho, oe!*
lorear (v.) hablar. *El niño lorea siempre de su padre, que es marinero.*
lorna (adj. invariable en género) tonto. *Tus amigos son tan lornas que cualquiera se aprovecha de ellos.*
luca (f.) moneda equivalente a un sol peruano. *Esto vale una luca. / Se me perdieron cinco lucas del bolsillo.*
luquear (v.) vigilar, cuidar (posiblemente proveniente del inglés "look": mirar). *Mi hermano me está luqueando; mejor nos vemos otro día.*

M

machona (f.) lesbiana, mujer homosexual. *¿Es cierto que su hermana es machona?*
machucafuerte (m.) marido, esposo. *Mi machucafuerte le tiene miedo a viajar en avión.*
maldito (adj.) muy bueno, excelente. *Esta foto tuya está maldita, la voy a poner en un marco.*
mamacita (f.) mujer muy bella, impactante (también **mamasota**). *¿De 'onde sacaste las fotos de esas mamasotas que pusiste en tu página?*
mamerto (sust./adj.) tonto, torpe. *Sandra es tan mamerta que siempre deja las llaves dentro del carro cerrado.*
mamey (sust./adj.) tonto. *¡No seas mamey! Si no te llamaron para aquel trabajo nuevo, es que prefirieron darle el puesto a otro.*
mancar 1) (v.) caer en desgracia. *La familia Aguilar mancó; perdió todo su dinero en la bolsa.* 2) (v.) morir. *Ayer mancó el señor que vendía diarios en la esquina*
mancha (f.) multitud, grupo de individuos. *Los aficionados se le echaron encima en mancha al famoso jugador de futbol.*
manyar (v.) captar, entender. *Olga siempre manya sólo lo que le conviene; si no, finge ignorancia. / ¿Tú manyas a Olivia? Yo nunca sé lo que dice.*
marcación (f.) un miembro de una pareja (de origen deportivo: ver marcar). *¡Sonia, te llaman por teléfono! Es tu marcación. / Genaro vino a la fiesta con su marcación.*
marcar (v.) vigilar a la pareja (de origen deportivo: se refiere a cuando un jugador intenta interceptar u obstacular el avance de un jugador contrario). *Hoy me puedo quedar hasta las 11.00... es que me están marcando.*
marciano (sust.) persona anticonformista, que no sigue modas ni tendencias. *Gabriela es una marciana, nadie la comprende.*
mariachi (m.) marido, esposo. *El mariachi de Eva trabaja en un laboratorio químico.*
marimba (f.) marihuana. *Ve a conseguirnos más marimba, que ya se está acabando.*

marinovio (m.) novio con quien se tienen relaciones sexuales. *Micaela y su marinovio se mudaron a un apartamento nuevo.*

mariposón (m.) hombre afeminado (cayendo en desuso). *Aquel peluquero es un mariposón.*

mariscal (m.) marido, esposo. *Ella se salía a bailar a escondidas de su mariscal.*

marmaja (f.) dinero (en sentido despectivo). *Los políticos no aman al país sino a la marmaja.*

marrocas (f.) esposas. *El delincuente fue llevado en marrocas frente al juez.*

mataburro (m.) diccionario. *Busca en el mataburro si no sabes cómo se escribe esa palabra.*

mataperro (m.) parachoques. *¡Qué lindo el mataperro que le pusiste al camión!*

mate (m.) cigarro de mariguana. *Oscar se metió unos mates con sus amigos y luego se largaron sin rumbo fijo.*

mechadera (f.) pelea entre varias personas. *El partido terminó en mechadera. Tres personas fueron hospitalizadas.*

mentada (f.) insulto (a la madre). *¡No andes diciendo mentadas enfrente de las monjitas! / A Gerardo no lo haces trabajar ni a mentadas (de madre).*

mentar a la madre / mentarla (v.) insultar (mencionando a la madre). *Alguien se la mentó y se armó la bronca.*

merfi 1) (f.) verdad, cosa auténtica (por inversión de las sílabas de firme); 2) (adj.) por extensión, se usa para indicar un tipo de droga de buena calidad, de alto grado de pureza. *Ese gordito de la esquina vende... pero de la merfi.*

meter dedo / pinga / la rata / la rataza (loc. verbal, muy vulgar) engañar, estafar, embaucar. *¡Te metieron la rata con ese bolso! ¿No ves es "Fende", una marca bamba, y no "Fendi", como pensabas?*

meter la pata (loc. v.) aparte de la acepción de cometer una indiscreción, un error, se usa a menudo como eufemismo de la mujer que queda encinta sin planearlo. *Carla metió la pata con su amante y ahora quiere hacer cholito a su marido.*

metiche (sust./adj.) entrometido. *Tu tía Rosa tiene fama de ser la más metiche de la familia.*

mica (f.) camisa. *Jorge se pone las micas sin planchar.*

micro (m.) microbus.

misio (adj.) sin dinero. *Están misios porque acaban de comprar una casa.*

mitra (f.) cabeza. *Si te duele la mitra, tómate una aspirina.*

mitrazo (m.) golpe con la cabeza. *El jugador hizo gol con un certero mitrazo.*

mono (sust./adj., despectivo) ecuatoriano, proveniente del Ecuador.

monse (sust./adj.) tonto, ingenuo. *Sabiendo que es una monse, a Hilda lograron venderle terreno en la luna.*

moquear (v.) llorar. *Las hermanitas estaban escondidas en un rincón, moqueando porque habían perdido una muñeca.*

mosaico (m.) mozo, camarero, mesero. *Mosaico, tráigame otro vaso, por favor. Este está sucio.*

mosca (adj.) alerta, despierto. *¡Ponte mosca, que ahi viene el jefe!*

mosquearse (v.) aburrirse, fastidiarse. *Me estoy mosqueando en este tono.*

mostro (adj.) muy bueno, excelente, espectacular. *¡Me regalaron un celular bien mostro para mi cumpleaños! / ¡Me saqué la lotería! --¡Mostro, <u>causa</u>!*
moticuco (sust./adj.) persona fea (combinación de las palabras 'Motta', marca de chocolates que incluía figuritas autoadhesivas fosforescentes bastante grotescas, y 'cuco'). *De lejos se veía bien, pero cuando nos acercamos nos dimos cuenta que era una moticuca. / Si Carla está saliendo con ese moticuco, será porque tiene plata.*
movido (adj.) 1) dícese de persona sin estabilidad en su vida, desinhibida, ruidosa y fiestera. *Anita es tan movida que no hay fin de semana que se quede sola y tranquila en su casa.* 2) (adj.) activo. *Saúl, si quieres progresar en tu negocio, tienes que ser más movido, propagandearte, limpiar tu local...*
muñequearse (v.) estar nervioso, inquieto (alude a la hiperactividad de las manos). *Marilú se muñequeó cuando la llamó su jefe... será la consciencia sucia, pues.*

N
Nancy (f.) nada. *Fernando no quiso Nancy de almorzar.*
Nancy que Berta (frase) "nada que ver", negación. *¿Fuiste tú el que dijo eso hace rato? --Nancy que Berta, yo acabo de llegar.*
naranja huando (loc. sust./adj) hombre feo (se refiere a un tipo de naranja sin <u>pepa</u>). *Salvador es naranja huando, pero es simpático.*
ni chicha ni limonada (frase) ni una cosa ni otra. *Juan no es ni chicha ni limonada: ni conservador, ni liberal.*
ni michi (loc. sust. f.) nada (eufemismo de "ni mierda"). *No vas a recibir ni michi para tu cumpleaños si sigues portándote así, Pepito.*
nica de ninguna manera, negación enérgica (contracción de "ni cagando"). *Me han contado que estás saliendo con Pocho. --Nica, nica. Sólo estamos haciendo una <u>tarea</u> juntos.*
nos vidrios (frase) saludo de despedida, "nos vemos".

Ñ, O
ñaño (sust.) niño, joven. *Maruja tiene dos ñañas muy traviesas. / ¿Qué te parece el ñaño que va allá? Es el novio de Sandra.*
ñato (sust./adj.) persona de nariz chata. *Era bajita, de ojos negros, ñata.*
ñoba (m.) baño (ño-ba = ba-ño). *Vámonos rápido a otro sitio--en este lugar no sirve el ñoba.*
ñori 1) (f.) cualquier señora. *Estaban varias ñoris en la tienda cuando entró el asaltante y las amenazó con la pistola.* 2) (f.) esposa, cónyuge, mujer. *Pablo estaba <u>parado</u> en la esquina esperando que su ñori saliera de la tienda.*
ñorsa (f.) mujer, esposa. *La ñorsa de Raúl es enfermera.*

P
pacharaco (sust./adj.) persona de mal gusto en vestir o en maquillarse. *Gloria es una pacharaca--no tiene idea de cómo combinar los colores.*
pacharaquear (v.) volverse ordinario, vulgar. *Antes no cualquiera tenía celular, pero ahora ya se pacharaqueó.*

paja 1) (adj.) bueno, bonito, excelente. *Quiero comprarme un pantalón* **paja** *que acabo de ver en una tienda.* 2) (f.) masturbación (dicho de persona, **pajero**; verbo **pajear**). *Yo no sé cómo soportas andar de novia con uno que se apellida* **Pajero**...
palanca (f.) valimiento, intercesión poderosa o influencia que se emplea para conseguir algo. *Julián tiene* **palanca** *con el alcalde de su pueblo.*
palangana (adj. invariable en género) fanfarrón, pedante (en desuso. Se refería despectivamente a los recién liberados esclavos negros que asistían como oidores a las universidades, especialmente a la Escuela de Medicina, y discutían en público acerca de los conocimientos adquiridos, **palanganeando**). *Mi vecino es un* **palangana** *que se cree superior a todos los que lo rodean.*
palo (m.) 1.000 soles (unidad monetaria peruana). *Tengo dos* **palos** *depositados en mi cuenta de ahorros.*
palta (f.) vergüenza. *Rocío me hizo pasar una* **palta** *cuando dijo que soy muy tacaño.*
palteo (m.) equivocación. (v.) **paltearse**. *Apostaste al perdedor;* **te palteaste**.
panudear (v.) presumir, pavonear (adj. **panudo**). *Ana estaba* **panudeándose** *con su anillo de brillantes delante de las amigas.*
papear (v.) comer. *Al paso que vas, si no dejas de* **papear** *esas porquerías vas a parecer ballena.*
paporretear 1) (v.) aprender algo de memoria sin comprenderlo. *El político* **paporretó** *el discurso que le escribieron sus ayudantes.* 2) (v.) repetir also sin comprender su significado (sust. **paporretero** persona que habitualmente paporretea). *Luis es sólo un* **paporretero**; *no tiene verdaderos conocimientos de ingeniería.*
pata 1) (adj./sust. inv. en género) amigo. *Jorge es* **pata** *de Carlos.* 2) (m.) individuo, hombre. *No había nadie en el parque; sólo un* **pata** *leyendo el periódico sentado en una banca.*
patota (f.) grupo de jóvenes revoltosos y montoneros que se dedica a molestar o atacar a la gente en sitios públicos. *La* **patota** *de Sergio cobraba "peaje" para dejar pasar a la gente delante de la estación ferroviaria.*
patotero 1) (sust./adj.) miembro de un grupo de jóvenes revoltosos y montoneros que se dedica a molestar o atacar a la gente en sitios públicos. *Ser* **patotero** *es ser cobarde, porque solo no se atrevería a hacer lo que hace en* patota. 2) (sust./adj.) lo que es propio de tal grupo.
pava (f.) restos de un cigarro de mariguana. *Sólo quedó la* **pava**. *¿Tienes más* huiros?
pécora (f.) mal olor de pies. *Domingo tiene una* **pécora** *que parece que guarda queso en los zapatos.*
pelotear (v.) retrasar o desviar una obligación (también de tipo económico). *Fui a hacer un trámite en el municipio y me* **pelotearon** *toda la mañana. / Toño me está* **peloteando** *con las 50 lucas que me debe.*
pendejo 1) (sust.) persona astuta, taimada. *Iván es un* **pendejo**; *se queda con mi vuelto cuando sobra dinero.* 2) (sust.) sobre todo con las mujeres, implica libertinaje sexual o engaño conyugal. *Vicente no sabe que se ha casado con una* **pendeja**.
pepa 1) (f.) rostro atractivo de hombre. *El novio de Erica tiene* **pepa**. 2) (f.) pastilla, píldora (medicinal o de droga). *Su mamá le encontró unas* **pepas** *escondidas en un cajón: eran anticonceptivos.*

pepear (v.) adormecer a víctimas de atracos o violaciones por medio de sustancias introducidas en sus bebidas. *Los **pepearon** y les robaron todo lo que tenían.*

pepera (f.) prostituta especializada en seducir y drogar a su víctima para robarla. *Los tombos se llevaron a dos mujeres de la calle, sospechadas de ser las **peperas** que drogaron a un turista holandés, el cual murió por sobredosis.*

pepón (adj./sust.) hombre guapo. *Juancho es **pepón** pero igual tiene poca suerte con las mujeres.*

perra (f.) mal olor de pies. *¡Lávate los pies, que traes una **perra** insoportable!*

perromuertero (sust./adj.) estafador. *Acusaron a Inés de **perromuertera** y vinieron a arrestarla.*

pestañazo (m.) sueño, siesta breve. *Estoy cansada: voy a mandarme un **pestañazo** después de almorzar.*

pichanga 1) (f.) partido de futbol amistoso, espontáneo, informal. *El sábado en la mañana me jugué una **pichanguita** para estar en forma.* 2) (f.) labor hecha como entretenimiento o, despectivamente, labor sin seriedad o provecho real. 3) (f.) relación amorosa momentánea y / o furtiva. *Ya se supo que Andrea tuvo una **pichanga** con Víctor.* (v.) **pichanguear**. *¡Qué bonito dibujo! ¿Es un boceto para algún cuadro? -- Bueno, la verdad es que estaba **pichangueando**. / ¡Señor Ramírez! ¿Qué clase de reporte me trae usted? ¿O es que estaba **pichangueando**?*

pichicata (f.) droga, pasta de cocaína. *Los agarraron antes de que pudieran deshacerse de la **pichicata**.*

piedra (f.) rostro atractivo de hombre. *Con esa **piedra** Hugo podría trabajar como modelo.*

piedrón (adj./sust.) hombre guapo. *Llegó un pata alto, **piedrón**, preguntando por Lolita. / A esa actriz se le ha visto acompañada sólo de **piedrones**.*

piña 1) (f.) mala suerte. *No va a haber gratificación para los empleados que tienen menos de tres meses en la compañía. **Piña** por ellos.* 2) (adj./sust.) desafortunado. *Cómo será Mauricio de **piña**, que cuando sale con abrigo y paraguas, sale el sol. / Estás **piña**, Oscar, tu cheque ha rebotado. / A Manuel Gómez, felicitaciones por haberse ganado el auto Subaru 2004 cero kilómetros; y a los **piñas**, no se preocupen. ¡Sigan intentando y suerte!*

pituco (sust.) persona adinerada, rico. *A ese **pituco** sus padres le acaban de regalar un Ferrari.*

pituquería (f.) la clase alta, los ricos. *La **pituquería** de Cuzco tiene predilección por ese restaurante.*

plomear (v.) disparar, tirotear. ***Plomearon** al pobre carnicero enfrente de su negocio.*

pollada (f.) fiesta popular de barrio donde el platillo principal es el pollo a la parrilla; por extensión, también se le llama así al platillo mismo. *La **pollada** de mi tía Teresa estuvo chévere; harta música y ninguna bronca. / Doña Sarita, me da dos **polladas** para llevar.*

pollo / cabeza de pollo (sust./adj.) con baja resistencia al alcohol. *No, yo no chupo con Armando porque es **cabeza de pollo** y me hace pasar roches tremendos. / Por favor no le des nada de tomar a Catalina porque es **polla**.*

ponja (sust. invariable) persona de origen oriental. *Ese **ponja** ya se adaptó a las costumbres limeñas.*

popó (m.) nalgas, trasero. *Señor policía, ese tipo me quizo agarrar el popó.*
por las puras alverjas / por las puras / por las puras huevas (loc. adv.) sin motivo, sin lógica (la tercera variante es un poco más vulgar). *Estaba manejando mi carro, y el tombo me para por las puras alverjas.*
por puchos (loc. adv.) poco a poco, gradualmente. *Camilo está pagando su deuda por puchos.*
porsiaca (loc. adv.) por si acaso, por lo que pueda suceder. *Voy a comprar dos botellas de Cabernet porsiaca les gusta el vino a nuestros invitados de esta noche.*
poto (m.) trasero, nalgas. *Sacaron al pobre perro de la cocina con una patada en el poto.*
pucha interjección de contrariedad, disgusto (eufemismo de "puta"). *¡Pucha, casi me cierras la puerta en la cara!*
puchear (v.) fumar cigarros. *Estoy tratando de dejar de puchear pero la tentación es demasiado fuerte.*
pucho (m.) cigarro o colilla de cigarro. *Alonso quemó el sofá cuando se quedó dormido viendo televisión con el pucho prendido en la mano.*
puentear (v.) omitir, ignorar, evadir a una persona. *Raquel sirvió chela para todos, pero a mí me puenteó.*
pulenta (adj) maravilloso, muy positivo, estimulante, agradable (para referirse a objetos y situaciones, no para personas--invariable en género). *La página de Daniel está pulenta. / En el bazar de enfrente vi un bobo bien pulenta.*
punta 1) (f.) cuchillo, navaja. *Trató de agredirme con una punta.* 2) (f.) persona. *El tono de Lucho sólo tenía nueve puntas.*

Q

quechi (m.) golpe (con los verbos "meter" y "tirar" es agredir físicamente). *Como no se le podía meter quechi al equipo, los hinchas se desahogaban gritándole lisuras.*
quemado 1) (adj.) que carece de originalidad. *Ese tatuaje de la rosa está bien quemado, mejor elige otro.* 2) (sust.) vicioso al extremo de la adicción, sin remedio. *El hijo de doña Amelia es un quemado que vive en la calle.*
quemar 1) (v.) disparar un arma de fuego contra alguien. *A Miguel lo quemaron en el tiroteo del Banco Continental.* 2) (v.) volver fastidioso o "rancio" algo que era original y fresco a fuerza de repetirlo o copiarlo. *Van a quemar esa canción si siguen tocándola cada cinco minutos.*
quemarse 1) (v.) contraer una enfermedad venérea, y por extensión, recibir una sorpresa desagradable, una decepción. *Alfredo se levantó a una en un bar y se quemó. / Rita compró dólares en la calle y se quemó porque eran todos falsos.* 2) (v.) perder la reputación (usada para políticos, artistas u otro tipo de personaje público). *Esa actriz ya debe cambiar el tipo de papeles que desempeña si no quiere quemarse.* 3) (v.) llegar al extremo de la adicción, cuando hay pocas esperanzas de rehabilitación.
quina (f.) cincuenta céntimos. *Me hizo falta una quina para pagar por las revistas.*
quino (m.) fiesta de quince años de una chica. *En el quino de Flor va a tocar una banda de rock.*
quincearse (v.) equivocarse, confundirse. *Paola se quinceó de calle y se perdió.*

quitarse (v.) irse, alejarse. *Bueno, un gusto... me quito y gracias.*

R

rabo verde (loc. sust. m./adj.) hombre maduro que se dedica a cortejar mujeres jóvenes. *Ese profesor es un rabo verde: el otro día lo oí cuando invitaba a salir a una de sus alumnas.*

ranear (v.) espiar, avistar. *Fermín estaba raneando a su hermana con su novio para ver qué hacen cuando están solos.*

rascuache (adj.) de baja calidad, de mal aspecto, desaliñado. *María nació en este pueblo rascuache. Cuando cumplió los 18 se fue y nunca volvió.*

ratón (m.) malestar después de la borrachera. *Se notaba que Daniel había bebido por la cara de ratón que traía al día siguiente.*

rayarse (v.) volverse loco (adj.: **rayado**). *No le hagas caso que está rayado.*

recursear 1) (v.) robar; 2) (v.) obtener algo, ya sea un objeto o un servicio, con métodos alternos o irregulares. *Rodrigo tuvo que recursear un título profesional para poder chambear.*

recurso (m.) botín, producto de un robo. *Tengo un recurso que me va a sacar de misio.*

refri (m.) frigorífico, refrigerador. *Saca el postre del refri, que ya llegaron los invitados.*

resaca (f.) malestar físico después de una borrachera.

richi (m.) comida (usado con los verbos tirar / meter). *Con razón estás tan gorda. Te la pasas tirando richi a todas horas.*

roca 1) (m.) automóvil (de car-ro = ro-ca). *Ignacio pasó por Laura en su roca nuevo.* 2) (f.) tontería, incoherencia evidente (también **rocón, rocaza**). *Tu hermana habla puras rocazas.*

rochabús (m.) tanque blindado de uso urbano armado con un potente cañón de agua para dispersar a las muchedumbres manifestantes. Llamado así porque fue introducido por un funcionario de apellido Rocha. *Los manifestantes resistieron los asaltos de la policía hasta que llegaron los rochabuses.*

roche (m.) vergüenza. *A Sara le daba roche desvestirse delante del médico.*

rosquete (m.) hombre homosexual (despectivo). *Dicen que el profesor de inglés es un rosquete.*

roto (sust./adj. despectivo) chileno, proveniente de Chile.

rubia (f.) cerveza. *Otra vez subió el precio de las rubias.*

ruca 1) (f.) prostituta. *El jirón Quilca se ha llenado de rucas bien chibolas.* 2) (f.) mujer promiscua, exhibicionista.

S

sacar(le) la mugre / la chochoca a alguien 1) (loc. v.) pegar contundentemente. *Eric iba borracho y le sacó la mugre a un pobre mendigo que encontró.* 2) (loc. v. reflexiva) esforzarse mucho, ya sea física que mentalmente (la variante con **chochoca** se usa por los estractos provinciales / rurales). *Si Pepe tiene villegas es porque se saca la chochoca trabajando.*

sacar la vuelta 1) (loc. verbal) traicionar a la pareja. *Ana tiene miedo que Pancho le saque la vuelta con la colega nueva.* 2) (loc. verbal) ser desleal, inconstante, o cambiar repentinamente de preferencia. *De las noticias: "Cinco congresistas sacan la vuelta a su partido y se cambian de bancada". / Pilar le sacó la vuelta al verdulero y ahora compra en el kiosco de don Miguel.*

salado (adj.) desafortunado, con mala suerte (verbo **salar, salarse**). *Don Roque está bien salado--ayer le chocaron el <u>carro</u> y hace sólo una semana que lo había comprado. / Te vas a salar si pasas debajo de esa escalera.*

salírsele (a uno) el <u>callejón</u> (loc. verbal) sacar a relucir la influencia de la vida en los <u>callejones</u> limeños expresándose uno en modo vulgar, con jerga cruda y / o groserías (también **salírsele el llonja** llonja = callejón). *Milagros estaba disfrutando de la reunión hasta que por accidente le mancharon el vestido y se le salió el llonja bien feo.*

sangrar (v.) pedir dinero. *Como mi viejo ha cobrado quincena, lo voy a sangrar para una falda nueva.*

sangrón (sust./adj.) pedigüeño, aprovechado, que pretende cosas gratis. *Ya no salgo con la sangrona de Lety. Siempre estaba que quiero un heladito, quiero un chocolatito, quiero una gaseosita...*

sánguche (m.) emparedado. *No va a haber tiempo para pararnos a comer en el viaje. Prepara unos sánguches para el camino.*

sapear (v.) avistar, mirar. *Los ladrones sapearon al dueño de la casa con una pistola y escaparon.*

sapo (sust./adj.) individuo listo, alerta. *Walter es muy sapo, siempre obtiene las mejores calificaciones en la escuela.*

secona (f.) sensación desagradable de resequedad en la boca después de una borrachera. *Fiorella está con secona porque anoche se amaneció <u>toneando</u> en "La Huaka".*

servilleta (f.) trabajadora doméstica, criada. *Con tal de no seguir en el pueblo, Mónica se fue a Lima a trabajar como servilleta.*

sin olerla ni beberla (loc. adv.) sin haber aprovechado de una oportunidad o situación propicia. *Joel pasó la noche en la <u>jato</u> de Andrea sin olerla ni beberla.*

soga (f.) corbata. *¿Viste la soga color morado y rosa que se puso el novio para la boda?*

sucursal 1) (f.) amante. *Pobre Javier... se peleó con la sucursal y su mujer lo echó de la casa.* 2) (f.) sitio donde se llevan a cabo encuentros extraconyugales.

suzuki (adj.) sucio. *Dejaron la cocina suzuki y no se preocuparon ni de lavar los platos.*

T

taba 1) (f.) zapatilla o (ocasionalmente) zapato. *Quiero comprarme unas tabas nuevas.* 2) (sust./adj. invariable en género) persona torpe, inhábil. *No seas taba y pon más cuidado con tu <u>tarea</u>*

talco (f.) cocaína. *El hombre nos ofreció algo de talco para festejar el cierre del contrato.*

taypá (adj.) opíparo, abundante (con respecto a la comida). *Mami, estoy con hambre, así que sírveme mi plato bien taypá.*

teclo 1) (sust.) viejo, anciano. *El parque estaba lleno de teclos a esa hora de la mañana.* 2) padre (**tecla**: madre). *Mi tecla siempre me da consejos anticuados.*

tela (adj.) débil, frágil (tal vez deriva de "tela de cebolla", como se le llama en Perú a la cáscara de cebolla). *El cólera ha dejado bien tela a Miguel. / Tu lompa está tan tela, que con un simple tirón lo rompo.*

terruco (m.) terrorista.

tira (m.) detective. *El tira estaba investigando sobre un homicidio.*

tirar / tirarse (con / a alguien) (v.) tener relaciones sexuales. *Antonio no es nada romántico; él lo único que quiere es tirar.*

tirar cabeza (loc. verbal) no devolver algo prestado. *Mayra te tiró cabeza con el vestido que le habías prestado.*

tirar caña (loc. v.) conducir un auto (**caña**: volante de auto). *Se fueron tirando caña desde Lima hasta Arequipa.*

tirar lente (loc. v.) ver, mirar, observar. *Estábamos solamente sentados tirando lente en la discoteca cuando llegaron los tombos queriendo arrestar a todos.*

tirar mitra (loc. verbal) no devolver algo prestado. *Que ni crea Julio que me va a tirar mitra con mi grabadora.*

tirar pana (loc. v.) presumir, pavonear. *No tires pana; sé que ese anillo no es tuyo.*

tirar perromuerto (loc. v.) estafar. *A Azucena le tiraron perromuerto con ese reloj bamba.*

tolaca 1) (adj. invariable en género) desnudo (calato con las sílabas invertidas). *Hay que poner siquiera un cuadrito en esa pared, que se ve muy tolaca.*

tombería (f.) el cuerpo de policía en general. *El alcalde hizo un discurso a favor de la tombería de Lima.*

tombo (m.) agente de policía. *Los tombos intentaron detener a los malvivientes. / Marina dice que cuando sea grande quiere ser tomba.*

tonear (v.) ir de fiesta en fiesta, parrandear. *A Fidel le encanta tonear con sus patas.*

tono (m.) fiesta. *Los tonos que organiza ese club terminan siempre en peleas.*

toque (m.) momento, rato. *Espérame, regreso en un toque.*

toyo (adj.) dentón (por su similtud al pez escualo llamado toyo). *Si no fuera porque está tan toyo, Carlos sería un hombre muy guapo.*

trampa (f.) mujer promiscua. *"¡Las trampas son una mala influencia para tu hija!" aseguró doña Hermelinda.*

tranca 1) (adj.) borracho. *Joel llegó ya tranca al quino de su hermana.* 2) (adj.) difícil. *El examen final estuvo tranca, pero lo pasé.*

trago (m.) copa o vaso de bebida alcohólica. *A Efrén se le cayó el trago encima y aparte le mojó la falda a Ceci.*

trapecio (m.) trapo, tela para limpiar. *Pásame un trapecio para limpiar este escritorio.*

trinquete (adj.) excesivamente apretado (dicho de la ropa). *Tanto has engordado que los pantalones te quedan trinquetes.*

Troca (m.) abreviación de "Trocadero", nombre de un famoso burdel limeño siempre protagonista de noticias de crónicas policiales. Visto como símbolo de promiscuidad.

Por extensión, define cosas o personas en sentido peyorativo. *Oye, con esa peluca pareces trapeador del **Troca**. / Quítate esa blusa fea que pareces la reina del **Troca**.*
trome (adj./sust.) hábil, diestro, que destaca. *Algunos compañeros de Jaime le tienen envidia porque es el más **trome** de su clase.*
tuco (sust.) terrorista. *Andan buscando a un **tuco** que mató a cuatro personas la semana pasada.*
tutuma (f.) cabeza. *De tanto pensar, a Catalina ya le duele la **tutuma**.*

U, V
vacilar (v.) gustar. *Rebeca me **vacila**; lástima que sea una trampa. / Este libro me **vacila** harto.*
vacilón 1) (m.) diversión. *Las caras que pone Jim Carrey en esa película es un **vacilón**.* 2) (m.) pasatiempo, hobby. *Yo soy arquitecto; lo de tocar la guitarra en la banda es sólo mi **vacilón**.* 3) (m.) relación pasajera o poco seria. *Hilaria no estaba con su novio anoche; la viste con su **vacilón**.*
vara (f.) valimiento, intercepción poderosa o influencia que se emplea para lograr algún fin. *Julián tiene **vara** con el alcalde de su pueblo.*
veintiúnico (sust./adj.) único (referido a una unidad, pero dando a entender que una cantidad mayor sería preferible) *José lavó su **veintiúnica** camisa y se quedó esperando a que se secara.*
veneco (sust./adj.) venezolano, proveniente de Venezuela. *Ese año el concurso de Miss Universo lo ganó una **veneca**.*
verraco (sust.) persona grosera, tosca. *Víctor es un **verraco**, nadie lo soporta, sobre todo cuando insulta a las mujeres.*
viejo (sust.) padre, madre. *No les digas a mis **viejos** que me viste fumando. / Te anda buscando tu **vieja**.*
villegas (m. pl.) billetes, dinero. *Perdí **villegas** apostando a ese caballo. / Me faltan **villegas** para comprar ese carro que me gusta.*
vista gorda (loc. sust. f.) con la locución verbal "hacerse de la" y a veces con el pronombre "hacerse el / la / los / las de la", fingir no darse cuenta de algo. *El gobierno no puede continuar haciéndose de la **vista gorda** frente a los reclamos del pueblo.*
volteado (m.) hombre homosexual. *Ramiro resultó siendo un **volteado**.*
voltearse (v.) adquirir costumbres, maneras afeminadas. *A Miguel lo mandaron a la escuela militar porque su viejo tiene miedo que **se esté volteando**.*

X, Y, Z
yuca 1) (f.) engaño, timo. *La segunda pregunta en el examen de estadísticas lo incluyó el profesor para meternos **yuca**.* 2) (f.) responsabilidad pesada, tarea engorrosa, deuda, dificultad.
yunta (sust. invariable) amigo íntimo. *Ayer me fui a la playa con mis **yuntas**.*

TÉRMINOS DE ORIGEN QUECHUA USADOS EN EL HABLA COTIDIANA

C

cancha (f.) campo para practicar deportes. *Para poder jugar tenis primero hay que reservar una* **cancha**.

chacra (f.) sembradío. *Mi tío Felipe tenía* **chacras** *en Chanchacap, Otuzco y Sipán*.

chala (m.) hoja de mazorca de maíz (en la zona costera)

chochoca (f.) harina de maíz tierno. *La receta de las humitas de* **chochoca** *me la dio mi tía Sofía*.

choclo (m.) mazorca de maíz. *A Betty le dicen* **choclo** *porque se viste de verde, tiene el pelo amarillo y pajoso, y tiene un montón de granos en la cara*.

choro (m.) mejillón. *Quiero tu receta para los* **choros** *gratinados*.

chullo (m.) gorra típica con orejeras. *Con el frío que hacía en Huaraz, no salía a la calle sin ponerme el* **chullo**.

chuncho (sust./adj.) huraño, rústico (antiguamente se usaba como apelativo para los habitantes de la región selvática). *Diego es bien* **chuncho**, *nunca quiere salir en las fotos de grupo*. / *Oye,* **chuncho** *de porquería, pide permiso si quieres pasar*.

G

guagua (sust. f. invariable en género) bebé (en la regiones andinas). *La* **guagua** *de Eliana tiene ojos claros*.

guarapo (m.) bebida alcohólica hecha con jugo de caña; por extensión, así se les llama a diversos tipos de aguardiente. *Nos acabamos la botella de ron y luego seguimos con una de* **guarapo**.

guaraca / huaraca 1) (f.) honda. *En la sierra los niños cazan lagartijas con sus* **guaracas**. 2) (f.) cuerda para el trompo. *Mejor compra otra* **huaraca** *para tu trompo, porque esa ya está muy gastada y se te va a romper*.

H

huaco (m.) objeto precolombino de cerámica que puede servir como cántaro o vasija. Existen también los "huaco retratos", cabecitas con rasgos algo exagerados (nariz y pómulos pronunciados). *En el Cuzco venden gran cantidad de* **huacos** *hechos para los turistas*. / *Ehi, tú, cara de* **huaco**, *¿qué andas diciendo de mí?*

huaquear (v.) llevar a cabo excavaciones arqueológicas fuera de ley para luego vender lo encontrado a coleccionistas y traficantes. *Víctor, el "car'e* **huaco**", *no nació... sus viejos lo* **huaquearon**.

huaquero (sust.) persona que se dedica a excavar ilegalmente para extraer huacos. *La policía capturó con las manos en la masa a tres* **huaqueros** *en Nazca*.

huasca 1) (f.) borrachera. *Cada vez que veo a mi primo Josué, termina en una* **huasca**. 2) (adj.) borracho. *Pedro anda* **huasca** *otra vez*.

huayco (m.) alud de lodo y piedras, muy común en tiempos de lluvia. *Un* **huayco** *bloqueó la carretera hacia Moquega*.

P

palta (f.) aguacate. *¿Te gusta la ensalada con* **palta**?

<u>pampa</u> (f.) amplia llanura sin árboles. Figurativamente, también amplio espacio vacío. *Yo prefiero vivir en las montañas o en la costa que en la **pampa**. / En Ica hay **pampas** que son ideales para practicar motocross. / ¿Por qué la sala está llena de cachivaches cuando al fondo tienen tremenda **pampa** para colocarlos?*

<u>panca</u> (f.) hoja de mazorca de maíz. *No botes la **panca** del <u>choclo</u>, voy a necesitarla para mis tamales.*

<u>papa</u> (f.) patata. *Cuando vayas al mercado, compra **papas**, apio y tomates.*

<u>puna</u> (f.) región escarpada y de gran altitud; por extensión, lugar alejado e inhóspito. *Si eres voluntario médico, te mandan a la **puna** a trabajar.*

V

<u>vincha</u> (f.) banda con que se ciñe la cabeza pasando por la frente. *En Japón las **vinchas** se llaman hachimaki.*

Y

<u>yapa</u> (f.) añadidura que obsequia el vendedor al comprador. *El vendedor me dio estas nueces de **yapa**.*

yuyo (m.) alga. *Fui a la playa pero no me metí al agua porque estaba llena de **yuyos**.*

Z

<u>zapallo</u> (m.) calabaza. *Ya están creciendo los **zapallitos** en el huerto.*

AMERICANISMOS Y / O PERUANISMOS

A

<u>abarrotes</u> (m.) artículos de comercio, comestibles. *Don Tomás tuvo que cerrar su tienda de **abarrotes** cuando abrieron el supermercado nuevo a dos cuadras de su negocio.*

<u>acalambrarse</u> (v.) sufrir un calambre. *Se me **acalambró** la mano de tanto escribir.*

<u>acomedido</u> (sust./adj.) persona que se ofrece a ayudar, que es servicial. *Penélope es la única **acomedida** de la familia, por eso es la preferida de su mamá.* (v.) **acomedirse**. *Lo que no me gusta de Yahir es que nunca se **acomide** a nada, ni cuando ve que me estoy matando de trabajo.*

<u>aguinaldo</u> (m.) bonificación de salario de fin de año. *Quiero comprarte un regalo con lo que me den de **aguinaldo**.*

<u>ajustado</u> (adj.) apretado. *Seis patas iban **ajustados** en un taxi.*

<u>arete</u> (m.) pendiente (joyería).

<u>alverja</u> (f.) guisante (legumbre). *Mamá, ¿llevamos **alverjas** congeladas o enlatadas?*

<u>ameritar</u> (v.) merecer. Ambos verbos se usan. *Tu caso **amerita** consideración.*

<u>arrimar</u> (v.) usado en el imperativo, indica lo contrario de su significado castellano: en vez de acercar, la persona que lo dice pide que alguien se aleje, no invada su espacio personal, no estorbe. *¡Oye, **arrímate** que no tengo espacio para sentarme!*

B

barrilete (m.) tipo de cometa trapezoidal (juguete). *Vamos a la playa a hacer volar estos nuestros barriletes.*

básquet / basquetbol (m.) baloncesto. *¿Quién es el jugador más alto de tu equipo de básquet?*

betarraga / beterraga (f.) remolacha.

bodega (f.) tienda de comestibles. *Tuve que volver a la bodega porque se me había olvidado comprar el arroz.*

boletería (f.) taquilla, sitio donde se venden entradas para espectáculos. *Te esperamos delante de la boletería.*

botadero (m.) basurero, vertedero, lugar donde se tira la basura. *Descubrieron un botadero clandestino en una zona residencial.*

brasier (m.) sostén, prenda de vestir femenina para sujetar el pecho (del francés *brassière*). *En los años 60 las mujeres quemaban sus brasieres en señal de protesta.*

brevete (m.) carnet de conducir, licencia de manejar. *Me pescaron sin brevete y hay que pagar multa.*

buscapleitos (sust./adj.) picapleitos, provocador de riñas, revoltoso. *No invitaron a Mauricio a la fiesta por su fama de buscapleitos.*

butifarra (f.) especie de emparedado hecho con pan estilo francés (de "botifarra", longaniza típica de Cataluña). *¿Qué vas a ordenar, un sánguche o una butifarra?*

C

calificar (v.) reunir los requisitos necesarios (del inglés "to qualify"). *Hicimos solicitud para que nos asignaran una casa, pero nos dijeron que no calificábamos.*

callejones (m.) referido a una zona central de Lima donde se concentran viviendas humildes de uno o dos cuartos con la entrada principal que converge en un angosto pasadizo y que comparten infrastructuras como baños y grifos para lavar ropa. Lugar que por tanto no conoce la privacidad.

camote (m.) batata (voz de origen nahua). *Mi tía hace un dulce de camote bien rico.*

cantaleta (f.) estribillo, repetición fastidiosa. *¡Ya me tienes aburrida con la misma cantaleta!*

cara o sello (frase) el equivalente de "cara o cruz" al echar a suertes con una moneda.

cartera (f.) bolso. *Vaya a denunciar el robo de la cartera, señora.*

carro (m.) automóvil.

casaca (f.) chaqueta cazadora. *Creo que olvidaste la casaca en el bar.*

chapa (f.) cerradura. *Que ni crea ese infeliz que puede volver cuando le dé la gana. Voy a cambiar todas las chapas.*

charapa (sust./adj.) persona oriunda de la región selva (San Martín, Loreto, Amazonas y Ucayali). *Los primos de Joel son charapas.*

chiste colorado (loc. m.) chiste obsceno. *A Víctor le encanta contar chistes colorados en presencia de la mojigata de su tía Rebeca.*

chocante (sust./adj.) presuntuoso, antipático, pedante. *A Vilma nadie la quiere invitar a las fiestas por ser tan chocante.*

chompa (m.) jersey pesado, suéter. *Le regalé un* **chompa** *azul a mi novio para su cumpleaños.*

chueco 1) (sust./adj.) patituerto. *¿Sabes cuál es el colmo del* **chueco** *Baldomero? Querer estudiar Derecho.* 2) (adj.) ladeado, torcido. *Como no tenía escuadra a la mano, los trazos me salieron* **chuecos.**

comercial (m.) anuncio publicitario grabado o filmado (del inglés "tv / radio commercial"). *Odio esa estación de radio; siempre ponen diez* **comerciales** *por cada canción que tocan.*

competencia (f.) competición deportiva. *El día de la* **competencia** *el veterinario oficial revisa a todos los caballos antes de cada carrera.*

computadora (f.) ordenador.

corbata michi (f.) corbata pajarita.

costear (v.) además de la acepción de financiar, puede significar calcular un presupuesto. *Fernando,* **costéame** *un buffet criollo para veinte personas.*

curita (m.) vendaje adhesivo, tirita. *Dame otro* **curita.** *El que tenía se mojó.*

D

defensa (f.) parachoques de un auto (usado por la clase media). *Íbamos casi pegados,* **defensa** *contra* **defensa.**

descomponerse (v.) enfermarse. *Hoy amanecí recontra***descompuesto,** *me quedo en cama.*

dilatarse (v.) demorar, tardarse. *Está bien, acompaña a Rocío a su casa, pero no la* **dilates;** *ya casi es hora de comer.*

E

en picada (loc. adv.) en picado, que se mueve hacia abajo casi verticalmente, que precipita. *El avión cayó* **en picada** *sobre el edificio. / La demanda para ese producto bajó* **en picada** *desde que su precio subió vertiginosamente.*

estéreo (m.) sistema de sonido estereofónico. *¿De qué marca es tu* **estéreo?**

F

farándula (f.) conjunto de personajes de espectáculo (bailarinas, cantantes, actores, cómicos, etc.). *Ese fotógrafo se ocupa sólo del mundo de la* **farándula.**

foco (m.) bombilla de alumbrado eléctrico. *¡No veo nada, se fundió el* **foco!**

fólder (m.) carpeta de cartoncillo. *Guarda tu acta de nacimiento en un* **fólder** *para que no se te arruine.*

frejol (f.) alubia, judía. *Ya subió el kilo de* **frejoles** *otra vez.*

fulbito de mesa (m.) futbolín, juego de mesa con una caja que sirve de campo de futbol y once jugadores que penden de tres travesaños que atraviesan el campo. Los "jugadores" son de madera y están atornillados a la barra de tal modo que sus bases--o pies--rozan el piso.

G

gasolinería (f.) gasolinera, establecimiento donde se venden carburantes. *La* **gasolinería** *que está cerca de mi casa tiene precios muy caros.*

JERGAS DE HABLA HISPANA

gotero (m.) cuentagotas. *Le dimos agua con un gotero al pajarito herido.*

H, I

igualado (sust./adj.) irrespetuoso, que se dirige a alguien que se percibe como superior en modo demasiado confianzudo. *¡Martín, no seas igualado! A la gente mayor se le habla de "Ud." / ¿Oíste cómo le respondió a su jefe ese <u>cholo</u> igualado?*

J

jugo (m.) zumo. *¿Y de tomar? --Para ella, agua mineral. A mí deme un jugo de pera.*
jirón (m.) nombre dado a las calles más antiguas en el centro histórico de una ciudad. *Los González tienen un café en Trujillo, en pleno Jirón Gamarra.*
jumper (m.) mono, traje de vestir de una pieza (pronunciado "yamper") . *Ponle el jumper rosa a la niña.*

L

lapicero (m.) bolígrafo. *Saqué mi lapicero y llené la solicitud.*

M

malecón (m.) calle o paseo costero. *Están construyendo un hotel de lujo cerca del malecón*
malograrse (v.) averiarse, echarse a perder o estropearse una cosa.
manazo (f.) golpe dado con la mano, manotazo. *Su mamá le dio un manazo por andar de <u>igualado</u>.*
manejar (v.) conducir un auto.
michi (sust.) gato. *¡Léeme otra vez el cuento del michi con botas!*
mozo (sust.) camarero (persona que atiende en un restaurante). *Llama a la moza, se me cayó el tenedor.*

N, Ñ

nomás 1) (adv.) solamente. *Cómprelo, nomás cuesta diez soles.* 2) partícula que añade énfasis a la oración.

O

overol (m.) mono, traje de faena de una sola pieza que se pone encima de la ropa para protegerla (del inglés "overall"). *El "Mostachón" es ése del overol de mecánico.*

P

parado (adj.) de pie, derecho, levantado. *"¡No sé los muchachos de hoy qué le ven de bonito a llevar las greñas paradas como puercoespín!" exclamó doña Aurelia, disgustada.*
pararse (v.) ponerse de pie, levantarse de la cama. *El joven se paró para darle el asiento a la señora embarazada.*
parlante (m.) altavoz. *Mi equipo de sonido es pequeño, pero tiene parlantes potentes.*

paso (m.) examen escolástico. *Pucha, Cinthia, no puedo ir al cine contigo porque tengo que dar paso oral mañana y tengo que estudiar.*

peleonero (sust./adj.) agresivo, belicoso, picapleitos. *Mi hijo siempre se anda metiendo en problemas en la escuela porque es muy peleonero.*

piqueo (m.) conjunto de bocadillos. *Marita, vamos al "Frog's" y pedimos un piqueo y un par de traguitos, ¿te parece?*

plagio (m.) usado también como sinónimo de secuestro de persona. (verbo: **plagiar**) *¿Supiste que plagiaron al hijo del vicepresidente?*

polla (f.) premio mayor de las apuestas hípicas (también m. **pollón**). *Javier, un chico tranquilo y sencillo fue un día al Hipódromo de Monterrico y al final de la última carrera... ¡zas! ¡se sacó el pollón, dejando boquiabiertos a todos los presentes.*

Q, R

reducidor (sust.) perista, vendedor de artículos robados. *No le conviene comprar ese DVD "usado" que le quiere vender Samuel. ¿Acaso no sabe que es reducidor?*

regalía (f., usado más en el plural) porcentaje de una suma concedido a un autor por la venta de su obra. *Decidí no publicar mi libro con esa editorial porque las regalías que ofrecen a los autores son bajas.*

resbaladera (f.) tobogán. *Había mucha cola para la resbaladera, así que nos fuimos a los columpios.*

rollo (m.) carrete de película. *Tengo que llevar a revelar los rollos de las fotos que tomé en las vacaciones.*

S

saco (m.) chaqueta. *Ponte el saco negro con la camisa blanca y la corbata verde.*

seguido (adv.) a menudo. *Seguido lo veo con una morena.*

sencillo (m.) dinero en monedas o billetes de corte sencillo. *No importa si me paga con fichas, aquí en el negocio siempre hace falta sencillo.*

sillao / sillau (m.) salsa de soya (del japonés "shoyu"). *¿Que no te gusta el arroz con sillao?*

T

tanque (m.) dicho del depósito de carburante de los autos. *Llene el tanque y revise el aceite, por favor.*

tarea (f.) deberes escolásticos. *Me castigaron porque me vieron cuando estaba copiando la tarea de un pata.*

timón (m.) volante de auto. *Me pone de nervios Nicolás, que tiene la costumbre de manejar con una sola mano en el timón.*

tomacorriente (m.) toma de electricidad, dispositivo donde se enchufan los aparatos que funcionan con la electricidad. *No ponga el mueble allí porque va a tapar el tomacorriente.*

tratativa (f.) negociación que se hace para llegar a un arreglo sobre temas comerciales, laborales, políticos, económicos, etc. *Chile y Perú paralizaron las tratativas para profundizar pacto comercial.*

U, V

velorio (m.) velatorio (acto de velar un difunto). *Me deprimen los velorios. Cuando yo muera, quiero que hagan fiesta.*
vereda (f.) acera. *Amanda se cruzó a la otra vereda para no saludarnos.*
voltear (v.) girar la cabeza. *Grité su nombre pero ella no volteó.*
vuelto (m.) vuelta, lo sobrante de dinero que se devuelve en una compra. *Se equivocaron con el vuelto, mira: me dieron diez soles de más.*

X, Y, Z

zancudo (m.) mosquito. *Los zancudos no nos dejaban dormir anoche.*
zorrillo (m.) mofeta (el mamífero) *¡Uff! ¿Qué te pasó? ¿Te meó un zorrillo?*

JERGA DE PUERTO RICO

A

a la cañona (loc. adv.) a fuerzas. *El jefe quiere que termine este trabajo a la cañona para hoy.*

adentro (adv.) prisión. *Hace mucho que no veo a Ramón. ¿Lo habrán metido p'adentro?*

ajumarse (v.) emborracharse (adj. **ajumado**: borracho; f. **ajumada**: borrachera). *Enrique andaba tan ajuma'o que ni cuenta se dio cuando le robaron los zapatos. / César siempre pasa de una ajuma'a a otra, ni tiempo para un jangover.*

alicate (sust. invariable en femenino, despectivo) persona que hace trabajos, mandados, favores para otra persona. *Más que su marido, Roberto es el alicate de Genoveva: no hace más que obedecer a sus mandos.*

apestillarse (v.) acariciarse y besarse. *Johana y Raúl pasaron toda la noche apestillándose en el baile.*

averiguado (adj.) entrometido. *Carla es bien averigua'a. No se le escapa nada.*

B

bailar en una loseta (loc. v.) bailar muy abrazados, "pegaditos". *Francisco y Alina apenas se habían conocido y ya estaban bailando en una loseta.*

barajarla más despacio (loc. v.) explicar con más detalles.

bemba 1) (f.) hocico, jeta. 2) (f.) labios protuberantes, gruesos. *¡Qué bemba traes! ¿Quién te pegó?* (adj.) **bembón**. *Será muy bonita la tal Angelina Jolie, pero a mí no me gustan las mujeres tan bembonas.*

bichote (sust.) vendedor de droga. *Hace tiempo que andan detrás de ese bichote, pero él logra escapar siempre.*

birra (f.) cerveza.

bodrogo (m.) zapato, generalmente cerrado, de aspecto pesado. *Eva me tiró uno de sus bodrogos a la cabeza cuando le dije que estaba tan gorda que parecía embarazada.*

bom (sust. invariable en género) vagabundo, ocioso (del inglés "bum") *La bom empujaba su carrito lleno de porquerías encontradas en la basura.*

bregar 1) (v.) comportarse. *El nene bregó mal, así que lo castigaron.* 2) (v.) propinarse una serie de caricias y besos apasionados. *Julio se estaba bregando con Estela cuando llegó su novia.*

brutal (adj.) bueno, estupendo, maravilloso. *El concierto estuvo brutal, lástima que te lo perdiste.*

bucha (f.) lesbiana (de la jerga en inglés "butch"). *Cuando esa actriz admitió ser bucha, se quedó sin trabajo.*

bueno / buenón / buenote (adj.) guapo, atractivo, de buen aspecto. *Mi sobrina dice que Ricky Martin está bien bueno.*

371

C

caballo 1) (m.) persona diestra o hábil. *Tal vez no te guste su música, pero Michael Jackson es un caballo para bailar.* 2) (m.) colecta. *Tuvimos que hacer un caballo para comprar la pizza.*

cachapera (f.) lesbiana, mujer homosexual. *Todo el mundo ya sabe que esa actriz es una cachapera. Lo confesó en una entrevista por televisión.*

cachetero (sust./adj.) persona que se aprovecha de los demás para obtener cosas gratis. *¡Esconde las cervezas, va llegando el cachetero de tu compadre Ernesto!*

cagarse en diez (loc. v.) enojarse mucho (voz soez). *Don Paco se va a cagar en diez cuando se dé cuenta que le vaciaste su botella de ron.*

caliente (adj) buscado por haber hecho algo indebido o cometido un crimen. *Doña Clara no sabe que su hijo está caliente y que no lo va a ver por mucho tiempo.*

canas verdes (loc. sust. f.) desesperación, agobio (usado con los verbos sacar / salir). *¡Ese nene me está sacando canas verdes con tanto berrear!*

capear (v.) comprar droga. *Estaba capeando cuando llegó la policía y se lo llevó.*

carretear (v.) actuar como chofer de alguien. *Es hora que aprendas a manejar y te consigas la licencia. Estoy cansado de andarte carreteando.*

chamaco (sust.) muchacho, chico (un tanto despectivo, según el contexto).

chance (m.) oportunidad, posibilidad. *Necesitamos un chance para poder ingresar a ese club.*

chango (adj.) tímido. *No seas changa, Brenda, dále un beso a tu abuelita.*

chao adiós, hasta luego. (del italiano "ciao"--que en realidad es ya sea saludo que despedida).

charrería (f.) acción u objeto de mal gusto. *Uff, no. Yo esos guantes rosas no me los compraría. Son una charrería.*

chavo (m.) centavo, (en plural) dinero. *Vas a necesitar muchos chavos si quieres viajar por todo el mundo.*

chillar goma (loc. v.) irse rápido, arrancando el auto rápido con los neumáticos produciendo ruido.

chiripiorca (f.) violento tic o ataque de nervios; por extensión, se refiere a cuando algo o alguien deja de comportarse normalmente. Del programa TV mexicano de Chespirito (El chavo del 8). *¡Jajajaja! Mira, ¡ése baila como si le estuviera dando la chiripiorca! / Y de repente como que le dio la chiripiorca y ya no pudo ni hablar.*

cheche (sust.) el mejor de todos. *Ronaldo es el cheche del equipo.*

chévere (adj.) muy bueno, fantástico, fenomenal (palabra importada por las telenovelas venezolanas).

chillo (sust.) amante. *Don Román tiene una chilla en San Juan y otra en Ponce.*

chino (sust.) roce intencional o menos entre la parte frontal de una persona con la parte trasera de otra. *El autobús iba muy lleno. Recibí muchos chinos.*

chiva (f.) buena suerte. *¡Qué chiva tienen los jugadores de ese equipo! ¡Pasaron a semifinales por un gol marcado a los tres minutos del primer tiempo suplementario!*

chonquear (v.) vomitar (del inglés *chunk*: trozo, cacho, pedazo). *La última escena de esa película de terror me dio tanto asco que casi chonqueo.*

chumbo (adj.) plano (dicho exclusivamente del trasero). *Quentin no está mal: tiene porte, es guapo y tiene las espaldas anchas... ¡lástima que esté chumbo!*

cobita (f.) mujer fácil. *Dicen que su hermana es una* **cobita**.
coco (m.) enamoramiento, fuerte atracción. *Ana tiene un* **coco** *con Miguel, pero no lo quiere admitir.*
cocolo (sust.) amante de la música salsa, salsero. *Claudia y yo somos* **cocolas** *de corazón.*
colgado (adj.) reprobado, suspendido en la escuela. *René está* **colga'o**: *no pasará de año.*
come mierda (sust./adj. despectivo) persona de la alta sociedad, presumida y presuntuosa. *Ese* **come mierda** *nunca vendría a un lugar como éste.* / *Esa Marisa es bien* **come mierda**, *ya no se quiere pasar con nosotros desde que entró en la Universidad del Sagrado.*
comer jobo (loc. v.) no asistir a clases. *Suspendieron a Eddy por* **comer jobo** *una vez a la semana.*
comerse la luz / **comerse la colora'** (loc. v.) pasar con el semáforo rojo. *Yo no le pido pon a Wilfrido... le gusta* **comerse la colora'**.
como agua para chocolate (loc. adj.) muy enojado, furioso (alude al hecho que el agua debe estar hirviendo). *Mi abuelita se puso* **como agua para chocolate** *cuando supo que mi papá me prohibió ir a verla.*
cool (adj.) bueno, excelente, maravilloso (de la jerga en inglés "cool", pronunciado "cuul"). *¡Qué espejuelos tan* **cool** *traes! ¿Qué marca son?*
corte de pastelillo (loc. sust. m.) maniobra en la cual alguien se mete salvajemente en el carril donde uno va conduciendo. *Ese condenado me hizo* **un corte de pastelillo**.
crical (m.) lio, alboroto. *Se formó un* **crical** *en la fiesta de Mari y todo el mundo salió corriendo.*
cuernos (m.) traición o infidelidad a la pareja. *Pa' mí que a Ivette le están poniendo los* **cuernos**.
cuero (m.) prostituta, chica fácil. *Dicen que aquella extranjera es un* **cuero**.
culear (v., vulgar) tener relaciones sexuales.
curarse (v.) drogarse. *En la escuela todos saben que Gloria* **se cura**.

D
dar lata (loc. v.) hablar mucho. *Deja de* **dar lata** *y escucha lo que te digo.*
darse una matada (loc. v.) sacrificarse o esforzarse uno mucho por algo. *Irene se* **dio una matada** *estudiando y de todos modos no pasó la materia.*
de cachete (loc. adv.) gratuitamente. *¡Conseguí este perfume* **de cachete**!
de cora (loc. adv.) de corazón, francamente y con afecto. *Yo soy boricua* **de cora**.
de la loza (loc. adj.) que es rico o aparenta riqueza, mostrándose engreído, presuntuoso, altivo, con aires de superioridad ("La Loza" es el nombre que se le da a la zona metropolitana de San Juan). *Mariana me cae mal porque es* **de la loza** *y siempre está presumiendo de su título universitario.*
droguita (f.) papelito con apuntes para uso, no autorizado, de estudiantes en los exámenes. *El profesor encontró la* **droguita** *de Catalina.*

dropearse (v.) darse de baja de una clase, renunciar a los estudios (del inglés "drop out"). *Dicen que Carolina **se dropeó** de la carrera de ingeniería porque está embarazada.*

E

echar los perros (loc. v.) cortejar a alguien (también **tirar los perros**). *Pablo le anda **echando los perros** a Lucía, pero a ella no le gusta.*
echársela (v.) presumir. *Raquel no es nada humilde; le encanta **echársela**.*
echón (sust./adj.) presumido, fanfarrón. *La **echona** de Luz dice que ella es la más bonita de la familia. / Gualberto, deja de ser tan **echón**; yo sé que todavía eres virgen.*
embeleco (m.) accesorio o adorno en exceso. *No me gustan los hombres que se cargan de **embelecos**, deberían vestir en modo más sencillo.*
embelequero (sust.) persona que se viste con demasiados adornos. *Yadira es una **embelequera**: parece que trae toda su colección de collares y pulceras encima.*
empericarse (v.) drogarse con cocaína (adj. **empericado**). *Cuando los papás de Elisa vieron que andaba **emperica'**, decidieron que la van a mandar a desintoxicarse a una clínica.*
en el año de las guácaras (frase) antiguamente, hace muchos años. *Matilde trabajó en esa empresa **en el año de las guácaras**.*
en el baúl (loc. adv.) subyugado por su pareja (dicho de un hombre). *A Marcos lo tienen metido **en el baúl**.*
enfogonado (adj.) muy enojado, de mal humor (v. **enfogonarse**: enojarse). *No molestes a tu tío ahora porque anda **enfogona'o** por unos negocios que le salieron mal.*
eñangotarse (v.) ponerse en cuclillas. *Los niños estaban **eñangota'os** jugando a las canicas.*
eslembado 1) (adj.) distraído. *Germán se quedó **eslemba'o** en la clase y no respondió a lo que le preguntaron.* 2) (adj.) atónito, sorprendido. *Me quedé **eslembá** con lo que me contó Patricia.*
'esnú (adj.) desnudo (barbarismo). *Silvia sueña con posar **'esnú'a** para Playboy.*

F

fajón (adj.) bueno, hábil. *José es un trabajador **fajón**.*
feca (f.) mentira, embuste. (loc. v. **meter fecas**: mentir). *Lisa me **metió las fecas** de que que se va a casar y no es verdad.*
feliz como una lombriz (frase) cuando uno está, efectivamente, muy contento.
fequero (adj./sust.) mentiroso, embustero. *¡Adrián es un **fequero**; no es cierto que besé a tu novio!*
fiebrú (sust.) fanático, entusiasta (barbarismo de **fiebrudo**). *Martina es una **fiebrúa** de las computadoras.*
fifí (m.) porquería, objeto asqueroso, indeseable (alusión a un mojón y usado sobre todo con los niños caprichosos). *No, no te voy a comprar ese juguete. Lo que te mereces es un **fifí**.*
fino (adj.) bueno, excelente. *¡Qué **fino** estuvo ese viaje!*

fleje (f.) mujer promiscua, prostituta (despectivo). *Ten cuidado con Saturnina, es una fleje.*
flirt (sust./adj.) persona coqueta (usada por los estratos más altos). *Walter terminó con Diana porque ella es una flirt y él es muy celoso.*
flirtear (v.) coquetear, cortejar (del inglés "to flirt"). *¡Sara anda flirteando con un hombre casado!*
flirtero (sust./adj.) persona coqueta. *Alfredo y Marcos son tan flirteros que nadie los toma en serio porque creen que no son capaces de ser fieles a ninguna chica.*
fracatán (m.) mucho, gran cantidad. *Ese muchacho me dijo un fracatán de mentiras.*
friquear (v.) espantar (de la jerga en inglés "to freak"). *No friquees al pobre niño con esa máscara.* (adj.) **friqueado.**
fuchi expresión de asco. *¡Fuchi! ¡Esa sopa yo no me la como!*
fufu (m.) hechizo. *Bernardo está que se derrite por Marta desde que ésta le echó el fufu.*

G
gamberro (m.) tipo al cual le gusta molestar. *¡Tu hermano es un gamberro! ¡Le voy a llamar a tu pai si no me deja en paz!*
gandul (m., despectivo) agente de policía municipal. *Alguien llamó a los gandules y tuvimos que desbaratar la fiesta.*
garet (m.) cigarrillo. *Apague ese garet; aquí está prohibido fumar.*
gorrito (m.) preservativo, condón. *No se te olvide ponerte el gorrito cuando te metas con ella, mejor no arriesgarse.*
gragearse (v.) acariciarse y besarse apasionadamente. *Manuel se estaba grageando con la novia detrás del portón.*
gringo (sust./adj.) proveniente de Estados Unidos. *Estafaron a turistas gringos vendiéndoles terrenos inexistentes. / Dicen que el ejército gringo ha sufrido muchas más pérdidas en Iraq desde que terminó la guerra que durante la guerra.*
Gringolandia (f.) Estados Unidos. *Cada vez que Rafael va a Gringolandia, compra software nuevo.*
gruño (m.) porquería, objeto asqueroso, indeseable (alusión a un mojón y usado sobre todo con los niños caprichosos). *Jorgito esperaba regalos para su cumpleaños, pero solo le dieron un gruño.*
guácala expresión que indica asco. *¡Guácala! ¡Hay una mosca muerta en la ensalada!*
guagua (f.) autobús. *La guagua siempre llega tarde a esta parada.*
guame (m.) cosa fácil. *Para Rodolfo reparar computadoras es un guame.*
guardia palito (loc. sust. m.) vigilante o guardia de comercios, que no lleva armas de fuego sino una cachiporra o palo. *El guardia palito se había quedado dormido en un rincón mientras los asaltantes se llevaban el dinero de las cajas.*
guatapanazo (m.) golpe fuerte, garrotazo. *Víctor se resbaló y se dio tremendo guatapanazo en la cabeza.*
guillú (adj.) orgulloso, vanidoso (barbarismo de **guilludo**). *Olga es tan guillu'a que no puede pasar frente a un espejo sin admirarse.*
gufeado (adj.) bueno, excelente. *Ese concierto estuvo gufea'o.*

H

hablar paja (loc. v.) decir trivialidades, no decir nada importante.
hasta la coronilla / hasta el copete (loc. adj.) harto, fastidiado.

I

importar un comino / pepino (loc. v.) no importar nada.

J

jaleo (m.) dolor de estómago provocado por no comer a la hora debida. *Tengo un jaleo y todavía no son las cinco de la tarde para salir del trabajo.*
jama (f.) comida. *Pásame la sal, esta jama está desabrida.*
jangover (m.) malestar después de una borrachera (de la jerga en inglés, "hangover").
janguear (v.) vagar o callejear (m.: **jangueo**) (del slang en inglés "hang out"). *Loco, vamos a janguear un rato y dar unas vueltas por San Juan.*
jendido (adj.) muy borracho. *Don Jacinto salió jendi'o del bar.*
jienda (f.) borrachera. *Nicolás cogió una jienda de tres días y su mujer lo echó de la casa.*
joseador (sust./adj.) quien obtiene cosas gratis a costa ajena, vividor (v. **josear**. Del inglés *hustle*, con acepción de procurarse algo por medios indirectos). *Si no fuera tan joseadora, invitaría a Mayra a salir con nosotras.*
juanetazo (m.) bebida alcohólica. *Con seis juanetazos tuve para quedarme dormido en la barra.*
juqueado (adj.) entusiasmado, absorto o concentrado en algo (verbo: **juquearse**; del inglés "hooked"--enganchado, adicto, aficionado). *Raulito está bien juquea'o con ese juego de Nintendo.*
jurutungo viejo (loc. sust. m.) lugar muy lejano y poco accesible. *José quiso ir a visitar a sus tíos, pero nos perdimos en el camino porque viven en el jurutungo viejo.*

L

lameojo / lambeojo (sust.) persona que elogia a otra para obtener favores de ella.
lambido (adj./sust.) goloso, glotón (barbarismo de "lamido"). *Le ofrecí un pedazo de mi dulce a Chema y el lambi'o ese se lo comió to'.*
leche (f.) buena suerte. *Tuve una leche increíble: compré un boleto de la lotería solo pa' cambiar un billete de $20 y me gané $100!*
lero lero (voz infantil) ocasionalmente acompañado por la palabra en rima **bando-lero**, expresión burlona usada para expresar que algo percibido como negativo que le sucede al interlocutor es bien merecido, o para jactarse de alguna cosa de la cual el interlocutor no goza. *¡Lero lero, bandolero, te vieron rayando en las paredes del baño de la escuela y te van a castigar!* /*¡Lero lero, a mí me van a llevar a un rancho a montar a caballo y a tí no!*
lonchar (v.) comer (la comida de mediodía)(del inglés "to lunch"). *¿Mañana vamos a lonchar a esa cafetería nueva?*

lonche (m.) almuerzo, comida del mediodía, que normalmente se lleva para comer en el trabajo o en la escuela (del inglés "lunch"). *No se te olvide otra vez tu lonche, m'hijo.*

loquera: (f.) locura. *Le dio la loquera y se puso a pintar toda la casa de color morado.*

M

maceta (adj.) avaro, tacaño. *Rodrigo es tan maceta que fue a robar unas rosas del jardín de su vecino para regalárselas a su novia en su cumpleaños.*

mai (f.) madre. *Se va a enojar mi mai si llego tarde a comer.*

mama's boy / girl (loc. sust.) persona que lo consigue todo por medio de sus padres (de la jerga de EEUU). *Franky es bien mama's boy; ya le compraron otra moto después de que chocó la que tenía.*

mamado (sust./adj.) torpe, tonto, estúpido. *¡Si serás mama'o! Te dije que antes de cerrar los tornillos con las tuercas hay que ponerles arandelas.*

mamey (m.) cosa fácil. *Este rompecabezas es un mamey; quiero algo más complicado.*

mandulete (m.) muchacho vago y fastidioso que no sirve para nada. *¡Pobre doña Nila! Dos de sus tres hijos le salieron manduletes.*

mano (sust.) trato entre amigos (de "hermano"). *No, mano, ahora no tengo tiempo para ir a janguear.*

manteca (f.) heroína. *Fue la manteca lo que lo mató. Se inyectó una sobredosis.*

matarse (v.) sacrificarse o esforzarse uno mucho por algo. *La pobre de Irene se mató trabajando para poder mandar a su hijo a estudiar a Inglaterra.*

melaza (adj.) muy bueno. *Mi esposa hizo una cena anoche que era la pura melaza.*

metido en el baúl (loc. adj.) subyugado (dicho de un hombre controlado por su pareja). *Memo está bien metido en el baúl; nunca lo dejan salir solo con sus amigos.*

m'hijo / mijo / mijito (sust.) trato entre personas. *Mija, llámame más tarde que ahora estoy bien ocupada.*

mocho (sust./adj.) amputado. *El pobre perrito quedó mocho después del accidente.*

monchis (m.) ganas de comer golosinas o otras comidas para "picar" (de la jerga del inglés "munchies"). *Traje estos pistachos para bajar los monchis.*

N

nene 1) (sust.) niño. *Voy a llevar a las nenas al cine.* 2) (sust.) cualquier persona joven. *El nene cumplió 19 años y le regalaron una moto.*

nítido (adj.) bueno. *Dicen que éste es un sitio nítido para venir a bailar los viernes.*

nota (f.) intoxicación por efecto del alcohol o de la droga. *¿Y cómo hacemos para llevar a Clarita a su casa con la nota que trae?*

Ñ

ñaqui (m.) pedazo, trozo. *Le pedí un ñaqui de su pizza a Jonathan, pero no me quiso dar nada.*

O, P

pai (m.) padre. *¿Es cierto que tu pai es piloto de aerolínea?*

pala (f.) valimiento, interceción poderosa o influencia que se emplea para conseguir algo. *Para entrar a trabajar en el gobierno se necesita una buena **pala.***
palo (m.) bebida alcohólica. *Después de esa noticia hubo necesidad de tomar unos buenos **palos.***
pana (adj./sust. invariable en género) amigo (probablemente del inglés "partner"). *Mi **pana** y yo competimos en una carrera.*
pandorca (f.) órgano genital femenino.
papel (m.) billete de cien dólares. *¿Viste cuánto cuesta esta guitarra eléctrica? ¡Cinco **papeles!***
pasto (m.) marihuana. *Te vendieron **pasto** malo. ¿A cuál bichote se lo compraste?*
parabicho (sust. f./adj.) mujer provocadora (vulgar). *La hija del panadero es una **parabicho**, promete pero no da.*
parisear (f.) salir a divertirse, de fiesta (del inglés "party"). *Esta noche hay que **parisear**--¡es cumpleaños de mi novia!*
pato (m.) hombre afeminado, homosexual (la lesbiana es **pata**).
pegarse (a alguien) (v.) besar (pegarse en el sentido de adherirse). ***Me pegué** a Carlos el mismo día en que nos conocimos.*
pegárselas (loc. v.) ser infiel a la pareja. *Rubén **se las pegó** a Rosa con su mejor amiga.*
pensar en pajaritos preñados (frase) estar distraído. *Rodolfo no te oyó cuando lo llamaste. Está **pensando en pajaritos preña'os.***
pepa (f.) fuerza, vigor. *Para hacer un jonrón en el parque nuevo hay que tener **pepa**.*
peposo (adj.) bueno, excelente. *Quiero probar esa cerveza nueva porque dicen que está **peposa**.*
perico (m.) cocaína. *Consígueme algo de **perico** para esta noche.*
perreo (m.) tipo de baile que acompaña el género de música reggaetón; (v.) **perrear**. *¡Pon más música para **perrear!***
perro (sust.) agente de policía (despectivo). *Me detuvo un **perro** y me multó por comerme la luz.*
pisado (adj.) subyugado (dicho de un hombre controlado por su pareja). *Te tienen bien **pisa'o** si después del trabajo no puedes venir con nosotros a tomar unas birras.*
pisicorre (m.) autobús de dimensiones reducidas; microbus.
planchar oreja (loc. v.) dormir. *El viaje va a ser largo. Vamos a tener que parar en algún sitio a **planchar oreja**.*
plástico (adj.) orgulloso. *Teresa es muy **plástica**: se cree muy bella.*
pon (m.) pasaje que se pide o se da (en auto, moto, etc.). *Cogí **pon** hasta el malecón.*
prensado (adj.) atractivo, muy guapo. *Julieta está **prensa'a**, todos quieren algo con ella.*
prepa (adj./sust. invariable en género) novato, principiante. *Hay que disimular que no eres **prepa** en la universidad, si no quieres que te hagan burla los demás estudiantes.*
presear (v.) estar constantemente presente, presionando a alguien (de la jerga en inglés to press referida a la táctica de varios deportes como el baloncesto y el futbol de seguir a un jugador del equipo rival muy de cerca, no cediendo espacio, presionándolo). *¿Para qué me **preseas**, si ves que estoy bailando con otra y no me interesas?*

presentado (adj.) entrometido. *Aquí todos los vecinos son bien presenta'os.*
puerco (sust.) agente de policía (despectivo). *¡Corran, ahi vienen los puercoooooooos!*
punto (m.) sitio donde se compra / vende droga. *La policía desmanteló un punto cerca de una escuela.*
puñeta interjección de asombro, enojo, etc. (vulgar. Más ligero es su aféresis, ñeta). *¡Puñeta! ¡Te sacaste la lotería!*

Q
que se acabó (frase usada como adv. o adj.) mucho, gran cantidad. *Esa actriz me gusta que se acabó.*

R
revolú (m.) caos, desorden, alboroto. *Había un revolú en la universidad que ni se podía caminar. / Esa morena me crea un revol´ mental.*
rola (f.) la droga éxtasis. *Oí en las noticias que una australiana en fue arrestada en Bali y podría ser condenada a 10 años de cárcel por llevar dos pastillas de rola en su bolso.*

S
ser como el morivivi (frase) sobrevivir, salir adelante en situaciones difíciles. *¡Ése Manuel es como el morivivi, ha tenido como 20 accidentes y nunca le pasa nada!*
serrucho (m.) colecta. *Hay que hacer un serrucho para comprar el regalo de bodas para Matilde.*
soplapote (sust.) ayudante o asistente político, despectivamente.

T
tecato 1) (sust.) drogadicto. *Pedro se ha vuelto un tecato--ya no vive sin la coca.* 2) (adj.) drogado. *Las dos mujeres estaban tiradas en la calle, completamente tecatas.*
tener espuelas (loc. v.) ser perspicaz, astuto. *¡Mario sí que tiene espuelas! ¡Tiene un negocio por internet que le rinde mucho y apenas tiene 18 años!*
tequi 1) (sust.) drogadicto. *Unos tequis estaban esperando su turno para recibir una dosis de Metadona.* 2) (sust.) vago, persona sin oficio. *El tequi de la esquina fue arrestado cuando trató de cambiar un billete falso de $100.* 3) (sust.) persona torpe, poco diestra. *¡Eres un tequi! Ese dibujo que hiciste de tu novia te quedó bien porquería.*
tereque (m.) utensilio, instrumento. *Ya tenemos casi todo para la casa nueva; faltan sólo los tereques de la cocina.*
tirar (v.) vender droga. *Violeta está tirando perico en la universidad.*
tirar / tirarse (con / a alguien) (v.) tener relaciones sexuales. *Antonio no es nada romántico; él lo único que quiere es tirar.*
tirar cañona (v.) dejar plantado, burlado o abandonado. *Ya yo no les creo a ustedes, primero me invitan y luego me tiran cañona.*
tostado (adj.) loco. *Javier está tosta'o; anda diciendo que estuvo en Saturno.*

tostón (m.) cualquier cosa difícil, complicada. *Estoy armando un rompecabezas de 1000 piezas, pero es un tostón y me no sé cuándo voy a poder terminarlo.*
trago (m.) copa o vaso de bebida alcohólica. *A Efrén se le cayó el trago encima y aparte le mojó la falda a Ceci.*
trampear (v.) robar de un servicio público (que requiere subscripción, abonamiento). *Trampeamos la conexión y ahora podemos ver tv por cable gratis.*
tremenda mami (f.) mujer muy bonita, seductora. *¡Tremenda mami la cantante de ese grupo!*
tripear (v.) alucinar, confundir (del slang en inglés **trip**, "viaje" o alucinación). *Cada vez que Manuelito va a ese parque de atracciones, tripea.*
tumbar (v.) robar. *El niño se tumbó las canicas de la tienda.*
tumbe 1) (m.) robo. *Lo mataron por haber intentado un tumbe de drogas.* 2) (m.) conquista sentimental. *Estéban finalmente logró el tumbe con Marisa.*

U, V
ventas del carajo (frase) lugar muy lejano. *Nadie quiso llevar a Michelle a su casa porque vive en las ventas del carajo.*
viejo verde (loc. sust. m.) hombre maduro que se dedica a cortejar mujeres jóvenes. *El viejo verde de mi jefe creyó que iba a poder seducirme con regalos.*
vista gorda (loc. sust. f.) con la locución verbal "hacerse el/la/los/las de la", fingir no darse cuenta de algo. *La policía se hace la de la vista gorda cuando son sus agentes los que violan la ley.*

X, Y, Z
yal (f.) chica, mujer. *Todas las yales de la universidad participaron en la marcha de protesta.*

AMERICANISMOS Y / O PUERTORRIQUEÑISMOS

A
antier (adv. de tiempo) anteayer. *Antier fue mi cumpleaños y nadie de mi familia se acordó.*

B
bachillerato (m.) carrera universitaria y título equivalente a la licenciatura. *Nydia acaba de terminar su bachillerato en Ciencias Políticas en la U. de Puerto Rico.*
básquet / basquetbol (m.) baloncesto. *¿Quién es el jugador más alto de tu equipo de básquet?*
boleto (m.) billete de entrada o para viajar. *Necesito ver su pasaporte y su boleto de avión.*
boricua (sust./adj. invariable en género) puertorriqueño, de Puerto Rico. *Ella no es boricua, pero lleva tantos años viviendo en la isla habla como la gente de aquí.*
brasier (m.) sostén, prenda de vestir femenina para sujetar el pecho (del francés *brassière*). *En los años 60 las mujeres quemaban sus brasieres en señal de protesta.*

brown (adj. invariable en género y número) marrón o café (color). *Quiero comprar esta camisa blanca y la corbata **brown**.*

C
carro (m.) automóvil.
china (f.) naranja (la fruta)
chiringa (f.) cometa (juguete). *¿Vamos al parque a echar a volar nuestras **chiringas**?*
chiste colorado (loc. m.) chiste obsceno. *A Víctor le encanta contar **chistes colora'os** en presencia de la mojigata de su tía Rebeca.*
cloch (m.) embrague de motor (del inglés "clutch"). *La próxima vez no se te olvide pisar el **cloch** cuando cambies a segunda...*
comercial (m.) anuncio publicitario grabado o filmado (del inglés "tv / radio commercial"). *No me gusta ver este canal porque siempre ponen muchos **comerciales**.*
competencia (f.) competición deportiva. *El día de la **competencia** el veterinario oficial revisa a todos los caballos antes de cada carrera.*
curita (f.) tirita, vendaje adhesivo. *¿Hay **curitas**? Me corté un dedo rebanando pan.*

D, E
espejuelos (m. pl.) anteojos, gafas.

F, G
gasolinería (f.) gasolinera, establecimiento donde se venden carburantes. *La **gasolinería** que está cerca de mi casa tiene precios muy caros.*
goma (f.) neumático. *Las **gomas** están lisas, hay que cambiarlas porque es peligroso circular así.*
guayar (v.) desmenuzar algo tallándolo con el rallador (guayo). *Tú **guaya** las zanahorias mientras yo pelo las papas.*

H
halar (v.) tirar, traer hacia sí (pronunciado **jalar**; antónimo de "empujar"). *Hala la cuerda y amárrala aquí.*

I
indio (adj.) dícese de color de tez, piel bronceada típica del mestizo. *En su cédula de identidad decía que tenía ojos brown y era de piel color **indio** claro.*

J
jonrón (m.) en el juego de béisbol, cuando un jugador cubre las cuatro bases en su turno, marcando un punto para su equipo (del inglés "home run").
jonronero (sust./adj.) jugador de béisbol que logra muchos jonrones. *El **jonronero** de tu equipo eres tú.*
juey (m.) cangrejo de tierra. *¿Me pasas tu receta para hacer salmorejo de **jueyes**?*

L

lonchera (f.) especie de maletín metálico donde se lleva la comida que se consumirá en la escuela o en el trabajo. *La lonchera de Tito es ésa de Mickey Mouse. / A Roberto se le olvidó la lonchera en el taller.*

M

macana (f.) cachiporra, palo.

mahones (m.) pantalones vaqueros, jeans (tipo "Levi's").

malecón (m.) calle o paseo costero. *Están construyendo un hotel de lujo cerca del malecón*

mameluco (m.) mono, traje de una pieza.

manejar (v.) conducir un auto. *Andaba manejando borracho y casi atropella a un nene en bicicleta.*

mangó (m.) mango (fruta)

mesero (sust.) camarero (persona que atiende en un restaurante). *¿No le vas a dejar propina a la mesera?*

mofle (m.) silenciador de motor de vehículo (de "muffler"). *Ya no sirve el mofle del carro y ahi venía haciendo un escándalo.*

monga (f.) gripe. *Lo cogió una monga y no podía hablar de lo ronco que estaba.*

mongo (adj.) débil, sin fuerzas. *Creo que necesito vitaminas. Me siento bien mongo. / Debes proteger a tu hermanita porque ella todavía es una bebita monga.*

moriviví (m.) sensitiva, mimosa (la planta).

motete (m.) bulto, paquete. *Doña Luisa, allá en la entrada hay un señor con un motete buscando a su marido.*

mozo (sust.) camarero (persona que atiende en un restaurante). *Llama a la moza, se me cayó el tenedor.*

Ñ

ñapa (f.) añadidura, algo extra, o regalo que se da además de lo adquirido en una compra. *Ese comerciante nunca da ñapa.*

ñeta 1) (f.) organización criminal que surgió de una pandilla en la prisión de Rio Piedras, y que se dedica principalmente al narcotráfico (Asociación Ñeta, conocida también como "Asociación Pro-Derechos del Confinado") *Uno de los símbolos de la ñeta es la imagen de una mano con el dedo índice y el medio cruzados.* 2) (m.) miembro de tal organización. *Tres ñetas fueron acusados de matar a un miembro de una banda rival.*

O

overol (m.) mono, traje de faena de una sola pieza que se pone encima de la ropa para protegerla (del inglés "overall"). *El "Mostachón" es ése del overol de mecánico.*

P

papa (f.) patata (de origen quechua).

parado (adj.) de pie, derecho, levantado. *"¡No sé los muchachos de hoy qué le ven de bonito a llevar las greñas paradas como puercoespín!" exclamó doña Aurelia, disgustada.*

PR

pararse (v.) ponerse de pie, levantarse de la cama. *El joven se paró para darle el asiento a la señora embarazada.*

parquear (v.) aparcar, estacionar un vehículo. *Me multaron por parquear en una zona prohibida.*

peso (m.) dólar. *Esta mañana salí de la casa con 50 pesos y ya me los gasté todos.*

piragua (f.) refresco a base de hielo granizado. *Estela abrió un puesto de piraguas y dicen que le va muy bien.*

pluma (f.) bolígrafo. *Se le acabó la tinta a esta pluma; ¿tienes otra?*

ponchar 1) (v.) perforar (del inglés "to punch"); (v.) **poncharse:** sufrir un pinchazo un neumático de vehículo. *El acto de vandalismo más común en este barrio es el de ponchar gomas.* 2) (v.) en el juego de beisbol, cuando un jugador pierde su turno y es eliminado después de no conectar con la pelota. *Se deprimió porque lo poncharon dos veces en el mismo partido.*

Q, R

regalía (f., usado más en el plural) porcentaje de una suma concedido a un autor por la venta de su obra. *Decidí no publicar mi libro con esa editorial porque las regalías que ofrecen a los autores son bajas.*

rollo (m.) carrete de película. *Tengo que llevar a revelar los rollos de las fotos que tomé en las vacaciones.*

rostizar (v.) asar, cocer al horno (adj. **rostizado**). *En la receta dice que hay que usar un platón para rostizar con una rejilla para recoger el jugo. / Me quedé dormido en la playa y quedé como pollo rostizado.*

S, T, U

tanque (m.) dicho del depósito de carburante de los autos. *Llene el tanque y revise el aceite, por favor.*

tenis (f.) zapatillas deportivas. *Dejé las tenis aquí al lado del sofá y ahora falta una. ¿Se la llevaría el perro?*

V

velorio (m.) velatorio (acto de velar un difunto). *Me deprimen los velorios. Cuando yo muera, quiero que hagan fiesta.*

X, Y, Z

zorrillo (m.) mofeta (mamífero). *¡Uff! ¿Qué pasó aquí? ¡Huele a zorrillo!*

JERGA DE LA REPÚBLICA DOMINICANA

A

abul saludo de despedida, equivalente a "adiós".

a la brigandina (adv.) mal hecho (del inglés "Bridge & Dine", compañía de EEUU que construyó varios puentes en RD de pésima calidad que se derrumbaron). *Mario hizo su tarea a la brigandina.*

arrecho (adj.) excitado sexualmente. *Esos hombres se ponen 'rechos viendo películas porno.*

arroz con mango (loc. sust. m.) caos, lío, problema. *Ayer se armó un arro' con mango en la repartición de afiches de aquella tienda de discos.*

B

banderita (f.) autobús de transporte público (porque en los años 80 los autobuses que el gobierno proporcionó tenían una bandera nacional pintada a los lados de los vehículos). *¿A qué hora pasa la última banderita que va al malecón?*

baro (m.) unidad monetaria dominicana (peso dominicano). *Este cuadro me costó 200 baros.*

biónico (m.) vehículo pequeño de transporte público. *Tuve que tomar dos biónicos para llegar a la casa.*

bíper 1) (m.) buscapersonas, aparato avisador mediante impulsos de audiofrecuencia (del inglés "beeper"; en desuso) (verbo: **bipear**). *Bipéame a las ocho.* 2) (m.) botella de ron. *Regálame un bíper.*

bonche (del inglés "bunch") grupo de amigos que sale a divertirse. *Fuimos en bonche a la boda de Santiago.*

buche y pluma (loc. adj.) referido originalmente a la lechuza, que por su plumaje abundante y gran buche parece más grande. De allí, algo superficial, sin sustancia. *Ignacio es buche y pluma, no cuentes con su ayuda.*

bueno / buenón / buenote (adj.) guapo, atractivo, de buen aspecto (usado con el verbo estar). *¡Qué buenota se está poniendo tu nieta!*

bufear (v.) divertirse, burlarse, tomar el pelo (del inglés "goof" variando la primera letra) (adj. **bufeado**: divertido). *¡Ése se la pasa todo el día bufeando con sus amigos!*

C

cagarse (v.) asustarse mucho (adv./adj.: **cagado**).

calié (adj./sust. invariable en género) delator. *¡No le vayas a contar eso a Esther, que es una calié!*

carajito (sust.) niño callejero. *Ese carajito es bien mentiroso.*

cuernos (m.) traición o infidelidad a la pareja (usado con el verbo *poner*). *Pa' mí que a Ivette le están poniendo los cuernos.*

chamaco (sust.) muchacho, chico (un tanto despectivo, según el contexto). *Ven a visitarnos, pero deja a los chamacos encargados con alguien.*

cherchar (v.) charlar, conversar (f. **chercha**). Del inglés "church": iglesia, referido a cuando los cocolos se reunín a charlar después de oir misa. *¡Por favor hagan silencio!*

JERGAS DE HABLA HISPANA

A la biblioteca no se viene a hacer **chercha**. */ Encontré a los niños tranquilos, todos estaban* **cherchando** *animadamente.*

chichí (sust. invariable en género) bebé, niño pequeño (habla infantil). *El* **chichí** *lloraba porque se le había caído el biberón.*

chicho (m.) rollito de grasa que se forma generalmente alrededor de la cintura de la gente gorda. *Deberías ir al gimnasio a rebajar esos* **chichos**.

chin 1) (m.) poco, pequeña cantidad. *Dame un* **chin** *de queso.* 2) (m.) sesión o unidad del acto sexual. *Encontraron a Franklin y Angélica haciendo un* **chin** *en el parque.*

chivato (adj./sust.) delator (verbo **chivatear**). *Aurelia fue a* **chivatearle** *a la directora que me vio fumando en el baño de las hembras.*

chivo 1)(m.) fraude. *Jorge hizo un* **chivo** *para poder pasar el examen: se llevó unos apuntes escondidos en la manga.* 2) (adj.) sospechoso, alerta, desconfiado. *Mi papá está* **chivo**; *como que sabe que no fui a la escuela hoy.*

chopo (adj.) de mal gusto, feo, de mala calidad (también referido a personas). *Olga me dio este adorno* **chopo** *de regalo y no sé qué hacer con él.*

compai 1) trato amistoso entre hombres (escrito también como **compay**). *Mándeme aunque sea una postal de Miami,* **compay**. 2) (m.) amigo, compadre. *Hola, aquí te presento a mi* **compai**.

concho (m.) vehículo de transporte público: un taxi colectivo que recorre una ruta preestablecida, como un autobús. *Para llegar al trabajo tengo que tomar un par de* **conchos**.

cotorra (f.) convicción, convencimiento. Con el verbo *dar* significa *tratar de convencer*, mientras que con *coger* significa *convencerse. Raúl me estaba dando* **cotorra** *para que le regalara mi reloj.* / *Irma no cogió* **cotorra** *y no compró el carro que el vendedor le ofrecía.*

cuartos (m. plural) dinero. *Para poder viajar necesitas muchos* **cuartos**.

cuerda (f.) enojo. (usado con los verbos "coger / dar"; adj.: **encuerdado**). *Al ver su casa rayada, el pobre viejo cogió tanta* **cuerda** *que casi le da un ataque.*

D

dar carpeta (loc. v.) molestar. *Esa niña sí que* **da carpeta**, *ya me tiene harta.*

dar leña 1) (loc. v.) empeñarse, esforzarse. *¿El trabajo es duro? ¡***Dale leña**! 2) (loc. v.) golpear. *¡***Denle leña**, *quiso abusar de esa muchacha!*

dar mente (loc. v.) pensar, reflexionar. *¿Ya saben adónde van a ir de vacaciones? --Le estamos* **dando mente**.

dar muela (loc. v.) tratar de convencer a alguien. *Luis está* **dándole muela** *a su padre para que le preste el carro.*

duarte (m.) unidad monetaria dominicana (peso dominicano).

E

echar(le) un ojo (a algo) loc. v.) observar, cuidar, estar de guardia. *****Échenle un ojo** *a mi bici mientras entro a la tienda a comprar las sodas.*

estar en la olla (v.) no tener dinero. *Francisco '***tá en la olla**; *les anda pidiendo dinero a todos sus amigos.*

F

fracatán (m.) mucho, gran cantidad, un montón. *Hay un **fracatán** de turistas en la playa.*

full de to' (loc. adv. /loc. adj.) ("full" pronunciado como en inglés: *ful*) muy bien, maravillosamente. *¿Cómo van los negocios, Nelson? --¡**Full de to'**!*

funda (f.) riña, pleito, pelea. *Estáte quieto, tíguere. Yo no quiero **funda** contigo.*

fuñir (v.) molestar, fastidiar. *El periodista la estaba **fuñendo** con sus preguntas insistentes, y la actriz seguía por su camino sin responder, tratando de escapar.*

G

gringo (sust./adj.) proveniente de Estados Unidos (extendido a extranjeros de piel blanca). *Estafaron a turistas **gringos** vendiéndoles terrenos inexistentes. / Dicen que el ejército **gringo** ha sufrido muchas más pérdidas en Iraq desde que terminó la guerra que durante la guerra.*

Gringolandia (f.) Estados Unidos. *Cada vez que Rafael va a **Gringolandia**, compra software nuevo.*

guácala expresión de asco. *¡**Guácala**! ¡Hay una mosca muerta en la ensalada!*

guachimán (m.) guardia, vigilante (del inglés "watchman"). *No hagas ruido que Enrique está durmiendo. ¿Sabías que desde la semana pasada trabaja como **guachimán**? Ayer le tocó el turno de noche.*

guagua (f.) autobús. *La **guagua** iba bien llena; preferí esperar la siguiente.*

H

hablador (adj.) embustero, mentiroso. *¡No sea **hablador**! ¡Yo nunca dije que le iba a pagar las vacaciones!*

hasta la taza 1) (adj.) harto, lleno. *Ese ruido me tiene **hasta la taza**.* 2) (adv.) completamente. *Dicen que Joel está involucrado **hasta la taza** en ese asunto.*

I, J

jediondo 1) (m.) unidad monetaria dominicana (peso dominicano). *Gustavo quiere que le preste unos **jediondos**.* 2) (sust.) persona de clase alta, por lo general elitista. *¿Qué se cree ese **jediondito**, que tenemos que agradecer porque se dignó a venir a la fiesta?*

jevito (m.) joven pendiente de la moda, generalmente perteneciente a la clase alta; también se refiere a quien aparenta serlo. *¡Con ese traje Nelson parece un **jevito**!*

jevo 1) (sust.) muchacho, chico. *A esas **jevas** les gusta mucho bailar merengue.* 2) (sust.) novio. *Yo siempre he tenido **jevos** más jóvenes que yo.*

L

lambiscón (sust./adj.) adulador. *El **lambiscón** de Alberto nunca contradice al jefe aunque esté equivocado.*

lambón (sust.) persona que pretende hacerse pagar por otros, que abusa de los demás. *Nunca invitan a Antonio a ningún lado porque es un **lambón**.*

loquera (f.) locura. *Le dio la **loquera** y se puso a pintar toda la casa de color morado.*

loquísimo (adj.) encantador, excelente, muy bueno. *¡Este diccionario está **loquísimo**!*

M

macana (f./adj.) cosa grande y sólida. *Jorge es una macana de hombre; nadie se mete con él. / Ese es un árbol macana; te costará trabajo derribarlo.*

mai (f.) mamá, madre. *Mi mai nunca me deja salir sola de noche.*

mamacita (f.) mujer muy bella, impactante (también **mamasota**). *¿De 'onde sacaste las fotos de esas mamasotas que pusiste en tu página?*

man (m.) hombre, individuo (plural: **manes**). *Este man sabe hablar francés.*

matatán (sust.) la persona más diestra, hábil, experta. *Pregúntale a Rosaura cómo se hace eso. Ella es la matatana del laboratorio.*

mojoso (m.) unidad monetaria dominicana (peso dominicano). *¿Cuántos mojosos cuesta esa bicicleta?*

N

no dar un golpe (frase) no hacer ningún esfuerzo, no trabajar. *Carolina no da un golpe, está bien deprimida.*

Ñ

ñoño (adj.) melancólico, nostálgico. *Me puse ñoña cuando oí esa canción, de mis tiempos del colegio.*

O

ofrézcome exclamación de origen religioso (¡ofrézcome a la virgen!), pero casi siempre utilizado con sentido jocoso (y a veces como insinuación sexual).

P

pachanga (f.) fiesta, celebración. *Hay pachanga en la playa esta noche.*

palo (m.) éxito, triunfo. *¡Este sitio web es un palo!*

pana (sust. /adj. inv. en género) amigo. *Paula es pana de Erica.*

paquete (m.) gran cantidad, mucho. *Esa comida engorda un paquete, aguanta la tentación.*

parejero (adj.) vanidoso, engreído.

pari (m.) fiesta (del inglés "party") *¡Vente pa'l pari pa' que goces!*

pariguayo 1) (sust.) persona que no participa en una fiesta, no baila, que está sólo allí para mirar (del inglés "party watcher"). *En la discoteca siempre hay muchos pariguayos.* 2) por extensión, persona insulsa, tonta, cohibida. *No sé qué le ves a Antonio; es un pariguayo que parece mudo.*

pato (m.) hombre homosexual.

pechú (adj.) valiente, arriesgado (barbarismo de **pechudo**). *Doris es muy pechu'a; ella es la que siempre defiende a sus hermanos.*

picaflor (m.) hombre mujeriego, enamoradizo. *Cuidado con dejar a tu hermana sola con mi compadre Ernesto: es un picaflor.*

piña (f.) pelea, riña, pleito. *Anoche en la discoteca se armó una piña cuando Omar quiso bailar con una mamasota que estaba con su novio.*

pollo (sust.) hombre atractivo. *¡Qué pollo de novio tiene Verónica! ¡Se lo voy a quitar!*

ponchar (v.) en el juego de beisbol, cuando un jugador pierde su turno y es eliminado después de no conectar con la pelota. *Se deprimió porque lo **poncharon** dos veces en el mismo partido.*

por la maceta (loc. adj.) muy bien; de maravilla. *¿Cómo están tus hijos, Ernesto? -- ¡**Por la maceta!***

prenderse (v.) emborracharse, embriagarse.

Q

quillarse (v.) enojarse, irritarse. *No le digas eso a Aurora que **se quilla.***

R

raya (f.) unidad monetaria dominicana (peso dominicano). *Me hacen falta diez **rayas** para poder comprar ese traje.*

S

salado (adj.) desafortunado, con mala suerte (con los verbos ser / estar / andar). *El pobre de Pancho está bien **salado**; se acababa de comprar un <u>carro</u> nuevo cuando lo chocaron.*

sangrudo (sust./adj.) antipático, de "sangre pesada". *Rogelio se volvió muy **sangrudo** desde que empezó a trabajar en la embajada de Inglaterra.*

sánguche (m.) emparedado. *No va a haber tiempo para pararnos a comer en el viaje. Prepara unos **sánguches** para el camino.*

serrucho (m.) cooperación, colecta. *¿Hacemos un **serrucho** para llevar a nuestra <u>mai</u> a comer a un restaurante en su cumpleaños?*

singar (v., vulgar) tener relaciones sexuales. *Gregorio está enfermo de la cabeza, solamente piensa en **singar.***

sirimba (f.) desmayo, mareo. *Le dio una **sirimba** a tu <u>mai</u> cuando supo de tu accidente.*

T

¿Tá to'? (frase interrogativa) "¿Está todo bien?"

¡To' 'tá! (frase) respuesta a *¿**Tá to'?***: "Todo está bien".

tabla (f.) unidad monetaria dominicana (peso dominicano).

taita (m.) papá, padre. *Pídele permiso a tu **taita** pa' ir al cine.*

tíguere 1) (sust.) persona astuta, audaz, a veces agresiva, generalmente de clase social baja (barbarismo de *tigre*; en femenino es frecuente **tiguerona**). *Se me acercaron dos **tígueres** y me pidieron dinero.* 2) (sust.) persona diestra, hábil, experta. *Arturo es un **tiguerazo** pa' los motores: pídele un consejo y verás que vas a poder arreglar tu <u>carro</u>.* 3) (sust.) cualquier persona, individuo. *El baño del estadio estaba lleno de **tígueres** esperando, así que mejor me salí.*

tolete 1) (m.) unidad monetaria dominicana (peso dominicano). *Perdí veinte **toletes** en una apuesta.* 2) (m.) órgano genital masculino.

tostado (v.) trastornado. Proviene de la expresión "Se le tostó la cabeza con el sol".

tráfico (m.) policía de tránsito. *Ese **tráfico** ya me ha hecho un par de multas.*

trancar (v.) arrestar. ***Trancaron** a Ernesto por andar vendiendo droga.*

tululu (m.) unidad monetaria dominicana (peso dominicano). *¿Cuántos **tululus** cuesta alquilar un DVD?*

tumbador (sust.) ladrón. *Últimamente hay varios **tumbadores** operando en esta zona. Anoche arrestaron a dos.*

tumbar (v.)robar. *El niño se **tumbó** las canicas de la tienda.*

tumbe (m.) robo. *Lo mataron por haber intentado un **tumbe** de drogas.*

U, V

vaina (f.) para los dominicanos es una palabra indefinida e indefinible, quiere decir todo y no quiere decir nada, sus pensamientos y sus palabras, todo lo animado e inanimado. Cuando no conoce un objeto y no sabe su nombre ni su uso, el dominicano pregunta:*¿Qué **vaina** es ésa?* Las herramientas de trabajo son **vainas** en el cotidiano hablar. Un momento agradable o desagradable es una **vaina**; ante un bello espectáculo, una obra de arte o un agradable acto social, se exclama *¡Qué **vaina** tan buena!*; los hijos son una **vaina**; el auto, los autobuses, el tráfico, la carretera, el calor, el frío, las lluvias, el verano, todo es una **vaina**. Cuando un amigo dominicano te invita a una fiesta: *Vamos, que la **vaina** va a estar muy buena*; ante una desgracia o desagrado *¡Qué **vaina** tan mala!* Al ver a una mujer muy hermosa, *¡Qué **vaina** tan bella!* o muy fea, *Esa **vaina** es feísima.* El amor, el odio y todos los sentimientos son **vainas**. De un individuo extrovertido, de excelente carácter y buen humor o uno introvertido, neurótico e intratable, se dice que están llenos de **vainas** o que echan más **vainas** que una mata de frijol. La adversidad o mala suerte es una **vaina** seria; un buen negocio o una buena oportunidad, una **vaina** maravillosa.

vejiga 1) (sust. invariable en género) niño. *Compré estos dulces para los **vejigas**.* 2) (adj. invariable en género) joven, pequeño de edad. *En esos tiempos yo todavía estaba muy **vejiga** para poder opinar, y me quedé callado.*

vista gorda (loc. sust. f.) con la locución verbal "hacerse de la", fingir no darse cuenta de algo. *La policía se hace de la **vista gorda** cuando son sus agentes los que violan la ley.*

volteado (m.) hombre homosexual. *Ramiro resultó siendo un **volteado**.*

TÉRMINOS DE ORIGEN TAÍNO USADOS EN EL HABLA COTIDIANA

B

bohío (m.) casa, cabaña.

C

cocuyo (m.) luciérnaga caribeña.

conuco (m.) pequeña parcela de tierra, frecuentemente dedicada a la agricultura de subsistencia. *Menos mal que tenemos el **conuco**, si no, no habría nada que comer.*

J

jicotea (f.) tortuga terrestre.

jiguero (m.) vasija.

L
lua (m.) espíritu protector. *Carlos tiene un **lua** que le trae buena suerte.*

Q
Quisqueya uno de los nombres que le dieron los indios taínos a la isla de La Española. Los dominicanos a menudo se refieren a su país como Quisqueya, y a sí mismos como quisqueyanos.

Y
yayal (m.) ladera de un cerro. *¿Buscas a Anselmo? Lo ví subiendo por el **yayal**.*

AMERICANISMOS Y / O DOMINICANISMOS

A
afiche (m.) poster, cartel. *¿Les gusta el **afiche** que compré de la Torre Eiffel?*
acotejar (v.) acomodar, arreglar, poner en orden. *Ayúdame a **acotejar** la cristalería en el mostrador.*
agacharse (v.) esconderse. *Me **agaché** detrás de las cortinas cuando los oí entrar al salón.*
ameritar (v.) merecer. Ambos verbos se usan. *Ese problema **amerita** mucha atención.*
antier (adv. de tiempo) anteayer. ***Antier** fue mi cumpleaños y nadie de mi familia se acordó.*

B
básquet / basquetbol (m.) baloncesto. *¿Quién es el jugador más alto de tu equipo de **básquet**?*
buscapleitos (sust./adj.) picapleitos, provocador de riñas, revoltoso. *No invitaron a Mauricio a la fiesta por su fama de **buscapleitos**.*

C, D
calificar (v.) reunir los requisitos necesarios (del inglés "to qualify"). *Hicimos solicitud para que nos asignaran una casa, pero nos dijeron que no **calificábamos**.*
cantaleta (f.) estribillo, repetición fastidiosa. *¡Ya me tienes aburrida con la misma **cantaleta**!*
carro (m.) automóvil.
cocalecas (f. pl.) palomitas de maíz. *El piso del cine estaba regado de **cocalecas**.*
cocolo (sust.) inmigrante afrobritánico establecido en la isla. Su nombre es corrupción de Tórtola, una de las islas Vírgenes británicas en las Antillas Menores.
competencia (f.) competición deportiva. *El día de la **competencia** el veterinario oficial revisa a todos los caballos antes de cada carrera.*
curita (m.) tirita, vendaje adhesivo. *Necesito un **curita** para esta cortada en la mano.*
chatica (f.) envase pequeño (175 ml.) para el ron. *Voy a comprarme una **chatica** de ron.*
china (f.) naranja (fruta). *Ayer vendimos quince kilos de **chinas** en el mercado.*
chulo (adj.) precioso, bonito. *Está muy **chula** esa corbata; ¿dónde la compraste?*

E, F

fuete (m.) látigo. *No me gusta usar el **fuete** con mi caballo.*

funda (f.) bolsa. *Dame una **funda** para guardar esto.*

G

gasolinería (f.) gasolinera, establecimiento donde se venden carburantes. *La **gasolinería** que está cerca de mi casa tiene precios muy caros.*

goma (f.) neumático. *Las **gomas** están lisas, hay que cambiarlas porque es peligroso circular así.*

guayar (v.) desmenuzar algo tallándolo con el rallador (**guayo**). *Tú **guaya** las zanahorias mientras yo pelo las papas.*

H

hablador: (adj.) embustero, mentiroso. *¡No sea **hablador**! ¡Yo nunca dije que le iba a pagar las vacaciones!*

I

impuesto (adj.) acostumbrado. *Maribel no está **impuesta** a viajar en avión.*

indio (adj.) dícese de color de tez, piel bronceada típica del mestizo. *En su cédula de identidad decía que tenía ojos negros y era de piel color **indio** claro.*

J

jarina (f.) llovizna ligera. Viene de el aspecto de la harina cuando se cierne. *Una **jarinita** mojó toda la ropa que estaba colgada afuera.* (v.) **jarinear** *Llévate un paraguas. Ahora está **jarineando**, pero más tarde podría llover más fuerte.*

jonrón (m.) en el juego de béisbol, cuando un jugador cubre las cuatro bases en su turno, marcando un punto para su equipo (del inglés "home run").

jonronero (sust./adj.) jugador de béisbol que logra muchos jonrones. *El **jonronero** de tu equipo eres tú.*

jugo (m.) zumo. *¿Y de tomar? --Para ella, agua mineral. A mí deme un **jugo** de pera.*

L

lapicero (m.) instrumento de escritura con tinta, bolígrafo. *¿Tiene un **lapicero**? Necesito apuntar una dirección.*

M, N

mabi (m.) bebida refrescante. *Mi tía nos preparó unos **mabis** de limón.* (limonadas)

malecón (m.) calle o paseo costero. *A mis abuelos les encantaba pasear por el **malecón**.*

mamey (m.) anaranjado (dicho de color).

matazón (f.) matanza. *En la clase de historia leímos sobre el Holocausto, la terrible **matazón** de judíos durante la segunda guerra mundial.*

mesero (sust.) camarero (persona que atiende en un restaurante). *¿No le vas a dejar propina a la **mesera**?*

Ñ

ñapa (f.) propina, adehala, lo que se da de gracia sobre un precio o sueldo. *¿Y a ti por qué te dieron ñapa y a mí no?*

O

oficio (m.) quehacer doméstico. *No me gusta hacer oficios, pero el peor de todos es planchar.*

overol (m.) mono, traje de faena de una sola pieza que se pone encima de la ropa para protegerla (del inglés "overall"). *El "Mostachón" es ése del overol de mecánico.*

P

pájaro (m.) cualquier insecto o animal salvaje pequeño. *Cuando saqué esa piedra del jardín encontré unos pájaros abajo.*

pa' seguida (loc. adv.) pronto, inmediatamente. *Manuel terminó el trabajo pa' seguida.*

papa (f.) patata (voz de origen quechua). *¿Hacemos papitas fritas?*

parado (adj.) de pie, derecho, levantado. *"¡No sé los muchachos de hoy qué le ven de bonito a llevar las greñas paradas como puercoespín!" exclamó doña Aurelia, disgustada.*

pararse (v.) ponerse de pie, levantarse de la cama. *El joven se paró para darle el asiento a la señora embarazada.*

parquear (v.) aparcar, estacionar un vehículo. *Trabajaba parqueando carros en un centro comercial.*

pelota (f.) béisbol. *Gustavito está en un equipo de pelota.*

petit pois (m.) guisante (legumbre) (del francés).

pilón (m.) mortero. *Muéleme estos ajos en el pilón.*

Q, R

rollo (m.) carrete de película. *Tengo que llevar a revelar los rollos de las fotos que tomé en las vacaciones.*

S, T, U

saco (m.) chaqueta. *Échate las llaves en el bolsillo del saco; no se te vayan a olvidar.*

safacón (sust.) recipiente de basura (del inglés "safety can"). *Ya está lleno el safacón, ve a tirar la basura.*

V

velorio (m.) velatorio (acto de velar un difunto). *Me deprimen los velorios. Cuando yo muera, quiero que hagan fiesta.*

X, Y

yunyun (m.) refresco hecho con hielo granizado. *Tengo mucho calor. ¿Vamos a comprarnos unos yunyunes?*

Z

zorrillo (m.) mofeta (el mamífero) *¿Qué es lo que pasó aquí? ¡Huele a zorrillo!*

JERGA DE URUGUAY

A

a la bartola (loc. adv.) despreocupadamente, sin cuidado. *Escribí el reporte* **a la bartola** *y eso me metió en problemas.*

a la marchanta (loc. adv.) de cualquier manera, sin cuidado. *Hice la tarea* **a la marchanta.**

a los pedos (loc. adv.) rápidamente, apuradamente (describe cómo se ejecuta una acción). *Se afeitó* **a los pedos** *porque tenía prisa, y se cortó.*

a todo trapo (loc. adv.) velozmente, a toda velocidad. *Elisa salió corriendo* **a todo trapo** *de su casa, pero no alcanzó a subir al ómnibus.*

abarajar (v.) agarrar en el aire algo que viene cayendo, también figurativamente, como un pensamiento, una idea. *Diego le pegó sin darse cuenta a la botella con el codo y antes de que se hiciera pedazos contra el piso Fidel la* **abarajó.** / *Leticia comenzó a desarrollar su idea, pero antes de dijera una palabra, Julián la había* **abarajado** *en el aire.*

abombado (sust./adj.) tonto. *¡Fijate por donde vas,* **abombado!**

afilar (v.) intentar conquistar a una persona. *Atilio no deja de* **afilar** *a Marina pero ella no quiere saber de nada.*

afilarse (v.) estar expectante. *Filiberto se estaba* **afilando** *para la torta de chocolate pero no lo dejaron probarla.*

agua y ajo frase que invita a la paciencia (a aguantar y a joderse; también **ajo y agua**). *Y le dieron a él el puesto sólo porque habla inglés.* --¡**Agua y ajo**!

al mango 1) (loc. adv.) a todo volumen, velocidad. *La radio está* **al mango**, *bajala un poco.* 2) (loc. adv.) con total dedicación. *Venían* **al mango** *por la carretera cuando se les atravesó un perro.* / *Esta semana estudiamos* **al mango.**

al pedo (loc. adv.) inútilmente. *Fui* **al pedo**, *ya habían cerrado.*

alcahuete 1) (sust.) delator. *Estéban era un* **alcahuete**, *por eso lo mataron.* 2) (sust.) persona servil, adulona. *Desde chiquito era un* **alcahuete** *que le llevaba flores a la maestra.*

amarrete (sust./adj.) tacaño. *Los escoceses tienen fama mundial de* **amarretes.**

amasijar 1) (v.) abrazar apasionadamente. *Javier esperó a las lentas para* **amasijar** *Alicia, pero ella no quiso seguir bailando.* 2) (v.) dar una paliza. **Amasijaron** *a Manuel por haberse reído cuando alguien de la banda se tropezó.*

angelito (sust.) persona ingenua, crédula. *Pero viejo, vos te tragás cualquier mentira, sos un* **angelito.**

apechugarse (v.) soportar, resistir, aguantar. *La mano viene mal pero habrá que* **apechugarse.**

apichonarse (v.) estar enfermizo, resfriarse (adj. **apichonado**). *Abrigate bien, te veo ya medio* **apichonado.**

apolar (v.) dormir. *El gato estaba* **apolado** *encima de mi abrigo nuevo.*

apoliyar (v.) (de "apolillar") dormir.

apole / apoliyo (m.) sueño, ganas de dormir. *Me voy a la cama, ando con un* **apoliyo** *que ni te cuento.*

apuntarse / anotarse un poroto (frase) ejecutar una acción positiva o ventajosa (proveniente del juego de barajas 'truco', en el cual se anotan los puntos con esta legumbre en vez de con lápiz y papel). *Me anoté un poroto con la vecina porque le ayudé a cargar las bolsas que traía de la feria. / ¡Nos apuntamos un poroto! Ahora nuestro equipo pasa a semifinales.*

aprender a comer echado (frase) expresión usada cuando alguien encuentra el modo de disfrutar de la buena vida. *Alfonso se casó con una viuda multimillonaria y enseguida aprendió a comer echado.*

<u>apretado</u> (adj./sust.) tacaño, avaro.

<u>arrastrado</u> (sust./adj.) persona obsecuente y servil. *Jaime es un arrastrado, por eso el jefe lo prefiere.*

avivarse (v.) ponerse vivo, despierto. *Che, avivate, que alguien te viene siguiendo.*

B

<u>bagarto</u> (m.) persona muy fea (combinación de "<u>bagayo</u>" con "lagarto"). *Ayer me presentaron a la hija del jefe: un bagarto.*

bagayear (v.) comprar artículos de contrabando en la frontera para la reventa. *Encontramos estos zapatos bagayeando en Rivera.* (sust.) **bagayero**: persona que se dedica al contrabando. *¿Dónde conseguiste el nuevo CD de Robby Williams? --Se lo compré a un bagayero.*

bagayo 1) (m.) mercancía de contrabando. *Sara y su hermana trajeron un montón de bagayo de Chuy.* 2) (m.) persona muy fea. *Mi cuñada, Ramona, es un bagayo.*

balero (sust. invariable en género) persona inteligente. *¡Sos un balero! ¡Bárbaro el programa que creaste!*

bancarse (v.) soportar. *Angélica no se banca la música tecno.*

<u>barajarla más despacio</u> (loc .v.) explicar con más detalles. *No entendí bien. Barajámela más despacio.*

<u>baranda</u> (f.) olor fuerte o desagradable. *En el puerto siempre hay baranda a pescado podrido.*

<u>bárbaro</u> (adj.) bueno, estupendo, maravilloso. *El viaje estuvo bárbaro. Cruzamos de Túnez a Argelia por el desierto en camello.*

basurear (v.) menospreciar a alguien, tratar con desprecio. *A ésos les gusta basurear a los inmigrantes.*

<u>batir</u> (v.) decir. *Batime la verdad, ¿es cierto que sos casado?*

berretín (m.) capricho, obsesión frívola. *Rigoberto tiene el berretín de ir a tomar el té al Ritz todos los viernes.*

bichicome (sust.) persona sin domicilio fijo, que vive en la calle, generalmente enferma mental (del inglés "beachcomber"). *Vi a un par de bichicomes dormidos bajo un montón de diarios en el parque.*

<u>birra</u> (f.) cerveza.

<u>biyuya</u> (f.) dinero. *No hay biyuya ni para comprar pan.*

bolazo (m.) mentira, exageración (verbo: **bolacear**). *No vengás a contarme bolazos; sé que no es cierto lo que decís.*

<u>boliche</u> (m.) bar, café; término extendido a las discotecas. *¡Nos vemos a las diez en el boliche!*

U

bolita (sust./ adj. invariable en género) boliviano, proveniente de Bolivia (usado en tono jocoso). *¿Qué te parece el nuevo presidente bolita? / Se habla mucho sobre la exportación del gas bolita.*
boludez (f.) acto propio de un boludo, torpeza, idiotez. *Si dejaras de hacer boludeces podrías llegar a ser alguien.*
boludo (sust./adj.) individuo torpe, inútil, indolente. *"Sos un boludo, tenías que armar esa lámpara al revés", le dijo Román a su amigo.*
bondi (m.) autobús de transporte colectivo. *Ojo que viene el bondi.*
borrarse (v.) irse, alejarse. *El Pepe se borró temprano hoy.*
botija (sust.) niño. *Los botijas estaban fascinados con el juguete nuevo.*
brisco (m.) hombre homosexual. *Si tu primo es estilista, entonces seguro que es un brisco.*
bufo / bufoso (m.) revólver, pistola. *El mafioso traía un bufo escondido en la chaqueta.*
busarda (f.) barriga, panza. *Hoy me duele la busarda; tal vez los porotos que comí me cayeron mal.*
buzo (m.) jersey, suéter. *Germán, ¿no te diste cuenta que llevás el buzo al revés?*

C

caballo (m., inv. en género) persona guapa, atractiva. *¡Qué caballo es Leticia!*
caber (v.) gustar. *A mí no me cabe ese tipo de música.*
cachila (f.) automóvil viejo y destartalado. *Se subieron todos al auto de Víctor, pero viajaron sólo un kilómetro antes de que esa cachila los dejara a pie.*
cachuso (adj.) roto, gastado, desvencijado. *Podríamos definir una cachila como un auto cachuso. / Tu moto ya está bien cachusa. ¿Cuándo te compras una nueva?*
café (m.) regaño áspero (con el verbo pasar). *Te mereciste el café que te pasó tu nona.*
cagar a pedos (loc. v.) reprender, amonestar. *Mi madre me cagó a pedos esta mañana por haber vuelto a casa en la madrugada.*
cagarla (loc. v.) hacer algo mal, cometer un error serio o de difícil solución. *¡No vayan a cagarla otra vez, hagan el trabajo con cuidado!*
calderita de lata (loc. sust.) persona que se irrita y pierde los estribos muy rápidamente. *Lucía es muy calderita de lata; no se puede bromear con ella.*
cana (f.) policía. *La cana nunca está cuando la necesitás.*
canario (sust.) cualquier uruguayo no nacido en Montevideo (usado generalmente en modo despectivo, excepto cuando no se conoce el sitio exacto de donde proviene la persona). *Eduardo está casado con una canaria de no sé dónde. / Estamos tratando de hacer negocios con unos canarios que hacen queso y dulce.*
canas verdes (loc. sust.) desesperación, agobio (con los verbos sacar / salir). *Esos gurises me están sacando canas verdes con el escándalo que arman.*
canilla (sust.) vendedor ambulante de diarios. *El canilla estaba tratando de vender los diarios que le quedaron de ayer.*
cantar flor (loc. v.) morir. *Oí ese ruido: me parece que el auto está por cantar flor.*
cantegril (m.) conjunto de viviendas precarias de lata. *Antonio nunca quiso admitir que creció en un cantegril.*

careta 1) (sust. invariable en género) persona sinvergüenza, descarada. *Damián es un careta, nos dijo que pagaba él y luego se fue antes que llegara la cuenta.* 2) (adj./sust. invariable en género) atrevido, audaz, desinhibido, desenvuelto. *Cuando preguntaron quién se animaba a decir el discurso de apertura, Sergio se adelantó porque es el más careta de todos nosotros.*

carpeta (f.) clase, buen gusto, distinción (voz de tradición tanguera cayendo en desuso). *¡Qué carpeta tiene Fabio! ¡La novia le cayó con dos amigas y enseguida nos llamó a Roberto y a mí! / Doña Amalia es de carpeta, sus atenciones para con sus invitados siempre son esquisitas.*

catinga (f.) mal olor corporal. *El vagabundo tenía una catinga que se sentía a 200 metros a la redonda.*

chance (m.) oportunidad, posibilidad. *Dame sólo un chance para demostrarte que puedo alcanzar esa meta.*

changa (f.) trabajo inestable y esporádico. *Julio hace changuitas por ahi mientras termina la carrera.*

chau adiós, hasta luego. (del italiano "ciao"--que en realidad es ya sea saludo que despedida).

che interjección informal para llamar la atención de una o varias personas. *¡Che, mirá cuánto cuesta este DVD!*

chetada 1) (f., despectivo) cualquier cosa que tenga que ver con los conchetos. *Un estilo de música que odio es el electrónico, el dance y todas esas chetadas.* 2) (f., despectivo) sinónimo de chetaje. *Tamara trataba de vestirse bien para no desentonar con la chetada.*

chetaje (m., despectivo) grupo o "tribu urbana" por lo general esnob, elitista y xenófila, de clase media o alta. *No, yo no quiero ir allí porque es adonde va el chetaje.*

cheto (m., frecuentemente despectivo) persona económicamente apoyada por sus padres, remilgada y afectada, por lo general superficial y muy pendiente de su aspecto exterior. *Néstor es el que les consigue cocaína a los chetos.*

chiripiorca (f.) violento tic o ataque de nervios; por extensión, se refiere a cuando algo o alguien deja de comportarse normalmente. Del programa TV mexicano de Chespirito (El chavo del 8). *¡Jajajaja! Mirá, ¡ése baila como si le estuviera dando la chiripiorca! / Y de repente como que le dio la chiripiorca y ya no pudo ni hablar.*

chivo (m.) vómito (usado con el verbo 'largar'). *Cuando recién me desperté me sentía bien, pero de repente me dieron ganas de largar el chivo.*

chongo (adj.) ordinario, de mal gusto. *Esta canción tiene una letra muy chonga.*

chorro (sust.) ladrón, delincuente. *No te quiero volver a ver con Ramón. Todos dicen que es un chorro.*

choto 1) (m.) órgano genital masculino. 2) (adj.) lelo, tonto. *Ese viejo choto se tarda horas en cruzar la calle.*

chuminga (f.) de escasos recursos, pobre. *Éramos la familia más chuminga del barrio.*

chupamedias (adj./sust. inv. en género) persona obsecuente y servil. *Dejá de ser chupamedias, no conseguirás nada.*

chusma (sust. invariable) persona que comenta la vida de los demás sin su consentimiento.

coger (v., vulgar) tener relaciones sexuales.

coima / **cometa** (f.) comisión que se da para obtener algo en forma ilegal. *Le tuve que dar una coima a la cana para que me dejara ir porque me pasé el semáforo en rojo.*

como pedo (loc. adv.) velozmente, a toda velocidad (describe el movimiento de un cuerpo). *El tren venía como pedo cuando se descarriló.*

con el culo a dos manos (loc. adj., vulgar) muy asustado. *Mañana es el examen y está todo el mundo con el culo a dos manos.*

concha (f., vulgar) órgano sexual femenino. Palabra frecuentemente usada (en combinación con otras) en imprecaciones e insultos.

cuadro (m.) equipo de fútbol.

cuentero (sust.) estafador.

culear (v., vulgar) tener relaciones sexuales.

culón (sust./adj.) persona afortunada. *Martha y Adriana son culonas--obtuvieron las bolsas de estudio que habían solicitado.*

curda (f.) borrachera.

currador (sust.) persona deshonesta. *Ese vendedor es un currador, nadie quiere comprarle nada.*

D

dar bola / **dar bolilla** / **dar pelota** (loc. v.) prestar atención. *¡Danos bola cuando te hablamos, Salvador!*

dar lata 1) (loc. v.) molestar, fastidiar 2) (loc. v.) hablar mucho. *Eugenio me dio lata toda la tarde y no me pude concentrar en los estudios.*

de la planta (loc adj.) muy bueno, excelente. *Carlos se compró un auto de la planta, pero lo chocó inmediatamente mientras lo estacionaba.*

de más (loc. adj.) muy bueno, excelente. *¡El regalo que Inés recibió para su cumpleaños estuvo de más!*

de pedo (loc. adv.) de casualidad. *De pedo supe que tu viejo tuvo un accidente. ¿Cómo está?*

de prepo (loc. adv.) a la fuerza (de 'prepotencia'). *El profe me sacó de prepo de la clase y cerró la puerta de un portazo.*

del tomate (adj.) loco (usado con el verbo estar). *Laura está del tomate; quiere abandonar todo para irse a vivir a Madagascar.*

desbole (m.) confusión, problema, lío. *Se armó un desbole cuando se cayó una pila de papeles y libros del escritorio.*

deschavarse (v.) quedar en evidencia, descubrirse. *¡Me deschavé! Le había dicho que el departamento era mío, y en ese momento llegó el dueño.*

deschavetarse (v.) enloquecer. *Mariano se deschavetó cuando lo eliminaron del equipo.*

desgraciado (sust./adj.) vil, infame, despreciable. *¡A mí ese desgraciado me las va a pagar todas!*

despelote (m.) caos, desorden, lío. *Hubo un despelote en el supermercado cuando se derrumbó una pirámide de latas de verduras.*

U

doblado (adj.) borracho. *Víctor iba doblado y ni cuenta se dio que el semáforo estaba rojo.*
dragón (sust.) novio (en desuso). *Ayer Jorge me presentó a su dragona.*
dragonear (v.) andar de novios (en desuso). *Pedro ya no dragonea con Alicia.*

E

empedarse (v.) emborracharse. *Hoy tengo ganas de empedarme.*
empijado (adj) muy ocupado (vulgar). *Estoy empijado estudiando para un examen, no podré ir al estadio hoy.*
en el anca de un piojo (loc. adv.) por un margen muy pequeño. *Salvé el examen en el anca de un piojo.*
en pedo (loc. adv.) en estado de embriaguez. *Anoche vimos a Fernando en pedo, estaba vomitando en la calle. / Después de tantos años en Montevideo, ¿te volverías a vivir a Ansina? --No, ni en pedo.*
encanar (v.) encarcelar. *Lo volvieron a encanar a Leo, y esta vez por cinco años.*
engatillado (adj.) de novio, relacionado sentimentalmente. *¿Con quién es que está engatillada Marla?*
escabio (m.) bebida alcohólica (verbo: escabiar). *Te invito a tomar un escabio esta tarde.*
escorchar (v.) fastidiar, molestar (del italiano "scocciare"). *No vengás a escorcharme con el cuento que necesitás dinero; ya no tengo que mantenerte.*

F

fierro (m.) revólver, pistola. *Conozco a uno que te podría vender un fierro a buen precio.*
finde (m.) fin de semana. *Este finde nos vamos al mar.*
flaco apelativo, término informal para dirigirse a una persona. *Flaca, vení a darme una mano con este mueble.*
fondo blanco (loc. sust. m.) trago único que vacía un vaso con bebida alcohólica (y por lo tanto, queda el "fondo --del vaso en-- blanco"). Normalmente usado en situaciones en que se reta a otro bebedor. *Después del tercer fondo blanco no pude levantarme de la silla.*
fuchi interjección usada para ahuyentar algo (en la zona fronteriza con Argentina). *¡Fuchi, fuera de aquí, perros sarnosos!*

G

gamba 1) (f.) cien pesos (unidad monetaria). *Me encontré cinco gambas en un viejo pantalón.* 2) (f.) pierna (del italiano). *Me lastimé una gamba jugando básket.* 3) (f.) favor, apoyo. *Leonor me hizo gamba y nos fuimos a bailar. / Necesito que me hagas la gamba para resolver este problema.*
garronear (v.) adelantarse en algo ilícitamente, obtener algo gratis. *Tus amigos siempre andan garroneando cigarros--¿no tienen dinero para comprárselos?*
gauchada (f.) favor, ayuda. *Guillermo nunca le hace una gauchada a nadie.*
gaucho (sust.) persona solidaria, en quien se puede contar. *Patricia es gaucha, verás que si le cuentas de tu problema, te ayudará.*

U

gayola (f.) cárcel (loc. adv. **en gayola**: encerrado). *Ya no cabe un chorro más en la gayola de la ciudad.*

gil / gilún / gilastrún (sust./adj.) tonto, imbécil (**gila / giluna / gilastruna** en femenino). *¡No te hagás la gilastruna y dama una explicación de lo que hiciste!*

gotan (m.) tango, género musical y baile rioplatense. *¿Te gusta el gotan?*

Gringolandia (f.) Estados Unidos. *Cada vez que Rafael va a Gringolandia, compra software nuevo.*

gronchada 1) (f., despectivo) cosa propia de un groncho, cosa de mal gusto, vulgaridad. *La película nueva de ese director chino es una gronchada.* 2) (f.) sinónimo de gronchaje. *Los gronchos se desviven por el fútbol. Ni hablemos de otros deportes, como el tenis. La mayoría de la gronchada ni siquiera sabe dónde queda Wimbledon.*

gronchaje (m., despectivo) grupo de 'tribu urbana' de gustos populares, que generalmente prefiere vestir con ropa cómoda o deportiva, le gusta la cumbia como género musical, y es de clase social baja. *Los gustos del gronchaje son típicos de los nuevos ricos.*

groncho 1) (sust., despectivo) mestizo de piel oscura, ojos pardos y pelo oscuro. 2) (sust./adj.) cualquier persona u objeto ordinario, vulgar, de mal gusto. *Es una moda groncha; yo nunca me vestiría así.*

guácala expresión de asco. *¡Guácala! ¡Hay una mosca muerta en la ensalada!*

guacho 1) (sust.) niño malcriado. *¡Qué guacho maldito, me mojó con su pistola de agua!* 2) (sust.) niño huérfano (de poco uso)

guarango (sust./adj.) incivil, vulgar, grosero, descarado. *No sean tan guarangos con las minas.*

guasadas (f.) tonterías. *No digás guasadas; ya me enteré que quieres que te preste dinero.*

guita (f.) dinero. *¿Es cierto que perdiste toda la guita que te di en las apuestas*

H

hacer buena letra (loc. v.) portarse bien para impresionar a alguien. *Daniel hace buena letra sólo cuando el profesor está presente.*

hasta la coronilla (loc adj.) harto, fastidiado.

hijo de papi / papá (loc. sust) hijo de gente adinerada, que todo lo tiene gracias a ellos. *A aquel hijo de papi le pagaron toda la carrera de administración de empresas y luego le compraron una compañía.*

hincha (invariable en el masculino) seguidor de un equipo deportivo (por allá en el año 1910 en Montevideo, cuando el nacional se disputaba un partido, un tal Prudencio Miguel Reyes repetía, gritando a todo pulmón, "¡Arriba Naci'al!" para animar a su equipo. Alguien preguntó quién era ese hombre, y la respuesta fue que era "el que hincha los balones del club"). *Los hinchas del equipo visitante se pusieron violentos cuando su equipo perdió el partido.*

I

infeliz (sust./adj.) vil, infame, despreciable. *¡Infeliz vieja, ya vino a dejarme su basura en la puerta otra vez!*

J

jetón (sust.) aparte de individuo de labios gruesos, apelativo desafiante, insultante. *¿Qué mirás, jetón?*

jodedor (sust.) estafador. *No inviertas tu dinero en los negocios de Roberto--es un jodedor.*

jodón 1) (sust.) persona alegre y de buen carácter. *Julio es un jodón de aquellos: con él te divertís un montón.* 2) (adj.) fastidioso, que se divierte molestando en mal momento. *No seás jodona, Sonia. ¿No ves que me siento mal?*

judiar (v.) molestar, fastidiar con malicia infantil, sobre todo cuando la víctima es más débil o pequeña, o no se puede defender. *¿Qué está haciendo el pobre Bobby con las patas delanteras amarradas? ¡Dejá de judiar a ese animal, gurí!*

julepe (m.) susto muy grande. *Marina se dio un julepe cuando sintió el temblor.*

junar (v.) ver, mirar, observar con atención. *Juná estas fotos y dinos si conocés a esta gente. / ¿Junaste la indirecta? Se refería a vos.*

L

laburo (m.) trabajo. (verbo: **laburar**) *En el laburo hay rumores de que van a despedir a Juan.*

laburador (adj./sust.) trabajador. *Paola es muy laburadora; llegará lejos.*

lambiscón (sust./adj.) adulador. *El lambiscón de Alberto nunca contradice al jefe aunque esté equivocado.*

levantar (v.) entrar intencionalmente e informalmente en contacto con alguien desconocido, sobre todo con intenciones románticas o sexuales (probablemente traducción literal de la expresión equivalente en inglés *"to pick up"*). *Levantamos a unas que conocimos en el concierto.*

loco término informal para dirigirse a una persona, generalmente un amigo. *Hey, loco, ¿mañana venís a jugar fútbol con nosotros?*

lunfardo (m.) originalmente, jerga de las clases bajas alrededor de Buenos Aires. Muchas locuciones del lunfardo fueron introducidas y se usan actualmente en el habla popular uruguaya.

M

macanudo (adj.) muy buena persona. *Gaspar es macanudo, siempre está cuando lo necesitás.*

malandra / malandro (sust.) ladrón (malandra no es femenino, se pueden usar indistintamente las dos palabras para un hombre). *El malandra tenía un plan sofisticado para robar las joyas.*

malevo (sust.) persona de mal vivir, malhechor (en desuso).

mamado (adj.) ebrio (verbo: **mamarse**). *David se quedó dormido sobre la mesa, completamente mamado.*

mangar (v.) pedir. *Los niños le mangaron más pastel a la abuela.*

mango (m.) dinero, unidad monetaria. *Disculpame, no te puedo prestar porque no tengo un mango.*

manteca (f.) mujer joven y muy atractiva. *Mi hermano opina que Inés Sastre es una manteca.*

máquina (f.) PC, ordenador, computadora. *Voy a cambiar la **máquina** por una de 4 gigas.*

mariposón (m.) hombre afeminado. *Aquel peluquero es un **mariposón**.*

matarse (v.) sacrificarse o esforzarse uno mucho por algo. *La pobre de Irene se **mató** estudiando y no pasó la materia de todos modos.*

mate (m.) cabeza. *¿Che, pero qué es lo que te pasa por el **mate**? Dijiste que ibas a ir por el gurí y me llamaron del colegio para decirme que allí está esperando todavía.*

merca (f.) cocaína. *No hay mosca para comprar más **merca**.*

meter lomo (loc. v.) esforzarse. *Álvaro **metió lomo**, y dentro de poco tiempo obtuvo un aumento de sueldo.*

m'hijo / mijo / mijito (sust.) trato entre personas. ***Mija**, llamame más tarde que ahora estoy bien ocupada.*

milico (m., peyorativo) soldado, militar. *El hermano de Sonia es un **milico**.*

milonga 1) (f.) bailongo. *A Marisol le encanta salir de **milonga**.* 2) (f.) engaño. *Fue sólo una **milonga** eso de que iban a dar un premio por coleccionar los cupones de las cajas de cereal.* 3) (f.) discusión, riña. *Jaime y Néstor empezaron a charlar de sus respectivos equipos de fútbol pero al final todo terminó en **milonga**.*

milonguear 1) (v.) bailar. *Vení a **milonguear** conmigo.* 2) (v.) mentir, engañar. *Me **milonguearon** con esta tarjeta telefónica: en vez de una hora, me da sólo 20 minutos de crédito.*

mina (f.) mujer joven. El uso en mujeres mayores es despectivo. *El ex de Brenda dice que la dejó porque ella es una **mina** histérica y aprovechadora.*

mocoso (sust.) niño (despectivo). *Me vas a tener que pagar el vidrio que tus **mocosos** me rompieron jugando con la pelota.*

morlaco (m.) unidad monetaria; dinero. *Eso te va a costar muchos **morlacos**; yo lo olvidaría.*

morra (f.) pierna. *Demi Moore tiene muy buenas **morras**.*

mosca (f.) dinero. *No hay suficiente **mosca** para irnos de vacaciones.*

motoquero (sust./adj.) miembro de una 'tribu urbana' compuesta por personas que viajan en moto. *Ésos son **motoqueros** del motoclub Charrúas MC.*

N

nabo (adj./sust.) tonto, ingenuo. *¿Sos tan **nabo** que no distinguís la ironía en ese comentario?*

napia (f.) nariz grande. *Con esa **napia** nunca vas a ser modelo.*

ni ahí frase que expresa rechazo, indiferencia, o para indicar la poca relevancia que una cosa tiene con otra. *Yo creo que vos no me respetás. --**Ni ahí**.*

Ñ

ñato 1) (sust./adj.) persona de nariz pequeña. *Salió desparramado como estornudo de **ñato**.* 2) (m.) fulano, individuo. *Aquel **ñato** te anda buscando.*

ñoqui (sust.) empleado (sobre todo un dependiente de gobierno) que resulta en la nómina pero que se presenta al trabajo solamente a la hora de cobrar. *Para mí que al menos 20% de los funcionarios universitarios son **ñoquis**.*

O

<u>onda</u> 1) (f.) cosa negativa o positiva *¡Qué **mala onda** que cancelaran el concierto!* 2) (f.) dicho de persona, tener **buena onda**: ser simpático, agradable, afable; **mala onda**: malvado, cruel, insensible. *Alicia tiene **buena onda**, siempre se ofrece a lavar los platos después de comer. / ¡Qué **mala onda** la de Vicente! Me dio la espalda cuando yo más lo necesitaba.*

<u>orto</u> 1) (m.) culo, trasero. *Leí por ahí que hay un decreto que prohíbe a los mayores de 60 pirulos que se tatúen el **orto**.* 2) (m.) buena suerte (un poco vulgar). *Dar ese examen en esas condiciones es una audacia, pero le fue bien. ¡Qué **orto** que tiene!*

<u>otario</u> (sust./adj.) tonto, necio, ingenuo. *¿Y quiénes son los **otarios** que pagarían por una cosa así?*

P

pachucho (adj.) enfermo, no muy bien de salud--especialmente cuando uno se resfría (verbo: **apachucharse**). *Esta noche no salgo, estoy un poco **pachucho**.*

<u>palanca</u> (f.) valimiento, intercesión poderosa o influencia que se emplea para conseguir algo. *Julián tiene **palanca** con el intendente de su pueblo.*

<u>pálida</u> (f.) comentario negativo, crítica. *Mi jefe nunca está conforme: si hace un comentario, es siempre una **pálida**.*

paquete (adj.) elegante, chic. *¡Pobre don Hilario! La única vez que lo vimos vestido bien **paquete** fue en su funeral.* (f.) paquetería: elegancia. *La vedette derrochaba **paquetería** en la noche de la presentación de premios.*

<u>paragua</u> (sust./ adj. invariable en género) paraguayo, proveniente de Paraguay (usado en tono jocoso). *En mi curso de ingeniería hay tres **paraguas** y un bolita.*

paspar (v.) molestar. *¡Este retraso me **paspa**!*

paspe (sust. m.) molestia, fastidio. *¡Qué **paspe** tener que llevar a lavar el auto cuando hay tantas cosas más interesantes qué hacer!*

<u>patota</u> (f.) grupo de jóvenes revoltosos y montoneros que se dedica a molestar o atacar a la gente en sitios públicos. *La **patota** de Sergio cobraba "peaje" para dejar pasar a la gente delante de la estación ferroviaria.*

<u>patotear</u> (v.) intentar obtener algo por la fuerza o por medio de presión. *Lo que no me gusta de esta empresa es que cuando algo les sale mal te vienen a **patotear** para que te hagas cargo de los errores que no cometiste, y si no lo hacés, te echan.*

<u>patotero</u> 1) (sust./adj.) miembro de un grupo de jóvenes revoltosos y montoneros que se dedica a molestar o atacar a la gente en sitios públicos. *Ser **patotero** es ser cobarde, porque solo no se atrevería a hacer lo que hace en patota.* 2) (adj.) lo que es propio de tal grupo.

<u>patovica</u> (m.) persona de seguridad en los locales nocturnos (proviene de una marca de patos--"Vicca"--que se vendía hace muchos años, que eran famosos por su tamaño--eran casi un pavo pequeño). *El **patovica** de la discoteca nueva no nos dejó entrar.*

<u>pavada</u> (f.) tontería. *Aquella niña dice sólo **pavadas**.*

pavo (adj./sust.) tonto.

pelotazo (m.) mentira, exageración. *Que Héctor haya tenido docenas de amantes me suena a **pelotazo**.*

pelotudo (sust./adj.) individuo torpe, inútil, indolente. *Si será pelotudo ése: dejó las llaves pegadas en la puerta de su casa.*

peludo (m.) borrachera, estado de embriaguez. *Andás con un peludo bárbaro si no me reconocés, cuñado.*

pendejo 1) (sust./adj.) adolescente o quien parece serlo por su aspecto juvenil (f. **pendejada**: acto propio de un joven). *¡Gloria, cuánto hace que no te veía! ¡Te ves bárbara, estás hecha una pendeja!* 2) (sust./adj.) persona pueril, inmadura. *¡Sos un pendejo! ¿Cuándo te vas a comportar como la gente de tu edad?*

petiso (sust./adj.) persona de baja estatura. *La petisa soñaba con ser modelo, pero no creció lo suficiente.*

pibe (sust.) chico, muchacho (**piba** en femenino). *Aquel pibe va a terminar mal si sigue descuidando los estudios.*

pila (adj.) gran cantidad. *Ese hombre gana una pila de dinero.*

pingo (m.) caballo de carrera. *¿A cuál pingo le vas a apostar?*

pinta (sust.) persona, individuo. *Vino a buscarte un pinta y me pidió que te diera este sobre.*

pirarse (v.) irse. *Me piro; me están esperando mis colegas.*

pirulo (m.) año. *¿Por qué se fue Isabel tan enojada y sin despedirse? --Te explico: ayer cumplió 40 pirulos y vos acabás de decir que las mujeres cuarentonas se vuelven muy histéricas.*

plancha (sust./adj. invariable en género) persona de bajo estrato social, vaga, que no trabaja ni estudia, con tendencia a drogarse. *Mirá, hay un par de planchas en esa esquina. Mejor no hay que pasar por allí.*

popó (m.) excremento (habla infantil, eufemismo) *Mamá, Fufi se hizo popó en la alfombra.*

porteño (sust., despectivo) cualquier argentino, aunque no sea de Buenos Aires.

portugués (sust.) persona que aprovecha de algún conocido en un cine o teatro para entrar gratis a ver el espectáculo. *Me parece que hoy han entrado muchos portugueses a ver esta película.*

posta 1) (adj.) verdadero, de fuente fiable. *Mirá que el dato que me dieron para la quinta carrera es posta.* 2) (adj.) de buena calidad. *A Mario le regalaron un reloj posta.*

prepotear (v.) comportarse en manera prepotente para obtener algo. *Creen que pueden prepotear sólo porque llevan el uniforme de la policía.*

pucha interjección de contrariedad, disgusto (eufemismo de "puta"). *¡Pucha, mirá por donde caminás! / ¡La pucha con esa gente! ¡No sabe lo que quiere!*

punga (f.) robo. *Sus amigos viven todos de pungas.*

punguista (sust.) carterista que roba en los omnibuses. *Yo vi cuando el punguista le sacó la billetera del bolso a la señora.*

Q

qué onda (frase interrogativa) puede ser un saludo, o se puede usar para preguntar qué sucede. *Che, ¿qué onda con tus exámenes, salvaste el año?*

quegüis (m.) whisky.

R

rajar (v.) irse corriendo, evitar una situación. *Rajá de aquí o te mato.*

relajar (v.) insultar. *Beatriz relajó a Paco cuando le dijo que él no era capaz de entender nada sobre informática. / Estoy apurado porque si llego tarde a la oficina, el jefe me relaja todo.*

remachar (v.) perjudicar o liquidar a alguien. *El mafioso remachó al vecino por haber sido testigo ocular.*

reo 1) (sust./adj.) antisocial. *Sonia es rea y se esconde cada vez que viene gente a visitarnos.* 2) (sust./adj.) sucio, desaliñado, de modales toscos. *Andá vos a hablar de la obra con ese albañil reo, que no me gusta cómo me mira.*

roña / roñoso (sust./adj.) avaro. *El Señor Robles es el hombre más roñoso del pueblo.*

S

salame (sust./adj.) tonto, idiota. *Che, sos más salame de lo que pensaba si creés que te van a pagar por la porquería que hiciste. / La salame de Laura volvió a ordenar joyería cara que vio por televisión, y no es más que plástico y vidrio.*

salado (adj./sust.) algo intensamente bueno o malo. *Mi profesor de historia es un salado; siempre relata acontecimientos interesantes y poco conocidos del pasado.*

salarse (v.) intensificarse, de manera o positiva o negativa, dependiendo del contexto y situación; tal vez sea una especie de alución al hecho que la sal intensifica el sabor de la comida. *Mi jugador favorito se saló y metió dos goles en ese partido.*

sánguche (m.) emparedado. *No va a haber tiempo para pararnos a comer en el viaje. Preparé unos sánguches para el camino.*

sonar 1) (v.) morir. *Anoche sonó el abuelo de Adrián.* 2) (v.) padecer de una enfermedad seria. *Fede está medio sonado; los doctores no saben si va a sobrevivir.* 3) (v.) fracasar, perder, tener mal fin. *¡Sonaste! Tenés que salirte del juego.*

T

tano (sust./adj.) italiano, proveniente de Italia. *Por aquí cerca hay un restaurante tano. ¿Vamos a cenar allí?*

tarambana (sust./adj. invariable en género) persona idiota, tonta. *¡Sos el tarambana de siempre! Tenías que girar a la izquierda, no a la derecha.*

terraja (sust.) persona / objeto vulgar. *Antonio le mandó a Sara una tarjeta de cumpleaños muy terraja.*

teca (f.) dinero. *¿No dijiste que la teca la querías para pagar una deuda, y ahora andas presumiendo reloj nuevo?*

telo (m.) hotel transitorio, que cobra por hora en vez de día, usado generalmente para encuentros de género sexual ("vesre" de hotel). *Como no vivo solo, prefiero ir a un telo con mis amigas.*

tiempo del ñaupa (loc. sust.) viejo, antiguo, de hace mucho tiempo (en desuso). *Esa ropa deberías regalarla o tirarla, es del tiempo del ñaupa.*

timbear (v.) participar en juegos de azar.

tomatelas expresión usada para invitar a alguien a alejarse.

tramoya (f.) timo o estafa. *Ese juego de las pirámides es una tramoya.*

tristeza (f.) tres.

troden (m.) cárcel, dentro (tro-den = den-tro).

tubo (m.) bíceps desarrollado. ¿*Viste los tubos que tiene Christian?*

U, V

vacunar (v.) 1) poner en aprietos, causar molestias. *A Carlo lo volvieron a vacunar esta semana. En vez de dejarlo descansar, lo mandaron a laburar a la provincia.* 2) (v.) tener relaciones sexuales. *Al final lograste levantarte a aquella minita... ¡la vacunaste!*

vesre (m.) revés. Se refiere al vocabulario formulado invirtiendo el orden de las sílabas (vesre = revés.)

veintiúnico (sust./adj.) único (referido a una unidad, pero dando a entender que una cantidad mayor sería preferible) *José lavó su veintiúnica camisa y se quedó esperando a que se secara.*

vejiga (sust./adj.) persona tonta, ingenua. *No entiendo cómo un vejiga como él obtuvo el puesto de gerente de banco.*

vetinoti (m.) vino. *En ese restaurante sirven un vetinoti excelente.*

viaje de arena gruesa (loc. sust. m.) tarea difícil. *Remodelar esta casa va a ser un viaje de arena gruesa.*

viejo (sust.) madre, padre. *Mis viejos viven en Melo.*

viejo verde (loc. sust.) hombre maduro que se dedica a cortejar mujeres jóvenes.

vista gorda (loc. sust. f.) con el verbo y artículo "hacer la", fingir no darse cuenta de algo. *Los que tenemos conciencia no podemos hacer la vista gorda ante las injusticias.*

volar la bata (loc. v. usado como adj.) en exceso (referido sólo a algo--enfermedad, estado de ánimo--que viene del interior de una persona). *Carlos tiene un entusiasmo que le vuela la bata. / La pobre niña tenía una fiebre que le volaba la bata.*

vuelta (f.) solución; con el verbo **buscar**, tratar de encontrar una solución; con el verbo **encontrar**, descubrirla. *Le estoy buscando la vuelta al problema de alojamiento cuando vayamos a la conferencia en París.*

X, Y

yeta 1) (f.) mala suerte. *No pasés por abajo de la escalera, es yeta.* 2) (f.) persona o cosa que acarrea mala suerte. *Gabriel es la yeta--su equipo pierde cada vez que él va a verlo jugar al estadio. / Los gatos negros son yeta.*

yorugua (sust./adj. invariable en género) uruguayo, proveniente de Uruguay (por inversión de sílabas). *"La cumparsita" es el tango yorugua más famoso en el mundo.*

Z

zanguango (adj./sust.) tonto, tarado. *¡Zanguanga, me pisaste!*

zapallo 1) (m.) cabeza. *¡Usá el zapallo, terminá los estudios antes de hacer otra cosa!* 2) (adj./sust.) tonto, ingenuo. *Vos sos medio zapallo. ¿No ves que colgaste ese cuadro al revés?*

zapatero (sust.) persona que, al jugar, no obtiene ningún punto. *Jugué a billar y quedé zapatero.*

AMERICANISMOS Y / O URUGUAYISMOS

A

afiche (m.) poster, cartel. *¿Les gusta el afiche que compré de la Torre Eiffel?*
ameritar (v.) merecer. Ambos verbos se usan. *Su caso amerita mucha atención.*
arveja (f.) guisante (legumbre). *Mamá, ¿llevamos alverjas frescas o enlatadas?*

B

balero (m.) juguete de mano (boliche) compuesto de un palo terminado en punta y una bola taladrada sujeta con un cordón, que se lanza al aire para ensartarla en el palo.
básquet / basquetbol (m.) baloncesto. *¿Quién es el jugador más alto de tu equipo de básquet?*
boletería (f.) taquilla, sitio donde se venden entradas para espectáculos. *Te esperamos enfrente de la boletería.*
boleto (m.) billete para viajar. *Perdí el boleto del avión y no me dejaron embarcar.*
bulón (m.) tornillo grande (de tuerca). *La máquina empezó a hacer un ruido raro cuando se le soltó un bulón.*

C

calesita (f.) tiovivo, carrusel. *Clara y Margarita pasaron la tarde entre la calesita y la rueda de la fortuna.*
calificar (v.) reunir los requisitos necesarios (del inglés "to qualify"). *Hicimos solicitud para que nos asignaran una casa, pero nos dijeron que no calificábamos.*
campera (f.) chaqueta de cuero u otro material resistente de corte deportivo o informal. *Vendo campera color negra, talle L.*
cancha (f.) campo para practicar deportes (de origen quechua). *Para poder jugar tenis primero hay que reservar una cancha.*
carnear (v.) matar y descuartizar reses. *Vamos a carnear unas vaquillas para la fiesta de San Carlos.*
carpa (f.) tienda precaria, generalmente de lona (voz de origen quechua). *¿Cuántos vamos a poder dormir en esta carpa?*
carpir (v.) eliminar las hierbas nocivas de un terreno. *Primero carpimos, luego aramos y al final sembramos.*
choclo (m.) mazorca de maíz (de origen quechua).
chueco 1) (sust./adj.) patituerto. *¿Sabes cuál es el colmo del chueco Baldomero? Querer estudiar Derecho.* 2) (adj.) ladeado, torcido. *Como no tenía escuadra a la mano, los trazos me salieron chuecos.*
comercial (m.) anuncio publicitario grabado o filmado (del inglés "tv / radio commercial"). *Odio esa estación de radio; siempre ponen diez comerciales por cada canción que tocan.*
competencia (f.) competición deportiva. *El día de la competencia el veterinario oficial revisa a todos los caballos antes de cada carrera.*
componerse (v.) aliviarse, recuperarse de una enfermedad. *Sigo tomando todos los medicamentos que me recetó el doctor pero todavía no me compongo.*
curita (f.) tirita, vendaje adhesivo. *Necesito una curita para esta herida en la mano.*

D

durazno (f.) melocotón. *Hay yogur de* **durazno** *y de* frutilla. *¿Qué prefieren?*

E

estéreo (m.) sistema de sonido estereofónico. *¿De qué marca es tu* **estéreo***?*

F

frutilla (f.) fresa. *Esta receta requiere de* **frutillas** *frescas, no congeladas.*
fundirse (v.) quedar en bancarrota (adj.: **fundido**). *No funcionó lo de la panadería:* **se** **fundió** *después de seis meses.*
futbolito (de mesa) (m.) futbolín, juego de mesa con una caja que sirve de campo de futbol y once jugadores que penden de tres travesaños que atraviesan el campo. Los "jugadores" son de madera y están atornillados a la barra de tal modo que sus bases-- o pies--rozan el piso.

G

gallego (sust./adj.) español, proveniente de España. *El museo estaba lleno de turistas* **gallegos***.*
garúa (f.) llovizna muy ligera, nebulizada, que empapa no obstante se lleve paraguas (v. **garuar**).
gasto (adj.) gastado (en el interior de Uruguay). *Estas cubiertas ya están* **gastas***.*
guascazo (m.) azote dado con algo blando pero doloroso, como un cinturón; latigazo. *El jinete le dio un* **guascazo** *al caballo, que salió disparado.*
gurí (sust.) niño pequeño. (f. **gurisa**, plural **gurises**, **gurisas**) (voz de origen guaraní). *Los* **gurises** *jugaban despreocupadamente en el barro / Creo que esta* **gurisa** *se perdió. Andaba caminando sola por la calle, llorando.*

H, I

intendencia (f.) alcaldía (sust. **intendente** alcalde).

J

jugo (m.) zumo. *¿Y de tomar? --Para ella, agua mineral. A mí deme un* **jugo** *de pera.*

L

lapicera (f.) bolígrafo. *Pasame una* **lapicera***. Necesito apuntar una dirección.*
lentes (m. pl.) anteojos, gafas. *¿Has visto mis* **lentes***? No los encuentro.*
licuado (m.) bebida, generalmente a base de frutas, hecha usando licuadora. *Mirá: esta receta del* **licuado** *de plátano puede servir para tu dieta.*
living (m.) sala de una casa (del inglés "living room"). *¿Y esta lámpara dónde la vas a poner? --En el* **living***.*

M

manejar (v.) conducir un vehículo. *¡Boludo! ¿Quién te enseñó a* **manejar***?*
mate (m.) infusión de yerba mate.

JERGAS DE HABLA HISPANA

morocho 1) (adj.) dicho de persona de cabello oscuro. *Laura es alta, morocha, de ojos verdes.* 2) (sust.) puede usarse como eufemismo de persona de raza negra. *Se me acercó un morocho que me sacaba como 20 centímetros y me invitó amablemente a retirarme porque el local ya estaba cerrando.*

mozo (sust.) camarero (persona que atiende en un restaurante). *¿Dónde estará la moza? Hace media hora que nos trajo el menú.*

N, O

nafta (f.) gasolina. *Huele mucho a nafta; ¿habrá un agujero en el tanque?*

nomás 1) (adv.) solamente. *Cómprelo, nomás cuesta diez pesos.* 2) partícula que añade énfasis a la oración.

nono (sust.) abuelo (del italiano "nonno"). *Yo nací en Paysandú, pero mis nonos eran de Italia.*

P, Q

palta (f.) aguacate (voz de origen quechua). *¿Te gusta la ensalada con palta?*

pancho (m.) perrito caliente, hotdog. *Tengo hambre--voy a comprarme un pancho a la esquina.*

papa (f.) patata (de origen quechua).

parado (adj.) de pie, derecho, levantado. *"¡No sé los muchachos de hoy qué le ven de bonito a llevar las greñas paradas como puercoespín!" exclamó doña Aurelia, disgustada.*

pararse (v.) ponerse de pie, levantarse de la cama. *El joven se paró para darle el asiento a la señora embarazada.*

parlante (m.) altavoz. *Parece que el parlante derecho trae un cable suelto porque no se oye bien.*

paspar (v., vulgar) molestar. *¡Este retraso me paspa las pelotas!*

paspe (sust. m., vulgar) molestia, fastidio. *¡Qué paspe tener que llevar a lavar el auto cuando hay tantas cosas más interesantes qué hacer!*

picada (f.) aperitivo que acompaña las bebidas. *Ordená unas cervezas y picaditas y nos las llevamos a la playa.*

pique (m.) carrera rápida en línea recta.

poroto (del quechua) frijol, judía (legumbre).

R

rambla (m.) calle o paseo costero. *Están construyendo un hotel de lujo cerca de la rambla.*

rayonear (v.) rayar sin arte, tachar o arruinar una superficie con un instrumento de escritura. *Cuando me di cuenta, mi hermanito de tres años ya me había rayoneado la foto.*

reducidor (sust.) perista, vendedor de artículos robados. *No le conviene comprar ese DVD "usado" que le quiere vender Samuel. ¿Acaso no sabe que es reducidor?*

remera (f.) camisa de punto con cuello y tres botones. *El de la remera azul es Danilo, mi primo.*

retobarse (v.) rebelarse, desobedecer. *Los peones se retobaron ante los abusos del padrón.*
revisación (f.) revisión. *Si no hacés la revisación del texto antes de imprimirlo, es probable que después encuentres varios errores.*
rollo (m.) carrete de película. *Tengo que llevar a revelar los rollos de las fotos que tomé en las vacaciones.*

S

saco (m.) chaqueta. *Se me manchó el saco; habrá que llevarlo a limpiar.*

T

tanque (m.) dicho del depósito de carburante de los autos. *Llene el tanque y revise el aceite, por favor.*
tomacorriente (m.) toma de electricidad, dispositivo donde se enchufan los aparatos que funcionan con la electricidad.
tratativa (f.) negociación que se hace para llegar a un acuerdo sobre temas comerciales, laborales, políticos, económicos, etc. *Los noticiarios anunciaban que el Ministro de Relaciones Exteriores de Uruguay estaba en tratativas de solucionar el conflicto surgido por la instalación de las plantas papeleras en Fray Bentos.*

U, V

velorio (m.) velatorio (acto de velar un difunto). *Me deprimen los velorios. Cuando yo muera, quiero que hagan fiesta.*
vereda (f.) acera. *Amanda se cruzó a la otra vereda para no saludarnos.*
vincha (f.) banda con que se ciñe la cabeza pasando por la frente (voz de origen quechua) *En Japón las vinchas se llaman hachimaki.*

X, Y

yapa (f.) añadidura que obsequia el vendedor al comprador (voz de origen quechua). *El vendedor me dio estas nueces de yapa.*
yuyal (m.) campo donde crece maleza. *El conejo que iba siguiendo el perro desapareció en los espesos yuyales.*
yuyería (f.) herboristería, sitio donde se venden plantas medicinales. *Sara abrió una yuyería el año pasado y le está yendo muy bien.*
yuyo 1) (m.) planta medicinal. *Venga, siéntese que le voy a preparar un té de yuyos* 2) (m.) mala hierba (voz de origen quechua). *¡Che, Zoilo! ¡Va a haber que carpir todos esos yuyos!*

Z

zapallo (m.) calabaza (de origen quechua). *Tirale unas gotitas de limón al dulce de zapallo, y vas a ver qué rico queda.*
zorrillo / zorrino (m.) mofeta (el mamífero), *Ese viejo huele a zorrillo, ni se le acerquen.*

JERGA DE VENEZUELA

A

achantado (adj.) desganado, sin entusiasmo, pasivo. *Gloria anda muy achanta'a, ni siquiera quiso salir a bailar este fin de semana.*
aguarapado (adj.) borracho, ebrio. *Otra vez Alfredo se presentó al trabajo aguarapa'o.*
al ojo por ciento (loc. adv.) suponiendo con cálculos aproximados, sin instrumentos precisos de medida. *No me sé bien las cantidades de los ingredientes para esta receta porque siempre hago todo al ojo por ciento.*
alebrestarse (v.) agitarse, alborotarse.
amapuche (m.) caricia, demostración de afecto. *A Ramoncito no le gusta que su abuelita le haga amapuches enfrente de la gente.*
apartaco (m.) apartamento o lugar de reuniones. *Vamos al apartaco; nos esperan unas birras.*
arrecochinar (v.) llenar un espacio limitado con demasiadas personas (adj.) **arrecochina'o.** *Fuimos a la playa todos arrecochina'os en el autobús.*
arrecho 1) (adj.) difícil. *Va a estar arrecho detectar el virus.* 2) (adj.) sorprendente, impactante. *Las fotos del accidente son arrechas.* 3) (adj.) dicho de personas, de mal humor, enojado. *El jefe anda arrecho; no lo molestes ahora.* (v.) **arrecharse.**
arrocero (sust.) persona que entra en sitios donde no ha sido invitado o sin pagar. *Fui de arrocero a la fiesta de disfraces.*
argolla (f.) hombre homosexual.
ahuevonado / agüevoneado (adj.) atontado, aletargado, desanimado (pronunciado "agüevonia'o").
anti-parabólico (adj.) indiferente. *Gregorio es anti-parabólico; le da igual si su mujer lo deja.*
asaltacunas (sust. invariable en género y número) persona que tiene relaciones sentimentales y / o sexuales con otras mucho más jóvenes. *Todos empezaron a llamarme asaltacunas cuando supieron que mi novio es menor que yo.*
azote de barrio (sust.) delincuente que siempre concentra sus fechorías en una determinada zona o barrio.

B

bachaco (sust.) mulato con pelo color rojizo debido a la mezcla de razas.
bagre (m.) mujer muy fea (por un tipo de pez de aspecto desagradable: el bagre). *La novia de Eduardo es un bagre, ¿ya la conociste?*
bajar de la mula 1) (loc. v.) pagar, sobre todo por un servicio que se supone debería ser gratuito. *¡Nos bajaron de la mula! Nos salieron con que los pases para el cine que traíamos no eran válidos.* 2) (loc. v.) ser víctima de un atraco. *Bajaron de la mula a dos turistas que viajaban a La Guaira.*
balurdo (del italiano "balordo": tonto, extraño, ridículo) (adj.) ridículo, absurdo, de comportamiento extraño. *¡Qué tipo balurdo! Me pidió que le prestara mi celular para llamar a su novia y ni lo conozco.*

410

bandera (f.) persona indiscreta, poco cautelosa. *Rosalía es una bandera, no debes hacerle confidencias.*

bala fría (f.) comida rápida. *Allí en la esquina venden balas frías; vamos, quiero comprar un sandwich.*

bemba (f.) 1) hocico, jeta. 2) labios protuberantes, gruesos. *¡Qué bemba traes! ¿Quién te pegó?* (adj.) **bembón.** *Será muy bonita la tal Angelina Jolie, pero a mí no me gustan las mujeres tan bembonas.*

birra (f.) cerveza. *¿Han probado la birra belga con sabor a cereza?*

biyuyo (m.) dinero. *Su taita tiene muchos biyuyos.*

bochinchear (v.) crear desorden, barullo, relajo. *Enrique se entretenía bochincheando en el curso de inglés.*

bonche (m.) fiesta, reunión. *Para festejar el año nuevo hubo un tremendo bonche en la plaza.*

bolearse (v.) enriquecerse rápidamente y sin esfuerzo. *Ese jugador de fútbol se boleó en el espacio de un año.*

bolo (m.) moneda de 1 bolívar (unidad monetaria venezolana). *Eso te va a costar otros 600 bolos.*

bolsa (adj.) tonto, vacuo. *¡Ésos son unos bolsas! ¿A quién se le ocurre ir a nadar durante una tormenta?*

buena nota (loc. adj.) bueno, simpático, agradable, amable. *Verás que Mirla es buena nota; te va a caer muy bien.*

bululú (m.) muchedumbre, multitud. *Hubo un bululú para la inauguración de la discoteca.*

burda (adv./adj.) muy, mucho. *Leonardo Di Caprio es burda de bello. / Dile a tu novia que la quieres burda y verás que te perdona.*

buzo (m.) mirón, bobo, voyeur. *Demandaron al buzo de Tony por andar asomándose por las ventanas de los baños de sus vecinas.*

C

caballona (f.) mujer muy alta. *Como Iván es muy alto, le gusta salir sólo con caballonas.*

cabeza de huevo (sust.) persona tonta, necia, terca. *Domingo es un cabeza 'e huevo, ni intentes razonar con él.*

cabeza de rodilla (sust.) calvo. *Andrés está preocupa'o porque su padre es un cabeza 'e rodilla y cree que perderá el pelo también él.*

cacha (f.) cabeza. *Me duele la cacha. Me voy a acostar temprano hoy.*

cachapera (f.) mujer homosexual, lesbiana.

cacho 1) (m. plural) infidelidad a la pareja. *A Ricardo le montaron los cachos cuando estuvo fuera de la ciudad.* 2) (m.) cigarrillo de marihuana. *Rosario se sentía marea'a porque era la primera vez que fumaba un cacho.* 3) (m.) persona con mala puntería *¡Qué cacho eres! ¡Estando tan cerca no le pegaste a la pelota!*

cagante (adj.) muy bueno, maravilloso, excepcional. *La música que toca esa banda está cagante.*

cagarse (v.) asustarse mucho (adv./adj.: **cagado**).

caleta (sust./adj.) avaro, tacaño. *Karla y Mario son caletas, por eso nunca salen a ningún lado que no sea gratis.*
caliche (desp.) colombiano (en particular, los de Cali). *En ese restaurante trabajan varios caliches.*
camarón (m.) siesta corta, pausa para reposar. *Después de una comida tan abundante, hace falta un buen camarón.*
cambur (m.) cargo público. *A Pedro le dieron un cambur en el gobierno nuevo.*
cangrejo 1) (m.) problema difícil. *Eso de que te estés arrepintiendo de tu boda cuando ya falta sólo una semana es un verdadero cangrejo.* 2) (m.) crimen sin resolver. *Está resultando un cangrejo el caso de la <u>catira</u> encontra'a muerta en la playa.*
candela (adj.) peligroso. *La carrera de motos esta madrugada en pleno centro de la ciudad estuvo candela.*
carajito (sust.) niñito. *Llevé a los carajitos a la escuela en <u>carro</u> esta mañana porque estaba lloviendo.*
caribear (v.) conseguir algo por medio de amenaza sutil o por engaño. *Ese <u>chamo</u> compró los boletos caribeando. / Me trataron de caribear en el taller con este repuesto.*
carteludo (adj.) muy bueno, excelente. *Ese dibujo que hiciste está cartelu'o.*
casquillo (m.) disensión o enemistad. *Ese fulano está metiendo casquillos por el asunto del reporte perdí'o.* (adj./sust.) **casquillero**. *La casquillera de Ana logró que toda la familia se peleara con los vecinos.*
catanare (m.) vehículo en malas condiciones. *Yo no quiero salir con Gregorio. Me daría vergüenza que viniera por mí en su catanare.*
catire (sust./adj.) rubio. *Birgit es una catira que vuelve locos a los hombres.*
caucho (m.) rollito de grasa que se forma generalmente alrededor de la cintura. *Ya voy a empezar a ir al gimnasio. Me están saliendo cauchos.*
chalequear (v.) burlarse o reírse de alguien. *A Rodolfo le encanta chalequear a sus hermanas.*
chamba (f.) trabajo. *René anda buscando chamba. ¿Sabes de algo?*
chamo (sust.) muchacho. *Epa, chama, estamos en contacto.*
chance (m.) oportunidad, posibilidad. *Toma, te doy chance de hacer esa llamada con mi celular.*
chequear (v.) revisar, controlar. *Esta semana no he chequea'o mi correspondencia.*
chévere (adj.) bien, bueno, excelente. *¿Cómo estás?--Chévere.*
chimbo (adj.) basto, feo, de mala calidad. *Esa película es chimba; no gastes tu dinero en ir a verla.*
chivo (sust.) persona con cargo importante e influencia política o social. *El tío de Ramón es un chivo.*
choro (sust.) ladrón. *Ese choro ya ha esta'o en la cárcel varias veces.*
chulo (sust.) persona que está con otra por interés monetario. *Edith está de chula con Raúl.* (v.) **chulearse**. *Damián se está chuleando a su jefa.*
coba (f.) mentira. *No me vengas a contar cobas. Ya me dijeron lo que hiciste.*
cobero (sust./adj.) mentiroso. *Esa cobera le anda diciendo a todo el mundo que somos novios.*

coger (v., vulgar) tener relaciones sexuales.

cola (f.) acción de llevar un conductor (en auto, moto, etc.) a un pasajero gratuitamente. *Nos dieron una cola a la playa. / Yo siempre tomo una cola para ir al trabajo.*

comerse un cable (loc. v.) no tener dinero, estar desempleado. *Ayúdame, hermano, que me estoy comiendo un cable.*

conchudo (adj.) desentendido, indolente, desobligado. *Eva, no seas conchu'a y levántate a ver quién está tocando la puerta.*

coñazo (m.) golpe. *Fabiana se dio un coñazo en la frente con la puerta.*

coroto (m.) cualquier objeto, efecto personal. *¡Házme el favor y me recoges todos los corotos que tienes tira'os en tu cuarto!*

cuaima (f.) serpiente venenosa; por extensión, mujer astuta, malvada y peligrosa. *Ten cuidado que María es una cuaima.*

cuajo (m.) mujer fea. *Las hermanas de tu amigo son todas unos cuajos.*

cuatro-pepas (sust.) persona que usa anteojos. *Lástima que Andrés sea un cuatro-pepas--tiene unos ojos azules preciosos.*

culebra (f.) problema, malentendido. *Hubo una culebra entre Norma y Carlos por culpa de la llamada de uno que se equivocó de número.*

culear (v., vulgar) tener relaciones sexuales.

curda (f.) borrachera. *Hace más de un mes que me abstengo de las curdas.*

cursera (f.) diarrea. *¿Que si quiero lentejas? No, gracias. Cada vez que las como me da una cursera que me dura días.*

curucutear (v.) examinar, fisgar, husmear en cosas propias o ajenas. *Me encanta curucutear las bibliotecas de mis amigos.*

D

darle al clavo (loc. v.) acertar (variante de "dar en el clavo").

darse una matada (loc. v.) caer, proporcionándose tremendo golpe. *Elba no vio la cáscara de cambur en el piso y se dio una matada, la pobre.*

de bolas (loc. adv.) de seguro, ciertamente. *"¿Estás seguro que el caballo que dices ganará la quinta carrera? --¡De bolas!*

desgraciado (sust./adj.) vil, infame, despreciable. *¿Qué se cree esa desgraciada de mi hija, que voy a estar aquí cuidando a sus hijos mientras ella se va a los bonches?*

despelote (m.) caos, desorden, lío. *Hubo un despelote en el supermercado cuando se derrumbó una pirámide de latas de verduras.*

E

echar los perros (loc. v.) cortejar a alguien. *Pablo le anda echando los perros a Lucía.*

echar un carro (loc. v.) irse de un sitio sin pagar. *Anoche echamos un carro en una discoteca.*

echar(le) un ojo (a algo) (loc. v.) observar, cuidar, estar de guardia. *Échenle un ojo a mi bici mientras entro a la tienda.*

empiernarse (v.) tener relaciones sexuales. *Célida y Alberto están de luna de miel. Seguramente se pasarán todo el tiempo empierna'os.*

encanar (v.) encarcelar. *Encanaron a Roberto por tráfico de drogas.*

V

F

filo (m.) hambre, apetito. *Me da mucho **filo** cuando estoy deprimí'o.*
flamenco (adj.) enojado, encolerizado, irritado, agresivo (usado con el verbo ponerse). *Gustavo se puso **flamenco** porque le di un beso a su novia. / Le dio un ataque de **flamenco** cuando vio que le habían ensuciado el carro.*
fría (f.) cerveza. *Pásenme otra **fría** que tengo sed.*
fuca (f.) pistola, arma de fuego. *El criminal traía una **fuca** escondida en la chaqueta.*
fuchi expresión de asco. *¡**Fuchi**! ¡Esa sopa yo no me la como!*

G

gafo (adj./sust.) tonto. *Vasco no es **gafo**; verás que pronto resolverá el problema. / Esos amigos tuyos son todos unos **gafos**, no se dan cuenta que te aprovechas de ellos.*
gajo (m.) casa. *El político se construyó un **gajo** que parece un palacio con el dinero que se robó.*
gallo (m.) óptimo aspecto físico, intelecto o chispa. *Ayer vi a Erwing y andaba con una jeva que era un **gallo**. / Estuve en la fiesta de Willy, y lo que había era puro **gallo**.*
gamba 1) (f.) pierna (del italiano). *Me lastimé una **gamba** jugando básket.* 2) (f.) favor, ayuda. *Necesito que me hagas la **gamba** para resolver este problema.*
gastarse (v.) tener, poseer algo costoso o de lujo. *Marisela se **gasta** un bonito apartamento en la capital.*
gringo (sust./adj.) proveniente de Estados Unidos. *Estafaron a turistas **gringos** vendiéndoles terrenos inexistentes. / Dicen que el ejército **gringo** ha sufrido muchas más pérdidas en Iraq desde que terminó la guerra que durante la guerra.*
guácala expresión de asco. *¡**Guácala**! ¡Hay una mosca muerta en la ensalada!*
guachimán (m.) guardia, vigilante (del inglés "watchman"). *No hagas ruido que Enrique está durmiendo. ¿Sabías que desde la semana pasada trabaja como **guachimán**? Ayer le tocó el turno de noche.*
guamazo 1) (m.) golpe fuerte, garrotazo. *Víctor se resbaló y se dio tremendo **guamazo** en la cabeza.* 2) cualquier bebida alcohólica. *Nos metimos otro **guamazo** de ron antes de despedirnos.*
guapachoso (adj.) de ritmo tropical, alegre. *La música era bien **guapachosa** y toda la gente estaba bailando.*
guáramo (m.) fuerte voluntad, ánimo para llevar a cabo algo. *Gema es una mujer con **guáramo** que nunca se echa para atrás una vez que decide su plan de acción.*
guayabo (m.) despecho. *Marina te dijo esa mentira por puro **guayabo**, no le creas.*
güeón (m.) contracción de "huevón" (escrito tambíen **weón**). Trato entre amigos (solamente entre hombres). *¿Qué más, **güeón**?*

H

hasta la coronilla / el copete (loc. adj.) harto, fastidiado.
hincha (invariable en el masculino) seguidor de un equipo de fútbol. *Los **hinchas** del equipo visitante se pusieron violentos cuando su equipo perdió el partío.*
huevón (m.) apelativo, trato entre hombres (pronunciado "hue'ón").

414

V

I

intrépito (sust./adj.) persona entrometida, curiosa. *La señora de aquella casa es una intrépita; ya la he visto en la ventana con sus binoculares.*

J

jamoneo (m.) sesión de caricias y besos apasionados (v. **jamonear**). *Hilda y Erik estaban en pleno jamoneo cuando llegó el novio de ella.*
jaula (f.) cárcel.
jeva (f.) muchacha, mujer. *Mi jeva trabaja en el despacho del aboga'o Ramos.*
jipato (adj.) pálido amarillento, de color enfermizo. *¿Por qué la veo tan jipata, doña Juana? --Es que hace una semana que no puedo dormir.*
jodido 1) (adj.) arruinado. *La computadora ya está muy jodí'a, hay que comprar una nueva.* 2) (adj.) complicado, difícil. *Está jodí'a la situación en el país.*
josear (v.) en el ambiente beisbolero, esforzarse mucho para obtener un buen resultado. (del inglés *hustle*) *La mejor manera de sobresalir en el beis es joseando.* (adj./m.) **joseador**: jugador voluntarioso, motivado, resuelto. *Él era un jugador versátil, carismático y un gran joseador.*
júrgote interjección usada en el estado Yaracuy (Urachiche, Aguaruca, Sabana de Parra) para indicar rechazo o no aceptación de una solicitud o proposición. *Oye Teresa, regálame ese billetico. --Júrgote, Andá a trabaja'.*
jurungar (v.) esculcar, revisar palpando, cachear. *A Pietro lo jurungaron cuando cruzó la frontera viniendo de Colombia.*

L

ladilla (adj./sust. invariable en género) persona que está siempre alrededor, que molesta, fastidia (verbo: **ladillar**). *Mario no deja de ladillar y no me deja hacer mi trabajo en paz.*
lata (f.) beso francés, beso dado con la lengua. *Valeria y Carlos causaron un escándalo al darse una lata durante la misa.*
loquera (f.) locura. *Le dio la loquera y se puso a pintar toda la casa de color morado.*

M

machete (adj.) interesante. *Anoche fuimos a ver una película muy machete.*
macundales (m. plural) efectos personales, pertenencias. Se cuenta que en los inicios de la explotación petrolera en Venezuela a los obreros se les dotaba con herramientas de marca Mac & Dale, que los venezolanos pronunciaban macundale. Cuando un obrero se iba, se decía que había agarrado sus **macundales** y se había ido. El término se extendió para referirse a cualquier objeto. *Cuando mi novio vino a vivir conmigo se trajo todos sus macundales.*
mala leche (loc. sust. f.) mala suerte. *¡Qué mala leche que no pasaste el examen!*
malandro (sust.) delincuente. *A Jorge ni lo invites a tu casa, es un malandro.*
mamacita (f.) mujer muy bella, impactante (también **mamasota**). *¿De 'onde sacaste las fotos de esas mamasotas que pusiste en tu página?*

mano peluda (f.) manipulación. *Dijeron que los documentos importantes que estaban archivados en esa computadora se borraron por culpa de un virus, pero muchos creen fue cosa de mano peluda.*

mariposón (m.) hombre afeminado. *Aquel peluquero es un mariposón.*

martillo (sust./adj.) persona que pide constantemente cosas prestadas o regaladas (verbo: **martillar**). *Gerardo es bien martillo, ya nadie le quiere dar nada.*

matraca (f.) soborno (verbo: **matraquear**). *El policía de tráfico me matraqueó en vez de hacerme la multa.*

mechudo (sust./adj.) greñudo, de pelo largo y desordenado. *"El Sarampión" es un mechudo que toca la guitarra y se viste siempre de negro.*

mentar a la madre / mentarla (loc. v.) insultar. *Alguien se la mentó y se armó la bronca.*

metiche (sust./adj.) entrometido. *Tu tía Rosa tiene fama de ser la más metiche de la familia.*

m'hijo / mijo / mijito (sust.) trato entre personas. *Mija, llámame más tarde que ahora estoy bien ocupa'a.*

mocho (sust./adj.) amputado. *La gata de la cola mocha tuvo un accidente con el ventilador.*

mojonero (sust./adj.) embustero, mentiroso. *No le creas a ese mojonero; no es de confiar.*

mollejudo 1) (adj.) lleno a rebosar, repleto. *Me sirvieron un plato de arroz molleju'o y no logré terminarlo.* 2) (adj.) completo. *El auto nuevo de Gabriel está molleju'o, tiene hasta para tocar CD.*

mono (m.) persona malhablada, que se viste mal, vaga. *Tu hermano es un mono, no se parece nada a ti.*

muna (f.) dinero. *Para que no haga falta la muna, hay que trabajar.*

musiú (sust. invariable en género) persona extranjera (posiblemente del francés *monsieur*: señor). *Griselda quiere aprender inglés para hablar con los musiús que vienen de turistas.*

N

nave (f.) automóvil. *Te presto mi nave si luego la llevas a lavar.*

negrear (v.) ignorar, excluir. *Hoy me negrearon, no me sacaron de paseo.*

ni chicha ni limonada (frase) ni una cosa ni otra. *Juan no es ni chicha ni limonada: ni conservador, ni liberal.*

niche 1) (adj.) de mal gusto. *Esa ropa sí que es niche.* 2) (adj.) dicho de persona, cohibida, que no sabe cómo comportarse. *Carola estaba nichísima en la fiesta.*

nota (f.) cosa buena, simpática, agradable. *¡Este sitio web sí que es una nota!*

Ñ

ñame (m.) pie. *Me tropecé con una silla y me lastimé un ñame.*

ñángara (sust. inv.) comunista, persona de ideales políticos de izquierda. *Los ñángaras protestaron cuando arrestaron a los estudiantes revoltosos.*

O

olido (adj.) drogado (por haber inhalado cocaína o adhesivo tóxico). *Fermín anda bien oli'o--ni siquiera reconocería a su madre en estos momentos.*

P

paco (m.) agente de policía. *Cuando llegaron los **pacos**, todo el mundo fingió no haber visto nada.*

palanca (f.) valimiento, intercesión poderosa o influencia que se emplea para conseguir algo. *Julián tiene **palanca** con el alcalde de su pueblo.*

palo (m.) bebida alcohólica. *¿Vamos a echarnos unos **palitos** al bar de Jesús?*

pana (adj./sust. invariable en género) amigo. *Paula es **pana** de Erica.*

pargo (m.) persona que gesticula en modo amanerado. *El reportero del canal 2 es un **pargo**; deberían cambiarlo.*

pato (m.) hombre homosexual.

peaje (m.) soborno pagado para permitir el pasaje seguro de un lugar a otro, sobre todo en los barrios marginales. *No se puede pasar por allí sin peligro si no se paga el **peaje**.*

pela (f.) castigo físico, paliza. *Luis se fue al cine sin pedir permiso y le dieron tremenda **pela** cuando llegó a casa. / Los Yankis le dieron una **pela** a los Mets.*

pelar bolas / pelar gajo 1) (loc. v.) estar sin dinero o en mal estado. *No pude ir al juego de béisbol porque estoy **pelando bolas**.* 2) (loc. v.) fallar, no obtener algo. *Daniel pensaba ganar el parti'o de hoy pero salió **pelando gajo**.*

pepazo (m.) tiroteo de proyectiles, balas. *Lo mataron a **pepazos**; ni tiempo tuvo de gritar, el pobre.*

perico (m.) cocaína. *Consígueme algo de **perico** para esta noche.*

perol (m.) vehículo en malas condiciones. *Casi no llegaba a la oficina por culpa del **perol** que se apagaba en cada esquina.*

piche (adj.) en mal estado, podrido, echado a perder. *Esta leche ya está **piche**, no sirve ni para los gatos.*

pichirre (sust./adj.) avaro, tacaño, persona que escatima. *Susana y Pablo son tan **pichirres** que cada año le regalan a su abuela flores de su mismo jardín.*

piedra (f.) la droga crack, derivada de la cocaína. *Mis hijos dejaron los estudios y se pusieron a fumar **piedra**.*

pirarse (v.) irse. *Me **piro**; me está esperando mi novia.*

pisos (m.) zapatos. *Quítate los **pisos** y límpialos bien--están llenos de lodo.*

ponchar (v.) en el juego de béisbol, cuando un jugador pierde su turno y es eliminado después de no conectar con la pelota. *Se deprimió porque lo **poncharon** dos veces en el mismo partido.*

pulir hebillas (loc. verbal) bailar pegado. *Sergio quiere sólo **pulir hebillas** con todas.*

púyote interjección que indica rechazo o no aceptación de una solicitud o proposición (usada en los estados Portuguesa y algunas partes del estado Barinas). *Oye, préstame tu carro por esta noche --**Púyote**. Cómprate uno.*

Q

quebrar (v.) matar (en el argot del hampa). *Si me denuncias, te **quiebro**.*

R

raspar 1) (v.) matar (en el argot del hampa). *Rasparon a Franco porque no quiso cooperar.* 2) (v.) en el habla estudiantil, no aprobar un examen. *Me rasparon otra vez en matemáticas.* 3) (v.) tener relaciones sexuales. *Jaime dice que está raspando a Berenice.*

raspar canillas (loc. v.) bailar. *¡Julio y Marisa saben raspar canillas como nadie en el barrio!*

ratón (m.) malestar físico después de una borrachera.

rayarse (v.) hacer el ridículo. *Marina se rayó con ese pantalón a cuadros que se puso ayer.*

repatear (a uno) (v.) dar mucho fastidio, detestar. *Me repatea que no respondas cuando te pregunto algo.*

roncha (f.) mujer fea o de cuerpo poco estético. *Viviana es una roncha, pero es popular porque tiene mucho ingenio.*

rumba (f.) fiesta, reunión entre amigos.

S

sacar la piedra (loc. v.) hartar, fastidiar, molestar. *¡Ya me sacaste la piedra! Desaparece o te va mal.*

segundo frente (loc. sust. m.) amante. *Mi jefe le manda flores cada semana a su segundo frente.*

sifrino (sust.) persona adinerada presumida y altanera. *María es una sifrina. Jesús también es un sifrino. Los dos están llenos de sifrinerías.*

T

taita (m.) papá, padre. *El taita de Gustavito es ingeniero.*

tiquismiqui (m.) persona de apariencia frágil o delicada, amanerada. *Gladys es una tiquismiqui que se horroriza si le sugieres que lave el baño.*

tirar / tirarse (con / a alguien) (v.) tener relaciones sexuales. *Antonio no es nada romántico; él lo único que quiere es tirar.*

tombo (m.) agente de policía. *El tombo estuvo revisando mis documentos por casi una hora.*

torre (f.) cabeza. *¡Usa la torre! Es más fácil consultar un diccionario que arriesgarse a escribir con faltas de ortografía.*

trago (m.) copa o vaso de bebida alcohólica. *A Efrén se le cayó el trago encima y aparte le mojó la falda a Ceci.*

tripa (adj.) muy bueno, excelente. *Estas fotos están tripas.*

tripeo (m.) diversión (verbo: **tripear**). *Me fui a tripear a la Gran Sabana.*

tronco (m.) cosa enorme. *Alfredo tiene un tronco de casa en la playa.*

tuyuyo (m.) bulto, protuberancia, chichón. *A Angelita se le hizo un tuyuyo en la frente por el golpe que se dio contra la puerta.*

U, V

vaina (f.) para los venezolanos es una palabra indefinida e indefinible, quiere decir todo y no quiere decir nada, sus pensamientos y sus palabras, todo lo animado e

418

inanimado. Cuando no conoce un objeto y no sabe su nombre ni su uso, el venezolano pregunta ¿*Qué* **vaina** *es ésa?* Las herramientas de trabajo son **vainas** en el cotidiano hablar. Un momento agradable o desagradable es una **vaina**; ante un bello espectáculo, una obra de arte o un agradable acto social, se exclama ¡*Qué* **vaina** *tan buena!* Los hijos son una **vaina**; el carro, los autobuses, el tráfico, la carretera, el calor, el frío, las lluvias, el verano, todo es una **vaina**. Cuando un amigo venezolano te invita a una fiesta: *Vamos, que la* **vaina** *va a estar muy buena;* ante una desgracia o desagrado ¡*Qué* **vaina** *tan mala!* Al ver a una mujer muy hermosa ¡*Qué* **vaina** *tan bella!* o muy fea *Esa* **vaina** *es feísima.* El amor, el odio y todos los sentimientos son **vainas**. De un individuo extrovertido, de excelente carácter y buen humor o uno introvertido, neurótico e intratable, se dice que están llenos de **vainas** o que echan más **vainas** que una mata de frijol. La adversidad o mala suerte es una **vaina** seria; un buen negocio o una buena oportunidad, una **vaina** maravillosa.

vas a seguir, Abigail / vas a seguir, Churris frase interrogativa utilizada cuando una persona fastidia mucho con lo mismo.

veintiúnico (sust./adj.) único (referido a una unidad, pero dando a entender que una cantidad mayor sería preferible). *José lavó su* **veintiúnica** *camisa y se quedó esperando a que se secara.*

verdulera (f.) mujer muy basta, vulgar, gritona. *Por mucho dinero que tenga ahora, Selma no deja de ser la* **verdulera** *de siempre.*

verdura (f.) verdad. *Sí, es* **verdura** *que anoche no vine a dormir.*

verga (f.) todo un tratado sobre los diferentes usos que tiene el nativo de Maracaibo para esta palabra. Advertencia: ¡*Cuida'o con una* **verga** *pues!* alta velocidad: *El carro iba* **esvergatia'o** *antes de estrellarse contra otro.* impresión (como ver una muchacha en minifalda y con buenas piernas): ¡*Ve 'sa* **verga**, *chico!* interjección de asombro, sorpresa, enojo: ¡*A la* **verga**, *voy a tener que trabajar el día de tu cumpleaños y no voy a poder ir a tu fiesta!* saludo: ¿*Qué fue, cómo está la* **verga**?--- (bien) ¡*Como una* **verga**! (mal) ¡*Chico, vuelto* **verga**! fastidio: ¡*A* **verga** *vais a seguir jodiendo!* punto de referencia: ¿*Vos veis la* **verga** *esa? Bueno, cien metros más adelante.* sorpresa desagradable: ¡¿*Cómo es la* **verga**?! asco: ¡*Veeerga, un gusano en la ensalada!* desaliento: ¡*Así es la* **verga**! *No lo puedo creer.* venganza: ¡*Así es la* **verga**, *ya vais a ver, hue'ón!* gran cantidad: (adv.) *Había un* **verguero** *de gente en la playa.* objeto indefinido: *Pásame la* **verga** *ésa.* objeto pequeño: *El perro era una* **verguita** *chiquita.* objeto grande: *El* **vergote** *ese medía como dos metros.* para comenzar peleas: ¿*Qué es la* **verga**?? para evitar peleas: ¡*Dejaaá la* **verga**, *loco, bueeeno!* disturbio, caos, pelea: ¡*Se prendió un* **verguero** *cuando se la mentó!* desorden: *La casa está vuelta* **verga**. colectivo: *Vendimos los muebles y tó'a* **verga**. ebriedad: *Pedro estaba hecho* **verga** *anoche.* casualidad: ¡*No chocaron de* **verga**! por poco, casi: ¡*liiiiirga!*

viejo verde (loc. sust. m.) hombre maduro que se dedica a cortejar mujeres jóvenes. *El* **viejo verde** *de mi jefe creyó que iba a poder seducirme con regalos.*

vista gorda (loc. sust. f.) con la locución verbal "hacerse de la", y a veces "hacerse el / la / los / las de la", fingir no darse cuenta de algo. *La policía se hace la de la* **vista gorda** *cuando son sus agentes los que violan la ley.*

volteado (m.) hombre homosexual. *Ramiro resultó siendo un* **volteado**.

W

wircho (adj./sust.) persona maleducada, grosera. *En ese negocio todas las empleadas son wirchas.*

X, Y, Z

zanahoria (sust./adj.) persona de sanas costumbres, que se alimenta bien, no fuma ni bebe. *No puedes ofrecerle esa comida frita a Vanessa... ¿No te acuerdas que es zanahoria?*

zaperoco (m.) desorden, caos. *Hubo un zaperoco cuando el cantante bajó del palco para saludar a sus fanáticas.*

AMERICANISMOS Y / O VENEZOLANISMOS

A

afiche (m.) poster, cartel. *¿Les gusta el afiche que compré de la Torre Eiffel?*

ameritar (v.) merecer. Ambos verbos se usan. *Tu caso amerita mucha atención.*

antier (adv. de tiempo) anteayer. *Antier fue mi cumpleaños y nadie de mi familia se acordó.*

B

balacera (f.) tiroteo (verbo: **balacear**). *Ayer hubo una balacera entre la policía y ladrones enfrente del banco.*

básquet / basquetbol (m.) baloncesto. *¿Quién es el jugador más alto de tu equipo de básquet?*

boletería (f.) taquilla, sitio donde se venden entradas para espectáculos. *Nos vemos enfrente de la boletería.*

boleto (m.) billete de entrada, de lotería o para viajar. *Perdí el boleto del avión y no me dejaron embarcar.*

botadero (m.) basurero, vertedero, lugar donde se tira la basura. *Descubrieron un botadero clandestino en una zona residencial.*

brasier (m.) sostén, prenda de vestir femenina para sujetar el pecho (del francés *brassière*). *En los años 60 las mujeres quemaban sus brasieres en señal de protesta.*

buscapleitos (sust./adj.) picapleitos, provocador de riñas, revoltoso. *No invitaron a Mauricio a la fiesta por su fama de buscapleitos.*

C, D

cacure (m.) nido de avispas. *Hay que quitar el cacure que encontré en el techo, que luego las avispas nos van a dar problemas.*

cachicamo (m.) armadillo (mamífero).

cacho (m.) cuerno de toro, cabra o venado.

cachucha (f.) gorra con visera. *Francisco nunca se quitaba su vieja y manchada cachucha de beisbol.*

calificar (v.) reunir los requisitos necesarios (del inglés "to qualify"). *Hicimos solicitud para que nos asignaran una casa, pero nos dijeron que no calificábamos.*

camote (m.) batata (voz de origen nahua). *Mi tía hace un dulce de camote bien rico.*

carro (m.) automóvil.

cambur (m.) plátano, banano. *¿Has probado el postre de **cambur** de la tía Zoila?*
caraota (f.) judía negra, alubia negra. *¿Quieres que te pase mi receta para la sopa de **caraotas?***
chiste colorado (loc. sust. m.) chiste obsceno. *A Víctor le encanta contar **chistes colora'os** en presencia de la mojigata de su tía Rebeca.*
comercial (m.) anuncio publicitario grabado o filmado (del inglés "tv / radio commercial"). *Odio esa emisora; siempre ponen diez **comerciales** por cada canción que tocan.*
competencia (f.) competición deportiva. *El día de la **competencia** el veterinario oficial revisa a todos los caballos antes de cada carrera.*
componerse (v.) aliviarse, recuperarse de una enfermedad. *Hoy amanecí **compuesta**, me voy a trabajar.*
computadora (f.) ordenador.
cortada (f.) herida hecha con objeto cortante. *Cayendo me hice una **cortada** en el brazo.*
cotufas (f. pl.) palomitas de maíz. *Cada vez que voy al cine tengo que comprarme mis **cotufas**.*
curita (f.) vendaje adhesivo, tirita. *Dame otra **curita**. La que tenía se mojó.*
chinchorro (m.) hamaca.

E, F

frijol (m.) fréjol, judía (legumbre). *¿Arroz con **frijoles** otra vez?*
fúrico (adj.) furibundo, furioso. *Samuel se puso **fúrico** cuando supo que su hermano le había roto la videocámara.*
futbolito (de mesa) (m.) futbolín, juego de mesa con una caja que sirve de campo de futbol y once jugadores que penden de tres travesaños que atraviesan el campo. Los "jugadores" son de madera y están atornillados a la barra de tal modo que sus bases-- o pies--rozan el piso.

G

gallitos (f. pl.) palomitas de maíz (en Maracaibo). *¿Quién estuvo comiendo **gallitos** en el sofá?*
gasolinería (f.) gasolinera, establecimiento donde se venden carburantes. *La **gasolinería** que está cerca de mi casa tiene precios muy caros.*
guarapo (m.) bebida no alcohólica a base de frutas (voz de origen quechua).

H

halar (v.) tirar, traer hacia sí (pronunciado **jalar**; antónimo de "empujar"). *Hala la cuerda y amárrala aquí.*

I

inyectadora (f.) jeringuilla para inyectar medicamentos. *No le dejes ver la **inyectadora** al niño porque se pone histérico.*

J

jojoto (m.) mazorca de maíz tierno.

jonrón (m.) en el juego de béisbol, cuando un jugador cubre las cuatro bases en su turno, marcando un punto para su equipo (del inglés "home run").

jonronero (sust./adj.) jugador de béisbol que logra muchos jonrones. *El **jonronero** de tu equipo eres tú.*

jugo (m.) zumo. *¿Y de tomar? --Para ella, agua mineral. A mí deme un **jugo** de pera.*

L

lechosa (f.) papaya.

M, N

malecón (m.) calle o paseo costero. *Están construyendo un hotel de lujo cerca del **malecón***

matazón 1) (f.) matanza. *En la clase de historia leímos sobre el Holocausto, la terrible **matazón** de judíos durante la segunda guerra mundial.* 2) (f.) esfuerzo excesivo. *Para mí atravesar el monte a pie es una **matazón**, pero para Víctor, que es senderista, no es difícil.*

mapurite (m.) mofeta (el mamífero)

mecate (m.) soga, cuerda, riata (voz de origen nahua)

morocho (sust./adj.) gemelo, mellizo. *Laura es la **morocha** de Carmen.*

Ñ

ñapa (f.) propina, adehala, lo que se da de gracia sobre un precio o sueldo. *¿Y a ti por qué te dieron **ñapa** y a mí no?*

O

overol (m.) mono, traje de faena de una sola pieza que se pone encima de la ropa para protegerla (del inglés "overall"). *El "Mostachón" es ése del **overol** de mecánico.*

P

papa (f.) patata (voz de origen quechua).

parado (adj.) de pie, derecho, levantado. *"¡No sé los muchachos de hoy qué le ven de bonito a llevar las greñas **paradas** como puercoespín!" exclamó doña Aurelia, disgustada.*

pararse (v.) ponerse de pie, levantarse de la cama. *El joven **se paró** para darle el asiento a la señora embarazada. / Me estoy muriendo de sueño porque hoy **me paré** a las cinco.*

parchita (f.) parcha (fruta)

parquear (v.) aparcar, estacionar un vehículo. *Trabajaba **parqueando** carros en un centro comercial.*

pasapalo (m.) bocadillo, aperitivo que acompaña a una bebida. *Aquí no sirven **pasapalos**. Vámonos a otro bar.*

pegoste (m.) pegote, cosa pegajosa adherida a algo *Traes un **pegoste** en el codo, parece que es una etiqueta.*

petit pois (loc. sust. m.) guisante (legumbre) (del francés).

pitillo (m.) pajilla para sorber líquidos

V

Q

quien quita (frase) ojalá. *Quien quita que este año me dan un aumento de sueldo.*

R

raspado (m.) refresco hecho con hielo granizado. *Tengo mucho calor. ¿Vamos a comprarnos unos raspados?*

rayonear (v.) rayar sin arte, tachar o arruinar una superficie con un instrumento de escritura. *Cuando me di cuenta, mi hermanito de tres años ya me había rayoneado la foto.*

regalía (f., usado más en el plural) porcentaje de una suma concedido a un autor por la venta de su obra. *Decidí no publicar mi libro con esa editorial porque las regalías que ofrecen a los autores son bajas.*

rosticería (f.) negocio donde se asan y venden pollos. *No tenía ganas de cocinar, así que me fui a comprar un pollo a la rosticería de la esquina.*

rostizar (v.) asar, cocer al horno (adj. **rostizado**). *En la receta dice que hay que usar un platón para rostizar con una rejilla para recoger el jugo. / Me quedé dormido en la playa y quedé como pollo rostizado.*

S, T

tigre (m.) jaguar.

tomacorriente (m.) toma de electricidad, dispositivo donde se enchufan los aparatos que funcionan con la electricidad.

U, V

velorio (m.) velatorio (acto de velar un difunto). *Me deprimen los velorios. Cuando yo muera, quiero que hagan fiesta.*

voltear (v.) girar la cabeza. *Grité su nombre pero ella no volteó.*

X, Y, Z

zancudo (m.) mosquito. *¡Cierren la puerta que están dejando entrar a los zancudos!*

Términos compartidos por varios países de habla hispana

A

a la marchanta (loc. adv.) al azar, sin cuidado. *Ese website lo hicieron **a la marchanta**. / Unos niños se peleaban por agarrar los caramelos que tiraron **a la marchanta**.* (A, U)

a morir (loc. adv.) mucho. *Tenemos trabajo **a morir** en la oficina este mes. / ¿Les gustó el concierto? --¡**A morir**!* (M, CO)

a ojímetro (loc. adv.) suponiendo con cálculos aproximados, sin instrumentos precisos de medida. *Pues así, calculando **a ojímetro**, yo creo que sí hay espacio para que pase el camión por ahí.* (ES, A, CO)

a tuto (loc. adv.) a cuestas, sobre los hombros. *Llevaban el cajón **a tuto** entre dos hombres.* (G, H)

abombado (sust./adj.) tonto. *¡Fíjate por donde vas, **abombado**!* (A, U)

abrir cancha (loc. v.) dar espacio, abrir campo. *¡**Abran cancha**! ¿No ven que vengo cargando esta caja pesada y están en mi camino?* (PE, M, A, U)

acelerado (adj.) frenético, hiperactivo (verbo **acelerarse** agitarse. sust. m. **acelere** frenesí). *Mi papá anda bien **acelerado** estos días porque si no termina un proyecto del trabajo a tiempo, no podremos irnos de vacaciones como planeábamos. / No **se** me **acelere**. El problema se resuelve si lo examinamos detenidamente. / ¿Qué **acelere** es éste? Cálmense. Podemos terminar este trabajo mañana.* (CO, M, PE)

achicopalar (v.) avergonzar, humillar, cohibir (adj. **achicopalado**). *Josué se va a **achicopalar** si le dices que te gusta. Es muy tímido. / El profesor la tenía **achicopalada**; ella no lograba dejar de tartamudear en su presencia.* (G, CO, M)

¡achis! interjección de sorpresa, asco, admiración, desafío. *No tengo ni un centavo para comprar comida. ¡**Achis**, yo voy a ir a cortar mangos aunque sea!* (SA, G, M)

achuntar (v.) atinar, acertar. *Martín tiró la pelota y **achuntó** a hacer gol. Ganamos el torneo.* (B, CH)

acordeón (m.) papelito con apuntes para uso, no autorizado, de estudiantes en los exámenes. Llamado así por que el papel viene doblado muchas veces para hacerlo lo más pequeño posible. *El profesor encontró el **acordeón** de Catalina.* (M, CO)

¡adió! interjección de incredulidad, sorpresa. *¿Ya sabes que Mercedes se va a Europa? --¡**Adió**! ¿Pos con qué dinero?* (CR, M)

agarrón (m.) discusión, pelea. *Hubo un **agarrón** en la tienda entre dos que se disputaban el lugar en la fila para pagar.* (CO, M)

agringarse (v.) adoptar las costumbres de la gente de EEUU (adj. **agringado**). *Lorena **se agringó** mucho desde que la mandaron a estudiar un año a un colegio de Boston. Ahora dice que no le gusta el rock en español y escucha sólo música en inglés.* (CO, M, G)

agua y ajo frase que invita a la paciencia (a aguantar y a joderse; también **ajo y agua**). *Y le dieron a él el puesto sólo porque habla inglés. --¡**Agua y ajo**!* (ES, A, U, CH)

agüite (m.) tristeza, depresión (verbo **agüitarse**, adj. **agüitado**). *Es un **agüite** perderse ese concierto. / Brenda **se agüita** cuando le recuerdan a su ex novio. / Rosita anda bien **agüitada** desde que sus papás le dijeron que se van a divorciar.* (M, SA)

Compartidos

alcahuete (sust.) 1) delator. *Estéban era un alcahuete, por eso lo mataron.* 2) persona servil, adulona. *Desde chiquito era un alcahuete que le llevaba flores a la maestra.* (A, U)
alebrestarse (v.) agitarse, alborotarse. *Ana se alebrestó cuando vio a su novio con otra.* (SA, V, M, CO, G)
alunado (adj.) enojado, de mal humor. *No te acerques a Hernán, que anda alunado.* (N, G, A)
amarrete (sust./adj.) tacaño. *Los escoceses tienen fama mundial de amarretes.* (ES, EC, A, U, CH, B)
amiguero (adj.) sociable, que tiene muchos amigos o le es fácil hacerlos. *Fede es bien amiguero, cuando va por la calle no para de saludar.* (PE, M, A, G)
ampayer (m.) árbitro deportivo (del inglés "umpire"). *El ampayer se dio cuenta de los insultos que le gritaba la gente desde el palco.* (EEUU, M)
apantallar (v.) presumir, deslumbrar. *Ahi andaba Claudia apantallando con su anillo de compromiso.* (M, G, CO)
apretado (sust./adj.) tacaño, avaro. (U, G, PY,CH)
argel (adj.) desagradable, antipático, odioso. *¡Qué argeles son todos en este boliche, loco!* (PY, nordeste de A)
arrastrado (sust.) persona obsecuente y servil. *Jaime es un arrastrado, por eso el jefe lo prefiere.* (ES, U, M, A, N, H, G, CU, PE)
arrecho 1) (adj.) excitado sexualmente (verbo arrechar, arrecharse). *Les gusta arrecharse con películas porno.* 2) (adj.) enojado, molesto. *El jefe anda arrecho; no lo molestes ahora.* 3) (adj.) valiente, temerario. *Mi hermano es arrecho, él no le tiene miedo a nadie.* 4) (adj.) que demuestra empeño, tesón. *Anita es muy arrecha para los estudios.* (1 EC, M, SA, CO, RD, PE, PA, B) (2 N, EC, V, CO) (3 EC, CO) (4 G, CO)
arrimado (sust./adj.) persona que vive en casa ajena sin contribuir para el gasto. *El sobrino de Lucas lleva tres meses de arrimado en la casa de su tío.* (G, PE, M, CU, CO)
asaltacunas (sust. invariable en género y número) persona que tiene relaciones sentimentales y / o sexuales con otras mucho más jóvenes. *Todos empezaron a llamarme asaltacunas cuando supieron que mi novio es menor que yo.* (G, ES, CR, V, CO, SA, M, PE)
atracada (f.) efecto de comer y beber excesivamente, atracón. *Nos dimos una atracada de mariscos en el restaurante nuevo.* (A, CU, M)
aventado (adj.) audaz, atrevido. *¡Qué aventada eres, Laura! Te metes a la parte honda de la piscina sin saber nadar.* (M, PE)

B
babosada (f.) estupidez, disparate. *Ya no diga babosadas, si no sabe nada sobre el tema, mejor quédese callado.* (CO, M, G, H, SA, N, PE)
babosear (v.) 1) entretenerse, perder el tiempo. *Ángeles estaba baboseando en internet cuando llegó el jefe y le dio una santa regañada.* 2) distraerse. *Me salí del carril y casi choco por andar baboseando.* (G, M)

Compartidos

bacán (adj.) maravilloso, muy positivo, estimulante, agradable. *El concierto de los Rolling Stones estuvo bacán.* (CH, EC, PE, CU, CO*) (**bacano** en masculino, en Colombia)

bagarto (m.) persona muy fea (combinación de "<u>bagayo</u>" con "lagarto"). *Ayer me presentaron a la hija del jefe: un bagarto.* (A, U)

bagayo (m.) (m.) persona muy fea. *Mi cuñada, Ramona, es un bagayo.* (A, U)

bagre (m.) mujer muy fea. *La mujer de Alonso es un bagre, no me extraña que él se consuele con otras.* (EC, V, A)

bajar (v.) robar, quitar. *Ayer me bajaron los <u>lentes</u> de sol que había olvidado en la mesa.* (EC, M, H, G)

barajarla más despacio (loc. v.) explicar con más detalles. *No entendí. Barájamela (o "barajámela / barajéamela") más despacio.* (PR, CO, M, G, U, H, N, EC)

baranda (f.) olor fuerte o desagradable. *En el puerto siempre hay baranda a pescado podrido.* (A, U)

bárbaro (adj.) bueno, estupendo, maravilloso. *El viaje estuvo bárbaro. Cruzamos de Túnez a Argelia por el desierto en camello.* (A, U, PE)

baro (m.) unidad monetaria (también escrito **varo**). *Me encontré veinte baros tirados en la calle.* (CU , RD, M)

batir (v.) decir. *Batime la verdad, ¿es cierto que sos casado?* (A, U)

bato (m.) hombre, muchacho (escrito también **vato**). *Beto, te buscan unos batos allá afuera.* (SA, M, EEUU, H)

bemba (f.) 1) hocico, jeta; 2) labios protuberantes, gruesos (adj. **bembón**). *Será muy bonita la tal Angelina Jolie, pero a mí no me gustan las mujeres tan bembonas.* (CU, PR, V, N, EC, PE, G, H, CO)

bicla (f.) bicicleta. *Casi atropellaba a uno que iba en bicla.* (PE, M)

bíper (m.) buscapersonas, aparato avisador mediante impulsos de audiofrecuencia (del inglés "beeper", en desuso) (verbo **bipear**). *Bipéame a las ocho.* (RD, EEUU, PE)

birra (f.) cerveza. (U, N, A, ES, H, PR, V, CO, CR)

birria (f.) cerveza. *¿Quién me robó las birrias que dejé en el refrigerador?* (NI, H, G, SA, M)

bisnes (m.) negocio, asunto (del inglés "business"). (ES, G, CO, M)

biyuya (f.) dinero. *No hay biyuya ni para comprar pan.* (A, U)

biyuyo (m.) dinero. *Es una colecta de beneficencia. El biyuyo va a ser para los damnificados.* (V, H)

bizcocho (m.) mujer bonita. *Su hermana es un bizcocho. Me la voy a tener que robar.* (CO, M)

bobo 1) (m.) reloj de pulsera. *A Marcos le regalaron un bobo para navidad.* 2) (m.) corazón. *El bobo le latía aceleradamente cada vez que la veía.* (PE, A)

bola (f.) noticia, rumor (usado con el verbo *correr*). *Se corre la bola que va a haber despidos en la fábrica.* (A, B, PE)

boliche (m.) bar, discoteca. *Me voy, todos mis amigos me están esperando en el boliche.* (A, B, U, PY)

bolita (sust./ adj. invariable en género) boliviano, proveniente de Bolivia. *¿Qué te parece el nuevo presidente bolita ? / Se habla mucho sobre la exportación del gas bolita .* (A, U)

Compartidos

bolo (sust./adj.) borracho. *Armando anda bolo y no quiere irse a dormir.* (N, H, G, SA, sur de M)

boludez (f.) acto propio de un boludo, torpeza, idiotez. *Si dejaras de hacer boludeces podrías llegar a ser alguien.* (A, U, PY)

boludo (sust./adj.) individuo torpe, inútil, indolente. *"Sos un boludo, tenías que armar esa lámpara al revés", le dijo Román a su amigo.* (A, U, PY)

bombo (m.) barriga abultada de mujer encinta; por extension, embarazo. *Lucía llamó a casa para avisar cuándo llegaba, pero no les contó que venía con bombo.* (ES, A, B)

bondi (m.) autobús, transporte colectivo. *Ojo que viene el bondi.* (A, U)

bote (m.) cárcel. *Metieron al bote al "Pando" por asaltar una farmacia.* (CR, N, M, H, CH, G)

bróder 1) (m.) hermano, amigo; 2) (m.) compañero de una misma causa (política, etc.) (de "brother"). *Bróder, préstame estos CDs.* (EEUU, M, PE)

buena nota (loc. adj.) bueno, simpático, agradable, amable. *Verás que Mirla es buena nota; te va a caer muy bien.* (EC, G, CO, V)

bueno / buenón / buenote (adj.) guapo, atractivo, de buen aspecto. *Mónica se puso bien buenona / buenota desde que bajó diez kilos.* (H, PA, M, N, CO, RD, CU, G, V)

bufoso (m.) revólver, pistola. *El mafioso traía un bufoso escondido en la chaqueta.* (A, U)

buitrear (v.) vomitar (m. buitre vómito). *El perro buitreó en la cocina después de haberse comido el guiso de Alicia.* (PE, EC, B, CH, G)

buitrear (v.) galantear, entablar relaciones amorosas pasajeras, ligar. *Víctor se pasó toda la noche buitreando a una colombiana.* (EC, A)

burra (f.) autobús. *Tuve que irme en burra porque no pasaba ningún taxi.* (M, G)

burundanga (f.) narcótico (escolopamina) usado para adormecer a víctimas de atracos o violaciones. *El modus operandi de esa banda era intoxicar a sus víctimas con burundanga.* (CO, V, PE)

C

caballo (m.) la droga heroína. *Los heroinómanos juran que el caballo te hace elevarte a un nivel sublime y alcanzar el nirvana.* (EEUU, M, ES)

caballona (f.) mujer muy alta. *Las modelos profesionales son todas unas caballonas.* (M, V)

cabrear / cabrearse (v.) enojar / enojarse. *No hagas cabrear a mi padre porque ya está de pésimo humor.* (ES, EC)

cachar (v.) atrapar, capturar, pillar (del inglés "to catch"). *La profe me cachó copiando durante la prueba.* (B, PR, G, N, V, M, EEUU, H)

cacho (m.) zapato. *Alguien dejó unos cachos viejos en la entrada de mi casa.* (CR, H)

cachos (m. plural) infidelidad a la pareja. *A Eduardo le *montaron / pusieron los cachos con el electricista.* (CR, N, G, H, *V, EC, PE)

café (m.) regaño áspero. *El jefe nos pasó un café porque no terminamos el proyecto a tiempo.* (PE, U, B)

cagar a pedos (loc. v.) reprender, amonestar. *Mi madre me cagó a pedos esta mañana por haber vuelto a casa en la madrugada.* (U, A)

Compartidos

cagarla (loc. v.) hacer algo mal, cometer un error serio o de difícil solución. *¡No vayan a cagarla otra vez, hagan el trabajo con cuidado!* (ES, M, A, CO, B, PE, U)

cagarse (v.) asustarse mucho (adj. **cagado**). *Heriberto andaba todo cagado porque su jefe había amenazado con despedirlo.* (PY, ES, M, PR, CU, CH, RD, G, N, V, H)

calaca (f.) esqueleto humano. Por extensión, la muerte. *¿Qué le ves de bonito a esa modelo? Parece calaca de tan flaca. / A don Enrique se lo va a llevar la calaca si no se toma sus medicinas.* (G, H, M)

caliente (adj.) enojado, de mal humor (con los verbos andar / estar). *Guillermo anda caliente desde que supo que su novia lo quería dejar.* (SA, PY, G, PE)

camello (m.) trabajo, empleo (verbo **camellar**). *Pablo le está buscando camello a su hijo porque ya no lo quiere mantener.* (CO, EC, SA)

cana (f.) cárcel, prisión. *La cana ya no tenía espacio para más reos.* (EC, CH, CU, B, PY, PE, CO)

cana 1) (f.) policía. *La cana de esa ciudad es totalmente corrupta.* 2) (m.) agente de policía. *El cana nos pidió nuestros documentos.* (A, U, CU, B, PY)

canas verdes (f.) desesperación, agobio (con los verbos sacar / salir). *¡Ese niño me está sacando canas verdes con tantos berrinches!* (G, M, N, PY, PE, PR, CR, U, CH, CO, H, A)

cargosear (v.) irritar, importunar, fastidiar, molestar. *El otro día en un bar un viejo se puso a cargosearnos por nuestra manera de vestir.* (PE, CH, A)

carro (m.) automóvil. *Vicente vende carros en una concesionaria Volkswagen.* (M, G, V, CU, EEUU, RD, CR, EC, N, PR, CO, PE)

catrín (adj.) elegante, adornado con mucho esmero, ostentando lujo. *Diana se puso catrina para la graduación de su hermano. / La recepción de la boda fue en un salón muy catrín.* (M, H)

cerote (m.) porción compactada de excremento. *¡Qué asco! Acabo de pisar un cerote.* (G, M)

chachalaquear (v.) decir trivialidades, hablar mucho (sust. **chachalaquero**). *Cada vez que viene tu hermana se la pasa chachalaqueando y me quita mucho tiempo.* (SA, G, M, PA)

chafa (adj) de mala calidad, poco valor, no auténtico. *Toño quería venderme un reloj Rolex chafa. / Esta falda resultó siendo muy chafa porque a la primera lavada se destiñó toda.* (M, G)

chamaco (sust.) muchacho, chico (un tanto despectivo, según el contexto). *Ven a visitarnos, pero deja a los chamacos encargados con alguien.* (CU, M, EEUU, PR, RD)

chamba (f.) trabajo, empleo (verbo **chambear**). *Me vas a hacer perder la chamba si sigues llamándome a todas horas.* (M, PE, V, G, N, H, EEUU, EC)

chance (m./f.*) oportunidad, posibilidad. *Necesitamos un chance para poder ingresar a ese club.* (CO, A*, U, PR, N, CU, CH, PA, V, M, PY, H, EEUU, CR, PE)

chancletero (sust.) persona de baja extracción social. *Se colaron unos chancleteros al baile de las debutantes.* (CU, M)

changarro (m.) negocio, tienda modesta o puesto callejero. *Le quitaron el changarro a don Román porque no tenía licencia para vender.* (G, M)

chante (m.) casa, hogar. *En mi chante nunca hay nada bueno que comer.* (M, G)

Compartidos

chao / chau adiós, hasta luego. (del italiano "ciao"--que en realidad es ya sea saludo que despedida). (ES, CR, CH, A, PY, U, N, M, PE, PR, CO, V)

chaparro (sust./adj.) de baja estatura. *Mi abuelita es bien chaparrita.* (G, M, H)

charrería (f.) acción u objeto de mal gusto. *Uff, no. Yo esos guantes rosas no me los compraría. Son una charrería.* (ES, PR)

chavalo (sust.) muchacho, niño (en ES es **chaval** para el masculino singular). *Las chavalitas estaban jugando con una casa de muñecas.* (N, CR, H, M, ES)

chavo (sust.) muchacho, joven. *Estos chavos nunca respetan las reglas del juego.* (H, M)

che interjección informal para llamar la atención de una o varias personas. *¡Che, mirá cuánto cuesta este DVD!* (A, U)

chela (f.) cerveza. *Con dos chelas tiene Perla para emborracharse.* (PE, M, CH, EC, B, N, H)

chele (sust./adj.) persona, ya sea nacional o extranjera, de piel, cabello y/o ojos claros. *Es raro ver a un chele viajando en bus.* (N, SA, CR)

chenca (f.) colilla de cigarro. *La calle estaba regada de chencas.* (G, H)

chenco (sust./adj.) rengo, cojo, que tiene una pierna más corta que la otra (v. **chenquear**). *La mesa está chenca. Ponele algo a la punta de esa pata para nivelarla. / Mi hermano chenquea desde que tuvo el accidente.* (H, G)

chetada (f., despectivo) 1) cualquier cosa que tenga que ver con los conchetos, gente de costumbres y gustos esnob, superficial, generalmente de clase media o alta; discrimina por vestimenta y color de piel de la gente de bajos recursos. *Un estilo de música que odio es el electrónico, el dance y todas esas chetadas.* 2) (f.) grupo por lo general esnob, elitista y xenófila, de clase media o alta (sinónimo de chetaje). *Tamara trataba de vestirse bien para no desentonar con la chetada.* (A, U)

chetaje (m., despectivo) grupo o "tribu urbana" por lo general esnob, elitista y xenófila, de clase media o alta. *No, yo no quiero ir allí porque es adonde va el chetaje.* (A, U)

cheto (m., frecuentemente despectivo) persona económicamente apoyada por sus padres, remilgada y afectada, por lo general superficial y muy pendiente de su aspecto exterior (en leve desuso, ahora concheto es más común). (A, U)

cheve (f.) cerveza. *Alcánzame otra cheve.* (M, G, EEUU)

chévere (adj.) bueno, agradable, maravilloso. (CO, H, V, EC, SA, M, PR, PE)

chichí (sust. invariable en género) bebé, niño pequeño (habla infantil). *¿Te gusta el chichí que está en el columpio, nena?* (CR, SA, RD, M, H, G)

chicotear (v.) apurar, urgir. *El jefe nos está chicoteando para que terminemos el proyecto antes del plazo.* (CH, M)

chinear (v.) cargar a una persona, generalmente a niños pequeños. *Mamá, chinéame.* (N, G, CR)

chingo (m.) mucho, gran cantidad. *Hay un chingo de basura por las calles. / Son mis sobrinas y las quiero un chingo.* (M, G, SA)

chiripiorca (f.) violento tic o ataque de nervios; por extensión, se refiere a cuando algo o alguien deja de comportarse normalmente. Del programa TV mexicano de Chespirito (El chavo del 8). *¡Jajajaja! Miren, ¡ése baila como si le estuviera dando la chiripiorca! / Y de repente como que le dio la chiripiorca y ya no pudo ni hablar.* (M, N, A, U, PR, PE)

Compartidos

chirola (f.) cárcel, prisión. *El "Verruga" lleva años pudriéndose en la chirola.* (B, NI, CR, PR, RD, M, PA)

chivas (f. plural) pertenencias. *Los muchachos agarraron sus chivas y se subieron al tren.* (G, M)

cholo (sust.) joven vago, normalmente miembro de una pandilla, con un modo de vestir y hablar particular (en los estados fronterizos entre México y EEUU). *Con esos pantalones pareces una chola.* (EEUU, M, G)

cholo (sust.) persona aborigen, indígena (a menudo usado despectivamente). *Los cholos organizaron una marcha de protesta contra el gobierno.* (PE, B, EC)

chones (m.) calzones, bragas, ropa íntima. *No sé para qué guardas estos chones si están rotos.* (M, CO)

chorear (v.) robar. *Apenas habían entrado en la casa para chorear cuando llegaron los dueños.* (B, A, PE, EC)

choro (sust.) ladrón, delincuente. *Ese choro ya ha pasado algunos años guardado en la cárcel.* (V, PE, A, EC, ES, B)

chorro (sust.) ladrón, delincuente. *¡Chorra! Me robaste el corazón.* (U, A)

chotear (v.) bromear pesadamente, divertirse a costa de alguien. *Martín nos anduvo choteando toda la semana porque perdimos el partido contra su equipo.* (CU, M)

chueco (adj.) irregular, ilegal. *Jorge anda en negocios chuecos; ya hay gente que sospecha de él.* (G, M, CO)

chunche (m.) cosa, objeto. *Se le cayó un chunche al carrito de Raymundito y ahora ya no quiere andar.* (SA, CR, N, G, H, M)

chupamedias (adj./sust. inv. en género) persona obsecuente y servil. *Dejen de ser chupamedias, no van a conseguir nada.* (U, PE, A, B)

chupar (v.) beber bebidas alcohólicas. *Lo único que saben hacer los fines de semana es chupar.* (CH, M, B, H, G, N, PE, PA, PY, EC, A)

churreta (f.) diarrea. *¡No coman tanta fruta porque les va a dar churreta!* (CH, PE)

churro (sust./adj.) persona atractiva, guapa, elegante (el término se usa sólo para referirse a varones). *En la película sale un actor que es un churro. / Armando se puso churro para salir con Lorena.* (CO, A, PE, PY)

churro (m.) cigarrillo de marihuana. *Lo arrestaron cuando le encontraron tres churros en su bolsa de viaje.* (N, M, A)

cipote 1) (sust.) niño, muchacho (**cipota** en femenino). *¡Mirá vos que cipote tan malcriado, ni las gracias me dio por el regalo que le traje! / Ana salió a pasear con los cipotes del trabajo.* 2) trato cariñoso entre personas. *Cipota, ¿cuándo es tu cumpleaños?* (SA, H)

clarín / clarines (m.) claro, por supuesto. *¿Le gusta esta canción? --¡Clarines que sí!* (CO, M, G)

codo (adj.) avaro, tacaño. *Don Julián es el hombre más codo del pueblo.* (M, H, SA, PR, G, PE)

coger (v., vulgar) tener relaciones sexuales. (A, N, M, G, U, H, PY, SA, V)

coima (f.) comisión que se da para obtener algo en forma ilegal. *Sin dar coima no vas a llegar lejos, en este sitio.* (A, PE, U)

colado (sust./adj.) persona que entra en sitios donde no ha sido invitado o sin pagar (verbo **colarse**). (ES, PR, CU, N, G, H, U, M, V, CH, PY A, CO. PE)

Compartidos

colgar los tenis (loc. v.) morir. *Me contaron que doña Matilde está por colgar los tenis.* (G, M, CR, N)

como agua para chocolate (loc. adj.) muy enojado, furioso (alude al hecho que el agua debe estar hirviendo). *Mi abuelita se puso como agua para chocolate cuando supo que mi papá me prohibió ir a verla. / Estoy como agua para chocolate desde que me dijeron que me van a cambiar de horario en el trabajo.* (PR, M)

compai trato amistoso entre hombres (escrito también compay). *Mándeme aunque sea una postal de Miami, compay.* 2) (m.) amigo, compadre. *Hola, aquí te presento a mi compai.* (CU, RD)

con el culo a dos manos (loc. adj., vulgar) muy asustado. *Mañana es el examen y está todo el mundo con el culo a dos manos.* (A, U)

concha (f., vulgar) órgano sexual femenino. Palabra frecuentemente usada (en combinación con otras) en imprecaciones e insultos. (A, B, EC, PE, U, CH, PY)

concheto (sust./adj., peyorativo) tipo de persona de costumbres y gustos esnob, superficial, generalmente de clase media o alta; discrimina por vestimenta y color de piel de la gente de bajos recursos. *Vos y tus amigas no sé qué se creen haciéndose las conchetas, si no tienen donde caerse muertas.* (A, U)

conchudez (f.) desvergüenza, indolencia. *Fue el colmo de la conchudez le subió más alto el volumen a la música cuando empecé a decirle que debería buscarse un trabajo.* (CO, PE, EC, M, G)

conchudo (adj.) desvergonzado, desentendido, indolente, desobligado. *¡Qué conchudo es Oscar! Hace trabajar a su mujer mientras él se toma una siesta.* (M, G, V, PR, CO, CH, PE, H, N, EC)

cool (adj.) bueno, excelente, maravilloso (de la jerga en inglés "cool", pronunciado "cuul"). *¡Qué tatuaje tan cool te hiciste!* (EEUU, PR, PA, M, PE, A)

coroto (m.) cualquier objeto, efecto personal. *¡Hágame el favor de llevarse sus corotos para otro lado!* (V, CO)

coyote (m.) persona que se encarga ilegalmente de facilitar trámites o conseguir documentos falsificados. *Conozco a un coyote que no cobra muy caro y que podría conseguirte un pasaporte.* (M, G)

crepar (v.) morir (del italiano "crepare"). *Este podrido de Rodrigo me tiene harta... lo voy a agarrar del cogote y lo voy a hacer crepar. / Ese cantante famoso crepó cuando su avioneta se estrelló contra un monte.* (A, B)

cruda (f.) malestar físico después de una borrachera (adj. crudo). *Germán trae una cruda que no puede ni hablar. / Víctor andaba bien crudo el día que se casó.* (M, G)

cuate 1) (sust./adj.) amigo. *Renata y Olivia son muy cuatas.* 2) (m.) hombre, individuo. *Ese cuate es muy popular.* (M, G)

cucharón (m.) corazón (cayendo en desuso). *No me rompas el cucharón, negrita linda.* (CO, M)

cuernos (m. pl.) traición o infidelidad a la pareja. *A Ramón le pusieron/metieron* los cuernos con su mejor amigo.* (M, ES, CO, V*, PE, CH, CU, N, RD, PR, PY, A*)

cuero (m.) prostituta, mujer fácil. *Dicen por ahí que Porfiria es un cuero.* (PR, CO)

cuero (m.) persona guapa, atractiva, bella. *Esa señora era un cuero cuando era joven.* (M, PE, CH, B)

Compartidos

culear (v., vulgar) tener relaciones sexuales. (A, V, M, H, PE, CH, B, PA, CO, EC, PR, N, G, U)

curda (f.) borrachera. *En mis tiempos de universidad las **curdas** eran casi todos los días.* (A, CU, U, PA, ES, V, PY)

cursera (f.) diarrea. *¿Que si quiero lentejas? No, gracias. Cada vez que las como me da una **cursera** que me dura días.* (V, M)

D

dar bola (loc. verbal) hacer caso, prestar atención. *No le **den bola** a Arturo porque después se pone fastidioso.* (A, PE, BO, U)

dar chicharrón (loc. v.) matar. *Le **dieron chicharrón** al periodista por insistir en investigar sobre los negocios dudosos del gobernador.* (G, M, H, EC)

dar en la torre (loc. v.) estropear, arruinar. *La nueva ley sobre los impuestos nos **dio en la torre**.* (G, M)

dar lata (en ES dar *la* lata) (loc. v.) molestar, fastidiar. (M, CO, CR, G, U, PY, ES, N)

dar lata (loc. v.) hablar mucho. (PR, A, U, PY)

darle al clavo (loc. v.) acertar (variante de "dar en el clavo"). *¡**Le diste al clavo**! Mónica está embarazada, nos lo dijo esta mañana.* (G, M, N, CO, CH, V, PE)

darse paquete (loc. v.) presumir, vanagloriarse. *Gloria se **da** mucho **paquete** porque su marido es juez.* (G, M)

darse una matada (loc. v.) sacrificarse o esforzarse uno mucho por algo. *Irene se **dio una matada** estudiando y reprobó la materia de todos modos.* (M, CH, PR, CR)

darse una matada (loc. v.) caer, proporcionándose tremendo golpe. *Elba no vio la cáscara de plátano en el piso y se **dio una matada**, la pobre.* (M, V)

de cachete:(loc. adv.) gratuitamente, sin pagar. *¡Conseguí este perfume de **cachete**! (ES, PR)*

de cajón (loc. adj.) evidente, totalmente seguro, obvio. *Es de **cajón** que Diana va a obtener ese puesto en el municipio: su tío es el alcalde/*intendente de la ciudad.* (*U, PY, H, ES, M, H, CH, V, *A, G, N, PE)

de la patada (adv.) muy mal, pésimamente. *La situación económica está de **la patada**.* (M, G, H, N).

de nanquiu (loc. adv.) de nada, respuesta irónica a quien da las gracias diciendo "tenquiu". *Y tenquiu por el café. --De **nanquiu**.* (M, CO, PE)

de panzazo (loc. adv.) apenas, por poco. *Pasamos el examen de álgebra de **panzazo**. / Alcancé a entrar al banco de **panzazo**; ya estaban cerrando.* (G, M)

del carajo (loc. adj.) excelente, muy bueno. *Me quedó del **carajo** esta viñeta.* (CO, A, PA, V, PE)

desbole (m.) confusión, problema, lío. *Hubo un **desbole** en el estadio cuando cancelaron el partido.* (U, A)

descartuchar (v.) desvirgar, perder la virginidad. *Ella insistía que la habían **descartuchado** sólo en el día de su matrimonio.* (B, CH)

deschavarse (v.) quedar en evidencia, descubrirse. *¡Me **deschavé**! Le había dicho que el departamento era mío, y en ese momento llegó el dueño.* (U, A)

deschavetarse (v.) enloquecer. *Mariano se **deschavetó** cuando lo eliminaron del equipo.* (U, CO, M, G)

JERGAS DE HABLA HISPANA

Compartidos

deschongue (m.) escándalo, caos, tumulto. *Anoche no pude dormir a causa del deschongue que traían en casa de los Ramírez.* (SA, M, G)

desconchinflar / desconchinflarse (v.) arruinar, averiar; dejar de funcionar. *Yesenia desconchinfló la impresora; vamos a tener que comprar otra. / Se desconchinfló la computadora, y ahora no puedo escribir en mi blog.* (M, G, PE)

desmadrar / desmadrarse (v.) arruinar, averiar; dejar de funcionar. *Volviste a desmadrar el <u>carro</u>, ¿verdad? / Se desmadró otra vez el aire acondicionado en el taller y nos estamos asando.* (M, G)

desmadre (m.) caos, desorden, lío. *Olga hizo un desmadre con los documentos y ahora ya no se encuentra nada.* (M, B, ES, SA)

desmostolar (v.) destruir, hacer polvo. *Dijeron en las noticias que la bomba desmostoló todo el edificio.* (SA, G)

despelote (m.) caos, desorden, lío. *Hubo un despelote en el supermercado cuando se derrumbó una pirámide de latas de verduras.* (CO, A, CU, EC, PA, PE, BO, U, NI, PY, CH, V)

desgraciado (sust./adj.) vil, infame, despreciable. *¡A mí ese desgraciado me las va a pagar todas!* (A, M, PE, U)

dos que tres (adj.) más o menos, regular. *¿Qué tal la película? --Dos que tres.* (G, SA, M)

dundo (sust./adj.) tonto, lunático. *Cristina es dunda--¿viste cómo se puso la blusa al revés?* (NI, SA, G)

E

echar los perros (loc. v.) cortejar a alguien. *Pablo le anda echando los perros a Lucía.* (M, CO, H, V, G, N, PR)

echar(le) un ojo (a algo) (loc. v.) observar, cuidar, estar de guardia. *Échenle un ojo a mi bicicleta mientras entro a la tienda a comprar la fruta.* (G, PY, RD, M, CO, V, N, CR, CU)

echar un fonazo (loc. v.) llamar por teléfono. *Salvador me acaba de echar un fonazo para decirme que va a llegar tarde.* (B, M)

empedarse (v.) emborracharse. *Hoy tengo ganas de empedarme.* (PY, U, M, H)

empericarse (v.) drogarse con cocaína (adj. **empericado**). *Walter y Germán fueron a empericarse a aquel edificio clausurado.* (CO, PR)

empiernarse (v.) tener relaciones sexuales. *Célida y Alberto están de luna de miel. Seguramente se pasarán todo el tiempo empiernados.* (V, M, G)

emputarse (v.) enfurecerse (adj. **emputado**). *Don Pascual se emputó cuando supo que su hijo había sido arrestado por exhibirse desnudo delante de un convento.* (SA, PA, EC, M, CR, G, H, CO)

en la torre interjección de consternación, angustia, aflicción. *¡En la torre! ¡Me va a matar mi hermano si se da cuenta que le rompí la camisa que me prestó!* (M, G)

en paleta (adv.) mucho. *Miguel sacó trofeos en paleta; fue el mejor pescador. / La fiesta estuvo espléndida y gozamos en paleta.* (CR, G)

encanar (v.) encarcelar. *Encanaron a Roberto por tráfico de drogas.* (N, CU, A, V, CO)

engrupir (v.) mentir. *A Carlos le gusta engrupir sobre su estado civil.* (CH, A)

433

Compartidos

escabio (m.) bebida alcohólica (verbo escabiar). *Te invito a tomar un escabio esta tarde.* (U, A)

escorchar (v.) fastidiar, molestar (del italiano "scocciare"). *No vengás a escorcharme con el cuento que necesitás dinero; ya no tengo que mantenerte.* (A, U)

F

farra (f.) fiesta, reunión entre amigos. *La farra en casa de Esther estuvo muy animada; bailamos toda la noche.* (EC, PE, CO, A, ES, CH)

fashion (adj.) a la moda, de marcas famosas. *¡Mira qué fashion va Monique con sus lentes Dolce & Gabbana!* (PA, M, PE, A)

fierro (m.) pistola. *Encontré un fierro escondido debajo de la cama de mi hermano.* (CO, EC, A, U)

filero (m.) navaja, cuchillo. *Quiero conseguirme un filero como el que tiene el "Chinche".* (G, M)

filo (m.) hambre. *¡Con este filo comería con gusto hasta los guisados de mi suegra!* (V, CO, SA)

finde (m.) fin de semana. *Este finde nos vamos al mar.* (ES, U, A, SA, G)

flirtear (v.) coquetear, cortejar (del inglés "to flirt"). *¡Sara anda flirteando con un hombre casado!* (EEUU, PR)

flaco apelativo, término informal para dirigirse a una persona. *Flaca, vení / ven* a darme una mano con este mueble.* (U, PE*, A)

flamenco (adj.) enojado, encolerizado, irritado, agresivo (usado con el verbo ponerse). *Gustavo se puso flamenco porque le di un beso a su novia.* (ES, M, V)

fracatán (m.) mucho, gran cantidad. *Ese muchacho te dijo un fracatán de mentiras.* (PR, RD)

fregado (adj.) arruinado, destruido. *Están muy fregados estos libros, deberías tratarlos con más cuidado.* (M, SA)

fregar (v) fastidiar, molestar (adj fregón: fastidioso). *A estos niños les encanta fregar a los mayores.* (M, V, PE, H, CR, B, CU, CH, CO, EEUU, G, EC, PA, SA)

fría (f.) cerveza. *Pásenme otra fría que tengo sed.* (M, CO, V, G, PR, PA)

friquear (v.) espantar, asustar (de la jerga en inglés "to freak") (adj. friqueado). *No friquees al pobre niño con esa máscara.* (EEUU, M, PR, H, G, PE, CO)

fuchi expresión de asco. *¡Fuchi! ¡Esa sopa yo no me la como!* (M, CO, G, PA, V, PR, PE, EC, CH)

fufurufo (sust./adj.) vanidoso, presumido. *Ahi anda Leti bien fufurufa con el vestido que le regalaron para su graduación.* (M, G, SA, H, NI, PA)

fusilar (v.) copiar algo textualmente, plagiar. *Voy a sacar el copyright de mi página web para ver si así dejan de fusilar todo lo que escribo.* (ES, M, CU, CO)

futbolito (de mesa) (m.) futbolín, juego de mesa con una caja que sirve de campo de futbol y once jugadores que penden de tres travesaños que atraviesan el campo. Los "jugadores" son de madera y están atornillados a la barra de tal modo que sus bases-- o pies--rozan el piso. (H, U, M)

Compartidos

G

gacho (sust./adj.) 1) malvado, ruin, vil. *¡Cómo eres gacha, Eva! ¿No vas a acompañarme a mi casa?* 2) (adj.) malo, penoso, lastimoso. *¡Qué gacho, ayer olvidé felicitar a José por su cumpleaños!* (M, G, EEUU)

gachupín (sust./adj.) proveniente de España. *A Marla la vinieron a visitar unas amigas gachupinas de Córdoba.* / *Me regalaron un abanico gachupín bien bonito.* (M, H, SA)

gamba 1) (f.) cien pesos (unidad monetaria). *Me encontré cinco gambas en un viejo pantalón.* 2) (f.) pierna (del italiano). *Me lastimé una gamba jugando <u>básket</u>.* 3) (f.) favor, apoyo. *Leonor me hizo gamba y nos fuimos a bailar.* / *Necesito que me hagas la gamba para resolver este problema.* (A, U)

gallego (sust./adj.) español, proveniente de España. *El museo estaba lleno de turistas gallegos.* (A, U)

gallito (sust./adj.) pendenciero, agresivo, belicoso. *Por andar de gallito Alonso se ganó un balazo en la pierna.* (G, CO)

garreado (adj.) bien vestido, elegante. *Me robaron la maleta en el aeropuerto. Alguien debe andar muy garreado ahorita.* (EEUU, M)

gasofa (f.) carburante, gasolina. (ES, M)

gato (m.) músculo desarrollado (adj. **gatudo** con músculos desarrollados). *¡Mirá qué gatos tiene Flora desde que levanta pesas!* (H, G)

gauchada (f.) favor, ayuda. *Guillermo nunca le hace una gauchada a nadie.* (A, U)

gayola (f.) cárcel (loc. adj. **en gayola**: encerrado). *Ya no cabe un <u>chorro</u> más en la gayola de la ciudad.* (U, A)

gil (sust./adj.) tonto, imbécil. *Aquel gil pasó tres años guardado en la penitenciaría por encubrir a la culpable su mujer, quien luego huyó del país con otro.* (PY, A, PE, U, CH, B)

goma (f.) malestar físico después de una borrachera. *Esta goma es como para ir al hospital.* (CR, PA, H, N, G)

gorrito (m.) preservativo, condón. *No se te olvide ponerte el gorrito cuando te metas con ella, mejor no arriesgarse.* (M, CO, CU, CH, ES, G)

grifa (f.) marihuana, hashish. *Estaban vendiendo grifa detrás de un edificio cuando llegó la policía.* (ES, M)

gringo (sust./adj.) estadounidense, de Estados Unidos. *El taxista me quiso cobrar de más porque pensaba que yo era gringo.* / *La mercancía de marca gringa está muy de moda.* (M, H, BO, CH, RD, PR, CO, NI, G, V, EC, EEUU)

Gringolandia Estados Unidos. *Cada vez que Rafael va a Gringolandia, compra software nuevo.* (M, CO, PR, H, G, SA, CH, EC, A, B, PE, U, PY, PA, CU, N, CR, RD)

gronchada 1) (f., despectivo) cosa propia de un <u>groncho</u>, cosa de mal gusto, vulgaridad. *La película nueva de ese director chino es una gronchada.* 2) (f.) sinónimo de <u>gronchaje</u>. *Los gronchos se desviven por el fútbol. Ni hablemos de otros deportes, como el tenis. La mayoría de la gronchada ni siquiera sabe dónde queda Wimbledon.* (A, U)

gronchaje (m., despectivo) grupo de 'tribu urbana' de gustos populares, que generalmente prefiere vestir con ropa cómoda o deportiva, le gusta la cumbia como género musical, y es de clase social baja. *Los gustos del gronchaje son típicos de los nuevos ricos.* (A, U)

Compartidos

groncho 1) (sust., despectivo) mestizo de piel oscura, ojos pardos y pelo oscuro. 2) (sust./adj.) cualquier persona u objeto ordinario, vulgar, de mal gusto. *Es una moda* **groncha***; yo nunca me vestiría así.* (A, U)

guácala interjección de asco. *¡***Guácala***! ¡Hay una mosca muerta en la ensalada!* (EC, M, CO, V, PE, A, CH, RD, H, PR, U, G)

guachar (v.) ver, mirar (también wachar) (del inglés "to watch"). *No te voy a dejar* **guachar** *la tele si no terminas la tarea.* (EEUU, M)

guachimán (m.) guardia, vigilante (del inglés "watchman"). *No hagas ruido que Enrique está durmiendo. ¿Sabías que desde la semana pasada trabaja como* **guachimán***? Ayer le tocó el turno de noche.* (V, EC, CR, PE, H, PA, SA, CO)

guagua (f.) autobús. *La* **guagua** *siempre llega tarde a esta parada.* (PR, RD, CU)

guagualón (sust./adj.) dicho de niño malcriado, demasiado mimado, que se comporta como si fuera menor que su edad real, o de persona pueril. *El* **guagualón** *de Tomás ya cumplió 40 años y todavía vive con sus viejos.* (B, CH)

guapachoso (adj.) de ritmo tropical, alegre. *La música de era bien* **guapachosa** *y toda la gente estaba bailando.* (CU, PA, G, V, SA, N, CO)

guaro (m.) cualquier bebida alcohólica. *Vamos, te invito a tomar un* **guaro***.* (PA, G, CR, EC, H, N)

guarura (sust. invariable en género) guardia. *Había muchos* **guaruras** *alrededor del presidente.* (G, M)

guata (f.) barriga, panza (voz de origen mapuche). *¿Y esa* **guata***? ¿Acaso estás embarazada otra vez?* (CH, PE, EC, A, B)

güiri-güiri (m.) voz onomatopéyica que representa el sonido de charla animada. *Por estar en el* **güiri-güiri***, a Martina se le quemó la cena.* (M, PA, N, SA)

guita (f.) dinero. *Primero hay que juntar algo de* **guita** *y luego nos vamos de aquí para siempre.* (A, ES, PE, U, PY, B)

guitarra (f.) variante de guita, dinero. *Esta* **guitarra** *no alcanza ni para comer.* (A, B)

H

hablar paja (loc. v.) decir trivialidades, no decir nada importante. *Elia es muy buena para* **hablar paja***--le encanta hacer perder tiempo a la gente.* (SA, CO, H, V, CR, G, PR, PA, N, EC)

hacerle (loc. verbal) usada en el negativo presente **"no le hace"**, se usa cuando algo da lo mismo, es indiferente. *¿***No le hace** *si le pago con monedas? Es que se me acabaron los billetes.* (M, CO)

hacerse bolas (loc. v.) confundirse. *El taxista* **se hizo bolas** *y me llevó a una calle equivocada.* (M, CR, N, CO, G, PE, H)

happy (adj. invariable en plural) tomado, en estado "alegre" y, a menudo, desinhibido (del inglés "happy": feliz). *Las muchachas todavía no se terminaban la jarra de sangría que habían pedido y ya estaban bien* **happy***.* (M, H, EC)

hasta el copete / hasta la coronilla* (loc. v.) harto, fastidiado. *Estoy* **hasta el copete** *de los berrinches de Maricela.* (A*, ES*, V, N, M, PR, CR, H, PE, CH, G, PY, U, CO*)

hijo de papi / papá--niño de papá (loc. sust..) hijo de gente adinerada, que todo lo tiene gracias a ellos. (PR, PE, H, A, CR, U, PY, N, V, CO, M, ES, CH)

Compartidos

hincha (sust. invariable en género) seguidor de un equipo deportivo (por allá en el año 1910 en Montevideo, cuando el nacional uruguayo se disputaba un partido, un tal Prudencio Miguel Reyes repetía, gritando a todo pulmón, "¡Arriba Naci'al!" para animar a su equipo. Alguien preguntó quién era ese hombre, y la respuesta fue que era "el que hincha los balones del club".) *Cuidado con los* **hinchas** *ingleses, que tienen fama llevar el fanatismo al extremo de la violencia.* (U, A, CO, B, PE, V, CH, ES, PY)

I

importar un comino / pepino+ / pimiento* (loc. v.) no importar nada. *Me* **importa un comino** *lo que pienses de mí.* (A, CO, PR, M, N, V, CH, PY, CR, H, PE, G+ ES*)

indio (sust./adj., despectivo) ignorante, inculto, maleducado, de mal gusto (a menudo usado como insulto). *Te ves bien* **india** *con ese peinado, mejor cámbialo. / No seas* **indio**, *¡saluda a tu padrino!* (M, PE, B, G, CH, PA, N, EC)

infeliz (sust./adj.) vil, infame, despreciable. *Esos* **infelices** *de tus tíos se repartieron la herencia que te había dejado tu padre. / El* **infeliz** *de Hugo se gastó toda la* <u>plata</u> *que era para comprar los remedios de su mamá. / ¡Vieja* **infeliz**, *váyase a su casa!* (H, PE, M, A, U, PY)

írsele la onda (a uno) (loc. v.) distraerse, perder el hilo o la concentración. *Se me fue* **la onda** *y no felicité a Ramiro por su cumpleaños ayer.* (M, G)

J

jaina (f.) novia (habla pandillera). *Te* <u>guaché</u> *que hablabas con mi* **jaina**, *¿qué quieres con ella?* (EEUU, SA, M)

jaipo (m.) persona que se droga por medio de inyecciones (del inglés "hypodermic needle", jeringuilla) *Yo no me junto con esos, son puros* **jaipos**. (EEUU, M)

jama (f.) comida. *¡Ve a hacer la* **jama**, *tengo hambre!* (PR, CU, EC, PE, CR)

jetear (v.) dormir. *Los vecinos no lo dejaban* **jetear** *con su escándalo.* (M, CO)

jipato (adj.) pálido amarillento, de color enfermizo. *¿Por qué la veo tan* **jipata**, *doña Juana? --Es que hace una semana que no puedo dormir.* (RD, CO, V, CU, PR, PA)

jinetera (f.) prostituta. *Bárbara se viste como* **jinetera**. (CU, M)

joda (f.) molestia, fastidio. *¡Qué* **joda** *tener que andar a pie cuando hay huelga de transportes públicos!* (M, A)

jodido 1) (adj.) destrozado, arruinado. *La impresora ya está muy* **jodida**, *hay que comprar una nueva.* 2) (adj.) complicado, difícil. *Está* **jodida** *la situación en el país.* (CO, N, VE, M, EEUU, G, H, EC, PR, A, PE)

jodón 1) (sust.) persona alegre y de buen carácter. *Julio es un* **jodón** *de aquellos con él te divertís un montón.* 2) (adj.) fastidioso, que se divierte molestando en mal momento. *No seás* **jodón**, *Andrés. ¿No ves que me siento mal?* (U, A)

josear (v.) en el ambiente beisbolero, esforzarse mucho para obtener un buen resultado. (del inglés *hustle*); **joseador** (adj./m.) jugador voluntarioso, motivado, resuelto. *Él era un jugador versátil, carismático y un gran* **joseador**. (V, N, M, CU, PA)

julepe (m.) susto muy grande. *Marina se dio un* **julepe** *cuando sintió el temblor.* (PY, U, A)

Compartidos

juma (f.) borrachera (verbo: **jumarse**; adj. **jumado**). *¡Buena juma la de don Andrés en la boda de su hija! / Cuando lo vieron bien jumado, le robaron hasta los zapatos.* (CR, CU, PA)

junar (v.) ver, mirar, observar con atención. *¿Qué están haciendo? --No sé, no juno desde aquí.* (ES, A, U)

L

laburador (adj./sust.) trabajador. *Paola es muy laburadora; llegará lejos.* (U, A, B)

laburo (m.) empleo, trabajo (verbo **laburar**). (A, U, PY, B)

ladilla (sust./ adj. invariable en género) persona que está siempre alrededor, que molesta, fastidia. (V, ES, PE)

lambiscón (sust./adj.) adulador. *El lambiscón de Alberto nunca contradice al jefe aunque esté equivocado.* (M, U, RD, SA, H, G, B)

lana (f.) dinero. *Me quedé sin lana después de pagar todas mis deudas.* (PE, M, EEUU, PA)

lero lero (voz infantil) ocasionalmente acompañada por otra palabra en rima (**candelero+**, **bandolero***, etc.), expresión burlona usada para expresar que algo percibido como negativo que le sucede al interlocutor es bien merecido, o para jactarse de alguna cosa de la cual el interlocutor no goza. *¡Lero lero, candelero, te vieron rayando las paredes del baño del colegio y te van a castigar! /¡Lero lero, a mí me van a llevar a un rancho a montar a caballo y a ti no!* (H+, G, PR*, M, CO+)

levantar (v.) entrar intencionalmente e informalmente en contacto con alguien desconocido, sobre todo con intenciones románticas o sexuales (probablemente traducción literal de la expresión equivalente en inglés *"to pick up"*). *Levantamos a unas que conocimos en el concierto.* (A, M, PA, PE, CO, G, CU, U)

limpio (adj.) sin dinero. *Roberto salió del casino completamente limpio.* (CR, EC)

llanta (f.) rollito de grasa que se forma generalmente alrededor de la cintura de la gente con sobrepeso. *A Lizbeth le da vergüenza ponerse el bikini que le regalaron porque ya se le hacen llantitas por haber engordado tanto.* (G, M, H, N, EEUU, CO)

loco término informal para dirigirse a una persona, generalmente un amigo. *¿Qué dices/*decís, loco, mañana vienes/*venís a jugar fútbol con nosotros?* (EC, PE, M, *PY, CO, *A, *H, PR, *U, CH)

loquera (f.) locura. *Le dio la loquera y se puso a pintar toda la casa de color morado.* (V, M, PR, CO, CH, RD, SA, CR, N)

lonchar (v.) comer (la comida de mediodía). *¿Mañana vamos a lonchar a esa cafetería nueva?* (EEUU, M, PR)

lonche (m.) almuerzo, comida del mediodía, que normalmente se lleva para comer en el trabajo o en la escuela (del inglés "lunch"). *No se te olvide otra vez tu lonche, m'hijo.* (EEUU, M, PR)

M

macanudo 1) (adj.) muy buena persona. *Gaspar es macanudo, siempre está cuando lo necesitás.* 2) (adj.) muy bueno, excelente. *El dibujo que hiciste es macanudo.* (U, A, H)

Compartidos

maje 1) (sust./adj.) tonto, idiota. *Gregorio es un* **maje** *si cree que le voy a regalar mi colección de discos.* 2) trato entre amigos (a menudo pronunciado "mae"); 3) (sust.) individuo, persona. *Hey,* **mae***, vamos a cenar a mi casa. / Llegó un* **mae** *preguntando por vos.* (H, SA, CR, M*1)

mala leche (loc. sust.) mala intención, propósito avieso. *No digas / digás tonterías; me dio el codazo con toda la* **mala leche***.* (ES, A)

maldito (adj.) muy bueno, excelente. *Esta foto tuya está* **maldita***, la voy a poner en un marco.* (PE, B)

maldoso 1) (sust./adj.) persona con malas intenciones. *El* **maldoso** *de Rufino algo anda tramando de repente anda muy zalamero con la hija del jefe.* 2) (sust./adj.) persona mal pensada, maliciosa. *¡No seas* **maldosa***, Julieta! Te dije que mi novio me había pedido que le sobara la espalda, no otra cosa.* (CR, N, M, CU)

maleta (adj.) inhábil, poco diestro. *Dora es bien* **maleta** *para cuidar plantas, se le mueren todas.* (G, M, CO)

mamacita (f.) mujer muy bella, impactante (también **mamasota**). *¿De 'onde sacaste las fotos de esas* **mamasotas** *que pusiste en tu página?* (V, SA, N, M, CO, RD, PE, G, CR, PA)

mano (sust.) hermano, amigo, usado como apelativo entre amigos (de "hermano") (usado en CO solo entre varones). (M, CO, G, PR)

mano peluda (f.) manipulación. *Dijeron que los documentos importantes que estaban archivados en esa <u>computadora</u> se borraron por culpa de un virus, pero muchos creen fue cosa de* **mano peluda***.* (G, H, V, SA, N, PA, CR)

mamado (adj.) ebrio, borracho (verbo **mamarse**). *David se quedó dormido sobre la mesa, completamente* **mamado***.* (U, B, A)

máquina (f.) PC, ordenador, computadora. *Voy a cambiar la* **máquina** *por una de 4 gigas.* (U, A)

mara (f.) pandilla juvenil. *Tengan cuidado con sus hijos. La tentación de entrar en una* **mara** *es fuerte. / A Memo lo amenazaron de muerte unos de una* **mara** *rival.* (sust./ adj.) **marero** pandillero. *Desde que Julián se hizo* **marero** *ha estado encerrado tres veces en una correccional de menores.* (G, H)

marca diablo (adj.) muy grande, fuerte o impactante. *El doctor me dijo que tenía una infección* **marca diablo** *y que me iba a recetar medicina para curarme.* (M, N, SA, G)

marimacha (f.) mujer de aspecto masculino y/o comportamiento o gustos típicamente atribuidos a los hombres. *La* **marimacha** *de Eva sabía más de mecánica que sus hermanos.* (CO, M, G)

marimba (f.) marihuana. *Ve a conseguirnos más* **marimba***, que ya se está acabando.* (CO, PE, M)

mariposón (m.) afeminado. *Aquel peluquero es un* **mariposón***.* (ES, M, CO, CH, A, U, V, B, PE, PY, SA, N)

masoca (sust./adj.) masoquista. *Andrés no se decide a dejar a su mujer porque es* **masoca** *y le gusta que lo maltraten.* (ES, CH, A)

matarse (v.) sacrificarse o esforzarse uno mucho por algo. *La pobre de Irene* **se mató** *estudiando y reprobó la materia de todos modos.* (ES, SA, PR, M, CO, G, PY, U, V, A)

mechudo (sust./adj.) greñudo, de pelo largo y desordenado. *"El Culebro" es un* **mechudo** *que toca la guitarra y viste siempre de negro.* (CO, M, N, G, CH)

Compartidos

menso (sust./adj.) tonto. *Esos mensos no siguieron las instrucciones para armar el aparato y les sobraron unas piezas que no saben dónde van.* (G, M, CO, EC)

mentada (f.) insulto (a la madre). *¡Don Paco, no ande echando mentadas enfrente de las monjitas! / A Gerardo no lo hacen trabajar ni a mentadas (de madre).* (M, PE, G, H)

mentar a la madre / mentarla (v.) insultar (mencionando a la madre del aludido). *Alguien se la mentó y se armó la bronca.* (ES, PE, M, CO, V, N, G, H)

merca (f.) cocaína (probablemente de "mercancía"). (A, CH, U)

merequetengue (m.) alboroto, lío, barullo. *Con todo el merequetengue de los preparativos de viaje, Héctor olvidó el pasaporte en su casa.* (M, G)

mero (adj.) 1) palabra que sirve para reforzar, recalcar (también en diminutivo **merito**). *¿Quién dijo esa barbaridad?--¡Yo merito!* 2) exacto. *¡Esa mera es la canción que quiero oír!* (M, H)

mero mole 1) (loc. sust. m.) la especialidad, esencia, centro o corazón de alguien. *Su sonrisa triste me dio en mi mero mole y ya nunca lo he podido olvidar. / Las artesanías de vidrio son el mero mole de Vicente.* 2) (loc. adv.) con la preposición "en" y usado con pronombre posesivo, describe a quien se encuentra en su elemento, en una situación/ambiente ideal. *Josefa estaba en su mero mole, intercambiando chismes con sus vecinas. / Estoy en mi mero mole en cualquier pista de baile.* (M, G)

meter la pata (loc. v.) aparte de la acepción de cometer una indiscreción, un error, se usa a menudo como eufemismo de la mujer que queda encinta sin planearlo. *Juana ya metió la pata.* (M, V, CO, PR, CR, U, PY, G, CH, PE, N, H, SA)

metiche (sust./adj.) entrometido. *Tu tía Rosa tiene fama de ser la más metiche de la familia.* (PE, M, G, SA, V, PA, EC, B, H, PY,CH, CO)

m'hijo / mijo / mijito trato entre personas. *Oye, mija, llámame más tarde que ahora estoy bien ocupada.* (CH, M, PY, N, V, U, PR, A, EEUU, CO, G)

milico (m., despectivo) soldado, militar. *El tren estaba lleno de milicos que se dirigían a la zona del conflicto.* (CH, PY, A, U, EC)

mina (f.) mujer joven. El uso en mujeres mayores es despectivo. *El ex de Brenda dice que la dejó porque ella es una mina histérica y aprovechadora.* (A, CH, U)

mirruña 1) (f.) pedacito pequeño de una cosa. *Dame una mirruña de tu tortilla, tengo antojo.* 2) (f.) cosa pequeña. *Oscar es una mirruña de muchacho.* (M, G)

mocoso (desp.) niño. *¡Ya váyase a acostar, mocosa!* (PY, N, CO, CR, M, ES, H, U, CH, A, G)

mocho (sust./adj.) amputado. *El gato de la cola mocha se llama Ricky.* (CO, V, A, M, CH, EEUU, N, ES, PR, SA)

mono (sust./adj., despectivo) ecuatoriano, proveniente del Ecuador. (CH, PE)

moquetazo (m.) moquete, golpe dado con el puño. *Elías es muy agresivo, todo lo quiere arreglar a moquetazos.* (G, CR, M)

morlaco (m.) unidad monetaria; dinero. *Eso te va a costar muchos morlacos; yo lo olvidaría.* (A, M, CH, U)

mosca (f.) dinero. *Mi madre necesita mosca para hacerse una operación.* (ES, U, A, CR, PY)

motoquero (sust./adj.) miembro de una 'tribu urbana' compuesta por personas que viajan en moto. *Va a haber otro encuentro motoquero internacional en julio.* (A, U, CH, B)

Compartidos

muco (adj./sust., despectivo) nicaragüense. *Conocimos a varios **mucos** en el concierto.* (SA, G, H)

N

nabo (adj./sust.) tonto, ingenuo. *¿Sos tan **nabo** que no distinguís la ironía en ese comentario?* (A, U)

nais (adj.) bonito, bueno, agradable (del inglés "nice"). *Mi abuelita es bien **nais** conmigo. Me regaló un celular para mi cumpleaños.* (EEUU, CO, M)

napia (f.) nariz grande. *Con esa **napia** nunca vas a ser modelo. / ¿Viste qué **napia** tiene el prometido de Fabiana?* (U, A)

naranjas no. *¿Vienes con nosotros? –**Naranjas**, tengo otras cosas que hacer.* (CO, M)

nave (f.) automóvil. *Jorge acaba de pasar por aquí en su **nave** para invitarnos a la playa.* (CO, M, CR, H, V, G)

nerdo (sust.) persona vista como muy inteligente pero abstraída, generalmente solitaria, que no encaja en los grupos (de la jerga en inglés "nerd"). *Yo no quiero tomar esa clase. Hay puros **nerdos** allí.* (CO, M, CR, G)

n'hombre 1) no enfático. *¡**N'hombre**, si yo ni siquiera estaba allí a esas horas!* 2) interjección genérica. */ **N'hombre**, nos entretuvimos un montón oyendo el relato de sus aventuras en Africa.* (M, CO)

ni ahí frase que expresa rechazo, indiferencia, o para indicar la poca relevancia que una cosa tiene con otra. *¿Supiste que tu ex se casó con Yolanda?--No estoy **ni ahí**.* (CH, U, A)

ni chicha ni limonada (frase) ni una cosa ni otra. *Juan **no es ni chicha ni limonada**: ni conservador, ni liberal.* (N, G, CO, A, U, PE, CH, B, EC, PY, CR, M)

nieve (f.) cocaína. *El hombre nos ofreció algo de **nieve** para festejar el cierre del contrato.* (CO, M)

no cantar mal las rancheras (frase) no quedarse atrás en cuanto alguna habilidad o característica poco recomendable. *¡Tu hermano Pedro es un borracho holgazán! -- Pues tu marido **no canta mal las rancheras**.* (M, SA, CO)

nos vidrios (frase) saludo de despedida, "nos vemos". (N, PE, M, G, H, EEUU, CO)

Ñ

ñato (sust./adj.) de nariz corta y aplastada, chato. *No era alto, medio **ñato** y tenía ojos negros.* (PE, H, A, U, CU, CH)

ñero (sust.) amigo. Acortamiento de "compañero". *¿Puedo invitar a mis **ñeros** a tu fiesta de despedida?* (M, SA)

ñoqui (sust.) empleado (sobre todo un dependiente de gobierno) que resulta en la nómina pero que se presenta al trabajo solamente a la hora de cobrar. *Para mí que por lo menos 20% de los funcionarios universitarios son **ñoquis**.* (U, A, CH)

O

mala / buena **onda** 1) (sust.) cosa negativa o positiva. *¡Qué **mala onda** que cancelaran el concierto!* 2) (adj.) dicho de persona, **buena onda**: simpático, agradable, afable;

Compartidos

mala onda: malvado, cruel, insensible. *Rosario es **buena onda**, la voy a invitar a la fiesta.* (M, G, A1, U1)

orita (adv.) barbarismo de "ahorita", ahora mismo. ***Orita** estoy ocupada, pero al rato te ayudo con la tarea de historia.* (CO, M)

orto 1) (m.) culo, trasero. *Leí por ahí que en Uruguay hay un decreto que prohíbe a los mayores de 60 años que se tatúen el **orto**.* 2) (m.) buena suerte (un poco vulgar). *Dar ese examen en esas condiciones es una audacia, pero le fue bien. ¡Qué **orto** que tiene!* (A, U)

oso (m.) situación o acto ridículo o vergonzoso. *Karla estaba presumiendo de que bailaba salsa muy bien cuando se resbaló, haciendo el **oso**. / La cantante hizo un **oso** cuando se le olvidaron las palabras de la canción que estaba cantando.* (CO, M)

otario (sust./adj.) tonto, necio, ingenuo. *¿Y quiénes son los **otarios** que pagarían por una cosa así?* (A, U)

P

paco (m.) agente de policía. (CH, B, V, EC)

pachanga (f.) alboroto, fiesta, ruidosa y alegre. *Rosa y Martha se fueron a una **pachanga** y volvieron en la madrugada.* (M, CR, EEUU, PR, CO, RD, H, ES, G, N, PY)

pacuso (m.) mal olor corporal (combinación de las primeras sílabas de pata, culo, sobaco). *Ese cine de mala muerte siempre tenía un **pacuso** inaguantable.* (N, M, H)

paja 1) (f.) mentira. *Su cuñada anda contando **paja** sobre usted.* 2) (f.) acto de onanismo (adj. **pajero**). (H, G, CO, 2A)

palanca (f.) valimiento, intercesión poderosa o influencia que se emplea para obtener algo. *Julián tiene **palanca** con un funcionario de gobierno.* (PY, V, M, CR, A, CO, PE, SA, U)

palo (m.) sesión o unidad del acto sexual. *Ramiro presume que puede echarse hasta ocho **palos** sin cansarse en una sola noche.* (CU, M)

palo (m.) bebida alcohólica. *Después de esa noticia hubo necesidad de tomar unos buenos **palos**.* (PR, V)

pana (sust. inv./adj.) amigo. *Pablo y Andrés son **panas** desde que iban a la escuela.* (V, RD, EC, H, PR)

papacito (f.) hombre muy guapo, impactante (también **papasote**). *Te corté el pelo como el del **papasote** de la revista; pero no puedo cambiarte la cara, no hago milagros.* (M, PA)

para nada (frase) no, de ninguna manera. *¿Tienes hambre, Claret? --¿Yo? ¡**Para nada**!* (G, CO, M)

paracaidista (sust.) persona que se presenta a un sitio sin ser invitada. *Hace una semana que llegaron a mi casa unos **paracaidistas**, parientes de mi mujer.* (CR, N, B)

paragua (sust./ adj. invariable en género) paraguayo, proveniente de Paraguay. *En mi curso de ingeniería hay tres **paraguas** y un brasilero.* (U, A)

parcero (sust./adj.) amigo. *Eliana les mandó postales de Madrid a todos sus **parceros**.* (CO, EC)

parisear (f.) salir a divertirse, de fiesta (del inglés "party"). *Esta noche hay que **parisear**--¡es cumpleaños de mi novia!* (PR, EEUU)

partuza (f.) fiesta desenfrenada y excesiva, que en ocasiones degenera en orgía. *Katia y Leila son las brasileras que conocí en la **partuza** del sábado pasado.* (CH, A)

pato (m.) hombre homosexual. (N, PR, V, CU, RD, PA)

patota (f.) grupo de jóvenes revoltosos y montoneros que se dedica a molestar o atacar a la gente en sitios públicos. *La **patota** de Sergio cobraba "peaje" para dejar pasar a la gente delante de la estación ferroviaria.* (CH, U, PY, A, B)

patotear (v.) intentar obtener algo por la fuerza o por medio de presión. *Lo que no me gusta de esta empresa es que cuando algo les sale mal te vienen a **patotear** para que te hagas cargo de los errores que no cometiste, y si no lo hacés, te echan.* (U, A)

patotero 1) (sust./adj.) miembro de un grupo de jóvenes revoltosos y montoneros que se dedica a molestar o atacar a la gente en sitios públicos. *Ser **patotero** es ser cobarde, porque solo no se atrevería a hacer lo que hace en* patota. 2) (adj.) lo que es propio de tal grupo. (B, A, PY, U, CH)

patovica (m.) persona de seguridad en los locales nocturnos. *El **patovica** de la discoteca nueva no nos dejó entrar.* (A, U, B)

patrasear (v.) cambiar de idea, arrepentirse, retroceder, echarse para atrás (de *pa'trás:* para atrás). *No te me **patrasees**; me habías dicho que ibas a cuidar a los niños mientras mi marido y yo vamos al teatro.* (CO, M)

pavada (f.) tontería. *Aquella niña dice sólo **pavadas**.* (U, A)

pecueca (f.) mal olor de pies. *¡Vieras cuánta gente viene a la zapatería a probarse zapatos con una **pecueca** como para desmayarse!* (CO, PA)

pediche (sust./adj.) pedigüeño, que pide con frecuencia. *¿No te da vergüenza ser tan **pediche** con tus tíos?* (SA, M)

pedo (m.) lío, problema. *Es un **pedo** corregir los daños que causó el virus. Vas a tener que reformatear el disco.* (CO, M, H)

pegar (v.) tener éxito. *El programa nuevo de ese cómico está **pegando** mucho.* (PY, M, CO, G, A)

pegue (m.) magnetismo personal, carisma; éxito con el sexo opuesto. *Yo no creo que Ricky Martin sea guapo, pero sí tiene mucho **pegue**.* (G, M)

pegoste (m. invariable en género) tercer incómodo, estorbo (referido en particular a algún miembro de la familia o la pareja). *Ahora no puedo hablar contigo porque está aquí mi hermanito de **pegoste**.* (M, G)

pelársela (loc. v.) fallar, perder una oportunidad. *Parecía que mi caballo iba a ganar la carrera, pero al final **se la peló**; lo rebasó "Lucky Strike".* (H, M)

pelotudo (sust./adj.) individuo torpe e inútil. *"Sos un **pelotudo**, tenías que armar esa lámpara al revés", le dijo Ramón a su amigo.* (A, U)

pendejada (f.) estupidez, idiotez. *Ya no diga **pendejadas**, no sabe ni de lo que está hablando.* (G, CO, M)

pendejo (sust./adj.) tonto, idiota (PR, V,G, M, CO, H)

pendejo 1) (sust./adj.) adolescente o quien parece serlo por su aspecto juvenil. *Acaba de llamarte alguien, una tal Gladys. Tenía voz de **pendeja**.* 2) (sust./adj.) persona pueril, inmadura. *Tu hermano es un **pendejo**. ¿Cuándo se va a comportar como la gente de su edad?* (PY, A, U, CH)

peni (f.) cárcel (acortamiento de *penitenciaría*). *Hilda iba a la **peni** cada semana a ver a su marido.* (CH, M, NI, G, EC)

Compartidos

penquear (v.) golpear, castigar corporalmente. *Te voy a **penquear** si no te ponés en paz.* (H, G)

pepa (f.) pastilla, píldora (medicinal o de droga). *Su mamá le encontró unas **pepas** escondidas en un cajón: eran anticonceptivos.* (CH, CO, PE)

perar (v.) esperar (sólo en el modo imperativo **pérate** / **péreme** / **pérame** / **pérenme** / **pérennos**). *¡**Pérame**! Déjame le aviso a mi mamá que voy a salir.* (M, CO)

perico (m.) cocaína. *Le encontraron **perico** en un cajón.* (ES, M, PR, CO)

pestañazo (m.) sueño, siesta breve. *Estoy cansada; voy a echar un **pestañazo** antes de que lleguen los muchachos.* (CU, M, PE, G)

petiso (sust./adj.) persona de baja estatura. *La **petisa** soñaba con ser modelo, pero no creció lo suficiente.* (A, U)

pibe (sust.) chico, muchacho (**piba** en femenino). *Aquel **pibe** va a terminar mal si sigue descuidando los estudios.* (A, U)

pichicata (f.) droga, cocaína. *Los agarraron antes de que pudieran deshacerse de la **pichicata**.* (CH, B, PE, A)

pichicatear (v.) potenciar a un animal de competición (caballo, galgo, etc.), un vehículo, o hasta un atleta usando sustancias químicas (del verbo italiano "pizzicare", pellizcar). *Se supo más tarde que la campeona se había **pichicateado** antes, durante y después de las Olimpiadas.* (CH, A)

pichicato (adj.) cicatero, miserable, que escatima lo que debe dar (v. **pichicatear**) (del italiano "pizzicato", pellizcado). *¡No seás **pichicata**, Margarita! Le estás dando muy poquita comida a ese pobre gato. / Con la familia no hay que **pichicatear**, sé más generoso, Juan.* (M, G, H)

piedra (f.) la droga crack, derivada de la cocaína. *Mis hijos dejaron los estudios y se pusieron a fumar **piedra**.* (NI, M, SA, CR, CU, VE, PA)

pilas (sust. usado como adj.) perspicaz, agudo, inteligente. *M'hija es bien **pilas**. Tiene apenas quince años y ya habla cuatro idiomas.* (G, H)

pillo (sust.) ladrón, ratero. *Los **pillos** lograron escapar sin ser vistos por el guardia de seguridad.* (EC, M, CO, G)

pirarse (v.) irse, escapar. *Me tengo que **pirar**; nos vemos más tarde.* (A, U, ES, V, CU)

pirujo (sust./adj.) persona que no cumple con sus deberes religiosos. *Gabriel dice que es católico, pero es un **pirujo** porque yo nunca lo he visto en misa.* (SA, G)

pirulo (m.) año. *¿Qué tanto va a poder mejorar la situación económica en el **pirulo** 2010?* (U, A, B, PY)

pisar (v.) tener relaciones sexuales (vulgar). *Esta mañana encontraron a dos **pisando** en el baño del colegio.* (SA, G, H)

pisto (m.) dinero. *Dejá de pedirme **pisto**; ya no tengo.* (H, G)

planchar oreja (loc. v.) dormir. *El viaje va a ser largo. Vamos a tener que parar en algún sitio a **planchar oreja**.* (ES, M, CO, PR)

plata (f.) dinero. (M, CR, PY, CH, PE, EEUU, CO, V, A, U, N, H, EC)

platanazo (m.) hombre homosexual. *El bar estaba lleno de **platanazos**.* (NI, CR)

plebe 1) (f.) la gente en general. *Había bien poquita **plebe**; el local estaba casi vacío.* 2) (f.) grupo de amigos. *La **plebe** estuvo contando chistes en el bar.* (G, M)

poner el dedo (loc. v.) acusar, delatar. *Le **pusieron el dedo** al "Chorejas" y le cayó de sorpresa la policía.* (M, G)

444

ponerse buzo (loc. v.) estar listo, alerta, despierto. *Me tuve que **poner buzo**, si no, sus papás me habrían encontrado en casa de ella.* (G, M, SA)

ponerse las pilas / baterías (loc. v.) concentrarse. *Me **puse las pilas** y logré resolver el problema de matemáticas.* (PY, G, U, CU, N, CR, V, M, A, CO, RD, CH, H)

popó (m.) excremento (habla infantil, eufemismo) *Mamá, Fufi se hizo **popó** en la alfombra.* (M, CO, G, U, A)

poto (m.) trasero, nalgas. *Sacaron al pobre perro de la cocina con una patada en el **poto**.* (CH, PY,B, EC, A, PE)

prepotear (v.) comportarse en manera prepotente para obtener algo. *Creen que pueden **prepotear** sólo porque llevan el uniforme de la policía.* (A, U)

profe (sust. invariable en género) maestro, profesor. *La **profe** mandó a Javier a la dirección por malhablado.* (H, A, N, V, G, CR, ES, CH, M, U, CO, PY)

pucha interjección de contrariedad, disgusto (eufemismo de "puta"). *¡**Pucha**, olvidé las llaves de la casa adentro!* (CH, PE, A, U, H)

púchica interjección de contrariedad, disgusto. *¡**Púchica**, yo no quiero ir a misa!* (G, H)

puchar (v.) empujar (de "push"). *Tuvimos que **puchar** el <u>carro</u> porque no quería arrancar.* (EEUU, M)

puñeta interjección de asombro, enojo, etc. (vulgar). *¡**Puñeta**! ¡Fíjate por dónde caminas!* (ES, PR)

puto (m.) hombre homosexual, afeminado. (M, A, PY, CO, U)

Q

¿qué onda? 1) (frase) saludo; 2) también usada para preguntar qué sucede. *¿**Qué onda**, ya estás lista para ir al baile?* (M, CH, G, N, SA, B, H, U, 2A)

quemar (v.) volver fastidioso o "rancio" algo que era original y fresco a fuerza de repetirlo o copiarlo (adj. **quemado**). *Van a **quemar** esa canción si siguen tocándola cada cinco minutos. / Ese tatuaje de la rosa ya está muy **quemado**, mejor escoge otro.* (PE, M, CO, G, A)

quemar la canilla (loc. verbal) ser infiel a la pareja, generalmente al marido. *Rosaura le **quema la canilla** a Winston.* (G, H)

quihubo hola, qué tal. Saludo (de "¿qué hubo?"). (CO, H, EEUU, V, M, CH, CR, SA)

quilombo 1) (m.) prostíbulo; 2) (m.) lío, barullo, escándalo; 3) (m.) asunto complicado o peligroso. *El otro día se armó un **quilombo** en el mercado cuando un tipo quiso robarse una gallina.* (A, CH, B, U)

R

rabo verde (loc. sust. m./adj.) hombre maduro que se dedica a cortejar mujeres jóvenes. *Ese profesor es un viejo **rabo verde**: el otro día lo oí cuando invitaba a salir a una de sus alumnas.* (CR, N, H, PE, M, G)

raite (m.) pasaje que se pide o se da (en auto, moto, etc.) (del inglés "ride"). *¿Me das un **raite** a la estación?* (EEUU, M, H)

ranfla (f.) automóvil (en la frontera norteña). *Va a haber carreras de **ranflas** mañana en un tramo poco transitado de la carretera.* (M, EEUU)

ratón (m.) malestar físico después de una borrachera. (PE, V)

rajarse (v.) echarse atrás, desistir a algo por miedo. *Ernesto iba a venir con nosotros a la playa pero al último minuto se rajó.* (U, ES, PE, N, G, H, M, PR)

rascuache (adj.) de baja calidad, de mal aspecto, desaliñado. *María nació en un pueblo rascuache. Cuando cumplió los 18 se fue y nunca volvió* (G, M, PE, SA)

rayarse (v.) tener suerte, obtener algo positivo. *Enrique se rayó con la novia que tiene. ¡Es preciosa!* (G, PE, M)

rayarse (v.) volverse loco (adj. **rayado**). (A, PY, CH, U, PE, EC)

refri (m./f.*) frigorífico, refrigerador. *Saca el postre del refri, que ya llegaron los invitados.* (G, CH, M, PE, H*)

regarla (loc. v.) arruinar todo, cometer una indiscreción. *Leonidas siempre la anda regando con sus indiscreciones. / ¡La regaste! Lo de la fiesta iba a ser una sorpresa y vos fuiste y le dijiste!* (G, M)

relajear (v.) divertirse bromeando, causando alboroto. *En la biblioteca de la prepa todos los estudiantes se la pasan relajeando en vez de estudiar.* (M, G, CO)

relajo (m.) 1) lío, escándalo, alboroto. *Los papás de su novia le armaron un relajo a Ismael porque la llevó a su casa a las cinco de la mañana.* (G, M, CO)

repatear (a uno) (v.) dar mucho fastidio, detestar. *Me repatea que no respondas cuando te pregunto algo.* (ES, V, M)

resaca (f.) malestar físico después de una borrachera. (ES, CU, A, U, RD, CH, PY, PE, PY)

resbalosa (f./adj.) mujer que se insinúa y coquetea con los hombres, libertina. *Edith no es más que una resbalosa . Ahí está coqueteando con tu novio.* (G, M, CO)

retacado (adj.) muy lleno, repleto. *El estadio estaba retacado; había gente sentada en los pasillos y en los escalones.* (CO, M, G)

rollo (m.) cuento largo, invención, mentira. *Para poder ir a la playa con sus amigas, Lucita le contó un rollo a sus padres.* (CO, M, G)

roto (sust./adj. despectivo) chileno, proveniente de Chile. (B, PE)

ruco (adj./sust.) viejo, de edad avanzada (dicho de personas y animales). *Pobrecita Panchita, ya está muy ruquita.* (M, G)

S

sacar(le) la mugre (a alguien) 1) (loc. v.) pegar contundentemente, dar una paliza. *Miguel iba borracho y le sacó la mugre a un pobre mendigo que encontró.* (CH, PE)

sacar la piedra (loc. v.) hartar, fastidiar, molestar. *¡Ya me sacaste la piedra! Desaparece o te va mal.* (CO, V)

sal (f.) mala suerte. *No me echen la sal. No me digan que mi equipo va a perder.* (CR, M, G, CO)

salado (adj.) desafortunado, con mala suerte (verbo **salar, salarse**). *Don Roque está bien salado--ayer le chocaron el carro/coche/auto y hace sólo una semana que lo había comprado. / Te vas a salar si pasas debajo de esa escalera.* (CU, PR, V, H, CO, N, CR, M, G, RD, PE)

salame (sust./adj.) tonto, idiota. *La salame de Laura volvió a ordenar joyería cara que vio por televisión, y no es más que plástico y vidrio.* (A, U)

sánguche (m.) emparedado. *No quedaron más que sánguches de queso y de pollo. ¿Ustedes cómo los prefieren?* (A, CH, B, PE, PY, RD, U)

segundo frente (loc. sust. m.) amante. *Mi jefe le manda flores cada semana a su segundo frente.* (V, M, G)

serrucho (m.) colecta, cooperación. *Hay que hacer un serrucho para comprar el regalo de bodas para Matilde.* (RD, PR)

show (m.) barullo, caos, escándalo. *Hubo un show en mi casa cuando mi hermana dijo que estaba embarazada y que no sabía quién es el padre.* (G, M, CO)

simplear (v.) bromear o hacer / decir cosas tontas para divertir. *Berenice se puso a simplear con el niño para que dejara de llorar.* (G, M)

singar (v., vulgar) tener relaciones sexuales. *Gregorio está enfermo de la cabeza, solamente piensa en singar.* (CU, RD)

sonar 1) (v.) morir. *Anoche sonó el abuelo de Adrián.* 2) (v.) padecer de una enfermedad seria. *Fede está medio sonado; los doctores no saben si va a sobrevivir.* 3) (v.) fracasar, perder, tener mal fin. *¡Sonaste! Tenés que salirte del juego.* (A, U)

sonar / sonarse (v.) dar una paliza, castigar físicamente. *Vas a ver, te voy a sonar si sigues fregando. / Pobrecito Mauricio, entre todos lo agarraron afuera de la escuela y se lo sonaron bien y bonito.* (H, M)

sucursal 1) (f.) amante. *Pobre Javier... se peleó con la sucursal y su mujer lo echó de la casa.* 2) (f.) sitio donde se llevan a cabo encuentros extraconyugales. (PE, M, CH, G, N)

suera (f.) jersey, suéter (de "sweater"). *Si tienes tanto calor, ¿por qué no te quitas la suera?* (EEUU, M)

T

taita (m.) papá, padre. *El taita de Gustavito es ingeniero.* (RD, CO, EC, V)

tano (sust./adj.) italiano, proveniente de Italia. *Por aquí cerca hay un restaurante tano. ¿Vamos a cenar allí?* (U, A)

tecato (sust.) drogadicto (en México y estados sureños de EEUU, se refiere específicamente del drogadicto de heroína, el heroinómano). *¿Cómo se llama esa asociación donde pueden ir los tecatos que quieren dejar el vicio? --Narcóticos Anónimos.* (PR, M, EEUU)

telo (m.) hotel transitorio, que cobra por hora en vez de día, usado generalmente para encuentros de género sexual (inversión de las sílabas de hotel). *Como no vivo solo, prefiero ir a un telo con mis amigas.* (A, PE, U)

tiliche (m.) objeto inútil, de poco valor (conjunto de tiliches tilichero). *¿Por qué no tiramos esos tiliches que tenemos allí estorbando?* (M, G, SA)

tira (m.) detective. *No le digas nada a ése. Es un tira.* (CH, PE)

tira (sust.) policía (la policía en general la tira; el agente de policía el tira). *Los dos tiras estaban tomando algo en un bar mientras a veinte metros asaltaban a una señora.* (A, M)

tirar / tirarse (con / a alguien) (v.) tener relaciones sexuales. (*en CH también significa "besar"). (V, ES, PR, H, SA, CR, PY, CH*, PE, G, EC, CO)

tombo (sust.) agente de policía. *El tombo estuvo revisando mis documentos por casi una hora.* (CR, V, PE, CO)

tortillera (f./adj.) lesbiana, mujer homosexual. *Todo el mundo ya sabe que esa actriz es tortillera. Lo confesó en una entrevista por televisión.* (PY, ES, A, M, G, N, PA, CU)

Compartidos

trago (m.) copa o vaso de bebida alcohólica. (PE, M, G, N, PR, CO, H, V, PY, B, A)

trancazo 1) (m.) puñetazo. *Dele unos trancazos a ese tipo y vamos a ver si no se calla.* 2) (m.) golpe violento. *Daniel se cayó por las escaleras y se dio tremendo trancazo.* (CO, M, G)

transa 1) (f.) estafa, fraude, acción ilegal para obtener algo; 2) (sust./adj. invariable en género) persona que comete una "transa" (verbo **transar**). *Germán tuvo que hacer una transa para conseguir ese diploma. / Joaquín es tan transa que ya nadie quiere hacer tratos con él.* (G, M)

trincar (v.) acto amoroso pasional que no llega al acto sexual. *A Silvia la encontraron trincando con el hermano de su novio.* (H, G)

trinquete (m.) fraude, estafa. *Lo de la venta de terrenos baratos en la costa es sólo un trinquete.* (M, G)

trinquetero (adj./sust.) estafador. *No haga negocios con ése. Tiene fama de trinquetero.* (G, M)

tripear (v.) alucinar, confundir (de la jerga en inglés *trip*, "viaje" o alucinación causada por alguna droga). *Esa noticia me dejó tripeando.* (EEUU, PR, M)

trompada (f.) puñetazo, golpe en la cara. (M, U, CR, H, N, A, PR, SA, PY, CO)

trompabulario (m.) vocabulario vulgar, soez. *El trompabulario de Inés es de los peores que he oído en mi vida.* (M, G)

trono (m.) retrete, WC, "toilette". *Creo que don Genaro no se siente bien. Hace una hora que está en el trono.* (M, G, CO, A)

tuanis 1) (adj.) muy bueno, bonito, excelente. *¡Este juego nuevo está tuanis!* 2) (adv.) muy bien. *Te quedó tuanis el dibujo que hiciste del profe.* (G, SA, CR, N)

tumbar (v.) robar (sust. **tumbador** ladrón). *El niño se tumbó las canicas de la tienda. / Últimamente hay varios tumbadores operando en esta zona. Anoche arrestaron a dos.* (PA, CO, PR, RD)

tumbe (v.) (m.) robo. *Lo mataron por haber intentado un tumbe de drogas.* (CO, PA, V, RD, PR)

tunco (sust./adj.) amputado, mutilado. *Atropellaron a mi perra y la pobre quedó tunca.* (G, H)

U

U (f.) la universidad en general. *Yo quiero que mi hija estudie en la U.* (G, H, PA, CR)

¡újule! interjección de desaliento o decepción, usada sobre todo para expresar maravilla ante una actitud o reacción excesiva. *¡Újule! ¿No me digas que te encelaste porque le di un beso a la niña?* (G, M)

V

vaca / vaquita (f.) colecta, cooperación. *Hagamos una vaca para comprarle el regalo de bodas a Emilia.* (EC, V, PY, M, CH, G, CO, A, *B en plural)

vacilar (v.) bromear, divertirse. *No vaciles con Noelia, ¿no ves que es muy tímida y se avergüenza?* (G, PE, M, V, PR)

vacilar (v.) engañar, tomar el pelo. *Me quisieron vacilar tratando de venderme un celular con el interior vacío.* (PE, M, V, EC, N, G)

Compartidos

vacunar (v.) 1) poner en aprietos, perjudicar. *A Carlo lo volvieron a **vacunar** esta semana. En vez de dejarlo descansar, lo mandaron a <u>laburar</u> a la provincia.* 2) (v.) tener relaciones sexuales. *Al final lograste <u>levantarte</u> a aquella <u>minita</u> ... ¡la **vacunaste!*** (U, A)

vagaciones (f.) vacaciones. *Nuestras **vagaciones** en Brasil fueron estupendas.* (M, CO)

vaina (f.) cosa, objeto. *¿Y esta **vaina** para qué sirve?* (RD, CU, PR, CR, CO, PA, V, PY, H)

vaina (f.) fastidio, molestia, dificultad. *Es una **vaina** que hayas perdido el pasaporte. Ahora vas a tener que volver hacer los trámites para sacar otro.* (EC, G, H, N, SA, Canarias)

vale interjección para expresar acuerdo. *Tengo que ir a casa.--**Vale**, te acompaño.* (ES, CH, EC, PY)

valer (v.) no importar. *Nos **vale** lo que la gente piense de nosotros.* (M, N, CO, G)

veintiúnico (sust./adj.) único (referido a una unidad, pero dando a entender que una cantidad mayor sería preferible). *José lavó su **veintiúnica** camisa y se quedó esperando a que se secara.* (CO, M, U, PE, CU, V, PA, CH, B, G, CR, A)

vejiga 1) (sust. invariable en género) niño. *Compré estos dulces para los **vejigas**.* 2) (adj. invariable en género) joven, pequeño de edad. *En esos tiempos yo todavía estaba muy **vejiga** para poder opinar, y me quedé callado.* (CU, RD)

veneco (sust./adj.) venezolano, proveniente de Venezuela. *Ese año el concurso de Miss Universo lo ganó una **veneca**.* (CO, PE, EC)

verde (adj.) inmaduro, no preparado. *Rogelio está todavía **verde** para tocar la guitarra.* (CR, M, ES, A, SA, N, PY, U)

verdulera (f.) mujer muy basta, vulgar, gritona. *Por mucho dinero que tenga ahora, Selma no deja de ser la **verdulera** de siempre.* (G, CO, ES, M, V, EC)

verla fea (loc. v.) estar pasando por penas o problemas. *La vimos fea en el invierno del '56.* (H, M, G, PY, N, CR)

vesre (m.) revés. Se refiere al vocabulario formulado invirtiendo el orden de las sílabas vesre = revés. (U, A)

vieja (f.) mujer, genéricamente (término algo despectivo). *Conocimos a unas **viejas** en la discoteca.* (CU, CR, M, CO, EEUU, PY, H)

vieja / viejo (sust.) madre / padre. *Mi **viejo** se acaba de jubilar y no sabe qué hacer con su tiempo libre.* (ES, V, A, U, CH, PY, PE, B)

viejo verde (loc. sust. m.) hombre maduro que se dedica a cortejar mujeres jóvenes. *El **viejo verde** de mi jefe creyó que iba a poder seducirme con regalos.* (ES, V, CO, CH, U, PY, PR, A)

vista gorda (loc. sust. f.) dependiendo del país, se usa con locuciones variantes como "hacer la vista gorda", "hacerse de la vista gorda" y "hacerse el / la / los / las de la vista gorda", significa fingir no darse cuenta de algo. (ES, CH, CO, M, A, EC, PE, CU, RD, PR, N, G, B, PA, CR, PY, U, SA, H, V)

volado (m.) favor. *Manolo, haceme un **volado**, prestame dinero.* (N, G)

volteado (m.) hombre homosexual. *Ramiro resultó siendo un **volteado**.* (SA, M, RD, CO, V, PE)

JERGAS DE HABLA HISPANA

Compartidos

voltear la cara (loc. verbal) despreciar o rechazar a alguien ignorándolo. *Iba a saludar a mi ex novia, pero la <u>desgraciada</u> me volteó la cara.* (M, G, CO)
vuelta (f.) solución; con el verbo **buscar**, tratar de encontrar una solución; con el verbo **encontrar**, descubrirla. *Buscando en internet, por fin le encontré la vuelta a esa frase en inglés que me servía para una traducción importante y que no encontraba en mis diccionarios.* (A, U)

W

wachar (también <u>guachar</u>) ver, mirar (del inglés "to watch"). *¡Wacha esta foto de mi hermano hace dos años; qué gordo estaba entonces!* (EEUU, M)

X, Y

yeta (f.) mala suerte. *No pasés por abajo de la escalera, es yeta.* (U, B, A)
yonque (m.) depósito de chatarra (de inglés "junkyard"). *Encontré la parte que buscaba para mi <u>carro</u> en el yonque.* (EEUU, PR, M)
yorugua (sust./adj. invariable en género) uruguayo, proveniente de Uruguay (por inversión de sílabas). *El mejor tango yorugua tiene que ser "La cumparsita".* (U, A, PY, CH)
yunta (sust.) buen amigo (invariable en ambos géneros). *Ricardo y Aldo son yuntas.* (CH, EC, PE, PY)

Z

zafado (sust./adj) loco. *Tu gato está bien zafado; lo acabo de ver colgándose de las cortinas.* (G, M)
zaperoco (m.) desorden, caos, alboroto. *En medio de todo el zaperoco por la cañería rota que inundaba la calle, uno en moto resbaló y se estrelló contra un poste.* (PA, CO, V)

VOCABULARIO USADO EN AMÉRICA DIFERENTE (O CON ACEPCIONES DIVERSAS) DEL USADO EN ESPAÑA

A

abarrotes (m.) artículos de comercio, comestibles. *Don Tomás tuvo que cerrar su tienda de abarrotes cuando abrieron el supermercado nuevo a doscientos metros de su negocio.* (PE, M, CO, G)
acalambrarse (v.) sufrir un calambre. *Se me acalambró la mano de tanto escribir.* (PE, M, CO, G, A)
acolchonar (v.) acolchar (adj. **acolchonado**). *La poltrona en la sala de la abuela es fea, pero me gusta porque está muy acolchonadita.* (M, G, CO, CU)
acomedido (sust./adj.) persona que se ofrece a ayudar, que es servicial; (v.) **acomedirse**. *Penélope es la única acomedida de la familia, por eso es la preferida de su mamá. / Lo que no me gusta de Yahir es que nunca se acomide a nada, ni cuando ve que me estoy matando de trabajo.* (G, M, CH, PE, CO)
afiche (m.) poster, cartel. *¿Te gusta el afiche que compré de la Torre Eiffel?* (A, PY, CH, G, U, CO, RD, CU, PA, V)

450

Compartidos

aguinaldo (m.) bonificación de salario (normalmente a fin de año). *Quiero comprarte un regalo con lo que me den de aguinaldo.* (CH, CO, M, PE, CU, A, G)

ajustado (adj.) apretado. *Los libros quedaron tan ajustados en el estante que no puedo sacar ni uno. / No voy a comprar esta chaqueta la siento muy ajustada en los hombros.* (PE, M)

alegar (v.) discutir, disputar, altercar. *Usted no me alegue, ya es hora de tomarse sus pastillas.* (G, M, CO)

alverja / arveja (f.) guisante (legumbre). *Mamá, ¿llevamos alverjas frescas o enlatadas?* (PE, CO, B, A, CH, U)

ameritar (v.) sinónimo de merecer. *Tu caso amerita mucha atención.* (CR, M, CH, B, PA, RD, A, PY, CO, U, PE, V, H, G, SA)

andén (m.) acera de la calle. *Todos los días paso por el andén de la casa de Laura a ver si la veo.* (G, CO)

antier (adv. de tiempo) anteayer. *Antier fue mi cumpleaños y nadie de mi familia se acordó.* (CU, N, CO, M, V, RD, G)

aplazar (v.) usado con acepción de suspender o reprobar en un examen o curso académico. *¡A Marco lo volvieron a aplazar en química!* (N, A)

aretes (m.) pendientes. *A Doña Cuca le regalaron unos aretes de oro para su cumpleaños.* (PY, M, CO, PE, H, CR, PA, RD, CU)

atrincado (adj.) (dicho de la ropa) tan apretado que crea dificultades en el movimiento del cuerpo o hace resaltar defectos físicos. *Miren cómo le quedan atrincados esos pantalones. Si se sienta, se van a romper.* (M, G)

B

balacera (f.) tiroteo (verbo **balacear**). *Ayer hubo una balacera entre la policía y ladrones enfrente del banco.* (H, G, CO, CH, M, V, CR, PY)

balero (m.) juguete de mano (boliche) compuesto de un palo terminado en punta y una pieza taladrada sujeta con un cordón, que se lanza al aire para ensartarla en el palo. (M, U, A)

banqueta (f.) acera. *Cuando nos vio, se cruzó a la otra banqueta para no saludarnos.* (M, G)

barrilete (m.) cometa (juguete). *Vamos a la playa a hacer volar estos nuestros barriletes.* (G, A, N, PE*) *sólo un cierto tipo de cometa.

básquet / basquetbol (m.) baloncesto. (CH, M, RD, PR, PA, U, N, PY, CR, CO, V, PE, CU, H, SA, A, G)

blanquillo (m.) usado como sinónimo de huevo. *Voy a la tienda a comprar la leche y una docena de blanquillos.* (G, M)

bocas (f., plural) bocadillo, aperitivo que acompaña a las bebidas alcohólicas. *¡Vieras que buenas las bocas que sirven en ese bar!* (G, CR, SA)

bocasuelta (adj./sust. invariable en género) grosero, malhablado. *No entiendo cómo puede ser tan bocasuelta con su madre.* (B, PE)

bocina (f.) altavoz. *Se le soltó un cable a la bocina y ahora no se oye bien.* (CU, RD, M, H, PR, CO)

boleta (f.) multa. *Tengo colección de boletas. Un día tendré que pagarlas.* (B, A)

Compartidos

boletería (f.) taquilla, sitio donde se venden entradas para espectáculos. (U, A, EC, PA, V, CO, RD, CH, PE, PY, B)

boleto (m.) billete de entrada, de lotería o para viajar. *Perdí el **boleto** del avión y no me dejaron embarcar.* (B, RD, PA, CR, H, A, CH, V, PY, PE, U, EEUU, M, PR)

bomba (f.) usado como sinónimo de globo (receptáculo de materia flexible lleno de gas con que juegan los niños o que se usa como decoración en fiestas). *Papi, ¡cómprame una **bomba**!* (CO, M)

bómper (m.) parachoques de un auto (del inglés "bumper"). *Íbamos bien despacito, **bómper** contra **bómper**.* (PR, CO, G, SA)

boquisucio (sust./adj.) persona grosera, malhablada. *No me gusta la gente **boquisucia** que va a ese bar.* (EC, CO, PA, PR)

bordo (m.) obra de protección contra inundaciones en las orillas o riberas de un río o canal. (M, H)

botana (f.) aperitivo, bocadillo. *Pide unas cervezas y **botanas** y nos las llevamos a la playa.* (M, PA)

botadero (m.) basurero, vertedero, lugar donde se tira la basura. *Las condiciones sanitarias de este **botadero** son deplorables.* (PE, CO, V, SA, EC, H, G, PA, NI, CR, B, CH)

brasier (m.) sostén, prenda de vestir femenina para sujetar el pecho (del francés *brassière*). *En los años 60 las mujeres quemaban sus **brasieres** en señal de protesta.* (EEUU, PA, PE, M, PR, CR, EC, SA, G, CH, H, N, B)

bulón (m.) tornillo grande (de tuerca). *La máquina empezó a hacer un ruido raro cuando se le soltó un **bulón**.* (A, U)

buscapleitos (sust./adj.) picapleitos, provocador de riñas, revoltoso. *No invitaron a Mauricio a la fiesta por su fama de **buscapleitos**.* (CO, A, M, RD, PE, CH)

C

cachetón (sust./adj.) carrilludo, que tiene los cachetes abultados. *¿Se acuerdan del **cachetón** del Quico en El chavo del 8?* (M, CO, A, G)

cacho (m.) cuerno de toro, cabra o venado. (N, G, H, CR, EC, V, PE, SA)

cachucha (f.) gorra con visera. *Francisco nunca se quitaba su vieja y manchada **cachucha** de béisbol.* (V, CO, M, ES)

café (adj.) castaño o marrón (color). *Me gustan más los zapatos **cafés** que los negros.* (H, U, CO, CU, PY, M, A, CH, RD, G, SA, PA)

cajuela (f.) maletero de automóvil. *Ayúdenme a bajar las bolsas que quedaron en la **cajuela**, por favor.* (G, M)

calificar (v.) reunir los requisitos necesarios (del inglés "to qualify"). *Hicimos solicitud para que nos asignaran una casa, pero nos dijeron que no **calificábamos**.* (EEUU, M, U, PE, A, V, CO, CH, RD)

calzones (m.) bragas, ropa interior masculina o femenina (también en singular, **calzón**). *En Italia es de buena suerte traer puestos **calzones** rojos el día de año nuevo.* (G, CO, M, A)

camote (m.) batata (voz de origen nahua). *Mi tía hace un dulce de **camote** bien rico.* (M, PE, NI, H, G, BO, EC, V, A, CH, SA, PA, CR, CO)

Compartidos

cancha (f.) campo para practicar deportes (voz de origen quechua). *Para poder jugar tenis primero hay que reservar una cancha.* (PE, U, M, G, A, B, CO)

canilla (f.) pantorrilla. *Me lastimé una canilla jugando futbol.* (G, M, A)

cantaleta (f.) cantilena, estribillo, repetición fastidiosa. *¡Ya me tienes aburrida con la misma cantaleta!* (RD, G, PE, CU, CR, N, V, PR, CO, H)

cantina (f.) taberna. *Don Rodolfo salió de la cantina como barco a la deriva.* (M, G, CO)

caravana (f.) reverencia, inclinación del cuerpo para demostrar respeto. *Los japoneses a menudo además de saludar dando la mano, hacen caravanas.* (M, G)

caricaturas (f. pl.) dibujos animados. *A Pepito le encantan las caricaturas de Popeye.* (CR, H, M, U, CO)

carnear (v.) matar y descuartizar reses. *Vamos a carnear unas vaquillas para la fiesta de San Carlos.* (U, A)

carpir (v.) eliminar las hierbas nocivas de un terreno. *Primero carpimos, luego aramos y al final sembramos.* (U, B, A, PY)

carro (m.) automóvil. (V, PR, CO, M, PY, CU, CR, G, EC, EEUU, N, H, RD)

chambrita (f.) prenda de punto para bebé; cubre la parte superior del cuerpo y generalmente es de manga larga. *Cuando la tía Lulu supo que Amelia estaba embarazada, luego luego se puso a tejer chambritas.* (G, M)

champa (f.) puesto de mercado al aire libre (voz de origne nahua). *Mi prima puso una champa para vender tamales durante la feria patronal.* (G, H)

chancho (m.) cerdo, marrano (también refiriéndose a alguien sucio). (PE, CH, A, PA, PY, H, U, B, CR, EC)

chancla (f.) zapatilla, especie de sandalia. *Póngase las chanclas porque la arena está muy caliente.* (M, CO)

chapa (f.) cerradura. *Que ni crea Felipe que puede volver cuando le dé la gana. Voy a cambiar todas las chapas.* (CO, PE, CR, M, CH, PA)

chaparro (sust./adj.) de baja estatura. *Ese perrito chaparrito entre los grandotes es el mío. / La chaparra de la familia es Dina. / Samuel es el más chaparro del equipo de básquet.* (H, G, M)

chapeado (adj.) sonrosado. *El bebito está bien bonito, chapeadito.* (CO, M)

chaperón (sust.) acompañador. *Elena no puede salir con su novio sin su hermanito como chaperón.* (CO, PR, M, H, CR, CH, PY, G)

checar (v.) chequear, revisar, controlar. *Esta semana no he checado mi correspondencia.* (CR, EEUU, H, N, M)

chicote (m.) látigo; **chicotazo** (m) azote, latigazo. (M, CH, G, PY, B)

chile (m.) pimiento, ají. *¿Con qué tipo de chile hiciste esta salsa picante?* (M, H, CR, G, N, SA)

chillar (v.) llorar (un tanto despectivamente). *¡Ya deja de chillar, que así no vas a resolver nada!* (M, CO)

china (f.) naranja (fruta). (RD, PR)

chingaste (m.) sobras, desperdicio, residuo. *Sólo quedó el chingaste del pinolillo.* (N, G, H, SA)

chirivisco (m.) 1) arbusto. *Andaba corriendo entre tanto chirivisco y no se caía.* 2) vara. *Aunque sea con este chirivisco veamos si podemos encender el fuego.* (S, G)

Compartidos

chiste colorado (loc. m.) chiste obsceno. *A Víctor le encanta contar* **chistes colora'os** *en presencia de la mojigata de su tía Rebeca.* (PR, M, G, B, PE, V)

chocante (sust./adj.) presuntuoso, antipático, odioso. *A Vilma nadie la quiere invitar a las fiestas por* **chocante.** (PE, M)

choclo (m.) mazorca de maíz (voz de origen quechua). (PY, B, PE, EC, CH, A, U)

chompipe (m.) pavo (voz de origen nahua). *En el corral había dos gansos y tres* **chompipes.** (G, CR, N, SA)

choro (m.) mejillón (voz de origen quechua). *Quiero tu receta para los* **choros** *gratinados.* (PE, M, CH, G)

choto 1) (m.) órgano genital masculino. 2) (adj.) lelo, tonto. *Ese viejo* **choto** *se tarda horas en cruzar la calle.* (U, A)

chueco 1) (sust./adj.) patituerto. *¿Sabes cuál es el colmo del* **chueco** *Baldomero? Querer estudiar Derecho.* 2) (adj.) ladeado, torcido. *Como no tenía escuadra a la mano, los trazos me salieron* **chuecos.** (PE, M, U, A, G, CO, B)

clavado (m.) (en natación) zambullida. *Con un* **clavado** *llegó al fondo de la piscina y sacó la moneda que habían tirado.* (M, A, CO)

cloch (m.) embrague de motor (del inglés "clutch"). *La próxima vez no se te olvide pisar el* **cloch** *cuando cambies a segunda...* (CO, M, PR)

clóset (m.) armario empotrado o cuarto pequeño con función de ropero. *Encontré este abrigo todo apolillado en el* **clóset.** (EEUU, M, CO, G)

cobija (f.) manta. *Su gato se acostó en la* **cobija** *y la dejó llena de pelos.* (CO, M, EC)

colonia (f.) barrio urbano. *Con el pasar de los años la* **colonia** *donde vivimos ha empeorado.* (H, M)

comercial (m.) anuncio publicitario grabado o filmado (del inglés "tv/radio commercial"). *No me gusta ver este canal porque siempre ponen demasiados* **comerciales.** (PR, M, G, CO, EEUU, A, V, PE, CH, U)

competencia (f.) competición deportiva. *El día de la* **competencia** *el veterinario oficial revisa a todos los caballos antes de cada carrera.* (CO, M, A, CH, PE, PA, CU, EC, PY, SA, V, CR, NI, G, H, RD, PR, U, B)

componerse (v.) aliviarse, recuperarse de una enfermedad. *Sigo tomando todos los medicamentos que me recetó el doctor pero todavía no* **me compongo.** (U, M, A, G, V)

computador (m.) ordenador. (CO, EC, CH)

computadora (f.) ordenador. (H, A, PR, U, M, V, PA, CR, CU, RD, PY, PE, B)

contralor (sust.) funcionario encargado de examinar la contabilidad oficial. *Llegó la* **contralora** *y todo el mundo se puso a temblar.* (G, M, CO, N)

contraloría (f.) Oficina de Estado que controla las diversas cuentas del gobierno. (M, G, CO)

corretear (v.) perseguir, acosar. *El perro de la vecina* **correteó** *al vendedor ambulante hasta la esquina.* (M, CU, G)

corriente (adj.) sinónimo de mala calidad. *Este teléfono celular es muy* **corriente;** *no lo compres.* (M, CR, H, PE)

cortada (f.) herida hecha con objeto cortante. *Cayendo me hice una* **cortada** *en el brazo.* (V, M, N, EC, G, CO)

cuadra (f.) medida lineal de la manzana de una calle, de 100 m. (G, PE, M, A, CO)

Compartidos

cupo (m.) cabida. *Ya no había cupo en el teatro y no estaban dejando entrar a nadie más.* (M, G, CO)

curita (m.*/f.) tirita, vendaje adhesivo. *¿Hay curitas? Me corté un dedo rebanando pan.* (A, M*, PR, RD*, G, U, V, PE*)

D

descarapelar / descarapelarse (v.) pelarse la piel o la pintura. *¡Mira cómo tienes la espalda toda descarapelada! / La manicurista me arregló las manos apenas ayer y ya se me está descarapelando la pintura de las uñas.* (M, CO)

descomponer (v.) averiar, estropear, dejar de funcionar. *La situación es trágica en mi casa: hace una semana que se descompuso el televisor.* (A, H, U, PY, CR, M, PA)

dilatarse (v.) demorar, tardarse. *Está bien, acompaña a Rocío a su casa, pero no te dilates; ya casi es hora de comer.* (M, PE, G)

directorio (m.) guía telefónica. *Fíjate en el directorio si está el número de esa pizzería que te gusta.* (M, CO)

dizque (adv.) supuestamente, al parecer. *Margarita se fue a EEUU dizque a estudiar. Pa' mí que tenía que deshacerse de algo.* (M, G, A, CO)

droga (f.) deuda. *Ahora no puedo gastar más; estoy llena de drogas.* (SA, M)

durazno (m.) variedad de melocotón común en las Américas. *Hay yogur de durazno y de pera.* (CH, M, H, A, PA, CO)

E

egresado (sust.) quien obtiene el certificado de haber concluido una carrera académica. *Va a ver una reunión de egresados de la universidad. ¿Vas a ir?* (B, U, M, CO, G, A)

ejote (m.) judía verde (voz de origen nahua). *¿Acaso cociste estos ejotes sin sal? No saben a nada.* (M, H, G, SA)

elote (m.) mazorca de maíz (voz de origen nahua). *Un señor estaba vendiendo elotes asados en la calle.* (M, G, H, SA)

emilio (m.) mensaje de correo electrónico (del inglés "email"). *No he recibido el emilio con los datos que necesito.* (ES, CH, U, A, M, CO, PE)

empurrado (adj.) con expresión severa en la cara, mal encarado. *Don Fausto anda empurrado, quién sabe quién lo hizo enojar.* (SA, H, G)

en picada (loc. adv.) en picado, que se mueve hacia abajo casi verticalmente, que precipita. *El avión cayó en picada sobre el edificio. / La demanda para ese producto bajó en picada desde que su precio subió vertiginosamente.* (CU, A, M, CR, RD, CO, CH, PE)

encaramarse (v.) trepar (adj. encaramado). *Los muchachos se encaramaron en el árbol para que el perro no los alcanzara.* (H, M, G, CO)

enchilado (adj.) que sufre de sensación de ardor en la boca por comer algo picante (verbo enchilar / enchilarse). *Me enchilé con los taquitos que me diste. ¿Qué tipo de salsa les pusiste?* (M, G)

enganche (m.) abono inicial en una compra de crédito a plazos. *Di un enganche del 10% por el sistema de sonido.* (M, PA)

enjuague (m.) acondicionador para el cabello. (M, CO)

Compartidos

esfero (m.) bolígrafo. *El examen lo hacen en* **esfero**. *No acepto exámenes a lápiz.* (EC, CO)

espejuelos (m. pl.) anteojos, gafas. (PR, CU)

estampilla (f.) sello postal. *Un filatelista es uno que colecciona* **estampillas**. (CH, A, M, CU, PE, CO, G)

estéreo (m.) sistema de sonido estereofónico. *¿De qué marca es tu* **estéreo**? (G, U, H, A, M, PE)

estufa (f.) cocina (aparato con hornillos o fuegos y a veces horno, para guisar alimentos). *Dejaron el gas abierto de la* **estufa** *y casi se asfixian.* (M, CO, G)

F

farándula (f.) conjunto de personajes de espectáculo (bailarinas, cantantes, actores, cómicos, etc.). *Ese fotógrafo se ocupa sólo del mundo de la* **farándula**. (CO, EC, G, M, PE, A)

foco (m.) bombilla de alumbrado eléctrico. *Carlos no sabe cambiar ni un* **foco** *fundido.* (M, PY, H, U, CO, PA, PE, EC)

fólder (m.) carpeta de cartoncillo (del inglés "folder"). *Guarda tu acta de nacimiento en un* **fólder** *para que no se te arruine.* (PR, EEUU, PA, M, H, PE, CO)

forma (f.) formulario. *Hay que llenar esta* **forma** *para inscribirse a la escuela.* (CO, G, M)

frijol (m.) fréjol, judía (legumbre). *¿Arroz con* **frijoles** *otra vez?* (N, M, G, CR, SA, H, PA, CH, V, CO)

frutilla (f.) fresa (fruta). *Esta receta requiere de* **frutillas** *frescas, no congeladas.* (A, CH, B, U, EC, PY)

fuete (m.) látigo. *No me gusta usar el* **fuete** *con mi caballo.* (CO, M, RD)

fundirse (v.) quedar en bancarrota (adj. **fundido**). *No funcionó lo de la panadería: se* **fundió** *después de seis meses.* (A, U)

fúrico (adj.) furibundo, furioso. *Samuel se puso* **fúrico** *cuando supo que su hermano le había roto la videocámara.* (V, M, G, CO, H)

futbolito (de mesa) (m.) futbolín, juego de mesa con una caja que sirve de campo de futbol y once jugadores que penden de tres travesaños que atraviesan el campo. Los "jugadores" son de madera y están atornillados a la barra de tal modo que sus bases-- o pies--rozan el piso. (H, U, M, SA, V, CO)

G

garúa (f.) llovizna muy ligera, nebulizada, que empapa no obstante se lleve paraguas (v. **garuar**). (A, PE, U, CH)

gasolinería (f.) gasolinera, establecimiento donde se venden carburantes. *La* **gasolinería** *que está cerca de mi casa tiene precios muy caros.* (CR, CH, M, CO, SA, PR, V, RD, PE, NI, H, G, EC, CU)

golpiza (adj.) paliza, sucesión de golpes. *Alfredo se mereció la* **golpiza** *que le dieron por insolente.* (G, M)

goma (f.) neumático. *Las* **gomas** *están lisas, hay que cambiarlas porque es peligroso circular así.* (CU, PR, A, RD)

gotero (m.) cuentagotas. *Dale la medicina al pajarito con un* **gotero**. (G, A, M, PE, CO)

guagua (sust. f. invariable en género) bebé (voz de origen quechua). *La guagua de Eliana tiene ojos claros.* (PE, B, CH)

guango (adj.) aguado, blando. *Cuando le estrechen la mano, no la ponga guanga como pescado muerto.* (M, CO, G)

guaro (m.) tafia, aguardiente de caña. *Mi abuelo sabe hacer muy buen guaro.* (PA, G, CR, EC, H, N, CO)

guascazo (m.) azote dado con algo blando pero doloroso, como un cinturón; latigazo. *El jinete le dio un guascazo al caballo, que salió disparado.* (A, CO, U)

guayar (v.) desmenuzar algo tallándolo con el rallador (**guayo**). *Tú guaya las zanahorias mientras yo pelo las papas.* (RD, PR)

güecho (m.) bocio. *Las autoridades de salud han ordenado ponerle yodo a la sal para evitar que se contraiga el güecho.* (CR, N)

güegüecho (m.) bocio. *Don Felicio ya no puede ni respirar bien por el güegüecho.* (G, SA, H)

gurí (sust.) niño pequeño (f. **gurisa**, plural **gurises, gurisas**) (voz de origen guaraní). *Los gurises jugaban despreocupadamente en el barro / Creo que esta gurisa se perdió. Andaba caminando sola por la calle, llorando.* (U, nordeste de A)

H

hablador (adj.) embustero, mentiroso. *¡No sea hablador! ¡Yo nunca dije que le iba a pagar las vacaciones!* (M, CO, RD, EC, G)

halar (v.) tirar, traer hacia sí (pronunciado **jalar**; antónimo de "empujar"). *Hale la cuerda y amárrela aquí.* (CO, V, PA, NI, CR, CU, PR)

I

igualado (sust./adj.) irrespetuoso, que se dirige a alguien que se percibe como superior en modo demasiado confianzudo. *¡Martín, no seas igualado! A la gente mayor se le habla de "Ud." / Toña es una igualada. ¿Oíste cómo le respondió feo a su jefe?* (G, M, PE, CO, PA)

impuesto (adj.) acostumbrado. *No seño, no me regale nada; yo estoy impuesto a trabajar para comer.* (RD, G, M)

indio (adj.) dícese de color de tez, piel bronceada típica del mestizo. *En su cédula de identidad decía que tenía ojos negros y era de piel color indio claro.* (RD, PR)

intendencia (f.) alcaldía (sust. **intendente**: alcalde). (U, A)

J

jaiba (f.) cangrejo. *Yo voy a ordenar la ensalada de jaiba.* (CH, M, G, CU)

jalonear (v.) agarrar y sacudir o tirar de algo. *No me esté jaloneando, mocoso. Ya casi nos vamos. / ¡Deje de jalonearme el pelo cada vez que me peina!* (G, M, CO, H)

jonrón (m.) en el juego de béisbol, cuando un jugador cubre las cuatro bases en su turno, marcando un punto para su equipo (de "home run"). (EEUU, V, PR, SA, M, CU, RD, PE, N, PA, EC, CH, CO, CR)

jonronero (sust./adj.) jugador o equipo de béisbol que logra muchos jonrones. *¿Quién es el más jonronero de tu equipo?* (EC, RD, CU, CO PA, V, M, EEUU, PR, N, CR, SA, CH)

jugo (m.) zumo. *¿Y de tomar? --Para ella, agua mineral. A mí deme un **jugo** de pera.* (A, RD, CH, PE, SA, U, CU, CO, B, PA, H, V, M, PY, CR)

jute (m.) caracol de río. *Juana sabe hacer una sopa de **jutes** bien rica.* (G, H, SA)

L

lapicera / lapicero* (f./m.) bolígrafo. *¿Tiene un **lapicero** / una **lapicera**? Necesito apuntar una dirección.* (U, A, PE*, RD*)

lentes (m. pl.) anteojos, gafas. *Antes había películas en 3D que podías ver bien sólo poniéndote **lentes** especiales.* (RD, M, B, PA, G, CH, PY, G, CO, H, U, A)

licuado (m.) bebida, generalmente a base de frutas, hecha usando licuadora. *Esta receta del **licuado** de plátano te puede servir para tu dieta.* (U, M, SA, G, A)

living (m.) sala de una casa (del inglés "living room"). *¿Y esta lámpara dónde la vas a poner? --En el **living**.* (U, A)

llanta (f.) neumático. (CO, CR, M, PY, U, H, PA, G, N, SA, PR)

llave (f.) usado como sinónimo de grifo. *No tome agua de la **llave**, que se puede enfermar.* (CO, M, G)

lonchera (f.) especie de maletín metálico donde se lleva la comida que se consumirá en la escuela o en el trabajo. *La **lonchera** de Tito es ésa de Mickey Mouse. / A Damián se le olvidó la **lonchera** en el taller.* (CO, EEUU, M, PR, G)

lunada (f.) fiesta nocturna al aire libre. *Hay que llevar mucha cerveza para la **lunada** de mañana.* (G, M)

lunfardo (m.) originalmente, jerga de las clases bajas alrededor de Buenos Aires. Muchas locuciones del lunfardo fueron introducidas y se usan actualmente en el habla popular. (A, U)

M

malecón (m.) calle o paseo costero. *Están construyendo un hotel de lujo cerca del **malecón**.* (PR, CU, RD, M, NI, H, G, SA, PA, CR, EC, PE, CO, V, CH)

manazo (f.) golpe dado con la mano, manotazo. *Su mamá le dio un **manazo** porque le faltó al respeto.* (PE, M)

mandado (v.) comisión, encargo. *Olga no está; fue a hacerle un **mandado** a su mamá.* (V, PY, N, ES, SA, M, CR, CH, CO, H)

manejar (v.) conducir un vehículo. (M, PE, A, CO, H, G, PR, PY, U)

manicurista (sust.) manicuro. *Tengo que ir con la **manicurista** para que me ponga uñas falsas.* (G, M, PE, CO)

maroma (f.) voltereta, pirueta, volatín. *Beto le está enseñando al perro a echarse **maromas**.* (M, CO)

matazón (f.) matanza. *En la clase de historia leímos sobre el Holocausto, la terrible **matazón** de judíos durante la segunda guerra mundial.* (CO,CR, VE, SA, G, RD, M)

mecate (m.) soga, cuerda, riata (de origen nahua). *El perro logró aflojar el **mecate** que lo amarraba y se escapó.* (M, N, V, CR)

membresía (f.) calidad de miembro. *Para poder entrar al club primero tienes que tener **membresía**.* (PE, V, CO, PA, U, M, CH, H, RD, PR)

mesero (sust.) camarero (persona que atiende en un restaurante). (M, PR, CR, RD, H, CO, PA)

Compartidos

mezquino (m.) usado como sinónimo de verruga (ambos términos se usan). *¿Te salió otro **mezquino** en la mano?* (G, M, CO)

milpa (f.) maizal, sembradío de maíz. (M, H)

moño (m.) corbata "pajarita". (PY, M, CO, A)

morocho 1) (sust./adj.) persona de cabello oscuro. *Laura es alta, **morocha,** de ojos verdes.* (A, PY, U)

mozo (sust.) camarero (persona que atiende en un restaurante). *¿Dónde estará el **mozo**? Hace media hora que nos trajo el menú.* (A, U, CH, PR, PA, PE)

N

nafta (f.) gasolina. *Huele mucho a **nafta**; ¿habrá un agujero en el* tanque? (A, U)

ni modo (frase) no hay manera, es imposible. ***Ni modo,** no puedo pagarte ahora. Te doy el dinero la semana próxima.* (M, G, CO)

nomás (adv.) solamente. *Cómprelo, **nomás** le cuesta diez dólares.* (M, H, PE, A, U, CH, SA, G, PA)

nono abuelo (del italiano "nonno"). *Patricio dice que se aburre cada vez que tiene que ir a visitar a los **nonos**.* (A, U)

Ñ

ñapa (f.) añadidura, regalo que se da además de lo adquirido en una compra. *Ese comerciante nunca da **ñapa**.* (PR, V, RD)

O

ocupar (v.) necesitar (usado generalmente por personas de baja extracción social). ***Ocupo** un pedazo de papel. ¿Me das una hoja de tu cuaderno?* (G, M, CR)

overol (m.) mono, traje de faena de una sola pieza que se pone encima de la ropa para protegerla (del inglés "overall"). *El "Mostachón" es ése del **overol** de mecánico.* (PA, EC, V, B, CR, G, M, U, CO, A, CU, PR, RD, PY, CH)

P

pacha (f.) recipiente de metal o botella de licor que llevan los borrachos (voz de origen nahua). *El viejito tenía la **pacha** en una bolsa de papel.* (M, G, H)

pacha (f.) biberón (voz de origen nahua). *Voy a prepararle una **pacha** a Miguelito.* (N, G, SA)

paleta (f.) 1) caramelo o helado* montado sobre un palito. (CR, H, M, PR, PA*, RD, CO*)

palta (f.) aguacate (voz de origen quechua). (CH, PE, A, U, B)

pampa (f.) amplia llanura sin árboles (voz de origen quechua). *Yo prefiero vivir en las montañas o en la costa que en la **pampa**.* (PE, A, CH, U)

pancho (m.) perrito caliente, hotdog. *Tengo hambre--voy a comprarme un **pancho** a la esquina.* (U, A)

papa (f.) patata (de origen quechua). (CH, CU, M, RD, A, PA, B, U, V, PY, PE, CR, PR, CO, N)

papalote (m.) cometa (juguete) (voz de origen nahua). *A Pepito le acaban de regalar un **papalote** verde muy bonito y ya lo rompió.* (M, CR, CU, H, SA)

Compartidos

papel tapiz (loc. sust.) papel pintado (para las paredes). (M, CO, G)

parado (adj.) de pie, derecho. *"¡No sé los muchachos de hoy qué le ven de bonito a llevar las greñas paradas como puercoespín!" exclamó doña Aurelia, disgustada.* (N, M, G, A, CU, PA, B, PY, CR, RD, U, H, EC, V, CO, PR, SA)

pararse (v.) ponerse de pie, levantarse. *El joven se paró para darle el asiento a la señora embarazada.* (N, M, G, A, CU, PA, B, PY, CR, RD, U, H, EC, V, CO, PR, SA)

parlante (m.) altavoz. (H, U, A, B)

parquear (v.) aparcar, estacionar un vehículo. *Me multaron por parquear en una zona prohibida.* (N, M, G, CU, PA, B, CR, RD, H, EC, V, CO, PR, SA)

patrulla (f.) vehículo de la policía para vigilancia pública. *La patrulla estaba escondida detrás de una valla para que los policías vigilaran el tráfico sin que los vieran.* (M, CO, G)

pegoste (m.) pegote, cosa pegajosa adherida a algo. *Tiebes un pegoste en el codo, parece que es una etiqueta.* (G, V, M, CO, B, H, N, SA)

peleonero (sust./adj.) agresivo, belicoso, picapleitos. *Mi hijo siempre se anda metiendo en problemas en la escuela porque es muy peleonero.* (N, G, M, SA, CO, PE)

pena (f.) vergüenza. *Me dio mucha pena cuando invité una amiga a salir y luego a la hora de pagar tuvo que prestarme dinero ella porque olvidé mi billetera.* (G, M, CO)

pepenar (v.) 1) recoger objetos, uno por uno, de una superficie. *Vi a un niño pepenando el arroz que habían arrojado en una boda.* 2) encontrar algo después de rebuscar (voz de origen nahua) *¿Viste el premio que pepené de la canasta? Es un llavero.* (M, N, G, SA)

petit pois (loc. sust. m.) guisante (legumbre) (del francés). (CU, CR, V, RD, PA)

pichel (m.) jarra para servir agua u otras bebidas. *Para empezar, ordenamos un pichel de cerveza y algo para picar.* (CR, N, G, SA, M)

pipa (f.) camión cisterna. *Por fin llegó una pipa a distribuir agua al pueblito.* (CU, M)

plagio (m.) aparte del significado de copia ilícita, la palabra es usada también como sinónimo de secuestro de persona. (verbo **plagiar**) *¿Supiste que plagiaron al hijo del vicepresidente?* (PE, M)

platicar (v.) relatar, contar. *Mi hermana me platicó que la nueva dieta que está haciendo sí está funcionando.* (PY, H, M, G)

playera (f.) camiseta de manga corta sin cuello. *Me regalaron una playera promocional los de esa estación de radio.* (G, M)

pleitero (sust./adj.) pleitista, belicoso, revoltoso, litigador. *Simón quiso estudiar leyes porque tiene alma de pleitero.* (CO, M, CR, A, N)

plomero (m.) fontanero. *Hay que llamar al plomero porque no podemos desperdiciar tanta agua.* (M, CO, G)

pluma (f.) bolígrafo *¿Quién se llevó la pluma que tenía en mi escritorio?* (PR, CR, H, PA, M, CU).

plumón (m.) rotulador, instrumento parecido al bolígrafo con punta (generalmente gruesa) de fieltro. *Necesito un plumón para escribir la dirección en la caja que voy a enviar.* (PE, CR, M, CO, PY, CH, SA)

ponchar (v.) perforar (del inglés "to punch"); **poncharse** (v.) sufrir un pinchazo un neumático de vehículo. *El acto de vandalismo más común en este barrio es el de ponchar llantas / gomas*.* (EEUU, M, N, PR*, SA, PA)

Compartidos

ponchar (v.) en el juego de beisbol, cuando un jugador pierde su turno y es eliminado después de no conectar con la pelota. *Se deprimió porque lo poncharon dos veces en el mismo partido.* (EEUU, M, N, PR, SA, PA, CO, V, CU, G, RD)

poroto (m.) judía, frijol (legumbre). (B, U, A, CH)

prender (v.) encender. *No prendas el radio, que vas a despertar al niño.* (M, CO, G, H)

prontuario (m.) expediente donde figuran los antecedentes de todo el que ha tenido cuentas con la policía (v. **prontuariar**, adj. **prontuariado**). *Mi comisario, usted me dijo que le prepara el prontuario al ratero ése, pero qué lo voy a prontuariar si ya está prontuariado.* (A, CH)

puyar (v.) herir con arma u objeto puntiagudo o cortante. *En el parque puyaron a uno para robarle el dinero. / Me puyé con el lápiz y se me quedó enterrada la punta en la piel.* (G, CO, PA)

Q

quemador (de CD o DVD) (m.) aparato grabador (traslación literal del inglés informático *burner*) (v. **quemar** grabar un CD o DVD). *Mi sistema es viejo y no tiene quemador.* (M, CO, G)

quien quita (frase) ojalá. *Quien quita que este año me dan un aumento de sueldo.* (CO, M, H, G, V, CR)

R

rambla (m.) calle o paseo costero. *Están construyendo un hotel de lujo cerca de la rambla.* (U, A)

rancho (m.) granja donde se crían caballos o ganado. *Hernán sabe montar muy bien a caballo creció en un rancho.* (M, G, CR, H)

raspado (m.) refresco hecho con hielo granizado. *Tengo mucho calor. ¿Vamos a comprarnos unos raspados?* (N, V, M, PA, SA, CR, CO, B, EC)

rayonear (v.) rayar sin arte, tachar o arruinar una superficie con un instrumento de escritura. *Cuando me di cuenta, mi hermanito de tres años ya me había rayoneado la foto.* (M, V, CO)

recámara (f.) dormitorio, alcoba, habitación. *Los padrinos les van a regalar un juego de recámara para su apartamento nuevo.* (M, PY, PA, H, G)

reducidor (sust.) perista, vendedor de artículos robados. *No le conviene comprar ese DVD "usado" que le quiere vender Samuel. ¿Acaso no sabe que es reducidor?* (PE, U, A)

refundir (v.) poner una cosa profundamente dentro de algo, encajar. *Encontré un billete de 500 refundido en el cajón de los calcetines.* (G, M, H)

regadera (f.) ducha. *Estaba en la regadera cuando oí que sonó el teléfono.* (M, CO, G)

regalía (f., usado más en el plural) porcentaje de una suma concedido a un autor por la venta de su obra. *Decidí no publicar mi libro con esa editorial porque las regalías que ofrecen a los autores son bajas.* (PR, M, CU, EC, CO, V, PE, A)

remate (m.) sinónimo de subasta. *Conseguí esta moto bien barata en un remate.* (M, G, CO)

rentar (v.) sinónimo de alquilar, arrendar (f. **renta** alquiler, arrendamiento). *Rentamos un apartamento pero luego vamos a comprarnos una casa.* (A, M, CU, EEUU, NI)

retobarse (v.) rebelarse, desobedecer. *Los peones se retobaron ante los abusos del padrón.* (U, A)

revisación (f.) revisión. *Si no hacés la revisación del texto antes de imprimirlo, es probable que después encuentres varios errores.* (U, A)

rin (m.) llanta (parte metálica de la rueda, sobre la cual se monta el neumático). *Le acabo de comprar rines nuevos al* <u>carro</u>. (H, M, CO, G)

rollo (m.) carrete (de película). *Hay que comprar otro rollo porque éste ya se está acabando.* (CU, PY, G, B, PE, M, PA, CO, CR, H, RD, PR, CH, U)

rosticería (f.) negocio donde se asan y venden pollos. *No tenía ganas de cocinar, así que me fui a comprar un pollo a la rosticería de la esquina.* (NI, M, V, G, EEUU)

rostizar (v.) asar, cocer al horno (adj. **rostizado**). *En la receta dice que hay que usar un platón para rostizar con una rejilla para recoger el jugo. / Me quedé dormido en la playa y quedé como pollo rostizado.* (CH, M, NI, A, V, E, SA, CO, PA, PR, G)

rotisería (f.) negocio donde se asan y venden pollos. *Bernardo abrió una rotisería y parece que le está yendo bien.* (PY, A, B, U, CH)

S

saco (m.) chaqueta (prenda que forma la parte superior de un traje). *El color de ese saco no le queda a los pantalones.* (PA, H, M, A, RD, CU, PE, CO, N, CR, U)

salón (f.) palabra usada con acepción de aula escolar. Por extensión, clase, conjunto de estudiantes que reciben el mismo grado de enseñanza o asisten al mismo curso. *Ileana es la más inteligente del salón.* (M, CO)

seguido (adv.) a menudo, frecuentemente. *Nosotros venimos seguido a este parque.* (U, M, CH, CR, CO, PE, PY, H, A, B, PR)

suéter (m.) jersey (del inglés "sweater"). *Alguien dejó olvidado su suéter en la silla.* (RD, H, PR, CO, M, PA, CR, A, CH, PY, CU, U)

surfear (v.) practicar el deporte de surf. *¿Vamos a surfear el domingo?* (M, CO, G, A)

T

tambache (m.) bulto, fardo (voz de origen tarasco). *El niño hizo un tambache de sus pertenencias y huyó de su casa.* (M, SA)

tanque (m.) dicho del depósito de carburante de los autos. *Llene el tanque y revise el aceite, por favor.* (U, M, A, PR, PE)

tarea (f.) deberes escolares. *Mis profesores nunca me piden tarea.* (CU, CH, M, PE, EEUU, G, A)

tecolote (m.) búo (voz de origen nahua). *El logo de mi escuela lleva un tecolote.* (M, G, H, CR)

tenis (m./f.*) zapatillas deportivas. *Dejé los tenis aquí al lado del sofá y ahora falta uno. ¿Se lo llevaría el perro?* (CO, M, G, CR, N, H, PR*)

tetelque (adj.) desabrido, generalmente aún verde (dicho de fruta). *Esta mañana compré estas peras que se ven maduras pero que resultaron bien tetelques.* (SA, G)

timbre (m.) sello postal. *Voy al correo a comprar timbres.* (G, CH, CU, M)

tiradero (m.) desorden. *No quiero que me vengas a hacer el tiradero de siempre en la cocina con tus experimentos culinarios.* (M, CU, V, G, CO, N, H)

titipuchal (m.) multitud, gran cantidad (voz de origen nahua). *Había un **titipuchal** de gente en el mercado. / Tengo un **titipuchal** de cosas que hacer hoy; no quiero que nadie me interrumpa.* (M, G, SA)

tomacorriente (m.) toma de electricidad, dispositivo donde se enchufan los aparatos que funcionan con la electricidad. (M, U, CO, CR, A, N, CH, PE, V)

tosijoso (adj.) tosegoso, que padece de tos. *¿Ya ves? Por no ponerte la bufanda ahora estás todo **tosijoso** y te duele la garganta.* (M, G)

trapeador (m.) utensilio para fregar pisos. *¿Alguien me alcanza el **trapeador**? La niña derramó la leche en el piso.* (G, M)

trapear (v.) fregar el suelo. *Odio **trapear**; mejor usted haga eso y yo limpio el baño.* (CO, G, M, H)

tratativa (f.) negociación que se hace para llegar a un arreglo sobre temas comerciales, laborales, políticos, económicos, etc. *Cualquier **tratativa** con empresas comerciales deberá ser autorizada por la mesa directiva.* (B, CH, U, A, PE, EC, PY)

U, V

velorio (m.) velatorio (evento en el que se vela un difunto). (U, PR, PY, V, CU, H, CO, CH, PA, RD, A, PE, CR, M)

vereda (f.) acera. *Amanda se cruzó a la otra **vereda** para no saludarnos.* (EC, U, CH, B, PE, A, PY)

vincha (f.) banda con que se ciñe la cabeza pasando por la frente (voz de origen quechua). *En Japón las **vinchas** se llaman hachimaki.* (U, B, A, PY, CH, PE)

voltear (v.) girar la cabeza. *Grité su nombre pero ella no **volteó**.* (PE, N, PA, M, V, CO, CU, G)

vuelto (m.) vuelta, lo sobrante de dinero que se devuelve en una compra. *Se equivocaron con el **vuelto**, mira: me dieron diez pesos / soles* de más.* (M, PE*)

X, Y

yapa (f.) añadidura que obsequia el vendedor al comprador (voz de origen quechua). *El vendedor me dio estas nueces de **yapa**.* (A, CH, U, PE)

yuyal (m.) campo donde crece maleza. *El conejo que iba siguiendo el perro desapareció en los espesos **yuyales**.* (PY, A, U)

yuyería (f.) herboristería, sitio donde se venden plantas medicinales. (U, A)

yuyo (m.) 1) hierba medicinal; 2) mala hierba (voz de origen quechua). *Venga, siéntese que le voy a preparar un té de **yuyos** / Esta casa está muy abandonada; con esos **yuyos** parece un muladar.* (U, PY, A)

Z

zacate (m.) hierba, pasto (voz de origen nahua). *No te sientes en el **zacate**; está mojado.* (M, H, N)

zafar (v.) dislocarse, luxarse un hueso (adj. **zafado**). *Con la caída se le **zafó** un hombro.* (H, A, M, G)

zancudo (m.) mosquito. *¡Cierren la puerta que están dejando entrar a los **zancudos**!* (H, M, N, G, SA, V, CO, B, PE, CR, CU, EC, PA)

zapallo (m.) calabaza (de origen quechua). (B, U, A, PE)

Compartidos

zíper (m.) cremallera (de "zipper"). *¡Súbete el **zíper** del pantalón, <u>bróder</u>, que estás dando show!* (EEUU, M)

zocar (v.) apretar. *Estas tuercas no las **zocaste** bien.* (adj. **zocado**: apretado). *Traigo los pies hinchados; los zapatos me quedan **zocados**.* (H, G, SA, CR)

zorrino (m.) mofeta (el mamífero). (A, B, U)

zorrillo (m.) mofeta (el mamífero). (PR, M, U, PE, N, CR, PY, CH, CO, H, RD, PA, SA)

Curiosidades jergales

Esta sección nace de las curiosidades que surgieron mientras se trabajaba con los términos jergales de varios países. A menudo una palabra que se usa inocentemente y con naturalidad en ciertos países, en otros puede tener un significado ofensivo o equívoco. ¡Hay que tener mucho cuidado!

chiva

- **en México**: 1) (f.) heroína. *Le encontraron 100 gramos de* **chiva** *entre el equipaje y lo arrestaron.* 2) (adj.) delator. *¿El Beto? No, no le cuentes nada, todos saben que es* **chiva**. 3) (adj.) cobarde, y por extensión, que no se droga. *No creo que te puedas llevar bien con Vicky; ella es* **chiva** *y se escandalizaría si le ofreces un* <u>churro</u>.
- **en Chile**: (f.) mentira, excusa. *Fueron sólo* **chivas** *las que te contó; yo sé que es casado y hasta tiene tres hijos.*
- **en Costa Rica**: (adj.) maravilloso, excelente. *¡Qué* **chiva***! ¡Mañana es día de fiesta!*
- **en Cuba (y México)**: (adj.) delator. *Todos saben que Gerardo es* **chiva**, *no le cuentes nada.*
- **en Nicaragua**: (adj.) de cuidado, peligroso. *Ese barrio es* **chiva**, *no vayan solas por ahí.*
- **en Honduras**: 1) interjección usada para advertir, avisar, incitando a poner atención o tener cuidado. *¡* **Chiva** *con la pelota!* 2) (adj.) atento, cuidadoso. *Hay que estar* **chivas** *con lo del nuevo pedido--es muy delicado lo que vamos a hacer.*
- **en Ecuador**: (f.) bicicleta. *Me acaban de robar la* **chiva** *y tuve que regresar a casa a pie.*
- **en Puerto Rico**: (f.) buena suerte. *¡Qué* **chiva** *tienen los jugadores de ese equipo! ¡Pasaron a semifinales por un gol marcado a los tres minutos del primer tiempo suplementario!*
- **en México y Guatemala**, la palabra en plural: pertenencias. *Los muchachos agarraron sus* **chivas** *y se subieron al tren.*

Curiosidades

---

1) **madrear** (verbo) y 2) **madrazo** (m.)

○ **en México**: 1) golpear, dar una paliza. *Te van a **madrear** si sigues poniendo tu <u>carro</u> en la entrada de la cochera de los vecinos.* 2) golpe muy fuerte. *David se dio un **madrazo** en el brazo cuando se cayó del caballo.*
○ **en Colombia**: 1) insultar, mencionando a la madre. *El niño salió corriendo de la escuela, llorando y **madreando** a sus compañeros.* 2) insulto fuerte. *¿Quién anda diciendo **madrazos** en esta casa?*

---

a huevo loc. adv. (definición de diccionario) "al alcance de los deseos o intentos de alguien."

○ **en España** el ejemplo es: *Me lo pusieron **a huevo**: he firmado el contrato.*
○ **en México**: por fuerza. ***A huevo** tuvieron que desalojar la casa.*

---

coger (definición de diccionario) "asir, agarrar o tomar."

Se supone que esta definición debe valer para todo el mundo de habla hispana, pero la verdad es que en ciertos países de América se evita el uso de este verbo por tener el significado jergal de tener relaciones sexuales. En países como España, Costa Rica, Cuba, Nicaragua, Ecuador Puerto Rico, República Dominicana, Perú, Panamá y Colombia se usa tranquilamente como sinónimo de asir, agarrar.

---

de la patada (locución adverbial)

- ○ **en Guatemala y México**: muy mal, pésimamente. *Les fue de la patada en la carrera--fueron los últimos en llegar a la meta.*
- ○ **en Perú**: en modo fuerte, tremendo, impactante (en sentido positivo). *La noticia que nos dieron está de la patada; ahora podremos realizar nuestro proyecto.*

---

pegue (sustantivo m.)

- ○ **en México**: magnetismo personal, carisma; en particular, éxito con el sexo opuesto. *Marilena no es bonita, pero tiene mucho pegue.*
- ○ **en Nicaragua**: trabajo, empleo. *Mi hijo está buscando pegue.*

---

pendejo (definición de diccionario) "pelo que nace en el pubis y en las ingles". Familiarmente se usa para referirse a una persona cobarde o estúpida.

- ○ **en Chile, Argentina y Uruguay**: 1) (sust.) niño o adolescente. *Hay muchos pendejos en la piscina.* 2) (sust. despectivo) persona pueril, inmadura. *Aldo es muy pendejo, no sabe hablar de cosas serias.*
- ○ **en Costa Rica**: (sust./adj.) persona torpe o poco hábil. *Mi hermana Doris es pendeja para hacer de comer. ¡Todo lo quema!*
- ○ **en Ecuador**: (sust./adj.) persona tímida, asustadiza. *¡No seas pendeja, Amelia! ¡No te va a pasar nada si vamos juntas a saludar a Blas!*
- ○ **en México, Puerto Rico, Venezuela, Guatemala y Honduras**: (sust./adj.) persona muy tonta, de quien se aprovecha la gente.
- ○ **en Puerto Rico** es considerado un insulto muy fuerte.
- ○ **en Paraguay**: 1) (sust.) muchacho. *Los pendejos estaban jugando fútbol en el parque.* 2) (sust.) novio. *Erica es la pendeja de Franco.*

- o en **Perú**: 1) (sust.) persona astuta, taimada; 2) (sust.) usado para definir a una mujer, se refiere a su libertinaje sexual o engaño conyugal. *Iván es un pendejo; se queda con mi vuelto cuando sobra dinero. / Vicente no sabe que se ha casado con una pendeja.*
- o en **Bolivia**: (sust./adj.) playboy, conquistador. *Mira que pendejo es Mario, ya se metió con Karla.*

---

polla (sustantivo femenino)

- o en **Ecuador**: papelito lleno de apuntes que el estudiante esconde para usar durante un examen. *En plena clase, Pocho sacó su polla y la tenía entre sus dedos, para dársela a Silvia, quien la cogió con muchas ansias. De repente la profesora volteó y en su desesperación Silvia solo atinó a meterse la polla de Pocho en la boca.*
- o en **España**: organo genital masculino (¿en España qué pensarían al oir el episodio de arriba? Pero también hay que ver el de abajo...)
- o en **Perú**: premio mayor de las apuestas hípicas (también m. **pollón**). *Javier, un chico tranquilo y sencillo fue un día al Hipódromo de Monterrico y al final de la última carrera, en el momento menos esperado... ¡zas! se sacó la polla, dejando boquiabiertos a todos los presentes. Desde entonces se volvió el soltero más codiciado de su localidad.*
- o en **Colombia**: novia. *Es la polla de René. La reconozco por el lunar.*
- o en **Chile**: la lotería nacional. *¿Supiste que Fernando se sacó la polla?*

---

quemar (v.)

- o en **Perú y Argentina**: disparar un arma de fuego. *Te voy a quemar si no me das tu cartera.*
- o en **Argentina** también significa delatar, anunciar un secreto a los cuatro vientos. *Andrea me quemó. Fue y le contó a Miguel que me gusta.*

- en **Panamá:** ser infiel, engañar a la pareja. *Cuentan que Raúl anda quemando a Sandra.*
- en **México, Colombia y Perú**: volver fastidioso o "rancio" algo que era original y fresco a fuerza de repetirlo o copiarlo. *Van a quemar esa canción si siguen tocándola cada cinco minutos.*
- en **España**: hartar, fastidiar. *A Isidro le están quemando con tantas miraditas que le echan a su novia.*

con una pequeña variación (**quemarse** en vez de **quemar**)

- en **México**: adquirir mala reputación. *Te quemaste en la escuela por haberte peleado con el profesor de química.*
- en **Perú**: contraer una enfermedad venérea, y por extensión, recibir una sorpresa desagradable, una decepción. *Alfredo se levantó a una en un bar y se quemó. / Rita compró dólares en la calle y se quemó porque eran todos falsos.* Otra acepción es perder la reputación, usada para políticos, artistas u otro tipo de personaje público. *Esa actriz ya debe cambiar el tipo de papeles que desempeña si no quiere quemarse.*

pirujo / piruja (sustantivo / adjetivo)

- en **Guatemala y El Salvador**: persona que no cumple con sus deberes religiosos. *Gabriel dice que es católico, pero es un pirujo porque yo nunca lo he visto en misa.*
- en **México**: en masculino, se usa esta palabra despectivamente para hombres mujeriegos. *No salgas con José Luis, ¿qué no ves que es un pirujo?* En femenino, en cambio, la **piruja** es una prostituta o mujer que se concede fácilmente. *La calle estaba llena de pirujas.*

salado

- en **España**: (adj.) gracioso, simpático, chistoso. *Mi vecina irlandesa es muy salada sobre todo porque todavía no ha aprendido a hablar bien el castellano y dice cada barbaridad.*

Curiosidades

- o **en Uruguay** : (sust.) cosa intensamente positiva o negativa. *Mi profesor de historia es un salado; siempre relata acontecimientos interesantes y poco conocidos del pasado.*
- o **en Costa Rica, Cuba, México, Guatemala, Perú, Rep. Dominicana, Nicaragua, Honduras, Puerto Rico y Colombia**: (adj./sust.) desafortunado, con mala suerte. *Mi compadre está salado. Ya perdió el puesto otra vez.*
- o **en Argentina**: (adj.) caro, costoso. *Me parece que este abogado es demasiado salado para lo que sabe hacer.*

Ejemplos de oraciones en jerga

Esta sección contiene algunos ejemplos de oraciones "traducidas" a jerga. Por supuesto, hay muchas maneras de interpretar una oración. Aquí se encuentran sólo ejemplos y no necesariamente la única forma de expresarse de cada país.

Estas son las tres oraciones en español:

- **Esta bebida alcohólica es muy buena. A mí me gusta mucho pero si bebo más de tres vasos me emborracho y al día siguiente amanezco con un malestar físico tremendo.**
- **La policía atrapó al delincuente y lo mandó a la cárcel.**
- **El hombre grosero llamó avara a su madre porque ella no le quiso dar dinero para comprar un automóvil.**

Paraguay

- Este <u>chupi</u> pega. Me gusta mucho, pero si <u>chupo</u> más de tres, me quedo <u>en pedo</u> y al día siguiente amanezco con un <u>acarasy</u> de novela.
- La <u>pálida</u> agarró al vivito y lo mandó <u>en cana</u>.
- El animal ése le dijo miserable a su <u>vieja</u> porque no le dio la <u>mosca</u> para comprarse un <u>carro</u>.

Bolivia

- Este <u>trago</u> está <u>maldito</u>. <u>Oficial</u>, pero si le empujo más de tres al hilo, me caigo de puro <u>mama'o</u> y al día siguiente despierto cargando un <u>chaqui</u> jodido.
- La <u>cana</u> atrapó al <u>malinco</u> y lo mandó a la <u>chirola</u>.

471

Ejemplos

- Ese <u>boca-suelta</u> llamó <u>amarrete</u> a su madre porque no quiso darle <u>quivo</u> para comprar un <u>carro</u>.

Ecuador

- Este <u>trago</u> está <u>pleno</u>. A mí me gusta mucho, pero si <u>chupo</u> más de tres vasos, me <u>empluto</u> y al día siguiente despierto con <u>chuchaqui</u>.
- Los <u>pacos</u> cogieron al <u>pillo</u> y lo metieron en <u>cana</u>.
- Ese <u>boquisucio</u> le dijo a la <u>veterana</u> que era <u>coñuda</u> porque no le quiso dar <u>billuzos</u> para comprar un <u>carro</u>.

Guatemala

- Este <u>guaro</u> está <u>de a huevo</u>. A mí me gusta <u>en paleta</u>, pero si <u>chupo</u> más de tres <u>capirulazos</u>, me pongo bien <u>a verga</u> y al día siguiente amanezco de <u>goma</u>.
- La <u>chonta</u> se <u>cachó</u> al <u>largo</u> y lo <u>refundió</u> en la <u>tencha</u>.
- El <u>cerote</u> ése le dijo <u>garra</u> a su vieja porque no le quiso dar <u>pisto</u> para comprar una su <u>nave</u>.

Honduras

- Este <u>guaro</u> está <u>macizo</u>. Me gusta <u>grueso</u>, pero si <u>chupo</u> más de tres <u>me empedo</u> y al día siguiente amanezco de <u>goma</u>.
- Los <u>chepos</u> agarraron al ratero y lo mandaron al <u>mamo</u>.
- El <u>penco</u> ése le dijo <u>pichicata</u> a su madre porque ella no le quiso dar <u>pisto</u> para comprar una su <u>nave</u>.

Ejemplos

Costa Rica

- Este guaro está con toda la pata. A mí me gusta en puñeta, pero si bebo más de tres vasos, me jumo y al día siguiente amanezco con una goma tremenda.
- La paca se llevó al bicho y lo mandó al tabo.
- El puñetero llamó pinche a su mama porque no le quiso dar plata para comprarse una nave.

Chile

- El copete está chacal. Me cae del uno, pero si chupo más de tres pencazos me curo y al otro día despierto con el tremendo hachazo.
- Los pacos pillaron al pato malo y lo metieron en cana.
- Ese roto llamó apreta' a la mamá, porque ella no le quiso pasar la plata para comprar un tocomocho.

República Dominicana

- Este trago está full de to', me gusta un paquete, pero si me bebo más de tres vasos me prendo y al otro día sólo me espera una tremenda resaca.
- La policía agarró al tipo y lo trancó.
- Ese tipo le dijo tacaña a su madre porque ella no le dio cuartos para comprar un carro.

España

- La priva esta está que te pasas. Mola por un tubo, pero si pimplo más de tres vasos pillo una mierda y al día siguiente estoy con una resaca del quince.
- La pasma cogió al quinqui y lo metió al maco.

Ejemplos

- El <u>tío</u> <u>borde</u> llamó <u>roñosa</u> a su <u>vieja</u> porque ella no le quiso soltar <u>mosca</u> pa' comprarse un <u>buga</u>.

Panamá

- Este <u>guaro</u> está <u>nítido</u>. Me gusta <u>buco</u> pero después de tres <u>voy por fuera</u> y amanezco con una <u>goma</u> <u>pifiosa</u>.
- Los <u>tongos</u> agarraron al maleante y lo <u>enchiloraron</u>.
- El <u>man</u> <u>enchuchao</u> le dijo a la <u>guial</u> <u>dura</u> por no darle el <u>chenchén</u> para el <u>chuncho</u>.

Venezuela

- Este <u>palo</u> sí está <u>cartelúo</u>. Me gusta <u>burda</u> pero después de tres agarro una <u>curda</u> y al día siguiente me agarra un <u>ratón</u> arrechísimo.
- Los <u>tombos</u> agarraron al <u>malandro</u> y lo metieron en la <u>jaula</u>.
- El <u>mono</u> le dijo a la <u>vieja</u> <u>pichirre</u> porque no le quiso dar la <u>muna</u> para comprar la <u>nave</u>.

Argentina

- Este <u>chupi</u> <u>la rompe</u>. A mi me re<u>copa</u> pero si tomo más de tres vasos me agarro una flor de <u>mamúa</u> y al día siguiente despierto con una <u>resaca</u> de <u>la gran siete</u>.
- La <u>yuta</u> agarró al <u>chorro</u> y lo metió en la <u>perrera</u>.
- El <u>guarango</u> le <u>batió</u> <u>agarrada</u> a su <u>vieja</u> porque ella no le quiso tirar <u>guita</u> para comprarse un auto.

Ejemplos

México

- Este <u>chupe</u> está <u>a toda madre</u>. A mi me <u>pasa</u> un <u>chingo</u> pero si <u>pisteo</u> más de tres vasos me pongo <u>hasta atrás</u> y al día siguiente amanezco con una <u>cruda</u> de la <u>chingada</u>.
- La <u>chota</u> agarró al malandrín y lo metió al <u>bote</u>.
- El <u>pinche</u> <u>ojete</u> le dijo <u>coda</u> a su <u>jefa</u> porque ella no se quiso <u>mochar</u> con la <u>feria</u> para mercar una <u>nave</u>.

Cuba

- Este <u>alcolifán</u> está riquísimo, A mi me queda en <u>talla,</u> pero si me trago tres vasos me pone <u>del otro lado</u> y al otro día amanezco en <u>llama</u>.
- La <u>fiana</u> cogió al delincuente y lo mandó para la <u>cana</u>.
- El <u>chamaco</u> malhablado le dijo a su <u>pura</u> tacaña porque no le quiso soltar el <u>baro</u> para comprarse un <u>perol</u>.

Uruguay

- Este <u>escabio</u> está <u>de la planta</u>. Me <u>cabe,</u> pero si me mando más de <u>tristeza,</u> <u>me mamo</u> y al otro día tengo una <u>resaca</u> que ni <u>me la banco</u>.
- La <u>cana</u> cazó al <u>pinta</u> y lo mandó para <u>troden</u>.
- El <u>terraja</u> le dijo "<u>apretada</u>" a la <u>vieja</u> porque no le dio la <u>teca</u> para un auto.

Perú

- Este <u>trago</u> está <u>paja</u>. A mí me <u>vacila</u> <u>como cancha,</u> pero si <u>chupo</u> más de tres vasos me pongo <u>huasca</u> y al otro día me levanto con un <u>caldero</u> <u>de la patada</u>.
- La <u>tombería</u> <u>chapó</u> al <u>choro</u> y lo mandó a la <u>cana</u>.

Ejemplos

- El <u>verraco</u> le dijo "<u>dura</u>" a su <u>cocha</u> porque ella no le quiso pasar <u>villegas</u> para su <u>caña</u>.

Puerto Rico

- Este <u>palo</u> es pura <u>melaza</u>. A mí me gusta <u>que se acabó</u>, pero si me doy más de tres <u>juanetazos</u> me doy una <u>ajumá</u> que al otro día despierto con un <u>jangover</u>.
- Los <u>gandules</u> cogieron al pillo y lo mandaron p'<u>adentro</u>.
- El <u>mandulete</u> le gritó <u>maceta</u> a la <u>mai</u> porque ella no le quiso dar los <u>chavos</u> para comprar un <u>carro</u>.

Colombia

- Este <u>trago</u> es <u>bacano</u>. A mí me gusta un <u>jurgo</u>, pero con más de tres vasos que tome <u>me prendo</u> y al día siguiente amanezco con un <u>guayabo</u> tenaz.
- Los <u>tombos</u> cogieron al <u>raponero</u> y lo mandaron p'al <u>hueco</u>.
- El <u>alzado</u> ése le dijo <u>líchiga</u> a su mamá porque ella no le quiso dar <u>plata</u> para comprar un <u>carro</u>.

Órganos

Órgano genital masculino

banana: (f..) (U)	paquete: (m.) (A)
banano: (m.) (G)	penca: (f.) (CH)
bicho: (m.) (PR)	pescado: (m.) (CU)
bichora: (f.) (M)	picha: (f.) (CR, ES, CU)
callampa: (f.) (CH)	pichirilo: (m.) (CO)
chilacayote: (m.) (M)	pichula: (f.) (CH)
chilaquil: (m.) (M)	pichula: (f.) (CH)
chola: (f.) (M)	pieza: (f.) (PE)
chorizo: (m.) (M, G, U)	pija: (f.) (PE, H, G, U)
chota (f.) / choto (m.): (A, U)	pilila: (f.) (ES)
cipote: (m.) (ES)	pilín: (m.) (M)
goma: (f.) (A)	pincho: (m.) (PE)
machete (m.) (V)	pinga: (f.) (PE, M)
mandoble (m.) (V)	pipe: (m.) (G)
mazo: (m.) (PE, G)	pipiriche: (m.) (G)
mondá: (f.) (CO)	pito: (m.) (M, H, G, A, ES, U)
moro (m.), moronga: (f.) (G)	polla: (f.) (ES)
mozorola: (f.) (G)	quitasueño: (m.) (CO)
nabo: (m.) (A., ES)	riata: (f.) (G, H)
napio: (m.) (ES)	talega: (f.) (M, G)
ñonga: (f.) (G, M)	tolete: (m.) (RD)
pájaro: (m.) (M)	verga: (f.) (todos; no es considerada jerga)
paloma: (f.) (CR, V, CO, G, SA)	

Órgano genital femenino

almejilla: (f.) (ES)	chilimindri: (m.) (ES)	panocha: (f.) (M, G)
buyuyu: (m.) (ES)	chimba: (f.) (CO)	papo: (m.) (V)
cachucha: (f.) (A, U)	chocha: (f.) (A, PR)	pashte: (f.) (G)
cajeta: (f.) (A)	chocho: (m.) (ES)	peluda: (f.) (A, U)
concha: (f.) (A, B, EC, PE, U)	chucha: (f.) (PE, CH, A)	pepa: (f.) (V, U, H)
conejo: (m.) (A)	chumino: (m.) (ES)	pondongo: (m.) (ES)
cotorra: (f.) (U)	chutama: (m.) (M)	popola: (f.) (PR)
cotusa: (f.) (G)	gallo: (m.) (CO)	pupusa: (f.) (G, SA, H)
cuca: (f.) (G, H, V, CO)	higo: (m.) (ES)	pusa: (f.) (G)
cucaracha: (f.) (G)	mico: (m.) (CR)	toto: (m.) (ES)
cuchara: (f.) (V, G)	molleja: (f.) (PE)	verija: (f.) (M)
chichi: (f.) (ES)	mondongo: (m.) (ES, U, M)	yuyo: (m.) (PE)

Made in the USA